D1750246

WETTBEWERBSFAKTOR PRODUKTIONSTECHNIK

WETTBEWERBSFAKTOR PRODUKTIONSTECHNIK

Herausgeber:
AWK Aachener Werkzeugmaschinen-Kolloquium

Manfred Weck
Walter Eversheim
Wilfried König
Tilo Pfeifer

VDI VERLAG

Verlag des Vereins Deutscher Ingenieure · Düsseldorf

CIP-Titelaufnahme der Deutschen Bibliothek

Wettbewerbsfaktor Produktionstechnik/
[Aachener Werkzeugmaschinen-Kolloquium '90].
Hrsg.: AWK, Aachener Werkzeugmaschinen-Kolloquium. Manfred Weck ... –
Düsseldorf: VDI-Verl., 1990
  ISBN 3-18-400929-7

NE: Weck, Manfred [Hrsg.]; AWK

Sonderausgabe für
AWK Aachener Werkzeugmaschinen-Kolloquium

© VDI-Verlag GmbH, Düsseldorf 1990
Alle Rechte, auch das des auszugsweisen Nachdruckes, der auszugsweisen oder vollständigen photomechanischen Wiedergabe (Photokopie, Mikrokopie) und das der Übersetzung, vorbehalten.

Printed in Germany

ISBN 3-18-400929-7

Vorwort

Der freie europäische Binnenmarkt der 90er Jahre bietet der Industrie vielfach neue Chancen. Die Unternehmen sehen sich jedoch auch erhöhten Risiken durch einen sich verschärfenden Wettbewerb ausgesetzt. Diese Herausforderungen werden verstärkt durch zunehmend auf den europäischen Markt drängende Anbieter aus Übersee und hier insbesondere aus Japan und den USA. Deshalb müssen auf allen Unternehmensebenen Maßnahmen ergriffen werden, um diesen veränderten Anforderungen gerecht zu werden.

Das Aachener Werkzeugmaschinen-Kolloquium 1990 will hierzu durch seine thematische Ausrichtung Impulse und Hilfestellungen vermitteln. In den vier durch einzelne Beiträge von besonderer Aktualität ausgestalteten Schwerpunkten zu den Themenkomplexen

- **Information und Organisation als Produktionsfaktor**
- **Produktionstechnologie anspruchsvoller nutzen**
- **Leistungsfähige Produktionsanlagen: Von der Maschine zum integrierten System**
- **Qualitätsicherung als Schlüsselfunktion in allen Bereichen der Produktion**

wird verdeutlicht, daß eine moderne Produktionstechnik zum entscheidenden Wettbewerbsfaktor der 90er Jahre werden wird.

Im Dreijahresrhythmus stellen das Laboratorium für Werkzeugmaschinen und Betriebslehre (WZL) der RWTH Aachen und das Fraunhofer-Institut für Produktionstechnologie (IPT) ihre Forschungsergebnisse der Fachwelt vor. Traditionell werden die Vorträge in Zusammenarbeit mit Experten aus Industrie und Forschung erarbeitet. So werden bereits im Vorfeld der Veranstaltung Wissenschaft und Praxis zusammengeführt.

Um das interessante Thema „Wettbewerbsfaktor Produktionstechnik" einem größeren Interessentenkreis zugänglich zu machen, möchten wir die Reihe der AWK-Vortragsbände mit dem vorliegenden Kompendium fortsetzen.

Wir danken allen, die mit großem Engagement an der Erstellung dieses Buches mitgewirkt haben.

Aachen, im Mai 1990

Manfred Weck
Walter Eversheim
Wilfried König
Tilo Pfeifer

Inhalt

Seite

1. **Information und Organisation als Produktionsfaktor** 2
   1.1 Strategien auf dem Weg zur Fabrik von morgen 3
   1.2 Produktgestaltung zwischen Markt und Produktion 35
   1.3 Produktionsmanagement als Schlüssel für den Erfolg 75
   1.4 Wirtschaftlicher und sozial verträglicher Betrieb von Produktionssystemen 109

2. **Produktionstechnologien anspruchsvoller nutzen** 133
   2.1 Fertigungssicherheit und -qualität durch "intelligente Technologien" 135
   2.2 Leistungssteigerung von Werkzeugen 171
   2.3 Bearbeitungspotentiale durch werkstoffgerechte Prozeßgestaltung 210
   2.4 Fertigung in umwelttechnischer Verantwortung 241

3. **Leistungsfähige Produktionsanlagen: Von der Maschine zum integrierten System** 266
   3.1 Konstruktive Gestaltung und Realisierung von Produktionsanlagen 267
   3.2 Realisierung des Materialflusses in integrierten Systemen: das Schnittstellenproblem 309
   3.3 Leittechiken für flexible Fertigungssysteme 349
   3.4 Wege zur Verkürzung der Inbetriebnahme- und Stillstandszeiten komplexer Produktionsanlagen 393

4. **Qualitätssicherung als Schlüsselfunktion in allen Bereichen der Produktion** 436
   4.1 Die Realisierung von Qualitätsregelkreisen - ein zentrales Moment der integrierten Qualitätssicherung 437
   4.2 Netze als Basis für das fertigungsintegrierte Qualitätsmanagement 459
   4.3 Optoelektronische Meßverfahren zur fertigungsintegrierten Qualitätssicherung 487

5. **Auswirkungen des freien europäischen Binnenmarktes auf die Entwicklung der Maschinenbauindustrie** 515

1. Information und Organisation als Produktionsfaktor

1.1 Strategien auf dem Weg zur Fabrik von morgen

1.2 Produktgestaltung zwischen Markt und Produktion

1.3 Produktionsmanagement als Schlüssel für den Erfolg

1.4 Wirtschaftlicher und sozial verträglicher Betrieb von Produktionssystemen

1.1 Strategien auf dem Weg zur Fabrik von morgen

Gliederung:
1. Rahmenbedingungen der Fabrik von morgen
2. Strategien
3. Lösungsansätze
3.1 Lösungsansätze im Bereich Information und Informationswerkzeuge
3.2 Qualifizierte Mitarbeiter als Integrationsfaktor
3.3 Die Fabrik von morgen unter ökologischen Einflüssen
4. Zusammenfassung

Kurzfassung:

Strategien auf dem Weg zur Fabrik von morgen

Das sich ständig verändernde Marktgeschehen erfordert von den Unternehmen flexible und schnelle Reaktionen, insbesondere eine Verkürzung der Entwicklungs- und Auftragsdurchlaufzeiten. Die Unternehmen benötigen Strategien, um ereignisorientiert reagieren zu können. Dazu sind alle Ressourcen eines Unternehmens aufeinander abzustimmen. Fortschritte in der Informationsverarbeitung ermöglichen den Einsatz neuer Hilfsmittel, mit denen sowohl die Abläufe im Unternehmen als auch der Ressourceneinsatz modelliert werden können. Der Mitarbeiter steht dabei im Mittelpunkt. Er kann flexibel reagieren und ermöglicht dadurch den optimalen Einsatz aller Ressourcen eines Unternehmens. Arbeitsgestaltung und Systemauslegung sind von der Führungsebene eines Unternehmens zusätzlich unter den wachsenden ökologischen Einflüssen durchzuführen. Kosten senken, Qualität erhöhen, Flexibilität steigern - hierzu werden in diesem Beitrag Strategien vorgestellt und an Praxisbeispielen erörtert.

Abstract:

Strategies for the factory of tomorrow

Permanently changing market situations require quick and flexible reactions on the part of companies and above all, a reduction of leadtime for development and order-processing. This calls for strategies to coordinate all resources within a company. Progress in data processing enables new auxiliary resources to be used with which both the processes within the company and the assignment of resources can be modelled. The focal point in this respect is manpower, due to the flexibility of deployment and to the abilities to master information, use systems, exercise authority in a socially acceptable manner and to understand the policy of a company. The management of a company must now take heed of the growing ecological concerns when optimising work organisation and system layout. In this contribution, strategies aimed at increasing flexibility within companies will be put forward and discussed on the basis of examples of some of those currently in practise.

1. Rahmenbedingungen der Fabrik von morgen

Die Industrieunternehmen in der Bundesrepublik Deutschland stehen zunehmend im Spannungsfeld markt-, umwelt- und gesellschaftspolitischer Entwicklungen (Bild1) /1/. Um auch weiterhin auf nationalen und internationalen Märkten bestehen zu können und somit den Unternehmenserfolg auch zukünftig zu sichern, stellen sich die Unternehmen dem Wettbewerb mit neuen Strategiekonzepten.

Der Absatzmarkt für die Produkte weitet sich bedingt durch die Schaffung des europäischen Binnenmarktes sowie durch die Öffnung neuer Handelswege nach Osteuropa aus. In Prognosen wird für die folgenden Jahre mit einem weiteren Wachstum gerechnet, nachdem bereits im zurückliegenden Jahr 1989 allein im Bereich des deutschen Maschinenbaus ein Umsatzplus von 8,6 % gegenüber dem Vorjahr erwirtschaftet wurde /2-4/.

Der erweiterte Absatzmarkt und der Fortfall der Handelsbeschränkungen bedeuten für die Unternehmen aber auch, daß sich die Konkurrenzsituation verschärft und dementsprechend die Anforderungen der Kunden einen höheren Stellenwert bekommen. Die Unternehmen müssen auf diese Entwicklungen reagieren, indem sie mehr und mehr die hohen Innovationsgeschwindigkeiten bei der Entwicklung und die hohen Qualitätsstandards bei der Produktfertigung als Verkaufsargumente nutzen.

Zu den o. g. externen Einflüssen auf ein Unternehmen kommen die gesell-

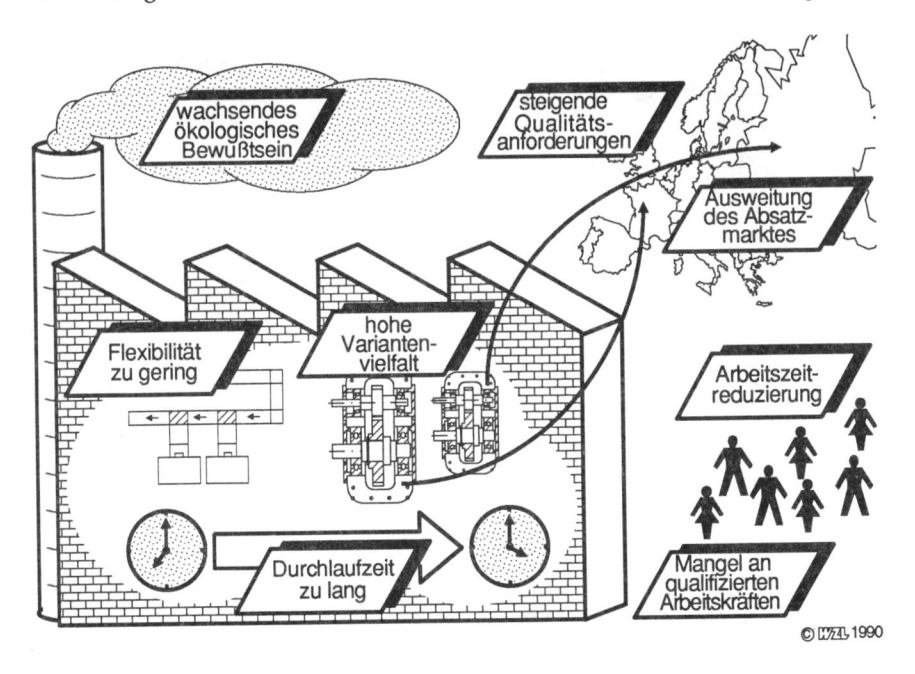

Bild 1: Problemfelder der Unternehmen

schaftlichen Rahmenbedingungen hinzu. Hier sind sicherlich im wesentlichen die Arbeitszeitregelung und die Verfügbarkeit qualifizierter Arbeitskräfte zu nennen. Der Trend zu immer kürzer werdenden Arbeitszeiten und der Mangel an qualifizierten Arbeitskräften erfordern heute in den Unternehmen eine zukunftsbezogene Gesamtplanung aller Ressourcen, um die knappe Ressource "Arbeitskraft" sinnvoll einzusetzen. Eine erneute Verlagerung von Produktionskapazitäten in sogenannte Billiglohnländer kann nicht die geeignete Maßnahme sein. Dort stehen zwar genügend ungelernte Arbeitskräfte zur Verfügung, die allerdings die geforderten Qualitätsstandards häufig nicht erfüllen und moderne Produktionssysteme kaum beherrschen.

Eine weitere wichtige Rahmenbedingung für die Unternehmen ist die Belastung der Umwelt. Das wachsende ökologische Bewußtsein in der Bevölkerung beeinflußt zunehmend unternehmerische Entscheidungen und Maßnahmen /5,6/. So muß verstärkt darüber nachgedacht werden, begrenzt vorhandene Rohstoffe durch andere Materialien zu ersetzen oder über neue Methoden entsprechende Materialien mit gleichen Eigenschaften zu gewinnen, Schadstoffe umweltschonend zu entsorgen oder besser noch durch die Anwendung neuer moderner Prozesse erst gar nicht entstehen zu lassen.

Die beschriebenen externen Einflüsse beeinflußen die Produktionsbedingungen innerhalb der Unternehmen. Aufgrund des Wettbewerbs neigen die Firmen dazu, die Wunschforderungen der Kunden möglichst zu erfüllen. Dies bedeutet wiederum eine hohe Variantenvielfalt der Produkte. Die Unternehmen müssen darauf reagieren, indem sie die Flexibilität in Produktion und Auftragsabwicklung erhöhen. Gleichzeitig sind dabei die Durchlaufzeiten zu verkürzen, und zwar nicht nur in den Bereichen Fertigung und Montage, sondern in allen Unternehmensbereichen. Nur so gelingt es in Zukunft, kostengünstig zu produzieren und zugesicherte Liefertermine einzuhalten.

Zusammenfassend kann man feststellen, daß aufgrund der Veränderungen der externen Rahmenbedingungen und der internen Produktionsbedingungen neue strategische Ansätze dringend erforderlich sind. Hierbei ist zu beachten, daß Kostenreduzierung und Qualitätssteigerung auch künftig noch zu den wichtigsten Unternehmenszielen zählen. Aufgrund der veränderten Marktanforderungen kommt zusätzlich dem Ziel nach Steigerung der Flexibilität in der Zukunft eine besondere Bedeutung zu. Die Maßnahmen und Strategien, mit denen die Ziele erreicht werden sollen, betreffen vorrangig Funktionen in den drei CIM-Ketten "Produktgestaltung", "Produktionsplanung" und "Produktion" **(Bild 2)** /32/ (CIM: Computer Integrated Manufacturing; CIM-Kette: informationstechnische Verknüpfung von Funktionen zu einem Funktionsablauf).

In der CIM-Kette "Produktgestaltung" werden die auftragsunabhängigen Produktinformationen erzeugt. Konstruktionszeichnungen, Arbeitspläne und NC-Programme werden im Bereich der Produktionsplanung für dispositive Aufgaben benötigt. Die Ergebnisse aus den Bereichen Produktgestaltung und Produktionsplanung werden schließlich in der Produktion umgesetzt.

Nicht immer ist eine sequentielle Abarbeitung der konstruktiven, planenden, steuernden und ausführenden Aufgaben bei der Auftragsdurchführung sinn-

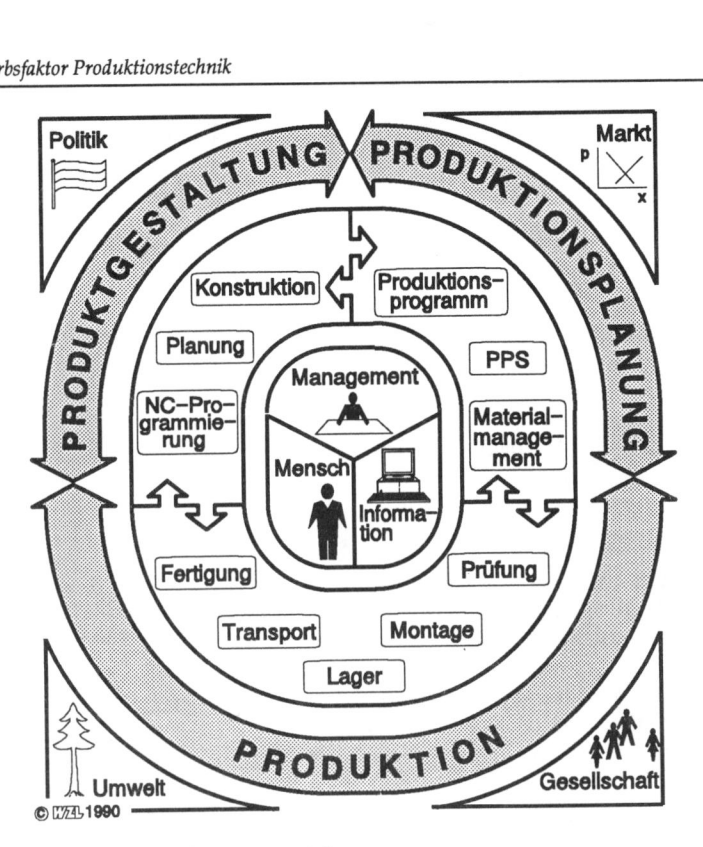

Bild 2: Integrationspotentiale

voll. Gerade mit dem Ziel der Flexibilitätssteigerung ist in Zukunft eine Trennung der Aufgaben hinsichtlich unterschiedlicher Fristigkeit erforderlich. Die **Kombination aus langfristiger Grobplanung** und kurzfristiger, **ereignisorientierter Feinplanung** und -steuerung in der Produktion bildet die Voraussetzung, um zukünftig auf veränderte Randbedingungen schnell zu reagieren. Erfolgt z. B. die Kapazitätsbelegung einer Bearbeitungsmaschine ausschließlich im Bereich der Arbeitsvorbereitung, so kann im Werkstattbereich häufig wegen mangelnder und zu spät übermittelter Informationen die Fertigung und Fertigungsreihenfolge nicht mehr beeinflußt werden. Kann ein Meister dagegen bei Störungen ereignisorientiert umdisponieren, können Verzögerungen bei der Auftragsdurchführung eher vermieden werden.

Dieser Ansatz macht deutlich, daß die einzelnen Funktionsbereiche eines Unternehmens immer enger zusammenwachsen müssen. Die Integration der verschiedenen Bereiche in einem Unternehmen führt u. a. dann zum Erfolg, wenn die Informationsverarbeitung im Unternehmen integriert abläuft und sich über alle Bereiche erstreckt (CIM). Es ist weiterhin sehr wichtig, die Fähigkeiten des Mitarbeiters in die Integration mit einzubeziehen. Es muß also überprüft werden, inwieweit das Personal durch die EDV-technischen Hilfsmittel effektiv zu unterstützen ist.

2. Strategien im Bereich Information, Mensch und Management

Das Ziel, die Flexibilität im Unternehmen zu steigern, erfordert heute Strategien, um die verschiedenen Rationalisierungsmaßnahmen aufeinander abzustimmen und durchzuführen. Um die grundlegenden Strategien festzulegen, werden Informationswerkzeuge, Mitarbeiter und Management eines Unternehmens betrachtet.

Die Informationen eines Unternehmens müssen **funktionsorientiert strukturiert** werden, um eine integrierte Informationsverarbeitung effizient durchführen zu können. Bausteine, mit denen der Informationsverbund aufgebaut wird, sollten **standardisiert** sein. Dies erhöht die Systemkompatibilität, erfordert aber gleichzeitig die strikte Einhaltung der zugrunde gelegten Informationsstrukturen. Zur Dokumentation der anfallenden Informationen werden zunehmend **Modelle genutzt**. Sie ermöglichen, Daten redundanzfrei zu speichern und interpretierbar miteinander zu verknüpfen.

Zwar leisten die informationsorientierten Maßnahmen einen wesentlichen Beitrag zur Steigerung der Flexibilität eines Unternehmens; es sind allerdings parallel hierzu entsprechende Strategien für die Mitarbeiter zu entwickeln. Ihre Fähigkeit, auf Anforderungen schnell und unterschiedlich zu reagieren, macht sie zum **flexibilitätsbestimmenden Faktor** in integrierten Systemen. Man muß frühzeitig mit der **Qualifizierung** beginnen, um auch möglichst bald nach Systemeinführung das angeeignete Know-how der Mitarbeiter nutzen zu können. Wichtig ist, daß bereits in dieser Phase den Mitarbeitern die **unternehmerischen Ziele** klar dargestellt werden, damit das Personal die erforderlichen Maßnahmen mitträgt. Die hierdurch erreichte Identifikation mit den Unternehmenszielen trägt wesentlich zur schnellen Einführung neuer Informationswerkzeuge bei.

Das Management hat diese Aufgaben zu überwachen und ist verantwortlich dafür, daß EDV-Systeme zur integrierten Informationsverarbeitung die **Mitarbeiter entlasten**. Bereits heute sind vom Management die beschriebenen externen Einflüsse hinsichtlich ihrer Relevanz für das Unternehmen zu überprüfen. Die anschließende Strategiebewertung muß nicht nur unter technischen, sondern verstärkt auch unter **sozialen und ökologischen Gesichtspunkten** erfolgen. Dies ist die Voraussetzung für eine optimale Arbeits- und Systemgestaltung.

Die strategischen Ansätze, die bisher für Management, Mitarbeiter und Informationswerkzeuge eines Unternehmens behandelt wurden, wirken sich auch auf die Maßnahmen in den drei CIM-Ketten "Produktgestaltung", "Produktionsplanung" und "Produktion" aus **(Bild 3)**.

Neue Methoden der Produktbewertung erlauben, frühzeitig die fertigungs- und montagegerechte Gestaltung der Produkte zu überprüfen. Fertigungstechnische Probleme sollen hierdurch bereits frühzeitig in der Konzept- und Entwicklungsphase erkannt und beseitigt werden. Dieser Ansatz des "Simultaneous Engineering" verkürzt die Innovationszeit. Hinzu kommt, daß durch die zeitparallele Planung und Fertigung der Komponenten Fehler schnell er-

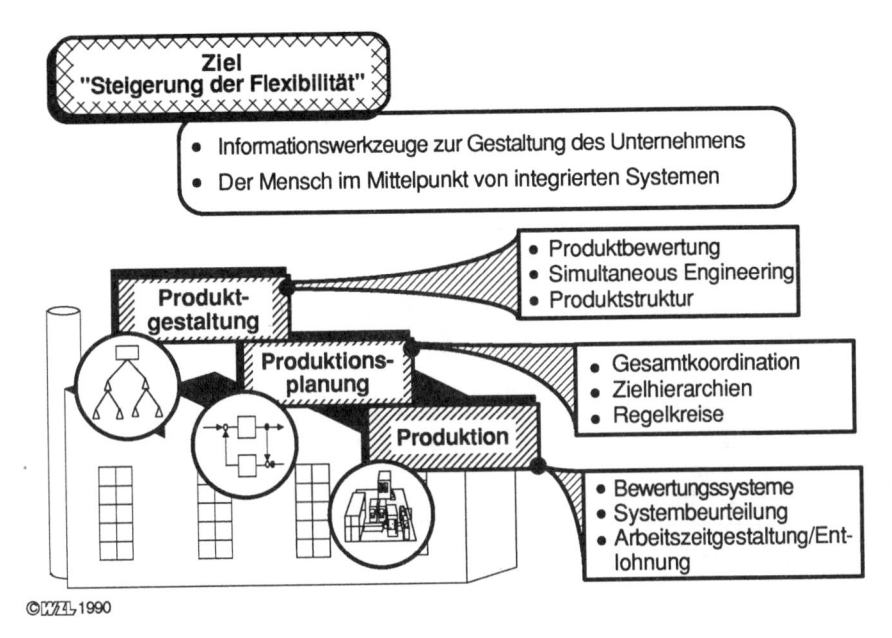

Bild 3: Methoden zur Steigerung der Flexibilität

kannt und behoben werden können. Geänderte Marktanforderungen lassen sich aufgrund der erzielbaren Zeiteinsparungen effektiv umsetzen. Voraussetzung hierfür ist eine Strukturierung des Produktspektrums.

In Zukunft soll die Produktion durch sogenannte Leitstände ganzheitlich koordiniert werden. Wichtig dabei ist die Ausdehnung der Systemgrenze bis hin zu den indirekten Bereichen sowie eine konsequente Gliederung der Bereiche innerhalb der Systemgrenzen. Die hierdurch mit dem Ziel der flexiblen Anpassung definierten, kleineren Subsysteme steuern sich zum einen autark und können zum anderen über kleine Regelkreise aufeinander abgestimmt werden. Zur Planung und Steuerung der Systeme und Subsysteme sind entsprechende Zielhierarchien aufzubauen.

Auch für den dritten wichtigen Unternehmensbereich, die Produktion, sind geeignete Maßnahmen im Sinne der Gesamtzielsetzung "Flexibilitätssteigerung" zu formulieren. Neue Bewertungssysteme geben nicht nur Auskunft über die Kostenstruktur, sondern berücksichtigen zunehmend ökologische und soziale Entscheidungskriterien. Beispiele zu Fragen, die in den Entscheidungsprozeß einfließen müssen, sind: Ist das gewählte Fertigungskonzept in der Umgebung des Unternehmens zu realisieren? Sind besondere Anforderungen hinsichtlich der Geräuschemission zu berücksichtigen? Läßt sich ein 3-Schichtbetrieb uneingeschränkt einrichten, oder muß man von vornherein die Anlage für langfristig höhere Kapazitäten auslegen? Welche zusätzlichen Kosten resultieren aus den alternativen Konzepten?

Systeme können heute also nicht mehr ausschließlich hinsichtlich ihrer technischen Funktionalität beurteilt werden. Zusätzliche Entscheidungskriterien leiten sich ab aus den Anforderungen der Mitarbeiter, die den Betrieb eines Unternehmens erst ermöglichen, und den Anforderungen der Umwelt, in der das System arbeiten oder produzieren soll.

3. Lösungsansätze

3.1 Lösungsansätze im Bereich Information und Informationswerkzeuge

Die zu verwaltende Informationsmenge nimmt in den Unternehmen stetig zu /9/ und erfordert daher eine optimal abgestimmte Informationsverarbeitung (Bild 4). Nur so lassen sich redundante Datenbestände verhindern und die Bereitstellung korrekter Daten und Informationen sicherstellen /10/. Zur Beherrschung der Informationsflut wurden bereits frühzeitig EDV-Systeme eingesetzt, die zunächst im Batch-Betrieb arbeiteten. Sie wurden schon bald den Anforderungen der technischen EDV-Anwendungen nicht mehr gerecht. Die in den letzten Jahren weiterentwickelten EDV-Systeme verfügen über deutlich verbesserte Verarbeitungsgeschwindigkeiten. Die aufgebauten Systeme stellen jedoch meistens Insellösungen dar, können nur eingeschränkt miteinander kommunizieren und sind somit nicht flexibel, um sie im Sinne einer ereignisorientierten Reaktion zu nutzen. Zu lösen ist dieses Problem, indem ein das gesamte Unternehmen umfassender Informationsverbund geschaffen wird. Die Flexibilität läßt sich hierdurch wesentlich steigern. Zur Vorbereitung des Informationsverbundes sind die Informationen in einem Unternehmen zu strukturieren und die eingesetzten Informationswerkzeuge zu standardi-

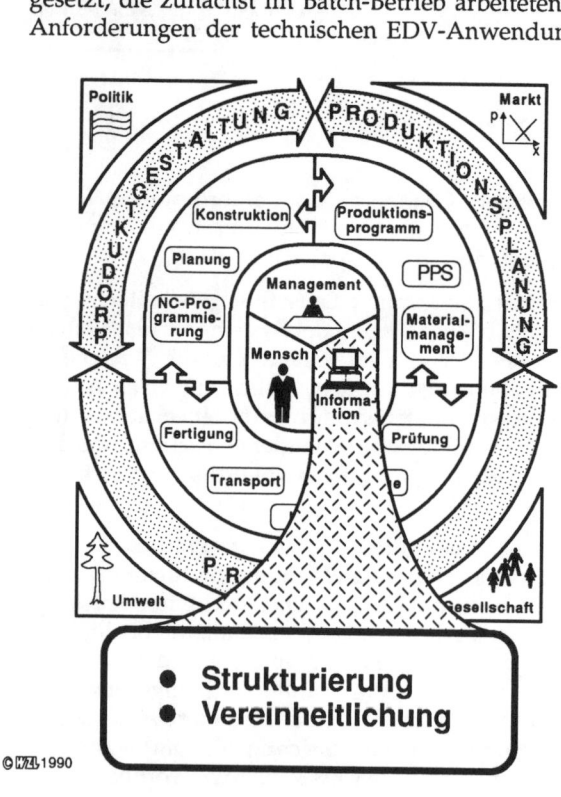

Bild 4: Informationswerkzeuge

sieren. Diese beiden Aufgaben sind als Strategie für eine integrierte Informationsverarbeitung vorrangig voranzutreiben.

Der Informationsverbund muß das gesamte Unternehmen umfassen. Kaufmännischer, planender und ausführender Bereich können somit aktuelle Daten austauschen. Dies erfordert die Definition und Festlegung von Schnittstellen und den Aufbau von Modellen, in denen das Unternehmen realitätsnah abgebildet wird /11-13/.

3.1.1 Modellbildung

Die Informationen in einem Unternehmen können redundanzfrei gespeichert werden, wenn die relevanten Daten von Produkten, Ressourcen und dem Unternehmen in den richtigen Modellen definiert sind. Ziel der Modellierung ist dabei, das Unternehmen vollständig und möglichst realitätsnah abzubilden.

In einem Modell können die Informationen zu einem bestimmten Objekt zusammenhängend dargestellt werden. So kann über die Identnummer eines Elementes, z. B. einer Nut, nicht nur auf die Geometrie zugegriffen werden, vielmehr sind Werkzeugdaten, Schnittwerte, Maschinenparameter etc. modellintern mit der Geometrie verknüpft und können somit ebenfalls abgerufen werden. Die aufgebauten Modelle sind dabei ein Abbild der Realität und können in Partialmodelle zerlegt werden. Sie sind miteinander vernetzt, um Informationen nur einmal zuordnen zu müssen, jedoch durchgängig abrufbar zu halten.

Die Abbildung eines Unternehmens sollte auf drei Modellebenen erfolgen **(Bild 5)**, im Produktmodell, im Ressourcenmodell und im Unternehmensmodell. Informationen zu den gefertigten Produkten sind im Produktmodell gespeichert. Stammdaten der Maschinen, Transporteinrichtungen etc. sind Teilinformationen des Ressourcenmodells. Übergeordnete Geschäftsprozesse, Ablaufregeln etc. sind im Unternehmensmodell beschrieben. Wie in einem Planspiel können alternative Strategien, z. B. Produktanpassungen oder Produktionsänderungen, an Hand der Daten in den Modellen simuliert werden. Ökologische Einflüsse, wie eine erschwerte Beschaffung produktionsnotwendiger Rohstoffe oder gesellschaftspolitische Maßnahmen, sind im Vorfeld zu erkennen und zu bewerten. Das Unternehmen ist in der Lage, frühzeitig zu reagieren und kann den Veränderungsprozeß geplant durchführen.

Softwarewerkzeuge unterstützen die Modellierung und Simulation der Auftragsabwicklung in einem Unternehmen. Unternehmensfunktionen werden transparent, und Veränderungen können hinsichtlich ihres Einflusses quantifiziert werden. Entsprechende Werkzeuge, die eine Unternehmensmodellierung und Simulation ermöglichen, werden im Rahmen des ESPRIT Projektes 688 AMICE (CIM-OSA: Computer Integrated Manufacturing - Open System Architecture) entwickelt /20/. Grundlage ist eine funktionale Strukturierung der Unternehmen. Die daraus abgeleitete Architektur ist nach entsprechender Anpassung in Zukunft auf beliebige Unternehmen zu übertragen /34/.

Derzeit sind die unternehmensrelevanten Informationen dezentral in Daten-

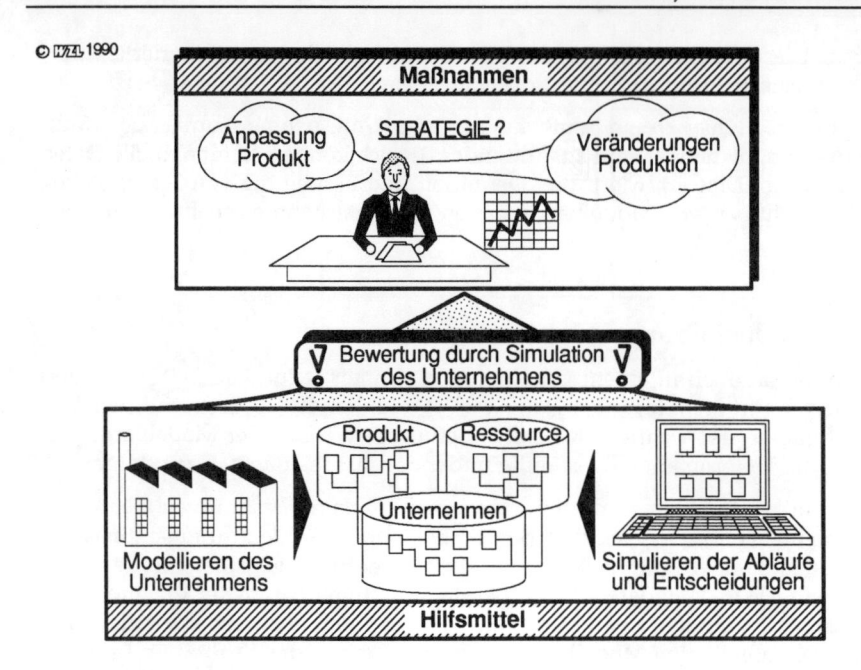

Bild 5: Hilfsmittel zur Strategiebewertung

banken der Anwendungssysteme gespeichert. Produktinformationen wie Zeichnungen werden in CAD-Systemen, Arbeitspläne dagegen in PPS-Systemen verwaltet, ohne daß wechselseitig auf die relevanten Informationen zugegriffen werden kann. Die Informationen, die bei der Produktgestaltung, der Produktionsplanung und der Produktion anfallen, müssen zunächst strukturiert werden **(Bild 6)**. Nach diesem Vorgang sind sie zu vereinheitlichen und gegebenenfalls zu standardisieren.

Alle produktbezogenen Informationen, die für einen Auftrag von der Angebotserstellung bis zur Produktauslieferung anfallen, werden zukünftig im **Produktmodell** gespeichert. Das Skelett der Informationsspeicherung ist die Produktstruktur. Die Geometriedaten als Bestandteil des Produktmodells stellen das Produkt eindeutig dar /11/. Die technischen und technologischen Daten beschreiben den Fertigungsprozeß. Lager-, Transport- und Bereitstelloperationen sind so abgebildet, daß Alternativen sowohl hinsichtlich der Wege als auch der Zeiten simuliert werden können.

Die Stammdaten der Ressourcen, hierzu zählen u. a. Maschinen, Werkzeuge und Vorrichtungen, werden im **Betriebsmittelmodell** (Teil des Ressourcenmodelles) beschrieben /17,19/. Technische und zeitliche Einsatzbedingungen sind strukturiert abgelegt. Metrische Merkmale, wie Abmessungen und Toleranzen, sind mit der entsprechenden Graphik eines Werkzeuges verknüpft. Auf diese Informationen des Betriebsmittelmodells wird z. B. bei der Auswahl eines Werkzeuges im Rahmen der Arbeitsplanung zugegriffen. Das Ergebnis dieses

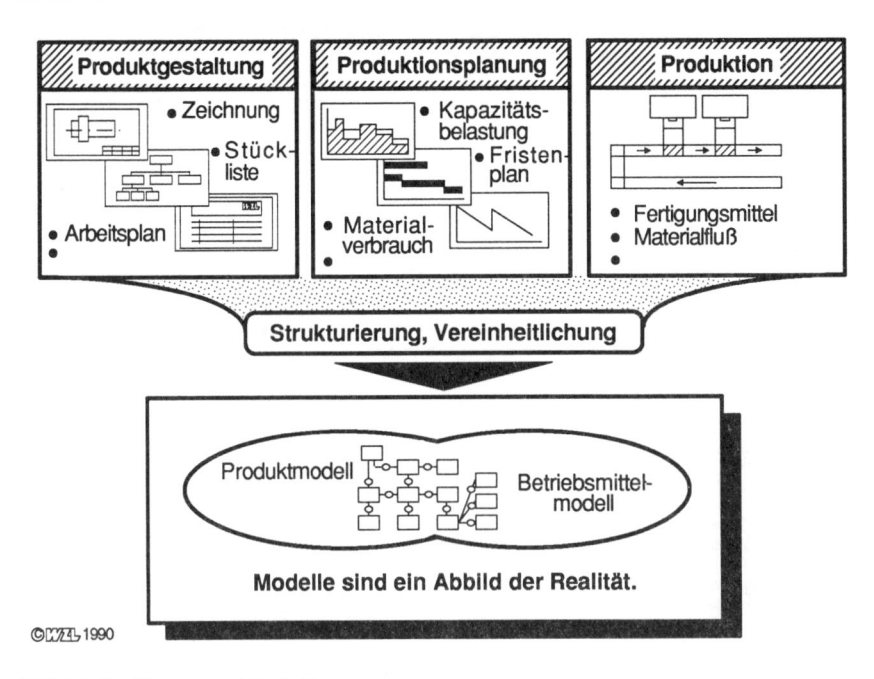

Bild 6: Aufbau von Modellen

Planungsprozesses, z. B. ein ausgewähltes Werkzeug zur Bearbeitung einer Nut (vgl. Bild 6), wird im Produktmodell gespeichert, da es sich um eine produktbezogene Information handelt.

Produktmodelle werden bereits heute ansatzweise genutzt. In dem folgenden Anwendungsfall (Bild 7) werden in den Bereichen Konstruktion und Arbeitsplanung gemeinsame Informationen genutzt/33/. Die Werkstücke werden mit Hilfe von geometrischen Elementen wie Zylinder, Konus, Quader etc. und technischen Elementen (Features) wie Gewinde, Nut, Einstich etc. beschrieben und rechnerintern dargestellt. Fertigungstechnische Regeln sind diesen Elementen zugeordnet. Eine aufwendige Interpretation der Werkstückgeometrie zur Ermittlung der technologischen Information entfällt somit. Arbeitsvorgangsfolgedaten lassen sich direkt ermitteln und mit den Geometrieinformationen modellintern verknüpfen. Bei Konstruktionsänderungen werden die Arbeitsplandaten automatisch aktualisiert. Durch eine Modifikation der Elementgeometrie kann beispielsweise eine neue Überlaufstrategie notwendig werden, der Teilarbeitsvorgang wird angepaßt und gegebenenfalls ein anderes Werkzeug ausgewählt. Die Informationsabbildung in dem Modell ermöglicht nicht nur den unidirektionalen Datenaustausch zwischen Konstruktion und Arbeitsplanung. Auch umgekehrt können durch Änderungen im Arbeitsplan betroffene Elemente der Konstruktion erkannt werden. So werden in einem Unternehmen Werkzeuge nach der Überprüfung ihrer Eignung für bestimmte Bearbeitungsaufgaben für den Werkzeugeinsatz freigegeben. Werden nun die Bearbei-

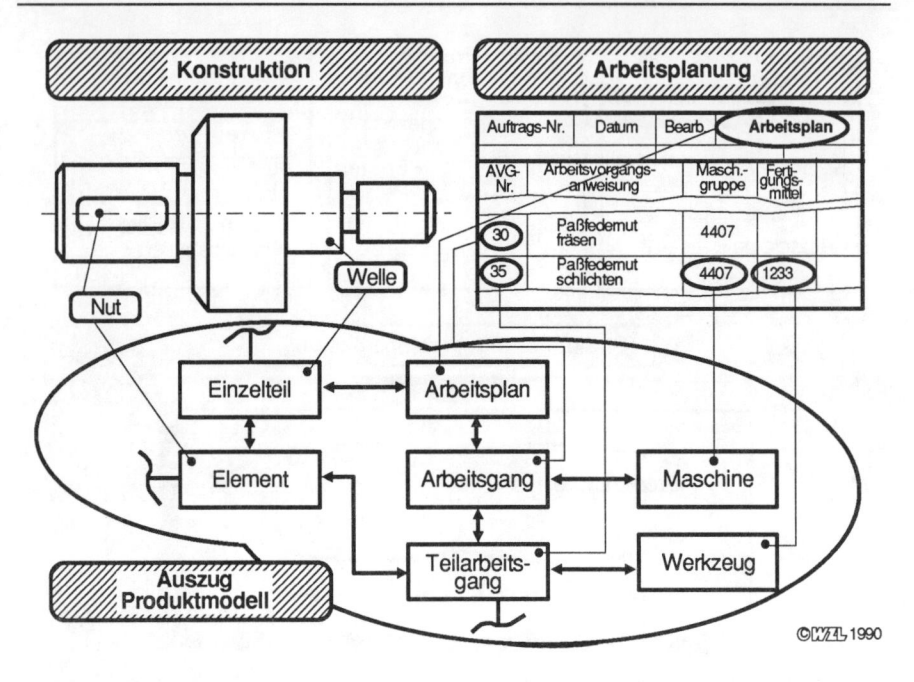

Bild 7: Informationsstrukturierung im Produktmodell (Beispiel)

tungselemente "werkzeuggerecht" standardisiert, kann der Konstrukteur auf diese Elemente zurückgreifen und fertigungsoptimal seine Konstruktion auslegen.

Zusammenfassend ist festzustellen, daß durch strukturiert gespeicherte Daten in Modellen qualitativ höherwertige Informationen schneller bereitgestellt werden können.

Da die entsprechenden Werkzeuge zum Aufbau der Modelle in Kürze verfügbar sind, ist die Strategie, Informationen in Modellen zu speichern, sicherlich ein Beitrag für die Gestaltung der Zukunft. Die Strukturierung der Informationen im Unternehmen ist heute schon in Angriff zu nehmen.

3.1.2 Schnittstellen als Bausteine der Integration

Die Modelle und die in ihnen gespeicherten Informationen sind die Basis der Integration. Anwendungssysteme nutzen diese Daten und erzeugen neue Daten, die wiederum in den Modellen abgelegt werden. Voraussetzung ist, daß die Informationen über gleichartige Zugriffsfunktionen bereitgestellt und für den Informationsaustausch genormte Schnittstellen zur Verfügung gestellt werden **(Bild 8)** /16-18/.

Sollen in einem Unternehmen Systeme eingeführt werden, sind vier Schwer-

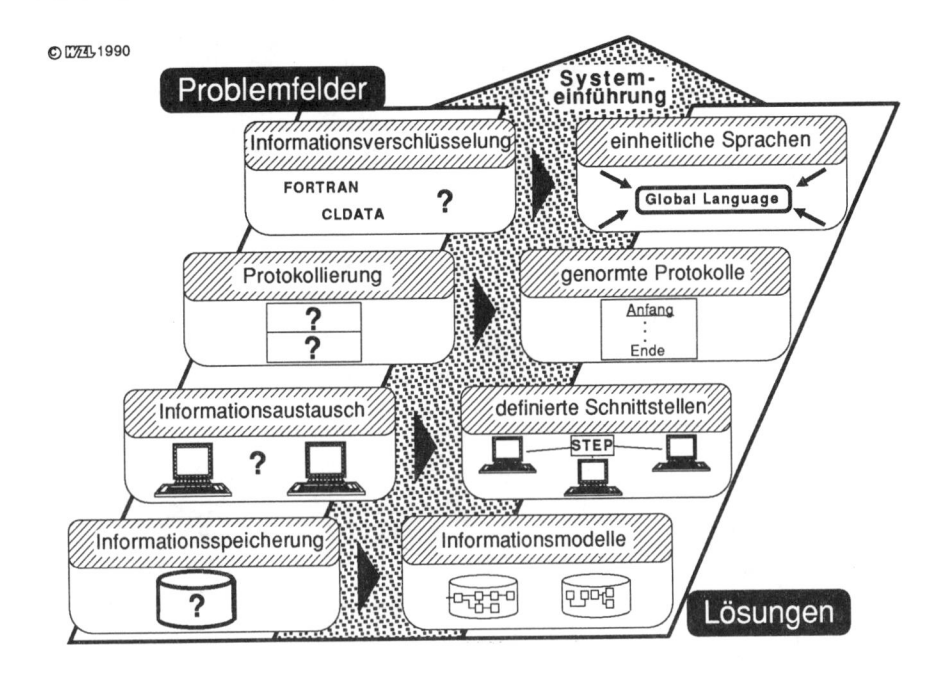

Bild 8: Unterstützung der Systemeinführung durch "Entwicklungsbegleitende Normung"

punkte der Informationshandhabung vorrangig zu beachten. Die anfallenden Informationen müssen vollständig und redundanzfrei gespeichert werden. Der Austausch von Informationen muß gewährleistet sein. Die Datenübertragung zwischen zwei Systemen ist zu protokollieren und sollte auf einem hohen Informationsniveau erfolgen. Ferner sind die zu übertragenden Informationen zu verschlüsseln. Bis heute werden überwiegend systemspezifische Schnittstellen genutzt, um leistungsfähige Systeme unterschiedlicher Hersteller miteinander zu koppeln. Diese Schnittstellen sind von verschiedenen Herstellern aufwendig erstellt worden und nur für bestimmte Anwendungen einsetzbar.

Entscheidende Vorteile liefert in Zukunft die internationale Normung. Genormte Schnittstellen, Protokolle und Sprachen werden entwickelt, die eine Verbindung verschiedener Systeme unterschiedlicher Hersteller ermöglichen /22/. Auf Basis der beschriebenen Informationsmodelle (vgl. Bild 6 und 7) werden einheitliche Schnittstellen zum Austausch von Produktdaten definiert (vgl. STEP - IPIM: Standard for the Exchange of Product Model Data - Integrated Product Information Model /11, 16, 17/).

Im Rahmen entwicklungsbegleitender Normung, wie sie innerhalb des KCIM-Verbundprojektes (KCIM: Kommission CIM im DIN) erfolgt, sind die Normungsschritte zu verkürzen und internationale Normungsbestrebungen werden rechtzeitig beeinflußt. Nutzen die Unternehmen die in KCIM erarbeiteten

Normungsergebnisse, so ist die Normung nicht länger "Hemmschuh" der Entwicklung, sondern wird zunehmend zum Gestaltungs- und Marketinginstrument. Angesichts des hohen Exportanteils der Bundesrepublik Deutschland sind die Modellierungsansätze (CIM-OSA) und die Schnittstellennormung (KCIM) zu unterstützen und auszuweiten /23/, da von amerikanischer und japanischer Seite verstärkt in diesem Bereich der Integration gearbeitet wird.

3.1.3 Vorbereitende Maßnahmen zur Strukturierung

Im Rahmen der Forschungen zur Unternehmensarchitektur (CIM-OSA) und zur Schnittstellenentwicklung (KCIM) werden in den nächsten Jahren Forschungsergebnisse in anwendbare Informationswerkzeuge umgesetzt. Sie sind in den Unternehmen als Hilfsmittel zur integrierten Informationsverarbeitung zu nutzen.

Im Hinblick auf den betrieblichen Einsatz dieser Informationswerkzeuge muß in den Unternehmen schon jetzt mit Vorarbeiten zur Strukturierung begonnen werden. Dazu sind die folgenden vier Sichtweisen auf ein Unternehmen notwendig (Bild 9):

Zunächst sind die **Funktionen** eines Unternehmens zu erfassen und zu strukturieren. Durch ein Top-Down-Vorgehen müssen die Funktionen schrittweise verfeinert werden, ohne die Übersicht des Gesamtzusammenhanges zu verlie-

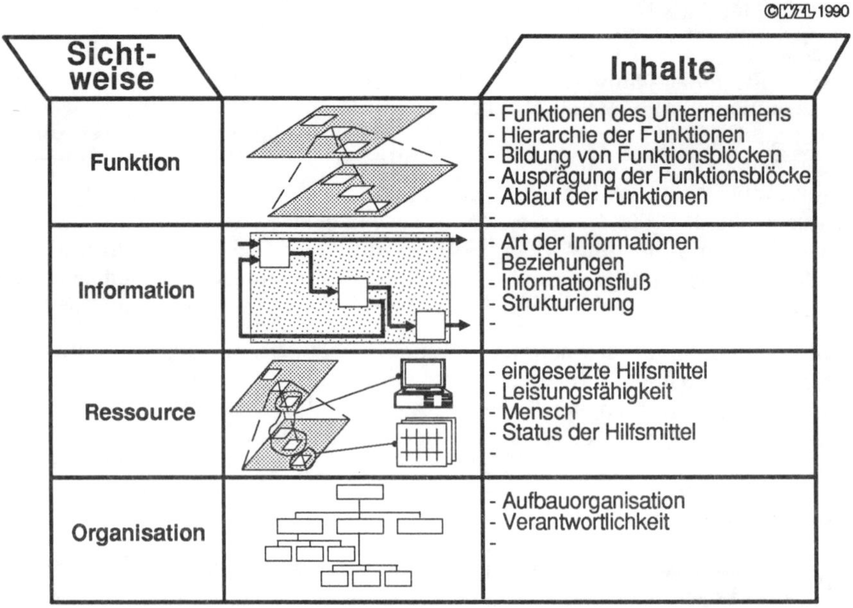

Sichtweise		Inhalte
Funktion		- Funktionen des Unternehmens - Hierarchie der Funktionen - Bildung von Funktionsblöcken - Ausprägung der Funktionsblöcke - Ablauf der Funktionen
Information		- Art der Informationen - Beziehungen - Informationsfluß - Strukturierung
Ressource		- eingesetzte Hilfsmittel - Leistungsfähigkeit - Mensch - Status der Hilfsmittel
Organisation		- Aufbauorganisation - Verantwortlichkeit

Bild 9: Vorgehensweise zur Strukturierung

ren. Funktionsblöcke sind zu bilden und deren Aufgaben entsprechend zu beschreiben. Die Funktionsanalyse darf sich dabei nicht an bestehenden Abteilungsstrukturen orientieren. Funktionen sind zunächst thematisch zusammenzufassen. Anschließend wird eine logisch integrierte Folge der Funktionen festgelegt.

Die **informationsorientierte** Sichtweise auf ein Unternehmen baut auf der Funktionsdarstellung auf. Für jede Funktion ist der optimale Umfang und der Detaillierungsgrad der Eingangs- und Ausgangsinformationen festzulegen. Eine "Quelle - Senke"-Beziehung beschreibt den Informationsfluß.

Bei der **Ressourcenbetrachtung** sind Überschneidungen und Fehlstellen zu ermitteln, die einen durchgängigen Auftragsdurchlauf behindern. In die Betrachtung sind sowohl die EDV-technischen und manuellen Hilfsmittel als auch das Personal mit einzubeziehen. Der Handlungsbedarf bezüglich der ergänzenden und ersetzenden Unternehmensressourcen ist das Ergebnis dieser Abstimmung.

Liegen die Funktionen, Informationen und Ressourcen fest, ist eine aufgabenorientierte **Organisation** abzuleiten. Verantwortungsbereiche, die festgelegt werden, sollen eine Funktionsintegration unterstützen und die funktionsorientierte Ablauforganisation festigen.

3.1.4 Praxisbeispiele

Eine exemplarische Anwendung der geschilderten Vorgehensweise wurde für den Großpreßwerkzeugbau (Bereich Preßtechnik und Werkzeugbau) eines Automobilherstellers durchgeführt /35/. Ziel war die Vorgabe von Leitlinien zur Modernisierung und Rationalisierung.

Zunächst wurde der Anwendungsbereich "Großpreßwerkzeugbau" bestimmt. Die Schnittstellen zu den angrenzenden Produktionsbereichen innerhalb des Unternehmens sowie zu Externen waren festzulegen. Darauf aufbauend wurden die Zielsetzungen der Integration definiert:

- Standardisierung des Auftragsablaufes

- Qualitätsverbesserung der Unterlagen und der gefertigten Produkte

- Kostenreduzierung

- Durchlaufzeitverkürzung

- optimale Bereitstellung von Informationen

- Stärkung des Mitarbeiterpotentials.

Ferner wurden die Randbedingungen, unter denen die Integration verwirklicht werden soll, ermittelt. Die eigentliche Modellierung erfolgte mit den vier beschriebenen Sichtweisen (vgl. Bild 9).

Das CIM-Grobkonzept für den Bereich Preßtechnik und Werkzeugbau wurde

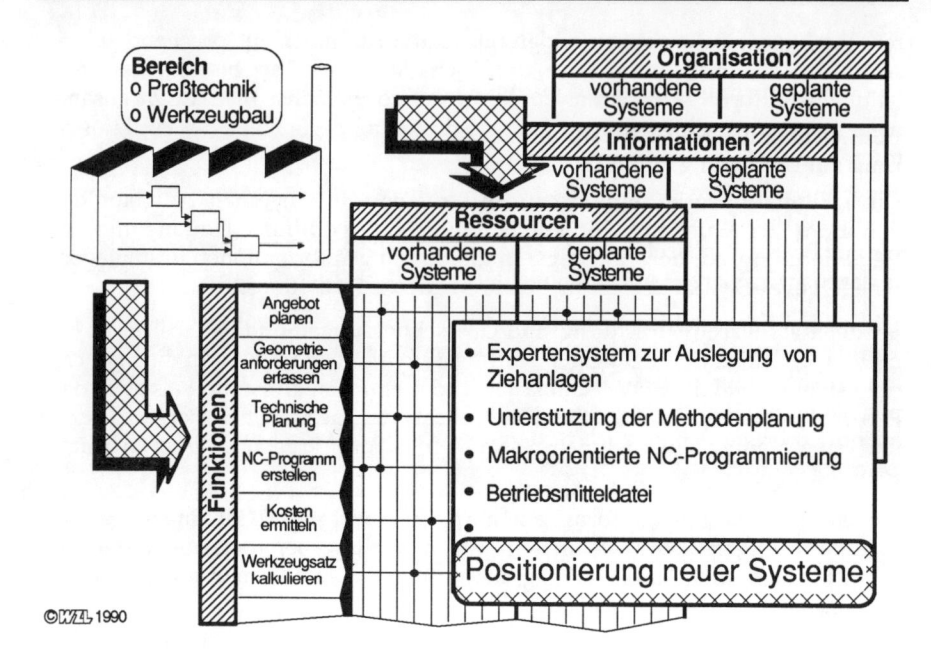

Bild 10: Systemauswahl auf Basis eines funktionsorientierten Ansatzes (nach: Ford)

unter Berücksichtigung der vier Sichtweisen "Funktion", "Ressource", "Information" und "Organisation" aufgebaut **(Bild 10)**. Folgende Kernfragen waren daraufhin zu beantworten:

- Welche Funktionen sind zur Herstellung von Großpreßwerkzeugen notwendig?
- Welche Informationen müssen ausgetauscht werden?
- Welche Ressourcen sind erforderlich? Welchen Leistungsumfang müssen sie haben?
- Welche Ablauforganisation ist für einen schnellen und reibungslosen Fertigungsprozeß notwendig?
- Welche Aufbauorganisation ist unter den Gesichtspunkten der Integration sinnvoll?

In Bild 10 ist exemplarisch der Abgleich zwischen den Funktionen des Bereiches Preßtechnik und Werkzeugbau und den Ressourcen dargestellt. Man kann damit feststellen, wo in einer Prozeßkette Ressourcen fehlen und damit den Informationsfluß stören. In dem Beispiel ist zu erkennen, daß heute die komplexe Planung von aufwendigen, teuren Großwerkzeugen, z. B.

- die Planung und Festlegung einer Ziehanlage,

- die Bestimmung der optimalen Stufenfolge und

- die Zuordnung einer geeigneten Pressenstraße

EDV-technisch wenig unterstützt wird, da das Expertenwissen und die Erfahrung zur Auslegung kaum dokumentiert sind. Auch bei der NC-Programmierung, insbesondere bei der 5-Achsen-Technologie, fehlen geeignete und effiziente Hilfsmittel. Der Aufbereitungsaufwand der Geometrien ist im Verhältnis zur Bearbeitungszeit zu hoch. Auf schon erstellte NC-Programme oder Teile daraus wird derzeit nur unzureichend zurückgegriffen.

Die beiden dargestellten Teilbereiche sind wichtige Elemente in einer Prozeßkette, beginnend bei der Angebotserstellung für Großpreßwerkzeuge bis hin zur Auslieferung an das Preßwerk. Deshalb wurden Entwicklungsvorschläge abgeleitet, um den durchgängigen Informationsfluß sicherzustellen. Zukünftig sollen Expertensysteme zur Auslegung von Ziehanlagen und zur Methodenplanung genutzt werden. Schon in der frühen Phase der Angebotserstellung kann damit auf Unternehmenserfahrungen zugegriffen werden. Im Rahmen der detaillierten Auftragsplanung werden diese Informationen verfeinert. Im Bereich der NC-Programmierung sind Makrobefehle zu nutzen, um die Programmerstellung zu vereinheitlichen und zu vereinfachen. Als Vorbedingung ist zuerst eine Betriebsmitteldatei aufzubauen, um alle relevanten Informationen zu den Betriebsmitteln zu erfassen und eine durchgängige Werkzeugorganisation zu erreichen.

Bei der Einführung neuer Systeme bzw. der Modifikation bestehender können somit die Auswirkungen auf den Informationsverbund abgeschätzt werden. Dies erleichtert eine zielgerichtete, sich auf das Wesentliche beschränkende Durchführung von Projekten. Zugleich werden aber auch die Belange der angrenzenden Produktionsbereiche berücksichtigt.

In einem zweiten Beispiel wird die Strategie, Informationen zu strukturieren und in Modellen nutzbar zu machen, in einem Unternehmen des Anlagenbaus dargestellt. Der Einsatz der EDV begann in dem Unternehmen im Jahr 1962. Bis 1984 entstanden eine Vielzahl von Insellösungen, die nur über Schnittstellen zu verbinden waren. Das Management erkannte, daß eine Fortsetzung dieser EDV-Entwicklung eine durchgängige und effektive Auftragsbearbeitung sehr bald behindern würde. Die Unternehmensleitung initiierte das strategische Projekt "Integrierte Informationsverarbeitung (IIV)". Dieses Projekt beinhaltet die Strukturierung aller im Unternehmen verfügbaren Informationen. Dadurch wird eine logisch zentrale Datenbasis geschaffen, die Informationen für alle Anwendungssysteme im Unternehmen bereitstellt. Über die integrierte Informationsverarbeitung sind folgende strategisch wichtigen Ziele zu erreichen:

- Schnellere und effektivere Information der Mitarbeiter. Verbesserung der Entscheidungsqualität und Sicherstellung eines verbesserten allgemeinen Wissensstandes.

- Wesentliche Verkürzung der Durchlaufzeiten je Auftrag durch verbesserte Kapazitätsplanung und effektivere Fertigungssteuerung.

- Beschleunigung des Materialflusses und Reduzierung von Lagerbeständen (termingerechte Materialbeschaffung).
- Verbesserung im Bereich der Normung und Standardisierung; dadurch deutliche Kostenreduzierungen.
- Anhebung des Qualitätsstandards durch die Verbesserung des Meß- und Prüfwesens (Qualitätssicherung).

Zur Realisierung des Konzeptes mußten neue Rahmenbedingungen im Unternehmen geschaffen werden.

Die Aufbauorganisation wurde verändert und eine Stabsstelle geschaffen. Diese Stelle ist zentral für die Konzipierung und Realisierung der einzelnen Teilprojekte verantwortlich. Als Investitionsrahmen wurden für die ersten zehn Jahre der Projektlaufzeit ca. 30 Mio. DM veranschlagt.

Aufgebaut wurde eine Basisdatenbank über alle Ebenen des Unternehmens (**Bild 11**). Die physische Datenspeicherung erfolgt dezentral, die logische Struktur und der Aufbau der Datenbasis ist jedoch zentral. Alle EDV-Anwendungen greifen auf diese Datenbasis zu. Inhalt der Datenbasis sind die im Unternehmen eingesetzten sogenannten "Artikel":

- Rohmaterialien, Werkstoffe, Einkaufsteile und -baugruppen,

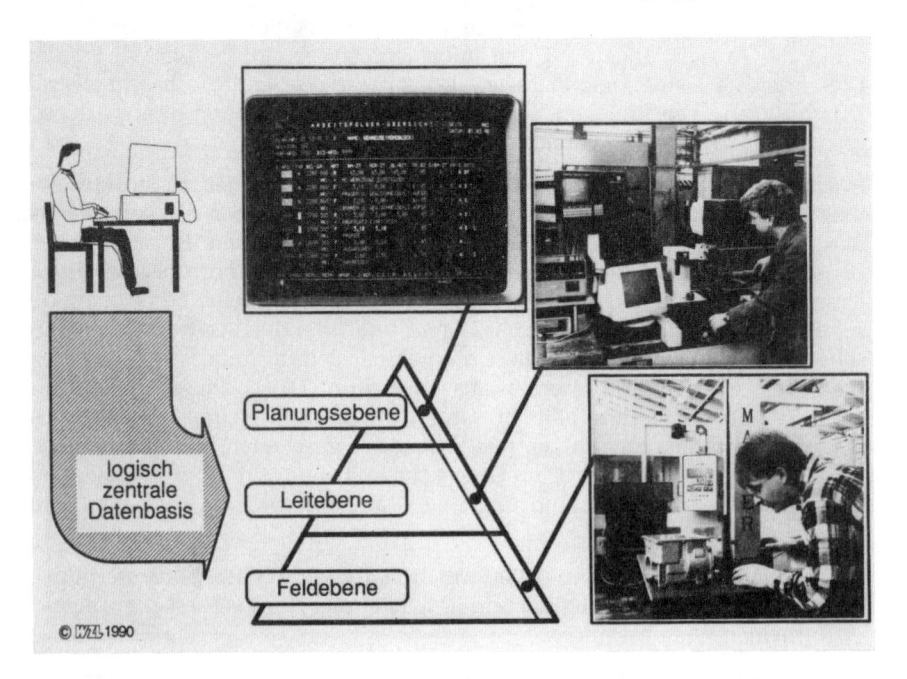

Bild 11: Integrierte Informationsverarbeitung (nach: Scheidt & Bachmann)

- Eigenfertigungsteile, -baugruppen und Endprodukte,
- Software,
- Betriebsmittel, wie Gebäude, Maschinen, Werkzeuge, Modelle etc.

Im Beispiel sind verschiedene Anwendungen des Teilprojektes "Prüfen und Messen" auf den unterschiedlichen Unternehmensebenen dargestellt. Innerhalb der Planungsebene werden alle Arbeitsvorgänge einschließlich der Prüfoperationen festgelegt. Auf der Leitebene erfolgt die Werkzeugvoreinstellung. Die Daten der Arbeitsplanung werden als Vorgaben genutzt und um weitere Korrekturdaten ergänzt. Die voreingestellten Werkzeuge werden in den Maschinen auf der Feldebene eingesetzt. Die maschinennahen Prüfoperationen werden sofort ausgewertet und bewirken bei Abweichungen eine sofortige Änderung der Werkzeugkorrekturwerte in der NC-Steuerung. Erst nach Überschreitung eines vorgegebenen Grenzwertes werden die Prozeßstörungen an die übergeordnete Ebene zurückgemeldet.

Demonstriert wird an diesem Beispiel eine durchgehende Informationsverknüpfung unter Verwendung einer strukturierten Datenbasis. Bei der Auswahl von Anwendungssystemen hat die Integrationsfähigkeit einen höheren Stellenwert als eine optimale Problemlösung. Die Definition der Schnittstellen zu weiteren Teilprojekten im Unternehmen hat eine hohe Priorität.

Das beschriebene Beispiel zeigt, daß die Strukturierung aller verfügbarer Informationen innerhalb eines Unternehmens eine wichtige Voraussetzung zur Einführung der integrierten Informationsverarbeitung ist. Dies gilt umso mehr, wenn Informationen in einer gesamten Firmengruppe ausgetauscht werden müssen, wie das folgende Beispiel zeigt (**Bild 12**). Gerade im Bereich der technischen Dokumentation sind die Aufwände in den letzten Jahren extrem gestiegen. Die Dokumentationskosten belaufen sich dabei auf ca. 10 bis 20 Prozent der Herstellkosten /36/. So wurden in einem Unternehmen des Werkzeugmaschinenbaus Hilfsmittel zur technischen Dokumentation in einen bereits bestehenden Systemverbund eingebunden, um eine einheitliche Gestaltung der Dokumentationsunterlagen zu erreichen.

Auf der Basis einer einheitlichen Erstellung von Textdaten und CAD-Graphikdaten wird über ein "Electronic-Publishing-System" die Erstellung der Kundendokumentation nach einheitlichen Regeln in der gesamten Unternehmensgruppe vorgenommen. Layout, Piktogramme und Visualisierung von Produktfunktionen sind selbst bei unterschiedlichen Produkten ähnlich. Versucht man die Auswirkungen zu quantifizieren, so läßt sich eine Aufwandsverdopplung ohne Unterstützung der technischen Dokumentation innerhalb von 15 Jahren prognostizieren. Durch Einsatz des Publishing-Systems läßt sich nicht nur der Erstellungsaufwand um ca. 40 % reduzieren, gleichbleibende Qualität und einheitliches Erscheinungsbild der Unterlagen wirken sich auch auf das Marketing aus.

Wie die Praxisbeispiele belegen, ist eine Strukturierung der Informationen und ihre Speicherung in Modellen eine wesentliche Voraussetzung zur Integration. Es zeigte sich aber auch, daß der Bedarf an Informationswerkzeugen zur

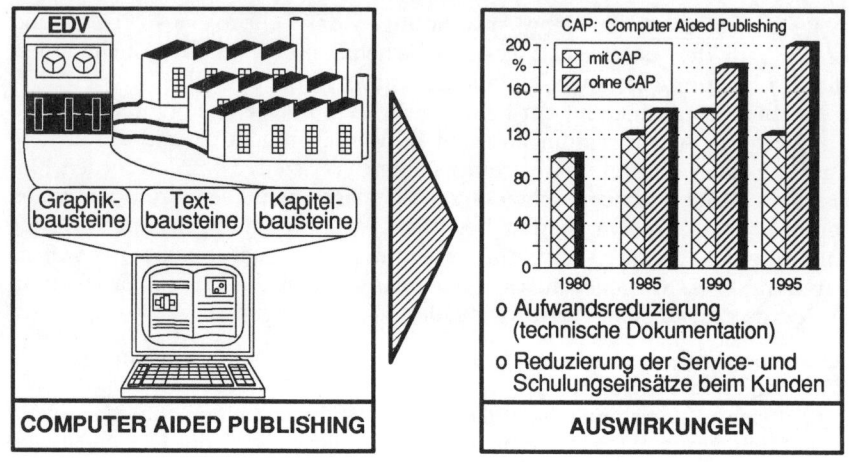

Bild 12: Integrationsbeispiel "Technische Dokumentation" (nach: Ingersoll)

Durchführung dieser Strukturierung sehr groß ist, um die geplanten Vorhaben im voraus bewerten zu können.

3.2 Qualifizierte Mitarbeiter als Integrationsfaktor

In den letzten Jahren wurde immer deutlicher, daß ohne Berücksichtigung der Mitarbeiterbelange kein sinnvoller Einsatz der Systeme möglich ist /34/. Erst qualifizierte Mitarbeiter gewährleisten die Systemflexibilität und erhöhen die Effizienz (**Bild 13**).

Das Management beeinflußt durch strategische Entscheidungen die Einführung integrierter Systeme. Die hieraus abgeleiteten Unternehmensziele müssen allen Mitarbeitern in Form von Managementvorgaben transparent dargestellt werden. Die optimale Nutzung der menschlichen Leistungsfähigkeit im Sinne des Unternehmenserfolges setzt die **Harmonisierung der Mitarbeiter - Management - Beziehung** voraus.

3.2.1 Flexible Ressource Mensch

Im Vergleich zu den Produktionsfaktoren "Material", "Fertigungsmittel" und "Information" stellt der Mitarbeiter die flexibelste Ressource dar, ohne die eine Lösung der in Bild 1 dargestellten Probleme kaum zu erreichen ist. Flexibilität heißt dabei, schnell und optimal auf veränderte Randbedingungen reagieren zu können. Damit wird der Mitarbeiter als flexible Ressource zum Kern neuartiger Informationsarchitekturen - nicht nur in der Ausführungsebene sondern in der gesamten Unternehmenshierarchie bis hin zur obersten Führungsebene (Bild 14). Vier wesentliche Eigenschaften prägen die Flexibilität des Menschen:

Die Fähigkeiten der Mitarbeiter, wichtige und unwichtige Informationen voneinander zu trennen, sie zu verdichten und zueinander in Beziehung zu setzen, sie zu selektieren und an die richtigen Stellen weiterzuleiten, ergänzen Möglichkeiten der technischen Komponenten in der Informationsverarbeitung und ermöglichen kurzfristige Anpassungen an veränderte Randbedingungen.

- Flexibilität
- Qualifizierung

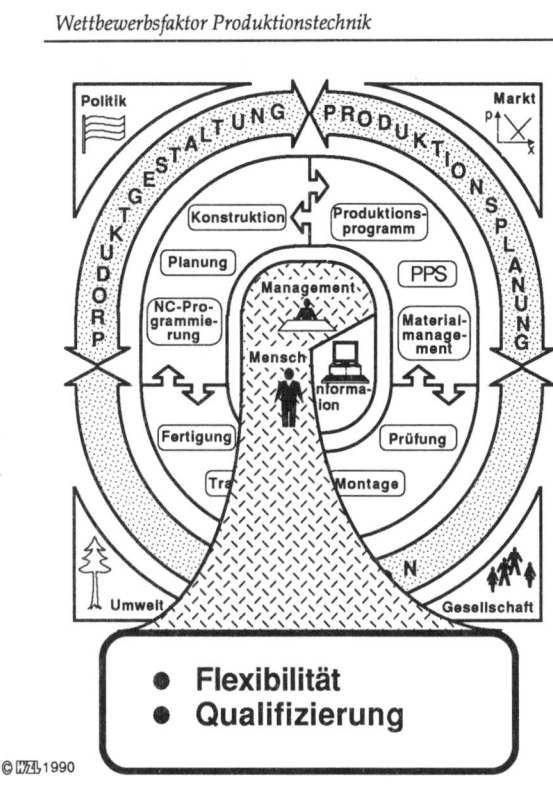

Bild 13: Mensch und Management

Zur Durchführung der erforderlichen Aufgaben setzt der Mitarbeiter EDV-Systeme ein. Zum einen plant er mit Hilfe der Systeme und erreicht eine schnelle und exakte Ergebnisfindung. Zum anderen überwacht er die Systeme und kontrolliert die Systemergebnisse. Gefragt sind nicht mehr alleine die Systembeherrschung, sondern vor allem die Interpretation der Ergebnisse. Intuition und Einfühlungsvermögen in den jeweiligen Prozeß sind Fähigkeiten, die in Zukunft zur Beherrschung des Informationsverbundes notwendig sind.

Die Nutzung eines Informationsverbundes verlangt von den Mitarbeitern ein hohes Maß an Integrationsfähigkeit. Einsame Entscheidungen und Monopolisierung von Fachwissen werden durch Teamwork, Kooperation und Partizipation abgelöst. Ansätze wie Simultaneous Engineering erfordern ein gemeinsames und kooperatives Arbeiten an der gestellten Aufgabe. Der Mitarbeiter mit seinen vielfältigen Kommunikationsmöglichkeiten kann schnell und optimal, d.h. flexibel, reagieren und das Ressourcenangebot ausnutzen. Eine wichtige Aufgabe übernimmt dabei das Management, das die Mitarbeiter von der Notwendigkeit und den Vorteilen integrierter Informationssysteme überzeugen muß.

Wichtig ist hierbei, persönliche, gruppen- bzw. teambezogene und unterneh-

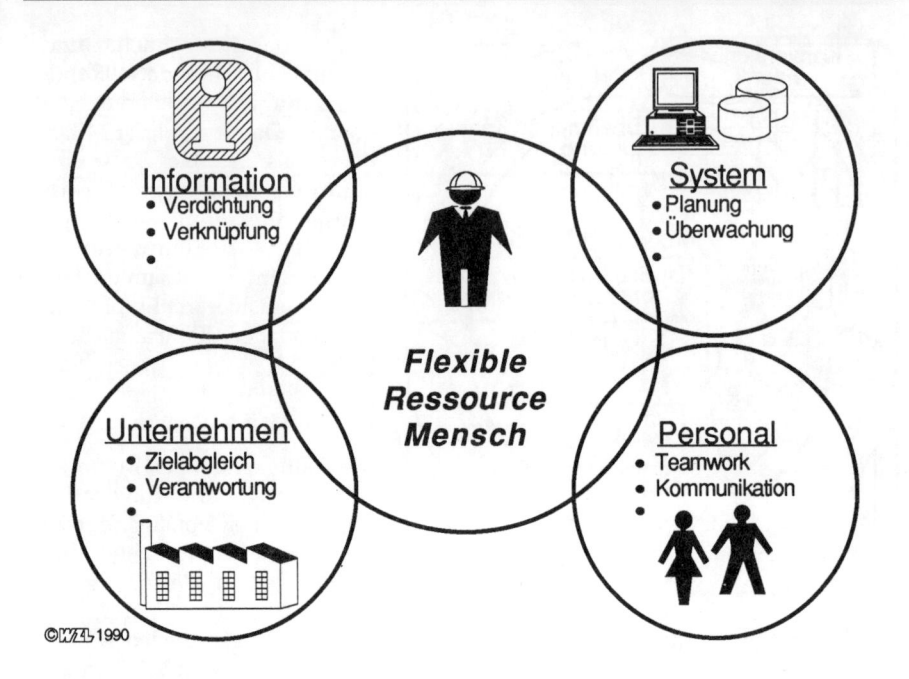

Bild 14: Integrationsfaktor Mitarbeiter

mensbedingte Interessen zu erkennen, zu verarbeiten und aufeinander abzustimmen /25/. Diese Zielformulierung erlaubt einen Vergleich der unterschiedlichen Erwartungen und ist Basis für einen konsequenten und kontinuierlichen Zielbildungsprozeß. Der anschließende Zielabgleich legt die bisher ungenutzten Potentiale frei.

Gelingt es, die Mitarbeiter durch eine Beteiligung an der Zieldefinition von den Unternehmenszielen zu überzeugen, so wächst auch gleichzeitig die Bereitschaft, Verantwortung im Unternehmen zu übernehmen. Die Initiative zum Aufbau des hierfür erforderlichen Teamgeistes sollte vom Management ausgehen. Vertrauensbildende Maßnahmen für Mitarbeiter aller Ebenen - sowohl für Abteilungsleiter in der Planung als auch für Meister in der Produktion - können hierbei einen ersten Schritt darstellen. Schulungsmaßnahmen zur Förderung und Erweiterung der persönlichen Fähigkeiten bieten sich an. Gleichzeitig werden hierdurch die Anforderungen erfüllt, die bei einem Übergang von der konventionellen zur rechnergestützten Fabrik (CIM-Fabrik) an die Mitarbeiter gestellt werden **(Bild 15)** /26/. Die Mitarbeiter unterstützen den Aufbau von Informationssystemen und nutzen entsprechende Anwendungsprogramme im späteren Betrieb. In beiden Fällen benötigt man umfangreiches Fachwissen bzgl. der Systeme und Informationswerkzeuge - Fachwissen, das über die Anwendung der Systeme hinaus auch das Zusammenspiel der EDV-Komponenten im Unternehmen umfaßt. Aufgrund des Mangels an qualifizierten Fachkräften auf dem Arbeitsmarkt kann das Fachwissen

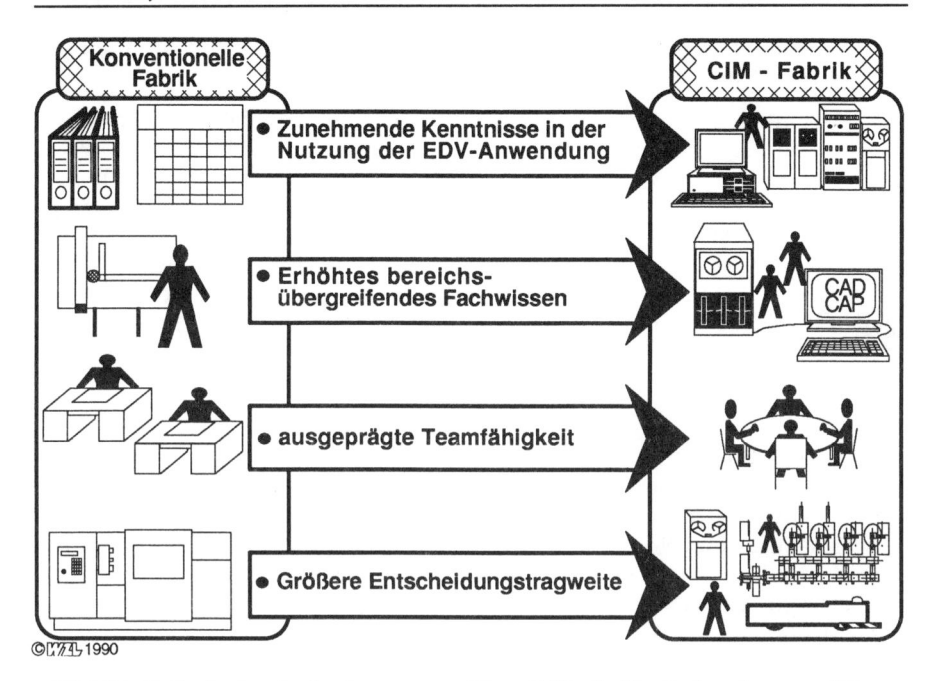

Bild 15: Geändertes Anforderungsprofil an Mitarbeiter bei rechnergestütztem Fabrikbetrieb

meist nicht durch Neueinstellungen erworben werden. Das Unternehmen muß Mitarbeiter mit entsprechender Eignung für die EDV interessieren und sie entsprechend weiterbilden.

Das geänderte Anforderungsprofil für Facharbeiter und Manager erfordert ein erweitertes und bereichsübergreifendes Fachwissen und Verständnis. Für Konstrukteure bedeutet dies beispielsweise die Erstellung einer montagegerechten Strukturstückliste, um Doppelaufwand für eine spätere Erstellung einer Montagestückliste zu vermeiden. Manager müssen erkennen und beurteilen können, welche Auswirkungen die Ausgestaltung von Systemen auf andere Bereiche hat. Das **"Mitdenken für andere"** muß gegenseitig erfolgen, um Synergieeffekte bei der Gestaltung und der Nutzung von Systemen zu erreichen.

Durch die funktionsorientierte Strukturierung der Unternehmen verschieben sich die Organisationsstrukturen hin zu flacheren, jedoch ausgedehnteren Strukturen (Erweiterung des "span of control"). Die EDV-gestützte Informationsverarbeitung kann hierbei den Abbau von Hierarchieebenen innerhalb eines Unternehmens unterstützen. Ermöglicht wird dies durch die Bereitstellung umfangreicher, aktueller und vor allen Dingen gut aufbereiteter Informationen. Entscheidungen trifft man hierdurch schneller und direkter. Im Team geführte Diskussionen, fallende Abteilungsgrenzen erfordern Mitarbeiter, die sowohl bereichsübergreifendes Fachwissen aufweisen als auch die richtige Rolle in einer Gruppe übernehmen können. Diese Fähigkeiten sind kennzeichnend für den zukünftigen Führungsstil und stellen somit eine wesentliche Anforderung an das Management von morgen dar /27/.

Die dargestellten Anforderungen in einem rechnergestützten Fabrikbetrieb vergrößern die Tragweite der Entscheidungen eines jeden Mitarbeiters. Während sich in der "konventionellen" Fabrik das Verantwortungsrisiko z. B. auf die Auswahl einer CNC-Drehmaschine beschränkte, wird von den Mitarbeitern in der "CIM"-Fabrik von morgen eine Entscheidung für eine komplette Anlage erwartet. Bei einer solchen Entscheidung ist, bedingt durch den Informationsverbund, mit direkten Auswirkungen auf die vor- und nachgelagerten Bereiche zu rechnen.

3.2.2 Humanorientierte Unternehmensgestaltung

Exakt formulierte Zieldefinitionen werden zunehmend wichtig für ein Unternehmen. In der Phase der Vorbereitung und Einführung, aber auch in der Phase des Betriebs obliegen die hierfür erforderlichen Planungs-, Organisations- und Kontrollfunktionen dem Management (**Bild 16**). Eines der verfolgten Ziele ist eine **optimale Systemgestaltung**. Hierbei strebt man an, die technischen Hilfsmittel in ihrer Leistungsfähigkeit so weit wie möglich auszuschöpfen.

Zum anderen ist das Management aufgefordert, eine **optimale Arbeitsgestal-**

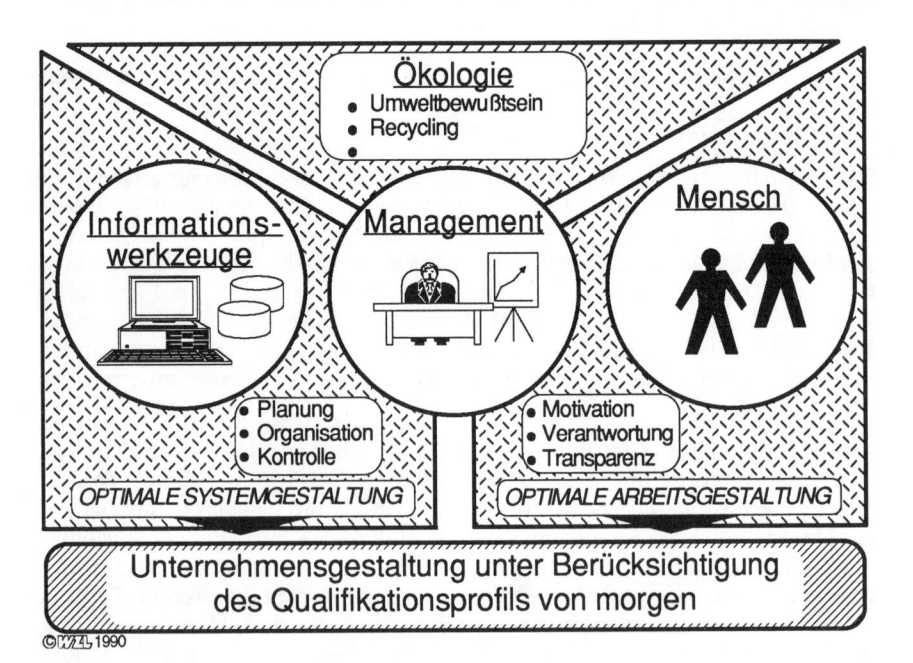

Bild 16: Abstimmung von System- und Arbeitsgestaltung

tung zu ermöglichen. "**Leistungs-Entfaltung als Führungsaufgabe** - Der neue Leistungsträger, so sieht es aus der Sicht der Führungskräfte aus, ist nicht mehr pflegeleicht" (nach Höhler /37/). Der Mitarbeiter soll Freude an seiner Arbeit und der Arbeitsumgebung haben. Hierdurch steigen die Leistungsbereitschaft und Leistungsfähigkeit. Die Effizienz der Arbeit wird erhöht. Das Management erreicht dies durch die Motivation der Mitarbeiter und die Ausweitung ihrer Verantwortungsbereiche. Basis der Motivation ist die Kommunikation. Die Unternehmensziele und das Unternehmensgeschehen sind transparent darzustellen. Der Mitarbeiter kann dann seine Ziele mit denen des Unternehmens in Einklang bringen /25/, an Entscheidungen mitwirken und hierdurch seine eigenen Ideen einbringen. Sein Entscheidungsspielraum verlagert sich von der Betrachtung einer Detailoptimierung hin zur ganzheitlichen Verantwortung.

Eine Voraussetzung für die Bereitschaft zur Verantwortungsübernahme ist die optimale Abstimmung von Systemgestaltung und Arbeitsgestaltung durch das Management /28/. Die beschriebenen Abhängigkeiten zwischen System und Mensch erfordern deshalb eine "**Unternehmensgestaltung unter Berücksichtigung des Qualifikationsprofils von morgen**".

Hierdurch wird erreicht, daß bei Inbetriebnahme eines so geschaffenen Systems die humanorientierten und die systemorientierten Anforderungen harmonisch aufeinander abgestimmt sind. Statistische Erhebungen prognostizieren ein höheres Ausbildungsniveau der arbeitenden Bevölkerung (**Bild 17**). Der Anteil der Hochschulabsolventen wird sich fast verdreifachen; der Anteil der

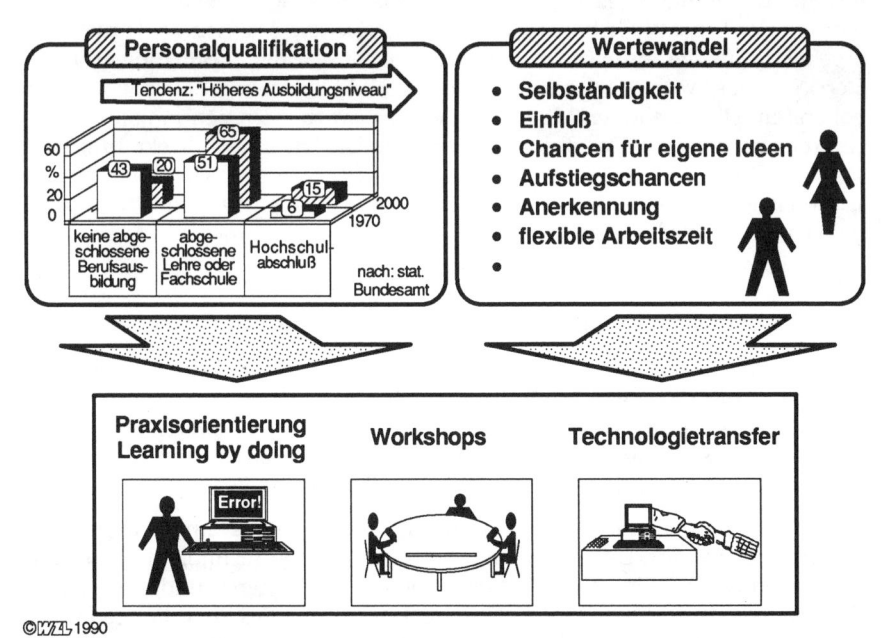

Bild 17: Weiterbildung als Antwort auf den Wertewandel

Mitarbeiter ohne abgeschlossene Berufsausbildung halbiert sich. Diese Entwicklung erfordert höherwertige Arbeitsplätze, mit denen sich die Mitarbeiter identifizieren können. Dies geht einher mit einem Wertewandel, der eine Verschiebung

- weg von der den Menschen beherrschenden Technokratie
- hin zu einer dem Menschen dienenden Technologie

vorsieht /28/.

Autonome Fertigungsinseln sind Beispiele, bei denen die zunehmende Selbständigkeit zu einer besseren Identifizierung mit der Aufgabe und somit zu einem besseren Produktionsergebnis führen. Jeder Mitarbeiter einer solchen Insel erhält einen erweiterten Kompetenzbereich und hat somit die Möglichkeit, seine eigenen Ideen zur Optimierung des Arbeitsergebnisses zu verwirklichen; er wird damit zum "Unternehmer im Unternehmen". Nachdem monetäre Anreize nicht mehr alleine zu Höchstleistungen anregen, sind verbesserte Aufstiegschancen, Anerkennung und Flexibilität bezüglich der eigenen Arbeitszeit zukünftige Motivationsmöglichkeiten.

Damit erhält die Weiterbildung einen hohen Stellenwert für jeden Mitarbeiter und wird für die Unternehmen zu einer Strategie der Zukunftssicherung /29/. In Zukunft wird sich eine mehr praxisorientierte Weiterbildung durchsetzen. In Rahmen der hochschulnahen Ausbildung können Praktiker und Forscher gemeinsam die Beherrschung neuartiger Technologien erproben. Die organisatorisch aufwendigen, jedoch effizienten Workshops lösen Seminare ab. Auch hier gilt der Leitsatz "Selber etwas tun!". Eine weitere Maßnahme, Forschungsergebnisse für die Industrie nutzbar zu machen, ist der Technologietransfer. Der Wissenserwerb wird an ein neues Produkt oder eine neue Technologie gebunden. Die beteiligten Mitarbeiter wissen, warum sie sich in neue Gebiete einarbeiten müssen. Das Erlernte kann im Unternehmen direkt umgesetzt werden. Durch konsequenten und gezielten Einsatz des Technologietransfers kann das Management Mitarbeiter motivieren und hierdurch Leistungspotentiale wirksam werden lassen.

3.3 Die Fabrik von morgen unter ökologischen Einflüssen

Der Einstieg in das sogenannte ökologische Zeitalter stellt die Unternehmen vor neue Anforderungen bezüglich der Gestaltung ihrer Produkte bzw. ihrer Produktion (Bild 18). Forschungsvorhaben, die u. a. die Umweltverträglichkeit von Fertigungsverfahren, den Einsatz alternativer Materialien und die Entsorgung von Abfallprodukten untersuchen, sind bereits initiiert.

Mittelfristig sind die hierbei ermittelten Ergebnisse nutzbar und bringen Wettbewerbsvorteile für Unternehmen, wenn sie mittels Technologietransfer an den neuen Erkenntnissen im Bereich Ökologie partizipieren und diese bei der Planung berücksichtigen. Durch die Berücksichtigung des Recyclinggedankens läßt sich bereits im Vorfeld der Fabrik von morgen der ressourcensparende

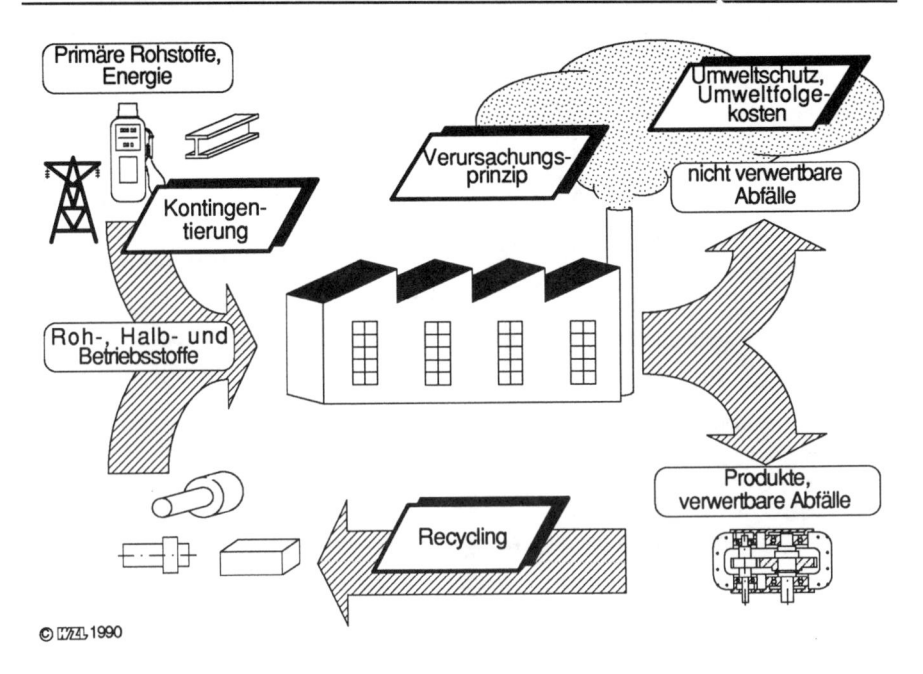

Bild 18: Berücksichtigung von Umweltanforderungen

Energie- und Materialeinsatz planen /30/. Die konsequente Umsetzung des Verursachungsprinzips wird Kostensteigerungen der Produkte nach sich ziehen. Umweltfolgekosten werden nicht mehr wie üblich von der Allgemeinheit getragen, sondern dem jeweiligen Verursacher zugerechnet. Die Systemgrenze hört nicht am Werkstor auf, sondern setzt sich bis zur Abfallbeseitigung fort. Finanzielle Mehraufwände für eine "saubere" Produktion werden langfristig durch Einsparungen bei den Umweltfolgekosten ausgeglichen. Ferner ist mit einer Kontingentierung von wichtigen, jedoch knappen Ressourcen zu rechnen. Unternehmen, die ihre Produkte und ihre Produktion daraufhin nicht umstellen, müssen mit Versorgungsschwierigkeiten und Wettbewerbsnachteilen rechnen.

Heute muß das Management diese Trends erkennen und in die Strategien für die Fabrik von morgen einbauen. Zu verbessern ist hierdurch nicht nur die Wettbewerbsfähigkeit sondern auch das Image des Unternehmens /31/.

4. Zusammenfassung

Die Fabrik von morgen wird durch markt-, umwelt- und gesellschaftspolitische Entwicklungen zunehmend beeinflußt. Die Unternehmen sind auch in Zukunft für den Wettbewerb gerüstet, wenn sie flexibel und kostengünstig auf die sich ändernden Marktanforderungen reagieren können. Dazu sind neue

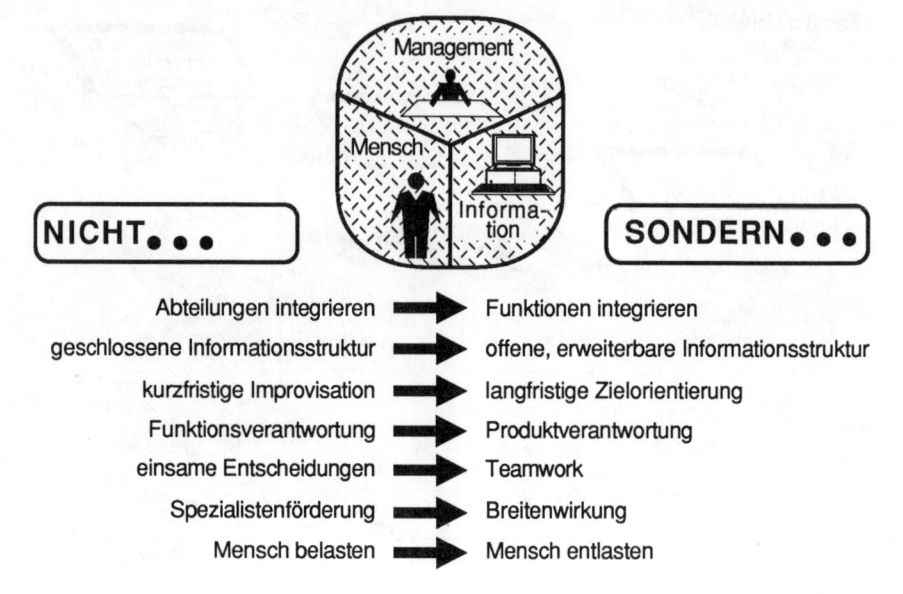

NICHT...		SONDERN...
Abteilungen integrieren	→	Funktionen integrieren
geschlossene Informationsstruktur	→	offene, erweiterbare Informationsstruktur
kurzfristige Improvisation	→	langfristige Zielorientierung
Funktionsverantwortung	→	Produktverantwortung
einsame Entscheidungen	→	Teamwork
Spezialistenförderung	→	Breitenwirkung
Mensch belasten	→	Mensch entlasten

© WZL 1990

Bild 19: Fazit

strategische Ansätze notwendig.

In **Bild 19** sind die Kernaussagen zu den Strategien noch einmal dargestellt. So wird es in Zukunft sehr wichtig sein, nicht die unterschiedlichen Abteilungen, sondern die verschiedenen Funktionen in den Prozeßketten zu integrieren. Die schnelle Entwicklung im Bereich der Informationssysteme unterstützt diesen Prozeß. Offene Informationsstrukturen bieten neue Lösungsmöglichkeiten zum Aufbau eines integrierten Informationsverbundes (CIM). Damit ist gewährleistet, daß Informationen konsistent in Modellen (Produktmodell, Ressourcenmodell, Unternehmensmodell) abgebildet werden.

Die Praxisbeispiele verdeutlichten, daß eine effiziente und sinnvolle Nutzung der Systeme zur integrierten Informationsverarbeitung nur mit entsprechend qualifizierten Mitarbeitern möglich war. Der Mitarbeiter muß dabei nicht nur Verantwortung für die von ihm ausgeführte Funktion übernehmen. Er wird in Zukunft vermehrt für das Endprodukt verantwortlich sein. Wichtig ist hierbei, daß einsame Entscheidungen durch Teamwork, Kooperation und Partizipation abgelöst werden. Schulungsmaßnahmen zur Förderung und Erweiterung der persönlichen Fähigkeiten gewinnen an Bedeutung. Ein effizienter Einsatz aller betrieblichen Ressourcen ist erst dann möglich, wenn die Mitarbeiter durch Hilfsmittel bei der Aufgabenerfüllung entlastet und nicht belastet werden.

Somit kann man die Hauptbestandteile zukunftsorientierter Strategien wie folgt zusammenfassen:

- Rechtzeitige Gestaltung komplexer Fabrik-, Arbeits- und Informationsstrukturen in überschaubare, flexible, autonome Einheiten, die als Gesamtsystem zusammenwirken.
- Kombination von mittel- bis langfristig angelegter Grobplanung und aktuell initiierter, ereignisbezogener Reaktion und Steuerung.
- Verbindung der unternehmensbezogenen Mikroökonomie mit dem makroökonomischen, sozialen und ökologischen Umfeld.
- Rechtzeitige und zukunftsbezogene Qualifizierung von Mitarbeitern und Management.

Schrifttum:

1. Stoller, E.: Intergration - eine Herausforderung für das Topmanagement; Seminar "CIM-Integration in der Produktion", ITEM, St. Gallen, Zürich, 17. 11. 1989
2. Kämpfer, S.: Nachfrage zerrt an Produktionskapazitäten - Klassischer Maschinenbau bleibt auch in Zukunft ein Geschäft, VDI-Nachrichten Nr.10, Jahrgang 44, 9. März 1990
3. Kämpfer, S.: Ein riesiges Binnengeschäft als Basis -Japanische Werkzeugmaschinen dominieren immer stärker, VDI-Nachrichten Nr.9, Jahrgang 44, 2. März 1990
4. Haacker, S.: Investitionsgüter als Schlüssel zum Fortschritt - Im Osten warten neue Aufgaben auf den Maschinenbau, VDI-Nachrichten Nr.4, Jahrgang 44, 26. Jan. 1990
5. Siebenlist, J.: Geeigneter Deponieraum wird knapp - Im Automobilbau keimt Recyclingdenken, VDI-Nachrichten Nr. 3, Jahrgang 44, 19. Jan. 1990
6. Friedl, C.: Sanierung verseuchter Flächen kommt nur schleppend voran - Altlasten sind für Kommunen eine teure Bürde, VDI-Nachrichten Nr. 2, Jahrgang 44, 12. Jan. 1990
7. Frechen, G.: VDMA- Studie weist auf Fachkräftemangel hin - Im Maschinenbau fehlen 4600 Ingenieure, VDI -Nachrichten Nr. 5, Jahrgang 44, 2. Febr. 1990
8. Becker, M.: Stellenmarktanalyse der VDI-Nachrichten - Der Dienstleistungsbereich bietet Top-Chancen für Ingenieure, VDI - Nachrichten Nr. 1, Jahrgang 44, 5. Jan. 1990

9. Graditzki, G.: Entwicklung und Einführung von CIM-Systemen (Teil 1), CIM-Management 2/89

10. Spur, G.: Informationstechnik im industrieellen Produktionsprozeß, ZwF 83 (1988) 3

11. Wilson, P. R., Kennicott, P. R.: ISO -STEP Baseline Requirements Document (IPIM) ISO - TC184/SC4/WG1, N 284, ISO - Draft Proposal No.10103

12. Smith, B. M., Branner ,K. M., Kennicat, Ph. P.: Initial Graphics Exchange Specification (IGES), Version 2.0, U.S. Department of Commerce, NBS Report NBSIR 82-2631 (1983)

13. Becker, B.: Elektronischer Geschäftsverkehr nach der internationalen Norm EDIFACT, DIN -Mitteilungen 68, 1989, Nr. 10

14. Rozenfeld, H.: Rechnerunterstützte Arbeitsplanerstellung für komplexe prismatische Großwerkstücke, Dissertation, RWTH Aachen, 1988

15. Pistorius, F.: Informationsabbildung für die automatisierte Arbeitsplanung, Dissertation, T.U. Berlin, 1985

16. N.N.: Normung von Schnittstellen für die rechnerintegrierte Produktion (CIM) Standortbestimmung und Handlungsbedarf (DIN Fachbericht 15), Beuth Verlag, Berlin, Köln, 1989

17. N.N.: Schnittstellen der rechnerintegrierten Produktion (CIM) - CAD und NC -Verfahrenskette (DIN Fachbericht 20), Beuth Verlag, Berlin, Köln, 1989

18. N.N.: Schnittstellen der rechnerintegrierten Produktion (CIM) - Fertigungssteuerung und Auftragsabwicklung (DIN Fachbericht 21), Beuth Verlag, Berlin, Köln, 1989

19. Eversheim, W., Buchholz, G., Rozenfeld, H.: Ansatz zur Integration über ein logisches Datenmodell - Integration der rechnerunterstützten Arbeitsplanung, Industrie Anzeiger Extra, 109, 1987, Nr. 19

20. N.N.: CIM-OSA - The Enterprise Model, Vortrag anläßlich der CIM -Europe-Conference, Madrid, 1988

21. N.N.: ENV 40003 CIM-System Architecture - Framework For Modelling, ISSUE 2 of N 80, CEN/CENELEC

22. Warnecke, H.-J.: Strategie verbindet Inseln - CIM - eine Herausforderung an die Normung, Elektronik 19/15.9.1989

23. Riesenhuber, H.: Entwicklungsbegleitende Normung zur Förderung technologischer Entwicklungen in Europa - Memorandum des Vorsitzenden, Kommission der Europäischen Gemeinschaften, Brüssel, 23. Juni 1988

24. Haberfellner, R., Lindheim, W.: Die technische Datenverarbeitung aus strategischer Sicht; io Management Zeitschrift, 59 (1990) 1, S. 84-89

25. Knicker,T., Gremmers, U.: Das Rüstzeug für zielorientiertes Führen, Harvard Manager Nr.1, 1990, S. 62-71

26. Eversheim, W., Barg, A.: Neue Aufgaben des Managements bei rechnergestütztem Fabrikbetrieb (CIM), In: Organisation und Personalführung beim Einsatz Neuer Technologien, Herausgeber R. Hackstein, Verlag TÜV-Rheinland, Köln, 1989, S. 57-88

27. Schultheiss, J.: Der Mensch kann nicht "nicht führen" ; io Management Zeitschrift 59 (1990) 1, S. 32-35

28. Oertli-Cajacob, P.: Epochentrends, io Management Zeitschrift, 59 (1990) 1, S. 32-35

29. Volk, H.: Weiterbildung ist auch eine Frage der Zeit, Blick durch die Wirtschaft, 24.08.1988

30. Binding, H.J.: Grundlage zur systematischen Reduzierung des Energie- und Materialeinsatzes, Dissertation, RWTH Aachen, 1988

31. Müri, P.: Intuition und Inspiration als dritte Führungsdimension; io Management Zeitschrift, 59 (1990) 1, S. 67-70

32. Eversheim, W. u. a.: Strategien auf dem Weg zu CIM, In: Produktionstechnik auf dem Weg zu integrierten Systemen, Herausgeber: AWK - Aachener Werkzeugmaschinen-Kolloquium, VDI-Verlag, Düsseldorf, 1987

33. Buchholz, G.: Rechnergestützte Konstruktion von Varianten, Dissertation, RWTH Aachen, 1987

34. Panse, R.: Europäische Gemeinschaftsprojekte, ESPRIT Projekt 688 AMICE, DIN-Tagung "Genormte Schnittstellen für CIM", Berlin 23.02.1989

35. Autorenkollektiv: CIM Grobkonzept für den Großpeßwerkzeugbau - Eine Leitlinie für die integrierte Produktion, VDI- Z 131, (1989) 9, S. 127-131

36. Rose, B.: Die technische Dokumentation wird immer mehr zum Engpaß der kürzeren Produktzyklen, Blick durch die Wirtschaft, Nr. 234, 04.12.1989

37. Höhler, G.: Neue Leistungsprofile - Neue Führungsqualität, Produktionstechnisches Kolloquium 1989, Berlin

Mitglieder der Arbeitsgruppe für den Vortrag 1.1

Dipl.-Ing. B. Dahl, WZL RWTH Aachen
Prof. Dr.-Ing. Dipl.-Wirt. Ing. W. Eversheim, WZL RWTH Aachen
Dipl.-Kfm. G. Gürtler, Siemens AG
Dr.-Ing. B. Hartlieb, Deutsches Institut für Normung e.V.
Dipl.-Ing. S. Jacobs, WZL RWTH Aachen
Dipl.-Ing. H. Jansen, Scheidt & Bachmann GmbH
Dipl.-Ing. G. Martel, WZL RWTH Aachen
Dipl.-Ing. G. Miller, Scheidt & Bachmann GmbH
Dipl.-Math. H. Morgenweck, rwt GmbH
Direktor N. Müller, Ingersoll Maschinen und Werkzeuge GmbH
Dipl.-Ing. A. Mund, Volkswagen AG
Prof. Dr.-Ing. H. Reihlen, Deutsches Institut für Normung e.V.
Dr.-Ing. H. Riederer, Ingersoll Maschinen und Werkzeuge GmbH
Dipl.-Ing. B. Rixius, Deutsches Institut für Normung e.V.
Dr.-Ing. G. Teunis, Volkswagen AG
Prof. Dr.-Ing. Dres. hc. H.-J. Warnecke, IPA, Universität Stuttgart
Dipl.-Ing. H. Zapomueel, Siemens AG

1.2 Produktgestaltung zwischen Markt und Produktion

Gliederung:

1. Einleitung
2. Produktgestaltung - Aufgaben, Probleme, Zielsetzung
3. Methoden und Hilfsmittel zur integrierten Produktgestaltung
3.1 Wissensverarbeitung mit Expertensystemen
3.2 Numerische Optimierung
3.3 Simulation
3.4 Montagegerechte Konstruktion
3.5 Variantenorientierte Produktgestaltung
3.6 Simultaneous Engineering
4. Zusammenfassung und Ausblick

Kurzfassung:

Produktgestaltung zwischen Markt und Produktion

Seitens des Marktes bzw. des Abnehmers besteht die Forderung nach individuellen, qualitativ hochwertigen, umweltgerechten, technologisch fortschrittlichen und preisgünstigen Produkten bei gleichzeitig kurzen Lieferzeiten. Im Rahmen der Produktgestaltung sind aus diesem Grund verschiedene Probleme zu bewältigen. So sind z.b. Produktmerkmale frühzeitig festzulegen, die Durchlaufzeiten in der Produkt- und Produktionsmittelplanung zu reduzieren und die Produktqualität zu gewährleisten.

In diesem Vortrag werden Problemlösungen für den Gestaltungsprozeß und für die simultane Planung von Produkten und Produktionsmitteln vorgestellt. Im Vordergrund stehen der KI-Einsatz in der Entwurfsphase, Optimierungsverfahren, Simulation, Bewertungsmethoden hinsichtlich der Montagegerechtheit und Variantenvielfalt, das integrierte Produktdatenmodell sowie Simultaneous Engineering.

Abstract:

Product design between market and manufacturing requirements

The requests of the market for individual, qualitative high valued, environmentally adjusted, technologically progressive and low-priced products with short delivery times cause the product design coming to the fore of rationalizational measures. Here, the main problems are the specification of product characteristics, the reduction of lead times in product design and planning of production equipment, the storing and processing of product data, the influence on the costs and the ensuring of product quality.

This presentation points out solutions for the proper design process as well as for the simultaneous planning of products and production equipment. Therefore the use of Artificial Intelligence, the optimization procedure, simulation, evaluation methods for aptitude for assembly and variant diversity, the integrated product data model and the simultaneous engineering are placed into the foreground.

1. Einleitung

Die Produktionstechnik als Wettbewerbsfaktor wird wesentlich durch das zu produzierende Produkt bestimmt. Als Visitenkarte des Unternehmens ist dabei das Produkt sich ständig verschärfenden Einflüssen seitens des Marktes ausgesetzt (**Bild 1**). In immer kürzeren Zeitabständen werden vom Markt qualitativ hochwertige Produkte gefordert, die u. a. die neueste technologische Entwicklung repräsentieren, Umweltauflagen berücksichtigen und im internationalen Vergleich preiswürdig sein müssen. Dabei ist es von untergeordneter Bedeutung, ob diese Forderungen vom Endverbraucher an den Hersteller gerichtet sind, oder vom Hersteller an das Zulieferunternehmen.

Im Rahmen der Produktgestaltung sind die von außen auf das Unternehmen wirkenden Einflüsse in die Gestaltung eines marktgerechten Produktes umzusetzen. Diese Aufgabe positioniert die Produktgestaltung in das Zentrum des Spannungsfeldes zwischen Markt und Produktion.

In diesem Beitrag werden zunächst die sich aus diesem Spannungsfeld ergebenden Problemfelder bei der Produktgestaltung näher betrachtet und daraus abgeleitet Thesen zur Rationalisierung der Produktgestaltung formuliert. Zur Verwirklichung dieser Thesen werden anschließend Methoden und Hilfsmittel sowohl zur technischen als auch organisatorischen Unterstützung der Produktgestaltung vorgestellt. Die Verknüpfung der Hilfsmittel zu einem Modell der integrierten Produktgestaltung ist Gegenstand der abschließenden Betrachtungen.

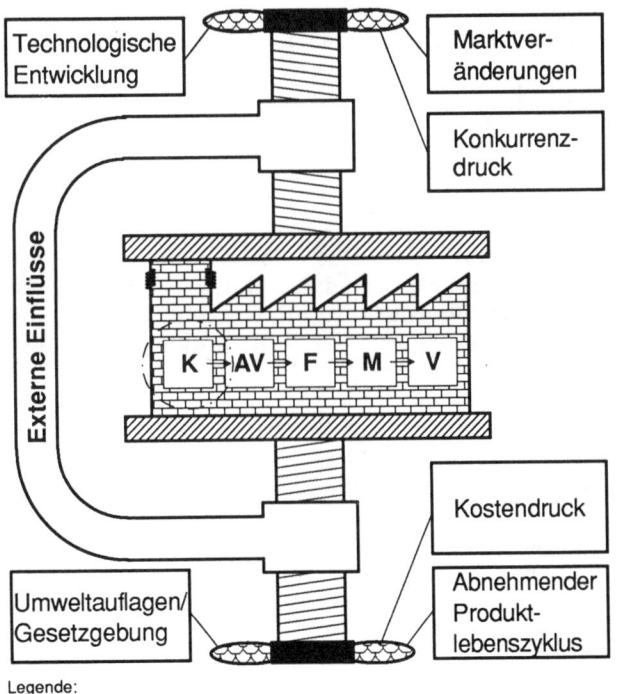

Legende:
K=Konstruktion; AV= Arbeitsvorbereitung; F=Fertigung; M=Montage; V=Vertrieb

Bild 1: Externe Einflüsse auf die Produktgestaltung

2. Produktgestaltung - Aufgaben, Probleme, Zielsetzung

Die Gesamtheit der Maßnahmen zur Entwicklung eines neuen Produktes lassen sich drei Phasen zuordnen /1/:

- der Produktplanung,
- der Produktentwicklung und
- der Produktgestaltung.

Bei der Produktplanung handelt es sich um einen langfristigen Vorgang, der ".. die methodische Integration, Koordination und Auswertung aller produktbestimmenden Faktoren aus Markt, Wissenschaft, Technik und Unternehmen umfaßt, die auf die optimale Produktentstehung gerichtet sind" /1/. Auf Grund des langfristigen Charakters der Produktplanung kann ihr Ziel nur die Ermittlung der für ein Unternehmen langfristig interessanten Funktionsfelder sein. Diese Funktionsfelder werden in der Produktentwicklung unter dem Aspekt der zukünftigen betrieblichen Möglichkeiten untersucht, bevor dann anschließend in der Produktgestaltung die endgültige Gestaltung und Berechnung der zu verwirklichenden Produkte erfolgt. Dabei schafft die Produktgestaltung die gestalterische Einheit aus den marktbezogenen, funktionalen, technischen, fabrikatorischen und ästhetischen Anforderungen. Zielsetzung hierbei ist die Erreichung der höchsten Gesamtqualität für das zu gestaltende Produkt /2/.

Durch die Festlegung der Produktmerkmale - einschließlich der Produktkosten - ist der Erfolg eines Produktes und damit das Unternehmensergebnis wesentlich von der Produktgestaltung abhängig. Die Erfüllung dieser Aufgabe stellt den Konstrukteur vor eine Reihe von Problemen (**Bild 2**). Im Zuge der Gestaltung wird die Form und die Struktur eines zu entwickelnden Produktes festgelegt. Dieser Vorgang wird primär unter dem Gesichtspunkt der Funktionserfüllung durchgeführt. Durch den Produktaufbau werden jedoch eine Reihe weiterer Produktmerkmale ebenfalls determiniert. Dazu zählen die Qualität des Produktes, die Produzierbarkeit, die Herstellkosten sowie die Recyclingfähigkeit. Diese Merkmale werden bei der Gestaltung gegenwärtig nicht ausreichend berücksichtigt. Um die Forderungen des Marktes und die Forderungen der Produktion an ein Produkt gleichermaßen gut zu erfüllen, ist es jedoch erforderlich, alle Produktmerkmale schon bei der Gestaltung zu berücksichtigen und geeignet festzulegen. Die Betrachtung mehrerer Ziele (Merkmale) erfordert eine Gewichtung der Teilziele. Gegensätzliche Merkmale (wie z.B. Fertigungsqualität und -kosten) müssen ausgewogen festgelegt werden.

Der Konstrukteur steht vor der Aufgabe, ein Produkt in Hinblick auf vielerlei Merkmale, die nicht direkt geändert, sondern nur indirekt beeinflußt werden können, optimal zu gestalten. Das erfordert, daß er den Einfluß seiner gestalterischen Maßnahmen auf die Produktmerkmale erkennen und beurteilen kann. Wenn die Beurteilung nicht zufriedenstellend ist, so müssen Änderungen des Produktentwurfes durchgeführt werden. Damit ergibt sich ein Kreislauf, in dem die Veränderung und Beurteilung des Entwurfes so lange durchgeführt wird, bis die Produktmerkmale zufriedenstellend ausgeprägt sind.

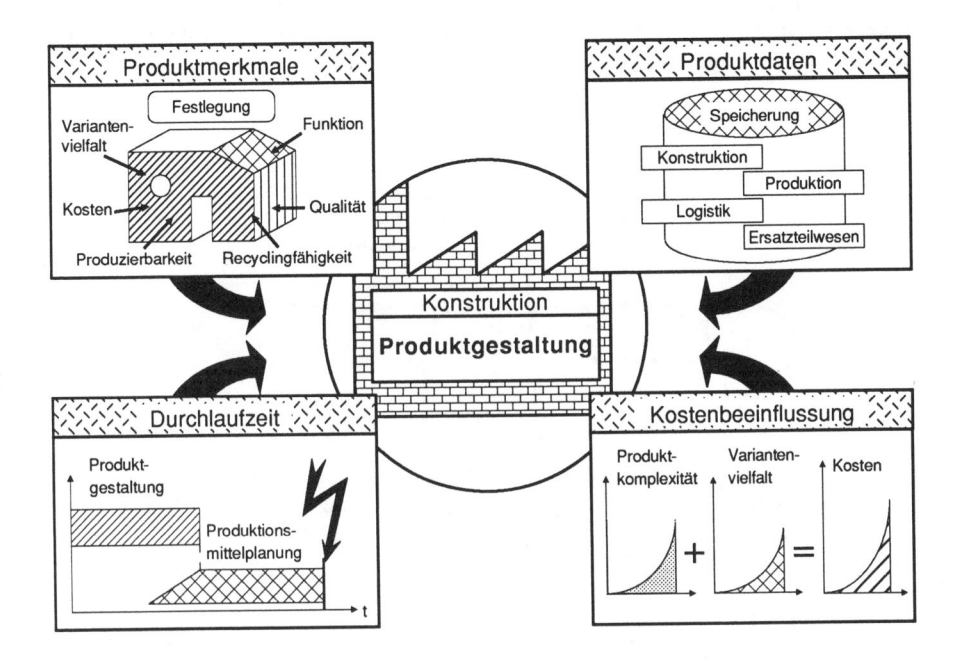

Bild 2: Problemfelder bei der Produktgestaltung

Die Qualität dieses Vorganges wird entscheidend dadurch beeinflußt, wie effizient und zuverlässig die Merkmale eines Produktentwurfes bestimmt werden können und wie zielsicher von unzureichenden Merkmalen auf notwendige gestalterische Änderungen zurückgeschlossen werden kann. Für beide Aufgaben stehen eine Reihe von methodisch-technischen und organisatorischen Lösungen zur Verfügung (Bild 3).

Zu den neueren methodisch-technischen Lösungsmöglichkeiten zählen u.a. der Einsatz von Expertensystemen in der Entwurfsphase, die Berechnung, Optimierung und Simulation im Rahmen der Teileauslegung und Dimensionierung während der Produktgestaltung. Weitere Lösungsmöglichkeiten, die die Optimierung der Produktstruktur zum Ziel haben, sind die Variantenanalyse und die DFA (Design For Assembly) - Methode. Die Nutzung von CAD-Systemen sowie die Anwendung der Wertanalyse und der FMEA (Failure Mode And Effects Analysis) - Methode haben sich in der betrieblichen Praxis bereits bewährt und sind deshalb nicht Gegenstand der weiteren Betrachtungen.

Neben dem Hilfsmitteleinsatz werden auch organisatorische Ansätze zur Reduzierung der Durchlaufzeit von der Produktidee bishin zum Produktionsbeginn an Bedeutung gewinnen. Eine Lösungsmöglichkeit liegt in der Parallelisierung von Produktgestaltung und Produktionsmittelplanung. Diese Strategie wird mit dem Begriff "Simultaneous Engineering" bezeichnet /3/.

Charakteristisch für den Einsatz der Hilfsmittel ist jedoch, daß die verschiedenen Instrumentarien meist unabhängig voneinander eingesetzt werden und ihre eigene Datenbasis benötigen.

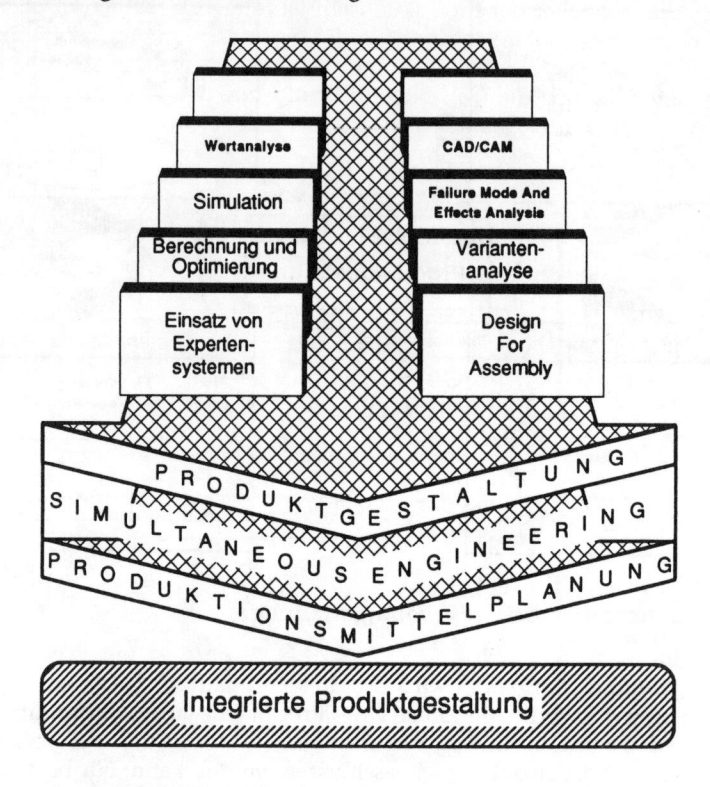

Bild 3: Lösungsmöglichkeiten zur Produktgestaltung

Entwicklungstendenzen zeigen /4/, daß dieser heterogene Hilfsmitteleinsatz in der Produktgestaltung nicht bestehen bleiben wird. Vielmehr wird sich die integrierte Lösung in der Zukunft durchsetzen. Dies eröffnet dem Konstrukteur die Möglichkeit, die entsprechenden Regeln unmittelbar während des Konstruktionsprozesses zu berücksichtigen.

Es lassen sich daher folgende zwei Thesen zu einer integrierten Produktgestaltung aufstellen (**Bild 4**):

1. "Die zukünftige Produktgestaltung verläuft parallel zur Produktionsmittelplanung"

2. " Zukünftige Hilfsmittel zur Produktgestaltung greifen auf ein Produktmodell zu und sind elementorientiert"

These 1 besagt, daß sich Produktentwicklungszeiten dadurch reduzieren lassen, daß beide Wege der Produktgestaltung und der Produktionsmittelplanung gleichzeitig beschritten werden. Die Realisierung dieses Ansatzes wird dabei die herkömmliche Aufbau- und Ablauforganisation der Unternehmen in Frage stellen. Dies betrifft sowohl die interne Organisation des Unternehmens als auch die Hersteller der Produktionseinrichtungen. Bei einer konsequenten Umsetzung dieses Gedankens müssen die Systemlieferanten bereits in einer frühen Phase der Produktentwicklung eingebunden werden. Darüberhinaus fördert diese Strategie die frühzeitigere Erreichung des Gesamtergebnisses in Bezug auf Funktionserfüllung, Herstellkosten und Produktqualität.

These 1:
Die zukünftige Produktgestaltung verläuft parallel zur Produktionsmittelplanung.

Produktionsmittelplanung: Auswählen, Planen, Ausarbeiten, Beschaffen

Produktgestaltung: Planen, Konzipieren, Entwerfen, Detaillieren

These 2:
Zukünftige Hilfsmittel zur Produktgestaltung greifen auf ein Produktmodell zu und sind elementorientiert.

integriertes Produktmodell

Produkt — Baugruppe — Einzelteil
Baugruppe — Einzelteil / Einzelteil

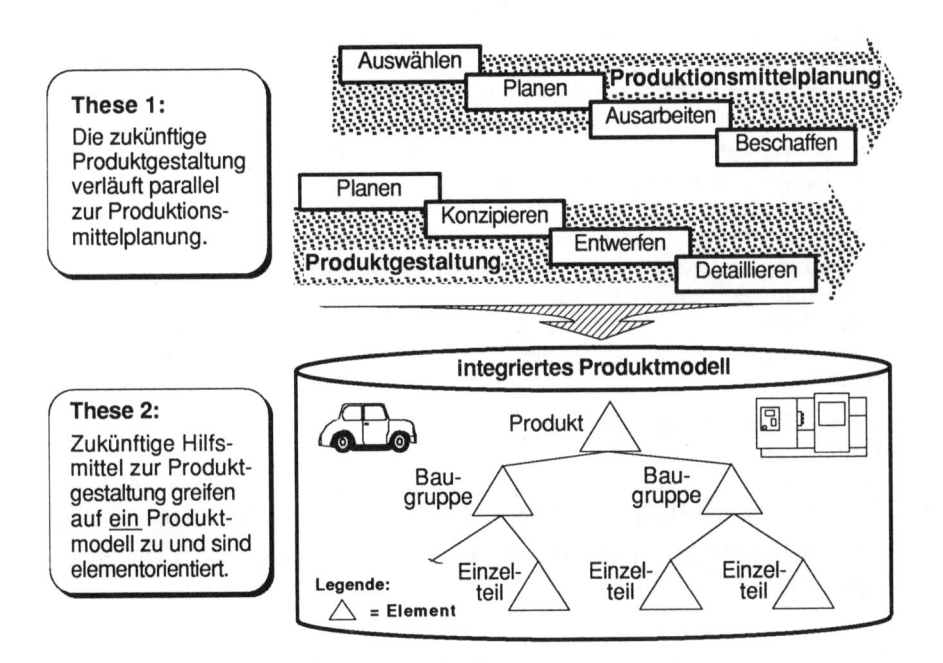

Legende: △ = Element

Bild 4: Thesen zur integrierten Produktgestaltung

These 2 besagt, daß die zukünftigen Hilfsmittel auf eine Datenbasis aufsetzen. In dieser Datenbasis werden Produktinformationen in Elementform abgelegt. Die Struktur der Elemente orientiert sich am Produktaufbau und reicht von Baugruppen über Einzelteile bis zu einzelnen Geometrieelementen wie Zylinder, Fase, Konus etc. Zu jedem definierten Element können Informationen abgelegt werden, auf die die verschiedenen Hilfsmittel zugreifen können.

Vor dem Hintergrund dieser Thesen werden im nachfolgenden Kapitel sowohl technische als auch organisatorische Methoden und Hilfsmittel zur integrierten Produktgestaltung vorgestellt.

3. Methoden und Hilfsmittel zur integrierten Produktgestaltung

Die Hauptaufgabe der Produktgestaltung, die Ermittlung und Bewertung von Produktmerkmalen und -eigenschaften, wird zum einen basierend auf intuitiven, heuristischen Ansätzen und zum anderen auf expliziten, mathematischen Modellen gelöst.

Zur ersten Gruppe gehört das Produktdesign wie auch die Modifikation von Gestaltungsparametern in der Entwurfsphase. Die Schwerpunkte werden branchenabhängig unterschiedlich gesetzt. Für die Automobilindustrie ist das Design von entscheidender Bedeutung, da die Kaufentscheidung sehr stark emotional, z.b. durch das Kriterium der Individualität des Produktes, beeinflußt wird. Hier sind derzeit noch keine Lösungsansätze in Sicht, die den Menschen als kreativen Ideenfinder ersetzen könnten. In der Werkzeugmaschinenindustrie hat das Styling eine untergeordnete Bedeutung. Daher konzentriert sich der Vortrag auf die rationalen Gesichtspunkte wie z.b. die Modifikation der Gestaltungsparameter in der Entwurfsphase. Mathematische Grundlagen existieren dafür nur in Ausnahmefällen und für streng abgegrenzte Problemstellungen. Diese führen zu speziellen Optimierungsverfahren wie z.b. der Spannungs- oder Steifigkeitsoptimierung. Im allgemeinen sind die Problemstellungen aber so komplex, daß das Problem nur durch einen erfahrenen Ingenieur gelöst werden kann, der dabei z. B. durch ein Expertensystem unterstützt wird.

Zu den Hilfsmitteln, die die zweite Gruppe von Aufgaben unterstützen, zählen alle Simulationsverfahren wie z.b. die Finite-Elemente Methode und die Simulation von Einsatz- und Produktionsbedingungen. Hierzu zählen auch die Hilfsmittel zur montagegerechten bzw. variantengerechten Produktgestaltung.

Entsprechend dieser Unterteilung werden folgende Methoden und Hilfsmittel vorgestellt:

- Expertensystemeinsatz bei der Grundauslegung,
- Numerische Optimierungsverfahren in der Detaillierungsphase,
- Simulation von Produkteigenschaften,
- montagegerechte Produktgestaltung (Design For Assembly - DFA)
- variantengerechte Produktgestaltung.

Es ist sinnvoll, alle ermittelten Merkmale und Eigenschaften einschließlich der eingesetzten Verfahren und der verwendeten Eingangsgrößen zu speichern und den Produktelementen (vgl. These 2) zuzuordnen. Dabei ergibt sich ein elementorientiertes Produktmodell, das neben Angaben über Bauteilform und -aufbau auch weitreichende Informationen über die Produktion und den praktischen Einsatz des Produktes enthält. Das Produktmodell stellt ein logisch aufgebautes und einheitliches Datenmodell dar, auf welches sowohl die Produktgestaltung als auch die Produktionsmittelplanung zugreifen kann (vgl. These 1). Der organisatorische Ansatz des Simultaneous Engineering wird deshalb zum Abschluß von Kapitel 3 detailliert vorgestellt.

3.1 Wissensverarbeitung mit Expertensystemen

Ein Großteil der bei der Produktgestaltung auftretenden Probleme wird nicht durch Verwendung von Gleichungen und Tabellen, sondern unter Ausschöpfung von spezifischen Erfahrungswerten gelöst. Hierfür bietet sich der Einsatz von Expertensystemen an /5/. Diese Expertensysteme, auch wissensbasierte Systeme genannt, nehmen einen großen Raum auf dem Forschungsgebiet der künstlichen Intelligenz (KI) ein /6,7,8/. Durch den Einsatz von Erfahrungswissen sind sie speziell für die Unterstützung des Gestaltungsprozesses geeignet, der charakterisiert ist durch zahlreiche, sich zum Teil wiedersprechende, komplex zusammenwirkende Gestaltungsziele. Die Anwendung von Expertensystemen erlaubt, umfangreiche Wissensbestände zu erfassen und einheitlich anzuwenden.

Um die Einsatzgebiete und Anwendungsmöglichkeiten von Expertensystemen bei der Produktgestaltung darzustellen, wird im folgenden zunächst die Arbeitsweise von Expertensystemen und die Methodik beim Aufbau und der Anwendung erläutert. Nach den prinzipiellen Einsatzmöglichkeiten wird dann ein Praxisbeispiel vorgestellt.

3.1.1 Arbeitsweise

Die Anwendung eines Expertensystems zur Lösung von Gestaltungsaufgaben erfordert umfangreiche konzeptionelle und technische Vorarbeiten. Die zu bearbeitenden Problembereiche müssen klar definiert und eingegrenzt werden. Der Umfang und die Art der angestrebten Problemlösung muß spezifiziert sein. In beiden Fällen ist eine formale Sprache zur Problembeschreibung und zur Darstellung der Lösungen erforderlich. Das für die Problemlösung erforderliche Wissen muß in geeigneter Form in einer Wissensbasis zur Verfügung gestellt werden. Erst danach kann eine konkrete Aufgabenstellung mit Hilfe des Expertensystems spezifiziert und unter Rückgriff auf die Wissensbasis gelöst werden /9/.

Der Aufbau der Wissensbasis und die spätere Anwendung des Expertensystems ist in **Bild 5** dargestellt. Ausgehend von der prinzipiellen Abgrenzung der Problemstellung und dem Umfang der angestrebten Lösung muß vor der eigentlichen Anwendung des Expertensystems eine Wissensbasis erstellt werden, die die für die Problemlösung erforderlichen Angaben enthält. Dieses Wissen kann nur in Ausnahmefällen in mathematischer Form dargestellt werden. Im allgemeinen wird es aus Erfahrungswerten, Strategien und qualitativen Einschätzungen aufgebaut sein. Diese Informationen müssen strukturiert und dann zum Beispiel in Form von Fakten und Regeln formuliert und gespeichert werden. Dabei muß jedoch der Widerspruchsfreiheit des Wissensbestandes besondere Aufmerksamkeit zukommen. Die Wissensbasis erlaubt, das in ihr gespeicherte Wissen in einheitlicher Form anzuwenden. Weiterhin ist es möglich, den Wissensbestand zu aktualisieren und zu erweitern. Auf diese Weise können die gespeicherten Informationen an die technische Entwicklung und an sich ändernde Unternehmens- oder Marktforderungen angepaßt werden.

Wenn die Wissensbasis mit genügend Informationen gefüllt ist, kann das Expertensystem für die Lösung konkreter Problemstellungen eingesetzt werden. Dazu muß zunächst die Problembeschreibung mit Hilfe des Expertensystems zusammengestellt werden. Der Schlußfolgerungsmechanismus des Expertensystems kann im Anschluß daran die gespeicherten Fakten und Regeln so kombinieren, daß eine Lösungsaussage erfolgt. Die bei Expertensystemen häufig verwendete objekt- bzw. elementorientierte Programmierung erlaubt, alle für das Produktmodell relevanten Informationen (sowohl Daten als auch Prozeduren) in einheitlicher, strukturierter Form darzustellen (vgl. These 2).

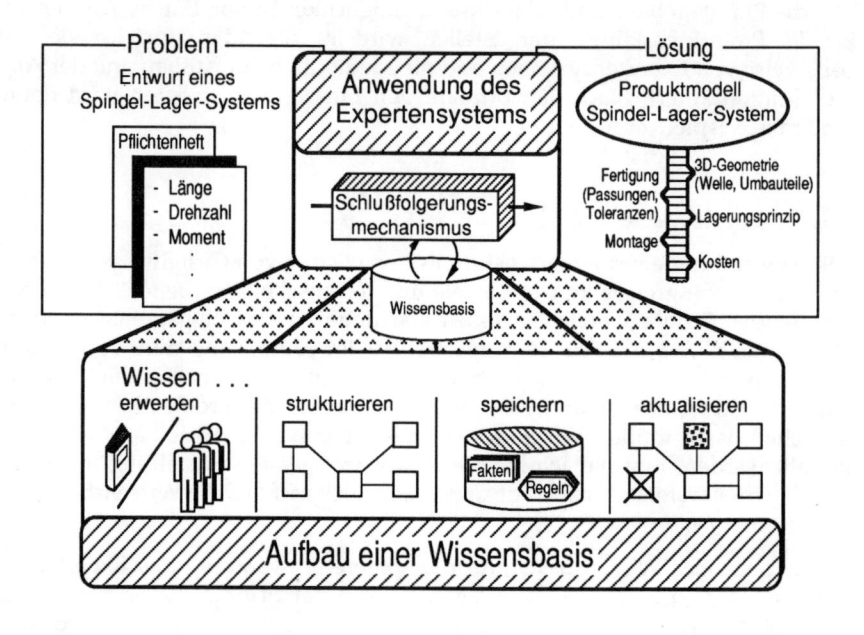

Bild 5: Einsatz von Expertensystemen in der Konstruktion

3.1.2 Einsatzgebiete

Zu den Einsatzgebieten von Expertensystemen zählen alle Bereiche, in denen Lösungsansätze nicht exakt beschrieben, algorithmiert oder parametrisiert, aber sehr wohl durch Fakten und Regeln dargestellt werden können. Dabei lassen sich insbesondere auf Erfahrungswerten beruhende Strategien und qualitative Aussagen berücksichtigen. Im Bereich der Produktgestaltung ergeben sich die folgenden Einsatzmöglichkeiten /10,11/:

- Findung von Produktform und -aufbau,
- Veränderung von Produktform und -aufbau zur gezielten Verbesserung von Produkteigenschaften; ein Anwendungsbeispiel hierzu wird nachfolgend beschrieben,
- Analyse und Diagnose von Produkteigenschaften sowie
- Synthese von Entwurfsalternativen.

Der Einsatz eines Expertensystems sollte jedoch nur erfolgen, wenn ausreichende und gesicherte Regeln und Fakten zur Problembewältigung vorliegen und keine Lösung mit analytischen oder numerischen, gegebenenfalls iterativ arbeitenden Algorithmen möglich ist. Im letzten Falle können andere Verfahren, insbesondere numerische Optimierungsmethoden, effizienter eingesetzt werden.

Der erfolgreiche Einsatz eines Expertensystems in einer industriellen Anwendung ist in **Bild 6** gezeigt.

Bei dem Gestaltungsproblem handelt es sich um eine Teilaufgabe der sog. "Motorgrundauslegung" eines PKW Motors, einen Vorgang, bei dem alle entscheidenden Maße für die Kurbelwelle und die Kurbelwellenlager eines neu zu entwickelnden Motors determiniert werden. Die Kurbelwelle liegt als parametrisches Modell vor, wobei die verfügbaren Parameter sich auf die Abmaße der Grundlager, der Pleuellager und der Kurbelwangen beziehen. Der Konstrukteur hat die Aufgabe, die Betriebseigenschaften der Kurbelwelle durch die geeignete Wahl der (unabhängigen) Gestaltungsparameter günstig festzulegen. Die Betriebseigenschaften lassen sich anhand von verschiedenen (abhängigen) Kriterien beurteilen, die sich auf den Schmierspalt von Grund- und Pleuellager, auf die maximale Pleuellagerkraft sowie die Gesamtmasse und den Massenausgleich der Kurbelwelle beziehen. Diese Kriterien werden von den gewählten Gestaltungsparametern direkt beeinflußt und lassen sich mit Hilfe aufwendiger Simulationsverfahren quantitativ berechnen. Die Umkehrung dieser Berechnungen, also die Ermittlung von Gestaltungsparametern für vorgegebene Kriterienwerte, ist dagegen nicht möglich. Deshalb können die für die angestrebten Kriterien erforderlichen Parameterwerte nur auf iterativem Wege bestimmt werden. Diese Aufgabe wurde in der Vergangenheit von erfahrenen Ingenieuren intuitiv durchgeführt.

Der Einsatz eines Expertensystems zur Unterstützung des Konstrukteurs bei der oben genannten Parametervariation erlaubt, diesen Vorgang wesentlich zielgerichteter und damit schneller durchzuführen. Die praktische Umsetzung sieht so aus, daß der Anwender das Auslegungsproblem definiert und eine Startlösung festlegt. Anschließend erfolgt die (quantitative) Berechnung der Kriterien. Danach werden vom Anwender Bewertungsmaßstäbe für die Kriterien definiert.

Hierbei erfolgt eine Zuordnung von quantitativen Wertebereichen zu qualitativen Aussagen. Aufgrund dieser Zuordnung und unter Anwendung geeigneter

Regeln kann das Expertensystem die Kriterien beurteilen und anschließend Vorschläge für zu verbessernde Kriterien unterbreiten. Der Anwender hat dann die Möglichkeit, diese Vorschläge zu akzeptieren bzw. durch eigene Ideen zu ersetzen. Daraufhin werden vom Expertensystem, wieder unter Rückgriff auf das gespeicherte Wissen, relative Änderungen für bestimmte Parameter ermittelt. Diese Veränderungen können vom Anwender bestätigt, aber auch durch eigene Angaben ausgetauscht werden. Das Ergebnis ist ein geänderter Entwurf der Kurbelwelle, für den wieder Kriterien berechnet und bewertet werden. Für die neue Bewertung kann der Anwender dabei geänderte Maßstäbe definieren. Der beschriebene Vorgang wird so lange wiederholt, bis sich für alle Kriterien zulässige Werte ergeben haben.

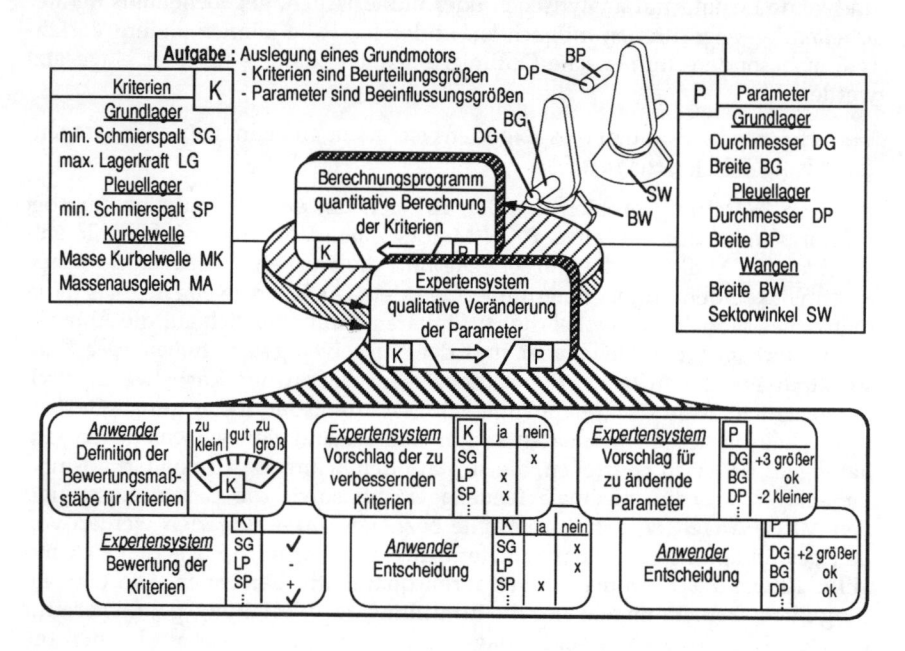

Bild 6: Motorgrundauslegung mit Hilfe eines Expertensystems (nach: BMW)

Beim Einsatz des geschilderten Expertensystems haben sich eine Reihe von Vorteilen herausgestellt. Einer dieser Vorteile ist darin zu sehen, daß die Auslegung des Grundmotors auch von weniger erfahrenen Konstrukteuren durchgeführt werden kann, da das Expertensystem Lösungsvorschläge anbietet. Darüberhinaus können erfahrene Anwender durch individuelle Eingriffsmöglichkeiten die Lösungsfindung beschleunigen. In jedem Fall kann die Auslegungsaufgabe wesentlich schneller durchgeführt werden. Das dabei verwendete Know-How wird einheitlich und reproduzierbar angewendet und steht dem Unternehmen unabhängig von einzelnen Experten auf lange Zeit zur Verfügung.

3.2 Numerische Optimierung

Neben Expertensystemen bietet auch die numerische Optimierung die Möglichkeit, während des Produktgestaltungsprozesses auftretende iterative Vorgänge zu unterstützen bzw. zu automatisieren. Unter dem numerischen Optimierungsbegriff werden alle Berechnungsverfahren zusammengefaßt, die es erlauben, bestimmte Produktmerkmale durch eine systematische Variation der Gestaltungsparameter selbständig zu verbessern. Die Optimierung baut dabei immer auf Berechnungsverfahren auf, mit deren Hilfe Produkteigenschaften in Abhängigkeit von der Produktform oder dem Produktaufbau quantitativ ermittelt werden können. Ausgehend von der Lösung, die diese Berechnungsverfahren liefern, können durch die numerische Optimierung z.b. Änderungen der Bauteilgestalt, die zu verbesserten Bauteileigenschaften führen, automatisch abgeleitet werden.

Ein weit verbreitetes, leistungsstarkes Berechnungsverfahren zur Ermittlung des mechanischen Bauteilverhaltens ist zum Beispiel die Finite-Elemente-Methode (FEM), die eingesetzt wird, um Bauteilreaktionen wie Spannungen oder Verformungen zu bestimmen. Die Methode liefert jedoch keine Aussage darüber, an welchen Stellen Verbesserungen durchzuführen sind und wie diese auszusehen haben. Erst der Einsatz geeigneter Optimierungsverfahren ermöglicht es, zusammen mit der FE-Methode Verbesserungen des Bauteilverhaltens automatisch zu erreichen /12,13/.

3.2.1 Arbeitsweise

Im Bereich der Produktgestaltung, insbesondere bei der Auslegung und Dimensionierung, wird der Konstrukteur sehr häufig mit Optimierungsproblemen konfrontiert, zu deren Lösung eine Fülle von Methoden und Verfahren entwickelt wurden /14/. Dabei kommt insbesondere den Verfahren zur Parameteroptimierung ein besonderer Stellenwert zu (Bild 7). Für ihre Anwendung ist es erforderlich, das zu optimierende Gestaltungsproblem, das entweder als analytisches Modell oder als numerische Näherung, z.B. mit Hilfe der FEM vorliegt, als mathematisches Modell zu formulieren. Auf dieses Modell können dann spezielle Optimierungsalgorithmen angewendet werden.

Analog zu den Bestandteilen des mathematischen Modells müssen für das Gestaltungsproblem ebenfalls Parameter, Ziele und Grenzen (Bild 7) formuliert werden. Zu den Gestaltungszielen zählen z.B. die Verbesserung der Qualität und des physikalischen Verhaltens eines Produktes, sowie die Senkung des Materialeinsatzes und der Kosten. Als Gestaltungsparameter werden die unabhängigen Gestaltungsgrößen bezeichnet, wie z.B. Wanddicken, Profilquerschnitte, die Bauteilform und die Werkstoffeigenschaften. Diese Gestaltungsparameter sind gebunden an Bauteile bzw. Elemente (vgl. These 2). Die Gestaltungsgrenzen sind gegeben durch Anforderungen an die Produzierbarkeit, die Funktionserfüllung und die Wirtschaftlichkeit.

Für die Durchführung einer Optimierungsrechnung muß zunächst das Gestaltungsproblem durch ein analytisches oder numerisches Modell beschrieben werden. Dann erfolgt die Auswertung des Berechnungsmodells. Das Ergebnis sind wertmäßige Angaben über die Gestaltungsziele. Sie werden auf das mathematische Modell übertragen und dienen als Berechnungsgrundlage für die impliziten Restriktionsfunktionen. Die anschließende Optimierung des mathe-

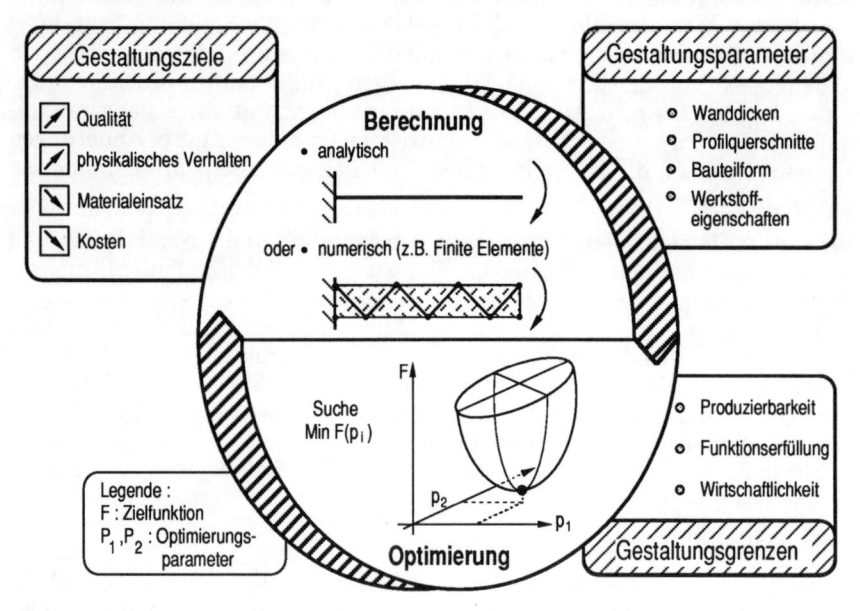

Bild 7: Optimierungsverfahren in der Detaillierungsphase

matischen Modells liefert neue Werte für die Optimierungsparameter, die zum Schluß wieder auf das Berechnungsmodell zurück übertragen werden müssen.

Das mathematische Modell kann exakt optimiert werden. Da die Übertragung des Berechnungsmodells in das mathematische Modell aber nur näherungsweise erfolgt, sind für die Durchführung einer numerischen Optimierung immer mehrere Iterationen notwendig.

3.2.2 Einsatzgebiete

Voraussetzung für den Einsatz der numerischen Optimierung ist, daß die Abhängigkeit der zu optimierenden Gestaltungsziele von den beeinflußbaren Gestaltungsparametern als analytisches oder numerisches Modell so dargestellt und berechnet werden kann, daß die Approximation durch das mathematische Modell möglich ist. Damit ist die Anwendung der Optimierung auf die Teilbereiche der Produktgestaltung beschränkt, in denen quantitative Beschreibungen vorliegen. In diesen Teilbereichen liefert die Optimierung aber Ergebnisse, die im Vergleich zu anderen Verfahren, z.B. dem Einsatz von Expertensystemen, wesentlich präziser sind.

Zu den Berechnungsverfahren, die in Verbindung mit Optimierungsprozeduren eingesetzt werden können, zählen die Berechnung von parametrisch beschriebenen Maschinenbauteilen und die Berechnung mit numerischen Methoden, z.B. mit Hilfe der Finite Elemente Methode /15, 16/.

Ein typischer Anwendungsfall für die numerische Optimierung stellt die Gestaltung eines Pleuels dar. Die ursprüngliche Form des Pleuels ist im linken Teil von **Bild 8** dargestellt. Für die Optimierung werden zwei Betriebszustände berücksichtigt. Dies ist zum einen das maximale Drehmoment, das zur höchsten Druckbelastung im Pleuel führt und zum anderen die maximale Drehzahl, die die höchste Zugbelastung des Pleuels hervorruft.

Als Ziel der Optimierung wird in beiden Betriebszuständen die Steigerung der Sicherheit um mindestens 25% bei minimalem Bauteilgewicht angestrebt. Die Form des Pleuelschaftes ist als Optimierungsparameter definiert und kann innerhalb bestimmter Grenzen variiert werden.

Als Resultat der Optimierung ergibt sich eine stark veränderte Bauteilform, bei der das Spannungsniveau um 29% niedriger ausfällt. Zusätzlich liegt das Gewicht um rund 5% unter dem der Startlösung. Mit der verbesserten Sicherheit ergibt sich eine gesteigerte Produktqualität, wobei der Materialaufwand und

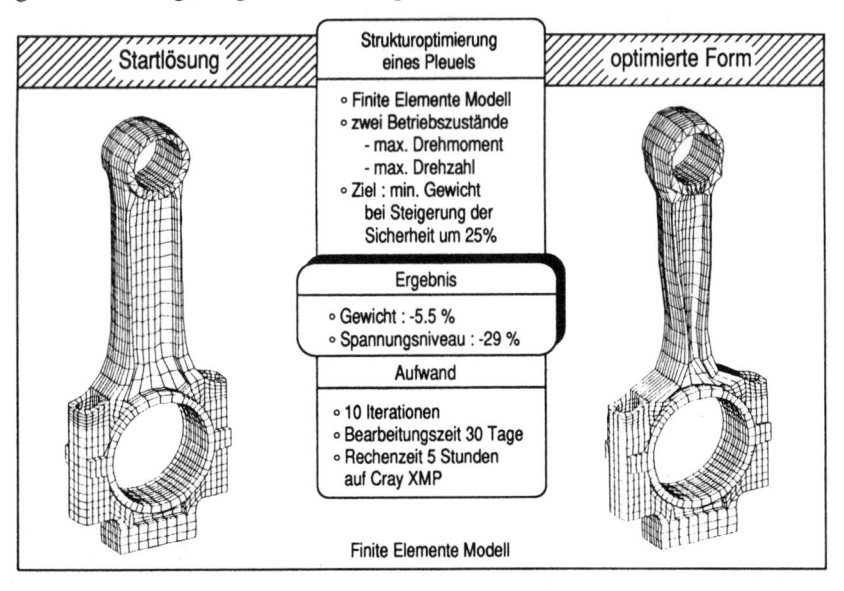

Bild 8: Einsatz der Formoptimierung bei der Gestaltung eines Pleuels (nach: BMW)

damit die Materialkosten verringert werden.

Demgegenüber steht der Aufwand für die Durchführung der Optimierung, der durch eine Bearbeitungszeit von 30 Tagen und eine Rechenzeit von 5 Stunden auf einem Supercomputer beschrieben ist. Dieser Aufwand amortisiert sich jedoch bereits bei der Fertigung mittlerer Stückzahlen.

3.3 Simulation von Produkteigenschaften

Von den Hilfsmitteln zur Produktgestaltung, die auf expliziten, mathematischen Modellen beruhen, ist die Simulation von besonderer Bedeutung /17/. Alle Berechnungsmethoden, die auf exakte, algorithmierbare Verfahren zurückführbar sind, können als Simulationsverfahren aufgefaßt werden. Dazu zählen unter anderem auch die Finite Elemente Methode und die nachfolgend vorgestellten Methoden zur montage- und variantengerechten Produktgestaltung.

Als alternatives Verfahren zur Bestimmung von Produkteigenschaften bieten sich experimentelle Untersuchungen an. Der Einsatz der Simulation wird jedoch häufig vorgezogen, da die meßtechnische Untersuchung des Produktes oder eines Prototypen aus technischen oder finanziellen Gründen nicht oder nur unzureichend durchgeführt werden kann.

Das Ziel der Simulation ist, schon während der Produktgestaltung weitgehende Aussagen über das spätere Verhalten des Produktes bei der Produktion und beim Einsatz zu erhalten, um bei unzulänglichen oder schlechten Eigenschaften rechtzeitig gestalterische Maßnahmen zu treffen.

3.3.1 Arbeitsweise

Wie in **Bild 9** gezeigt ist, gliedern sich die bei der Produktgestaltung verwendeten Verfahren in die Simulation von Produktionsbedingungen und in die Simulation von Einsatzbedingungen. In beiden Fällen muß eine Modellvorstellung existieren, die das zu untersuchende Systemverhalten in der geforderten Genauigkeit beschreibt, die als analytisches oder numerisches Modell formulierbar ist und programmtechnisch realisiert werden kann /18,19/. Dabei werden z.B. Eigenschaften wie Produktgeometrie und -aufbau, Kinematik, Fertigungs- und Betriebskosten sowie die zugeordneten Zeiten beschrieben. Entsprechend der 2. These zur integrierten Produktgestaltung werden diese Eigenschaften an die Elemente des Produktmodells geknüpft.

Die Simulation von Produktionsbedingungen liefert Aussagen z.B. über die Handhabung, Aufspannung, Fertigung, Montage und den Transport eines Produktes und bezieht sich dabei auf die Forderungen der Produktion. Die Simulation der Einsatzbedingungen kann Aussagen zur Funktion, Festigkeit, Sicherheit und Wiederverwendbarkeit eines Produktes liefern und bezieht sich auf die Marktforderungen. In beiden Fällen zeigen die Ergebnisse, ob und wie gut die spezifischen Forderungen der Produktion und des Marktes erfüllt werden. Zur Verbesserung des Produktes müssen diese Ergebnisse bewertet und daraus Änderungen der Produktgestalt abgeleitet werden. Falls mehrere Lösungsalternativen durch Simulation untersucht wurden, kann die beste Lösung ausgewählt werden.

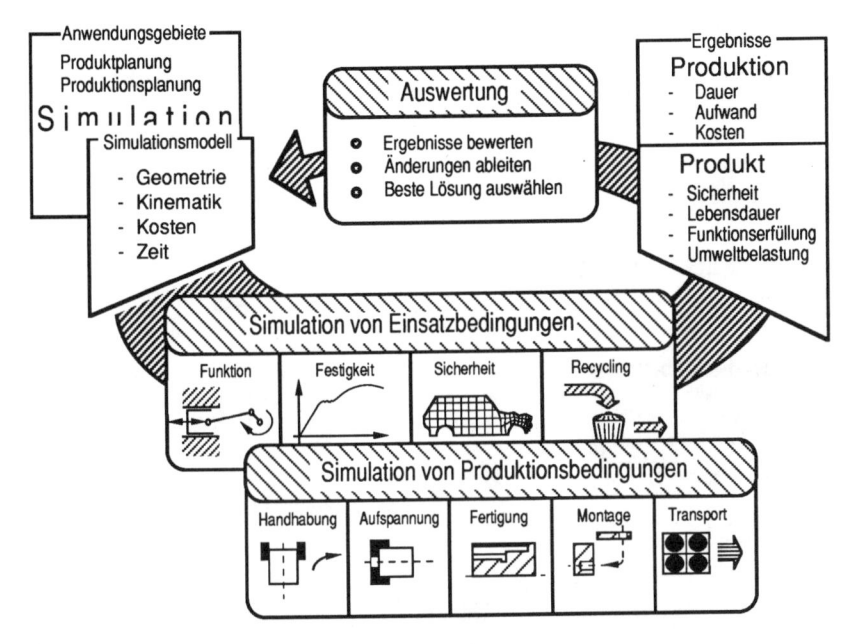

Bild 9: Ermittlung von Produkteigenschaften durch Simulation

3.3.2. Einsatzgebiete

Der Einsatz von Simulationsverfahren kann in allen Bereichen erfolgen, in denen Aussagen über Produktmerkmale benötigt werden, ohne daß diese Eigenschaften auf direktem Wege (Messung, Experiment) gewonnen werden können /20/.

Das nachfolgende Beispiel beschreibt den Einsatz der Simulation bei der Auslegung von Bohrhämmern.

Bei der Konstruktion von Bohrhämmern kommt der Auslegung des Schlagwerkes eine große Bedeutung zu (**Bild 10**). Dabei müssen mehrere, sich gegenseitig beeinflussende Gestaltungsparameter so aufeinander abgestimmt werden, daß ein sehr gutes und gleichmäßiges Betriebsverhalten im gesamten Arbeitsbereich erzielt wird.

Das Schlagwerk der Maschine funktioniert folgendermaßen: Über ein Untersetzungsgetriebe und einen Kurbeltrieb bewegt der Motor einen Kolben, der in einem Zylinder läuft. Dieser Erregerkolben komprimiert ein Luftpolster, das durch einen zweiten Kolben, den Flugkolben, begrenzt ist. Der Flugkolben wird beschleunigt und stößt dabei auf die Werkzeughalterung, die den Stoß auf das Werkzeug überträgt. Die dabei übertragene Stoßenergie ist maßgeblich für die erzielbare Bohrleistung.

Bei der Auslegung des Schlagwerkes ist zu berücksichtigen, daß die Bohrleistung im gesamten Arbeitsbereich gleichmäßig hoch sein soll. Der Arbeitsbereich der Maschine ist vorgegeben durch Bohrer mit unterschiedlichem Durchmesser und durch zu bohrende Materialien mit unterschiedlicher Festigkeit und Zusammensetzung. Trotz hoher Schlagenergie müssen niedrige Vibrationswerte der gesamten Maschine erreicht werden.

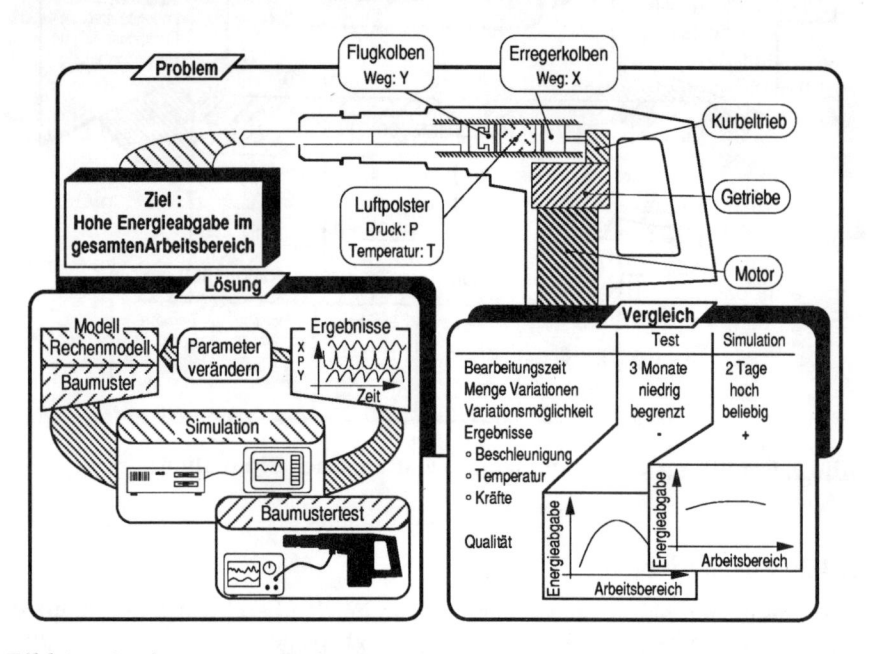

Bild 10: Auslegung von Bohrhämmern - Vergleich von Simulation und Baumustertest (nach: Hilti)

Die Auslegungsparameter für das Schlagwerk sind der Durchmesser und die Masse des Flugkolbens sowie die Länge des Luftpolsters im Zylinder in Relation zur Bewegung des Erregerkolbens. Zur Beurteilung einer Auslegung werden die Wegfunktionen von Erreger- und Flugkolben sowie der Druckverlauf im Luftpolster ausgewertet. Die Aufgabe des Konstrukteurs besteht darin, die Auslegungsparameter des Schlagwerkes so zu wählen, daß die Auswertung der resultierenden Zeitkurven eine gute Betriebscharakteristik des Bohrhammers ergibt. Die Wahl der Parameter geschieht nach Kenngrößen, wobei mehrere Iterationen erforderlich sind.

Ursprünglich wurden die Verläufe der Zeitfunktionen durch Baumustertests bestimmt. Alternativ dazu werden seit einiger Zeit die Verläufe durch Simulation berechnet. Das erlaubt, die Vorteile der Simulation gegenüber Baumustertests herauszustellen. Der Aufwand für die Realisierung eines Baumusters und für die Durchführung des Tests ist wesentlich höher als für die Durchführung einer Simulationsberechnung. Die Simulation liefert gleichwertige Ergebnisse für die Zeitfunktionen "Weg" und "Druck". Zusätzlich werden bei der Simulation aber eine Reihe weiterer Angaben wie Geschwindigkeiten, Beschleunigungen, Temperaturen und Kräfte bestimmt, die für die Gestaltung der ganzen Maschine von Bedeutung sind.

Es können mehr Iterationen beim Auslegungsprozess durchgeführt werden, da der Aufwand für die Simulation einer konkreten Auslegung wesentlich geringer ist als beim Baumustertest. Dadurch sind bessere Auslegungsergebnisse erzielbar, was zu einer höheren Produktqualität führt. Bei der Simulation können alle Auslegungsparameter beliebig variiert werden. Beim Baumustertest erfolgt aufgrund des hohen Aufwandes eine hierarchische Veränderung der Auslegungsparameter: Zunächst wird ein geeigneter Durchmesser der beiden Kolben durch mehrere Tests bestimmt, wobei die anderen Parameter nicht verändert werden. Nachdem der Durchmesser festgelegt ist, wird die Masse der Kolben durch weitere Tests ermittelt. Erst danach kann die Dicke des Luftpolsters angepasst werden. Diese Vorgehensweise schränkt die Festlegung der Auslegungsparameter in hohem Maße ein.

Insgesamt ergibt sich für eine komplette Auslegung unter Verwendung der Simulation eine Bearbeitungszeit von 2 Tagen. Bei der Durchführung von Baumustertests werden dazu 3 Monate benötigt. Zusätzlich zu diesen Zeitvorteilen liefert die Simulation qualitativ wesentlich bessere Ergebnisse. Obwohl die Vorteile der Simulation im geschilderten Beispiel extrem sind, sollte auch für den Normalfall zu erkennen sein, welch enormes Potential zur Aufwandsreduzierung und Qualitätsverbesserung in der Anwendung von Simulationsverfahren liegt.

3.4 Montagegerechte Konstruktion

Im Rahmen der Produktgestaltung gibt es neben Hilfmitteln für die Auslegung von Bauteilen auch Hilfsmittel zur montageorientierten Optimierung der Produktstruktur und der Geometrie der Bauteile. Die Ursachen für die unzureichende Berücksichtigung von Montagegesichtspunkten im Konstruktionsprozeß lassen sich weniger auf das Fehlen von Regeln und Verfahren zur Montageoptimierung von Produkten zurückführen. Vielmehr liegt die Problematik in der aufwendigen Anwendung bekannter Regeln und Verfahren sowie der nicht vorhandenen Übertragung auf den Rechner /21/.

3.4.1 Verfügbare Hilfsmittel zur montagegerechten Konstruktion

Im rechnerunterstützten Konstruktionsprozess steht zum heutigen Zeitpunkt als einziges Hilfsmittel zur montagegerechten Produktgestaltung die Bewegungssimulation zur Verfügung. Mit Hilfe vieler marktgängiger CAD-Systeme kann eine Montierbarkeits- und Kollisionskontrolle durchgeführt werden, die auch genutzt werden kann, um Montagevorgänge mit Industrierobotern zu simulieren.

Im Gegensatz zur rechnerunterstützten Produktgestaltung sind im konventionellen Bereich zahlreiche Hilfsmittel und Verfahren zur montagegerechten Produktgestaltung bekannt. Sie lassen sich in bewertende und korrektive Hilfsmittel unterteilen. Zu den bewertenden Methoden zählt neben der FMEA (Failure Mode and Effects Analysis) -Methode /22/ die DFA (Design For Assembly) -Methode, mit der eine detaillierte Beurteilung des Montageaufwandes durchgeführt werden kann /23/. Die DFA-Methode wurde von Boothroyd und Dewhurst mit dem Ziel entwickelt, sowohl Handhabungs- als auch Fügekosten zu minimieren. Möglichkeiten zur Kostenreduktion in der Montage sind zum einen die Minimierung der Teileanzahl und zum anderen die Sicherstellung einer einfachen Montage der noch verbleibenden Teile.

Um diese beiden Zielvorgaben zu realisieren, wird die DFA-Analyse in den drei Schritten

- Auswahl der geeigneten Montagemethode,

- Analyse der Montageaufgabe und

- Verbesserung der Konstruktion

durchgeführt (Bild 11). Die Kernaufgabe besteht hierbei in der Ermittlung bestimmter Kennzahlen, die in Korrelation zum Montageaufwand bzw. zur Montagezeit stehen. Diese Kennzahlen (insbesondere Handhabungszahlen) lassen sich zum großen Teil aus Geometrie- und Symmetriewerten des zu untersuchenden Teils ableiten /23,24/.

Diese bewertenden Verfahren werden durch korrektive Hilfsmittel zur montagegerechten Produktgestaltung ergänzt. Hierzu zählen z.B. Konstruktionskataloge, Gestaltungsregeln oder Beispielsammlungen /25/.

Die zur Zeit verfügbaren Hilfsmittel lassen eine auf CAD-Daten gestützte Rechnerauswertung zur Beurteilung der Montagegerechtheit von Produkten nicht zu. Weitere Defizite in der montagegerechten Produktgestaltung ergeben sich durch die nichtvorhandene Bereitstellung montagerelevanter Informationen durch heutige CAD-Systeme.

Wettbewerbsfaktor Produktionstechnik 55

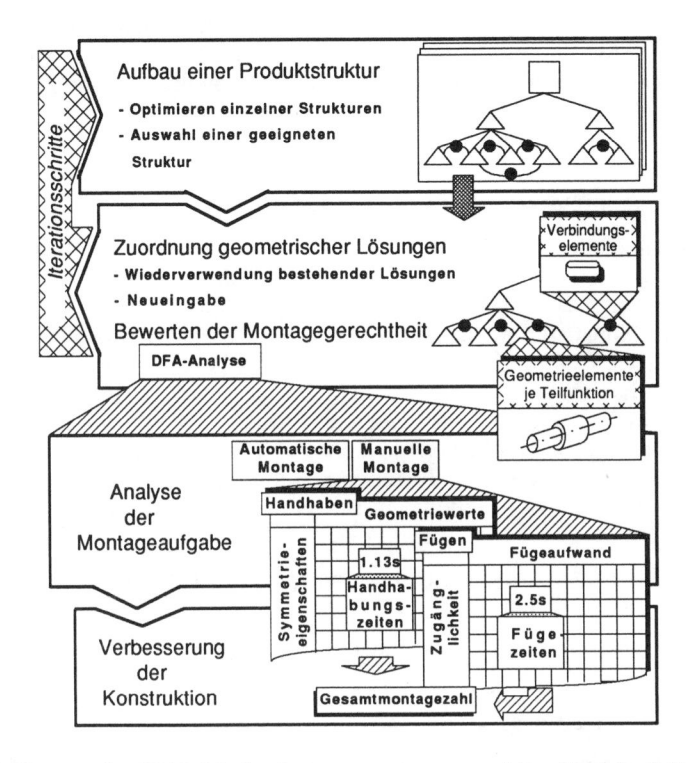

Bild 11: Einsatz der DFA-Methode zur montagegerechten Konstruktion

3.4.2 Anforderungen an eine rechnerunterstützte montagegerechte Konstruktion

Um montageorientierte Bewertungsverfahren in die rechnerunterstützte Konstruktion eingliedern zu können, müssen bestimmte Voraussetzungen durch das CAD-System erfüllt werden.

Für die Bewertung der Montagegerechtheit ist eine Produktstruktur erforderlich, die zum einen funktionsorientiert und zum anderen montageorientiert ausgelegt sein muß. Durch eine solche Struktur kann die hierarchische Anordnung der Bauteile und damit die Zuordnung einzelner Konstruktionseinheiten und Bauteile untereinander verdeutlicht werden. Der Aufbau einer Produktstruktur ermöglicht dem Konstrukteur, schon frühzeitig zu beurteilen, ob der von ihm gewählte Produktaufbau sinnvoll ist, da aus der Produktgliederung wesentliche Montageschritte ersichtlich werden. Innerhalb der Produktstruktur ist die Geometrie der Bauteile durch Elemente zu beschreiben, um die Eigenschaften der Bauteile rechnerintern verarbeiten zu können. Weiterhin ist in der Produktstruktur die Möglichkeit vorzusehen, Verbindungen zwischen den Bauteilen zu definieren.

Neben der Möglichkeit, eine Produktstruktur zu beschreiben, muß ein geeignetes CAD-System eine Systemumgebung aufweisen, welche die Schwachstellenanalyse unterstützt und die Bereitstellung montagerelevanter Regeln und Maßnahmen ermöglicht.

3.4.3 Lösungsansätze mit einem CAD-System

Heute implementierte CAD-Systeme orientieren sich fast ausnahmslos an der Geometrie eines Produktes. Sie dienen lediglich zur rechnerunterstützten Zeichnungserstellung und werden nur in Ausnahmefällen während der eigentlichen Konstruktion eingesetzt. Ausgehend von der Hypothese, daß ein System, das als Basis nicht Geometrien, sondern Funktionen mit technischen Parametern handhabt, den Konstruktionsprozeß wirkungsvoll unterstützen kann, wird im Bereich der Forschung eine Produktstruktur entwickelt, die es dem Konstrukteur ermöglicht, eine Konstruktion funktional zu beschreiben. Durch die Kopplung des Strukturmodells mit einem geometrisch orientierten CAD-System wird die funktional durchgeführte Konstruktion rechnerintern auch geometrisch abgebildet und auf dem Bildschirm dargestellt /26/.

Der Ablauf der rechnerunterstützten montagegerechten Konstruktion gliedert sich dabei in fünf Schritte:

- Aufbau einer funktionalen Konstruktionsstruktur,

- Umwandlung der funktionsorientierten Struktur in eine montageorientierte Konstruktionsstruktur,

- Zuordnung montagerelevanter Fügeinformationen,

- Zuordnung der geometrischen Lösungen zu den Teilfunktionen und zu den Verbindungs-Funktionskomplexen und

- Überprüfung der konstruktiven Lösung hinsichtlich Montagegerechtheit.

Der Vorteil der Integration der DFA-Methode in den Funktionsumfang eines CAD-Systems liegt darin, daß der Konstrukteur schon während der Arbeit am CAD-System auf zusätzliche Unterstützung hinsichtlich der montageorientierten Konstruktion zurückgreifen kann. Aus diesem Grund sind positive Auswirkungen auf die Motivation des Konstrukteurs, das Kriterium Montagegerechtheit bei seinen Tätigkeiten zu berücksichtigen, zu erwarten.

Man muß jedoch darauf hinweisen, daß der Versuch der Gestaltoptimierung durch den Konstrukteur nicht isoliert betrachtet werden darf, da entscheidende Informationen aus nachgelagerten Bereichen, insbesondere der Fertigungs- und der Montageplanung, durch ein CAD-System nicht bereitgestellt werden können.

Unter diesem Gesichtspunkt kommt dem "Simultaneous Engineering", d.h. der interdisziplinären Zusammenarbeit von Konstrukteuren und Mitarbeitern in den Fertigungs- und Montagebereichen, in allen Konstruktionsphasen eine immer wichtiger werdende Bedeutung zu. In diesem Zusammenhang hat es sich in der Praxis bewährt, junge Mitarbeiter vor ihrem Einsatz in der Produktentwicklung Erfahrungen in der Produktion und Planung sammeln zu lassen, wie es auch sehr vorteilhaft ist, den Horizont von Mitarbeitern während ihres weiteren Berufsweges durch den Einsatz über Bereichsgrenzen hinweg zu erweitern.

Der Nutzen einer DFA-Analyse soll im folgenden Beispiel verdeutlicht werden. Eine PKW-Getriebewelle wurde einer DFA-Analyse unterzogen. Hierbei stellte sich heraus, daß die Befestigung des Wellenendes unter Montagegesichtspunkten vereinfacht werden konnte.

Für die Befestigung des Wellenendes waren anfänglich zwei Einzelteile vorgesehen: Ein Federring, der in eine Nut gesetzt wurde und eine Scheibe, die zwischen Feder und Federring montiert wurde (Bild 12). Unter Berücksichtigung des Handhabungs- und des Fügeaufwandes wurden die Funktionen der beiden Einzelteile (Befestigen an der Welle und Halten der Feder) in ein Einzelteil integriert und die Realisierung optimiert. So entstand aus den zwei Einzelteilen Federring und Scheibe ein ringförmiges Einzelteil, das mit einem einzigen Montagevorgang über die Welle gestreift und befestigt werden kann. Auf der einen Seite ist die Herstellung eines solchen Einzelteils kostenaufwendiger als die Herstellung der beiden Einzelteile der nicht optimierten Konstruktion, auf der andern Seite reduzieren sich durch das Wegfallen der Nut

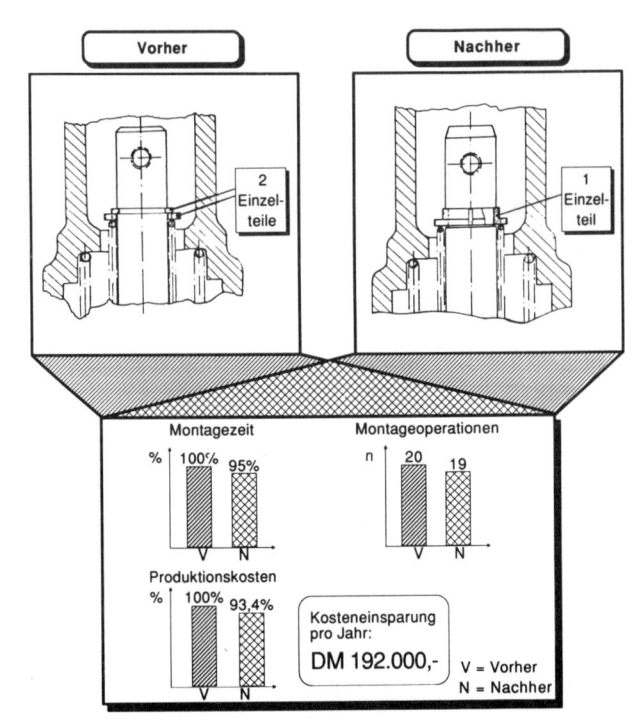

Bild 12: Auslegung einer Getriebewelle mit der DFA-Methode (nach: Ford)

auf der Welle die Herstellkosten der Welle.

Dieses Beispiel zeigt, daß durch die Reduzierung des Handhabungs- und Fügeaufwandes ein erhebliches Kosteneinsparungspotential genutzt werden konnte.

3.5. Variantenorientierte Produktgestaltung

Neben der montagegerechten Konstruktion ist die variantenorientierte Produktgestaltung eine wichtige Methode, um die Produktstruktur zu optimieren.

Schon bei den ersten Überlegungen zu einem neuen (Nachfolge-)Produkt gilt es, durch eine variantenorientierte Produktprogrammplanung und eine geeignete Produktstrukturauswahl die Variantenvielfalt auf das vom Markt geforderte Variantenspektrum einzuschränken. Nicht erforderliche Varianten lassen sich dadurch vorbeugend verhindern. Das Kostenreduzierungspotential ist zu diesem Zeitpunkt innerhalb des Produktzyklus am größten, da der größte Anteil der Kosten hier festgelegt und durch eine variantenorientierte Produktgestaltung beeinflußbar ist.

Somit gilt es, die Variantenvielfalt für ein neues Produkt frühzeitig im Konstruktionsprozeß zu berücksichtigen. Dies ist bereits zu einem Zeitpunkt möglich, zu dem die konstruktiven Details der Bauteile noch nicht bekannt sind, wohl aber die durch die notwendigen Funktionen bedingte Varianz der Bauteile.

3.5.1 Vorgehensweise zur variantenorientierten Produktgestaltung

Anhand des aktuell produzierten Ist-Zustandes können Maßnahmen zur Variantenreduzierung abgeleitet sowie mit Hilfe von "Was-wäre-wenn..."-Simulationen planspielerisch deren Auswirkungen abgebildet und bewertet werden **(Bild 13)**. Ein solches Vorgehen (Variant Mode and Effects Analysis: VMEA) gewährleistet, daß nur erfolgversprechende Maßnahmen ausgewählt und umgesetzt werden /27/.

Bis zur Produktionsfreigabe sind im weiteren Varianten, die konstruktiv über die funktional erforderlichen hinausgehen, zu vermeiden. Teile- und Baugruppenvarianten müssen den einzelnen Strukturelementen einer vorher im Rahmen der Produktstrukturierung ausgewählten Soll-Struktur zugeordnet werden.

Bei einem aktuell produzierten Variantenspektrum besteht schließlich nur noch die Möglichkeit, Varianten nachträglich abzubauen. Standardisierungsmaßnahmen sind dabei lediglich in begrenztem Umfang möglich und sinnvoll. So führt die Kostenremanenz bei Reduzierung der Anzahl der Varianten infolge nicht abbaubarer Fixkosten, beispielsweise Werkzeug- und Vorrichtungskosten, in den seltensten Fällen zu einer proportionalen Kostensenkung /28/. Es werden zwar Kosten reduziert, jedoch nur in Höhe der Einzelkosten, zum Beispiel Material- und Lohnkosten. Somit müssen mit Methoden und Hilfsmitteln zur Analyse, Gestaltung und Bewertung eines Variantenspektrums während des gesamten Lebensdauerzyklus des Produktes die Entwicklung der Variantenvielfalt kontrolliert und geregelt werden.

3.5.2 Hilfsmittel zur variantenorientierten Produktgestaltung

Die beschriebenen Anforderungen berücksichtigend wurde eine Methode zur variantenorientierten Produktgestaltung entwickelt /29/. Diese enthält EDV-gestützte Methodenbausteine zur Analyse eines Variantenspektrums (Erzeugnisvariantenanalysesystem), zur klassifizierenden Beschreibung der Varianz des Produktspektrums und zur Auswahl geeigneter Produktstrukturen (Korrelationsanalyse). Zur Realisierung einer ausgewählten Produktstruktur werden darüber hinaus innerhalb der Methode geeignete Gestaltungsmaßnahmen ausgewählt und zur Umsetzung vorgeschlagen. Die anzuschließende Produktkostenbewertung (Kostenmodell) unterstützt sowohl den Konstrukteur als auch den Produktionsplaner dabei, während der einzelnen Phasen des Produktzyklus kostenreduzierende Maßnahmen auszuwählen.

Wichtige Voraussetzung für die Analyse und systematische Gestaltung eines Variantenspektrums ist die übersichtliche Darstellung der Varianteninformationen in Form einer angepaßten Erzeugnisgliederung.

Entsprechende Unterstützung leistet der EDV-gestützte Variantenbaum /30, 31/. Der Variantenbaum stellt die sich mit zunehmendem Montage-

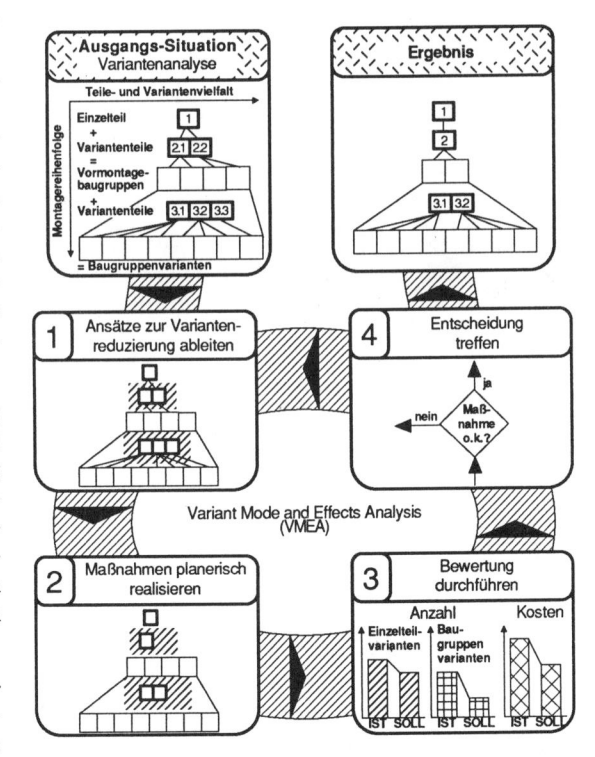

Bild 13: Vorgehensweise zur variantenorientierten Produktgestaltung

fortschritt ergebenden Baugruppen- und Erzeugnisvarianten dar. Dazu wird jedes Bauteil des Produktsprektrums in Form eines Kastens im Variantenbaum aufgeführt und mit den übrigen Bauteilen und Baugruppen verknüpft. Variantenteile und –baugruppen werden durch einen fett umrahmten Kasten gekennzeichnet. Die nach beliebig festzulegenden Montageabschnitten erreichte Variantenvielfalt (beschrieben durch Spezifikation und Anzahl) stellen Variantenleisten dar. Somit bildet der Variantenbaum neben der Teile- und Variantenvielfalt in der Horizontalen in der Vertikalen die Montagereihenfolge ab.

Ziel der Maßnahmen zur variantenorientierten Produktgestaltung ist ein möglichst schmaler Variantenbaum. Das heißt, es kann innerhalb der Montage bis zu einem möglichst späten Zeitpunkt auftragsneutral montiert und dadurch insgesamt die Durchlaufzeit in der Endmontage verkürzt werden.

Um dem Ziel der variantenorientierten Produktgestaltung - ein nach Zeit, Menge und Art der Varianten möglichst homogenes Produktsprektrum- nahe zu kommen, sind charakteristische Merkmale erforderlich. Die Unterscheidung von Varianten nach Menge und Zeit kann mit Hilfe vorhandener Informationsträger vorgenommen werden /32/. Eine Differenzierung hinsichtlich artbeschreibender Merkmale ist bisher nicht ohne weiteres möglich.

Die beschriebenen Methoden und Hilfsmittel eignen sich zur systematischen Gestaltungs-Planungsunterstützung in allen Phasen des Produktzyklus. Sie tragen dazu bei, daß im Spannungsfeld von Konstruktion, Planung und Vertrieb die Anforderungen aller Unternehmensbereiche berücksichtigt werden.

Das Ergebnis der Anwendung der VMEA-Methode bei der Gestaltung einer PKW-Lenksäule wird in **Bild 14** ersichtlich. Die Ausgangssituation war gekennzeichnet durch eine hohe Anzahl der Varianten der Lenksäule und eine hohe Anzahl der variantenabhängigen Anbauteile. Ohne das Leistungsangebot einzuschränken, konnte die Anzahl der Varianten um 80 Varianten und die Anzahl der Anbauteile um 23 Anbauteile verringert werden.

Dies wurde durch folgende Maßnahmen erreicht:

Die Länge der Lenksäule war betimmt durch die Lenkradversion (Airbag- oder Normalversion). Da das Lenkrad für die Airbagversion eine höhere Tiefe aufwies als das Normal-Lenkrad, mußte zum einen die Lenksäule für die Airbagversion verkürzt werden und zum anderen aus ergonomischen Gründen die Schalthebel an der Lenksäule verlängert und zusätzlich gebogen werden. Durch Verwendung einer einheitlichen Lenkradtiefe für die Airbag- und für die Normalversion konnten die Lenksäule und die Schalthebel einheitlich gestaltet werden.

Die verbale Beschriftung des Tempomat-Schalters in fünf Sprachen erforderte fünf verschiedene Bauteile. Durch die Beschriftung des Tempomatschalters mit Pictogrammen konnte die Zahl von fünf unterschiedlichen Schaltern auf einen Schalter reduziert werden.

Die Kabelführung wurde in der Linkslenkerversion in anderer Weise als in der Rechtslenkerversion verlegt. Eine einheitliche Kabelführung sowohl in der Linkslenker- als auch in der Rechtslenkerversion konnte nun mit Kabeln gleicher Länge erfolgen.

Das für die Anhängerkupplung zusätzlich erforderliche Blinkrelais wurde an die Lenksäule montiert. Aus diesem Grund wurden bei Vorhandensein einer Anhängerkupplung zusätzliche Kabel erforderlich, die in die Lenksäule eingezogen werden mußten. Durch Verlagerung der Blinkrelais für Pkw und Anhänger aus der Lenksäule und durch Ersetzen der Relais durch einen Geräuschgeber in der Lenksäule ist nur noch ein Kabel für den Geräuschgeber in der Lenksäule erforderlich.

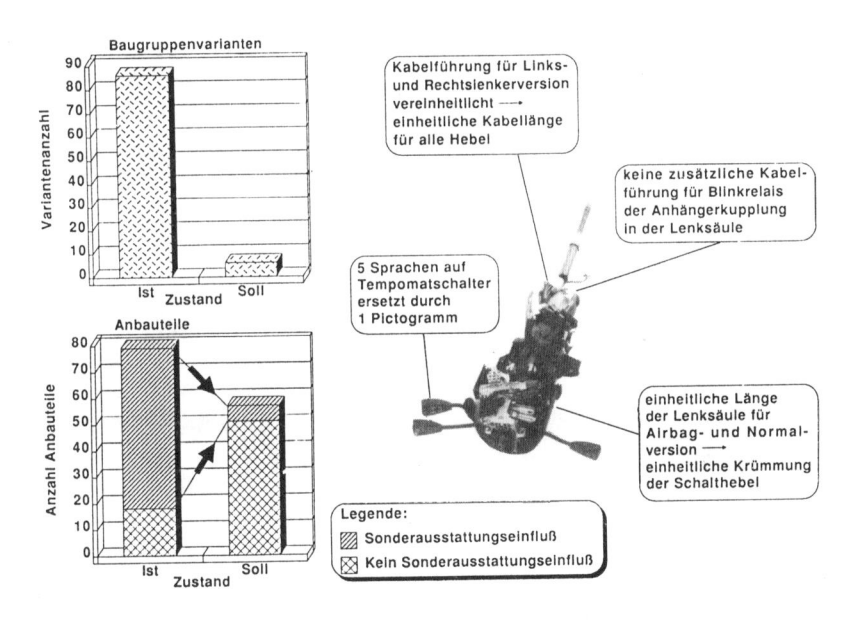

<u>Bild 14:</u> Einsatz der Variantenanalyse am Beispiel einer PKW-Lenksäule (nach: BMW)

Nach Abschluß der Vorstellung der Methoden und Hilfsmittel zur <u>technischen</u> Unterstützung der Produktgestaltung kann folgendes Zwischenfazit gezogen werden: Das Spannungsfeld zwischen Markt und Produktion kann von der technischen Seite her für die Produktgestaltung durch den Einsatz neuer Hilfsmittel "entschärft" werden. Die gemeinsame Klammer über diese Hilfsmittel ist deren objekt- bzw. elementorientierter Ansatz.

Als Hilfsmittel zur organisatorischen "Entschärfung" des Spannungsfeldes zwischen Markt und Produktion wird anschließend die Strategie des Simultaneous Engineering vorgestellt.

3.6 Simultaneous Engineering

Eine Strategie, die besonderes Gewicht auf die gleichzeitige Planung neuer Produkte und Produktionseinrichtungen legt, ist das Simultaneous Engineering /33,34,35/. Ziel dieser Strategie ist der Übergang von einer funktionsorientierten zu einer objektorientierten Arbeitsweise, um möglichst viele Anforderungen frühzeitig bei der Produktentwicklung zu berücksichtigen /36,37/.

3.6.1 Funktionsweise des Simultaneous Engineering

Ablaufanalysen in den Abteilungen der Produktentwicklung und der Produktionsmittelplanung zeigen, daß in diesen Bereichen nach wie vor die gleiche sequentielle Arbeitsweise angewandt wird, wie sie hinlänglich aus der Auftragsabwicklung bekannt ist (Bild 15).

Entsprechend dieser Arbeitsweise erstellt der Konstrukteur während der Produktgestaltung ein Konzept für das Produkt bzw. die Produktkomponente. Der Produktionsmittelplaner wird in die Produktgestaltung nicht mit einbezogen. Erst wenn die Detaillierungsphase abgeschlossen ist, alle Dokumente erstellt sind und die Produktfreigabe erfolgt, bekommt der Produktionsmittelplaner Unterlagen, um die erforderlichen Produktionseinrichtungen zu konzipieren.

Dieses organisatorische Prinzip, das funktionsorientiert und nicht objektorientiert ausgerichtet ist, basiert auf der Methodik des Taylorismus. Unternehmensfunktionen wurden in Teilfunktionen zerlegt und somit überschaubar und steuerbar. Der Aufbau von verschiedenen Abteilungen auf Basis der funktionalen Gliederung ermöglichte einen systematischen Personal- und Hilfsmitteleinsatz.

Für die Produktgestaltung wirkt sich diese Organisationsform nachteilig aus, da innerhalb der Konstruktion das Fachwissen anderer Unternehmensbereiche erforderlich ist. Das Produkt muß nicht nur konstruktiven Anforderungen genügen, sondern auch für die jeweiligen Produktionsbedingungen optimal gestaltet sein. Nachträgliche Verbesserungen der Produkte werden sehr oft nicht vorgenommen, da der notwendige Änderungsaufwand (Konstruktion, Modell, Test, neue Maschinen usw.) sehr hoch ist. In jedem Fall kostet eine nachträgliche Konstruktionsänderung Zeit und Geld. Bedingt sie zudem noch eine Verzögerung des Produktionsanlaufes, so kann das sogar den Markterfolg des Produktes gefährden.

Beim Simultaneous Engineering werden nicht die Produktionsmittel unabhängig vom Produkt oder das Produkt unabhängig von den Produktionsmitteln entwickelt, sondern es werden beide Aufgaben gleichzeitig und gemeinsam bearbeitet. Dabei wird angestrebt, die Anforderungen aller Unternehmensbereiche frühzeitig, schon bei der Produktgestaltung zu berücksichtigen und die Produktionseinrichtungen, die für die Fertigung des Produktes benötigt werden, parallel zum Konstruktionsprozeß zu planen. Hierdurch wird zwar der Planungsprozeß des Produktes und der Produktionseinrichtungen verlängert. Diese Zeit wird für die zahlreichen Abstimmungsgespräche zwischen den beteiligten Bereichen und der Konstruktion benötigt, um Produktänderungen nicht erst im Nachhinein, sondern vor der Konstruktionsfreigabe zu berücksichtigen. Die Gesamtzeit bis zum Produktionsanlauf wird aber wegen der parallelen Produktentwicklung und Produktionsmittelplanung verkürzt.

Durch die Zusammenarbeit der Konstruktionsabteilungen mit der Pro-

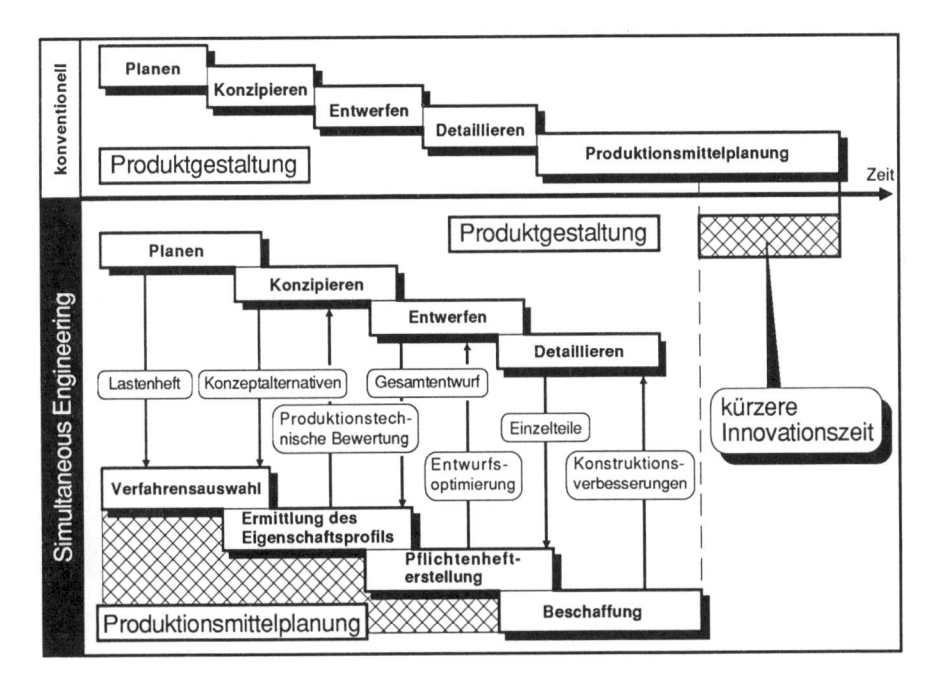

Bild 15: Methode des Simultaneous Engineering

duktionsmittelplanung entstehen gegenüber der sequentiellen Arbeitsweise wesentlich ausgereiftere, qualitativ hochwertigere Produkte. Trotz der Verlängerung der Planungsphasen werden beim Simultaneous Engineering durch die gleichzeitige (simultane) Planung beträchtliche Innovationszeiteinsparungen erzielt.

Dieser Effekt läßt sich verstärken, wenn das Simultaneous Engineering-Prinzip (S.E.-Prinzip) nicht nur innerhalb eines Unternehmens angewandt wird, sondern betriebsübergreifend auch die Hersteller von Produktionsmitteleinrichtungen und Teilezulieferer von Beginn des Planungsprozesses mit eingebunden werden /38/.

3.6.2 Gestaltung von S.E.-Projekten

Für die gleichzeitige Auslegung von Produkt und Produktionsmittel muß für das jeweilige Unternehmen die richtige organisatorische Struktur gefunden werden. Lösungsansätze sind neben aufbauorganisatorischen Änderungen in den Abteilungen Konstruktion, Fertigungs- und Montageplanung, die Bildung eines S.E.-Teams (Bild 16).

Das Team setzt sich aus Mitarbeitern verschiedener Fachbereiche zusammen, wobei vorrangig Fachleute aus den Bereichen der Produktgestaltung und der Produktionsmittelplanung in dieser Gruppe mitwirken. Bei der Einbeziehung von externen Teilnehmern muß die Zusammenarbeit auf einer vertrauensvollen Basis erfolgen, da der Hersteller des Produktes frühzeitig seine Produktideen einem außerbetrieblichen Unternehmenskreis zugänglich macht.

Voraussetzung für die Einbindung eines Produktionsmittelherstellers ist, daß sich der Produkthersteller frühzeitig auf einen der vielen Anbieter von Produktionseinrichtungen festlegt. Die Preisgestaltung des Produktionsmittels gestaltet sich hierbei etwas schwieriger als bei der konventionellen Vorgehensweise. So muß z.B. der angefallene Planungsaufwand dem Hersteller der Produktionseinrichtung vergütet werden, falls die zusammen geplante Produktionsanlage nicht realisiert werden sollte.

Die Chancen dieser vertrauensvollen Zusammenarbeit in der S.E.-Gruppe liegen jedoch darin, daß das Know-How und das Entwicklungspotential des Produktionsmittelherstellers bzw. des Zulieferers mit in die Produktplanung einfließen. Es zeigt sich, daß derart entwickelte und konstruierte Produkte, wegen der konstruktiven Berücksichtigung der Anforderungen aller Unternehmensbereiche, qualitativ hochwertiger und ausgereifter sind.

Bei der Bildung eines S.E.-Teams wird zwischen einer festen und einer variablen Besetzung der Gruppe unterschieden. Bei der variablen Besetzung werden zu einem festen Stamm von Teammitgliedern Fachleute entsprechend der aktuellen Problemstellung hinzugezogen.

Gegenüber der temporär wechselnden Besetzung der S.E.-Gruppe bietet die feste Belegung erhebliche Vorteile, da alle Teilnehmer beim Projektstart von dem gleichen Wissensstand ausgehen und während des Projektverlaufes alle Informationen zu selben Zeit erhalten.

Neben der Organisationsform muß auch die Vorgehensweise des S.E.-Teams bei der Projektbearbeitung bestimmt werden. Zu Beginn eines S.E.-Projektes wird das zu analysierende Produkt durch eine klar formulierte Aufgabenstellung festgelegt. Darüberhinaus muß eine Entscheidung getroffen werden, ob das noch zu entwickelnde Produkt auf bereits vorhandenen oder neu zu beschaffenden Produktionseinrichtungen gefertigt werden soll.

Eine konkrete Zielformulierung sowohl zu Beginn der Analyse- auch wenn sie auf Grund von Zwischenergebnissen wieder geändert werden muß - ist für den Erfolg des S.E.-Projektes unabdingbar.

Vorrangige Aufgabe des S.E.-Teams ist es, unter Berücksichtigung der gewählten und vorgegebenen Ziele, das Produktkonzept zu analysieren. Alle Mängel müssen präzise beschrieben werden, wobei jede gefundene Schwachstelle nach Möglichkeit in knapper Form, gegebenenfalls auch durch Skizzen unterstützt, zu dokumentieren ist.

Nach der Lokalisierung der Schwachstellen des Produktes ist es erforderlich,

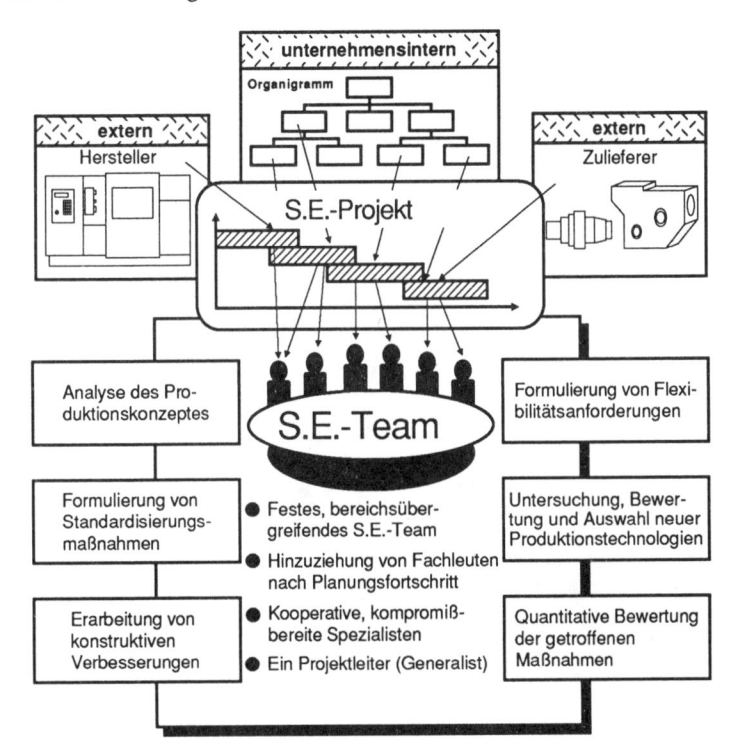

Bild 16: Zusammensetzung und Aufgaben des S. E. Teams

daß die Mitglieder des S.E.-Teams die für die Beseitigung der Fehler zuständigen Unternehmensbereiche bestimmen.

Die Formulierung von Standardisierungsmaßnahmen bringt sowohl eine Kostenreduzierung bei der Auslegung der Produktionseinrichtungen als auch eine Senkung der Herstellkosten des Produktes.

Eine weitere wichtige Aufgabe des S.E.-Teams ist die Untersuchung und Auswahl neuer Produktionstechnologien, um immer die rationellsten Bearbeitungsverfahren für das Produkt nutzen zu können.

Da die getroffenen Maßnahmen nicht nur unterschiedlich, sondern auch gegensätzlich sein können, muß sich eine quantitative Bewertung der Maßnahmen unter Berücksichtigung der Zielsetzung anschließen.

Die Arbeit eines S.E.-Teams und die Effizienz der Methodik soll im folgenden anhand zweier Beispiele aufgezeigt werden.

3.6.3 Beispiele zu Simultaneous Engineering

Ein Bohrhammerhersteller möchte bei der Entwicklung einer neuen Gerätegeneration gleichzeitig neue Fertigungsmöglichkeiten zur Kostenreduzierung überprüfen. Dabei sollen die Fertigungsmöglichkeiten nicht erst nach, sondern gleichzeitig zur Produktentwicklung untersucht werden, so daß noch Einfluß auf die Produktgestaltung genommen werden kann (Bild 17).

Für diese Aufgabenstellung wurde ein S.E.-Team aus den Abteilungen Forschung, Entwicklung, Einkauf, Produktion und Engineering gebildet. Externe Mitglieder waren ein Hochschulinstitut und ein Hersteller von Produktionsmitteln, der zu einem späteren Zeitpunkt hinzugezogen wurde. Dieses Team sollte für bestimmte Teile und Baugruppen der neuen Gerätegeneration Einsparungspotentiale und Technologierestriktionen aufzeigen.

Bei einem Getriebezahnrad des Bohrhammers beinhaltete der erste Konstruktionsentwurf eine Schrägverzahnung. Für dieses Zahnrad wurde zunächst eine Istanalyse der Fertigungsstruktur auf Basis bestehender Geräte durchgeführt. Das Ergebnis zeigte, daß für die Formgebung des Zahnrades 3 Maschinen notwendig sind. Eine anschließende Neuberechnung des Getriebes ergab, daß die aufwendige Schrägverzahnung für das Zahnrad auf Grund einer geringeren Belastung nicht erforderlich ist. Auf Basis dieser Ergebnisse wurden

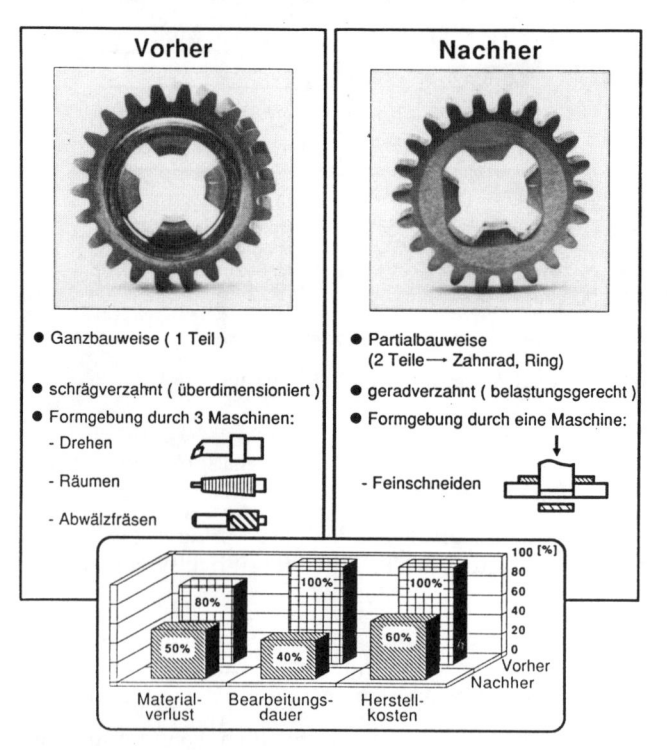

Bild 17: Simultaneous Engineering am Beispiel eines Zahnrades (nach: Hilti)

alternative Verfahren und Werkstoffe für die Herstellung des Zahnrades gesucht.

Eine Alternative war das Verfahren Feinschneiden, jedoch fehlte hier die notwendige Kompetenz, um das Zahnrad entsprechend den verfahrensspezifischen Anforderungen zu gestalten.

Die Lösung war die Entwicklung des Zahnrades zusammen mit einem Hersteller einer Feinschneidmaschine. Dabei wurde die Geometrie mit den Restriktionen Geradverzahnung, Blechstärke und Modul komplett überarbeitet. Statt einem Teil sind zwar heute zwei Teile erforderlich, jedoch konnten die Herstellkosten aufgrund des geänderten Produktionsverfahrens drastisch reduziert werden. Das Beispiel zeigt somit deutlich, wie durch frühzeitige Einbeziehung von Fachleuten aus dem Bereich der Produktionsmittelplanung erhebliche Vorteile bei der Produktgestaltung erzielt werden können.

Das zweite Beispiel veranschaulicht den Einsatz von Simultaneous Engineering bei einem Automobilhersteller (**Bild 18**). Zusammen mit dem Hersteller einer Transferstraße wurde synchron zur Produktionsmittelplanung ein Getriebe entwickelt. Das gesamte Getriebe konnte an wesentlichen Punkten entsprechend den produktionstechnischen Randbedingungen besser gestaltet werden. Als besonders markantes Beispiel soll die Zentrierung des Schaltdeckels näher beschrieben werden.

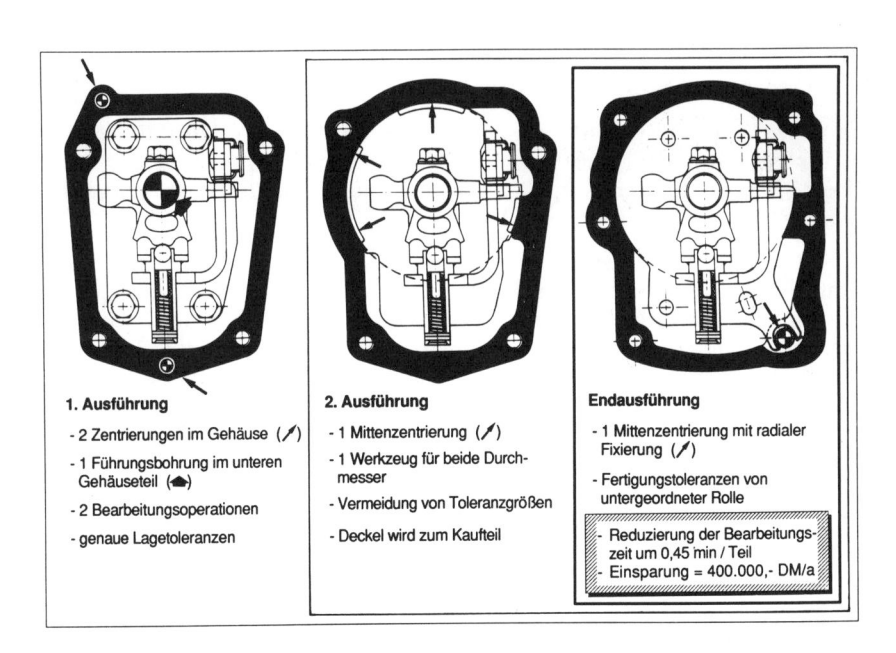

1. Ausführung	2. Ausführung	Endausführung
- 2 Zentrierungen im Gehäuse (✗)	- 1 Mittenzentrierung (✗)	- 1 Mittenzentrierung mit radialer Fixierung (✓)
- 1 Führungsbohrung im unteren Gehäuseteil (◆)	- 1 Werkzeug für beide Durchmesser	- Fertigungstoleranzen von untergeordneter Rolle
- 2 Bearbeitungsoperationen	- Vermeidung von Toleranzgrößen	- Reduzierung der Bearbeitungszeit um 0,45 min / Teil
- genaue Lagetoleranzen	- Deckel wird zum Kaufteil	- Einsparung = 400.000,- DM/a

<u>Bild 18:</u> Zentrierungsformen für den Schaltdeckel eines Getriebegehäuses (nach: Ford)

Die Schaltwelle für das PKW-Getriebe wird im Deckel und im Gehäuse geführt. Für die Funktionssicherheit ist es erforderlich, daß die Bohrung im unteren Teil des Gehäuses genau mit der Bohrung im Schaltdeckel fluchtet. Durch diese Lagetoleranz wird die Leichtgängigkeit des Schaltvorganges wesentlich beeinflußt.

In der ersten Ausführung waren zur Positionierung des Schaltdeckels zwei Fixierbohrungen vorgesehen. Über Paßstifte wurde zusammen mit den Fixierbohrungen die Flucht des Bohrungsdeckels zur unteren Bohrung gewährleistet. Dabei waren für die Fixierbohrung und die Bohrung im unteren Teil des Getriebegehäuses zwei Bearbeitungsoperationen mit genauen Lagetoleranzen notwendig. Diese hätten zu einem hohen Aufwand innerhalb der Transferstraße und damit auch zu einem erhöhten Investitionsaufwand geführt.

Zusammen mit dem Produktionsmittelhersteller wurde beschlossen, statt der Fixierbohrungen eine Mittenzentrierung für den Schaltdeckel vorzusehen. Dabei können beide Bohrungen mit einem Werkzeug gefertigt werden. Toleranzgrößen werden durch diese kombinierte Bearbeitung vermieden und der Schaltdeckel wurde aufgrund der geringeren Anforderungen zum Kaufteil. Der Erfolg dieser Lösung war eine Reduzierung der erforderlichen Bearbeitungsoperationen und der Herstellkosten. Die Bearbeitungszeit verkürzte sich aufgrund der Umgestaltung um 0,45 min./Teil, so daß ca. 400.000,- DM/a eingespart werden konnten.

4. Zusammenfassung und Ausblick

Die Vielzahl der in Zukunft zum Einsatz kommenden EDV-Hilfsmittel für die Produktgestaltung läßt auf der einen Seite eine Erleichterung bei der Durchführung von komplexen Aufgaben erwarten, auf der anderen Seite besteht jedoch die Gefahr der redundanten Datenhaltung.

Mit jedem Hilfsmittel, sei es für die Optimierung, für die Simulation, für die montagegerechte Konstruktion, für die variantenorientierte Produktgestaltung oder für eine andere Anwendung, werden Daten eines Produktes erzeugt und verarbeitet. Diese Produktdaten können z. B. geometrische (z. B. Form, Abmessung), physikalische (z. B. Leistung, Drehzahl), technologische (z.B. Toleranzen, Passungen) oder strukturelle (z. B. Zugehörigkeit eines Einzelteils zu einer Baugruppe) Eigenschaften des Produktes beschreiben (**Bild 19**). Der Bedarf an aufgaben- bzw. bereichsspezifischen Auswertungen auf Basis der verschiedenen Produktdaten birgt jedoch die Gefahr des Aufbaus und Einsatzes von Hilfsmitteln, die nicht auf eine einheitliche Datenbasis zurückgreifen. Dadurch wird eine bereichsübergreifende, auf einem gemeinsamen Produktmodell basierende integrierte Produktgestaltung verhindert.

Als Ausweg aus der aufwendigen redundanten Datenhaltung bei der Anwendung voneinander isolierter Hilfsmittel bietet sich der Einsatz eines integrierten Produktmodells an, in dem alle Daten abgespeichert werden, die zur Erzeugung aller erforderlichen, aufgabenspezifischen Auswertungen benötigt werden.

Der Aufbau des Produktmodells sollte dabei elementorientiert erfolgen, d.h. die eigenschaftbeschreibenden Daten werden Elementen zugeordnet. Entsprechend den Ebenen einer Produktstruktur repräsentieren die Elemente ein Produkt (z. B. eine Werkzeugmaschine), eine Baugruppe (z.B. ein Getriebe), eine Einzelteil (z. B. eine Welle) oder einen Teils eines Einzelteils (z.B. eine Nut oder eine Fase).

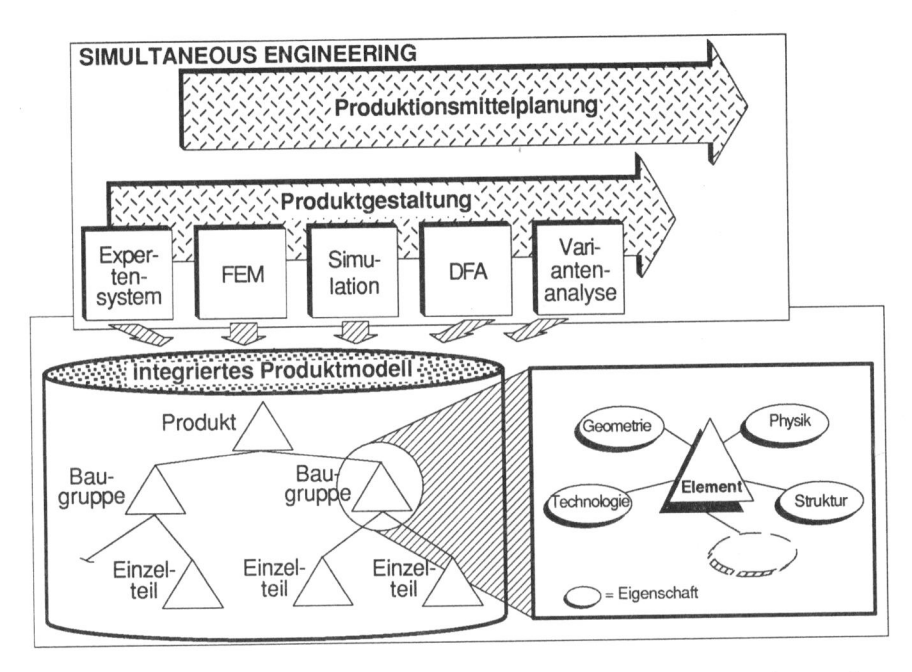

Bild 19: Elementorientiertes Produktmodell zur integrierten Produktgestaltung

Durch die Einrichtung eines elementorientierten, integrierten Produktmodells lassen sich alle während der Produktgestaltung generierten Daten strukturiert darstellen und speichern. Auf diese Weise kann mit unterschiedlichsten, in diesem Vortrag vorgestellten Hilfsmitteln auf ein Produktmodell zugegriffen werden.

Ein besonderer Vorteil bei der Nutzung eines integrierten Produktmodells liegt darin, daß es nicht nur als Basis der Hilfsmittel zur Produktgestaltung dient, sondern auch für die Hilfsmittel zur Produktionsmittelplanung verwendet werden kann. So ist zum Beispiel die während der Produktgestaltung generierte Beschreibung der technologischen Eigenschaften eines Elementes wie z. B. Oberflächengüte oder Passung eines Einzelteiles für die Planung der Produktionsmittel zur Herstellung des Einzelteiles von großer Wichtigkeit.

Auf diese Weise läßt sich zukünftig die zeitliche Parallelisierung von Produktgestaltung und Produktionsmittelplanung wirksam unterstützen.

Durch den Aufbau und Einsatz EDV-gestützter Hilfsmittel zur Unterstützung der komplexen Aufgaben der Produktgestaltung, basierend auf einem logischzentralen Produktmodell auf Elementebasis werden

- die Produktqualität erhöht,
- die Entwicklungskosten reduziert und
- die Durchlaufzeit zur Produktgestaltung gesenkt.

Die Reduzierung der "Product-to-Market" - Zeit wird durch die Einführung von Simultaneous Engineering möglich, dessen Nutzen durch die schnelle Bereitstellung bereichsspezifischer Auswertungen auf Basis eines integrierten Produktmodells noch erhöht werden kann.

Diese Methoden und Hilfsmittel sind ein Beitrag, die Spannungen zwischen Markt und Produktion abzubauen und marktgerechte Produkte kostengünstig herzustellen. Die Wettbewerbsfähigkeit von Unternehmen wird jedoch nicht nur von der effektiven Gestaltung des Planungsprozesses bestimmt, sondern ist vorrangig von den strategisch richtigen Produktentscheidungen abhängig, die in letzter Instanz von Menschen getroffen werden.

Schrifttum

1. Brankamp, K.: Planung und Entwicklung neuer Produkte, de Gruyter Verlag, Berlin, 1971
2. Geyer, E.: Marktgerechte Produktplanung und Produktentwicklung, RKW Schriftenreihe 26, In: Handbuch der Rationalisierung, Industrie-Verlag, Heidelberg, 1972
3. Eaton, R.J.: Product planning in a rapidly changing world; Int. J. Techonogical Management, Vol.2, No.2, 1987
4. Coffman, C.: Make a Match; Getting design and manufacturing togethersimultaneusly. Automotive Industries, No.12, 1987, P.62-64.
5. Fox, M. S.: Industrial applications of artificial intelligence, In: Artificial intelligence in manufacturing, key to integration? Ed.: Bernold, Th., North Holland, Amsterdam, 1987
6. Barr, A., Feigenbaum, E. A.: The handbook of artificial intelligence, Vol. I-III, Heuristech, Stanford, USA, 1981
7. Graham, N.: Künstliche Intelligenz - Wie sie Ihren Computer zum Denken bringen, Luther Verlag, Sprendlingen, 1983
8. Rick, E.: Artificial intelligence, McGraw-Hill, Tokyo, 1983

9. Hart, A.: Knowledge acquisition for expert systems, McGraw-Hill, New York, 1986

10. Specht, D.: Wissensbasierte Systeme im Produktionsbetrieb, Hanser Verlag, München, 1989

11. Hemberger, A.: Innovationspotentiale in der rechnerintegrierten Produktion durch wissensbasierte Systeme, Hanser Verlag, München, 1988

12. Haftka, R. T., Kamat, M. P.: Elements of structural optimization, Martinus Nijhoff Publishers, Den Haag, 1985

13. Lawo, M.: Optimierung im konstruktiven Ingenieurbau, Vieweg, Braunschweig, 1987

14. Schwefel, H. P.: Numerical Optimization of Computer Models, Wiley, Chichester, UK, 1977

15. Steinke, P.: Verfahren zur Spannungs- und Gewichtsoptimierung von Maschinenbauteilen, Dissertation, RWTH Aachen, 1983

16. Förtsch, F.: Entwicklung und Anwendung von Methoden zur Optimierung des mechanischen Verhaltens von Bauteilen, Dissertation, RWTH Aachen, 1988

17. Bratley, P., Fox, B. L., Schrage, L. E.: A guide to simulation Springer, New York, 1987

18. Browne, J., Rathmill, K (Ed.): Simulation in manufacturing, Springer, New York, 1989

19. Micheletti, G. F.(Ed.): Simulation in Manufacturing, Springer, New York, 1988

20. Krüger, S.: Simulation. Grundlagen, Techniken, Anwendungen, De Gruyter, 1975

21. Eversheim, W.; Dahl,B.; Baumann,M.: Mit CAD-Systemen montagegerecht konstruieren, Industrie-Anzeiger 20/1989, S. 34-37

22. Autorenkollektiv: Analyse potentieller Fehler und deren Folgen für die Konstruktion, Konstruktions-FMEA, Ford-Werke AG, Oktober 1984

23. Boothroyd, G.; Dewhurst, P.: Design for Assembly, Boothroyd & Dewhurst, Inc. 1983

24. Bäßler, R.; Schneider, W.-D.: Design for Assembly, DFA Handbuch für montagegerechte Produktgestaltung, 1. Auflage, Bildungszentrum Ford, 1987

25. Bäßler, R.: Integration der montagegerechten Produktgestaltung in den Konstruktionsprozeß, Berlin, Heidelberg, New York, Springer-Verlag, 1988

26. Buchholz, G.: Funktionsorientiertes Konstruieren mit CAD-Systemen. Dissertation RWTH Aachen, 1988

27. Eversheim, W.; Schuh, G.; Caesar, C.: Beherrschung der Variantenvielfalt, VDI-Z 131 (1989), Nr. 1 - Januar, Seite 42-46

28. Hichert,R.: Probleme der Vielfalt, Teil 2, wt-Z. ind. Fert. 76 (1986), S.141-145

29. Schuh, G.: Gestaltung und Bewertung von Produktvarianten - Ein Beitrag zur systematischen Planung von Serienprodukten, Dissertation RWTH Aachen, 1988

30. Eversheim, W.; Schuh, G.; Steinfatt, E.: Montage variantenreicher Serienprodukte, VDI-Z 128 (1986), Nr. 7, S. 193-197

31. Eversheim, W.; Steinfatt, E.: Produktstrukturanalyse mit dem Variantenbaum. HGF-Kurzberichte Nr. 86/107, Ind.-Anz. 108 (1986), Nr. 84, S. 49-50

32. Eversheim, W.; Schuh, G.; Caesar, C.: Variantenvielfalt in der Serienproduktion. Ursachen und Lösungsansätze. VDI-Z 130 (1988), Nr. 12 S. 45-49

33. B. Evans, B: Simultaneous Engineering, Mechanical Engineering, Vol.2, No.2, 1988, P.38-39.

34. Vasilash, G. S.: Simultaneous Engineering, Management´s New Competitiveness Tool, Production, No.7, 1987, P.36-41

35. N.N.: Simultaneous Engineering - Neue Wege des Projektmanagements, VDI-Berichte 758, Düsseldorf 1989.

36. Eversheim, W., Sossenheimer, K.H., Saretz, B.: Simultaneous Engineering - Entwicklungsstrategie für Produkte und Produktionseinrichtungen -, Industrieanzeiger 64/1989, S.26-30.

37. Eversheim, W., Sossenheimer, K.H., Saretz, B.: Simultaneous Engineering - Eine neue Strategie zur Reduzierung von Produktentwicklungszeiten -, Fabrik 2000, 1989, S.28-32.

38. Staufer, R. N.: Simultaneous Engineering, Converting Customers to Partners, Manufacturing Engineering, No.9, 1988, P.41-44.

Mitglieder der Arbeitsgruppe für den Vortrag 1.2

    Dr.-Ing. E. Albien, Gebr. Happich GmbH
    Dr.-Ing. W. Budde, EXAPT - Verein
    Dipl.-Ing. B. Dahl, WZL RWTH Aachen
    Prof. Dr.-Ing. Dipl.-Wirt. Ing. W. Eversheim, WZL RWTH Aachen
    Dr.-Ing. G. Friedrich, FAGRO Preß- und Stanzwerk GmbH
    Dipl.-Ing. M. Groß, WZL RWTH Aachen
    Dr.-Ing. W. Kalkert, Ford AG
    Dr.-Ing. E. h. H. C. Koch, BMW AG
    Dipl.-Ing. G. Kölsch, WZL RWTH Aachen
    G. W. Längle, Hilti AG
    Dr.-Ing. R. J. Menne, Ford AG
    Dipl.-Ing. G. Müller, WZL RWTH Aachen
    Dr.-Ing. Dipl.-Wirt. Ing. L. Natau, Ferd. Rüesch AG
    Dr.-Ing. Dipl.-Wirt. Ing. G. Schuh, WZL RWTH Aachen
    Dr.-Ing. U. Ungeheuer, BMW AG
    Dipl.-Ing. M. Urbanetz, Fichtel & Sachs AG

1.3 Produktionsmanagement als Schlüssel für den Unternehmenserfolg

Gliederung

1. Ausgangssituation
2. Voraussetzungen für erfolgreiches Produktionsmanagement
3. Produktionsmanagement als Gesamtkoordination
   - 3.1 Maßnahmen im Rahmen des operativen Produktionsmanagements
   - 3.2 Maßnahmen im Rahmen des analytischen Produktionsmanagements
   - 3.3 EDV-Unterstützung des Produktionsmanagements
4. Zusammenfassung

Kurzfassung

Produktionsmanagement als Schlüssel für den Unternehmenserfolg

Die innerbetriebliche Auftragsabwicklung unterliegt vielfältigen Störungen. Da Reaktionen schnell und koordiniert erfolgen müssen, sind neue Strukturen für die Regelung aller Produktionsaufgaben im Sinne einer Gesamtkoordination erforderlich. Produktionsmanagement beinhaltet hierzu eine funktionale, zeitliche und organisatorische Segmentierung der Unternehmensaktivitäten. Damit geht eine Hierarchisierung und Dezentralisierung von Funktionen einher. Von übergeordneter Bedeutung im Rahmen des Produktionsmanagements ist die Definition und Überwachung einer der Segmentierung angepaßten Zielhierarchie. Zu diesem Zweck müssen Daten, die während der Auftragsabwicklung anfallen und Aufschluß über die Leistungsfähigkeit der beteiligten Unternehmenseinheiten geben, analysiert werden. Hieraus lassen sich Maßnahmen sowohl für die kurzfristige Reaktion als auch für langfristig greifende Anpassungen ableiten.

Abstract

Production-Management - The Key to Successful Manufacturing

Order processing in piece part manufacturing is subject to various disturbances. Reactions have to be fast and well coordinated. Therefore, new structures are necessary in order to control all production tasks by an overall coordination. Production-Management includes the creation of enterprise-segments with respect to functions, time and organization. This includes hierarchical and decentralized functions. Above the operational level Production-Management means to define and control goals relative to the created segments. Hence data coming from the various sections of enterprises have to be analyzed in order to check the achievement of various goals on the one hand and to generate new measures for fast reactions as well as for long term adaptations on the other hand.

1. Ausgangssituation

Produzierende Unternehmen stehen heute mehr denn je vor dem Problem, daß die Produkte den sich ständig ändernden Marktanforderungen angepaßt werden müssen. Die Orientierung an den Kundenspezifikationen besitzt höchste Priorität. Das in hohem Maße dynamische Marktgeschehen erfordert daher flexible und schnelle Reaktionen. Diese bedingen ihrerseits eine Verkürzung der Entwicklungs- und Auftragsdurchlaufzeiten /1/.

Die aus diesem Sachverhalt resultierende Forderung nach Einsatz integrierter EDV-Systeme führte zur Entwicklung und Nutzung von Systemen wie PPS (Produktionsplanung und -steuerung), CAD (Computer Aided Design), CAP (Computer Aided Planning), CAM (Computer Aided Manufacturing) usw. /2/. Aufgrund technischer und organisatorischer Randbedingungen sind die verschiedenen CIM-Komponenten bisher nur bedingt in der Lage, die Auftragsabwicklung so zu steuern, daß sie den dynamischen Marktanforderungen gerecht wird. Insbesondere treten heute vielfältige Probleme hinsichtlich der Liefertermbestimmung und folglich auch der Liefertermineinhaltung auf (Bild 1). Häufige Änderungen und späte Festlegung von Lieferumfängen verursachen Abstimmungsprobleme bei der innerbetrieblichen Auftragsabwicklung /3, 4/. Dies gilt sowohl für Abläufe in den Engineering-Bereichen und bei der Beschaffung als auch für die Planung und Durchführung der Produktionstätigkeiten.

Verspätete Konkretisierung des Auftrags und häufige Änderungen der Kun-

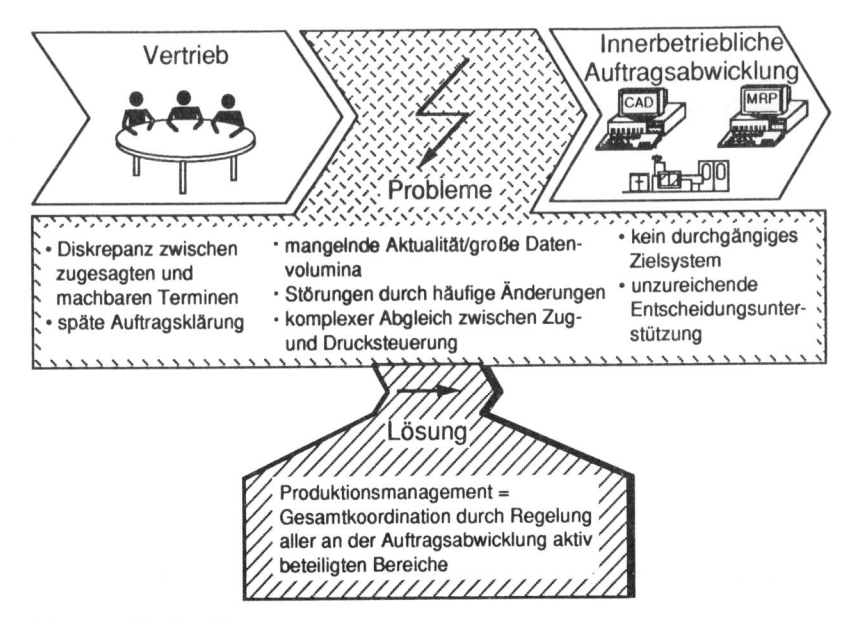

Bild 1: Problemstellung

denspezifikationen führen zu umfangreichen Umplanungen und so zu Verzögerungen. Zusätzlich ist der Abgleich zwischen Zug- und Drucksteuerung so komplex, daß heutige Verfahren zur Produktionssteuerung Störungen insbesondere in den Montagebereichen nicht hinreichend kompensieren können. Eigene Analysen ergaben, daß die Ursachen für die Hauptstörung "Fehlteile" in der Montage in den Funktionen Arbeitssteuerung, Termin- und Kapazitätsplanung und Materialwirtschaft zu finden sind /5/.

Grund hierfür ist wiederum die mangelnde Aktualität von Vorgaben. Diese ist einerseits durch die späte Festlegung der Kundenspezifikationen bedingt. Andererseits ergibt sie sich jedoch auch aus der Menge der Daten, die von PPS-Systemen zu handhaben sind. Resultate einer Untersuchung des Laboratoriums für Werkzeugmaschinen und Betriebslehre (WZL) der RWTH Aachen zeigen, daß z.B. in einigen mittelständischen Unternehmen bis zu 110.000 offene Arbeitsgänge zu verwalten sind /6/.

Weitere Probleme im Spannungsfeld zwischen innerbetrieblicher Auftragsabwicklung und den über die Unternehmensfunktion Vertrieb kanalisierten Marktanforderungen ergeben sich dadurch, daß in den Unternehmen noch Hilfsmittel fehlen, die ein Auffinden von Schwachstellen und eine Festlegung von Teilzielen im Rahmen einer unternehmensweiten Zieldefinition zulassen. Analysetools, z.B. Monitorsysteme, helfen bei der Vorbereitung von Entscheidungen, die bereichsbezogen und bereichsübergreifend zur Koordination von Abläufen beitragen /7/.

Zur Lösung der o.g. Probleme ist ein Produktionsmanagement erforderlich, das die Gesamtkoordination im Sinne einer Regelung aller an der Auftragsabwicklung beteiligten Bereiche beinhaltet. Mit Hilfe von Koordinationsmaßnahmen mit dem Ziel einer Gesamtoptimierung der Abläufe lassen sich Potentiale so ausschöpfen, daß die o.g. Probleme bewältigt werden können. Produktionsmanagement umfaßt in diesem Zusammenhang sowohl ablauf- und aufbauorganisatorische Maßnahmen als auch die Nutzung verfügbarer neuer Methoden und Hilfsmittel.

Die Notwendigkeit zur Verbesserung des Produktionsmanagements wird durch eine Umfrage des Forschungsinstituts für Rationalisierung (FIR) deutlich /8/, **(Bild 2)**. Das Umfrageergebnis zeigt, daß die angestrebten Ziele im Rahmen bisheriger Maßnahmen des Produktionsmanagements in vielen Fällen noch nicht erreicht werden. Besonders krass tritt die Diskrepanz zwischen erreichten und angestrebten Zielen bei der Verringerung der Durchlaufzeiten zutage. 59% der befragten Unternehmen strebten dieses Ziel an, erreicht wurde es jedoch nur von 19% in befriedigendem Maß.

Die Erreichung von Zielen im Rahmen des Produktionsmanagements wird dadurch erschwert, daß zwar alle genannten Ziele annähernd gleiche Priorität besitzen, sich jedoch nicht gleichzeitig erreichen lassen. Dieses Polylemma ist ein wesentlicher Grund für die Notwendigkeit zur Verbesserung des Produktionsmanagements. Zeit-, Kosten-, Qualitäts- und Flexibilitätsziele sind im Sinne eines Gesamtoptimums aufeinander abzustimmen /9/.

Jedes Unternehmen kann in Abhängigkeit von strategischen Zielen unterschiedliche Gewichtungen der Ziele vornehmen /10/. Unternehmen A ist z.B. auf sein Image der hohen Termintreue angewiesen und nimmt daher eine geringe Kapazitätsauslastung in Kauf. Unternehmen B kann seine Produkte nur über eine hohe Auslastung seiner teuren Betriebsmittel konkurrenzfähig anbieten.

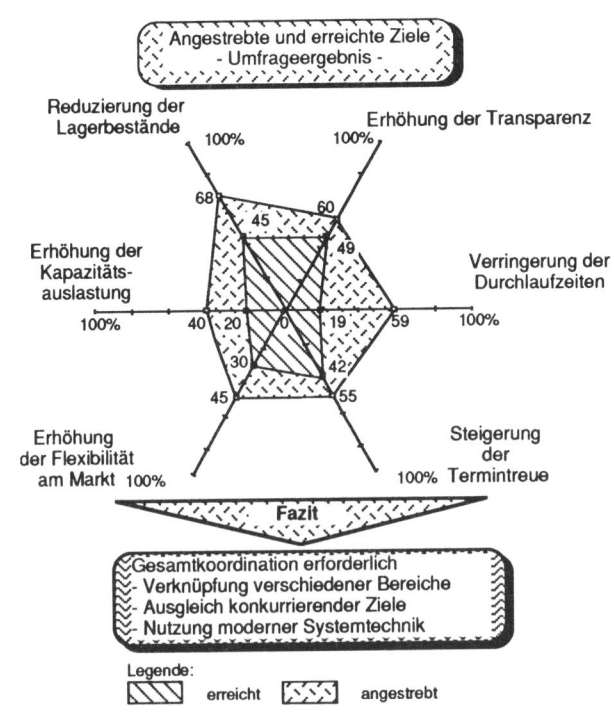

Bild 2: Defizite bei der Erreichung von Einzelzielen des Produktionsmanagements (nach: FIR)

Die Gründe für die Defizite bei der Zielerreichung liegen in den in Bild 1 aufgeführten Problemen einerseits und in der bisher noch unzureichenden Nutzung moderner Systemtechnologie andererseits /11/. Erste Ansätze und Realisierungen z.B. zur Nutzung verteilter EDV-Systeme und moderne Programmier- und CASE-Methoden (CASE=Computer Aided Software Engineering) werden z.Z. erforscht /12/, sind aber noch weit davon entfernt, breite Anwendung zu finden. In absehbarer Zeit lassen sich mit Hilfe von Forschungs- und Entwicklungsergebnissen die Randbedingungen für die erforderliche Gesamtkoordination durch innovative System- und Softwaretechnologie verbessern.

Wesentliche Voraussetzung für den Unternehmenserfolg ist die optimale Durchführung und Organisation der Produktion. Die Forderungen nach verbesserten organisatorischen Maßnahmen im Sinne eines Produktionsmanagements bestimmen seit vielen Jahren die Rationalisierungsbemühungen in den Unternehmen. Während über lange Zeiträume betrachtet die Verbesserungen kontinuierlich verliefen, wurden zu bestimmten Zeitpunkten Softwareentwicklungen möglich, die größere Fortschritte hinsichtlich der durch die neuen Maßnahmen und Hilfsmittel erreichbaren Steigerung des Unternehmenserfolgs zulassen (**Bild 3**). Der Unternehmenserfolg sei in diesem Zusammenhang folgendermaßen definiert:

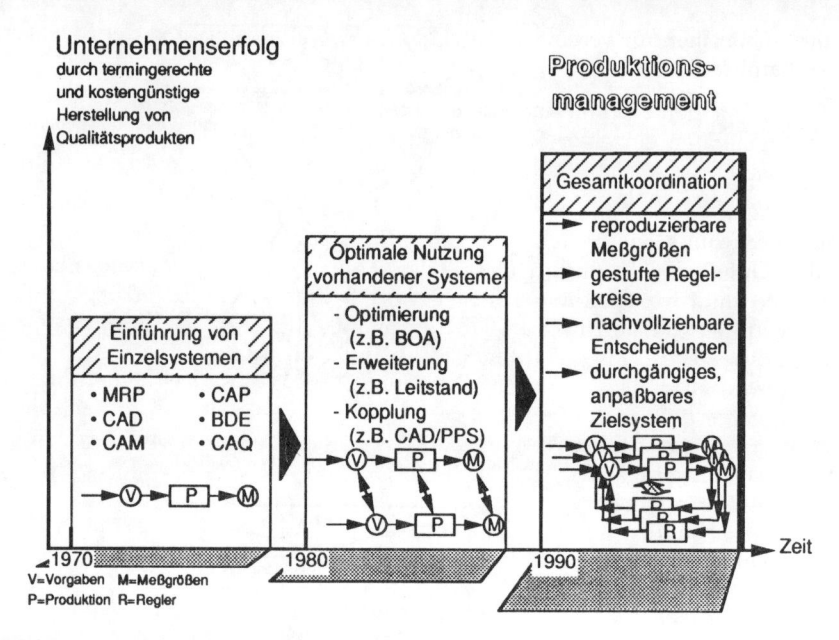

Bild 3: Produktionsmanagement im Wandel der Zeit

Der durch das Produktionsmanagement erzielbare Unternehmenserfolg wird gemessen an der termingerechten und kostengünstigen Herstellung von Produkten, die den gestellten Qualitätsansprüchen genügen.

In den 70er Jahren wurden im Rahmen des Produktionsmanagements Systeme wie MRP (Material Requirement Planning), CAD, CAM, CAP, CAQ (Computer Aided Quality Assurance) als "stand-alone"-Lösungen eingeführt. Diese Einzelsysteme erhöhten die Chance, die Produktion besser zu steuern, und eröffneten damit ein Potential, den Unternehmenserfolg im o.g. Sinne zu steigern. Allerdings war es mit diesen frühen Systemen zur Unterstützung des Produktionsmanagements nur möglich, bessere und schneller erzeugbare Vorgaben zu generieren. Diese wirkten auf die Durchführung der Produktionsaufgaben wie die Steuergrößen auf eine Steuerstrecke. Die realen Verhältnisse in den Bereichen, die die Produktion durchführen, wurden zwar erfaßt, jedoch nicht zur Veränderung der Vorgaben genutzt. Auch waren die Einzelsysteme zunächst nicht miteinander verknüpft, d.h. einmal von einem System generierte Daten mußten von Hand auf andere Systeme übertragen werden.

Die damit verbundenen Redundanzen und Inkonsistenzen führten zur Forderung nach der Kopplung der Einzelsysteme. Insgesamt wurde seit Beginn der 80er Jahre begonnen, die vorher entwickelten Einzelsysteme besser zu nutzen, um so den Unternehmenserfolg erneut wesentlich steigern zu können. Die optimierte Nutzung der vorhandenen Systeme mußte die bereits erwähnte EDV-technische Verknüpfung dieser Systeme umfassen. Diese resultierte in der Forderung nach Computer Integrated Manufacturing (CIM) /2, 13/, wobei allerdings bisher nur vereinzelt durchgehende Realisierungen in der Praxis erreicht wurden.

Im Rahmen der Optimierung der vorhandenen Systeme mußten auch die Funktionalitäten einzelner Systeme neuen Anforderungen angepaßt werden. Ein Beispiel für solche funktionalen Anpassungen sind statistische Verfahren zur Auftragsfreigabe.

Die durch die Einzelsysteme zur Fertigungssteuerung generierten Vorgaben führten häufig zu Überlastungen und damit zu Störungen in Teilbereichen. Die bis dato intuitive Reaktion des Steuerungspersonals auf Kapazitätsüberlast wurde durch die statistische Methode der BOA (BOA=Belastungsorientierte Auftragsfreigabe /14/) formalisiert und in einige rechnergestützte Fertigungssteuerungssysteme implementiert. Die so optimierte Funktionalität der Systeme erhöht die Qualität der Steuerungsvorgaben für die Fertigung und führt zu einer Steigerung des Unternehmenserfolgs z.B. durch Verringerung der Fertigungsdurchlaufzeiten. Aufbauend auf dieser Philosophie sind verschiedene andere Verfahren zur Verbesserung insbesondere der Steuerungsvorgaben für die Fertigung erarbeitet worden, die allerdings nur in wenigen Fällen in Programmsysteme integriert wurden /15/.

Neben Optimierungs- und Kopplungsmaßnahmen führten auch Erweiterungen der bisherigen Systeme um Zusatzsoftware zu Potentialen für Steigerungen des Unternehmenserfolgs. So ermöglicht die Nutzung verteilter Systeme in Form von vernetzten Personal Computern (PC) oder Workstations, daß zentral generierte Steuerungsvorgaben dezentral verwaltet und verbessert werden können.

Die dazu eingesetzte Leitstandsoftware - häufig auch elektronische Plantafel genannt - erhöht die Transparenz und Reaktionsfähigkeit in dezentralen Teilbereichen wie Werkstätten und Flexiblen Fertigungssystemen (FFS) /16/. Die Leitstände dienen durch ihre Funktionalität als Entscheidungshilfen. So ist es mit Hilfe von graphischen Darstellungen möglich, Ablaufpläne in Form von Gantt-Diagrammen und Netzplänen darzustellen /17/. Interaktiv können vom Benutzer Veränderungen der auf dem Bildschirm abgebildeten Pläne vorgenommen werden.

Mit Hilfe der optimierten Nutzung vorhandener Systeme durch

- Kopplung der "stand-alone"-Systeme,

- funktionale Optimierungen und

- Erweiterungen durch zusätzliche Systemkomponenten

wurden die Voraussetzungen für die eingangs geschilderte Verbesserung des Produktionsmanagements geschaffen.

Auf dieser Basis kann Produktionsmanagement als Gesamtkoordination aller an der Auftragsabwicklung beteiligten Bereiche den Unternehmenserfolg weiter positiv beeinflussen. Grundlage für erfolgreiches Produktionsmanagement ist die Produktionsregelung, d.h., daß die offenen Steuerstrecken durch Regelungsvorgänge zu geschlossenen und gestuften Regelkreisen werden. Die funktionale Grundlage für Regelkreise ist die intelligente Betriebsdatenverarbeitung und -verwaltung. Mit Hilfe von Regelungsalgorithmen und -methoden können Entscheidungen nachvollziehbar und situationsgerecht getroffen werden. Die so geschaffenen vernetzten Regelkreise sollten durchgehend strategische Ziele berücksichtigen und sich an Veränderungen taktischer und bereichsbezogener Zielsetzungen anpassen lassen.

Im folgenden soll gezeigt werden, welche Voraussetzungen für erfolgreiches Produktionsmanagement geschaffen und genutzt werden müssen, welche konkreten Maßnahmen sich zur Realisierung von Produktionsmanagement als Gesamtkoordination ergreifen lassen und wie zukünftige Systemarchitekturen aussehen sollten.

2. Voraussetzungen für erfolgreiches Produktionsmanagement

Ein großer Teil von Aufgaben des Produktionsmanagements wird heute durch Funktionen der Systeme zur Produktionsplanung und -steuerung (PPS) unterstützt. Untersuchungen des WZL bei Unternehmen der Einzel- und Kleinserienfertigung unterstreichen, daß gerade für diese Unternehmen die zur Zeit eingesetzten PPS-Systeme einige Schwachstellen besitzen /18/. Dies zeigt sich z.b. darin, daß die Systeme eine nur unzureichende Unterstützung der Werkstattsteuerung bieten, weil sie dirigistisch und in zu groben Zyklen sehr detaillierte Planungsvorgaben machen. Das führt zu einer Steuerung auf Meisterebene "am PPS-System vorbei", mit der Folge, daß die Transparenz der Fertigungsabläufe drastisch sinkt. Dieser Umstand wird durch die stochastischen Fertigungsabläufe in der Einzel- und Kleinserienfertigung noch verstärkt. Erschwerend wirkt sich hier weiterhin aus, daß die zu koordinierenden Bereiche sehr heterogene Strukturen aufweisen. So sind z.B. Flexible Fertigungssysteme (FFS) mit dem konventionellen Umfeld - Härterei, Dreherei o.ä., aber auch Werkzeugvoreinstellung, Vorrichtungsbau etc. - zu synchronisieren.

Die geschilderten Schwachstellen erfordern neue Strukturen für die Steuerung und Regelung aller Produktionsaufgaben (**Bild 4**). Eine funktionale, zeitliche und organisatorische Segmentierung ist Voraussetzung dafür, daß die Mängel bezüglich der Transparenz, der Reaktionszeiten und der Koordination verschiedener Teilbereiche behoben werden können. Die Segmentierung kann vertikal z. B. nach produktbezogenen oder technologischen Gesichtspunkten erfolgen. Sie bedingt gleichzeitig eine Hierarchisierung und Dezentralisierung der Funktionen, die zur Regelung der Produktion beitragen. So wacht z.B. die Funktion Auftragsabwicklung über die termingerechte Durchführung der Teilaufgaben für die Bearbeitung eines Kundenauftrags in Konstruktion, Arbeitsvorbereitung, Fertigung und Montage im Sinne einer Projektmanagementfunktion. Innerhalb dieser Bereiche sind entsprechend feinere Regelungen der Abläufe erforderlich. Ein Eingreifen seitens der Auftragsabwicklungsfunktion ist nur nötig, wenn das Ausregeln von Störungen durch bereichs- und teilbereichsbezogene Regelungsfunktionen nicht möglich ist.

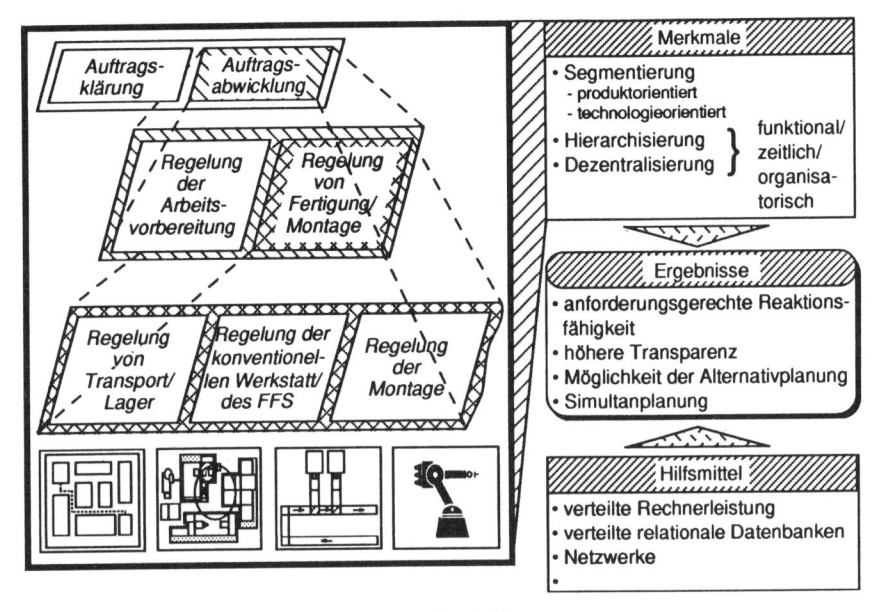

Bild 4: Hierarchisierung der Auftragsabwicklung

Mit Hilfe einer derartigen Segmentierung und Hierarchisierung ergeben sich Möglichkeiten, z.B. in planenden Bereichen besser auf die raschen Änderungen der Kundenanforderungen reagieren zu können. Auch wird durch eine übergreifende Auftragsabwicklungsfunktion die Kopplung mit Vertriebsfunktionen - d.h. Produktionsmanagement als Gesamtkoordination - erleichtert. Darüber hinaus steigt die Transparenz der geregelten Abläufe. Da in den jeweiligen Bereichen weniger Daten und Informationen zu handhaben sind, ergeben sich Möglichkeiten, Planspiele, Simulationen und Terminplanungen unter Berücksichtigung der planmäßigen und physikalischen Verfügbarkeiten von Ressourcen - Maschinen, Vorrichtungen, Personal - und Material durchzuführen (Simultanplanung).

Die Hierarchisierung von Funktionen zur Produktionsregelung wird gleichzeitig dadurch begünstigt, daß heute bereits Hard- und Software existiert, die eine entsprechende Umsetzung der segmentierten Funktionen in überschaubare Programme auf dezentral angeordneter, leistungsfähiger Hardware zuläßt. Technologien wie relationale, verteilte Datenbanken, PC- und Workstationnetzwerke sowie De-facto-Standards wie UNIX für Betriebssysteme, Structured Query Language für Datenbankzugriffe oder C für Programmiersprachen bilden die Basis für Realisierungen von entsprechenden Programmsystemen /19/.

Die Segmentierung und Maßnahmen zur zeitlichen und organisatorischen Entzerrung von Funktionen im Rahmen des Produktionsmanagement sind die Basis dafür, die erhobene Forderung nach bereichsübergreifender Gesamtkoordination erfüllen zu können. Weitere Voraussetzungen, die gleichzeitig Funktionen einiger der o.g. Segmente beinhalten, sollen im folgenden kurz erläutert werden.

Als erste Voraussetzung für erfolgreiches Produktionsmanagement ist eine rechtzeitige Auftragsklärung zu fordern (Bild 5). Ein großes und bisher kaum ausgeschöpftes Potential zur Verkürzung der Lieferzeiten existiert in den Bereichen, die der Fertigung und Montage vorgelagert sind. Dies gilt insbesondere für die technische Auftragsklärung, d.h. die Konfiguration von Kundenaufträgen für komplexe, umfangreiche Produkte z.B. des Maschinenbaus. Mit Hilfe verbesserter Methoden und Hilfsmittel für die Auftragskonfiguration können darüber hinaus Informationen erzeugt werden, die durchgängig in den die Produktion planenden und durchführenden Bereichen benutzt werden können und so weitere Rationalisierungspotentiale eröffnen /3, 4/.

Die Angebots- und Auftragskonfiguration komplexer, variantenreicher Produkte kann durch EDV-Unterstützung erheblich vereinfacht und beschleunigt werden. Am WZL wurde zur Nutzung dieses Potentials das EDV-System INKOS (Informations- und Kommunikationssystem zwischen Vertrieb und Konstruktion) entwickelt. Das System läßt sich für Serienprodukte mit 10%-15% Neukonstruktionsanteil sinnvoll einsetzen. Der Einsatz des Programms unterstützt die Auftragskonfiguration wie folgt:

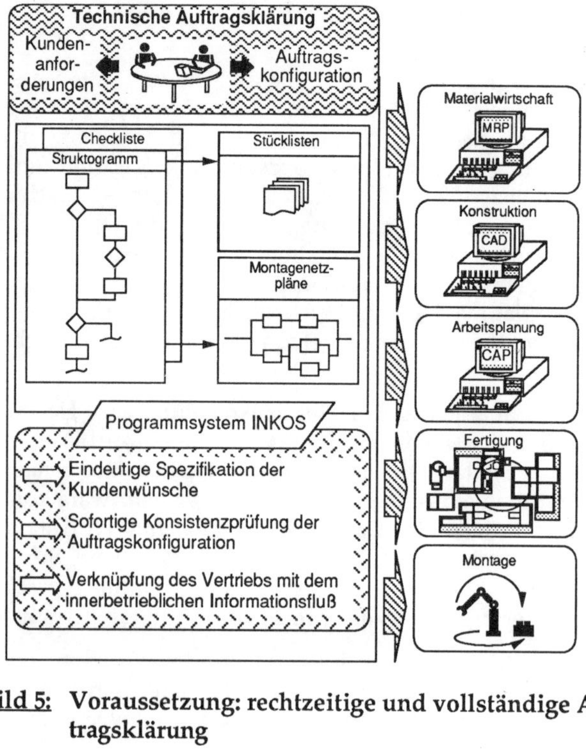

Üblicherweise tritt ein Kunde an ein Unternehmen der Investitionsgüterindustrie nicht mit einer konkreten Produktvorstellung, sondern mit einem Problem heran - beispielsweise an einen Werkzeugmaschinenhersteller mit Musterteilen, die in einer bestimmten Stückzahl je Zeiteinheit oder mit einer bestimmten Genauigkeit zu fertigen sind. Die Klärung des

Bild 5: Voraussetzung: rechtzeitige und vollständige Auftragsklärung

Kundenproblems geschieht in der Praxis meist durch Gespräche mit dem technischen Vertrieb. Es werden außer den Leistungs- und Qualitätsdaten der Preis und die Lieferbedingungen festgelegt. Ergebnis ist eine Auftragsspezifikation, die an die Konstruktion und die Projektabwicklung weitergegeben wird.

Auf der Grundlage der Daten aus der Auftragsspezifikation ist eine Vorbereitung der Produktion nur grob auf Produktebene möglich. Für konkrete Planungen sind zumindest Angaben über die herzustellenden Baugruppen erforderlich. Solche Angaben können aus bereits gelieferten Aufträgen herangezogen werden, wenn deren Daten entsprechend aufbereitet sind. Es ist somit ein System erforderlich, mit dessen Hilfe aus der Vielzahl der bereits gefertigten Baugruppenarten schnell diejenigen ausgewählt werden können, die in dem neuen Auftrag enthalten sind /4/.

Kern des Programmsystems INKOS ist das sog. Struktogramm. Anhand des Struktogramms werden zunächst Baugruppen ausgewählt und deren funktionale sowie geometrische Verträglichkeit überprüft. Neu hinzukommende Baugruppen werden grob durch

- Funktion,

- Abmessung,

- Fertigungsart und

- Kosten

beschrieben und in das Struktogramm eingebunden. Eine detaillierte Beschreibung folgt hier nach abgeschlossener Konstruktion. Indem auf vorhandene Produktstruktur- und Stücklistendaten zurückgegriffen wird, stehen für eine Produktionsvorbereitung Informationen zur Verfügung, um beispielsweise die Montage durch zeitliche und produktbezogene Segmentierung zu planen. Mit Hilfe des Struktogramms gewonnene Ergebnisse erlauben eine Effizienzsteigerung von

- Gesamtauftragsterminierung,

- Materialbedarfsplanung und

- Kapazitätsplanung.

Die aus dem Struktogramm ableitbaren Stücklisten können für eine Materialplanung herangezogen werden. Aus Montagenetzplänen lassen sich Vorgaben für Fertigung und Montage bzw. für übergeordnete Termin- und Kapazitätsplanungen erzeugen. Spezifikationen für neu zu konstruierende Baugruppen können in einheitlicher Form an die Konstruktion weitergegeben werden.

Die Vorteile eines rechnergestützten Hilfsmittels zur anforderungsgerechten Auftragskonfiguration liegen deshalb in der Rationalisierung der Schnittstelle zwischen Vertrieb und Produktion. Ein derartiges Programmsystem ermöglicht eine eindeutige, strukturierte Spezifikation der Kundenwünsche. Schon während der Auftragskonfiguration können Konsistenzprüfungen der zu produzierenden Serienproduktvarianten durchgeführt und so spätere Änderungen und Rückfragen vermieden werden. Die generierten Daten sind darüber hinaus die Basis für den weiteren innerbetrieblichen Informationfluß und damit für die Koordinationsaufgaben des Produktionsmanagements.

Die zweite Voraussetzung für erfolgreiches Produktionsmanagement ist, daß die Produktionsabläufe in den in Bild 4 genannten Bereichen geregelt werden. Die im Rahmen der Regelung in allen Bereichen durchzuführenden Hauptfunktionen beinhalten die

- Planung,

- Veranlassung und

- Überwachung

der Vorgänge /9/. Eine Stufung dieser Funktionen je nach Art des Einsatzbereichs und in Abhängigkeit der Hierarchieebene, auf der die Regelung stattfindet, ermöglicht eine bereichsinterne Synchronisation und Regelung (vgl. Bild 4). Auf höheren Hierarchieebenen werden die Regelungsfunktionen der darunterliegenden Ebenen koordiniert. Zur Schließung der Regelkreise müssen aktuelle Daten der zu regelnden Abläufe von der untergeordneten Hierarchieebene zurückgemeldet werden.

In **Bild 6** ist als Beispiel für eine bereichsinterne Regelung die Werkstattregelung eines Fertigungsbereiches aufgeführt. Übergeordnete, zentrale Systeme zur Regelung der Produktionsabläufe - z.B. Termin- und Kapazitätsplanungsmodule für Kapazitätsgruppen in PPS-Systemen - übergeben an ein Bereichsregelungssystem - hier Leitstand genannt - einen subsystembezogenen Terminplan. Dessen Bearbeitungsabschnitte werden innerhalb des zugeordneten Freigabehorizontes als Auftragspool für die Werkstätten oder Subsysteme freigegeben.

Innerhalb eines Subsystems erfolgt im Anschluß an die übergeordnete zentrale Durchlaufterminierung die bereichsinterne dezentrale Kapazitätsterminierung. Hierbei werden die einzelnen Arbeitsgänge eines Bearbeitungsabschnitts auf die Stationen des Subsystems eingelastet. Dazu findet eine sukzessive Einlastung nach der Dringlichkeitsreihenfolge der Aufträge statt, ähnlich wie in der zentralen Kapazitätsterminierung. Als weiteres Prioritätsmerkmal kommt hier jedoch hinzu, daß solche Aufträge, die bereits eine Vorbearbeitung in anderen Subsystemen erfahren haben, vorrangig behandelt werden. Dies führt zu einer Minimierung der angearbeiteten Aufträge in der Fertigung. Das Ergebnis der Kapazitätsterminierung im Leitstand ist ein stationsbezogener Terminplan für das Subsystem.

Um die Dezentralisierung von Termin- und Kapazitätsplanung vornehmen zu können, sind Festlegungen hinsichtlich der Planungshorizonte und Genauigkeitsgrade in der gestuften Termin- und Kapazitätsplanung erforderlich. Der zentrale Freigabehorizont umfaßt eine Planperiode. In ihm liegen die Bearbeitungsabschitte der Aufträge planperiodenabschnittsgenau terminiert vor.

Wettbewerbsfaktor Produktionstechnik 87

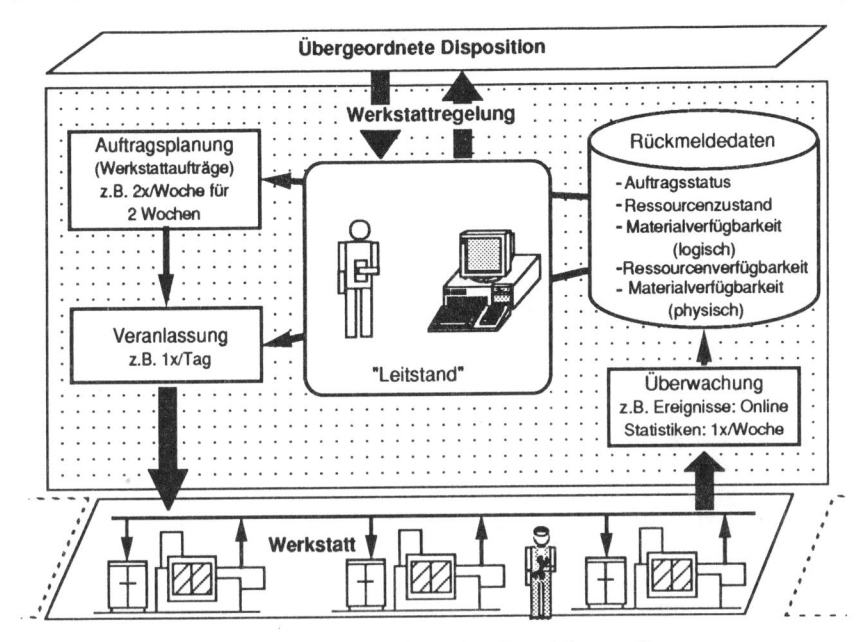

Bild 6: Voraussetzung: situationsabhängige Bereichsregelungen
- Beispiel Werkstattregelung -

Ein Planperiodenabschnitt umfaßt dabei einen Tag oder bei Mehrschichtbetrieb eine Schicht. Die zentrale Kapazitätsterminierung lastet den Kapazitätsbedarf der einzelnen Bearbeitungsabschnitte auf das nach Bearbeitungsverfahren aufgeschlüsselte Kapazitätsangebot der Subsysteme ein. Die Bezugsgröße für das Kapazitätsangebot ist die verfügbare Kapazität je Bearbeitungsverfahren und Planperiodenabschnitt.

Die dezentrale Überwachung in der Werkstatt entscheidet auf Grund der eingehenden Informationen über Störungen, ob hierauf erfolgreich werkstattintern reagiert werden kann oder ob nur eine übergreifende Störungskompensation zum Erfolg führt /6/.

Im Rahmen der o.g. Planungs-, Veranlassungs- und Überwachungsaufgaben können Entscheidungen des Personals mit Hilfe von Leitständen qualitativ verbessert werden. Hierdurch ist es z.B. möglich, die Auswirkungen von Umplanungen zu ermitteln. Auch können durch Ereignisse wie Ressourcen- oder Materialverfügbarkeitsänderungen veränderte Randbedingungen verdichtet dargestellt und so bei der Planung von Abhilfemaßnahmen besser berücksichtigt werden. Insbesondere läßt sich durch den Einsatz solcher Tools die bereichsinterne Transparenz deutlich steigern, so daß z.B. das Suchen und Verfolgen von Teilen und Komponenten erheblich vereinfacht wird.

Derzeit am Markt verfügbare Systeme lassen noch eine wirkungsvolle Entscheidungsunterstützung vermissen. Hierbei handelt es sich um reine Durchsetzungssysteme, die Vorgaben z.B. von der PPS entgegennehmen und die Arbeitsverteilung vornehmen /16/. Um die Regelungsaufgabe erfüllen zu können, müssen diese Leitstände z.B. um Bausteine zur dynamischen Simulation erweitert werden.

Entsprechende Systeme sind heute Gegenstand intensiver Forschungs- und Entwicklungsarbeiten /10, 12, 17/. Während im Vordergrund der Entwicklungsarbeiten graphische Benutzeroberflächen für die dezentral auf PC - oder Workstation-Basis implementierten Programmsysteme stehen, konzentrieren sich die Forschungsarbeiten am WZL auf die Entwicklung anpaßbarer, entscheidungsunterstützender Systeme unter Einsatz relationaler, verteilter Datenbanken, die eine Einbindung in bestehende Programmsysteme ermöglichen.

Neben solchen Hilfsmitteln wie Leitständen erlaubt der Einsatz moderner Informationstechnologie auch das Sammeln, Erfassen und Vorverarbeiten sowie das Verteilen von Rückmeldedaten. Verteilte Systeme ermöglichen hier, daß die Leistungsfähigkeit von Datenerfassungsgeräten dezentral eingesetzt wird. Die dritte Voraussetzung für erfolgreiches Produktionsmanagement - die Erfassung und Verteilung aktueller Rückmeldedaten - ist durch Nutzung der Hardwareleistungsfähigkeit vor Ort heute flexibler und besser an den Anwendungsfall anpaßbar (Bild 7). Entsprechend flexibel programmierbare und einsetzbare Rückmeldeterminals existieren bereits auf dem Markt. BDE-Hardware muß folgende Mindestanforderungen erfüllen:

- Die Schnittstellen zur BDE-Software müssen einfach an veränderte Schnittstellen und Übertragungsprozeduren anzupassen sein.

- Zur Realisierung von kleinen, effektiven Regelkreisen im Fertigungsbereich ist die echtzeitfähige Verknüpfung der BDE-, MDE (Maschinendatenerfassung)-, DNC (Distributed Numerical Control)- und Qualitätssicherungs-Terminals über Netzwerke erforderlich.

- Die Leistungsfähigkeit der Terminals muß einen multifunktionalen Einsatz z.B. zur Betriebs- und Qualitätsdatenerfassung zulassen.

- Es müssen genügend Leistungsreserven vorhanden sein.

Darüber hinaus bedarf es zur Optimierung der "Fertigungsregelkreise" der laufenden Anpassung sowohl an verbesserte Programmversionen als auch an sich ändernde Fertigungsabläufe.

Die hierfür benötigten Koppelelektroniken oder Terminals müssen manuell oder automatisch Daten in jedem Format und Signale in jeder vorkommenden Art und Frequenz übernehmen, vorverarbeiten oder umwandeln und möglichst komprimiert und zeitnah übertragen können. Auch sind Anweisungen, Befehle oder NC-Programme schnellstmöglich und in optimaler Form an den Empfänger, d.h. an Bediener oder angeschlossene Maschinen, zu übergeben. Alle in Betracht kommenden Terminals benötigen außerdem eine schnelle und zuverlässige Verbindung mit der Werkstattsteuerung und der Produktionsplanung und -steuerung; sie sind also über ein leistungsfähiges Industrienetz untereinander sowie mit der Werkstattsteuerung und dem PPS-System zu ver-

Wettbewerbsfaktor Produktionstechnik

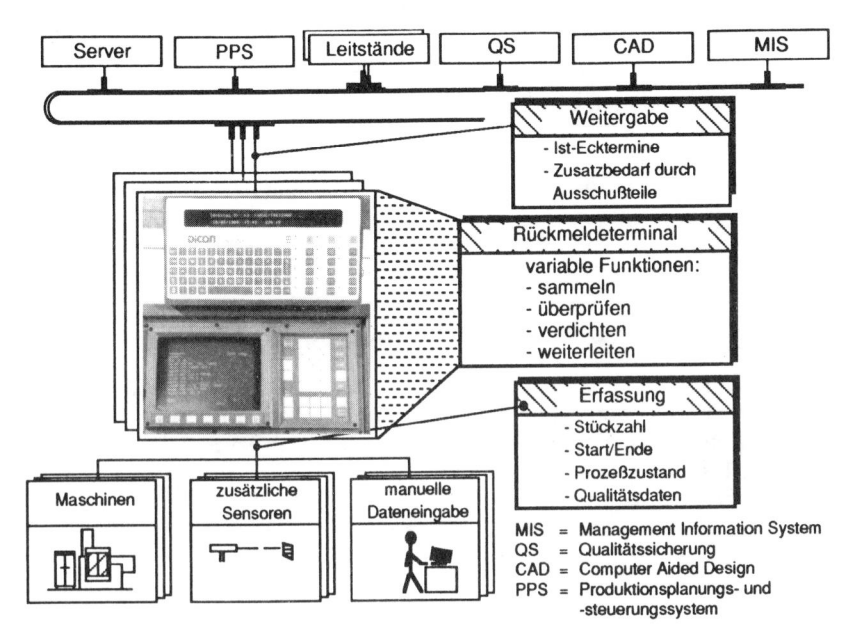

Bild 7: Voraussetzung: aktuelle Rückmeldungen
- Beispiel Rückmeldeterminal - (nach: DICON)

knüpfen. Zusätzlich sollten diese Terminals in der Lage sein, durch individuelle Überwachungsprogramme für die jeweils angeschlossene Maschine einen drohenden Ausfall möglichst im voraus zu erkennen, damit vor dem Eintritt einer Störung durch vorbeugende Wartung die Verfügbarkeit der Maschine für den geplanten Einsatz sichergestellt wird. Durch die Nutzung derartiger Hard- und Software ist ein zukunftsweisendes Produktionsdaten-Management möglich. Sie bieten außerdem die Möglichkeit einer Datenvorverarbeitung und -reduktion, um angeschlossene Systeme wie Leitstände oder PPS-Komponenten, aber auch Qualitätssicherungssysteme mit den erforderlichen Daten zu versorgen /20/.

Mit Hilfe solcher Hardware ist es möglich, je nach Anwendungsfall verschiedene Funktionen im Rahmen der Erfassung, Verarbeitung und Verteilung von Betriebs- und Maschinendaten durchzuführen. So können z.B. aus Meßdaten die erforderlichen Angaben über Qualität, Gutmengen, Termintreue oder Zusatzbedarfe bestimmt und an verschiedene Funktionen wie Qualitätssicherung, Mengenplanung und Terminüberwachung weitergeleitet werden. Andererseits können Daten über Prozeßzustände auch zur Veränderung von technologischen Einstellparametern in NC-Programmen führen.

Die Grundlage für ein erfolgreiches Produktionsmanagement ist die Segmentierung, Hierarchisierung und Dezentralisierung der Unternehmensfunktionen. Die Umsetzung dieses Organisationskonzeptes erfordert drei Voraussetzungen, die detailliert vorgestellt wurden:

- rechtzeitige Auftragsklärung,
- situationsabhängige Bereichsregelung und
- aktuelle Rückmeldungen.

Wenn diese Voraussetzungen geschaffen sind, ist eine effektive Gesamtkoordination durch Regelung aller an der Auftragsabwicklung aktiv beteiligten Unternehmensbereiche möglich.

3. Produktionsmanagement als Gesamtkoordination

Die Leistungsfähigkeit eines Unternehmens wird durch die Marktanbindung, die Planung und Vorbereitung sowie die Durchführung bestimmt (**Bild 8**). Die Marktanbindung wird durch den Vertrieb realisiert. Bei Serienfertigern steht die Beobachtung des Marktes zur Bildung von Produktionsprogrammen im Vordergrund, bei Auftragsfertigern dagegen die Auftragsklärung zur Vorbereitung der innerbetrieblichen Auftragsabwicklung. Die Planung und Vorbereitung des eigentlichen Herstellungsprozesses obliegt den Unternehmensbereichen Konstruktion, Arbeitsplanung und Disposition. Hier werden einerseits aus der Produktbeschreibung des Vertriebes die internen Arbeitsunterlagen erstellt und andererseits der Ressourcen- und Materialbedarf für die Durchführung geplant. Zur Durchführung gehört auch die Regelung der Fertigung und

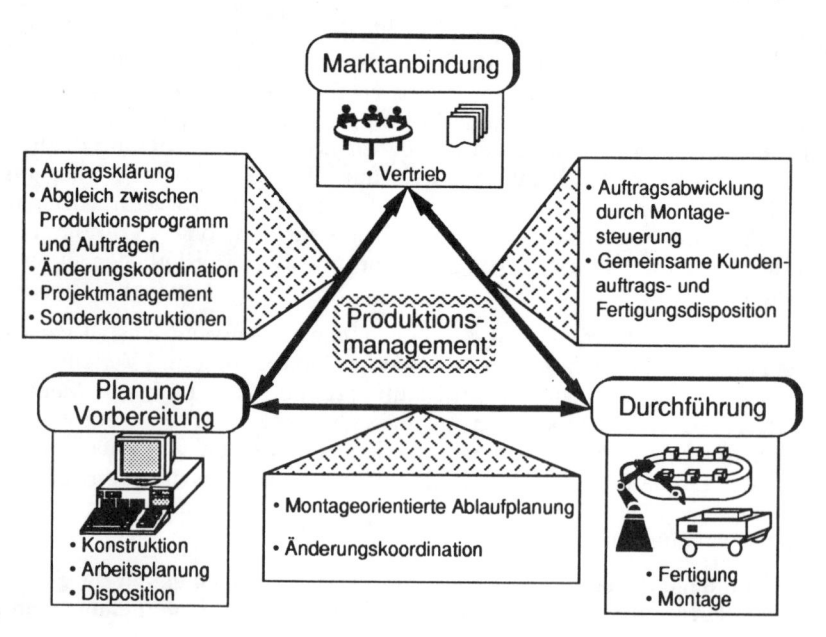

Bild 8: Produktionsmanagement: Koordination von Unternehmensbereichen

Montage. Die Aufgabe des Produktionsmanagements besteht in der Koordination der drei Schwerpunkte Marktanbindung, Planung/Vorbereitung und Durchführung.

Die Gesamtkoordination läßt sich in zwei Ebenen aufteilen: in die Ebene des operativen Produktionsmanagements und in die des analytischen Produktionsmanagements. Gegenstand der operativen Ebene ist die Auftragsklärung und die innerbetriebliche Auftragsabwicklung, d.h. das "Tagesgeschäft".

Das analytische Produktionsmanagement setzt auf den Ergebnissen der operativen Ebene auf. Daten, die im Unternehmen gesammelt werden, geben Aufschluß über die Leistungsfähigkeit der beteiligten Bereiche und vor allem über die Wirksamkeit der Koordinationsmaßnahmen. Eine wesentliche Voraussetzung hierfür sind Hilfsmittel zur Beurteilung des Leistungsvermögens des Unternehmens. Die Effizienz der Auftragsabwicklung kann man z.B. anhand von Betriebskennlinien beurteilen, woraus sich Maßnahmen ableiten lassen, die zur Verbesserung des Produktionsmanagements beitragen.

Im folgenden werden Beispiele vorgestellt, die deutlich machen, daß in einigen Bereichen schon heute ein erfolgreiches Produktionsmanagement im beschriebenen Sinne verwirklicht ist.

3.1 Maßnahmen im Rahmen des operativen Produktionsmanagements

Im ersten Beispiel wird das Produktionsmanagement in einem Unternehmen der Konsumgüterindustrie beschrieben (**Bild 9**). Ziel dieses Unternehmens ist es, Kundenaufträge direkt aus einem Fertigwarenlager bedienen zu können.

Bisher wurde diese Aufgabe im betrachteten Beispiel wie folgt abgewickelt: In der Auftragsdisposition wurde unter Berücksichtigung von Vergangenheitswerten und Marktindikatoren - u.a. den eingegangenen Kundenaufträgen - ein Produktionsprogramm erstellt. Dies beinhaltete eine periodenbezogene Mengenaufstellung der zu fertigenden Produkte. Die anschließende Fertigungsdisposition berechnete die "optimalen" Losgrößen /21/ und terminierte die Fertigungsaufträge. Auf dieser Grundlage wurden die Beschaffungs- und Fertigungsvorgänge ausgelöst. Wie sich jedoch zeigte, konnten trotz der "optimalen" Losgrößen nicht alle Kunden direkt aus dem Lager beliefert werden. Die Folge waren einerseits Eilaufträge, die Unruhe in die Fertigung brachten, und andererseits sehr große Fertigwarenlagerbestände mit einer Reichweite von 18 Wochen.

Heute wird die Auftrags- und Fertigungsdisposition nicht mehr getrennt und nacheinander durchlaufen, sondern gezielt koordiniert. Die Umsetzung dieser Maßnahme ging einher mit der Umstellung von der Losgrößenfertigung auf die Just-In-Time (JIT)-Fertigung. JIT bedeutet, daß nur diejenigen Produkte in den Mengen zu den Terminen angefertigt werden, zu denen sie tatsächlich auch benötigt werden /21/. D.h. es wurde eine durchgängig bedarfsorientierte Fertigung eingeführt. Beide Anpassungen gemeinsam - die Zusammenfassung

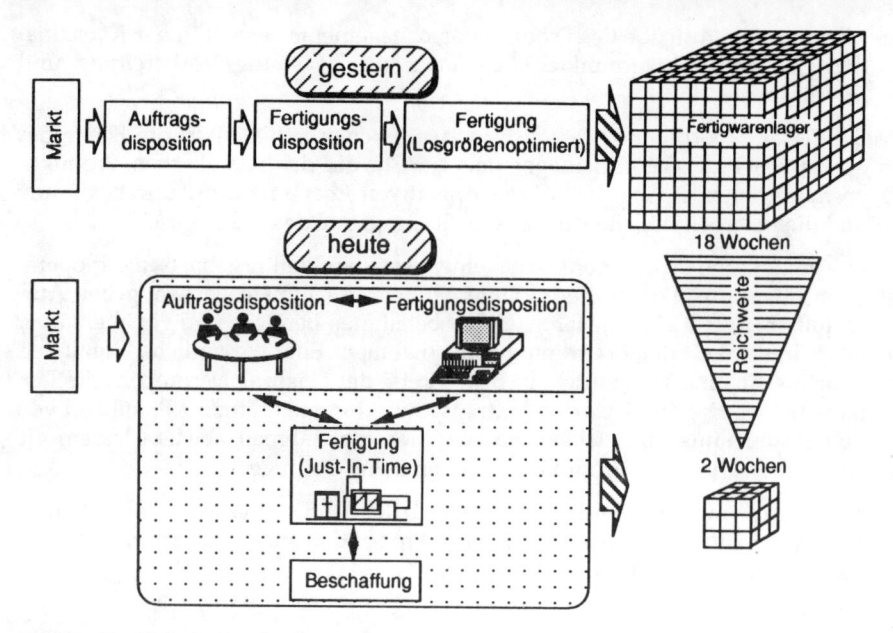

Bild 9: Produktionsmanagement - Beispiel Konsumgüterindustrie - (nach: ISOMAG)

von Auftrags- und Fertigungsdisposition und die Einführung der JIT-Methode - führten zu einer drastischen Reduzierung der Lagerreichweite von 18 auf 2 Wochen, d.h. um ca. 90 %. Damit konnte die Flexibilität und Reaktionsfähigkeit bei Nachfrageschwankungen hinsichtlich Varianten und Mengen erhöht werden.

Während sich die Konsumgüterproduktion überwiegend durch einfache Produkte mit hoher Stückzahl auszeichnet, trifft man in Unternehmen der Investitionsgüterindustrie auf komplexe Produkte mit niedriger Stückzahl /22/.

Im folgenden Beispiel wird das operative Produktionsmanagement von einer Auftragsleitstelle wahrgenommen (**Bild 10**). Der hier betrachtete Werkzeugmaschinenhersteller versteht sich als Serienfertiger, d.h. Konstruktion und Arbeitsplanung sollten vor der Auftragsabwicklung abgeschlossen sein. Die Realität sieht jedoch anders aus: 50 % aller Aufträge beinhalten Kundenwünsche, die nicht durch das Produktionsprogramm abgedeckt sind. Da dieses Unternehmen schon das oben erwähnte Hilfsmittel Struktogramm eingeführt hat, ist mit dessen Hilfe schon frühzeitig feststellbar, ob der Kundenwunsch erfüllt werden kann. Produktmodifikationen, die nicht im Struktogramm abgelegt sind, bedürfen sogenannter "Sonderkonstruktionsanträge (SOKO)" zur Überprüfung der Durchführbarkeit in den betroffenen Abteilungen. Aufgrund des großen Anteils dieser SOKOs an den Kundenaufträgen mußte eine Organisationsform eingeführt werden, die das Projektmanagement dieser Sonderaufträge abwickeln kann.

In dem vorliegenden Beispiel entschied man sich für eine Auftragsleitstelle, die die Terminhoheit für die Kundenaufträge besitzt. Daraus resultieren u.a. folgende Aufgaben /10/:

- Einlasten des Auftrages in die Kapazitätsplanung nach Auftragseingang,
- Überwachen der Ecktermine,
- Aufzeigen absehbarer Terminverzüge,
- Verfolgung wichtiger Teile und
- Dokumentation der Auftragsunterlagen.

Im Rahmen der Koordinierungsaufgaben wird auch ein Abgleich zwischen Produktionsprogramm und Kundenaufträgen durchgeführt, d.h. Nachfrageschwankungen führen zu einer Aktualisierung des Programms. Hierfür wird das Struktogramm verwendet. Den jeweiligen Merkmalsausprägungen sind erwartete prozentuale Häufigkeiten zugeordnet, auf deren Grundlage die Produktionsprogrammplanung durchgeführt wird. Variiert die Nachfrage nach einzelnen Optionen stärker als erwartet, so werden die Prozentzahlen entsprechend angepaßt. Dies geschieht in enger Absprache zwischen Vertrieb und Disposition und wird in der Regel mit einer Frequenz von 10 Betriebskalendertagen ausgeführt.

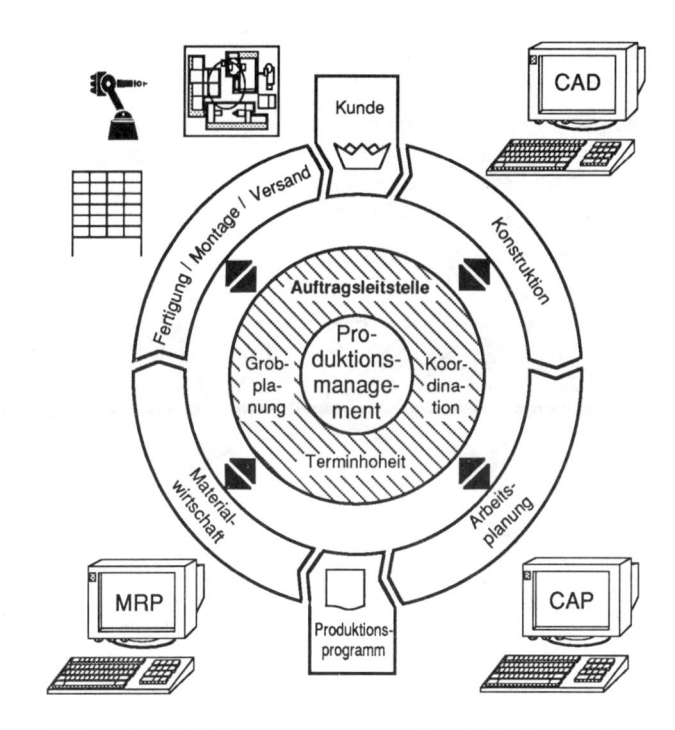

Bild 10: Produktionsmanagement durch Auftragsleitstelle (nach: Traub)

Zusammenfassend läßt sich für das betrachtete Unternehmen eine Reihe von

Koordinationsmaßnahmen aufzeigen:

- operative Gesamtkoordination durch Auftragsleitstelle,
- Berücksichtigung von Kundensonderwünschen durch Sonderkonstruktionsanträge und
- Abgleich zwischen Nachfrageschwankungen und Produktionsprogramm.

Eine Alternative zur Einrichtung einer separaten Auftragsleitstelle ist die Integration der Produktionsmanagement-Aufgaben in eine zentrale Auftrags- und Montagesteuerung (**Bild 11**). Ausgangspunkt dieser Überlegungen ist der hohe Durchlaufzeitanteil der Montage bei der Produktion komplexer Produkte von bis zu 50 % /4/. Berücksichtigt man ferner, daß komplexe Produkte wie z.B. Werkzeugmaschinen oder Dieselmotoren eine sehr große Anzahl Einzelteile aufweisen, die alle wohlkoordiniert in die Montage eingesteuert werden müssen, so liegt die Überlegung nahe, aus den Montageterminen die Materialbedarfszeitpunkte abzuleiten /5/.

Nach Kundenauftragseingang erfolgt im betrachteten Beispiel zunächst eine Auftragsklärung bzw. -definition. Die eigentliche Terminierung und der sich daran anschließende Anstoß zu Materialplanung in der wöchentlichen Nettobedarfsrechnung erfolgt in drei Stufen:

Ca. 90 Tage vor Montagebeginn werden die Montageaufträge in der Kun-

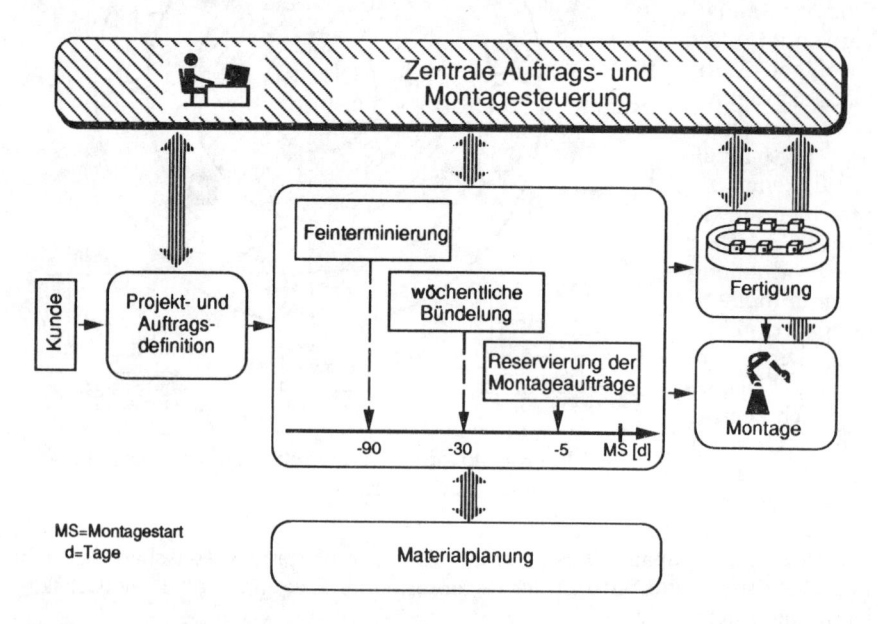

Bild 11: Zugsteuerung durch die Montage - Beispiel Serienfertigung - (nach: MTU)

denauftragsverwaltung terminlich aktualisiert und in der Materialplanung feinterminiert. Hierbei können allerdings keine detaillierten Aussagen über den kommenden Zustand in der Montage gemacht werden. Zur Festlegung der Ecktermine der Materialbedarfe reicht diese Betrachtung allerdings aus.

Die aus der Rückwärtsterminierung im Rahmen der Materialplanung abgeleiteten Termine dienen der Fertigungssteuerung als Vorgabe zur Veranlassung und Überwachung der Werkstattaufträge. Hierdurch wird eine enge Kopplung zwischen der Fertigung und Montage im Sinne einer integrierten Produktionsregelung geschaffen. Darüber hinaus können ausgehend von diesen Bedarfsterminen noch offene Entwicklungs- und Konstruktionstätigkeiten angestoßen werden.

An die Feinterminierung schließt sich ca. einen Monat vor Montagestart eine wöchentliche Bündelung der Montageaufträge an. Dabei wird das Montagevolumen pro Woche ausgehend von der voraussichtlichen Situation in der Montage bestimmt. Dies dient zur Kapazitätsplanung innerhalb der einzelnen Montagebereiche sowie zur rechtzeitigen Abstimmung im Falle von Engpässen. Erst eine Woche vor dem geplanten Beginntermin werden die Montageaufträge systemseitig reserviert, d.h. die notwendigen Baugruppen, Einzelteile und Kapazitäten werden endgültig dem jeweiligen Auftrag zugeordnet. Die Reservierung der Montagekomponenten erfolgt hierbei auf Lagerplatzebene im Datenbanksystem.

In diesem Beispiel ist also eine Zugsteuerung durch die Montage verwirklicht, d.h. aus den Bedarfsterminen der Montage werden die Ecktermine für die Auftragsabwicklung abgeleitet. Zudem werden die Termine in einem Dreistufen-Verfahren an die aktuelle Montagesituation angepaßt. So können Störungen, die in der Montage auftreten, oder Terminverzüge vorhergehender Aufträge entsprechend berücksichtigt werden. Im Gegensatz hierzu werden bei der Drucksteuerung die Aufträge an die nachfolgenden Bereiche weitergereicht, ohne deren Kapazitäts- bzw. Terminsituation in die Betrachtung einzubeziehen.

Auf der Ebene des operativen Produktionsmanagements steht die Auftragsabwicklung im Mittelpunkt der Betrachtungen. Die bisher vorgestellten Beispiele haben gezeigt, welche Ansätze heute existieren.

3.2 Maßnahmen im Rahmen des analytischen Produktionsmanagements

Von großer Bedeutung für den Unternehmenserfolg ist die Auswertung von Daten, die während der Produkterzeugung anfallen. Hierbei geht es um die Beurteilung der Leistungsmerkmale des Unternehmens. Voraussetzung für diese Aufgaben ist die Entwicklung eines Maßstabes bzw. geeigneter Kriterien, die einen Vergleich der jeweiligen Zustände des Unternehmens ermöglichen. Diese Überwachung sowie die Einleitung von Maßnahmen, die zur gezielten Beeinflussung der Leistungsdaten beitragen, sind Gegenstand des analytischen Produktionsmanagements.

Wichtigste Aufgabe des Produktionsmanagements ist die Vorgabe von Zielen, die es den operativen Bereichen ermöglichen, ihren Beitrag zur Erreichung des Gesamtoptimums zu beurteilen. Die Suche nach dem Gesamtoptimum entspricht einer Gewichtung der Unternehmensziele, von denen einige in Bild 2 genannt sind. Allerdings müssen diese strategischen Ziele in solche Teilziele zerlegt werden, die von den jeweiligen Teilbereichen auch direkt beeinflußbar sind. Hier findet sich der Ansatz der gestuften Regelkreise wieder, der anhand von Bild 4 bereits diskutiert wurde. Die Voraussetzung für diese gestuften Regelkreise ist die Entwicklung einer Zielhierarchie, aus der sich die jeweiligen Führungsgrößen ableiten lassen. Da die Teilziele voneinander abhängen, müssen Hilfsmittel zu deren Einstellung herangezogen werden.

Ein Hilfsmittel zur Analyse und Zielfindung ist in **Bild 12** wiedergegeben. Hierbei handelt es sich um Betriebskennlinien, die durch Simulation bestimmt werden und die die Abhängigkeiten der einzelnen Ziele voneinander beschreiben /7/. Die Betriebskennlinien werden durch Verdichtung aus Durchlaufzeitdiagrammen ermittelt, wobei jeder Punkt auf diesen Kennlinien einem eingeschwungenen Zustand entspricht.

Die gezeigten Kennlinien sind in einer mechanischen Fertigung ermittelt worden. Der veränderliche Parameter war hier der mittlere Auftragsbestand. In dieser Darstellung wird deutlich, daß die jeweiligen Ziele gegenläufig sind, d.h. eine hohe Auslastung läßt sich nur bei hohen Durchlaufzeiten und Kosten realisieren, während bei bester Termineinhaltung oder kürzester Durchlaufzeit die Auslastung entsprechend niedrig ist. Das Kostenminimum liegt zwischen den Punkten bester Termineinhaltung und höchster Auslastung.

Die Betriebskennlinien sind be-

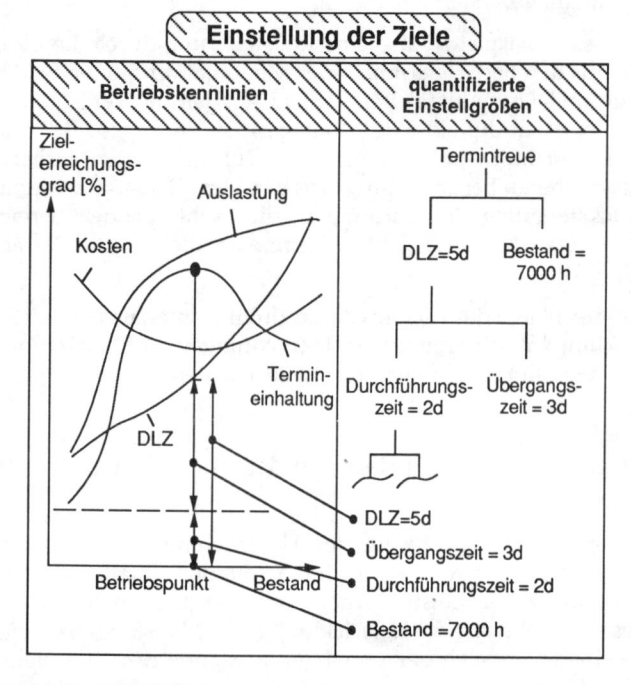

Bild 12: Zielfindung und -überprüfung beim Produktionsmanagement (nach: IFA)

triebsspezifisch, da sie Faktoren wie Kapazitäten, Maschinenstundensätze aber auch Losgrößen- und Prioritätsregeln berücksichtigen. Damit wird deutlich, daß operative Maßnahmen, wie z. B. die Veränderung des mittleren Bestandes, nur zur Verschiebung des Betriebspunktes auf den Kennlinien führt. Während durchgreifende Veränderungen nur durch strukturelle Maßnahmen eingeleitet werden können, sind Anpassungen der Fertigungssteuerung und Disposition kurzfristig realisierbar.

Langfristige Strukturmodifikationen - wie z.b. die Einführung von Fertigungsinseln - haben stärkere Auswirkung auf die Ausprägung der Kennlinienfelder, da sie auf die Kapazitäts- und Kostenverhältnisse durchgreifen. Die Aufgabe des analytischen Produktionsmanagements besteht darin, solche Maßnahmen zu finden und zu koordinieren.

Im folgenden sollen zwei Beispiele vorgestellt werden, wie durch die Auswertung von Produktionsdaten Anstöße zur Verbesserung der jeweiligen Situation gegeben wurden. Darüber hinaus wird gezeigt, wie deren Implementierung koordiniert wurde.

Im ersten Fall ergab die Analyse der Auftragsabwicklung in der Montage eines Werkzeugmaschinenherstellers eine zu lange belegte Fläche. Dies war durch zu große Durchlaufzeiten bedingt (Bild 13). Die Fläche ist damit bestimmend für den Umsatz in der Montage. Als Ursache für die lange Belegung wurde die Dauer des Zusammenbaus von Schaltschrank und Maschine identifiziert, die vornehmlich aus der komplizierten Art der Verkabelung resultierte. Diese Tätigkeit - die sog. Hochzeit - wurde bisher in der Endmontage ausgeführt und dauerte im Durchschnitt 4 Tage. Sichtbares Zeichen war der "Kabelsalat", wie er in Bild 13 oben zu erkennen ist. Dieser wurde durch das herkömmliche Verfahren verursacht, zunächst die Maschine zu verkabeln, um im Anschluß daran in mühevoller Kleinarbeit die Kabel in den Schaltschrank einzufädeln und zu verdrahten.

Daher wurde folgendes Ziel formuliert: Steigerung des Umsatzpotentials durch Reduzierung der Durchlaufzeit. Das Produktionsmanagement erarbeitete auf dieser Grundlage einen Vorschlag zur montageorientierten Ablaufänderung, die nur über die Neugestaltung der Schnittstelle Maschine-Schaltschrank umsetzbar war. Die hinzugezogene Elektromontage und Arbeitsplanung definierte die Anforderungen an die konstruktive Anpassung.

Dabei wurde u.a. die Idee verworfen, durch die Einführung von Steckverbindungen Zeiteinsparungen zu realisieren. Das Aufbringen von Steckern auf Kabelenden ist einerseits mit hohem Aufwand und andererseits mit dem Risiko verbunden, daß durch unzureichende Qualität Funktionsfehler hervorgerufen werden.

Heute wird statt der Maschine zunächst der Schaltschrank verkabelt und die Kabel in einer Vorrichtung auf die Einbauverhältnisse in der Maschine vorbereitet. Dadurch haben die Kabel vor der Endmontage die erforderlichen Längen und sind bereits zu Kabelbäumen gebündelt (Bild 13). Die entsprechenden Tätigkeiten werden schon in der Vormontage ausgeführt, wobei die Dauer für

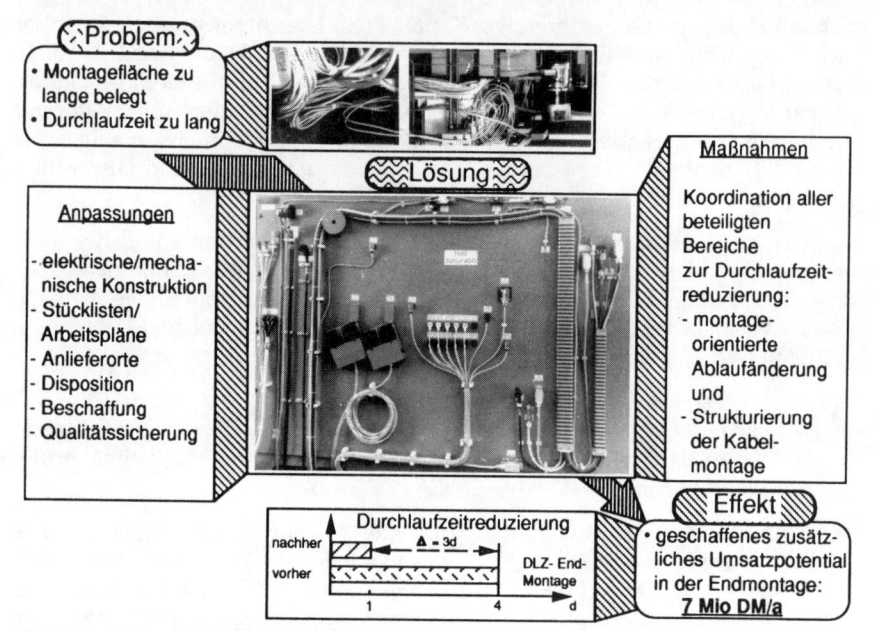

Bild 13: Beispiel für Produktionsmanagement: montageorientierte Ablaufänderung (nach: Traub)

die "Hochzeit" von Schaltschrank und Maschine in der Endmontage von vier Tagen auf lediglich einen Tag reduziert werden konnte. Die Vormontage-Durchlaufzeit erhöhte sich dagegen nur um einen Tag. Die hierfür erforderlichen Maßnahmen beinhalteten Anpassungen z.B. der Stücklisten und Arbeitspläne sowie der Abwicklung von Disposition und Beschaffung.

Das Ergebnis dieser Maßnahmen ist eine Reduzierung der Durchlaufzeit in der Endmontage für die komplette Maschine von durchschnittlich 15 auf 12 Tage, d.h. um 20 %. Durch die Verringerung der Flächenbelegung pro Maschine konnte das Unternehmen ein zusätzliches Umsatzpotential in Höhe von 7 Mio. DM/Jahr realisieren.

An diesem Beispiel konnte gezeigt werden, wie aus der Auswertung von Produktionsdaten (Durchlaufzeit zu hoch) konkrete operative Ziele (Verbesserung der Schnittstelle Maschine/Schaltschrank) abgeleitet wurden. Die Effekte der Umsetzung der erarbeiteten Maßnahmen hatten wiederum Rückwirkungen auf die strategische Zielsetzung, das Umsatzpotential zu steigern. Damit wurde im vorliegenden Fall ein durchgängiges Zielsystem realisiert.

Eine begrenzte Leistungsfähigkeit kann neben der Aus- oder Überlastung von Engpässen auch andere Ursachen haben. Im nächsten Beispiel führte die häufige und unkoordinierte Einsteuerung von Konstruktionsänderungen zu Ablaufstörungen in Fertigung und Montage. Bei dem betrachteten Unternehmen handelt es sich um einen Druckmaschinenhersteller, der dem Unternehmenstyp Serienfertiger zuzuordnen ist. Hieraus lassen sich zwei Problemkreise ableiten: der Serienanlauf und die häufigen Konstruktionsänderungen während der laufenden Produktion (Bild 14).

Qualitätsmängel, die während des Erprobungsmusterbaus auftreten, wurden nicht systematisch gesammelt und aufbereitet. Diese sogenannten Erprobungsmuster werden in verschiedenen Varianten vor dem Serienanlauf gebaut, um die Funktionalität und Qualität des Produktes zu untersuchen, aber auch, um die Fertigungs- und Montageabläufe zu optimieren. Die dabei auftretenden Problemfälle werden heute von der der Konstruktion unterstehenden Änderungskoordination aufgegriffen und mit allen beteiligten Unternehmensbereichen geklärt. Ziel dieser Aktivitäten ist es, der Produktion ein fertigungs- und prüftechnisch einwandfreies Produkt zu übergeben, das allen Qualitätsanforderungen genügt.

Ein noch gravierenderes Problem war die Häufigkeit von Konstruktionsänderungen, die Eingriffe in die laufende Produktion verursachten. Die Folge war, daß die vielen Gültigkeitstermine und -dauern weder von der Produktion noch von den vorgelagerten Bereichen wie Arbeitsvorbereitung und Beschaffung überblickt werden konnten. Dieser Situation wurde das Unternehmen dadurch Herr, daß man zu einer zeitlichen und inhaltlichen Bündelung der Änderungen überging. Es wurde die sog. Release-Pflege eingeführt. Heute wird zu festen Zeitpunkten nur noch eine neue Version, d.h. ein Release, zugelassen. Dadurch erhöhen sich die Transparenz der Abläufe in Fertigung und Montage sowie die Fähigkeit zu schnelleren Reaktionen bei Störungen.

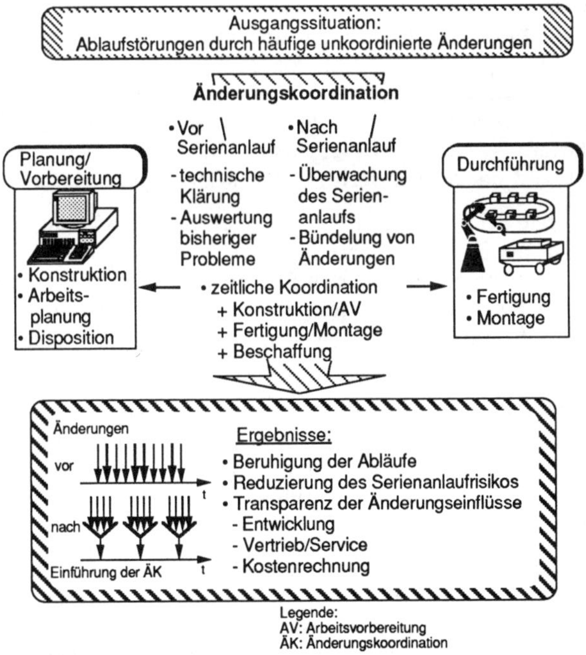

Über die daraus resultierende Beruhigung der Fer-

Bild 14: Beispiel für Produktionsmanagement: Änderungskoordination bei einem Serienfertiger (nach: HDM)

tigung und Montage hinaus konnten durch diese Maßnahmen auch andere, ebenso wichtige Effekte erzielt werden. So kann u.a. die Entwicklungsabteilung ihre Aktivitäten auf einen vorausbestimmten Zeitpunkt terminieren. Heute ist das Unternehmen auch in der Lage, eine wirtschaftliche Bewertung der Änderungen durchzuführen, um rechtzeitig auf ungewollte Kosteneffekte reagieren zu können. Damit ist die geschilderte systematische Organisation von Änderungen als Koordination zwischen den Funktionen Planung, Vorbereitung und Durchführung ein Beispiel für analytisches Produktionsmanagement, das gezeigt hat, wie aus der Auswertung von Kenndaten, die in der Produktion gesammelt werden, Ziele und geeignete Maßnahmen abgeleitet und umgesetzt werden können.

Bei der bisherigen Diskussion des Produktionsmanagements standen vornehmlich ablauf- und aufbauorganisatorische Fragen im Vordergrund. Im folgenden sollen Vorschläge der EDV- unterstützten Gesamtkoordination vorgestellt werden.

3.3 EDV-Unterstützung des Produktionsmanagements

Wie anhand von Bild 3 bereits ausgeführt wurde, sind die Charakteristika der Gesamtkoordination reproduzierbare Meßgrößen, gestufte Regelkreise, nachvollziehbare Entscheidungen und ein durchgängiges, anpaßbares Zielsystem. Die Konsequenz aus diesen Forderungen ist eine Dezentralisierung von Unternehmensfunktionen, um einerseits eine hohe Reaktionsfähigkeit durch die Zusammenfassung von Führungskompetenz und Regelungsentscheidung zu schaffen /10/ und andererseits die Systemstruktur schneller und mit weniger Aufwand den sich ändernden Anforderungen anpassen zu können.

Der erste Schritt in diese Richtung sind flexible Leitstandssysteme, die die Entscheidungsfindung unterstützen /23/. Diese Tools sammeln und verdichten Daten aus dem Vertrieb, den Engineering-Bereichen, der Materialwirtschaft sowie der Fertigung und Montage. Auf dieser Grundlage werden Informationen aufbereitet und bewertet, wodurch die Ableitung von Maßnahmen erleichtert wird.

So unterstützt ein System zur Auftragsabwicklung die Leitstelle bei der Planung des Produktionsprogramms, der Grobplanung von Kundenaufträgen, der Erstellung von Angeboten sowie der Simulation von Anfragen. Darüber hinaus werden Sonderfertigungen und Erstplanungen in die Betrachtung einbezogen (<u>Bild 15</u>).

Eine geeignete Methode für diese Aufgabe ist die Netzplantechnik. Auf der Grobplanungsebene werden die komplexen Auftragsnetze terminiert und zusammen mit den Bedarfen, die in Form von Belegungsmatrizen aus der Programmplanung vorliegen, einer Kapazitätsgrobplanung unterzogen. Die Elemente dieses Grobnetzes werden auf der unter dieser Ebene des "Auftragsleitstands" liegenden Bereichsregelungsebene weiter detailliert. Hierzu werden Arbeitspläne verwendet, die untereinander gekoppelt sein können, um einfache Vorgänger-/Nachfolgerbeziehungen abbilden zu können.

In einem ersten Schritt wird auf der untergeordneten Ebene die sachliche Abhängigkeit des Grobnetzes von den Arbeitsplänen hergestellt. Nach der Terminierungs- und Belastungsrechnung ist die sachliche und die terminliche Abhängigkeit aufgebaut. Die daraus resultierende Kapazitätsbelastung wird verdichtet und mit dem Belastungsprofil der Grobplanungsebene abgeglichen. So wird eine bereichsinterne Regelung möglich.

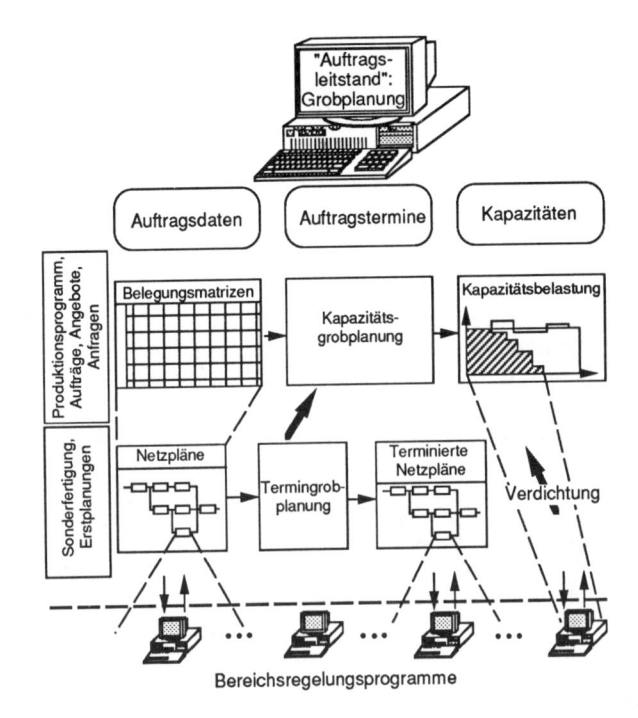

Bild 15: EDV-Unterstützung der Auftragsabwicklung - Beispiel - (nach:BSP)

Über diese Funktionalität hinaus geht eine hierarchische Systemarchitektur, die u.a. vom WZL im Rahmen des gerade beendeten ESPRIT-Projektes "Open-CAM-System" entwickelt wurde /12/.

Hierbei handelt es sich um zwei hierarchisch gekoppelte, wissensbasierte Leitstandsprototypen. Der sogenannte "Cell-Controller" übernimmt die Feinplanung für einen Teilbereich - z.B. eine Werkstatt - unter Berücksichtigung von Details wie Verfügbarkeit von Vorrichtungen und Werkzeugen. Mit Hilfe dieses Programms ist eine ereignisorientierte Feinplanung der Abläufe in einem Teilbereich möglich.

Der "Shop-Controller" hat die primäre Aufgabe, mehrere Teilbereichsleitstände zu koordinieren. Dazu müssen die Auftragsdurchläufe zwischen den verschiedenen Teilbereichen - den Cells - synchronisiert werden. Das übergeordnete System unterstützt außerdem die Verbesserung von Plänen hinsichtlich bestimmter Optimierungskriterien wie z.B. Minimierung der Terminüberschreitungen. Im einzelnen enthält der Shop-Controller die Funktionsmodule

- Plangenerierung,
- Benutzerkommunikation,
- Planbewertung,
- Planverbesserung,
- Störungsüberwachung und
- Störungsbehebung.

Einige dieser Module wurden mit Hilfe von KI-Sprachen (KI=Künstliche Intelligenz) implementiert. Dadurch ist es möglich, dem Benutzer über das System Vorschläge zu machen, wie Pläne verbessert werden können und welche Auswirkungen bestimmte Verbesserungen haben. Das dazu erforderliche spezifische Expertenwissen wurde in Zusammenarbeit mit Know-How-Trägern aus Industrieunternehmen gesammelt und mit Hilfe von Regeln in das System implementiert.

Die Aufgaben, die auf den unterschiedlichen Hierarchieebenen eines Unternehmens abgewickelt werden müssen, sind prinzipiell sehr ähnlich. So sind auf allen Ebenen Funktionen der Termin- und Kapazitätsplanung, Veranlassung und Überwachung notwendig. Heutige Produktionsplanungs- und -steuerungssysteme zeichnen sich zwar durch eine große Funktionalität, aber auch durch aufwendige Anpassungen an sich ändernde Verhältnisse aus /24/. Solche Anpassungen werden notwendig bei geänderten Randbedingungen wie z.B. neuen Marktanforderungen, die von außen an das Unternehmen herangetragen werden, oder neuen Fertigungsstrukturen, die unternehmensintern auf die Struktur des Systems wirken. Als Folge dieser Einflüsse muß die Struktur des Produktionsregelungssystems adaptiert werden (vgl. Kapitel 3.2).

Eine modulare Architektur für ein System zur Produktionsregelung auf Basis hierarchischer und dezentraler Ansätze (Bild 4) erlaubt eine flexible Anpassung der Systemstruktur. Diese Überlegung ist Ausgangspunkt für die flexible Konfiguration von Produktionsregelungssystemen aus Modulen (**Bild 16**). Allerdings fehlten bisher hierfür die technologischen Voraussetzungen, die heute in Form verteilter Rechnersysteme, Netzwerke und verteilter, relationaler Datenbanken zur Verfügung stehen. Teile des vorgestellten Konzeptes eines konfigurierbaren Produktionsregelungssystemes werden zur Zeit am WZL als Prototypen realisiert.

Dabei werden aus einem Modulbaukasten Leitstände für die unterschiedlichsten Regelungsebenen konfiguriert: z.B. ein Auftragsleitstand auf Ebene 1, ein Werkstattregelungssystem und ein Montageleitstand auf Ebene 2 sowie ein FFS-Controller auf Ebene 3. Alle gemeinsam beinhalten Kernmodule, die zum Funktionieren dieser Systeme unbedingt erforderlich sind. Dazu zählen z.B. Schnittstellen zu Benutzern und umliegenden Systemen sowie Planungs- und Überwachungsmodule. Zusätzliche optionale Module erweitern entweder die Funktionalität oder gestalten z.B. die Bedieneroberfläche komfortabler.

Wettbewerbsfaktor Produktionstechnik 103

Modulbaukasten
- Planungsmodule
- Veranlassungsmodule
- Überwachungsmodule
- Präsentationsmodule
- Auswertungsmodule

Konfiguration des Produktionsregelungssystems

Anpassung der Systemstruktur bei:
- Marktänderungen
- neuen Fertigungsstrukturen
- neuen Planungsalgorithmen
- Ablaufänderungen

Regelungsebene 1
z.B. Auftragsleitstand

Randbedingungen/Merkmale
- Hierarchischer, dezentraler Aufbau
- Nutzung verteilter Rechnerleistung
- Nutzung verteilter, relationaler Datenbanken
- Einsatz von Netzwerken

Regelungsebene 2
z.B. Fertigungsleitstand

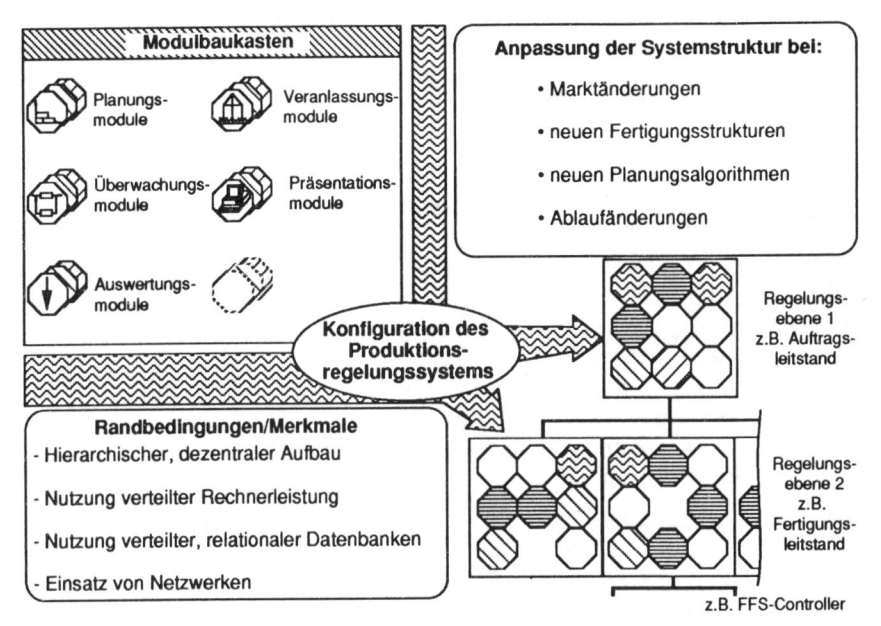

z.B. FFS-Controller

Bild 16: Anpassung an sich ändernde Zielsetzungen

4. Zusammenfassung

Die Situation in den Unternehmen der produzierenden Industrie ist heute gekennzeichnet durch häufige Änderungen der Kundenwünsche und späte Festlegung von Lieferumfängen. Diese Tatsachen verursachen unruhige Abläufe bei der innerbetrieblichen Auftragsabwicklung. Das durch gewachsene Strukturen bedingte Spannungsfeld zwischen den Funktionen, die die Verbindung zwischen Marktbedürfnissen und Produktion herstellen und denjenigen, die die innerbetriebliche Auftragsabwicklung übernehmen, wird durch Probleme verstärkt, die z.b. dadurch zustande kommen, daß Liefertermine nicht zu halten sind oder daß Auftragskonfigurationen zu spät festgelegt werden.

Die nur unzureichende Erreichung von Zielen des Produktionsmanagements zeigt, daß Maßnahmen im Sinne von Gesamtkoordination durch Regelung der an der Auftragsabwicklung beteiligten Bereiche erforderlich sind. Dazu sind verschiedene Bereiche miteinander zu verknüpfen. Außerdem müssen konkurrierende Ziele abgestimmt werden.

Basis des erfolgreichen Produktionsmanagements ist die Segmentierung und damit verbunden die Hierarchisierung und Dezentralisierung von Funktionen, die zur Regelung der Abläufe in der Produktion erforderlich sind. Im einzelnen ergeben sich folgende Voraussetzungen für Produktionsmanagement zur Steigerung des Unternehmenserfolges, der durch die termingerechte und kostengünstige Herstellung von Qualitätsprodukten bestimmt wird.

Zunächst muß eine rechtzeitige Auftragsklärung erfolgen. Dies führt zu einer eindeutigen Spezifikation der Kundenwünsche, zu einer sofortigen Konsistenzprüfung der Auftragskonfiguration und zur Verknüpfung des Vertriebs mit dem innerbetrieblichen Informationsfluß.

Als zweite Voraussetzung muß in den verschiedenen Bereichen der Produktion die Regelung von Abläufen ermöglicht werden. Das Beispiel der Werkstattregelung zeigt, wie auf der Basis übergeordneter Vorgaben die bereichsinterne Regelung durchgeführt wird. Mit Hilfe von rechnergestützten Werkzeugen wie Leitständen können so bereichsintern Störungen unter Berücksichtigung des Ist-Zustandes ausgeregelt werden.

Die dritte Voraussetzung für erfolgreiches Produktionsmanagement ist die Nutzung moderner Technologien der Informationsverarbeitung für Funktionen wie Qualitäts- und Betriebsdatenerfassung. Am Beispiel von Rückmeldeterminals, die bereits auf dem Markt angeboten werden, wurde gezeigt, daß variable Funktionen auf entsprechend flexibler und leistungsfähiger Hardware implementiert werden können.

Die Hierarchisierung und Dezentralisierung von Funktionen des Produktionsmanagements und die Schaffung der geschilderten Voraussetzungen bilden die Grundlage für die Gesamtkoordination. Produktionsmanagement umfaßt die Koordination der Abläufe zwischen Vertrieb, Planung, Vorbereitung und Durchführung der Produktion und beinhaltet dabei operative und analytische Maßnahmen. Gegenstand des operativen Produktionsmanagements ist die Auftragsklärung und die innerbetriebliche Auftragsabwicklung. Beispiele für operatives Produktionsmanagement haben gezeigt, daß sich mit entsprechenden Maßnahmen erhebliche Erfolge in der Produktion erzielen lassen. Das analytische Produktionsmanagement fußt auf den Ergebnissen dieser operativen Funktionen.

Der erste Schritt im Rahmen des analytischen Produktionsmanagements beinhaltet die Bestimmung produktionsbezogener Unternehmensziele. Mit Hilfe solcher Ziele lassen sich Maßnahmen zur Verbesserung der Auftragsabwicklung ableiten. Hilfsmittel für die Beurteilung des Leistungsvermögens einer Produktion und damit für die Zielbestimmung sind zu Kennlinien aufbereitete Kennzahlen.

Die Hierarchisierung und Dezentralisierung schafft autarke, selbstregelnde Einheiten. Diese Einheiten sind mit Systemen zur Entscheidungsunterstützung auszustatten. Da durch die Segmentierung geringere Datenvolumina gehandhabt werden müssen, können die Systeme den erheblichen zeitlichen Anforderungen durch kürzere Antwortzeiten gerecht werden.

Die Ähnlichkeit der Funktionen auf den unterschiedlichen Hierarchieebenen einer funktionalen Systemarchitektur ist Ausgangspunkt für die Überlegung, Produktionsregelungssysteme mit Hilfe von Modulen flexibel konfigurierbar und anpaßbar zu gestalten. Die bisher hierfür fehlenden technologischen Voraussetzungen stehen erst heute in ausreichendem Maß zur Verfügung.

Maßnahmen des Produktionsmanagements können demnach mit Hilfe analytischer Methoden bestimmt werden und sind auf Rechnersystemen implementierbar. Es wurde gezeigt, daß sich bei gezieltem Einsatz solcher Maßnahmen die Effizienz der Produktionsabläufe und damit der Unternehmenserfolg steigern lassen.

Schrifttum

1. Eversheim, W., Sossenheimer, K., Saretz, B.: Simultaneous Engineering - Entwicklungsstrategie für Produkte und Produktionseinrichtungen, Industrie-Anzeiger 64/1989

2. Eversheim, W., König, W., Weck, M., Pfeifer, T. : Produktionstechnik - Auf dem Weg zu integrierten Systemen, VDI-Verlag, Düsseldorf, 1987

3. Eversheim, W., Groß, M., Kosmas, I.: Systemunterstützte Angebots- und Auftragsbearbeitung - Ein Hilfsmittel zur Durchlaufzeitverkürzung in den planenden Bereichen, VDI-Z 130 (1988) 12

4. Kosmas, I.: Strategien und Hilfsmittel für die Montagevorbereitung in Unternehmen der Einzel- und Kleinserienproduktion, Dissertation, RWTH Aachen, 1988

5. Eversheim, W., Sossenheimer, K., Stolz, N.: Erarbeitung und Überprüfung eines Detailkonzeptes für die EDV-technische Realisierung eines integrierten Steuerungssystems für Fertigung und Montage, FKM Forschungsvorhaben Nr. 96, Forschungskuratorium Maschinenbau, Heft 134, Frankfurt, 1987

6. Schmitz-Mertens, H.-J.: Entwicklung eines Steuerungskonzepts für Systeme mit heterogener Fertigungsstruktur, Dissertation, RWTH Aachen, 1988

7. Wiendahl, H.-P.: Einsatzmöglichkeiten der Simulation in der Produktionsplanung und -steuerung, Vortragsband AWF-Fachkongress PPS '89, Böblingen, 1989

8. Köhl, E., Esser, U., Kemmner, A.: CIM zwischen Anspruch und Wirklichkeit - Erfahrungen, Trends, Perspektiven -, RKW-Verlag, Eschborn, 1989

9. Hackstein, R.: Produktionsplanung und -steuerung - Ein Handbuch für die Betriebspraxis, VDI-Verlag, Düsseldorf, 1984

10. Konz, H.-J.: Steuerung der Standplatzmontage komplexer Produkte, Dissertation, RWTH Aachen, 1989

11. Poths, W.: Die PPS-Realität im Deutschen Maschinen- und Anlagenbau, Vortragsband AWF-Fachkongress PPS '89, Böblingen, 1989

12. Doumeingts, G., Holmdahl, P.E., Kiesewetter, S., Wingfield, M.: Dynamic Manufacturing Management and Control, Report on the Results of the ESPRIT Project 418, Open-CAM-System, Kommission der Europäischen Gemeinschaften, Brüssel, 1989

13. Eversheim, W., König, W., Weck, M., Pfeifer, T.: Vortragsband zum Aachener Werkzeugmaschinen Kolloquium, Eigendruck, RWTH Aachen, 1984

14. Wiendahl, H.-P.: Belastungsorientierte Fertigungssteuerung - Grundlagen, Verfahrensaufbau, Realisierung -, Carl Hanser Verlag München, Wien, 1987

15. Kühnle, H., Aue-Uhlhausen, H.: Von ABS bis OPT - PPS-Methoden im Vergleich, Vortragsband AWF-Fachkongress PPS '88, Böblingen, 1988

16. Strack, M.: Organisatorische Gestaltung einer zentralen Werkstattsteuerung, Dissertation, RWTH Aachen, 1987

17. Balzer, H.: Leitsysteme und Leitstände - ablaufnahe Informationsverarbeitung, Der Betriebsleiter 1-2, 1989

18. Eversheim, W., Wiegershaus, U., Schmitz-Mertens, H.-J.: Organisatorische Einbindung flexibler Fertigungssysteme in konventionelle Werkstattstrukturen, VDI-Z 131 (1989) 8

19. Bucksch, R.: Mit MAP, TOP und UNIX in die CIM-Zukunft, Industrial Engineering 37 (1988) 6

20. Dinkel, H.K.: Von der Fertigungssteuerung zum Fertigungsregelkreis, ZwF 10/1988

21. Zimmermann, G.: PPS-Methoden auf dem Prüfstand, verlag moderne industrie, 1987

22. Schomburg, E.: Entwicklung eines betriebstypologischen Instrumentariums zur systematischen Ermittlung der Anforderungen an EDV-gestützte Produktionsplanungs- und -steuerungssysteme im Maschinenbau, Dissertation, RWTH Aachen, 1980

23. Scheel, J.: Der richtige Weg in die Produktion 2000 - heute denken - morgen handeln, Vortragsband AWF-Fachkongress PPS '89, Böblingen, 1989

24. Roos, E., Förster, H.U., v. Loeffelholz, F.: Marktspiegel - PPS-Systeme auf dem Prüfstand, Verlag TÜV Rheinland, 1988

Mitglieder der Arbeitsgruppe für den Vortrag 1.3

Dr.-Ing. A. Borges, FIR, RWTH Aachen
Prof. Dr.-Ing. K. Brankamp, Brankamp BSP
G. Christ, Traub AG
Dipl.-Ing. H.K. Dinkel, Fa. Dicon
Prof. Dr.-Ing. Dipl.-Wirt. Ing. W. Eversheim, WZL, RWTH Aachen
Ing.-grad. H. Kenn, Heidelberger Druckmaschinen AG
Dipl.-Ing. S.A. Kiesewetter, WZL, RWTH Aachen
Dipl.-Ing. F. Lehmann, WZL, RWTH Aachen
Dr.-Ing. Dipl.-Wirt. Ing G. Schuh, WZL, RWTH Aachen
Prof. Dr.-Ing. G. Steinmetz, Institut für Software-Engineering und Organisation München AG
Dr.-Ing. A. Stockert, Motoren und Turbinen-Union Friedrichshafen GmbH
Prof. Dr.-Ing. H.P. Wiendahl, Institut für Fabrikanlagen, Universität Hannover

1.4 Wirtschaftlicher und sozialverträglicher Betrieb von flexiblen Produktionssystemen

Gliederung

1. Tendenzen beim Einsatz flexibler Produktionssysteme

2. Wirtschaftliche Bewertung des Systemerfolgs

3. Sozialverträglicher Betrieb von Produktionssystemen

4. Zusammenfassung und Ausblick

Kurzfassung

Wirtschaftlicher und sozialverträglicher Betrieb von flexiblen Produktionssystemen

Flexible Produktionssysteme stellen "Lebende Systeme" dar, die während ihrer mehrjährigen Nutzungsdauer einer ständigen Anpassung der Anlagenkonfiguration unterworfen werden müssen. Die Voraussetzung für eine systematische Anpassung ist die Revisionsfähigkeit, d.h. Bewertbarkeit des wirtschaftlichen Erfolgs einzelner Systemkomponenten. Zur Sicherstellung einer derartigen Revisionsfähigkeit bedarf es der funktional differenzierten Kostenrechnung. Mit Hilfe dieses Instrumentariums lassen sich die zu verändernden Systemkomponenten identifizieren und damit die betrieblichen Abläufe optimieren.

In modernen Produktionssystemen stellt der Mensch nach wie vor die zentrale Leistungseinheit dar. Deshalb trägt gerade eine humanorientierte Gestaltung des Arbeitsablaufs zum wirtschaftlichen Systemerfolg bei. Bestehende Interessenkonflikte zwischen einer hohen Arbeitszufriedenheit des einzelnen Mitarbeiters und dem vom Unternehmen angestrebten Produktionserfolg müssen im Rahmen von Kompromißlösungen durch ein modernes Arbeitszeitmanagement beseitigt werden.

Abstract

Economic and human oriented operation of flexible production systems

Flexible manufacturing systems must be refered to as "living systems". They must constantly adapt to the changing situation in the system configuration. The basic requirement for system adaptability is the ease with which the systems can be revised, especially in terms of the economic evaluation of various system components. In order to ensure the revisability of the system a lost allocation study based upon production functions must be performed. By means of this study, those components which need to be changed can be identified. In this way, the job sequence can be revised for optimum output. Nevertheless, the employee is still the most important component of a modern manufacturing system. For the economic success of the system, it is imperative to consider the human factor when managing job sequences. A conflict of interest between the individual employees and the companies desire for product success may be solved by modern time management.

1. Tendenzen beim Einsatz flexibler Produktionssysteme

Produzierende Unternehmen investieren zur Erhaltung der Wettbewerbsfähigkeit verstärkt in flexible Produktionssysteme. Diese ermöglichen einerseits die Produktion qualitativ hochwertiger Erzeugnisse in kleinsten Stückzahlen und erlauben andererseits ein kurzfristiges Reagieren auf permanente Änderungen des Produktionsprogramms aufgrund veränderter Markt- und Absatzbedingungen.

Die generelle Tendenz zum verstärkten Einsatz moderner Produktionssysteme läßt sich am Beispiel der Einsatzzahlen installierter flexibler Fertigungssysteme nachweisen /1/. Während 1984 weltweit ca. 260 Fertigungssysteme bzw. -zellen in Betrieb waren, stieg die Zahl bis 1987 auf 790 Systeme an. Dabei wird in den Prognosen für das Jahr 1990 von 1520 Einsatzfällen bei einem jährlichen Wachstum von 25 bis 30% in Japan, 5 - 10% in den USA und 15 - 20% in Europa ausgegangen.

Parallel dazu zeigen die Analysen der Systemgröße den Trend zu kleineren, überschaubaren Systemen mit bis zu acht Maschinen /2/. Die erwarteten hohen Einsatzzahlen resultieren aus dem großen Potential klein- und mittelständischer Unternehmen, die durch das zunehmende Angebot preiswerter Einstiegslösungen in die Lage versetzt werden, ebenfalls in diese moderne Produktionstechnik zu investieren.

Die Untersuchung bisheriger Einsatzfälle macht jedoch auch deutlich, daß gerade in klein- und mittelständischen Unternehmen nicht Standardlösungen priorisiert werden dürfen, sondern viel mehr unternehmensspezifische Systemkonstellationen anzustreben sind. Dazu müssen die Anforderungen an das System entweder in direkter Zusammenarbeit des Herstellers mit dem Anwender oder durch Einschalten eines neutralen Systemarchitekten zunächst in Pflichtenheften formuliert und

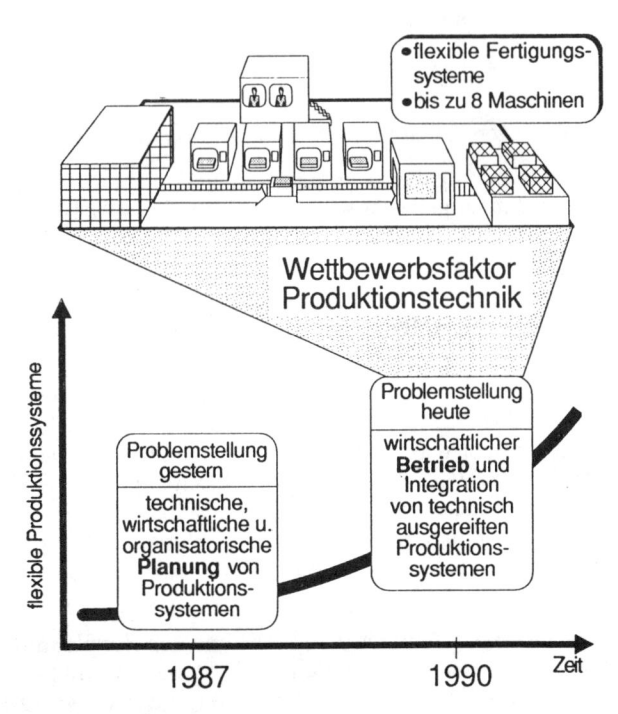

Bild 1: Problemstellung

anschließend durch die Auswahl entsprechender Systemkomponenten realisiert werden. Bei derartigen Aufgabenstellungen waren die Unternehmen in den zurückliegenden Jahren in erster Linie mit den technischen, wirtschaftlichen und organisatorischen Problemen der Planungsphase konfrontiert /3/. Vor dem Hintergrund einer sehr stark gestiegenen Anzahl realisierter Systeme, bei deren Planung der organisatorischen Einbindung in das betriebliche Umfeld oft zu wenig Beachtung geschenkt wurde, stehen die Unternehmen heute vor der Aufgabe, den Betrieb der eingesetzten Produktionssysteme wirtschaftlich zu gestalten (Bild 1). Es muß sichergestellt werden, daß die hohen Erwartungen der Planungsphase im praktischen Betrieb auch tatsächlich realisiert werden.

Die Ausgangssituation bei dieser Aufgabenstellung ist durch die marktseitige Verfügbarkeit von Einzel- als auch von Gesamtlösungen integrierter Produktionssysteme gekennzeichnet. In den Fällen, in denen bereits in ein System investiert wurde, muß die Frage beantwortet werden, welche Gesichtspunkte bei der Gestaltung eines wirtschaftlichen Betriebs in erster Linie zu berücksichtigen sind:

- Müssen die eingesetzten Systemkomponenten z.B. Rüstplätze, Transportsystem etc. verändert werden?

- Führt das Vorrichtungskonzept zu der geplanten Minimierung der Nebenzeiten?

- Erlaubt das Werkzeugkonzept die optimale Auslastung des Systems?

- Inwieweit ist das eingesetzte Systempersonal den neuen Aufgaben gewachsen?

- Wo liegen Ansatzpunkte für eine bessere Arbeitsorganisation?

Die Beantwortung dieser Fragestellungen macht im Zusammenhang mit vorliegenden Erfahrungen sehr schnell deutlich, daß es sich bei flexiblen Fertigungssystemen um "Lebende Systeme" handelt. Das bedeutet, daß diese Systeme aufgrund der sich während ihrer mehrjährigen Nutzungsdauer verändernden Produktionsbedingungen ständig den daraus resultierenden Restriktionen angepaßt werden müssen, wenn ihr Betrieb wirtschaftlich sein soll.

Die bisherigen Erfahrungen mit eingesetzten Systemen haben deutlich gemacht, daß im Rahmen dieser "Lebenden Systeme" dem Systempersonal eine Schlüsselfunktion zukommt (Bild 2). Je höher der Automatisierungsgrad des Systems ist, um so wichtiger wird der Einsatz eines qualifizierten und motivierten Systemteams. Erst das effiziente Zusammenwirken der einzelnen Teammitglieder macht die optimale Nutzung der vorgehaltenen Flexibilitätspotentiale möglich. Dazu ist neben einem entsprechenden Qualifikationsprofil des einzelnen Mitarbeiters auch die humanorientierte Gestaltung der Arbeitsorganisation von herausragender Bedeutung.

Die Arbeitsorganisation ist in erster Linie von der gesamthaften Gestaltung der betrieblichen Abläufe innerhalb des Systems und im Systemumfeld abhängig. Die detaillierte Kenntnis der Kostenstrukturen ist die wesentliche Voraussetzung für die erforderliche Optimierung der Arbeitsorganisation, d.h. die permanente

Wettbewerbsfaktor Produktionstechnik 113

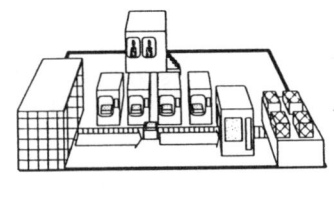

Ausgangssituation

Technische Einzel- und Gesamtlösungen integrierter Produktionssysteme sind verfügbar

These 1

Der Mensch ist Garant für die optimale Nutzung der vorgehaltenen technologischen Lösungen

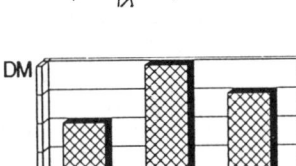

DM

Kostenarten

These 2

Die Kenntnis der Kostenverursachung ist Voraussetzung zur Optimierung der betrieblichen Abläufe

<u>Bild 2:</u> Thesen zum Betrieb flexibler Fertigungssysteme

Anpassung der betrieblichen Abläufe an die sich ändernden Bedingungen. Die Transparenz der Kostenstrukturen bildet damit die Basis für den wirtschaftlichen Betrieb eines flexiblen Fertigungssystems.

Flexible Fertigungssysteme als "Lebende Systeme" zu bezeichnen, bedeutet, daß sie im Sinne einer langfristigen Sicherung der Wettbewerbsfähigkeit einer permanenten Weiterentwicklung der Anlagenkonfiguration sowie einer ständigen Anpassung an das Produktionsprogramm unterworfen werden müssen **(Bild 3)**. Im folgenden wird die dafür erforderliche Bewertbarkeit eines Systems als revisionsfähig bezeichnet. Diese stellt die Anpassbarkeit, d.h. den Abgleich zwischen Planungs- und Betriebsphase einer bestimmten Systemkonfiguration sicher. Dazu ist der Einsatz der gleichen Hilfsmittel sowohl in der Planungs- als auch in der Betriebsphase anzustreben. Hierdurch wird einerseits die Mehrfachverwendung einmalig generierter Daten ermöglicht und andererseits die direkte Vergleichbarkeit von Planungs- und Kontrollergebnissen sicherstellt.

Der zeitliche Horizont einer derartigen Revisionsfähigkeit muß im Sinne des wirtschaftlichen Betriebs die gesamte Lebensdauer des Produktionssystems umfassen. Die Revisionsfähigkeit wird zum Beispiel bei der Auslegung eines systeminternen fahrerlosen Transportsystems deutlich. Während in der Planungsphase aufgrund der Anzahl erforderlicher Transportspiele von mehreren Fahrzeugen ausgegangen wurde, kann durch zwischenzeitliche Änderung des Produktionsprogramms in der Betriebsphase durchaus ein Fahrzeug ausreichend sein.

Ein geeignetes Instrumentarium, mit dessen Hilfe die Revisionsfähigkeit eines Produktionssystems sichergestellt werden kann, stellt die Kostenrechnung dar.

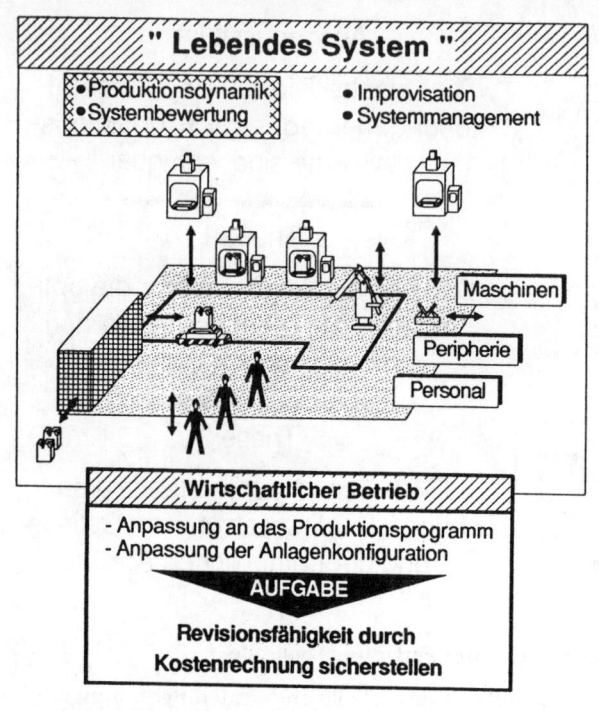

Bild 3: Wirtschaftlicher Betrieb

Dabei besteht bei einer entsprechenden Datenstrukturierung in der Planungsphase die Möglichkeit, später auf bereits erfaßte Daten zurückzugreifen und damit die erforderliche Datenkonsistenz herzustellen, die den direkten Vergleich von Planungs- und Betriebsphase ermöglicht. Auf diese Art lassen sich diejenigen Parameter bestimmen, die im Sinne einer Optimierung der betrieblichen Abläufe zu verändern sind. Wie eine Kostenrechnung aufgebaut sein sollte, um den genannten Anforderungen gerecht werden zu können, wird im folgenden erläutert.

2. Wirtschaftliche Bewertung des Systemerfolgs

Auf flexiblen Fertigungseinrichtungen hergestellte Produkte werden heute überwiegend auf der Basis der Maschinenstundensatzkalkulation bewertet. Die errechneten Herstellkosten ergeben sich dabei aus Material- und Fertigungseinzelkosten unter Bezuschlagung von Gemeinkosten, die oftmals mehrere hundert Prozent der Bezuschlagungsbasis (Fertigungsmaterial, Fertigungslöhne) betragen. Die Fertigungseinzelkosten errechnen sich als Summe aus den jeweiligen Produkten von Maschinenstundensätzen und den zugehörigen Belegungszeiten.

Bei flexiblen Fertigungssystemen mit mehreren Maschinen versucht man bisher einen einheitlichen Systemstundensatz zu ermitteln, obwohl einerseits unterschiedlichste Maschinen eingesetzt werden und andererseits auch keine direkte Zuordnung des Personals zu den Betriebsmitteln möglich ist. Dabei ergibt sich der Effekt, daß einfache Teile zu teuer und komplexe Teile zu billig bewertet werden. Die Ursache dafür ist, daß komplexe Werkstücke in der Regel die Systemperipherie so z.B. Werkzeugsystem in einem größeren Maße in Anspruch nehmen. Bei Anwendung der Standardzuschlagskalkulation erfahren einfache und komplexe Werkstücke aber die gleiche, undifferenzierte Bezuschlagung.

Die wesentlichen Defizite bei der Kostenträgerrechnung für flexible Fertigungssysteme auf der Basis von konventionell ermittelten Maschinenstundensätzen werden in **Bild 4** verdeutlicht. Zunächst bedient man sich bei der Bildung eines Kostenverrechnungssatzes der Vorgehensweise der üblichen Maschinenstundensatzkalkulation. Sämtliche Kostenarten der Kostenstelle "FFS" werden für die betrachtete Periode (meist ein Jahr) aufsummiert. Der Quotient aus dieser Kostensumme und der durchschnittlichen Systemnutzungszeit ergibt einen Systemstundensatz, der eine Differenzierung in Betriebsmittel- und Personalkosten unmöglich macht. Um zu einem, dem Maschinenstundensatz entsprechenden Kostensatz zu gelangen, dividiert man den Systemstundensatz durch die Anzahl der im System verketteten Bearbeitungsmaschinen und erhält den gewünschten Maschinenstundensatz.

Bei dieser Vorgehensweise, die heute in den meisten Anwenderunternehmen von FFS durchgeführt wird, handelt man sich eine Reihe kostenrechnerischer Fehler ein /4/.

Die Zusammenfassung sämtlicher Kosten in nur einen undifferenzierten FFS-Maschinenstundensatz führt zur Berücksichtigung von Bereitstellungs- und Nebenfunktionen auf der Basis von Maschinenbelegungszeiten. Diese Kostenzuweisung ist betriebswirtschaftlich falsch, da zwischen der Belegungszeit und der Beanspruchung von Peripheriekomponenten kein ursächlicher Zusammenhang besteht. Diese Funktionen werden im folgenden als Peripheriefunktionen be-

Maschinenstunden-satzkalkulation	Problem	Auswirkung
kalkulatorische Abschreibungen	Zusammenfassung sämtlicher Systemkomponenten	falsche Verteilung von Peripheriekosten auf Einzelmaschinen
+ kalkulatorische Zinsen		
+ Instandhaltung		
+ Raumkosten		
+ Energiekosten	keine Auftragsorientierung	undifferenzierte Kostenzuweisung
+ Werkzeugkosten		
+ Programmierkosten	Lohnkosten nicht eindeutig auf Einzelmaschine zurechenbar (Mehrmaschinenbedienung)	undifferenzierte Kostenzuweisung
+ Lohnkosten		
: Systemnutzungszeit		
= **Systemstundensatz**		
: Maschinenzahl		
= **Maschinenstundensatz**	einige Bezugsgröße: Belegungszeit	weitere Bezugsgrößen zur Bewertung ungenutzt

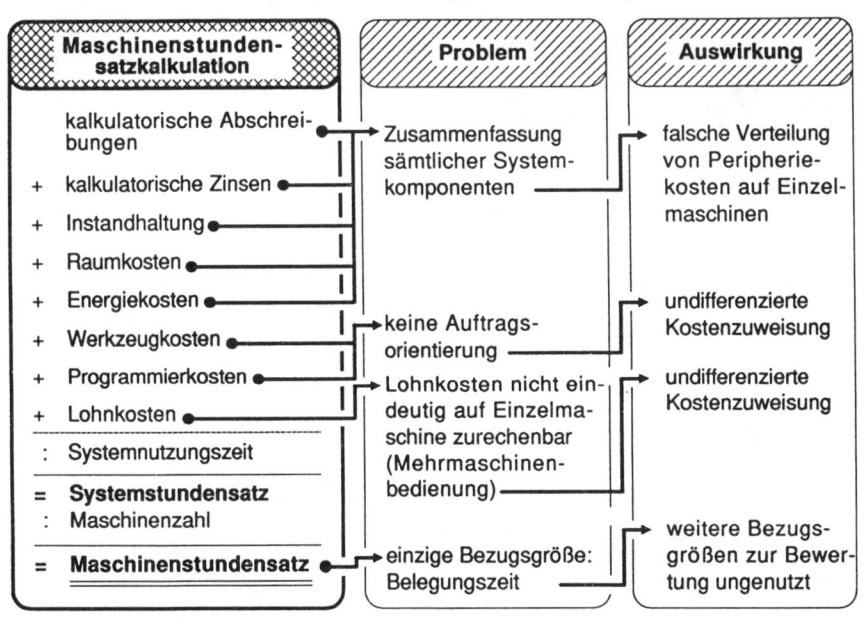

<u>Bild 4:</u> Defizite der konventionellen Maschinenstundensatzrechnung

zeichnet, da sie bei der Leistungserstellung Zubringeraufgaben übernehmen. Innerbetriebliche Transporte und weitere Leistungen werden zudem über Gemeinkosten auf das erzeugte Produkt über Fertigungsgemeinkosten nach dem "Gießkannenprinzip" zugeschlagen. Da Transporte bereits in den Anschaffungskosten für Transportsysteme im FFS-Maschinenstundensatz enthalten sind, beinhalten diese Zuschläge Kosten, die von der Kostenstelle FFS nicht verursacht werden. Bei der Berücksichtigung eines üblichen Peripherieanteils von mehr als 55 % an den Gesamtkosten eines FFS, bedeutet dies, daß mehr als die Hälfte der Kosten nicht nach dem Verursacherprinzip zugerechnet werden /4/.

Trotz der in der Praxis gegebenen Entkopplung von Personal und Maschine werden Lohnkosten in den Stundensatz eingerechnet. Dieser Sachverhalt wirkt sich ungünstig auf eine gerechte Entlohnung und Motivation der Mitarbeiter aus und entspricht ebenfalls nicht dem Verursachungsprinzip.

Weiterhin ist festzustellen, daß neben der Belegungszeit weitere im System verfügbare Bezugsgrößen, wie die Anzahl Transportspiele, Durchlaufzeiten, Anzahl Werkzeuge und Vorrichtungen, NC- Programmlaufzeiten etc. für die Kostenrechnung ungenutzt bleiben. Diese Daten könnten heute aber ohne weiteres vom Leitrechner bereitgestellt werden.

Vor dem Hintergrund der aufgeführten Defizite ergeben sich Forderungen für die Entwicklung neuer Methoden zur verursachungsgerechten Kostenrechnung von flexiblen Fertigungseinrichtungen:

- Für unterschiedliche Bewertungszwecke müssen auch unterschiedliche Bewertungsmethoden zur Verfügung gestellt werden. Dabei ist von großer Bedeutung, daß gerade durch die engen Verflechtungen in integrierten Systemen, sowohl bezogen auf die Informationsverknüpfung als auch bezogen auf den Materialfluß, die vor- und nachgelagerten Bereiche bei Bedarf in die Bewertung einbezogen werden können.

- Die unternehmerischen Zielsetzungen müssen kostenrechnerisch abbildbar sein. Einer Verkürzung der Durchlaufzeit müssen z.B. die unterschiedlichen Einsparungseffekte, wie Reduzierung der Bestände und Erhöhung der Lieferbereitschaft gegenübergestellt werden.

- Entsprechend den erweiterten Möglichkeiten der Kostenerfassung in flexiblen Produktionssystemen müssen die Einzelkosten möglichst auch als solche verrechnet werden. Die bisher begrenzten Möglichkeiten der Kostendatenerfassung und ihrer Auswertung haben in der Vergangenheit dazu geführt, daß diejenigen Kosten, die nur unter großem Aufwand als Einzelkosten erfaßbar waren, wie Gemeinkosten behandelt wurden.

Im folgenden wird ein neuer methodischer Ansatz für ein Instrumentarium zur wirtschaftlichen Bewertung flexibel automatisierter Fertigung vorgestellt, der die genannten Anforderungen berücksichtigt /5,6/. Grundlage der Bewertung von FFS ist dabei eine an den Funktionen des Bearbeitungsprozesses orientierte Betrachtungsweise **(Bild 5)**.

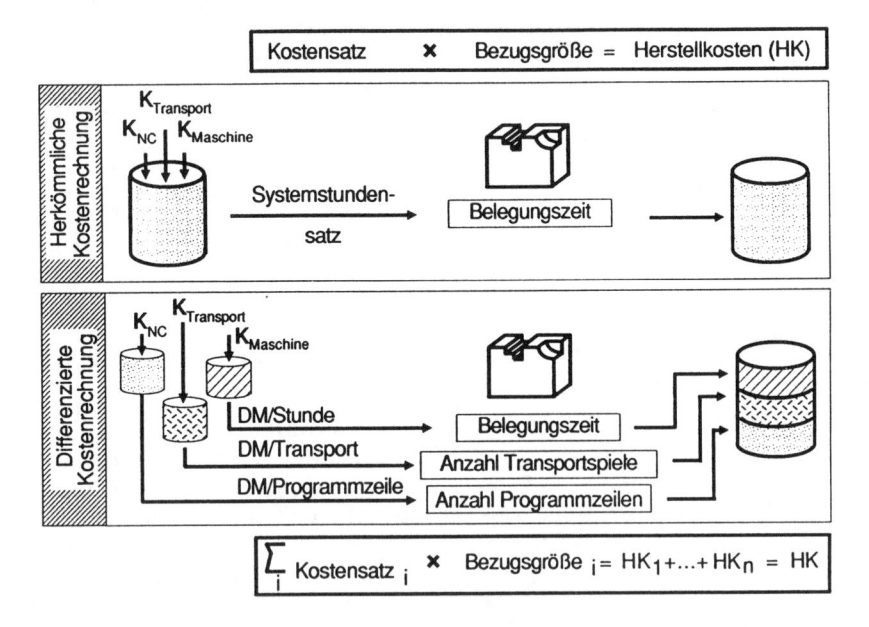

Bild 5: Differenzierte Kostenrechnung

```
                    ┌──────────────────────────────────────────────┐
                    │   Kostensatz  ×  Bezugsgröße = Herstellkosten (HK) │
                    └──────────────────────────────────────────────┘
```

$K_{Transport}$, K_{NC}, $K_{Maschine}$ → Systemstundensatz → Belegungszeit

K_{NC}, $K_{Transport}$, $K_{Maschine}$ → DM/Stunde, DM/Transport, DM/Programmzeile → Belegungszeit, Anzahl Transportspiele, Anzahl Programmzeilen

$$\sum_i \text{Kostensatz}_i \times \text{Bezugsgröße}_i = HK_1 + \ldots + HK_n = HK$$

Während bei der herkömmlichen Kostenrechnung die Gesamtkosten allein über die Belegungszeit als Bezugsgröße und einen Systemstundensatz auf das Produkt umgerechnet werden, ist man bei Anwendung der differenzierten Kostenrechnung in der Lage, eine Differenzierung der Kostenstelle "FFS" vorzunehmen. Dem Produkt werden die einzelnen Kostenanteile nach der jeweiligen wertschöpfenden Leistung (Transportieren, Bearbeiten, Lagern, Programmieren etc.) zugeschlagen. Dadurch wird eine verursachungsgerechtere Kostenzuweisung je Kostenplatz gewährleistet.

Auf der Basis dieses Ansatzes wird die Kostenkontrolle einzelner Tätigkeiten an der Produkterstellung möglich. Bei einem "Lebenden System" lassen sich damit Maßnahmen zur Revision der Anlagenkonfiguration ableiten. In diesem Sinne kann eine rechnergestützte Kostenrechnung als Stellschraube verstanden werden, mit der unwirtschaftliche Komponenten eines Systems identifiziert und entsprechende Maßnahmen eingeleitet werden können.

Der Aufbau eines Kostenrechnungsprogramms für flexible Fertigung orientiert sich deshalb an den am Leistungsprozeß beteiligten Produktionsfaktoren und Funktionen mit Berücksichtigung sämtlicher vor- und nachgelagerter Bereiche. Dazu werden die originären Faktoren Systemkomponente, Personal und Material getrennt von den dispositiven Faktoren berücksichtigt. Als Bezugsgrößen dienen bei den originären Faktoren die Durchlaufzeit, die Nutzungszeit und Stückzahlen. Dagegen wird die Information als Produktionsfaktor in ihrem Werteverzehr auf Basis der CPU-Zeit, der Datenerfassungszeiten, der Programmierzeit und der Nutzungshäufigkeit abgebildet.

In **Bild 6** ist am Beispiel der Fertigungskosten dargestellt, wie auf programmgeführten Kalkulationsblättern die einzelnen Verrechnungssätze für die Maschinen, das Personal, die Peripherieeinrichtungen sowie die vor- und nachgelagerten Bearbeitungsbereiche getrennt erfaßt und berechnet werden. Die Kostendarstellung erfolgt kostenträgerbezogen, wobei die Restfertigungsgemeinkosten in differenzierter Weise auf die einzelnen Kostenanteile verrechnet und nicht pauschal auf die gesamte Kostenstelle umgelegt werden.

Die notwendigen Bezugsgrößen, die multipliziert mit dem jeweiligen Kostensatz die im System durchgeführten Tätigkeiten, wie Bearbeiten, Transportieren, Zwischenlagern, Werkzeughandhaben, Messen, Waschen, Puffern etc. kostenrechnerisch abbilden, sind aus vorhandenen Datenbanken zu erfassen. Die Summe der Maschinen-, Personal-, Peripherie-, Vor- und Nachbearbeitungskosten ergibt die Fertigungskosten.

Die beschriebene Methode wurde bei Anwendern von flexiblen Fertigungssystemen erprobt. Als ein Beispiel werden die Ergebnisse der funktional-differenzierten Stückkostenrechnung bei einem Hersteller von Kunststoffspritzgießmaschinen im folgenden beschrieben. Das flexible Fertigungssystem besteht aus sechs Bearbeitungszentren mit Palettengrößen von 800 mm x 800 mm sowie 1250 mm x 1250 mm sowie einem schienengebundenen Transportsystem. Weitere Systemkomponenten sind ein Werkzeugsystem, das 800 Werkzeuge ständig für den wahlfreien Zugriff aller Maschinen bereithält, ein Werkstückpuffer, Spann- und Rüststationen und ein Leitrechner, der das Auftragsvolumen im 48-Stunden-Zyklus vordisponiert. Das Werkstückspektrum umfaßt 80 unterschiedliche Bau-

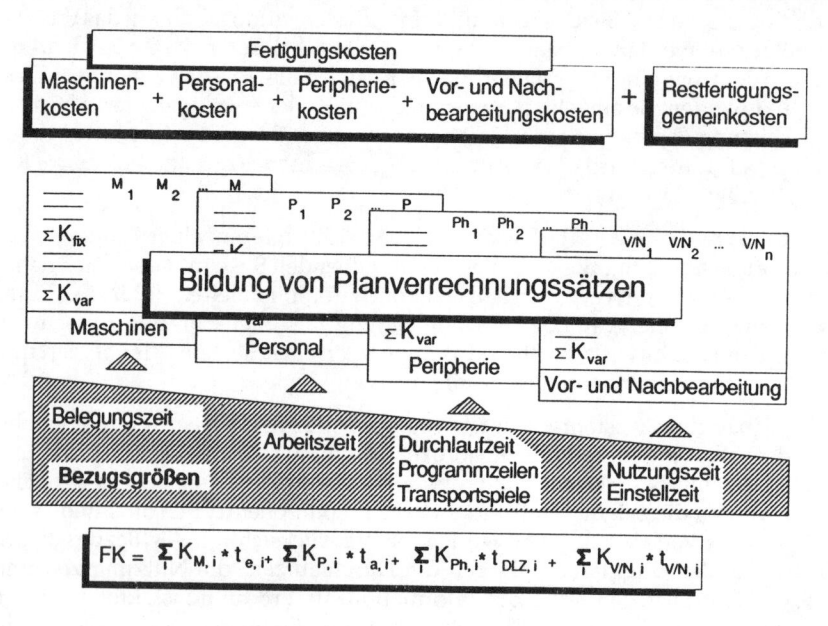

$$FK = \sum_i K_{M,i} * t_{e,i} + \sum_i K_{P,i} * t_{a,i} + \sum_i K_{Ph,i} * t_{DLZ,i} + \sum_i K_{V/N,i} * t_{V/N,i}$$

<u>Bild 6:</u> Zusammensetzung der Fertigungskosten

teile, wie Maschinentische, Kreuzköpfe und Matrizenwerkzeugaufnahmen in Kubikmetergröße. Die Fertigungskosten der jährlich mit dem FFS produzierten 6600 Werkstücke betragen etwa DM 4 Mio. p.a..

Bei der Erprobung und Gegenüberstellung der funktional-differenzierten Kostenrechnung mit der firmeneigenen Standardzuschlagskalkulation ergaben sich folgende Ergebnisse (Bild 7):

- Bei komplexen Werkstücken mit niedrigen Bearbeitungszeiten ergaben sich für die Fertigungskosten Ergebnisdifferenzen von bis zu 60% zur Standardzuschlagskalkulation. Die Gesamtsumme der Fertigungskosten bleibt beim Vergleich von Standardzuschlagkalkulation und differenzierter Kostenrechnung unverändert, sie wird durch die differenzierte Kostenrechnung jedoch verursachungsgerechter auf die einzelnen Produkte verteilt.

- Es konnte der Nachweis erbracht werden, daß der Anteil an den Fertigungskosten für das Bearbeiten 47% (im Bild am Beispiel eines Werkstückes 40%), für die Peripherieeinrichtungen 29% (hier 35%) und für das Personal 24% (hier 25%) beträgt. Mit Hilfe einer derart differenzierten Ergebnisaussage können die Vorgaben der Kostenplanung kontrollierbar gemacht werden. Es wird somit möglich, die Anlagenkonfiguration aufgrund der vorliegenden Kostentransparenz durch gezielte Maßnahmen zu revidieren.

Beim praktischen Einsatz des funktional-differenzierten Kostenrechnungsansatzes wurden allerdings auch Schwierigkeiten deutlich. Die Bewertung flexibler Fertigungssysteme allein auf der Basis von Kostenrechnungsmodellen bedingt bei sehr kurzfristigen Entscheidungen einen hohen Be-

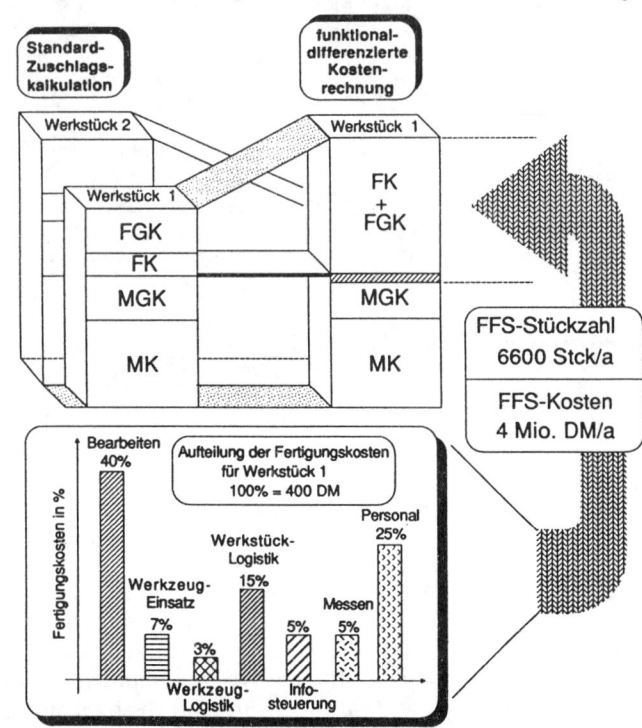

Bild 7: Stückkosten bei differenzierter Kostenbewertung am Fallbeispiel FFS

rechnungsaufwand. Darüber hinaus lassen sich nicht alle bewertungsrelevanten Informationen ohne weiteres quantifizieren.

Dies war der Grund für einen mittelständischen FFS-Anwender, die Bewertung seines Systems zusätzlich zu den Ergebnissen der Kostenrechnung auf der Basis leistungsbeschreibender Kennzahlen durchzuführen (Bild 8). Es wurde gemeinsam mit dem Softwarehersteller untersucht, welche Daten im Leitrechner verfügbar sind, die eine kurzfristige Leistungsbeschreibung einzelner Systemkomponenten ermöglichen. Die Fragen, die dabei im Vordergrund standen, waren:

- Welche qualitativen, bewertungsrelevanten Merkmale existieren überhaupt?

- Welche Größen sind geeignet, die Kostenrechnung im Sinne einer Betrachtung der Revisionsfähigkeit des Systems zu ergänzen?

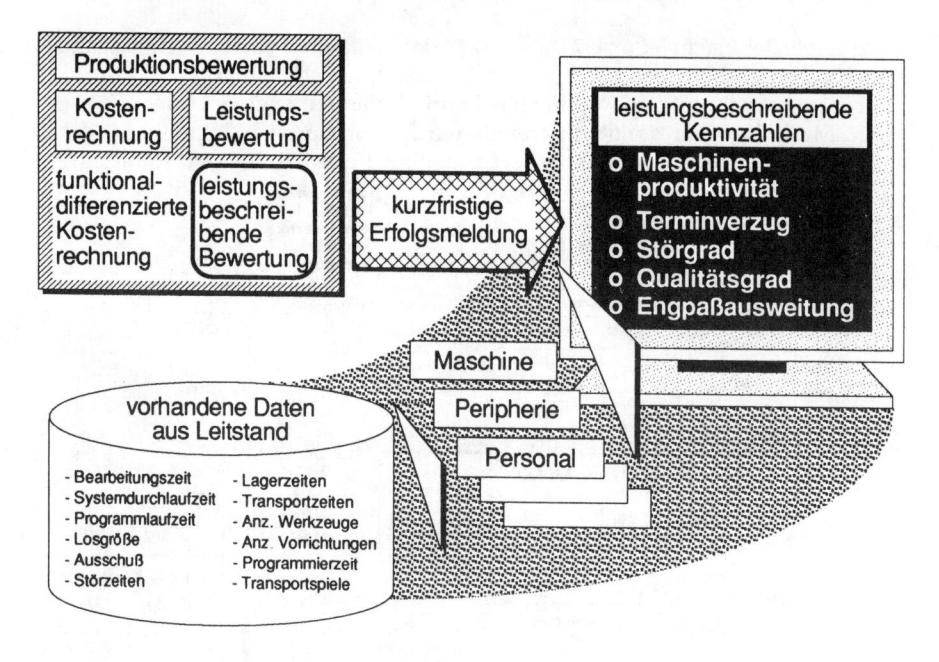

Bild 8: Beurteilung des Systemerfolgs

Ergebnis der Analyse war die Berechnung der leistungsbeschreibenden Kennzahlen aus den im Leitrechner vorhandenen Daten. Beispiele für derartige Kennzahlen waren hier u.a. die Maschinenproduktivität, Terminverzugsmeldungen, Angabe der Störgrade bestimmter Systemkomponenten, Qualitätsgrad der erstellten Leistung sowie Meldungen hinsichtlich abzubauender Produktionsengpässe. Auf diese Weise kann eine Produktionsbewertung in Form einer parallelen Durchführung von Kostenrechnung und Leistungsbeschreibung mittels Kennzahlen vorgenommen werden. Somit können quantitative Bewertungsgrundsätze der Kostenrechnung durch Kennzahlenbetrachtungen ergänzt werden.

Mit einer solchen Vorgehensweise zur differenzierten Produktionsbewertung besteht eine höhere Sicherheit bei der Vorbereitung von Produktionsentscheidungen in flexiblen Fertigungseinrichtungen. Eine solche Entscheidung kann im Zusammenhang mit der Veränderung einer bestehenden Anlagenkonfiguration z.B. zum Austausch einzelner Systemkomponenten führen.

Die dargestellten Fallbeispiele belegen, daß die differenzierte Kostenrechnung im Sinne eines entscheidungsunterstützenden Instrumentariums für die Revision eines Produktionssystems geeignet ist (Bild 9). Dennoch muß eingeräumt werden, daß auch zukünftig nicht alle Vorteile eines flexiblen Systems quantitativ bewertbar sind. Der dargestellte neue Kostenrechnungsansatz liefert jedoch einen effektiven Beitrag, um den Katalog der quantifizierbaren Bewertungskriterien zu erweitern. Damit kann der Anteil derjenigen Entscheidungen, die quantitativ belegbar sind, deutlich erhöht werden.

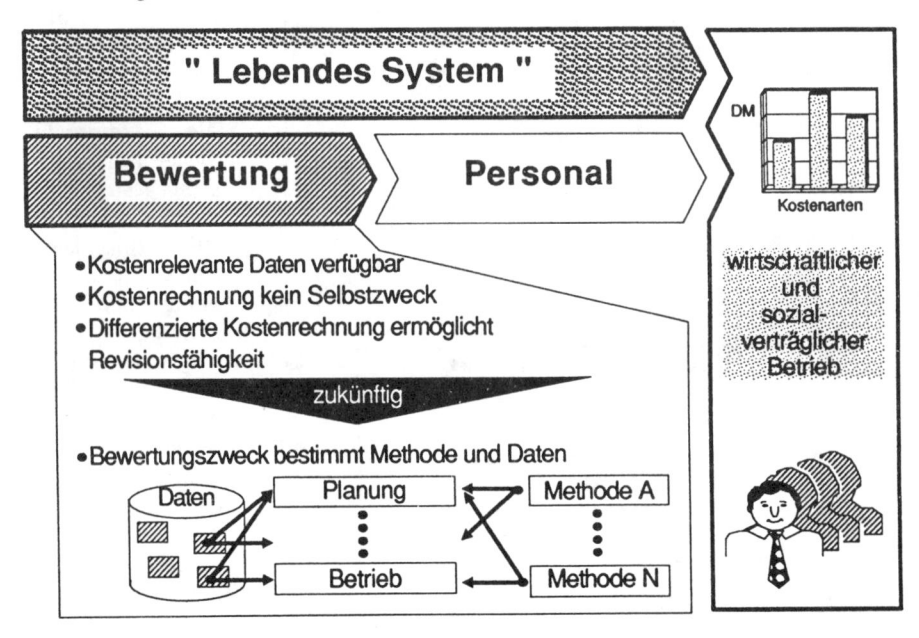

Bild 9: Fazit Bewertung

Durch die Tatsache, daß im Rahmen integrierter Systeme die kostenrelevanten Daten in entsprechenden Datenbanken verfügbar sind, ergeben sich bei Anwendung des dargestellten Kostenrechnungsansatzes Möglichkeiten zur Revision "Lebender Systeme". Um unnötigen Aufwand zu vermeiden, darf dabei diese Kostenrechnung nicht zum Selbstzweck werden. Außerdem sollte man sich vergegenwärtigen, daß eine "richtige" Kostenrechnung nicht existiert. Vielmehr muß von dem vorhandenen Ansatz Gebrauch gemacht werden, bei dem je nach spezifischem Bewertungszweck die erforderlichen Methoden und Daten derart kombiniert werden können, daß die Revisionsfähigkeit und damit der wirtschaftliche Betrieb eines flexiblen Produktionssystems sichergestellt wird.

3. Sozialverträglicher Betrieb von Produktionssystemen

Aus der Vielzahl der unterschiedlichen Gesichtspunkte des sozialverträglichen Betriebs eines "Lebenden Systems" sollen im folgenden vorrangig die Aspekte der Mitarbeiterqualifikation und der Anpassung der Arbeitsorganisation diskutiert werden. Diese beiden Aspekte bilden ein Potentialfeld, in dem einerseits die Anforderungen der Mitarbeiter berücksichtigt und andererseits die optimale Systemnutzung sichergestellt werden muß **(Bild 10)**. Dazu müssen die Fähigkeiten der Mitarbeiter zur Improvisation und zum Systemmanagement durch eine humanorientierte Gestaltung des Arbeitsablaufs gefördert werden.

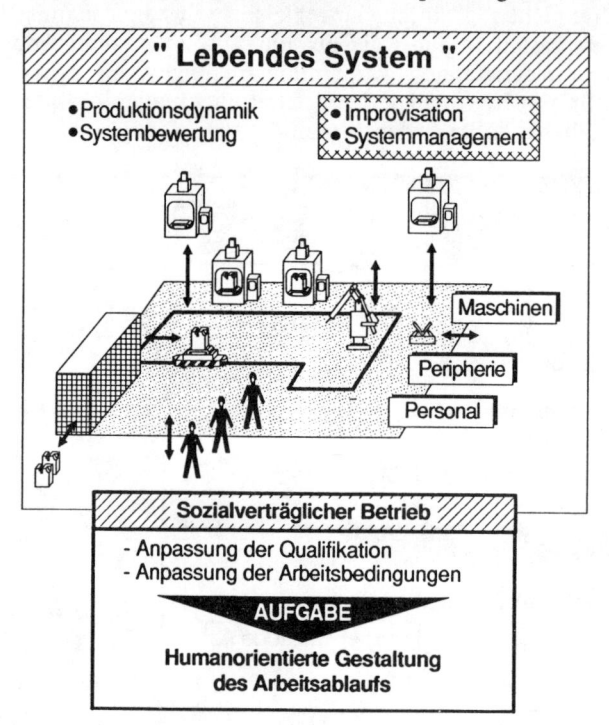

Bild 10: Sozialverträglicher Betrieb

Die Gestaltung der Arbeitsabläufe im Umfeld des Produktionssystems muß durch die Entscheidungsverantwortlichen in der Kenntnis erfolgen, daß trotz des zunehmenden Automatisierungsgrades bei moderner Fertigung das Personal immer noch die zentrale Leistungseinheit darstellt **(Bild 11)**. Gerade bei flexiblen Fertigungssystemen ist der Systemerfolg in hohem Maße von der menschlichen Arbeitsleistung abhängig. Bei diesen Systemen sinkt zwar der Anteil der durch die menschliche Arbeitskraft der Maschinenbediener direkt verursachten Kosten. Diese Kosten machen oft nur noch etwa ein Viertel der gesamten Fertigungskosten aus.

Auf der anderen Seite kann der Bediener bei flexiblen Fertigungssystemen stärker als bei konventioneller Produktion auf den Systemerfolg einwirken. D.h., das Personal beeinflußt einen sehr viel höheren Kostenanteil als es durch seine Lohnkosten verursacht. Die Erfahrung zeigt, daß bei Einsatz von nicht ausreichend qualifiziertem Personal die Fertigungskosten überproportional ansteigen /7/.

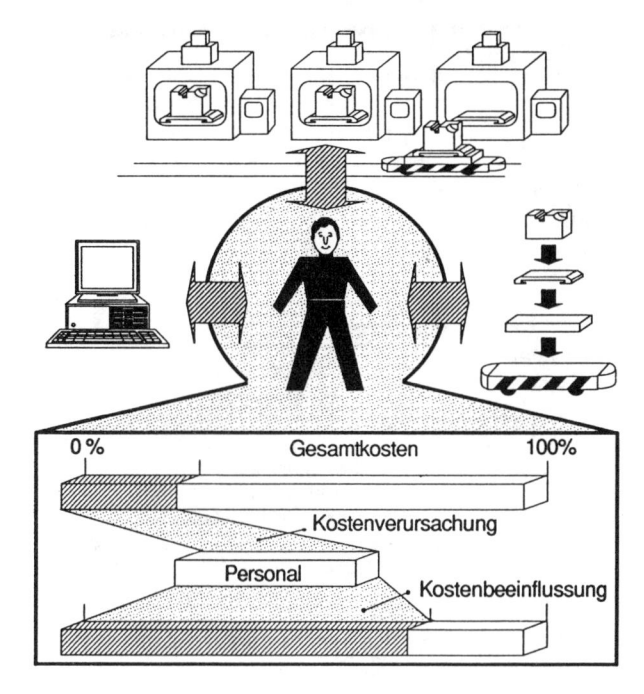

Bild 11: Der Systembediener als zentrale Leistungseinheit im Fertigungssystem

In **Bild 12** sind die unterschiedlichen Qualifikationsarten dargestellt, die das Bedienpersonal moderner Produktionssysteme besitzen muß, damit flexible Produktionssysteme wirtschaftlich betrieben werden können. Außer der reinen Prozeßkenntnis, die auch bei einem Maschinenbediener konventioneller Anlagen vorausgesetzt werden muß, ist bei modernen Fertigungssystemen auch Know-how über den Ablauf und die Organisation der Fertigung notwendig. Aufgrund der kleineren Losgrößen, der ständig wechselnden Zusammensetzung des Auftragsbestands und der kürzer werdenden Durchlaufzeiten ist der Maschinenbediener mehr und mehr von vor- und nachgelagerten Unternehmensbereichen abhängig und muß bei organisatorischen Problemen flexibel reagieren.

Zusätzlich sind bei komplexen Produktionsanlagen detaillierte Systemkenntnisse erforderlich. Hier müssen Mitarbeiter eingesetzt werden, die nicht nur in der Lage sind, das technische System formal zu bedienen, sondern die auch die systeminternen Zusammenhänge verstehen /7, 8/. Mit diesen Kenntnissen lassen sich Störungen einzelner Anlagenkomponenten kurzfristig beheben, so daß sichergestellt wird, daß das Gesamtsystem betriebsfähig bleibt. Gerade bei flexiblen Fertigungssystemen, die aus einer Vielzahl unterschiedlicher Anlagenkomponenten bestehen, sind kleinere aber häufig auftretende Störungen einzelner Komponenten unvermeidbar.

Qualifikation	Tätigkeit	Auswirkungen
Prozeß-kenntnis	manuelle Eingriffe bei Störungen und vorbeugende Instandhaltung	Störungen ↓
+		Flexibilität ↑
Ablauf- und Organisationskenntnis	flexibles Reagieren bei organisatorischen Problemen, z.B. Fehlteilen	Durchlaufzeit ↓
+		Auslastung ↑
Systemkenntnis	manuelle Systemführung bei Störungen von Anlagenkomponenten	Instandhaltung ↓
+		Output / Zeit ↑
Teamfähigkeit	Kommunikation und Abstimmung mit vor- und nachgelagerten Bereichen	

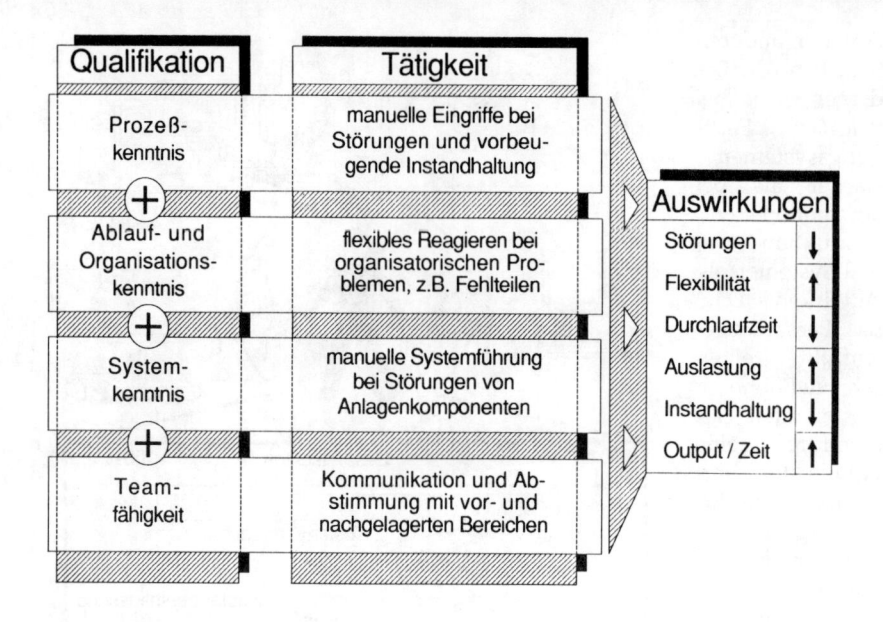

Bild 12: Einflußnahme des Systempersonals

Darüber hinaus muß das Bedienpersonal einerseits aufgrund der bereits erwähnten verstärkten Anbindung an vor- und nachgelagerte Bereiche und andererseits zum Abgleich der unterschiedlichen Qualifikationen innerhalb der Systemmannschaft auch die Fähigkeit zu Teamarbeit besitzen. Damit stellt der im Vergleich zu konventioneller Produktion zunehmende Kommunikationsbedarf ein wesentliches Kennzeichen moderner Produktion dar.

Insgesamt sind also die Einflußmöglichkeiten des Systempersonals bei modernen Fertigungssystemen hoch; sie können aber nur dann optimal genutzt werden, wenn das Systempersonal entsprechend qualifiziert ist. Es ist nicht zweckmäßig mit niedrig qualifiziertem Systempersonal und zusätzlichem Instandhaltungspersonal zu arbeiten, das nur im Bedarfsfall zur Verfügung steht. In der Praxis kann die Vielzahl kleiner technischer und organisatorischer Störungen von einem gut ausgebildeten Systembediener selbst behoben werden. Die hiermit verbundene höhere Kompetenz und Verantwortung des Systembedieners führt zu einer höheren Motivation und Identifikation des Personals mit der von ihm betreuten Anlage und trägt damit auch zu einer höheren Arbeitszufriedenheit bei.

Der Wandel von Systemen, die bisher aus Einzelmaschinen bestanden, hin zu vernetzten Produktionsstrukturen hat in Verbindung mit den daraus resultierenden veränderten Aufgaben des Bedienpersonals erhebliche Auswirkungen auf die Arbeitsorganisation aller angrenzenden Unternehmensbereiche zur Folge **(Bild 13)**. Bisher zentrale Fachabteilungen, wie z.B. die NC-Programmierung,

Wettbewerbsfaktor Produktionstechnik 125

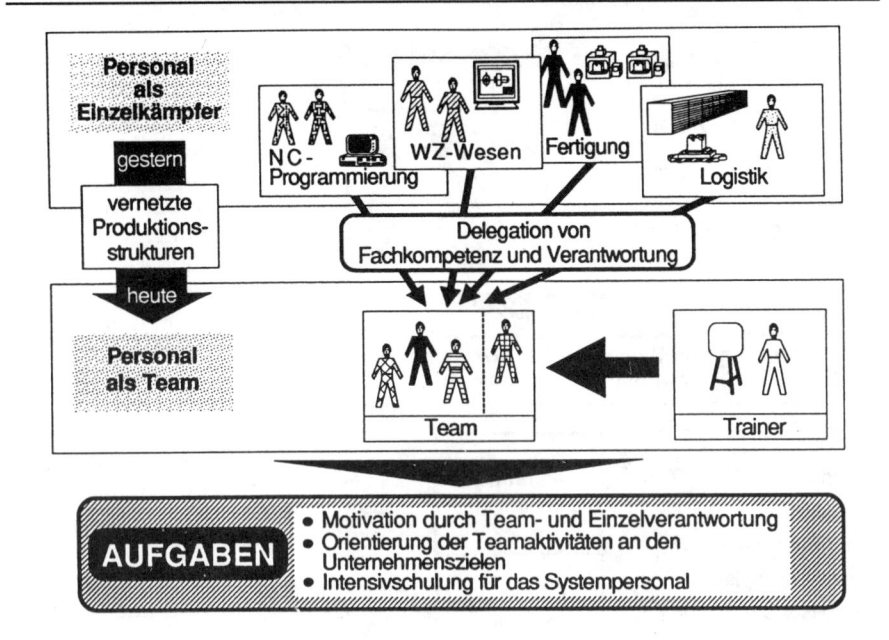

Bild 13: Arbeitsorganisation des Systemteams

müssen Fachkompetenz und Verantwortung an das Systemteam delegieren, um die erforderliche schnelle Reaktionsfähigkeit in der Produktion zu erreichen. Dazu müssen die Mitarbeiter dieser Abteilungen zukünftig dem Systemteam direkt zugeordnet werden.

Das Systemteam sollte ähnlich wie eine Sportmannschaft einen "Mannschaftsführer" erhalten, der als Ansprechpartner für die dispositiven Abteilungen zur Verfügung steht und gleichzeitig die operativen Führungsaufgaben innerhalb des Teams übernimmt. Diese Aufgabe kann im Sinne des job rotation durchaus wechseln. Ferner sollte ein "Trainer" vorhanden sein, der die permanente Schulung vornimmt. Diese Schulung stellt das Erreichen und Bewahren des geforderten Qualifikationsprofils sicher und dient als Vorbereitung auf sich verändernde Systemzustände eines "Lebenden Systems". Gleichzeitig muß durch derartige Maßnahmen das Bewußtsein der einzelnen Gruppenmitglieder sowohl für die von ihnen zu tragende Team- als auch Einzelverantwortung gestärkt werden.

Bei modernen, kapitalintensiven Produktionssystemen umfaßt die Arbeitsaufgabe neben der operativen Prozeßdurchführung mehr und mehr auch überwachende und steuernde Funktionen. Zusätzlich ist der Systembediener in zunehmendem Maße auf die Kommunikation und die Fähigkeiten der anderen Systemmitglieder angewiesen. In diesem Sinne kann der Systembediener mit einem Piloten verglichen werden, der kurzfristige Eingriffe zur Behebung von Störungen vornimmt **(Bild 14)**. Die Anforderungen, die an das Systempersonal gestellt werden, verlagern sich also immer mehr vom Abarbeiten einer fest vorgegebenen Arbeitsaufgabe hin zu situationsbezogenem flexiblen Eingreifen in einen hoch automa-

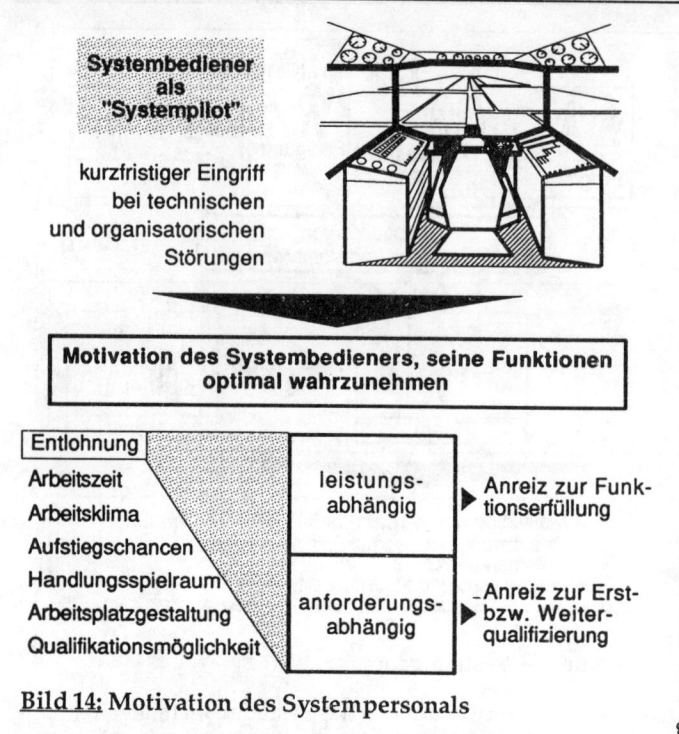

Systembediener als "Systempilot"

kurzfristiger Eingriff bei technischen und organisatorischen Störungen

Motivation des Systembedieners, seine Funktionen optimal wahrzunehmen

Entlohnung
Arbeitszeit
Arbeitsklima
Aufstiegschancen
Handlungsspielraum
Arbeitsplatzgestaltung
Qualifikationsmöglichkeit

leistungs-abhängig ▶ Anreiz zur Funktionserfüllung

anforderungs-abhängig ▶ Anreiz zur Erst- bzw. Weiterqualifizierung

Bild 14: Motivation des Systempersonals

tisierten Arbeitsablauf.

Aufgrund der zentralen Stellung des Menschen im Fertigungssystem muß der Systembediener mehr denn je motiviert werden, seine Funktionen optimal wahrzunehmen. Dabei spielen im Sinne einer humanorientierten Gestaltung des Arbeitsablaufs eine Vielzahl unterschiedlicher Aspekte eine wesentliche Rolle /9/. Dazu gehören neben Aspekten, wie z.B. Aufstiegschancen, Arbeitsklima, Handlungsspielraum, etc. auch das Entlohnungssystem. Dieses bleibt trotz zu beobachtender Verschiebungen zu einer verstärkten Wahrnehmung weiterer persönlicher Interessen nach wie vor ein wichtiger Motivationsfaktor. Es muß so strukturiert sein, daß es dem Systemgedanken gerecht wird und sollte sowohl durch einen anforderungsabhängigen, d.h. arbeitsplatzabhängigen Teil, als auch durch einen leistungsabhängigen Anteil motivationsfördernd für das gesamte Systemteam wirken /10/.

Der leistungsabhängige Anteil bietet einen Anreiz zur Aufgabenerfüllung, während der anforderungsabhängige Anteil einen Anreiz zur Qualifizierung darstellt, da ein "höherwertiger" Arbeitsplatz einen höheren Grundlohn beinhaltet. Es geht also im Sinne eines lebenslangen Lernprozesses sowohl um einen Anreiz zur Erstausbildung, als auch zur beruflichen Weiterqualifizierung. Zusätzlich sollte ein Entlohnungssystem außer der individuellen Leistungsbewertung auch eine Gruppenzulage beinhalten, um eine positive Einstellung des Mitarbeiters zur Teamarbeit zu fördern.

Ein solches Entlohnungsmodell, das von der Firma ABB praktiziert wird, ist in **Bild 15** dargestellt. Beim Übergang vom Akkord- zum Prämiensystem blieb die Arbeitsplatzvergütung, d.h. der anforderungsabhängige Teil der Entlohnung, unverändert. Der leistungsabhängige Anteil setzt sich aus einer individuellen Prämie aufgrund einer persönlichen Leistungsbeurteilung und einer Gruppenzulage zusammen.

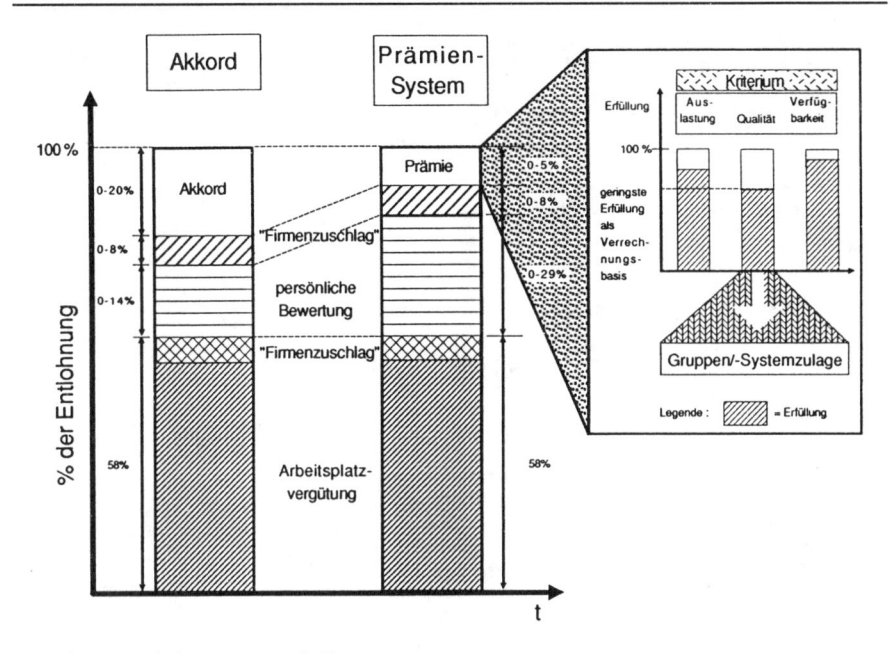

Bild 15: Entlohnungsmodell

Die persönliche Leistungsbeurteilung durch den Vorgesetzten erfolgt vor allem nach den Kriterien "Initiative" und "persönliches Engagement". Die Gruppenzulage ist entsprechend der Zielpluralität des Unternehmens am Erfüllungsgrad mehrerer Kriterien orientiert. Im vorliegenden Fall sind dies die Kriterien

- Produktqualität sowie
- Auslastung und
- Verfügbarkeit

des Produktionssystems.

Die gruppenbezogene Prämie wird dabei in Abhängigkeit von demjenigen Kriterium gezahlt, das den geringsten Erfüllungsgrad aufweist. Entsprechend der tatsächlichen Zielsetzung im Unternehmen wird auf diese Art und Weise sichergestellt, das nicht ein Kriterium zu Lasten der anderen bevorzugt wird. Das Systemteam wird vielmehr bemüht sein, die drei Zielgrößen möglichst gleichermaßen zu erfüllen.

In Abhängigkeit von den unternehmensspezifischen Randbedingungen sind andere Zielkriterien und auch andere Prinzipien zur Errechnung der Prämie möglich; der in Bild 15 dargestellte Ansatz ist aber sicherlich ein diskussionswürdiges Modell, das entsprechend den spezifischen Anforderungen des jeweiligen Unternehmens abgewandelt werden kann.

Ein weiteres Problem, das auch in Zusammenhang mit der Motivation des Systempersonals zu sehen ist, betrifft die Arbeitszeitgestaltung **(Bild 16)**. Hin-

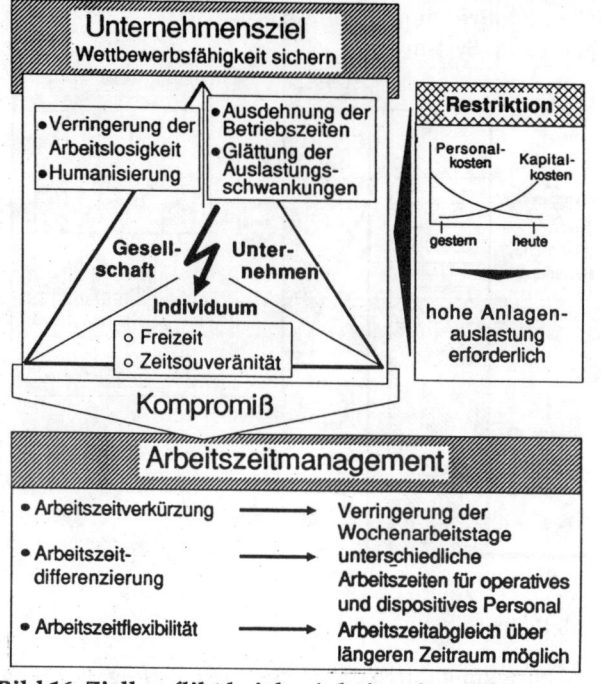

Bild 16: Zielkonflikt bei der Arbeitszeitgestaltung

sichtlich dieser Frage besteht trotz des gemeinsamen Zieles der "Sicherung der Wettbewerbsfähigkeit" ein Zielkonflikt zwischen Unternehmen, Individuum, d.h. dem einzelnen Arbeitnehmer und auch der Gesellschaft /11/.

Aus gesellschaftlicher Sicht wird erwartet, daß Maßnahmen zur Arbeitszeitgestaltung zu einer Verringerung der Arbeitslosigkeit und zur Humanisierung des Arbeitslebens beitragen. Darüber hinaus geht es den Unternehmen darum, einerseits die Betriebszeiten kapitalintensiver Anlagen auszudehnen und andererseits eine flexible Anpassung der vorhandenen Personalkapazität an die jeweilige Auftragslage zu erreichen. Die Arbeitnehmer sind in diesem Zusammenhang an einer Ausdehnung ihrer Freizeit und an einer Mitbestimmung bei der individuellen Gestaltung ihrer Arbeitszeit interessiert /12/.

Die Lösung dieses Zielkonfliktes kann nur in einem Kompromiß unter Berücksichtigung der Einzelinteressen bestehen. Das Problem muß allerdings auch vor dem Hintergrund steigender Kapitalkosten moderner Fertigungssysteme gesehen werden. So ist die durchschnittliche Kapitalausstattung je Arbeitsplatz in der deutschen Metall- und Elektroindustrie im Zeitraum von 1970 bis 1988 von 31.000 auf 120.000 DM gestiegen und hat sich damit fast vervierfacht /13/.

Wegen der hohen Kapitalkosten flexibler Fertigungssysteme ist aus wirtschaftlichen Gründen eine hohe Auslastung der Anlagen unverzichtbar. Zur gleichzeitigen Verwirklichung des Zieles einer humanorientierten Gestaltung des Arbeitsablaufs ist damit eine Entkopplung der Personalarbeitszeit von der Maschinenlaufzeit erforderlich.

Der Interessenkonflikt zwischen der unternehmerischen und der arbeitnehmerbezogenen Sichtweise läßt sich nur durch eine Kompromißlösung beseitigen. Dieser notwendige Kompromiß ist durch ein modernes Arbeitszeitmanagement zu erreichen, das alle Möglichkeiten einer zukunftsweisenden Arbeitszeitflexibilisierung nutzen sollte /14/.

Insgesamt zeichnen sich für die Zukunft die folgenden Entwicklungen ab:

- Arbeitszeitverkürzung,
- Arbeitszeitdifferenzierung sowie
- Arbeitszeitflexibilität.

Für das operative Personal bedeutet dies eine Verkürzung der Wochenarbeitszeit, ohne daß dadurch jedoch die Maschinenlaufzeit verkürzt werden wird. Vielmehr kann eine Sicherung der Maschinenlaufzeit durch flexiblere Personaleinsatzpläne erreicht werden. Dabei ist eine Verteilung der Wochenarbeitszeit auf weniger Wochenarbeitstage denkbar. Die Verantwortung für die Organisation dieser Einsatzpläne könnte an das Systemteam delegiert werden.

Ein weiterer Trend ist in der größeren Differenzierung der Arbeitszeit zu sehen. Dabei sind in der näheren Zukunft unterschiedliche Wochenarbeitszeiten für das dispositive und das operative Personal durchaus möglich. Im Rahmen einer zunehmenden Arbeitszeitflexibilisierung werden zukünftig insgesamt die individuellen Arbeitszeitregelungen ein stärkeres Gewicht erhalten. Dabei ist eine Flexibilität sowohl der Arbeits- als auch der Betriebszeit möglich. Insbesondere sollte ein Arbeitszeitabgleich über einen längeren Zeitraum, d.h. über mehrere Monate möglich sein. Eine solche Flexibilität liegt sowohl im Interesse des

"Lebendes System"

Bewertung → **Personal**

Kostenarten

- Mensch bestimmt Systemerfolg
- Entlohnungssystem mit leistungs- und qualifikationsbezogenen Anreizen
- Verantwortung und Kompetenz für Systempersonal

zukünftig

- Systemflexibilität auch zum Vorteil des Menschen einsetzen

Frei-Schichten

Wochen

wirtschaftlicher und sozialverträglicher Betrieb

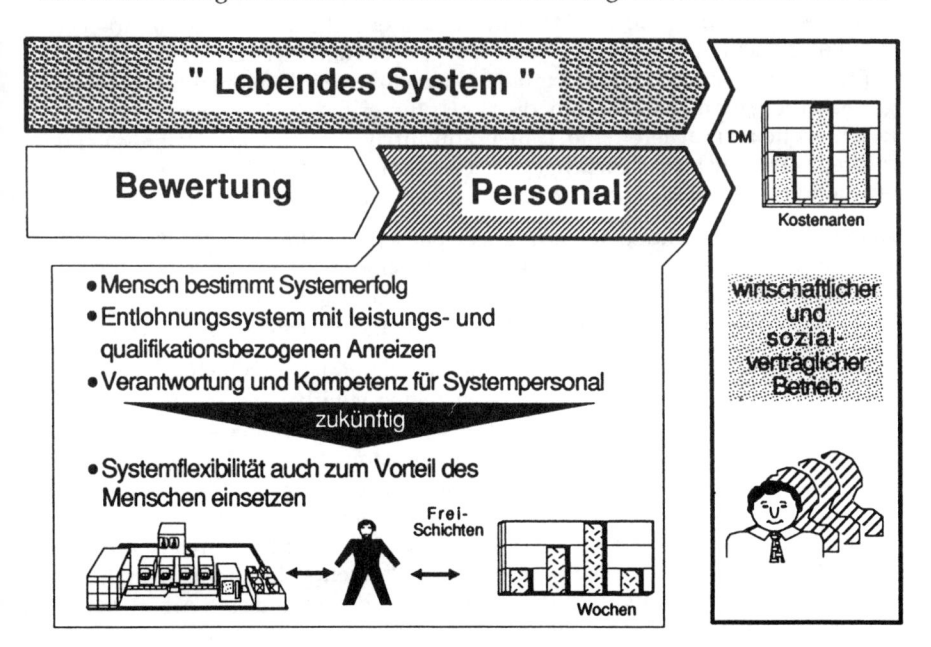

<u>Bild 17:</u> **Fazit Personal**

Unternehmens als auch der einzelnen Mitarbeiter und muß vor dem Hintergrund spezifischer Einzelfälle zwischen Unternehmensleitung und Betriebsrat gemeinsam definiert werden.

Die dargestellten Maßnahmen müssen mit der Zielsetzung getroffen werden, daß das Systemteam durch seine Qualifikation und Motivation zum wirtschaftlichen Erfolg des Systemeinsatzes beiträgt. Dazu ist einerseits ein Entlohnungssystem mit leistungs- und qualifikationsbezogenen Anreizen zu schaffen und andererseits die Delegation von Verantwortung und Kompetenz für das Systempersonal vorzunehmen **(Bild 17)**. Damit kann die vorgehaltene Systemflexibilität nicht nur im Sinne eines wirtschaftlichen, sondern auch eines sozialverträglichen Betriebs und damit zum Vorteil der Mitarbeiter eingesetzt werden.

4. Zusammenfassung und Ausblick

Flexible Produktionssysteme sind "Lebende Systeme", die während ihrer mehrjährigen Nutzungsdauer bedingt durch Veränderungen im Produktionsprogramm einer ständigen Anpassung der Anlagenkonfiguration unterworfen werden müssen. Unter dem Begriff der Revisionsfähigkeit flexibler Produktionssysteme wird die Bewertung des Systemerfolgs verstanden. Mit dem Nachweis des Erfolgs der einzelnen Systemkomponenten werden kurzfristige Anpassungen der Anlagenkonfiguration möglich.

Zur Sicherstellung dieser Revisionsfähigkeit bildet die funktional-differenzierte Kostenrechnung das Instrumentarium, mit dessen Hilfe die zu verändernden Systemkomponenten einer bestehenden Anlage systematisch beurteilt werden können. In diesem Sinne lassen sich mit der differenzierten Kostenrechnung diejenigen Komponenten identifizieren, die zur Optimierung der bestehenden Systemkonfiguration zu variieren sind. Dabei kann auf die vorhandenen Datenbestände in integrierten Systemen zurückgegriffen werden, ohne daß die Kostenrechnung aufgrund der sich dabei bietenden Möglichkeiten zum Selbstzweck werden darf.

Der wirtschaftliche und sozialverträgliche Betrieb eines flexiblen Produktionssystems muß zum einen durch die konsequente Nutzung der vorhandenen Potentiale zur Anpassung einer existierenden Systemkonfiguration und zum anderen durch die humanorientierte Gestaltung des Arbeitsablaufs sichergestellt werden.

Der scheinbare Interessenkonflikt, der sich aus der unterschiedlichen Sichtweise auf das System aus der Perspektive des einzelnen Mitarbeiters einerseits und der Unternehmensleitung andererseits ergibt, muß durch geeignete arbeitsorganisatorische Maßnahmen beseitigt werden. Der genannte Konflikt läßt sich mit zwei aufeinander treffenden Strömungen vergleichen **(Bild 18)**. Während dabei aus Sicht des Systempersonals die Arbeitszufriedenheit in erster Linie angestrebt wird, ist aus Sicht der Entscheidungsverantwortlichen der nachzuweisende Produktionserfolg vorrangig. Die Lösung dieser Problemstellung muß durch eine entsprechende Arbeitsorganisation erfolgen, die die angestrebte Arbeitszufriedenheit und den erwarteten Produktionserfolg zielkonform an der Wirtschaftlichkeit und der Sozialverträglichkeit des Betriebs ausrichtet.

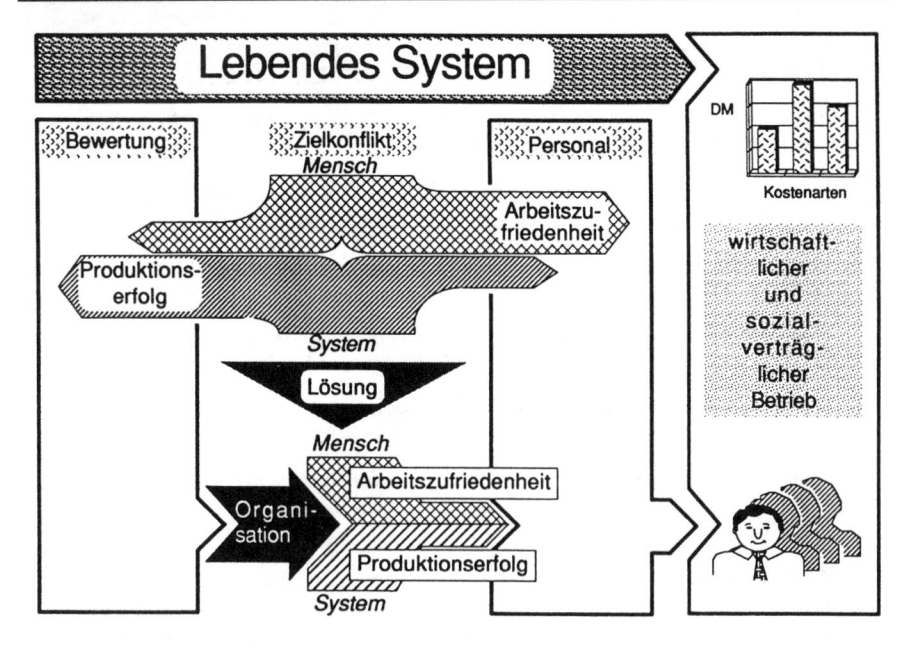

Bild 18: Zusammenfassung

Schrifttum

1. N.N.: Studie über den Einsatz flexibler Fertigungssysteme, Fritz Werner, Berlin erstellt von der Boston Consulting Group, Düsseldorf, 1989

2. Eversheim, W.; Schmitz-Mertens, H.-J.; Wiegershaus, U.; Organisatorische Integration flexibler Fertigungssysteme in konventionelle Werkstattstrukturen, VDI-Z 131 (1989) Nr. 8, S. 76-78

3. Autorenkollektiv; Integrierte Fertigungs- und Montagesysteme, in Produktionstechnik auf dem Weg zu integrierten Systemen, VDI-Verlag, Düsseldorf, 1987

4. Eversheim, W.; Schönheit, M.; Kostenstrukturveränderungen flexibler Fertigung, VDI-Z 131 (1989) Nr. 7, S. 64-68

5. Junghanns, W.: Wirtschaftlichkeitsbetrachtungen bei realisierten flexiblen Fertigungssystemen, in: Flexible Fertigungssysteme im Brennpunkt integrierter Produktionstechnik, Seminarunterlagen vom 7./ 8. 2. 1990, WZL Aachen

6. Schönheit, M.: Realisierung rechnergestützter Hilfsmittel zur Wirtschaftlichkeitsrechnung, in: Flexible Fertigungssysteme im Brennpunkt integrierter Produktionstechnik, Seminarunterlagen vom 7./ 8. 2. 1990, WZL Aachen

7. Süthoff, M.; Grenda, S.; Henning, K.: Sozialverträgliche Gestaltung von Automatisierungsvorhaben in der Praxis, VDI-Z 131 (1989) Nr.11, S.36-49

8. Eidenmüller, B.: Auswirkungen neuer Technologien auf die Arbeitsorganisation, FB/IE 36 (1987) Nr.1, S.4-8

9. Willenbacher, K.: Motivationswirkung leistungsbezogener Entgeltsysteme in Gegenwart und Zukunft, Heider Verlag, Bergisch Gladbach, 1989

10. Fuhrmann, K-W.; Heisterkamp, H.; Schröter, K.: Arbeitsgestaltung und Lohndifferenzierung, Beuth Verlag, Berlin, 1984

11. Günther, H.-O.: Personalkapazitätsplanung und Arbeitszeitflexibilisierung in: Integration und Flexibilität S. 303-334 Gabler Verlag, Wiesbaden, 1990

12. Ley, K.; Saxenhofer, P.: Das Bedürfnis nach flexibler Arbeitszeit wächst, Managementzeitschrift 56 (1987) Nr.11, S.521- 524

13. N.N.: Mensch und Arbeit, Gemeinsame Interessen von Mitarbeitern und Unternehmen in einer sich wandelnden Arbeitswelt, Edition agrippa, Köln, 1989

14. Willenbacher, K.: Notwendigkeit des flexiblen Arbeitseinsatzes und der daraus resultierenden Fragen der Arbeitszeitgestaltung und Entlohnung, Flexible Arbeitszeitmodelle und Entlohnungssysteme, Deutsches IE- Jahrbuch 1988

Mitglieder der Arbeitsgruppe für den Vortrag 1.4
Dr.-Ing. H.-W. Butz, Ferd. Rüesch AG
Prof. Dr.-Ing. Dipl.-Wirt. Ing. W. Eversheim, WZL, RWTH Aachen
Dr.-Ing. W. Junghanns, Gebr. Heller Maschinenfabrik GmbH
Dr. K.-J. Kinzius, Mannesmann Demag AG
Dipl.-Ing. Dipl.-Wirt. Ing. F. Köhne, BMW AG
Prof. Dr.-Ing. J. Milberg, Institut für Werkzeugmaschinen und Betriebswissenschaften
Ferdinand Rüesch, Ferd. Rüesch AG
Dr.-Ing. B. Schaible, BMW AG
Dipl.-Ing. M. Schönheit, WZL, RWTH Aachen
Dr.-Ing. Dipl.-Wirt. Ing. G. Schuh, WZL, RWTH Aachen
Dipl.-Ing. Dipl.-Wirt. Ing. E. Steinfatt, IPT, Aachen
Dr.-Ing. B. Viehweger, Werner und Kolb Werkzeugmaschinen GmbH
Prof. Dr.-Ing. E. Westkämper, Institut für Werkzeugmaschinen und Fertigungstechnik
Dipl.-Ing. U. Wiegershaus, WZL, RWTH Aachen

2. Produktionstechnologien anspruchsvoller nutzen

2.1 Fertigungssicherheit und -qualität durch "intelligente Technologien"

2.2 Leistungssteigerung von Werkzeugen

2.3 Bearbeitungspotentiale durch werkstoffgerechte Prozeßgestaltung

2.4 Fertigung in umwelttechnischer Verantwortung

2.1 Fertigungssicherheit und -qualität durch "Intelligente Technologien"

Gliederung:
1. Definition
2. Gewinnung und Nutzung von Prozeßinformationen
3. Strategien zur Prozeßüberwachung
4. Technologisches Know-how in der Prozeßregelung
5. Technologiemodule in der rechnergestützten Prozeßauslegung
6. Ausblick

Kurzfassung:

Fertigungssicherheit und -qualität durch "Intelligente Technologien"

Die Auslegung und Führung hochentwickelter und anspruchsvoller Fertigungsprozesse basiert nach wie vor auf Erfahrungswissen und empirischen Methoden. Damit verbunden ist eine zumeist sehr zeit- und kostenintensive Vorgehensweise, die nicht zwangsläufig eine optimale Prozeßgestaltung zur Folge hat. Ziel zukünftiger Entwicklungen muß einerseits die Bereitstellung und andererseits die problemlose Verfügbarkeit des notwendigen technologischen Know-hows in allen betroffenen Bereichen der Prozeßgestaltung sein.

In einer Analyse des Ist-Zustandes werden Beispiele für bestehende Ansätze von Technologiemodulen bei der Prozeßauslegung sowie der Prozeßüberwachung, -steuerung und -regelung vorgestellt. Diese Technologiemodule umfassen die steuernde Einwirkung von a-priori-Wissen und verarbeiten aktuelle Daten zur Optimierung der Prozeßführung. Sie schließen die rechnergestützte Prozeßauslegung mit ein, die bereits auf der Planungsebene technologisches Wissen berücksichtigt.

Auf diese Weise nutzen intelligente Technologien bestehendes Wissen sowie aus dem Prozeß gewonnene Signale zur Steigerung der Prozeßsicherheit und -qualität.

Abstract:

Production Reliability and Quality through "Intelligent Technologies"

Design and control of highly-sophisticated, demanding production processes continue to be based on empirical knowledge and methods. These are generally associated with extremely time- and cost-intensive procedures, which do not inevitably result in an optimum process design. The objective of future developments must be both to provide the necessary technical know-how for all relevant areas of process design and to ensure its easy availability.

In an analysis of the current situation, examples of existing approaches to technology modules for process design, monitoring and control are presented. These technology modules, embodying the controlling influence of a priori knowledge, process current data to optimize process control. They also include computer-aided process design, integrating technological information even at the planning stage.

Intelligent technologies of this kind exploit existing knowledge and signals logged from the process to increase process reliability and quality.

1. Definition

Die Verbesserung der Fertigungsqualität und -sicherheit erfordert immer weiter gefaßte Maßnahmen bei der Optimierung der Fertigungsprozesse. Reichte zunächst das handwerkliche Geschick des Maschinenbedieners aus, durch ausreichende Fertigungssicherheit eine hohe Produktqualität zu erzeugen, so bedingt der steigende Automatisierungsgrad verbunden mit kürzeren Bearbeitungszeiten eine gesteigerte Fertigungssicherheit und damit den Einsatz von Sensoren zur Prozeßüberwachung. Darüber hinaus werden zur Bearbeitung komplexer Bauteile neue Strategien notwendig, die einerseits die geregelte Nachführung von Prozeßstellgrößen fordern, aber auch über die bisherige Anwendung hinaus die Berücksichtigung technologischen Wissens bei der Prozeßgestaltung unabdingbar machen.

In den meisten Anwendungsfällen erfolgt heute die Prozeßauslegung und -führung in einer hierarchischen Abfolge nach konventionellen Regeln, **Bild 1**.

Ausgehend von der in der Produktplanung definierten Bearbeitungsaufgabe wird das NC-Programm erstellt und gemäß den in der Verfahrensentwicklung ermittelten Werten die Prozeßstellgrößen vorgegeben. Bei Serienteilen erfolgt in der Regel eine Überprüfung und Anpassung der Bearbeitungsparameter an Musterbauteilen. Zeigt dennoch die der Bearbeitung nachfolgende Qualitätsüberprüfung ungenügende Ergebnisse, findet eine Prozeßoptimierung im sogenannten "kleinen Regelkreis" statt. Die Fertigung verbessert die vorgegebene

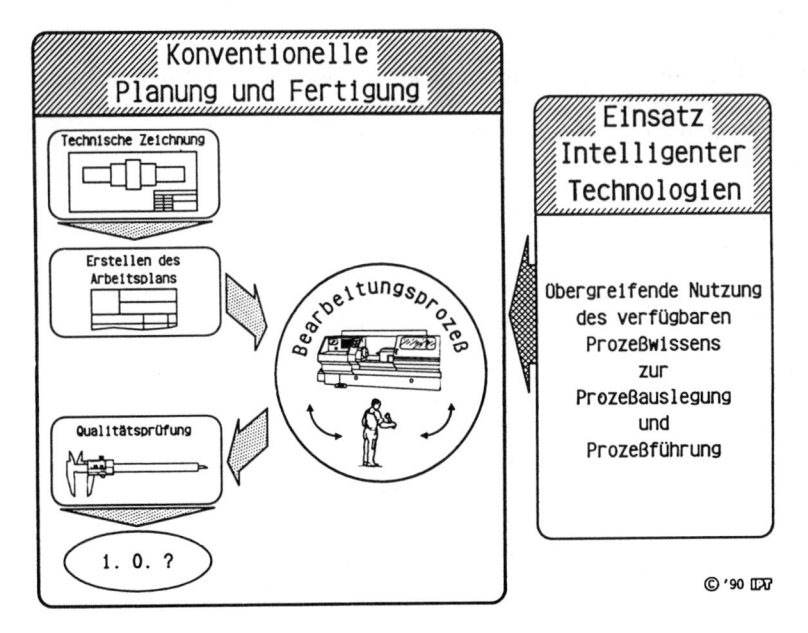

Bild 1: Definition "Intelligente Technologien"

Prozeßauslegung anhand der von der Qualitätsprüfung zurückgemeldeten Werkstückdaten, überwiegend mit Rückgriff auf die eigene Fertigungserfahrung. Eine organisierte Aktualisierung der Prozeßauslegungskriterien und -methoden in der Arbeitsvorbereitung und Konstruktion unter Rückgriff auf Daten der Qualitätssicherung oder der Erfahrung des Maschinenbedieners ("großer Regelkreis") findet i.a. nicht statt.

Werden nun in diesem Zusammenhang für eine Technologie die Informationen über den Prozeß übergreifend auf allen Ebenen des Betriebes von der Prozeßauslegung bis hin zur operativen Ebene einschließlich der Qualitätssicherung zugänglich und unter den jeweiligen Gesichtspunkten auswertbar, so liegt eine "Intelligente Technologie" vor. Kennzeichnend dabei ist es, daß über die organisierte Erfassung und Verarbeitung des Wissens auch Informationsreserven im Betrieb aufgedeckt werden, die bei der konventionellen Methodik der Prozeßauslegung und -führung bisher ungenutzt waren. Intelligente Technologien ermöglichen somit die Einbindung des Wissens über das Prozeßverhalten zur Überwachung, Steuerung oder Regelung des Prozesses auf der operativen Ebene. Darüber hinaus bieten sie Unterstützung in der Prozeßauslegung und -planung. Übergeordnetes Ziel muß die Verknüpfung der operativen und planenden Ebene sein, um aktuelles Wissen über die prozeßtechnologischen Zusammenhänge in einem Regelkreis zur Erhöhung der Prozeßsicherheit und -qualität einzusetzen.

2. Gewinnung und Nutzung von Prozeßinformationen

Zur Lösung einer Bearbeitungsaufgabe wird möglichst auf vorhandenes Wissen über den zu bearbeitenden Werkstoff und den Prozeß zurückgegriffen. Liegen ungenügende Informationen vor, so erfolgt eine Verfahrensentwicklung zur Optimierung des Bearbeitungsprozesses. Unter Rückgriff auf die Werkstoffdaten und durch Berücksichtigung der Werkstückgeometrie werden mit experimentellen und/oder theoretischen Untersuchungen die erforderlichen Prozeßparameter bestimmt.

Somit steht, wie in **Bild 2** aufgezeigt, zur Durchführung des Bearbeitungsprozesses eine Wissensbasis zur Verfügung, die werkstoff- und werkstückbezogene Angaben ebenso wie prozeßtechnologisches Know-How beinhaltet. Dieses Prozeßwissen bezieht sich auf die Werkzeugwahl, die erforderlichen Zusatz- und Hilfseinrichtungen, die Prozeßstellgrößen für die Werkzeugmaschinen und gegebenenfalls notwendige periphere Einrichtungen. Darüber hinaus zählt zum Prozeßwissen die Strategie der Prozeßführung sowie die Prüfdaten, sowohl zur Beurteilung des Prozeßverlaufs als auch als Referenzwerte zur Überprüfung der Bearbeitungsergebnisse. In das Wissen um die optimale Prozeßgestaltung fließen zusätzlich die Aspekte der mit dem Prozeß verbundenen Kosten mit ein, die verantwortlich für die Wirtschaftlichkeit des Prozesses sind /1/.

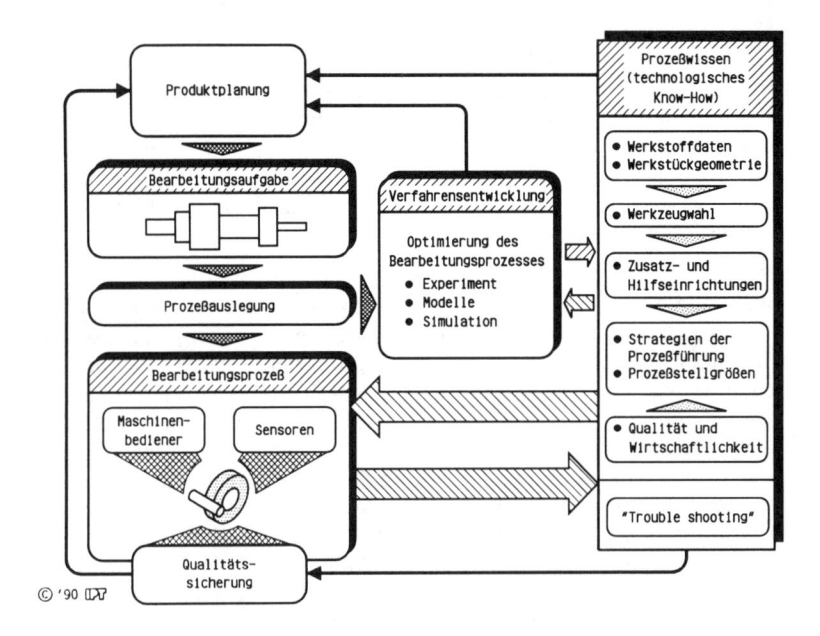

Bild 2: Quellen des technologischen Prozeßwissens (nach: Bosch)

Neben der Ergänzung der Wissensbasis durch die Verfahrensentwicklung hinsichtlich Neuentwicklungen bzw. zur Optimierung von Bearbeitungsprozessen, läßt sich das Prozeßwissen auch aus dem Produktionsbereich, beispielsweise durch die Bearbeitungsparameter modifizierter oder ähnlicher Werkstücke, kontinuierlich ergänzen. Diese Aktualisierung des technologischen Wissens ist vor allem vor dem Hintergrund erforderlich, daß zunehmend im Rahmen der Produktplanung und Qualitätssicherung auf diese prozeßtechnologischen Daten zurückgegriffen wird. Hierzu sind gegebenenfalls die Prozeßstellgrößen bzw. die Sensorsignale in zugeschnittenen, abgeleiteten Kenngrößen zusammenzufassen. Auf diese Weise wird es möglich, die jeweiligen Aspekte, beispielsweise der Produktplanung im Hinblick auf die Wirtschaftlichkeit oder der Qualitätssicherung bezüglich der Prozeßsicherheit, herauszuarbeiten und sowohl im Vorfeld der Fertigung als auch prozeßbegleitend zu nutzen.

Wie in **Bild 3** dargestellt, wird in der einfachsten Stufe auf der Planungsebene zur Prozeßauslegung eine Erfahrungsdatenbank herangezogen, die ebenso über Informationen zu Prozeßstellgrößen wie zur Strategie der Prozeßführung verfügt. In einer weiteren Entwicklungsstufe werden algorithmierbare Regeln und Richtlinien zur Auswertung der Technologiedaten eingesetzt, um aufbauend auf bekannten Untersuchungsergebnissen neue ähnliche Aufgabenstellungen bearbeiten zu können. Empirische und physikalische Prozeßmodelle werden hinzugezogen, wenn die vorliegenden Untersuchungen und Bearbeitungsbeispiele nicht ausreichen, um die Prozeßstellgrößen herzuleiten. Der Wert hinreichend genauer Prozeßmodelle und Simulationstechniken liegt darin, daß sich ändernde Einflüsse der Eingangsparameter oder des Systemverhaltens auf den Prozeßverlauf und das Bearbeitungsergebnis ohne experimentellen Aufwand untersuchen lassen. Zukünftig werden Expertensysteme über die algorithmierbaren Regeln und Richtlinien sowie über die Modellbildungen hinaus auch "unsicheres" Prozeßwissen bei der Entscheidungsfindung zur Lösung der Bearbeitungsaufgabe berücksichtigen.

Während die rechnerunterstützte Generierung der Bauteilzeichnungen in CAD-Systemen nunmehr zum Stand der Technik zählen, werden die Möglichkeiten rechnerunterstützter Systeme im Rahmen der Fertigung bei weitem noch nicht ausgeschöpft. In der einfachsten Form der Nutzung von Prozeßwissen dienen auf der operativen Ebene dem Maschinenbediener typische Merkmale, die visuell oder akustisch erfaßt werden, zur Beurteilung des Prozeßverlaufs. Unterstützt wird diese auf Erfahrung beruhende Überwachung durch Sensoren, deren Ausgangssignale mittelbar oder unmittelbar durch Zusammenfassung unterschiedlicher Sensorsignale oder Kopplung mit Prozeßstellgrößen verfahrensspezifische Kenngrößen bilden. Hierbei wird bekanntes, technologisches Wissen dazu benutzt, die Notwendigkeit der Korrektur von Prozeßstellgrößen zu signalisieren oder den Prozeß abzuschalten. Zur Überwachung des Prozeßverlaufes werden die Kenngrößen mit Referenzwerten verglichen; bei Überschreiten eines vorgegebenen Grenzwertes erfolgt in der Regel eine Unterbrechung des Programmablaufes. Bei der Steuerung des Prozes-

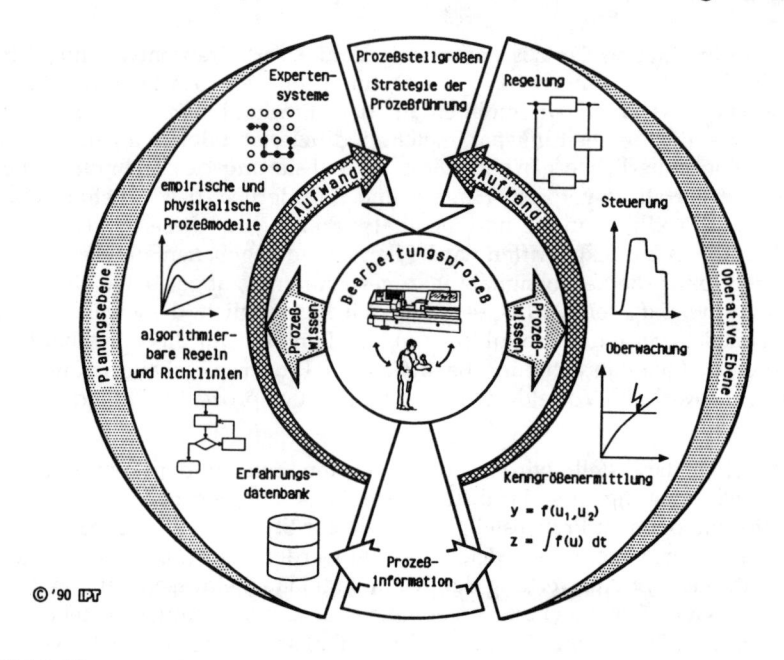

Bild 3: Nutzung des Prozeßwissens in planender und operativer Ebene

ses erfolgt die Einstellung der Prozeßstellgrößen gemäß der zugeordneten Kenngröße, während zur Prozeßregelung die zu regelnden Größen entsprechend der gemessenen Prozeßinformation nachgeführt werden. Damit stellt die Prozeßregelung das erklärte Ziel der Prozeßführung auf der operativen Ebene dar.

Planende und operative Ebene nutzen somit das sensoriell erfaßte Prozeßwissen, um verfahrensabhängig aktualisierte, und damit zugleich auch optimierte, Prozeßeingangsgrößen bereitzustellen. Die nach steigendem Aufwand geordnete Hierarchie der einzelnen Hilfsmittel zur Prozeßauslegung und -führung in Bild 3 bedeutet dabei jedoch nicht, daß zwangsläufig mit dem Einsatz intelligenterer Methodiken auch ein gesteigerter Nutzen verbunden ist. So läßt es sich durchaus vorstellen, daß durch eine einfache Überwachungsstrategie der Prozeß soweit beherrschbar wird, daß auf den Einsatz von Steuerungs- oder Regelalgorithmen verzichtet werden kann.

3. Strategien zur Prozeßüberwachung

Entscheidende Impulse für die sensorgestützte Überwachung des Fertigungsprozesses gab die zunehmende Durchdringung des Werkzeugmaschinenmarktes mit der modernen CNC-Technik. Die damit verbundene Leistungssteigerung der Maschinen sowie der immanente Zwang zur Rationalisierung führten einerseits zu einer immer stärkeren Abschottung der Maschine aus Umwelt- und Sicherheitsaspekten sowie andererseits zu einer starken Entkopplung des Maschinenbedieners vom unmittelbaren Bearbeitungsprozeß. In gleicher Weise werden an die Zuverlässigkeit des Prozesses aus Gründen der Wirtschaftlichkeit und Qualität immer höhere Ansprüche gestellt, so daß eine Überwachung des gesamten Fertigungsprozesses zur Elimination des Einflusses nie gänzlich vermeidbarer Störungen notwendig ist. Darüberhinaus wird diese Entwicklung dadurch verstärkt, daß der rationelle Einsatz der kostenintensiven Investitionsgüter zunehmend eine Mehrmaschinenbedienung oder sogar die mannarme 3. Schicht nach sich zieht.

Beispielhaft für die zerspanende Bearbeitung zeigt eine im Jahre 1989 in einem Betrieb der Automobil-Industrie durchgeführte Untersuchung, daß hier ca. 500 Sensor-Systeme zum Teil über einen Zeitraum von mehreren Jahren im Einsatz waren. Ca. 2/3 der Systeme dienten im vorliegenden Falle der Überwachung des Tiefbohrprozesses, jedoch mußte aus wirtschaftlichen und technischen Gründen (hoher Wartungsaufwand) auf einen weiteren Einsatz dieser älteren Systeme verzichtet werden.

Betrachtet man nun das verbleibende im Serieneinsatz befindliche Spektrum an Überwachungseinrichtungen, so zeigt **Bild 4** die typische prozentuale Verteilung von Sensorsystemen auf die einzelnen spangebenden Fertigungsverfahren für eine Automobilproduktion. Im Vergleich zur Dreh- und Bohrbearbeitung existieren für das Fräsen aufgrund der vielfach komplexeren Werk-

Anteile eingesetzter Sensorsysteme zur Überwachung von Zerspanprozessen

- 1 % Fräsen
- 35 % Bohren
- 57 % Drehen
- 7 % Bohren auf Mehrspl.-Drehmasch.

Datenbasis ca. 120 Systeme

Überwachte Kenngrößen:
- Kraft
- Strom
- Dehnung
- (Weg)

Bewertung des industriellen Einsatzes

- 25 % entfallen aus technischen Gründen
- 46 % voll funktionsfähig
- 13 % durch alternative Systeme zu ersetzen
- 16 % bedingt funktionsfähig

Einsatz der Systeme
- gerechtfertigt
- nicht gerechtfertigt

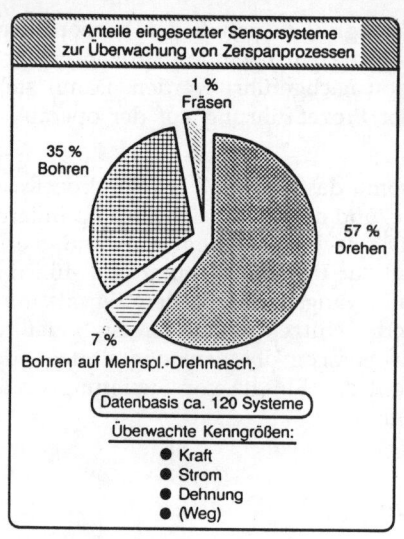

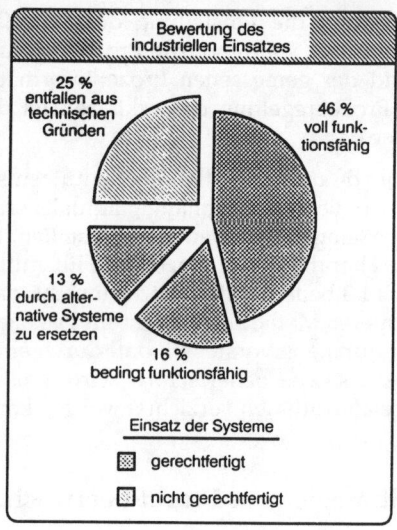

<u>Bild 4:</u> Beurteilung des industriellen Einsatzes von Sensorsystemen (nach: Mercedes-Benz)

zeug- und Werkstückgeometrie kaum industriell taugliche Systeme. Das komplizierte Zusammenwirken vielfältiger Einflußgrößen und der teilweise stark instationäre Prozeßverlauf erlaubte bisher auch keine zuverlässige Lösung für die Schleifbearbeitung. Empfindlichere Sensoren sowie neue Auswertestrategien zeigen jedoch neuerdings Wege zur Überwachung dieser Prozesse auf. Die bisher eingesetzten Systeme nutzen in der Hauptsache die Kenngrößen Kraft, Strom der Antriebe und Verlagerung als prozeßtechnische Kriterien, wobei die Anwendungen sich bisher auf Prozeßphasen oder -zustände beschränken, die wie die Schruppbearbeitung sowie Werkzeugbruch oder Kollision im Falle der Zerspanung mit prägnanten Pegeländerungen der Sensorsignale verbunden sind /2/.

Eine eingehende Analyse der Wirtschaftlichkeit dieser Systeme zeigte auf (Bild 4 rechts), daß bereits 75% der Einsatzfälle sich als wirtschaftlich gerechtfertigt erwiesen. Lediglich 62% aller Systeme erwiesen sich als voll funktionsfähig bzw. waren in betriebsbereitem Zustand. Ein weiteres Viertel aller Sensoren zeigt zum einen eine für die jeweilige Meßaufgabe weitestgehend unzureichende Auflösung hinsichtlich der zu überwachenden Kenngrößen. Beispielsweise führen Schlichtbearbeitung und die Zerspanung leicht bearbeitbarer Werkstoffe wie Aluminium zu vergleichsweise geringen absoluten Werten der Meßsignale sowie noch schwerer detektierbaren Veränderungen der Kenngrößen, so daß die eingesetzten Sensoren und Strategien keine verlässlichen Aussagen liefern. In der Folge können unzulässige Fehlalarme auftreten, die in nicht vertretbarer Weise die Nebenzeiten erhöhen und zu Kapazitätsverlusten führen. Darüber hinaus führen fehlende Anpaßmöglichkeiten an veränderte Prozeßrandbedingungen, die Alterung einzelner Systemkomponenten bzw. die Anfälligkeit der Detektoren, Anschlüsse und Elektronik dazu, daß auf einen weiteren Systemeinsatz verzichtet wurde. In diesem Zusammenhang dürfen hier auch nicht die Bedienoberflächen vieler Systeme unerwähnt bleiben, die aufgrund ihrer Komplexität zu Fehlbedienungen und -kalibrierungen führen, da der Benutzer überfordert wird. Dies wirkt sich negativ auf die Akzeptanz derartiger Überwachungen in der Produktion aus, welche jedoch durch geeignete Schulungsmaßnahmen deutlich verbessert werden kann.

Setzt man einen sachgerechten Einsatz leistungsfähiger Systeme indes voraus, so können sich diese allerdings in relativ kurzer Zeitdauer amortisieren, **Bild 5**. Am Beispiel einer Drehbearbeitung zeigt sich deutlich, daß allein die Einsparungen durch verhinderte Folgeschäden den jährlichen Zusatz-Aufwand für Abschreibung und Systemwartung um das Drei- bis Vierfache übersteigen. Außerdem deckt die kontinuierliche Prozeßbeobachtung und -dokumentation durch diese Systeme Rationalisierungsreserven auf, die nochmals deutlich zur schnellen Amortisation durch eine mögliche Mehrmaschinen-Bedienung beitragen. Gleichfalls fließt hier ein, daß sich durch die Überwachung die effektive Maschinen-Verfügbarkeit um rund 2% erhöhte. Interessant in diesem Zusammenhang ist es, daß entgegen der vielfach geäußerten Ansicht, nicht die Investitionskosten der Systeme den Hauptanteil des jährlichen finanziellen Aufwandes ausmachen, sondern rund 60% der Kosten durch die notwendige laufende Betreuung verursacht werden /2/.

Dabei darf nicht außer acht gelassen werden, daß der Einsatz von Überwachungssystemen in der industriellen Produktion einer ständigen qualifizierten Betreuung durch adäquates Personal bedarf. Arbeiten wie

- Inbetriebnahme und Umrüstung
- Funktionskontrolle, Zuverlässigkeit

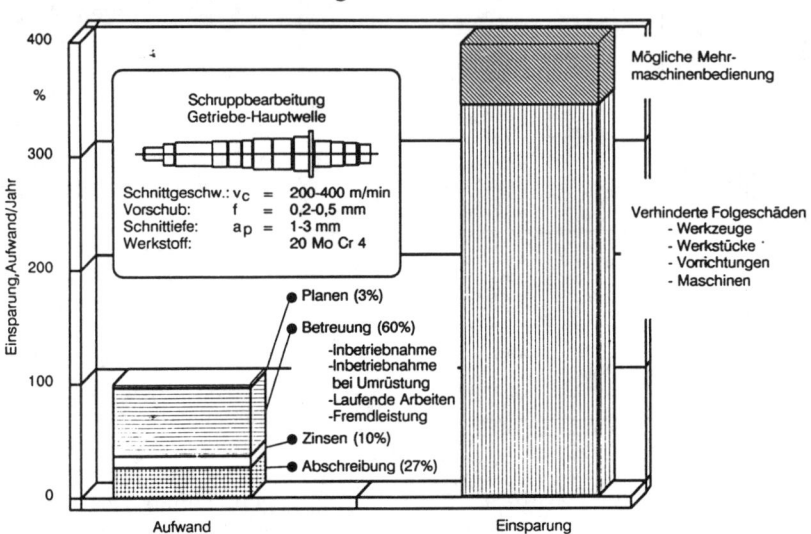

Bild 5: Amortisation einer Drehprozeß-Überwachung (nach: Mercedes-Benz)

- Signalüberprüfung, Geräteeinstellung
- Instandhaltung des Überwachungssystems

sind unbedingt erforderlich und müssen in den organisatorischen Ablauf des Unternehmens eingebunden werden. Gelingt es, die Zuverlässigkeit der Sensorsysteme weiter zu erhöhen, sowie diese noch stärker automatisierbar zu gestalten, wird der laufende Aufwand nochmals deutlich reduziert.

Entwicklungen in den letzten Jahren auf dem Gebiet der Sensor- und Mikroprozessortechnik ermöglichen heute robuste und wirtschaftliche Lösungen zur Prozeßabsicherung und -überwachung. Die Nullfehlerforderungen an die Produktqualität zwingen in zunehmendem Maße dazu, auftretende Fertigungsabweichungen am Entstehungsort, der Bearbeitungsstelle in der Maschine, durch Sensorsysteme zu erfassen und, als weiteren Schritt, korrigierend in den Maschinenzyklus einzugreifen.

Hierzu ist eine Verarbeitung der vom Sensor bereitgestellten Signale notwendig, die sich flexibel den variierenden Prozeßrandbedingungen anpaßt und eine zuverlässige Beurteilung des Prozeßverhaltens innerhalb der Standzeit des Werkzeuges erlaubt, **Bild 6.** Zunächst ist hierzu der Pegel des Sensor-Signales bei veränderten Prozeßstellgrößen in einem automatisch durchführbaren Teach-In-Zyklus so anzupassen, daß für die nachfolgende Auswertung wiederum standardisierte Bedingungen vorliegen. Systematische Fehler, wie z.B. ein thermisch bedingter Signaltrend oder ein unzulässiger Offset, werden im weiteren Ablauf der Signalaufbereitung kompensiert. Der Verbesserung des Stör/Nutzsignal-Verhältnisses dient auch die sich anschließende Elimination stochastischer Überlagerungen des Nutzsignales durch eine geeignete Signalvorbereitung (Filterung, Modulation). Hiermit sind auf diese Weise die Voraussetzungen geschaffen, um aus der vom Sensor bereitgestellten Informationsmenge spezielle Eigenschaften des Prozesses beschreibende Kenngrößen zu bestimmen. Diese Rückführung der

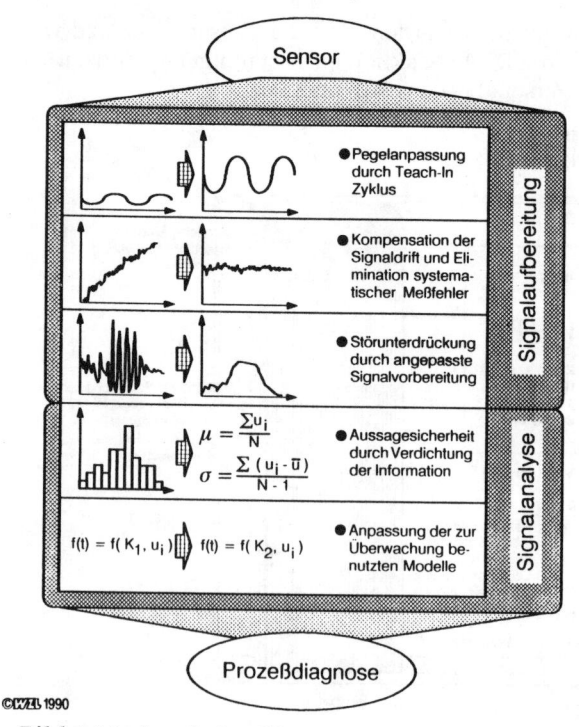

Bild 6: Merkmale intelligenter Strategien zur Prozeßüberwachung

Sensorsignale auf Kennwerte schafft durch die Informationsverdichtung eine statistisch abgesicherte Aussage und reduziert den Aufwand zur Datenverarbeitung, die in diesem Stadium i.a. digital erfolgt. Liegt der Strategie zudem ein Prozeßmodell zugrunde, daß das Prozeßverhalten meist nur näherungsweise beschreibt, so sollte diese ebenfalls in der Lage sein, die Modellparameter den aktuellen Prozeßbedingungen anzugleichen.

Die Leistungsfähigkeit einer intelligenten Verknüpfung von Sensortechnologie, Signalaufbereitung und Analysestrategie dokumentiert die Überwachung des Standzeitverhaltens von Bohrern kleiner Durchmesser (typ. d = 1-2 mm) auf Bearbeitungszentren, Bild 7. Die hierbei auftretenden Prozeßkräfte und Motorstromänderungen sind so gering, daß eine direkte Überwachung dieser Kenngrößen mit bekannten Technologien von vornhinein ausscheidet /3/.

Die indirekte Messung der Vorschubkraft durch Dehnungsaufnehmer ist zwar grundsätzlich ebenso durchführbar; jedoch kann nicht ausgeschlossen werden, daß selbst bei typgleichen Maschinen unterschiedliche Befestigungsorte für die Aufnehmer gewählt werden müssen, da nie zu vermeidende Streuungen in der Maschinenmontage zu unterschiedlichen lokalen Dehnungen auf der Maschinenoberfläche führen. Die jeweilige Bestimmung des optimalen Sensorortes ist dabei mit einem nicht unerheblichen Aufwand verbunden.

Diese Nachteile vermeidet die Messung der Dynamik des Zerspanprozesses mit Hilfe von Körperschallsensoren. Der Montageort ist unkritisch, da sich Schall im Stahl des Maschinengestells sehr gut fortpflanzt /4/.

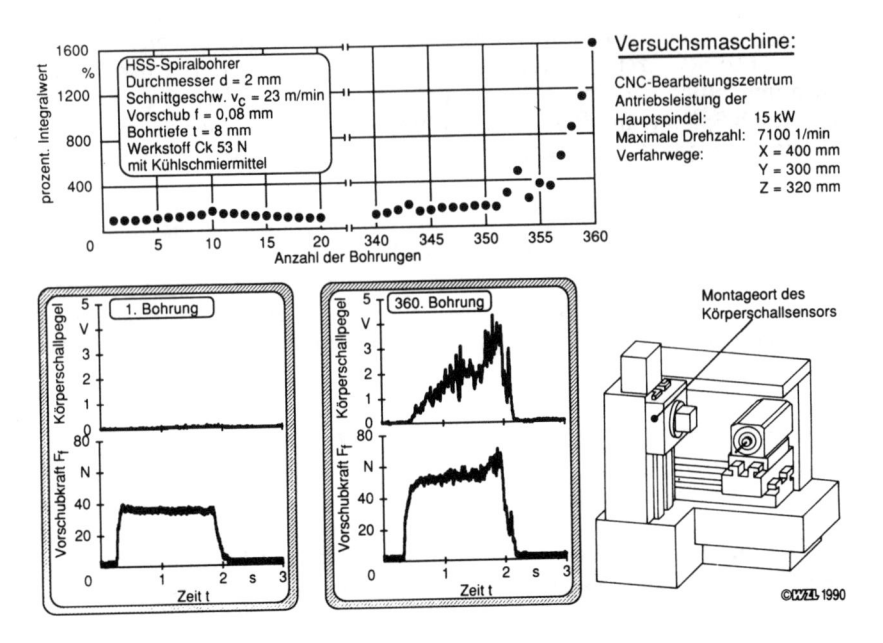

Bild 7: Standzeitüberwachung bei dünnen Spiralbohrern

Das Standzeitende kündigt sich bei HSS-Spiralbohrern durch intensive Torsionsschwingungen des Bohrers an. Die auftretenden Schwingungen führen zu einem Überschreiten der nominellen Schnittgeschwindigkeit um ein Vielfaches, so daß sich der Verschleißfortschritt beschleunigt. Das Erliegen des Bohrers erfolgt deshalb kurz nach dem erstmaligen Auftreten der Torsionsschwingungen.

Bild 7 zeigt den Montageort des Sensors am Vertikalschlitten eines Bearbeitungszentrums. Er ist dort hinter einem Verkleidungsblech montiert, so daß somit weder die Tischdrehung noch das Auswechseln der Paletten gestört werden /5/.

Das obere Diagramm zeigt die Ergebnisse der Auswertung des Körperschallsignales für Beginn und Ende einer Standzeit.

Zu Vergleichszwecken ist unter dem Körperschallsignal die Vorschubkraft dargestellt, die mit einer piezoelektrischen Dreikomponenten-Kraftmeßplattform unter dem Werkstück gemessen wird. Die rechte Bildhälfte zeigt die beiden Meßgrößen kurz vor dem Standzeitende; in der nächsten Bohrung bricht das Werkzeug. Deutlich ist im Körperschallsignal der Bereich der Vorschubbewegung zu erkennen. Der zugehörige Meßpunkt im oberen Diagramm weist gegenüber der ersten Bohrung einen Signalanstieg um das 16-fache auf, wohingegen sich die Vorschubkraft nur um das 1,5-fache erhöht.

Der steile und signifikante Anstieg des Körperschalls zum Standzeitende besitzt den Vorteil, daß Pegelschwankungen zwischen 100 % und 250 %, wie sie durch unterschiedliche Reflektionen an Werkstückkanten oder durch ungleichmäßige Werkstoffgefüge durchaus auftreten, sich nicht störend auswirken können. Die Standzeitüberwachung kann also mit großer statistischer Sicherheit durchgeführt werden. Falls der Bohrer nicht infolge von Verschleiß, sondern durch Spanklemmer oder das Auftreffen auf eine Hartstelle bricht, ist mit den Signalen des Körperschallsensors auch eine Brucherkennung durchführbar /6/.

Die eingangs erwähnte Problematik der Überwachung von Schlichtoperationen greift das im **Bild 8** erläuterte Beispiel für das Schaftfräsen auf. Auch hier dient das Körperschallsignal als hochempfindliche Meßgröße, da die benötigten Signaländerungen anderer Sensoren zu klein sind. Die maximale Verschleißmarkenbreite stellt in diesem Zusammenhang das Standzeitkriterium dar.

Über der Standzeit steigt der mit einem Hall-Sensor erfaßte Hauptspindelstrom ab dem 5. Überlauf nahezu linear an. Zum Standzeitende nimmt der Verschleiß progressiv zu; dabei sind keine signifikanten Veränderungen im Stromsignal mehr feststellbar. Außerdem zeigt es sich, daß die Auswertung des Hauptspindelstromes nur sehr schwer reproduzierbar ist. Die beobachteten Streuungen übertreffen dabei sogar die durch die Drehrichtungsumkehr des Fräsers bedingten Signalmodifikationen. Erschwerend kommt hinzu, daß das auswertbare Nutzsignal lediglich 10 % - 20 % des mit der Zeit variierenden Störsignales beträgt.

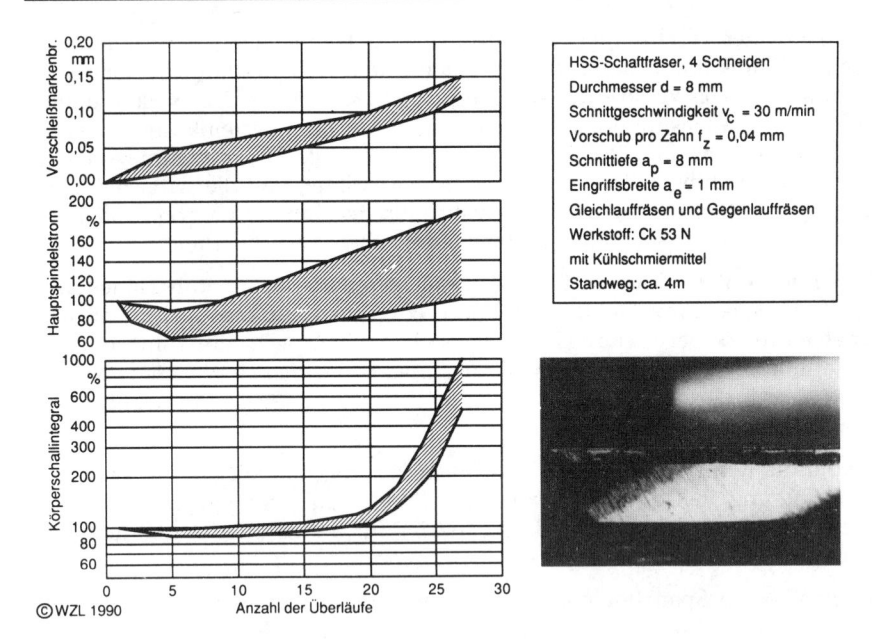

Bild 8: Überwachung der Schlichtbearbeitung beim Schaftfräsen

Die beschriebenen Nachteile weist hingegen das Körperschallsignal nicht auf. Die sehr hohe prozentuale Zunahme des Signales zum Standzeitende sowie eine sehr gute Reproduzierbarkeit zeigen deutlich die Eignung des Körperschalls zur Verschleißüberwachung beim Schaftfräsen. Ähnlich der Vorgehensweise in der Bohrbearbeitung ist auch hier die Bruchüberwachung problemlos durchführbar.

Chargenstreuungen des Werkstoffes, variierende Vorbearbeitung, Umwelteinflüsse u.a. führen in der Massenproduktion zu unterschiedlichem Prozeßverhalten, so daß ein im "Teach-In" Zyklus erlernter Signalverlauf nicht ohne weiteres durch Einsatz statischer Grenzschwellen überwacht werden kann. Die Überwachungseinheit muß in diesem Falle in der Lage sein, sich automatisch auf variierende Prozeßrandbedingungen einzustellen und trotzdem sicher etwaige Fehlfunktionen zu detektieren. Zur Lösung dieses Problems bieten sich dynamische Schwellen an, die sich selbständig der durch die Prozeßstreuungen verursachten Verlagerung des statischen Signalanteiles anpassen. **Bild 9** zeigt für den Fall einer Mehrmaschinen-Überwachung an einer Drehlinie für Guß- und Schmiedeteile die Leistungsfähigkeit dieses Ansatzes anhand einer Gegenüberstellung der Schadensbilanzen mit und ohne Kollisions- und Bruchüberwachung am Werkzeug. Hierbei treten im Normalfall ca. 1 Werkzeugbruch/Woche sowie ca. 1 Totalkollision mit großen Folgeschäden pro Quartal auf. Die Werkzeugüberwachung reduziert die Schadenskosten auf ca. 15% des ursprünglichen Wertes, wobei in dieser Kalkulation unvermeidliche Teilschäden, Fehlalarme sowie Schneidplattenbrüche berücksichtigt sind /7/. Wird in

Ergänzung der Werkzeugverschleiß über eine Trendanalyse kontrolliert, so lassen sich außerdem die Werkzeugkosten durch Ausnutzung der Standzeitstreuungen auf bis zu 40% des Ausgangswertes reduzieren. Der Kostenreduktion durch Schadensminimierung stehen dabei jährliche Systemkosten in Form von Abschreibung und Betreuung von ca. 20.000 DM/a gegenüber. Auch in diesem Anwendungsfall zeigte es sich immer wieder, daß die wirtschaftliche Nutzung von Sensorsystemen eine systematische Einbindung von Systembetreuung und Bedienerschulung in den betrieblichen Ablauf verlangt.

Werden teure Werkzeuge in Prozessen mit komplexer Bearbeitungskinematik eingesetzt, ist bei Prozeßfehlern mit hohen Folgekosten zu rechnen, so daß sich hier eine Prozeßüberwachung besonders anbietet. Beispielsweise führt im Falle der Zahnradfertigung eine Beschädigung einer Schneide des Werkzeuges oder ein Ausbruch der Schneidkante in der Regel dazu, daß das Werkzeug nicht mehr einsetzbar ist.

Obwohl die heute verwendeten Maschinen leistungsfähige CNC-Steuerungen zur Verfügung stellen, sind trotz der o.g Problematik, bedingt durch verfahrensspezifische Probleme, noch keine speziell für die Zahnradbearbeitung geeigneten Überwachungssysteme verfügbar.

So treten bei der Spanabnahme Werkzeug und Werkstück immer an mehreren Schneiden in mehreren zu fertigenden Zahnlücken gleichzeitig in Kontakt. Dieser Mehrflankeneingriff führt dazu, daß das gemessene Sensorsignal immer ein Summensignal mehrerer Schneiden darstellt. Stochastische Veränderungen der einzelnen Schneiden lassen sich daher nur schwer nachweisen. Darüber-

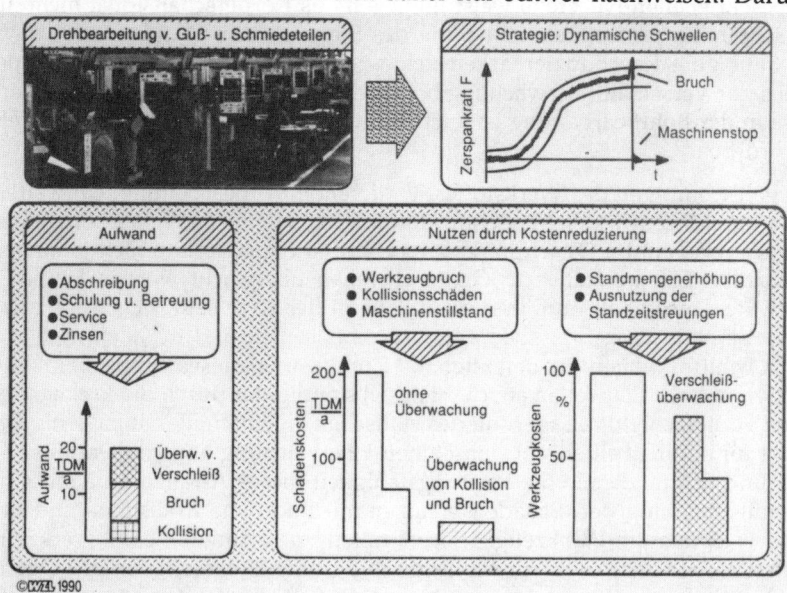

Bild 9: Wirtschaftliche Absicherung einer Drehlinie durch die Strategie der dynamischen Schwellen (nach: Prometec)

hinaus ist das Summensignal aufgrund der je nach Wälzstellung unterschiedlichen Eingriffsverhältnisse einer mit der Zahnteilung periodischen Modulation unterworfen. Die Spanabnahme selbst erfolgt im unterbrochenen Schnitt. Der impulsförmige Ein- und Austrittsstoß kann zu einer Schwingungsanregung der zwangsläufig "weichen" Meßkette führen /8/. Zudem wird die maximal übertragbare Dynamik dadurch eingeschränkt, daß alle Signale von rotierenden Systemen (Werkstück, Werkzeug) übertragen werden müssen.

Für die Verzahnverfahren bieten sich deshalb Überwachungslösungen an, die auf der Analyse der Zerspankräfte beruhen. Die senkrecht zur Schnittgeschwindigkeit und zur Schneidkante stehende Drangkraft erfährt die signifikanteste Änderung im Betrag und in ihrer Phasenlage durch Werkzeugbruch und Verschleißvorgänge /9, 10/.

Das Überwachungssystem muß die in ihren Komponenten am Werkrad erfaßte Drangkraft aus dem mit dem Werkrad rotierenden Kraftvektor-System in ein ortsfestes Vektorsystem umrechnen. Die sich anschließende Signalaufbereitung ermöglicht sodann die Auswertung der Ortskurve aus radialer und tangentialer Kraftkomponente (<u>Bild 10</u>). Diese Ortskurve verlagert sich durch die je nach Bearbeitung verschiedenartigen Verschleißformen an Werkzeug bzw. Schneidkante auf unterschiedliche Weise.

Im Beispiel führt der Verschleiß des Werkzeuges zu einer Verlagerung der Ortskurve zunächst in positiver Tangential- und Radialrichtung. Ein vor dem Standzeitende aufgetretener Werkzeugbruch resultiert in einer sprunghaften Verlagerung der Kurve außerhalb der hier gültigen Standzeitgrenzen.

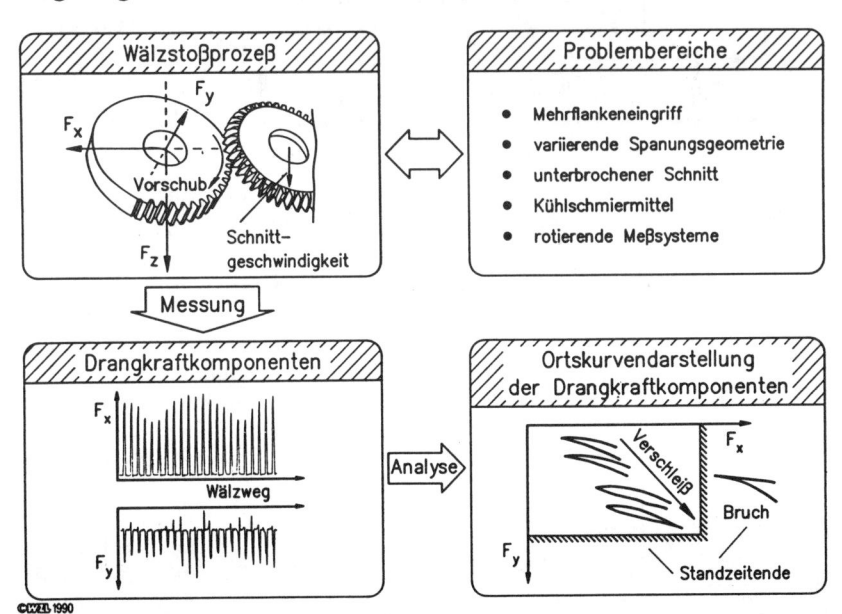

<u>Bild 10:</u> Wälzstoßen - ein Grenzfall bei der Prozeßüberwachung

Der Wälzstoßprozeß zeigt stellvertretend, daß die Überwachung von mehrschneidigen Werkzeugen in Verbindung mit komplexer Verfahrenskinematik problematisch ist. Ist zudem die Übertragung von Prozeßsignalen durch die Maschinengegebenheiten erschwert, kann, auch bei Einsatz entsprechender Rechnerleistungen, nur eine summarische Beurteilung des Prozeßverlaufes erfolgen.

Die in der Industrie zu beobachtenden Bemühungen, im Rahmen der "near-net-shape" Technologien zunehmend umformend-schneidende Bearbeitungsschritte in den Produktionsablauf zu integrieren, führten, ähnlich der Situation bei der spanabhebenden Bearbeitung, zu verstärkten Forderungen nach Überwachungsmöglichkeiten für diese Verfahren.

Die extrem kurzen Prozeßzeiten sowie die teilweise hohe Prozeßdynamik stellen dabei kritische Randbedingungen für zuverlässige Überwachungsstrategien hinsichtlich Werkzeugverschleiß dar.

Zuverlässige Strategien zur Überlastsicherung erschienen schon relativ frühzeitig am Markt. Derartige Systeme werten die bei Kollision von Matrize und Stempel entstehenden großen Kräfte zur Absicherung der Maschine aus.

Bild 11 zeigt einen speziellen Anwendungsfall für das Beispiel einer Mehrstufenpresse. Im Werkzeughalter, der insgesamt vier baugleiche Werkzeuge aufnimmt, sind in der Nähe des jeweiligen Werkzeuges, das aus Stempel und Auswerfer besteht, Meßdübel montiert, die auf Basis der Scherbeanspruchung von Piezoquarzen die Prozeßkräfte überwachen. Bruch des Stempels bzw. des Auswerfers führen ohne eine Überwachung zu nicht vertretbaren Folgeschäden im Verbund-Werkzeug. Die Veränderungen des Kraftverlaufes sind dabei in beiden Fällen beim Bruch derart atypisch, daß hier eine einfache Schwellwert-Überwachung zur Absicherung der Maschine ausreichend ist. Auf-

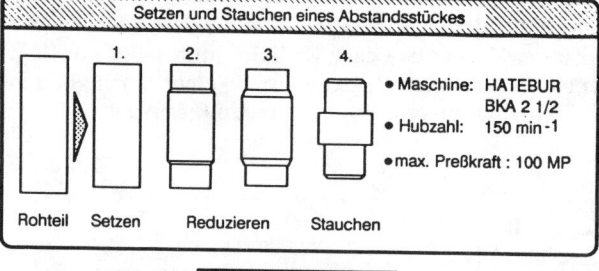

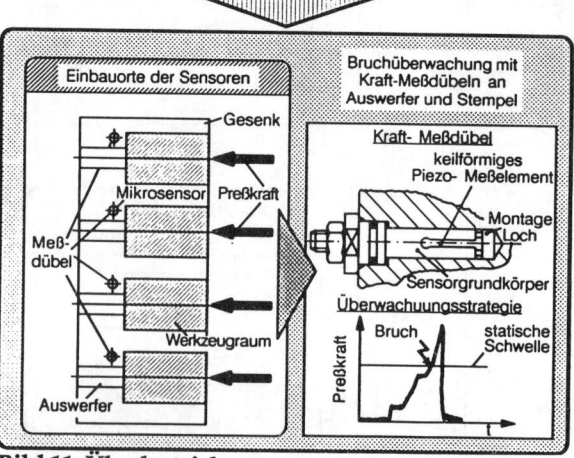

Bild 11: Überlastsicherung an einer Mehrstufenpresse durch Meßdübel (nach Fichtel & Sachs)

grund der einfachen Strategie kann dabei das Überwachungs-System nicht unterscheiden, welches der beiden Werkzeuge tatsächlich gebrochen ist /11, 12/.

Rechnergestützte Auswertestrategien in Verbindung mit moderner Sensorik erlauben es allerdings heute, bei spanlosen Fertigungsabläufen mit Verbundoperationen auch Rückschlüsse auf die erzielte Werkstückqualität zu ziehen. Dies sei am Beispiel des Feinschneidens erläutert, mit dem qualitativ hochwertige, gratarme Stanzteile großer Maß- und Formgenauigkeit und hoher Schnittflächengüte, d.h. riß- und bruchfreie Schnittflächen, hergestellt werden /13/.

Auch bei optimiertem Feinschneidprozeß ist mit stochastischen Fehlern aufgrund von Materialschwankungen, Schmierfehlern etc. zu rechnen. Auf der Basis prozeßnaher Kraft- und Körperschallmessungen mittels piezoelektrischer Sensoren im Werkzeug sind Kenngrößen ableitbar, anhand derer das Auftreten von Rissen an der Schnittfläche erkennbar ist. In der kombinierten Feinschneid- Durchsetzoperation, die in der industriellen Praxis häufig Verwendung findet, zeigt der Kraftverlauf Abhängigkeiten, die mit der Größe der Risse an äußeren und inneren Schnittflächen im Zusammenhang stehen und daher für die Rißerkennung nutzbar sind, __Bild 12__.

Das Differenzsignal aus "Gut-" und "Ist-" Signal des Kraftverlaufes hat keine einheitliche rißsignifikante Form, sondern wird erheblich durch andere prozeßbedingte Schwankungen beeinflußt, die nicht mit der Schnittflächenrißbildung zusammenhängen. Ein Schwellwert ist als rißsignifikante Grenze nicht ausreichend. Erst die Integration des Differenzsignals für einen Zeitbereich, in dem Rißbildung erwartet werden kann, zeigt eine deutliche Abhängigkeit mit

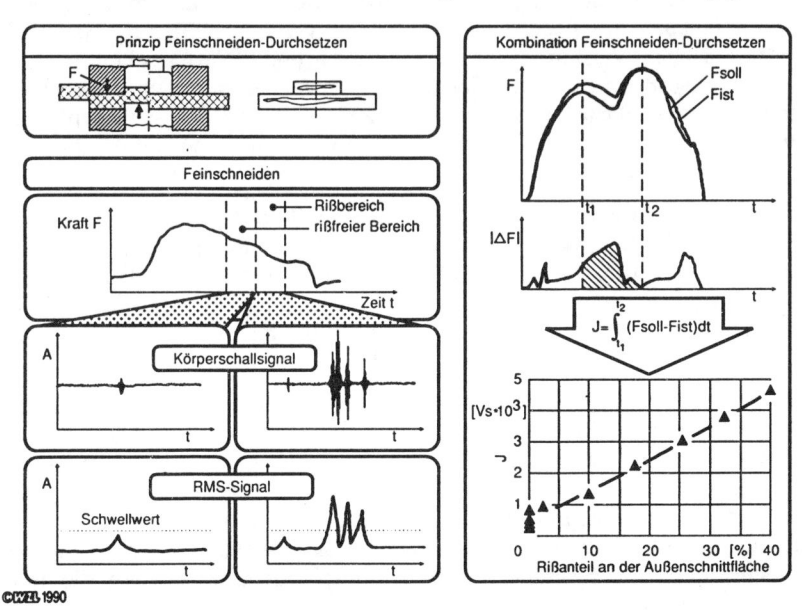

__Bild 12:__ Strategien zur Rißerkennung beim Feinschneiden

der Rißgröße. Als Maß hierfür läßt sich nur die Rißlänge mit ausreichender Genauigkeit messen. Diese kann jedoch als proportional zur Rißbreite angenommen werden, die in die Bestimmung des Glattschnittanteiles eingeht /14/.

Alternativ bzw. in Ergänzung zur Kraftmessung hat sich die Körperschallmessung als sinnvoller Weg zur Überwachung des Feinschneidprozesses erwiesen. Die Auswertung im Zeitbereich erfolgt mittels einer Amplitudendemodulation des angepaßten Körperschallsignals. Das resultierende Signal hebt den rißsignifikanten Bereich im Kraftsignal deutlich hervor.

Das Auftreten von Rissen erzeugt stochastische, auf Schmierfehler zurückzuführende Schnittflächenveränderungen, die bereits anhand einer Sichtprüfung erkennbar sind.

Hierbei reißt der Schmierfilm aufgrund der relativ großen Blechdicke stellenweise auf und es kommt zu lokalen Kaltverschweißungen des Blechwerkstoffes mit der Schneidmatrizenmantelfläche. Dies führt zu einer z.T. stark zerklüfteten Schnittfläche. Die damit verbundene Schallemission stellt sich zeitgleich im Körperschallsignal dar, wobei im Zeitbereich fehlersignifikante Veränderungen auftreten. Fertigungsstreuungen, die zu nicht tolerierbaren Qualitätseinbußen am Bauteil führen, lassen sich somit im Feinschneidprozeß trotz der kurzen Prozeßzeiten durch eine der Prozeßdynamik angepaßte Auswertestrategie erkennen.

Aber auch in innovativen Technologien, die sich durch eine vielfältige Anwendungsbreite auf dem Gebiet der Fertigungstechnik auszeichnen, werden bereits Komponenten der Prozeßüberwachung entwickelt und erprobt. Dies zeigt sich am Beispiel des Laserstrahl-Oberflächenveredelns, **Bild 13**. Hierbei sind die thermischen Verfahrensvarianten, die partielle Wärmebehandlung ohne Zusatzwerkstoff und die thermochemischen Verfahren zu unterscheiden. Im Gegensatz zum Härten oder Umschmelzen wird bei den thermochemischen Verfahren ein Zusatzwerkstoff zugeführt und damit eine neue Legierung in der Randschicht erzeugt /15/.

Obwohl sich gerade erst am Markt die ganze Palette möglicher Anwendungen diesen Verfahren eröffnet, haben sich schon einige Schwerpunkte der Prozeßüberwachung herauskristallisiert. Zuerst ist hier sicherlich das eigentliche Arbeitswerkzeug, der Laserstrahl, zu nennen. Es stehen mittlerweile Meßsysteme zur Verfügung, die on-line im freilaufenden Laserstrahl die Intensitätsverteilung erfassen und prozeßspezifisch bewerten.

Desweiteren ist die Zufuhr des Zusatzwerkstoffes von Interesse, da hierdurch maßgeblich die Veränderung in der Randschicht beeinflußt wird. Weiterhin stehen Methoden zur Verfügung, die Bearbeitungszone am Werkstück zu überwachen. Meßgröße ist hierbei primär die Oberflächentemperatur, außerdem korreliert die Ausbildung der Oberfläche mit dem Bearbeitungsergebnis. Für den Laborbetrieb stehen in diesem Zusammenhang auch schon berührungslos messende Systeme zur Verfügung, die beispielsweise die Einhärtungsgeometrie erfassen.

Dieses Beispiel zeigt, daß neben den im industriellen Alltagsbetrieb etablierten

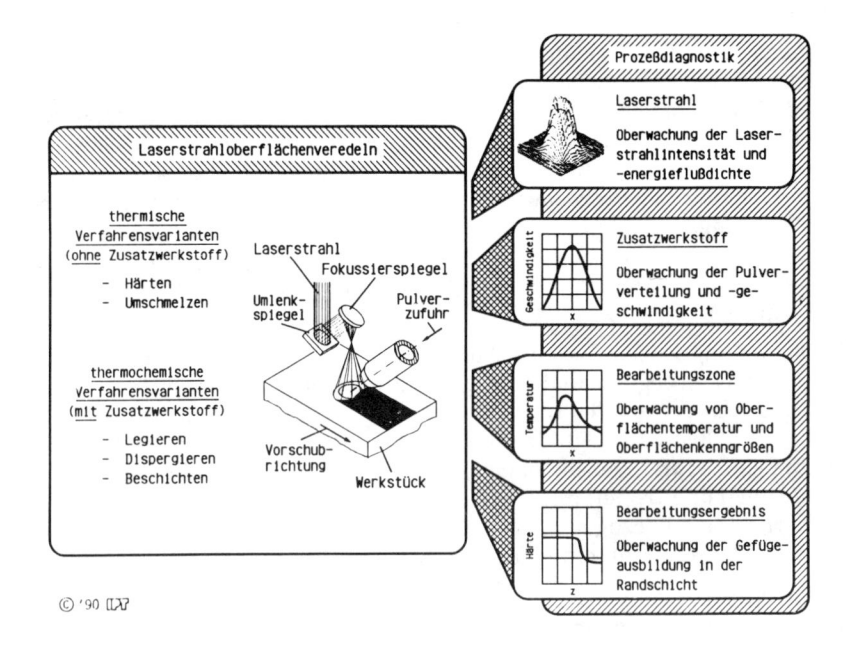

Bild 13: Überwachung bei der Lasermaterialbearbeitung

Fertigungsverfahren auch neue Fertigungsverfahren zur Gewährleistung eines zuverlässigen, automatisierten Produktionsablaufes nur mit Hilfe intelligenter Strategien zur Prozeßüberwachung den verschärften Qualitätsanforderungen an den Prozeß gerecht werden können.
Eine Überwachung kann indes nur sicherstellen, daß auftretende Prozeßentartungen erkannt, gemeldet bzw. im günstigsten Falle vermieden werden können. Die sensoriell erfaßten Prozeßinformationen eröffnen aber die Möglichkeit, steuernd oder in Form einer Rückkopplung regelnd den Prozeß zu beeinflussen, so daß schon in der operativen Ebene eine Optimierung des Prozeßverlaufes erreichbar ist.

4. Technologisches Know-How in der Prozeßregelung

Moderne CNC-Steuerungen stellen heute Rechnerleistungen und äußerst kurze Reaktionszeiten zur Verfügung, so daß die vorgegebene Prozeßauslegung mittels der von Sensoren erfaßten Signale durch steuerungsinterne Zyklen und Algorithmen den aktuellen Prozeßbedingungen anpaßbar ist. Somit lassen sich auftretende Störeinflüsse noch im aktuellen Bearbeitungszyklus anforderungsgerecht kompensieren.

Ein Beispiel für die Verknüpfung von an der Maschine erfaßbaren Sensorsignalen und der automatisierten Auswahl und Realisierung einer gesteuerten Prozeßführung liegt beim Außenrundschleifen vor /16/. Eine Zusatzsteuerung übernimmt hier in vordefinierten Prozeßphasen von der NC-Steuerung direkt die Prozeßsteuerung. Gemäß der Bearbeitungsaufgabe erfolgt zunächst eine modellgestützte Prozeßauslegung, **Bild 14**, aus der sodann eine geeignete Prozeßführungsvariante bestimmt wird. Während der folgenden Bearbeitung werden kontinuierlich Ein- und Ausgangsgrößen der Strecke "Werkzeug/Werkstück" erfaßt und im Anschluß an die Bearbeitung mit dem Sollverlauf verglichen.

Die Darstellung verdeutlicht die Aufteilung des gesamten Systems in die Ebene der Prozeßauslegung und Prozeßdurchführung. Dabei ist nicht zu erwarten, daß das in der unteren Ebene überwachte Prozeßverhalten exakt dem vorgegebenen Sollverlauf folgt, da die in der Steuerung hinterlegten Modellwerte nur eine eingeschränkte Allgemeingültigkeit besitzen. Vielmehr korrigiert das System mit Hilfe der erfaßten Systemkenngrößen die Modellparameter und speichert diese fallbezogen ab. Nach einem ersten "Teach-In" Zyklus kann somit eine bedarfsgerecht optimierte Steuerungsstrategie durchgeführt werden.

Es ist abzusehen, daß mit weiter steigender Leistungsfähigkeit der Steuerungen auf die hier noch benötigte Zusatzsteuerung in Zukunft verzichtet werden kann /17/.

Ein Beispiel für die Rückführung eines aus dem Prozeß gewonnenen Störsi-

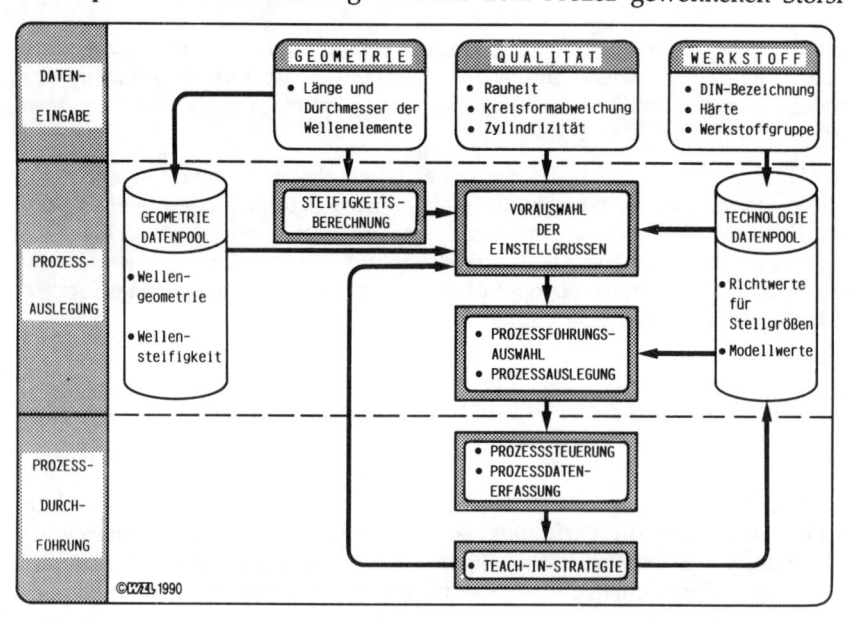

Bild 14: Struktur eines Steuerungssystems für das Außenrundschleifen

gnales in einem geschlossenen Regelkreis stellt die Regelung des Materialabtrages bei der Planetärerosion als Verfahrensvariante des funkenerosiven Senkens dar. Bei diesem Verfahren wird die Elektrode in eine kreisähnliche Bewegung versetzt, wobei sich der Elektrodenmittelpunkt auf einer Kreisbahn bewegt /18/.

Die kinematischen Verhältnisse bei der Planetärerosion sind Ursache für spezifische Problemstellungen, insbesondere dann, wenn die Werkzeugelektrode über Ecken und Kanten verfügt /19/. Die verfahrensbedingt stark schwankenden Kontaktflächen zwischen Werkzeug und Werkstück führen zu einem über eine Werkzeugumdrehung veränderlichen Prozeßverhalten. Insbesondere in Eckenbereichen mit ihren geringen Eingriffsflächen wird das Abtrags- und Verschleißverhalten des Werkzeuges instabil, Bild 15.

Es müssen also geeignete Meßgrößen zur Identifikation dieser ungünstigen Prozeßbereiche bei kleinen Erosionsflächen gefunden werden. Ansatzpunkt dazu bietet die Bildung der Häufigkeitsanteile der Zündverzögerungszeit.

Für das stufenweise Planetäraufweiten einer rechteckigen Hohlform ergeben sich die in der Abbildung schematisch dargestellten Eingriffs- und Prozeßverhältnisse für einen Elektrodenumlauf. Es wird deutlich, daß durch die Besonderheiten der Bewegungsform die aktuell im Eingriff befindliche Elektrodenfläche sehr stark schwankt. Entsprechend dieser Flächenänderung stellt sich daß Prozeßverhalten ein; gekennzeichnet durch den Häufigkeitsanteil H_I von Impulsen mit geringer Zündverzögerungszeit bzw. den als erosionswirksam angesehenen Entladungen mittlerer Zündverzögerungszeit mit dem Anteil H_{II}.

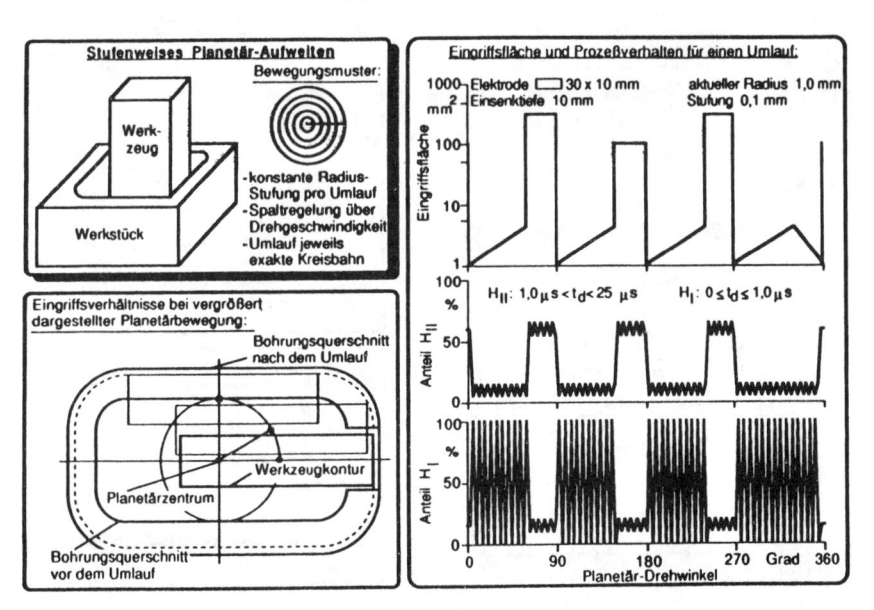

Bild 15: Eingriffsverhältnisse und Prozeßkenngrößen beim Planetärerodieren

Diese signifikanten Änderungen der Zündverzögerungszeiten werden mit Hilfe einer Sensorik erfaßt. Sie werden dann als Regelgröße zur on-line Regelung der an der Elektrode zur Verfügung stehenden Leistung und damit des Abtragverhaltens am Werkstück genutzt. Auf diese Weise eröffnet sich die Möglichkeit, prozeßadaptive Strategien zu realisieren, die die spezifischen Eingriffsbedingungen bei der Planetärerosion berücksichtigen.

Die Vorteile der Rückführung von Prozeßkenngrößen in einem geschlossenen regelungstechnischem System kommen voll zur Geltung, wenn digitale Regler in Zusammenhang mit einer selbsttätigen Identifizierung der Parameter des das Streckenverhalten beschreibenden Modelles eingesetzt werden /20, 21/.

Bei der Entwicklung eines derartigen Systemes für das Innenrundschleifen, **Bild 16**, war es vorrangiges Ziel, zum einen die recht erheblichen Zeiten für die instationären Prozeßphasen zu verkürzen und andererseits den hohen Zeitaufwand für Einstellung und Optimierung analoger Regler zu vermeiden.

Das unbekannte Verhalten des Systems "Werkzeugmaschine-Schleifprozeß-Meßeinrichtung" wird durch ein Prozeßmodell höherer Ordnung beschrieben, dessen Parameter bei jeder Bearbeitung durch einen rechnergestützten Algorithmus bestimmt werden. Dabei ist im Prozeßmodell ein Totzeit-Verhalten der Meßstrecke berücksichtigt /21, 22/.

In gleicher Weise ist der digitale Regler mit Hilfe einer Übertragungsfunktion beschrieben, die die gleiche Ordnung wie das Prozeßmodell besitzt. Die Koef-

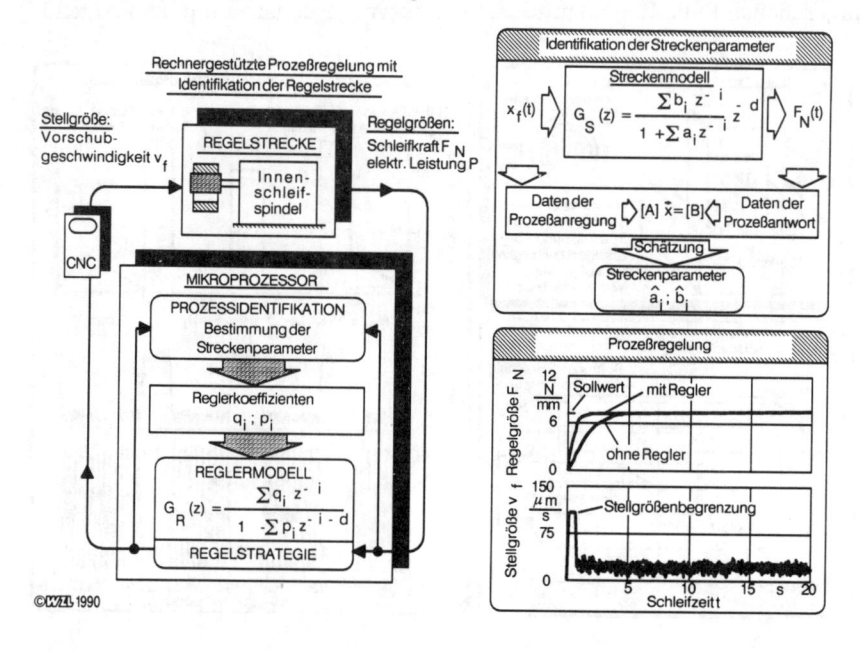

Bild 16: Prozeßregelung beim Innenrundschleifen (nach: IFW Hannover)

fizienten dieser Funktion bestimmen sich anhand der identifizierten Streckenparameter. Der Vorteil des digitalen Reglerkonzeptes macht sich hier insbesondere dadurch bemerkbar, daß die manuelle Reglereinstellung vollständig entfällt und sich außerdem Totzeiten der Reglerstrecke berücksichtigen lassen, die bei analogen Regelkreisen zu Instabilitäten führen können.

Nach der Identifikation und der Bestimmung der Reglerparameter können nun im Schleifprozeß durch die Regelung mit minimaler Zeitverzögerung die instabilen Prozeßphasen abgebaut und ein quasi-statischer Prozeßzustand erreicht werden. Der Einsatz der Mikrorechnertechnik gestattet so die Realisierung selbsteinstellender digitaler Regelungen, die eine automatische Bestimmung der Streckenparameter vornehmen.

Gegenüber der alleinigen Prozeßüberwachung erlauben es diese Steuerungs- und Regelungskonzepte die immanent vorhandenen Prozeßinformationen zur Optimierung der Prozeßstellgrößen heranzuziehen. In der Folge stellt sich ein stabileres und kontinuierlicheres Prozeßverhalten ein.

5. Technologie-Bausteine in der rechnergestützten Prozeßauslegung

Die auf der operativen Ebene zur Verfügung stehenden Informationen repräsentieren das aktuelle Prozeßwissen aus dem Produktionsbereich, das die Wissensbasis, die der Prozeßauslegung zugrunde liegt, kontinuierlich erweitern und aussagekräftiger gestalten kann.

Mit der Verfügbarkeit leistungsfähiger CAD/CAM-Systeme hat der Einsatz rechnerunterstützter Planungsmethoden in den der Fertigung vorgelagerten Bereichen Konstruktion und Arbeitsvorbereitung zunehmend an Bedeutung gewonnen. Die CAD-gestützte Beschreibung auch sehr komplexer Bauteilgeometrien gehört heute ebenso zum Stand der Technik wie die direkte Erstellung des NC-Programms auf der Basis der CAD-Daten.

Die Aufbereitung der fertigungstechnologisch relevanten Daten bleibt jedoch weitgehend der Erfahrung des Programmierers in Konstruktion und Arbeitsvorbereitung überlassen. Obwohl die Integration technologisch orientierter Systembausteine, die eine gezielte Prozeßoptimierung unterstützen, als eine wichtige Zielsetzung allgemein anerkannt ist, finden solche Lösungen nur langsam Eingang in die industrielle Anwendung. Demgegenüber stehen die großen Potentiale zur Steigerung von Fertigungssicherheit und -qualität, die sich durch den Einsatz derartiger Technologiemodule eröffnen. Ein weiterer, wichtiger Aspekt ist die Sicherung des an den einzelnen Mitarbeiter gebundenen Know-how's und die damit verbundene Steigerung der Verfügbarkeit des vorhandenen Prozeßwissens innnerhalb des Betriebes.

Für die rechnergestützte Prozeßauslegung bieten sich grundsätzlich vier verschiedene Ansätze an (**Bild 17**):

Am einfachsten und deshalb auch am stärksten verbreitet ist der Einsatz von

Datenbanken zur Verwaltung bewährter Prozeßstellgrößen, Fallsammlungen erfolgreich bearbeiteter Fertigungsaufgaben sowie verfahrens- und betriebsspezifischer Richtlinien zur Prozeßauslegung /23/. Voraussetzung für die effektive Nutzung solcher Erfahrungsdatenbanken ist neben der vollständigen Einbindung in die CAD/CAM-Umgebung auch eine auf das jeweilige Fertigungsverfahren abgestimmte Benutzeroberfläche, die die notwendige, regelmäßige Aktualisierung des gespeicherten Know-how's in ausreichendem Maße unterstützt.

Das Wissen über die prozeßtechnologischen Zusammenhänge ist vielfach durch verfahrens- aber auch firmenspezifische Regeln und Richtlinien geprägt, die - angewendet auf einen diskreten Bearbeitungsfall einer festen Ablaufstruktur folgend - zu Vorgaben für die Prozeßgestaltung führen. Die Algorithmierung derartiger Regelwerke sowie deren Umsetzung in CAE-Funktionen zur Integration in CAD/CAM-Systeme stellt einen weiteren, wichtigen Schritt für den Einsatz intelligenter Technologien dar. Das Spektrum bereits realisierter Ansätze reicht von Funktionen zur technologisch orientierten Geometriemanipulation im CAD-System bis zu komplexen Bausteinen, die ausgehend von einer Beschreibung der Bearbeitungsaufgabe (Werkstückgeometrie, Werkstoff, Qualitätsanforderungen) geeignete Prozeßstellgrößen und Strategien zur Prozeßführung anbieten.

Eine andere Art von Technologiemodulen baut auf empirischen und physikalischen Prozeßmodellen auf, die eine Beschreibung der Prozeßstruktur ermöglichen. Je nach Komplexität der verwendeten Modelle können geeignete Stellgrößen für die vorliegende Fertigungsaufgabe ermittelt oder die Simulation

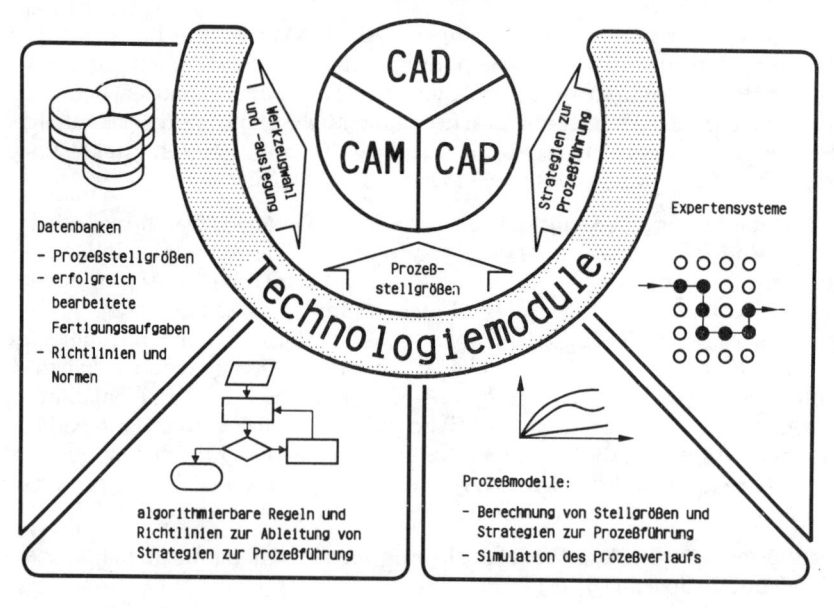

Bild 17: Technologiemodule zur rechnergestützten Prozeßauslegung

des Prozeßverlaufs zur Überprüfung gegebener Prozeßparameter durchgeführt werden.

Den höchsten Entwicklungsstand von Modulen zur rechnergestützten Prozeßauslegung stellen Expertensysteme dar, die vereinfacht als eine Verknüpfung aus Datenbank, Regelwerk und Prozeßmodellen angesehen werden können. Unabhängig von einer vorgebenen Lösungslogik sollen sie gespeicherte Einzelaussagen über die prozeßtechnologischen Abhängigkeiten selbständig zu einer Gesamtlösung verknüpfen. Sieht man allerdings von Systemanwendungen zur Fehlerdiagnose in Fertigungssystemen ab, so finden sich kaum Beispiele für einen industriellen Einsatz in der Prozeßauslegung. Die große Zahl der bislang entwickelten Expertensysteme sind ausschließlich als Prototypen zu betrachten. Der hohe Aufwand bei der Einführung eines Expertensystems in der Praxis - vor allem bei der Einbindung und systemgerechten Aufbereitung von Prozeßwissen - muß als eine der Hauptursachen für den bisher geringen Umsetzungsgrad angesehen werden.

Anhand einiger Beispiele soll im folgenden eine Übersicht über den heutigen Stand von Systemen zur rechnergestützten Prozeßauslegung gegeben werden.

Das Gesenkschmieden stellt als abbildendes Fertigungsverfahren einen Sonderfall in der Prozeßauslegung dar, da hier der Prozeßverlauf bereits bei der konstruktiven Auslegung der einzelnen Umformstufen und der Schmiedegesenke weitgehend festgelegt wird. Das verfahrenstechnologische Know-how ist somit in der Geometrie der Umformwerkzeuge abgebildet. Später in der Schmiede stehen nur noch wenige Stellgrößen zur Verfügung, die kaum noch Freiheitsgrade zur Prozeßoptimierung bieten. Eine fehlerhafte Werkzeugauslegung kann jedoch erst in der Fertigung erkannt werden und muß dann, soweit überhaupt noch möglich, durch zeitraubende manuelle Nacharbeit am bereits in der Schmiedepresse eingebauten Gesenk behoben werden. Umso wichtiger ist die Verfügbarkeit technologisch basierter CAE-Bausteine im CAD-System, die den Konstrukteur in dieser frühen Phase der Prozeßgestaltung unterstützen.

Der Ablauf in der Werkzeugkonstruktion läßt sich in die folgenden Teilaufgaben gliedern:

Ausgehend von der Fertigteilgeometrie, die als Zeichnung, heute aber auch häufig auf elektronischen Datenträgern vom Kunden übermittelt wird, erfolgt die Konstruktion des Schmiedeteils. Hierbei sind eine Reihe schmiedespezifischer Gestaltungsmerkmalen zu beachten, wie z.B. Bearbeitungszugaben, Gesenkteilung, Aushebeschrägen, Kantenverrundungen und die zur Berücksichtigung der thermischen Schrumpfung erforderlichen Geometriekorrekturen /24/. Große Bedeutung für den Prozeßverlauf kommt der Stadienplanung zu, die rückwärtsschreitend vom fertigen Schmiedeteil sukzessive in mehreren Umformstufen zum Schmiederohling führt, **Bild 18**. Aufbauend auf der Teilegeometrie und unter Ergänzung der Gratbahn erfolgt dann die Konstruktion der erforderlichen Schmiedegesenke. Insbesonders die Stadienplanentwicklung setzt beim Konstrukteur ein hohes Maß an betriebs- und produktspezifi-

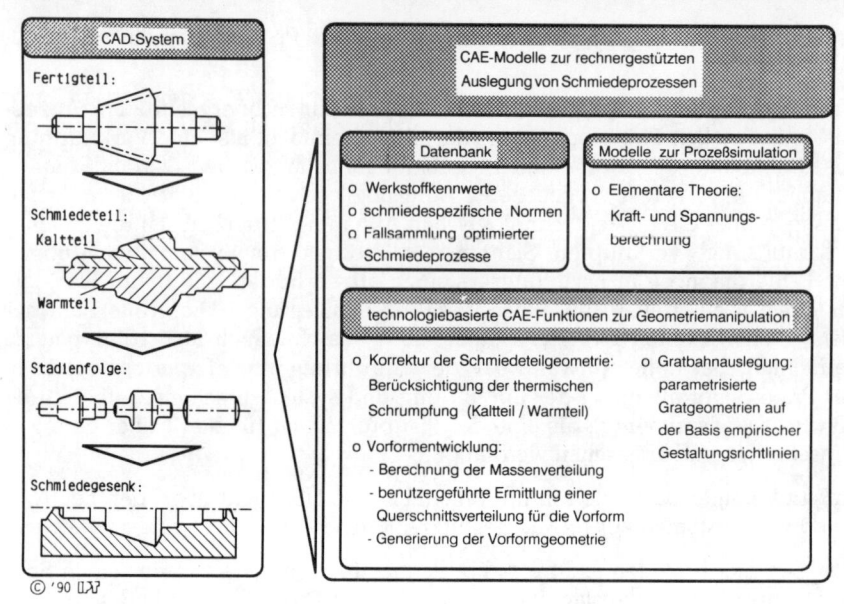

Bild 18: Erweiterung von CAD-Systemen durch schmiedespezifische CAE-Module

scher Erfahrung voraus.

Um Erfahrungswissen und bewährte Methoden zur Werkzeugauslegung besser verfügbar zu machen, wurden schmiedespezifische Technologiemodule entwickelt und in ein bestehendes CAD/CAM-System integriert. Das bereits in einer Reihe von Gesenkschmieden eingesetzte System zur rechnerunterstützten Werkzeugauslegung ist aus drei Grundelementen aufgebaut:

* Datenbank:

   Neben wichtigen Werkstoffkennwerten (z.B. Fließkurven) kann der Konstrukteur wichtige Normen zur Schmiedeteilgestaltung aus der CAD-Umgebung abrufen. Die äußerst flexible Struktur der Datenverwaltung erlaubt prinzipell aber auch die Bereitstellung von betriebsspezifischem Know-how in Form von Richtlinien oder einer Fallsammlung bereits optimierter Schmiedeprozesse.

* Modelle zur Prozeßsimulation:

   Die Berechnung von Spannungen und Umformkräften ist eine wesentliche Voraussetzung zur beanspruchungsgerechten Dimensionierung der Gesenke ebenso wie zur Auswahl eines geeigneten Schmiedeaggregates. Hierzu steht eine Berechnungsfunktion zur Verfügung, die auf den vereinfachten Modellen der elementaren Theorie der Umformtechnik aufbaut und sich durch kurze Rechenzeiten und benutzerfreundliche Handhabung auszeichnet.

* Funktionen zur technologieorientierten Geometriemanipulation:

Die schrittweise Entwicklung der Gesenkgeometrie aus der Fertigteilgeometrie erfordert eine Vielzahl von Einzeloperationen im CAD-System, die bei Verwendung der CAD-Basisfunktionen sehr zeitaufwendig sind. Andererseits unterliegen diese Geometriemanipulationen festen Regeln, lassen sich deshalb gut algorithmieren und in leistungsfähige Technologiefunktionen umsetzen. Im vorliegenden Fall wurde dies für die Umsetzung der Kaltteil- in die Warmteilgeometrie realisiert. Desweiteren stehen Systembausteine zur Auslegung und Generierung der Gratbahngeometrie sowie zur Stadienplanung zur Verfügung.

Am Beispiel der Vorformentwicklung soll die Arbeitsweise einer solchen CAE-Funktion näher erläutert werden, **Bild 19:**

Ziel bei der Vorformentwicklung ist es, den Stoffluß im Gesenk über eine gezielte Materialverteilung des einzulegenden Rohlings zu optimieren. Mit dem Aufruf des Vorformmoduls erfolgt die Übernahme der Geometriedaten aus der CAD-Umgebung und die Berechnung von äquidistanten Querschnitten durch das Schmiedeteil.

Anschließend wird ein sogenanntes Massenverteilungsschaubild erstellt, eine für die Stadienplanung bewährte Darstellungsart des Schmiedeteiles. Hierbei werden die Flächeninhalte der zuvor berechneten Querschnitte über der Hauptachse des Teiles aufgetragen, um so eine Beurteilung der Massenverteilung zu erleichtern.

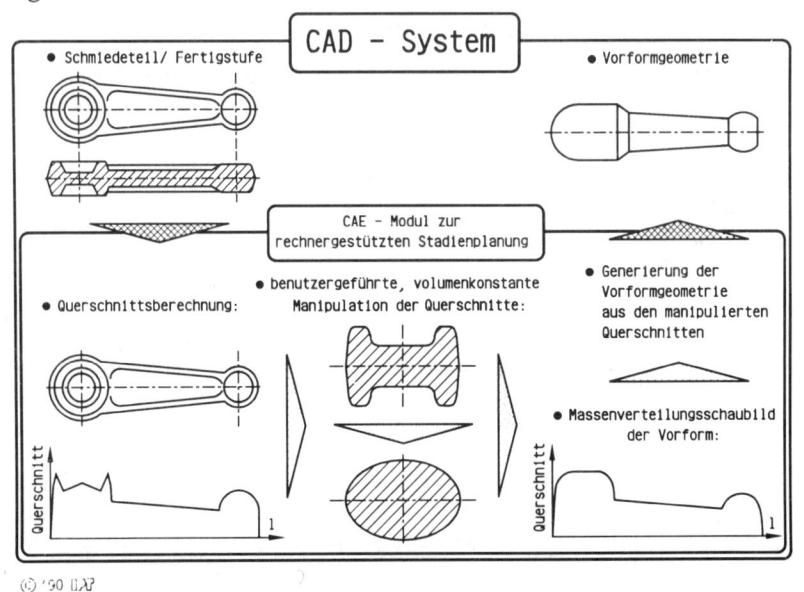

Bild 19: CAE-Funktionen zur Vorformentwicklung

Die interaktive Modellierung der Vorform durch den Bediener geschieht durch die isovolumetrische Manipulation der einzelnen Querschnitte. Hier kann und muß das prozeßtechnologische Know-how des Konstrukteurs mit einfließen. Zur Überprüfung der vorgenommenen Querschnittskorrekturen kann er jeweils ein aktuelles Massenverteilungsschaubild aufrufen. Die Generierung der Vorformgeometrie und deren Transfer in die CAD-Umgebung erfolgt auf der Basis der manipulierten Querschnitte automatisch. Dieses Beispiel zeigt besonders deutlich, daß nicht nur die Integration aufwendiger Rechenverfahren sondern vor allem auch die Umsetzung einfacherer, in der Praxis bewährter Auslegungsmethoden in Technologiebausteine eine wichtige Unterstützung darstellt.

Auch ein hoher Integrationsgrad zwischen Technologiemodul und CAD/CAM-System kann einen Beitrag zur besseren Nutzung technologischer Informationen in der Prozeßauslegung leisten. Ein Beispiel hierfür ist das in **Bild 20** dargestellte NC-Programmiersystem zur Steuerung von Blechbearbeitungszentren, das die Auslegung von Nibbel-, und Stanzoperation enebenso unterstützt wie das Brenn- und Laserschneiden /25, 26, 27/. Die Übernahme der CAD-Werkstückbeschreibung zur technologieorientierten Aufbereitung erfolgt über eine interaktive Schnittstelle. Zunächst wird eine Konvertierung der CAD-Geometrieelemente in bearbeitungsgerechte Strukturen (z.B. Zusammenfassen von Einzelelementen in geschlossene Kurvenzüge) vorgenommen. Hierbei erkennt und selektiert das System Bereiche, die spezielle Bearbeitungsaufgaben darstellen (Durchbrüche, Ecken) und übergibt diese Struktur an den Technologiebaustein. Das Modul unterstützt den Programmierer bei der Prozeßgestaltung durch verfahrensspezifische Funktionen wie die automatische Auswahl von Werkzeugen und die Schnittaufteilung für das Nibbeln und Stanzen. Dies geschieht unter Zugriff auf eine Technologiedatei, in der verfüg-

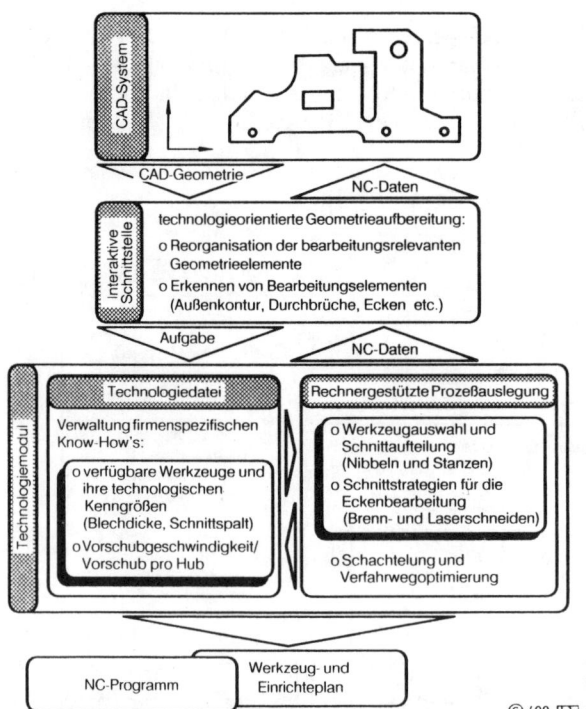

Bild 20: NC-Programmierung für die Blechbearbeitung (nach: IBM, Klumpp)

bare Werkzeugformen (mehrhübig einzusetzende Standardgeometrien, einhübige Sonderwerkzeuge) mit den dazugehörigen technologischen Kenngrößen (zul. Blechdicke, Schnittspalt) abgelegt sind. In ähnlicher Weise kann das System Schnittstrategien für kritische Bearbeitungssituationen (z.B. scharfe Ecken) beim Brenn- und Laserschneiden anbieten. Die Optimierung von Materialausnutzung und Bearbeitungszeit wird durch Funktionen zum automatischen Platinen-Layout sowie zur Minimierung der Zustellbewegungen unterstützt. Die enge Einbindung des Technologiemoduls in das CAD-System erlaubt es dem Bediener, das NC-Programm bereits während der Generierung durch eine Simulation der Verfahrwege zu überprüfen.

Hohe Anforderungen an die Prozeßauslegung stellt die NC-Fräsbearbeitung von Stahlhohlformen. Die Bearbeitung von tiefen, schlecht zugänglichen Gravuren erfordert den Einsatz äußerst schlanker Kugelkopffräser unter ständig wechselnden Eingriffsbedingungen /29/. Bedingt durch die hohen Vergütungsfestigkeiten der Gesenkstähle von R_m = 1500 N/mm² kommen vor allem Hartmetall und CBN (kubisches Bornitrid) als Schneidstoffe zur Anwendung, die zwar ausreichende Verschleißfestigkeit besitzen, gleichzeitig aber auch empfindlich auf kritische Bearbeitungssituationen reagieren, die das Werkzeug zum Rattern anregen. Das geforderte hohe Maß an Prozeßstabilität kann angesichts der für den NC-Programmierer schwer überschaubaren Bearbeitungsbedingungen in der Gravur kaum sichergestellt werden. Hier leistet der Einsatz technologieorientierter NC-Funktionen einen wichtigen Beitrag zur Steigerung der Prozeßsicherheit. Ein mit diesem Ziel entwickeltes und bereits in verschiedenen Werkzeugbaubetrieben eingeführtes CAD/CAM-Modul ist

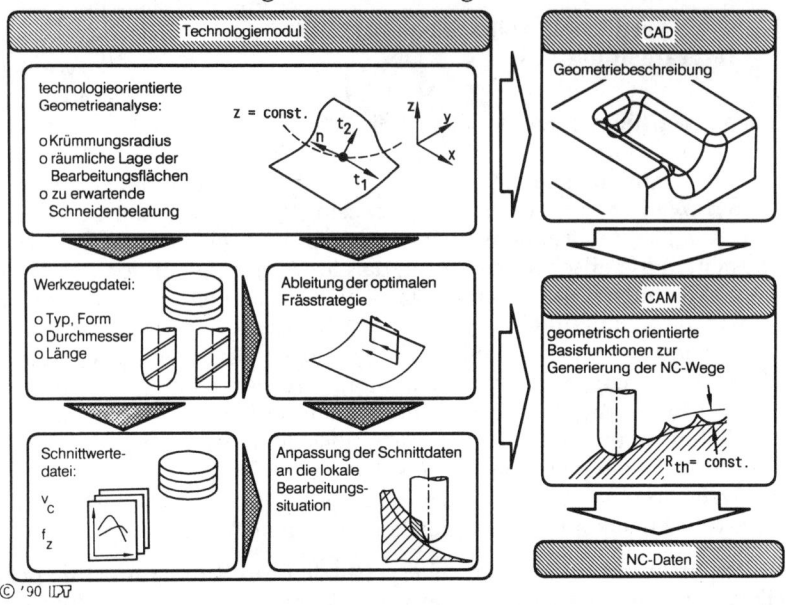

Bild 21: Technologiebasierte NC-Funktionen zur Fräsbearbeitung von Stahlhohlformen

Bearbeitungsaufgabe:
Fertigung von Flügelrädern

o Bearbeitung aus dem Vollmaterial
o extrem labiles Werkstück
o kleine Eckenradien
o schlecht zugängliche Bearbeitungsstellen
o hohe Anforderungen an Formgenauigkeit und Oberflächengüte

CAD/CAM - Modul

parametrisierte Geometrieerstellung
Interaktive Eingabe :
o Leitkurven des Grundkörpers
o Stützgeraden der Strömungsflächen
o Anzahl der Schaufelblätter

Werkzeugermittlung
o max. zul. Fräserdurchmesser
o erforderliche Schneidenlänge
o Konuswinkel

Generierung der NC-Wege
Schnittaufteilung für Schrupp- und Schlichtoperation :
o steifigkeitsoptimale Bearbeitungsstrategie
o Anpassung der Fräseranstellung an die lokalen Eingriffsbedingungen

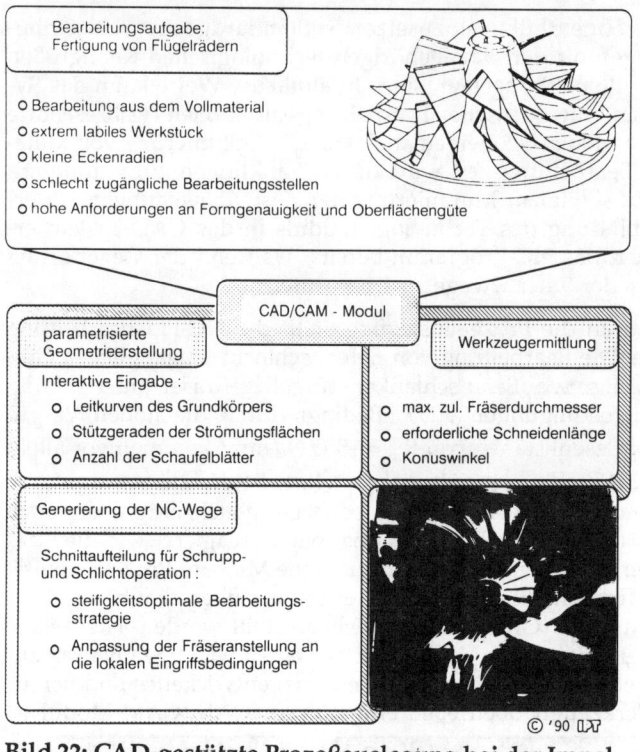

Bild 22: CAD-gestützte Prozeßauslegung bei der Impellerbearbeitung

in **Bild 21** dargestellt:

Nach der Übernahme aus der CAD-Umgebung werden die Geometriedaten zunächst einer Analyse hinsichtlich technologischer Kenngrößen (Krümmungsradien, Flächentopographie) unterzogen. Dies stellt die Ausgangsbasis für die Prozeßauslegung und NC-Programmierung dar. Neben einer Werkzeug- und Schnittwertedatei stehen auch Funktionen zur Ableitung optimaler Frässtrategien für die vorliegende Bearbeitungsaufgabe zur Verfügung. Ein Beispiel ist die Schnittaufteilung für das Schlichten der gekrümmten Gravurflächen. Hier führt das Gleichlauffräsen im Vergleich zum Pendelfräsen mit ständigem Wechsel zwischen Gleich- und Gegenlauf zu geringerem Werkzeugverschleiß bei gleichzeitiger Steigerung der Oberflächenqualität. Aus diesem Grunde werden Vorschub- und seitliche Zustellrichtung vom System automatisch so festgelegt, daß in Abhängigkeit von den lokalen Eingriffsverhältnissen möglichst im Gleichlauf gearbeitet wird. Anfahrstrategien sowie die Schnittaufteilung bei der Schruppbearbeitung vervollständigen den Funktionsumfang. Die Einhaltung günstiger Zerspanungsbedingungen wird darüber hinaus auch durch Funktionen zur Anpassung der vom Programmierer fest vorgegebenen Schnittdaten an die ständig wechselnden Eingriffsverhältnisse unterstützt. So kann mittels Funktionsaufruf die Spindeldrehzahl in Abhängigkeit von der lokalen Aufmaßsituation und Flächenneigung jeweils so eingestellt werden, daß die Schnittgeschwindigkeit an der Schneide des Kugelkopffräsers weitgehend konstante Werte annimmt.

Besonders effektiv läßt sich die rechnergestützte Prozeßauslegung für spezielle Teilefamilien gestalten. Dies gilt in verstärktem Maße, wenn die Komplexität der Bearbeitungsaufgabe eine sichere Prozeßauslegung erschwert. Ein typisches Beispiel ist die 5-achsige Fräsbearbeitung von Flügelrädern (**Bild 22**) /30, 31/. Die Fertigung derartiger Integralbauteile aus dem Vollmaterial ist gekennzeichnet durch die extreme Labilität der im 5-achsigen Wälzfräsen zu fertigenden Schaufelblätter, die hohen Qualitätsanforderungen unterliegen.

Tiefliegende Bearbeitungsstellen mit kleinen Eckenradien erfordern den Einsatz besonders langauskragender Schaftfräser. Der über alle Varianten hinweg gleichbleibende Aufbau der Flügelräder konnte in einen hohen Automatisierungsgrad des Technologiemoduls umgesetzt werden. Ausgehend von der parametrisierten Geometrieerstellung auf der Basis weniger, interaktiver Eingaben erfolgt die Generierung des NC-Programms automatisch. Von großer Bedeutung für die Prozeßsicherheit ist hierbei die Berechnung des kollisionsfrei einsetzbaren Fräsers mit maximaler Steifigkeit. Um gleichermaßen eine maximale Werkstücksteifigkeit während der Bearbeitung sicherzustellen, erfolgt die Zustellung stufenweise von außen nach innen jeweils beidseitig eines Schaufelblattes. Darüber hinaus wird die Fräseranstellung zur Minimierung der Formabweichungen optimal an die lokale Bearbeitungssituation angepaßt.

Der Entwicklungsaufwand für ein derartiges Spezialmodul ist zwar nicht unerheblich, er wird jedoch durch den hohen Grad an Sicherheit und extrem reduzierten Aufwand in der Prozeßauslegung mehr als ausgeglichen.

Die beschriebenen Module nutzen algorithmierbares Prozeßwissen, das mit Hilfe von Prozeßmodellen und Simulationstechniken zur angepaßten Prozeßauslegung in CAD/CAM-Systemen herangezogen wird. Eine Möglichkeit, darüber hinaus auch nicht quantifizierbares Erfahrungswissen systematisch der rechnergestützten Prozeßauslegung zugänglich zu machen, bietet sich in Form von Expertensystemen an. Die meist noch im Entwicklungsstadium befindlichen Systeme leiten aus dem in der Wissensbasis hinterlegten Regelwerk durch Verknüpfung und Bewertung der Regeln selbständig Entscheidungen her. Problematisch ist es bisher noch, die den Systemen zugrunde liegenden Wissensbasen mit dem nötigen technologischen Know-how in einer adäquaten Weise zu füllen.

Ein Beispiel einer derartigen Entwicklung stellt das Expertensystem GRINDEX für das Außenrundschleifen dar.

Typischerweise liegen gerade für die Schleifbearbeitung eine Reihe allgemein bekannter Richtlinien und Auslegungsregeln vor, die sich nicht in Form einer Datenbank bzw. eines Modelles archivieren lassen /32/.

Das Expertensystem GRINDEX bewertet nun dieses nicht algorithmierbare Wissen über die schleiftechnologischen Zusammenhänge durch Verknüpfung der in der Wissensbasis hinterlegten Regeln (**Bild 23**). Dabei ist es in der Lage, diese Regeln nicht nur in einer fest vorgegebenen Reihenfolge abzuarbeiten, sondern in einer allmählichen Iteration die Werkzeugauswahl für den vom Benutzer in Form der Werkstoffdaten, Qualitätsanforderungen und Werkstückgeometrie definierten Bearbeitungsprozeß durch Bewertung des Zutreffens bestimmter Regeln zu optimieren. Grundlage dieser Regeln ist das Know-How, das einerseits aus allgemein zugänglichen Quellen sowie andererseits durch

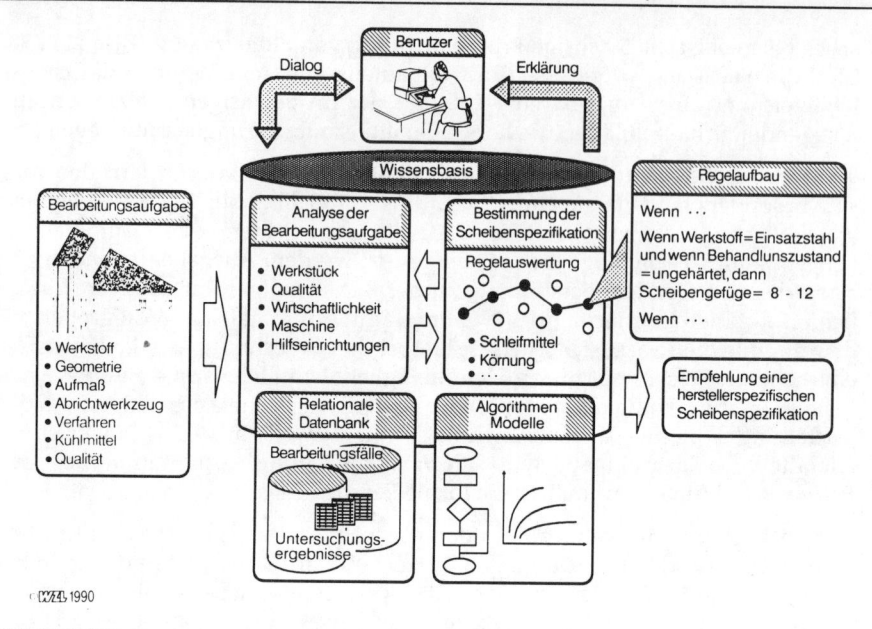

Bild 23: Struktur des Expertensystems GRINDEX

Befragung einzelner Werkzeughersteller gewonnen wurde, so daß herstellerspezifische Scheibenspezifikationen Verwendung finden können /33/.

In der zweiten Ebene nutzt das System außerdem als Wissensquelle bereits vorhandene Schnittdatensammlungen, die in Form einer relationalen Datenbank zur Verfügung stehen.

In der dritten Ebene ist sodann der Anschluß eines Schnittwertoptimierungsprogrammes für Außenrundeinstechschleifprozesse realisiert. Dabei können schon eingegebene Daten aus der Wissensbasis als Eingangsdaten für die Optimierung benutzt werden. Nach der Problemlösung bietet das System somit neben der spezifischen Schleifscheibenauswahl außerdem Richtwerte für optimierte Prozeßstellgrößen an, die sich an bereits praktisch erprobten Prozessen orientieren und somit die nach dem hinterlegten Erfahrungsstand optimale Prozeßauslegung definieren. Der das System konsultierende Technologe kann sich im Anschluß an die Phase der Prozeßauslegung vom System den eingeschlagenen Lösungsweg erklären lassen und somit die Plausibilität der Problemlösung beurteilen.

6. Ausblick

Intelligente Technologien zeichnen sich durch die betriebsübergreifende Nutzung der im Gesamtunternehmen vorhandenen technologischen Informationen aus. Kennzeichnend dabei ist, daß im "kleinen Regelkreis" die über die Sensoren gewonnenen Informationen durch Algorithmen zur Überwachung, Steuerung und Regelung des Prozesses direkt an der Maschine zur Stabilisierung und Optimierung des Bearbeitungsablaufes zurückgeführt werden (Bild 24). Die auf diese Weise vorhandenen aktuellen Informationen über das Geschehen "vor Ort" sollten neben dem in Form von Datenbanken und Prozeßmodellen vorhandenen Know-How organisiert zur Aktualisierung des in der Prozeßauslegungsebene genutzten Wissens dienen ("großer Regelkreis").

In der operativen Ebene ist durch den Einsatz immer leistungsfähigerer Sensoren und Mikroprozessorsysteme damit zu rechnen, daß entsprechend den Bemühungen zur Reduzierung des Bearbeitungsaufwandes und zur Steigerung der Qualität sich zunehmend Systeme zur Sicherung der qualitätsbestimmenden Bearbeitungsgänge - z.B. der Schlichtprozesse bei der spanenden Bearbeitung - etablieren werden. Hierbei sollte verstärkt Beachtung finden, daß zur weiteren Akzeptanz zum einen die Automatisierbarkeit der Systeme deutlich erhöht und zum anderen die Wartung dieser hochtechnologisierten Produkte selbstverständlicher Bestandteil des betrieblichen Ablaufes werden muß. Dies schließt die Qualifizierung der Mitarbeiter durch adäquate Schulung mit ein.

Die gestiegene Rechnerleistung der CNC-Steuerungen dürfte es in naher Zukunft ebenso ermöglichen, die Bedienoberfläche der Überwachungssysteme in die Steuerungen zu integrieren sowie digitale Regler mit adaptierendem Verhalten zur Prozeßregelung einzusetzen.

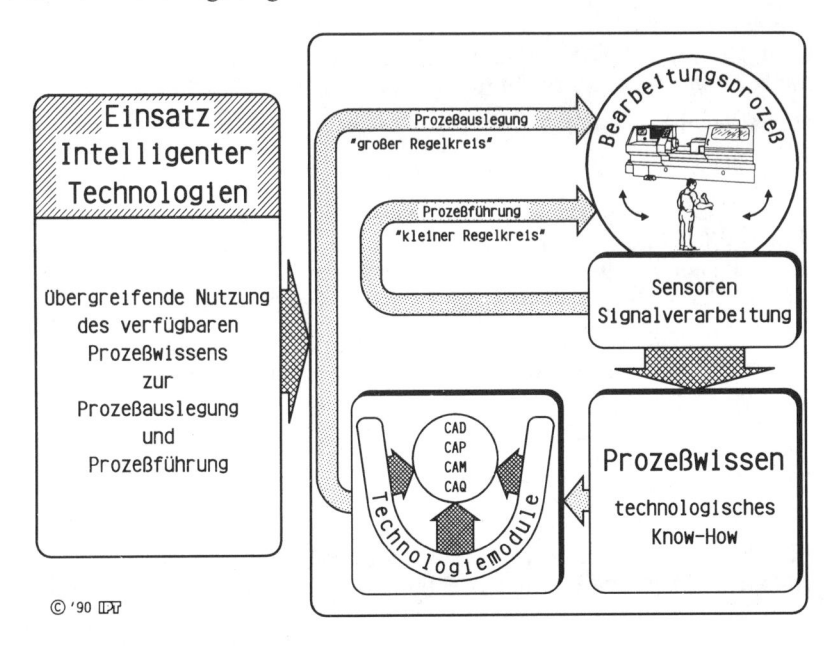

Bild 24: Intelligente Technologien auf der operativen und planerischen Ebene

Dies reduziert einerseits den Einstellaufwand an der Maschine und stellt andererseits einen stabilen Prozeßverlauf auch unter variierenden Prozeßrandbedingungen sicher.

Durch die Einbindung von Technologiemodulen, die altbekannte Auslegungskriterien oder technologisches Verfahrens-Know-How dem Konstrukteur in CAD-Systemen zugänglich machen, kann in wesentlich stärkerem Maße in Zukunft die Prozeßauslegung vorab durch optimierte Stellgrößen auf die Belange der Bearbeitungsaufgabe eingehen. Die in diesem Zusammenhang vielfach zitierten Expertensysteme befinden sich dabei noch im Entwicklungsstadium. Hiervon sind vor allem die zugrundegelegten Wissensbasen betroffen, so daß mit einer verstärkten Verbreitung derartiger Systeme vorläufig nicht zu rechnen ist /34/.

Schrifttum

1. Mitteilungen der Robert Bosch GmbH, Stuttgart, 1989

2. Mitteilungen der Mercedes-Benz AG, Stuttgart, 1989

3. N. N.: Sicherung des spanabhebenden Bearbeitungsprozesses, Ergebnisbericht zum BMFT-Verbundprojekt Nr. 02FT4502, 1990

4. König, W.; Schehl, U.; Kutzner, K.: Körperschall als Basis der Prozeßüberwachung, Industrie-Anzeiger, 111 (1989) 11, S. 18-21

5. Mitteilungen der Steinel GmbH, Schwenningen, 1989

6. König, W.; u.a.: Werkzeugüberwachung an Bohrern kleiner Durchmesser mit Körperschallsensoren, Industrie Anzeiger, 110 (1988) 82, S. 32 ff.

7. Mitteilungen der PROMETEC GmbH, Aachen, 1989

8. Oppenheimer, A.V.; Schafer, R.W.: Digital Signal Processing, Prentice-Hall, New Jersey, 1975

9. König, W.; Weck, M.; Boucke,T.; Mertens, R.: Überwachungssysteme für den Wälzstoß-und Wälzfräsprozeß, Bericht zur 29. Arbeitstagung "Zahnrad- und Getriebeuntersuchungen", Aachen, 1988

10. Weck, M.; Boge, C.: Überwachung und Diagnose von Fertigungsprozessen und -einrichtungen, Zwischenbericht DFG-Forschungsvorhaben WE 550/86-2, 1988

11. Mitteilungen der Fichtel & Sachs AG, Schweinfurt, 1989

12. Mitteilungen der Brankamp System Prozeßautomation GmbH, Düsseldorf, 1988

13. Haack, J.: Feinschneiden und Umformen kombinieren, Werkstatt und Betrieb, 122 (1989) 8, Sonderteil S. 75-80

14. König, W.; Herres, U.: Möglichkeiten der Qualitätsüberwachung beim Feinschneiden, VDI Berichte Nr. 694, VDI Verlag Düsseldorf, 1988, S. 287-306

15. König, W.; Schmitz-Justen, C.; Willerscheid, H.: Oberflächenbehandlung mit Laserstrahlen, Vortrag anläßlich des Symposiums "Materiaalbewerking meet lasers in Nederland", Twente/Enschede, 1989

16. König, W.; Varlik, M.: Intelligentes Steuerungssystem für das Außenrund-Einstechschleifen, Jahrbuch Schleifen, Honen, Läppen und Polieren, Vulkan-Verlag, Essen, 1986, S. 269-283

17. Pritschow, G.; Scheifele, D.: Tendenzen in der Technik numerischer Steuerungen, tz für Metallbearbeitung, 81 (1987) 1, S. 25-32

18. König, W.; Behmer, U.: Anpassung der Leistungseinbringung an die Eingriffsfläche bei der Planetärerosion, Industrie-Anzeiger 109 (1987) 96, S. 21-24

19. König.W.; Behmer,U.: Prozeßverhalten und Eingriffsfläche bei der Planetärerosion, Industrie-Anzeiger, 107 (1985) 76, S. 28 -31

20. Mitteilungen des Ingenieurbüro Zinngrebe, Hannover, 1989

21. Tönshoff, H.K.; Zinngrebe, M.; Kemmerling, M.: Optimization of Internal Grinding by Microcomputer-Based Force Control, Annals of the CIRP, 35 (1986) 1, S. 253-255

22. Tönshoff, H.K.; Janocha,H.; u.a.: Leistungssteigerung beim Schleifen durch intelligente Prozeßregelungen, Jahrbuch Schleifen, Honen, Läppen und Polieren, 56. Ausgabe, Vulkan-Verlag, Essen, 1986

23. Matthias, E.: The Optimal Distribution of Intelligence at CAD/CAM/CNC, 19th CIRP International Seminar on Manufacturing Systems, Penn State, 1987

24. Herbertz, R.; Neumann, H.: Modernes Gesenkschmieden - unterstützt durch CAD/CAM/CAE-Techniken, VDI-Z, 129(1987) 3, S. 109-116

25. Klumpp.H.: Optimales Stanzen, Industrie-Anzeiger, 110 (1988) 10, S. 64-65

26. Mitteilungen der Dassault Systems, 1989

27. N.N.: Blechbearbeitung: CAD/CAM mit CATIA, Firmenschrift IBM,1988

28. Mitteilungen der IBM Deutschland GmbH, Düsseldorf, 1989

29. König.W.: NC-Fräsbearbeitung vergüteter Stahlhohlformen, Industrie-Anzeiger, 111 (1989) 28, S. 23-26

30. Mitteilungen der FIDES Treuhand GmbH, 1989

31. N. N.: CAM-Modul zur 5-achsigen Fräsbearbeitung von Impellern, Firmenschrift der FIDES Informatik 1987

32. König, W.; Knop.M.: GRINDEX - ein Expertensystem zur Schleifschei-

benauswahl, Industrie-Anzeiger, 57/58 (1988)

33. König, W.; Knop, M.: Der Rechner legt die Schleifscheibe aus, dialog Wissenschaft, Magazin der Nixdorf Computer AG, 1989

34. Holtschmidt, A.: Informationen für das Konstruktionsmanagement, Firmenschrift der Holtschmidt Software-Technik GmbH, 1990

Mitglieder der Arbeitsgruppe für den Vortrag 2.1

Dipl.-Ing. R. Bieker, FhG - IPT, Aachen
Prof. Dr.-Ing. W. Döpper, Fichtel & Sachs AG, Schweinfurt
Prof. Dr.-Ing. M. Engeli, FIDES Treuhand Gesellschaft
Prof. Dr.-Ing. R. Herbertz, Märkische FH Iserlohn
Dr.-Ing. W. Kluft, PROMETEC GmbH, Aachen
Prof. Dr.-Ing. Dr. h.c. W. König, WZL, RWTH Aachen
Dipl.-Ing. J. H. Kuntschik, Fichtel & Sachs AG, Schweinfurt
Dr.-Ing. J. Lauscher, IBM Deutschland, Düsseldorf
Dipl.-Ing. D. Lung, WZL, RWTH Aachen
Dipl.-Ing. H.-P. Meyen, WZL, RWTH Aachen
Prof. Dr.-Ing. K. Tönshoff, IFW, Universität Hannover
Dipl.-Ing. H. WillerscheidFhG - IPT, Aachen

2.2 Leistungssteigerung von Werkzeugen

Gliederung:
1. Einleitung
2. Wege zur Leistungssteigerung
2.1 Werkzeugstoffe
2.2 Oberflächentechniken
2.2.1 Beschichten von Zerspanwerkzeugen
2.2.2 Beschichten von Umformwerkzeugen
2.3 Werkzeugkonzepte
2.4 Prozeßgestaltung
3. Entwicklungstendenzen

Kurzfassung:

Leistungssteigerung von Werkzeugen

Die Entwicklungen in der Fertigungstechnik zielen darauf ab, die Zahl der Bearbeitungsschritte und die Aufmaße weiter zu reduzieren. Die Voraussetzung dafür bieten verbesserte Near-Net-Shape-Techniken. Das Beschichten von Kaltumform- und Schneidwerkzeugen erweitert das Spektrum der herstellbaren Teile wesentlich, und es senkt die Herstellkosten. Für die Veredelung von Werkzeugen zum Warmumformen kommt zunehmend auch der Laser zur Anwendung.

Die Fertigbearbeitung von Near-Net-Shape-Teilen erfordert hochverschleiß- und kantenfeste Schneidstoffe, wie z. B. Cermets. Durch modifizierten Schichtaufbau und Niedrigtemperaturprozesse wurden beschichtete Hartmetalle weiter verbessert. Feinstkörniges, bei niedrigen Temperaturen beschichtetes Hartmetall eignet sich besonders auch für die Hartbearbeitung. Für die Beschichtung von HSS-Werkzeugen kommen neue Hartstoffe, wie z. B. (Ti,Al)N und Ti(C,N) zum Einsatz. Das Beschichten mit Diamant und CBN wird gegenwärtig entwickelt. In der Schleiftechnik werden die Abtragraten weiter erhöht. Dies erfolgt durch eine drastische Steigerung der Schnittgeschwindigkeit.

Abstract:

Improved Tools

Developments in production engineering aim to reduce the number of operations and the allowances further. Preliminary condition to reach this are improved near-net-shape-techniques. The coating of tools for coldforming, stamping and fine-blanking enlarges the types of parts to be produced by these processes. It contributes to cost reductions. The improvement of forging tools is increasingly done by laser techniques.

Finishing of near-net-shape parts needs highly wear resistant tool materials like e. g. cermets. Coated carbides have been improved by better coating design and implementation of low-temperature coating processes. Micrograin carbides, coated at low temperatures, are excellent suited for machining of hardened steels. The development of diamond - and CBN - coatings has recently started. HSS-tools are coated with new materials like (Ti, Al)N and Ti(C,N). The material removal rate in grinding is further increased. This is done by a remarkable rise of the cutting speed.

1. Einleitung

Die Führung des Prozesses, die Schnittdaten, die Kühlung, der Werkstoff und dessen Behandlungszustand, die Gestalt des Werkstücks, die Art und der Zustand der Fertigungseinrichtungen wirken auf Werkzeuge ein und bestimmen ihre Gebrauchsdauer. Die Abnutzung der Werkzeuge ist eine Folge der Summe aller Einflußgrößen, wobei sich die Wechselwirkungen der Einzeleinflüsse meist nicht voneinander trennen lassen.

Die Anforderungen an Fertigungsprozesse werden zunehmend komplexer **(Bild 1)**. Der Bedarf an präzisen, hochwertigen Werkstücken steigt. Gleichzeitig muß die Zahl der Fertigungsschritte aus Kostengründen weiter reduziert werden. Ziel ist nach wie vor die Herstellung einbaufertiger Teile in einem einzigen Fertigungsschritt, zumindest aber in einer Aufspannung /1-7/. Daß derartige Forderungen heute bereits erfüllt werden können, wird an den Schlauchanschlußstücken deutlich. Sie sind einschließlich der Gewinde durch Kaltumformung einbaufertig hergestellt.

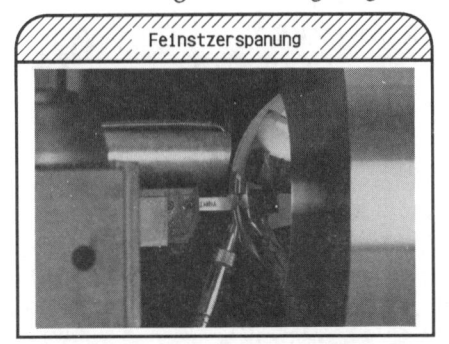

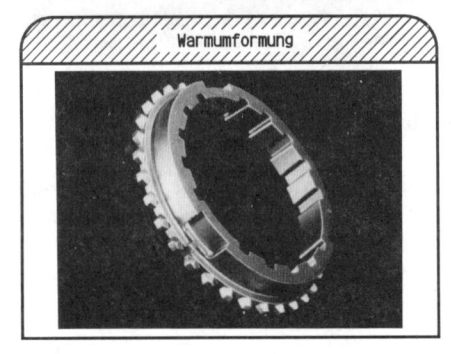

Bild 1: Fertigungstechnische Herausforderung am Beispiel ausgewählter Bauteile (nach: Bosch, Presta, Thyssen, Feintool)

Für die Einengung von Bauteiltoleranzen gibt es mehrere Gründe. Dazu gehören beispielsweise die Verbesserung der Funktion, die Erhöhung der Gebrauchsdauer, die Automatisierung beim Montieren und die Verminderung der Baugröße. Aber auch neue, verbesserte und wirtschaftlichere Herstelltechniken können die Einengung von Toleranzen auslösen.

Das sichere Einhalten von Maß- und Formtoleranzen um 1 µm **(Bild 2)** unter Prozeßbedingungen erfordert neben hochwertigen Produktionseinrichtungen und Werkzeugen eine Reihe weiterer Voraussetzungen. Dazu gehören die optimierte Auslegung der Prozesse sowie sichere und hochsensible Einrichtungen zur Prozeßsteuerung und -überwachung.

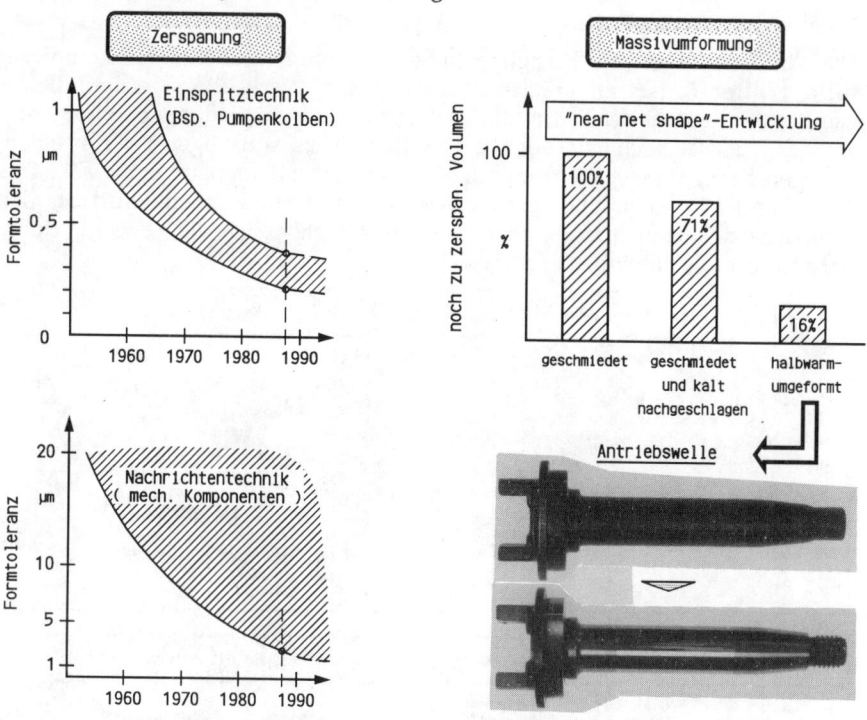

Bild 2: Anforderungen an die Fertigung (nach: Bosch)

Verbesserte Herstellmethoden kommen nicht nur dem Bauteil in seiner endgültigen Gestalt zugute. Sie schaffen vielfach die Voraussetzungen für wirtschaftlicheres Produzieren oder für neue Fertigungsfolgen. Als Beispiel dafür seien die Near-Net-Shape-Technologien in der Umformtechnik angeführt.

Die vielfältigen Aktivitäten im Umfeld des formgebenden Fertigungsprozesses dürfen nicht verkennen lassen, daß dem Werkzeug nach wie vor eine oder gar die zentrale Bedeutung im gesamten System zukommt. Es ist die kurzlebigste Komponente der Produktionsanlage, aber bereits sein routinemäßiges Auswechseln verursacht Stillstandzeiten und Kosten. Letztere vervielfachen sich bei vorzeitigem Ausfall. Daraus folgt, daß die Verbesserung von Werkzeugen eine permanente Aufgabe bleiben wird. Ansatzpunkte dafür bieten die Werkzeugstoffe selbst, neue und verbesserte Oberflächentechniken, neue Werkzeugkonzepte und volles Ausnutzen der Kapazität von Werkzeugen durch angepaßte Prozeßgestaltung.

2. Wege zur Leistungssteigerung

Die Entwicklung der Werkzeugstoffe konzentriert sich nach wie vor auf das Ziel, die Schwachstellen der einzelnen Stoffsysteme zu beseitigen und die Stoffe unter den gegebenen technischen und wirtschaftlichen Randbedingungen weiter zu verbessern. Der Verschleißwiderstand und die Warmhärte werden erhöht, das Zähigkeitsverhalten wird verbessert, und die Streubreite der Eigenschaften wird weiter eingeschränkt. Dadurch lassen sich die Anwendungsbereiche vieler Werkzeugstoffe erweitern. Lücken im bestehenden System der Werkzeugstoffe werden durch Materialien mit neuen Eigenschaftsprofilen verkleinert oder geschlossen /8, 9/.

2.1 Werkzeugstoffe

Eine Schneidstoffgruppe, die wesentlich verbessert wurde, sind die Cermets. Hartstoffe mit der Bezeichnung "Cermet" gehen auf ein Patent aus dem Jahre 1931 zurück /10 /. In Japan beträgt der Marktanteil der Cermets gegenwärtig 26 %. In den U.S.A. und in Europa fanden den Cermets erst gegen Ende der 70er Jahre in nennenswertem Umfang Verwendung. Heute liegt ihr Marktanteil in Europa erst bei etwa 3 %.

Cermets der "neuen Generation" sind komplexe Vielstoffsysteme aus titanbasierten Hartstoffen mit Bindern auf Nickelbasis (Bild 3). Sie

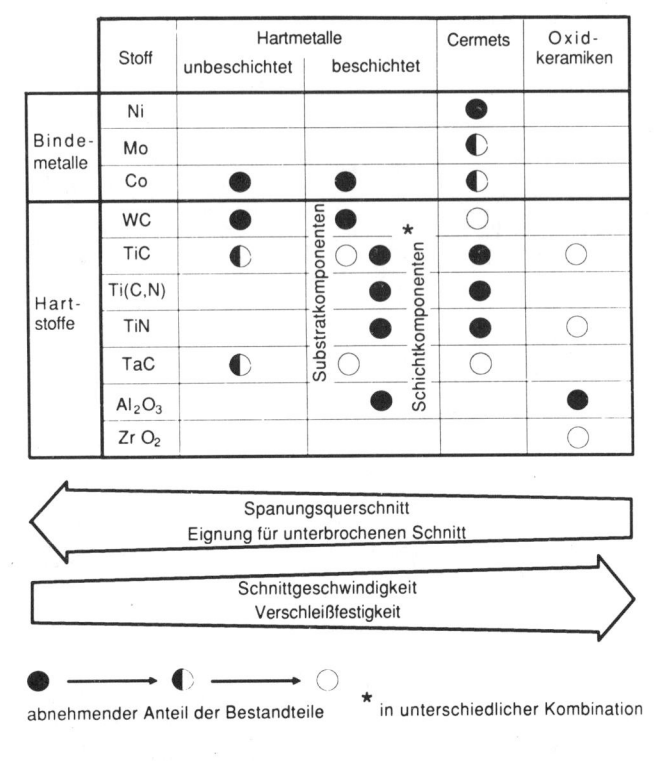

Bild 3: Eigenschaftsbestimmende Bestandteile ausgewählter Schneidstoffe

zählen ebenso zu den Hartmetallen wie die Wolframcarbid-Cobaltlegierungen. Diesem Sachverhalt wird in der Diskussion über die ISO/TC 29/SC9 Rechnung getragen. Für die wolframbasierten Hartmetalle ist die Bezeichnung HW vorgesehen, die titanbasierten (Cermets) sollen das Kürzel HT erhalten /11/.

Die Weiterentwicklung der Cermets zielt vorrangig auf die Verbesserung des Zähigkeitsverhaltens ab. Dies wird durch Erhöhung des Stickstoffanteils erreicht, der die Bildung von Titancarbonitriden während des Sinterns fördert. Die zweite zähigkeitssteigernde Maßnahme ist das Zulegieren von Elementen wie Molybdän und Wolfram, die zusammen mit Titan durch Mischkristallbildung die Warmhärte des Binders erhöhen. Zugaben von Aluminium bewirken zusätzlich eine Ausscheidungshärtung. Die Thermoschockbeständigkeit wird durch Tantal verbessert /12-18/.

Cermets sind hochverschleißfest, temperaturbeständig und weisen gegenüber Stahlwerkstoffen eine geringe Klebeneigung auf. Besteht die Forderung nach Erhöhung der Abtragrate, so sollte sie - wie bei Oxidkeramik - durch Steigerung der Schnittgeschwindigkeit erfüllt werden.

Die bearbeitbaren Materialien sind Stähle bis zu einer Härte von etwa 350 HB, ferritische Gußwerkstoffe und verschiedene rostfreie Stähle, wie z. B. X 5 CrNi 18 10, X 12 CrMoS 17, X 10 CrNiMoTi 18 10.

Haupteinsatzgebiete von Cermets sind das Drehen und das Fräsen. Sie eignen

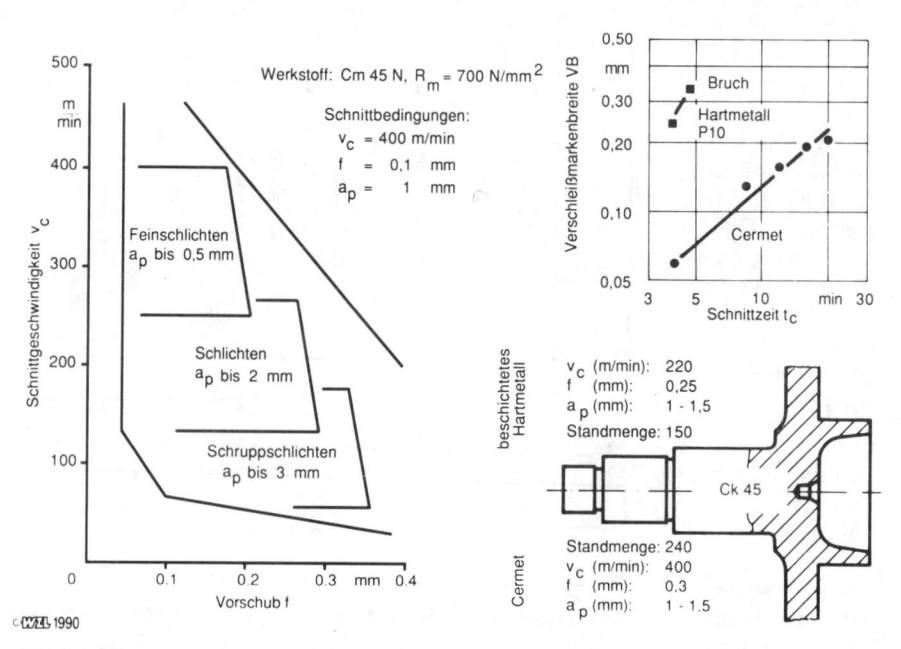

Bild 4: Einsatzbereiche von Cermets beim Drehen von Stahlwerkstoffen (Beispiele nach: Krupp, Feldmühle)

sich ebenfalls zum Einstechen und zum Gewindedrehen.

Die Analyse der Anwendungsempfehlungen verschiedener Cermet-Hersteller zeigt, wie sich der Anwendungsbereich beim Drehen von Stahlwerkstoffen gegenwärtig darstellt (Bild 4) /12, 13, 19-27/. Die anwendbare Schnittgeschwindigkeit überdeckt den für beschichtete Hartmetalle üblichen Bereich von 180 - 400 m/min. Sie tangiert nach oben hin die für Oxidkeramiken charakteristischen Werte. Die Vorschübe sind demgegenüber enger begrenzt. Sie liegen unterhalb der beim Schruppdrehen einzustellenden Größen. Bei der Analyse fiel auf, daß die Anwendungsempfehlungen japanischer Hersteller eher zu niedrigen Schnittdaten tendieren. Die Ursache dafür dürfte nicht in der Qualität der Schneidstoffe, sondern in dem Bestreben nach erhöhter Prozeßsicherheit begründet sein.

Heute verfügbare Cermets lassen sich in drei Gruppen einteilen: Der ersten Gruppe sind hoch verschleiß- und oxidationsbeständige Sorten zum Feinschlichten bei höchsten Schnittgeschwindigkeiten und kleinen Spanungsquerschnitt zuzuordnen. Die Werkstücke sollten vorgedreht sein oder - z. B. als Umformteile - vergleichbar gute Oberflächen und Rundlaufgenauigkeiten besitzen. Ist dies gegeben, dann können auf ausreichend steifen Maschinen Qualitäten um IT 7 und Oberflächengüten wie beim Schleifen erreicht werden.

Die zweite Gruppe sind Cermets, die sich zum Schlichten eignen. Diese Aufgabe erfordert eine ausgewogene Kombination zwischen Verschleißfestigkeit

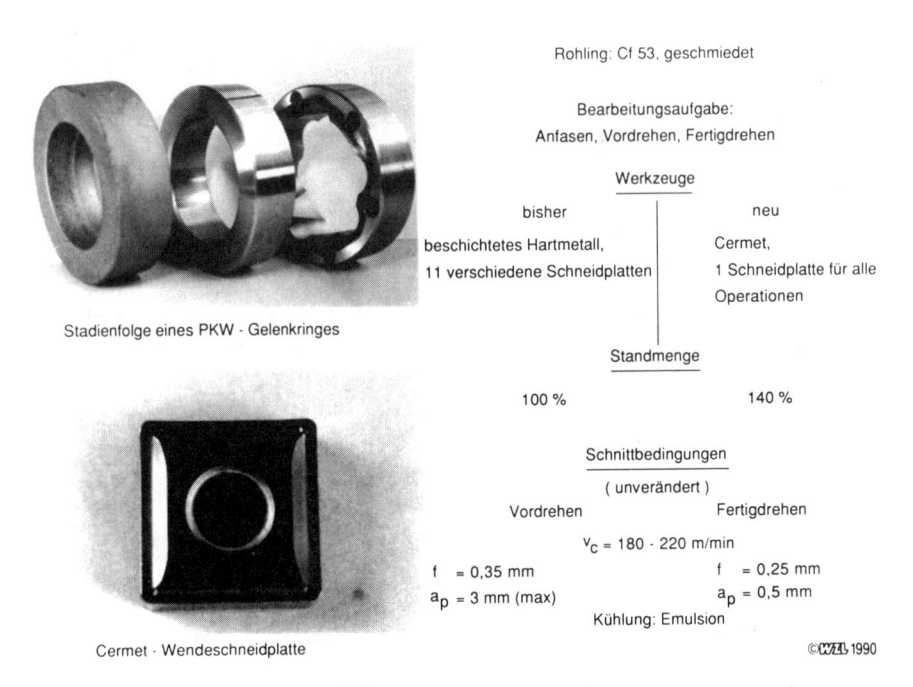

Bild 5: Leistungsvergleich Hartmetall - Cermet (nach: Mercedes-Benz)

und Zähigkeit, weil mit größeren Spanungsquerschnitten gearbeitet wird. Besonders beim ersten Schnitt ist je nach Beschaffenheit des Werkstücks mit wechselnder Schnittiefe oder mit leichter Schnittunterbrechung zu rechnen.

Die Cermets zum Schrupp-Schlichten stellen die dritte Gruppe dar. Sie weisen das beste Zähigkeitsverhalten auf. Verglichen mit Hartmetallen der Gruppe P sind sie bezüglich der Zähigkeit etwa in den Bereich P10 - P15 einzuordnen. Eine direkte Vergleichbarkeit der Cermets mit herkömmlichen Hartmetallen ist allerdings aufgrund der unterschiedlichen Zusammensetzungen nicht gegeben. Beim Drehen sind Schnitte mit vergleichsweise großen Spanungsquerschnitten entsprechend Bild 4 möglich. Die Schneidstoffe können bei wechselnden Schnittiefen, für leicht unterbrochene Schnitte und zum (Schlicht-) Fräsen eingesetzt werden.

Neben hohem Verschleißwiderstand wird Zerspanwerkzeugen, die im kontinuierlichen Schnitt arbeiten, auch "Leistung" bei der Spanformung und der Spanbrechung abverlangt. Ein Praxisbeispiel **(Bild 5)** zeigt, welches Potential in diesem Fall zusätzlich zum Gewinn an Standmenge erschlossen werden kann. Bei unveränderten Schnittbedingungen werden die Maschinen mit einem Plattentyp statt wie bisher mit 11 verschiedenen ausgerüstet. Dadurch vereinfachen und verbilligen sich z. B. die Bestellabwicklung und die Lagerhaltung.

Die "zäheren" Cermet-Qualitäten eignen sich gut zum Schlichtfräsen von Stahl-

Anfasen von Verzahnungen

Cermet 260
HM-TiN PVD 150
HSS-TiN 50
Schnittgeschwindigkeit (m/min)

Cermet 600
300
200
Standmenge (Stück)

25%
70%
100%
Werkzeugkosten je Werkstück

Umfangsfräsen im Gleichlauf

Schnittgeschwindigkeit v_c m/min
300
200
100
0

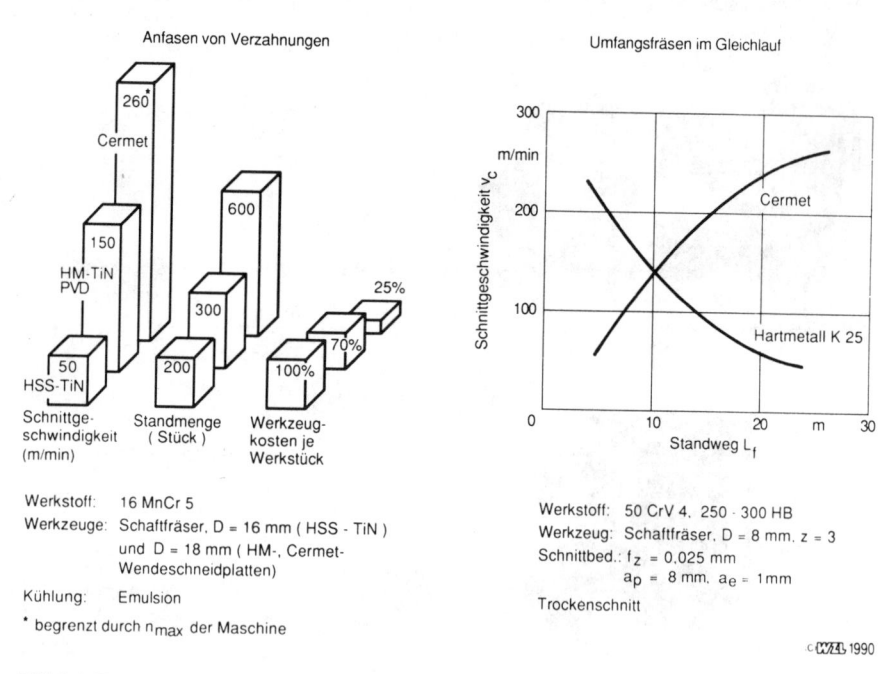

Cermet
Hartmetall K 25

10 20 m 30
Standweg L_f

Werkstoff: 16 MnCr 5
Werkzeuge: Schaftfräser, D = 16 mm (HSS - TiN) und D = 18 mm (HM-, Cermet-Wendeschneidplatten)
Kühlung: Emulsion
* begrenzt durch n_{max} der Maschine

Werkstoff: 50 CrV 4, 250 - 300 HB
Werkzeug: Schaftfräser, D = 8 mm, z = 3
Schnittbed.: f_z = 0,025 mm
a_p = 8 mm, a_e = 1 mm
Trockenschnitt

© WZL 1990

Bild 6: Fräsen mit Cermet (nach: VW-Kassel, Hertel)

und Gußwerkstoffen bei hohen Schnittgeschwindigkeiten. Sie konkurrieren dabei hauptsächlich mit Hartmetall (Bild 6), auch mit PVD-beschichtetem /28/.

Grundsätzlich sollte mit Cermets trocken gefräst werden, um eine schroffe Abkühlung der Schneiden durch den Kühlschmierstoff zu vermeiden. Damit bieten diese Schneidstoffe die Chance, Umweltbelastungen, die aus dem Einsatz und der Entsorgung von Kühlschmierstoffen resultieren, zu vermindern. Falls eine Flüssigkeit zum Ausschwemmen der Späne unerläßlich ist, wäre die Frage nach ihrer Zusammensetzung neu zu stellen, da verschleißmindernde Additive entfallen könnten. Neue, umweltfreundliche Rezepturen müßten möglich werden.

Zwischen den Eigenschaftsprofilen von Hartmetall und Schnellarbeitsstahl besteht eine Lücke, die sich bisher noch nicht schließen ließ. In diese Lücke hinein wurde ein neues, sehr feinkörniges und zähes Hartmaterial entwickelt. Es besteht zu etwa 50 % aus extrem feinkörnigem Titannitrid. Die Korngröße liegt bei 0,1 µm. Diese Hartstoffphase ist sehr gleichmäßig in einer wärmebehandelbaren Stahlmatrix dispergiert.

Durch kaltisostatisches Pressen und nachfolgendes Heißextrudieren (1100 °C - 1200 °C) in einer geschlossenen, evakuierten Kapsel wird der Hartstoff mit Rundmaterial aus zähem Werkzeugstahl oder HSS verbunden. Nach der

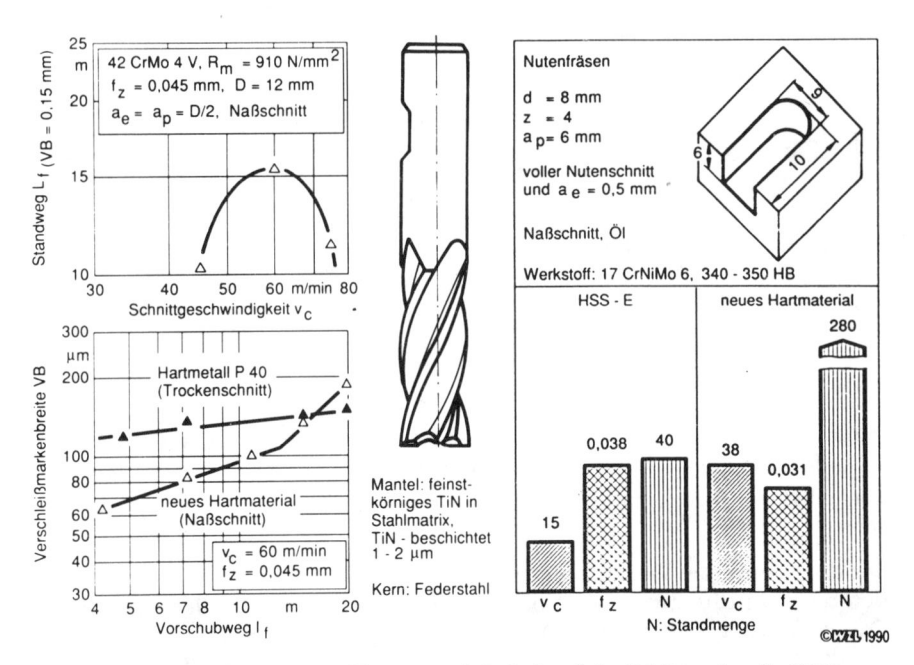

Bild 7: Leistung eines neuen Hartmaterials beim Schaftfräsen (nach: WZL, Sandvik)

Wärmebehandlung dieses Verbundes erfolgt die Formgebung von Werkzeugen, z. B. von Schaftfräsern, durch Schleifen. Das nachfolgende Beschichten mit TiN (1 µm - 2 µm) steigert die Verschleißfestigkeit zusätzlich (Bild 7).

Der Hartstoffmantel, dessen Dicke etwa 15 % des Durchmessers beträgt, erhöht den Elastizitätsmodul des Verbundkörpers um rund 40 % gegenüber Stahl. Dies bringt bei auskragenden Werkzeugen Vorteile hinsichtlich geringerer Abdrängung als bei HSS. Die Präzision der gefrästen Flächen wird verbessert. Im Vergleich zu HSS-Werkzeugen lassen sich bei höherer Schnittgeschwindigkeit erhebliche Standmengengewinne erzielen (Bild 7, rechts) /29, 30/.

Die Ergebnisse von Laborversuchen zeigen, daß eine sorgfältige Optimierung der Schnittbedingungen, hier der Schnittgeschwindigkeit, Voraussetzung für das vollständige Ausnutzen der Leistungsfähigkeit auch dieses Schneidstoffs ist (Bild 7, links) /31/.

Im direkten Vergleich mit Hartmetall wird deutlich, daß der Verbundschneidstoff beim Schaftfräsen geringeren Anfangsverschleiß aufweist. In dieser Phase ergeben sich Vorteile durch geringe Kräfte und einen gleichmäßigen Schnitt. Der wesentliche Vorteil gegenüber Hartmetall liegt insgesamt weniger in der Verschleißfestigkeit als in der Zähigkeit des neuen Schneidstoffs. Gerade beim Schaftfräsen führt unter labilen Bedingungen oft der Totalbruch zur Zerstörung der Werkzeuge, noch ehe ein vorgegebenes Verschleißkriterium oder ein bestimmter Fräsweg erreicht ist. Die Zukunft wird zeigen, bis zu welchem Grad das neue, feinstkörnige Hartmaterial auch in der Praxis zur Minderung dieser Probleme beitragen kann.

2.2 Oberflächentechniken

2.2.1 Beschichten von Zerspanwerkzeugen

Heute sind etwa 60 % aller zum Zerspanen verwendeten Hartmetalle beschichtet. Beim Drehen liegt der Anteil mit 80 % höher als bei anderen Verfahren, insbesondere dem Fräsen, wo erst ca. 35 % der Hartmetallwerkzeuge beschichtet sind /9, 32, 33/.

Das Standardverfahren zum Beschichten von Hartmetall ist auch heute noch fast ausschließlich die Chemical-Vapour-Deposition (CVD). Mit diesem ausgereiften Prozeß lassen sich bei Temperaturen um 1000 °C Hartstoffe wie TiC, TiN, Ti(C,N), Al_2O_3, AlON und andere einzeln oder, wie heute üblich, in verschiedenen Kombinationen als Mehrlagenschichten aus der Gasphase abscheiden /32-37/.

Die erwartete hohe Verschleißfestigkeit derart beschichteter Hartmetalle ist bei den Beanspruchungen, wie sie überwiegend beim Drehen vorliegen, gegeben. Das zeigt der sehr große Anteil beschichteter Hartmetalle bei diesem Fertigungsverfahren.

Beim Fräsen, und überhaupt bei unterbrochenen Schnitten, sind neben dem

Verschleißwiderstand auch die Schlagfestigkeit und die Temperaturwechselbeständigkeit der Schneide entscheidend für ihre Standzeit. Die Schneidkante muß hohen Widerstand gegen abrasiven Verschleiß und vor allem gegen Kamm- und Querrisse besitzen.

Der Widerstand gegen mechanisch oder thermisch ausgelöste Rißbildung hängt von zwei Faktoren ab: dem Eigenschaftsprofil des Substrats im Bereich der Schneidkante und der "Haftung" des Hartstoff-Schichtsystems am Substrat. Dementsprechend konzentrieren sich Neu- und Weiterentwicklungen beschichteter Hartmetalle verstärkt auf die Verbesserung der Kantenstabilität. Dieses Ziel läßt sich auf unterschiedliche Art und Weise erreichen:

* durch Beibehalten des CVD-Prozesses,

* durch Anwendung des Plasma-CVD-Prozesses (P-CVD),

* durch Einsatz der PVD-Beschichtungstechnik oder

* durch Feinstkornsubstrate.

Beim "klassischen" Hochtemperatur-CVD-Prozeß wird die Stabilisierung der Schneidkante durch die Beeinflussung der Materialeigenschaften im Bereich des Übergangs Substrat/Schicht angestrebt **(Bild 8)**. Eine Technik ist das Aufbringen von Titannitrid- oder Titancarbonitrid-Zwischenschichten. Der-

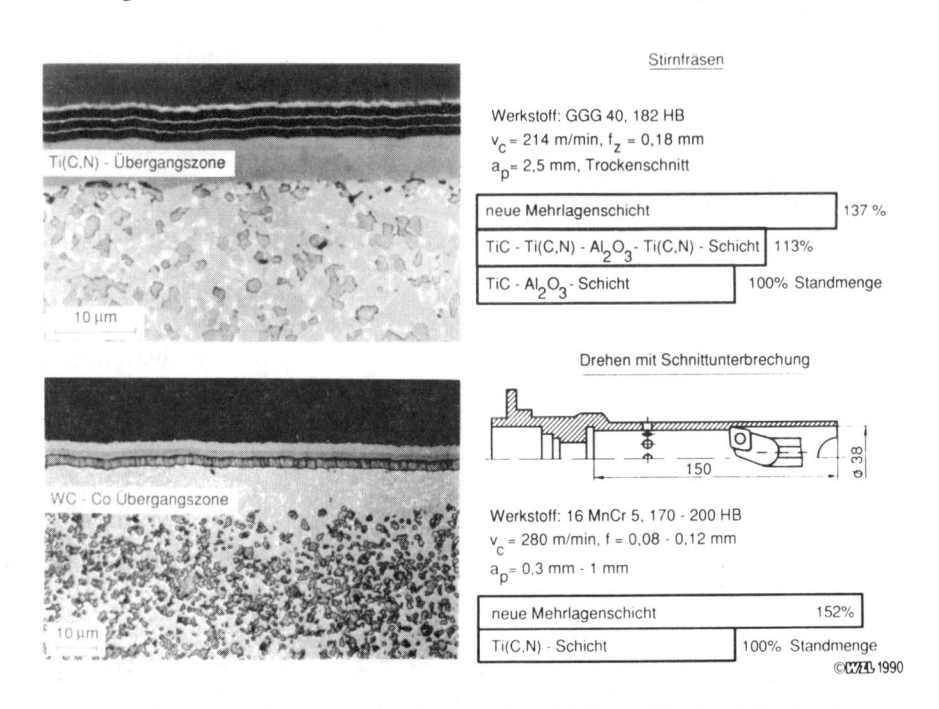

Stirnfräsen

Werkstoff: GGG 40, 182 HB
v_c = 214 m/min, f_z = 0,18 mm
a_p = 2,5 mm, Trockenschnitt

neue Mehrlagenschicht	137 %
TiC - Ti(C,N) - Al_2O_3 - Ti(C,N) - Schicht	113%
TiC - Al_2O_3 - Schicht	100% Standmenge

Drehen mit Schnittunterbrechung

Werkstoff: 16 MnCr 5, 170 - 200 HB
v_c = 280 m/min, f = 0,08 - 0,12 mm
a_p = 0,3 mm - 1 mm

neue Mehrlagenschicht	152%
Ti(C,N) - Schicht	100% Standmenge

Bild 8: Höhere Standmengen durch neue, beschichtete Hartmetalle (nach: Kennametal, Plansee)

artige Zwischenschichten wirken als eine Art "Puffer" zwischen dem vergleichsweise weichen und zähen Substrat und den wesentlich härteren und spröderen Carbiden, Nitriden oder Oxiden der Schicht. Das Anwendungsbeispiel (Bild 8, oben) zeigt, daß sich beim Fräsen signifikante Standmengengewinne zugunsten derart konzipierter neuer Hartmetalle im Vergleich zu älteren Beschichtungen ergeben /35/.

Eine andere Methode zur Stabilisierung der Schneidkante ist die Herstellung von Substraten, deren Randzone frei von TiC/TaC/NbC-Mischkristallen ist (Bild 8, unten). Sie besteht praktisch nur aus Wolframcarbid und Cobalt. Der Cobaltgehalt in der Randzone liegt höher als im Inneren. Damit besitzt sie eine für Hartmetalle der Anwendungsgruppe K charakteristische Zusammensetzung. Derartige Hartmetalle weisen, vor allem wenn sie feinkörnig sind, eine so hohe Kantenfestigkeit auf, daß sie sich sogar zur Zerspanung einsatzgehärteter Stähle eignen. Die Randzone zu beschichtender Hartmetalle mit derartigen mechanischen Eigenschaften zu versehen und den Verschleißwiderstand durch Aufbringen eines Hartstoff-Schichtsystems zu erhöhen, ist eine anspruchsvolle Methode, die Leistungsfähigkeit beschichteter Hartmetalle zu verbessern. Beim Drehen im teilweise unterbrochenen Schnitt erbringen nach diesem Konzept beschichtete Werkzeuge deutlich höhere Standmengen /38,39/.

Eine dritte Variante, das Zähigkeitsverhalten CVD-beschichteter Hartmetalle zu verbessern, ist der in **Bild 9** dargestellte Schichtaufbau. Mittels katalytischer Aktivierung wird die Abscheidung der Hartstoffe beschleunigt und eine sehr fein strukturierte Schicht erzeugt. Als Übergang zum Substrat dient eine 2 µm - 3 µm dicke TiN-

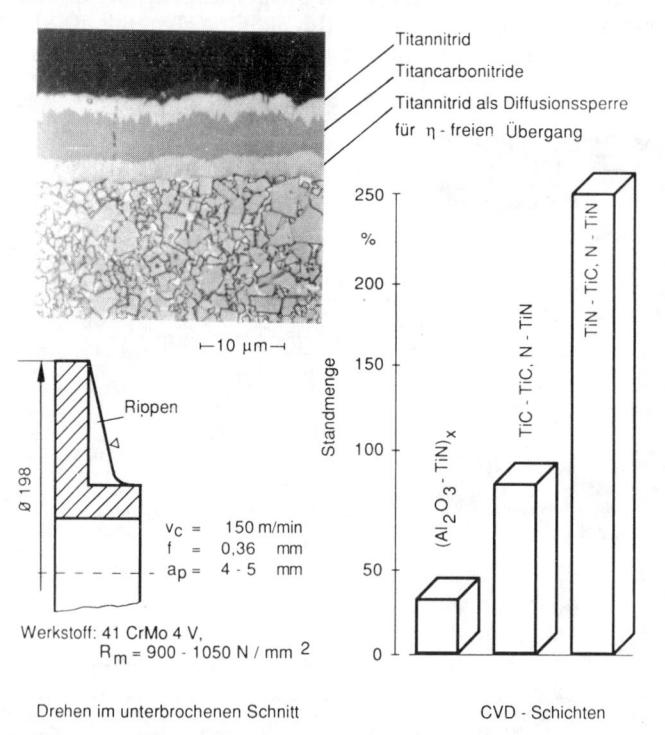

Bild 9: Leistung eines neuen, CVD-beschichteten Hartmetalls (nach: Krupp)

Schicht. Sie wirkt während des Beschichtens als Diffusionssperre und unterbindet die Gefahr, daß sich spröde η-Phasen im Interface bilden. Der weitere Schichtaufbau besteht aus einer Titancarbonitridschicht und einer äußeren Deckschicht aus TiN.

Das verbesserte Zähigkeitsverhalten derart beschichteter Hartmetalle läßt sich in Form höherer Standmengen vor allem beim Zerspanen im unterbrochenen Schnitt nutzen.

Die CVD-Beschichtung ist durch folgende wesentliche Merkmale zu charakterisieren:

* hohe Beschichtungstemperatur (ca. 1000 °C),

* lange Beschichtungszeit (bis 12 h),

* Bildung der Hartstoffe aus der Gasphase und

* sehr gute Schichthaftung durch Diffusion.

Während des Beschichtens ist die Gefahr der Bildung von Sprödphasen im Interface gegeben. Nach dem Beschichten liegen in den Randzonen Zugeigenspannungen vor.

Die für bestimmte Anwendungen weniger erwünschten Auswirkungen der (Hochtemperatur-) CVD-Beschichtung lassen sich durch eine neue Prozeßvariante, die "Plasmaunterstützte CVD-Beschichtung" (P-CVD), vermeiden. Das Verfahren arbeitet bei einer Temperatur von ca. 500 °C. Bei dieser Temperatur reicht die thermische Energie alleine nicht aus, die chemischen Reaktionen zur Bildung der Hartstoffe aus der Gasphase einzuleiten. Deshalb wird dem Prozeß durch ein gepulstes Plasma zusätzlich Energie zugeführt /33, 34, 40/.

Technisch realisiert ist das Beschichten mit Titannitrid. Es entstehen fein strukturierte, gut haftende Schichten **(Bild 10)**. Wie beim thermisch aktivierten CVD-Prozeß lassen sich durch Änderung der Gaszusammensetzung auch hier Mehrlagenschichten, z. B. TiN-Ti(C,N)-TiN, herstellen. Die Reaktionspartner umspülen die Substrate, so daß keine Abschattungseffekte auftreten und auch Teile mit komplexer Geometrie gleichmäßig beschichtet werden.

Durch das Absenken der Temperatur bleiben die Eigenschaften des Hartmetallsubstrats während des Beschichtens weitgehend unbeeinflußt. Die Eigenspannungen liegen nach dem Beschichten im Druckbereich. An P-CVD-beschichteten Hartmetallen wurden um etwa 30 % höhere Biegefestigkeiten gemessen als an CVD-beschichteten.

Diese Eigenschaften P-CVD-beschichteter Hartmetalle wirken sich positiv auf ihre Leistung beim Zerspanen höherfester Stahlwerkstoffe im unterbrochenen Schnitt aus. Vor allem die während des Beschichtens nicht verminderte Zähigkeit des Substrats setzt die Empfindlichkeit des Verbundes gegen Kammrißbildung und Versagen durch Bröckelung deutlich herab. Das Anwendungsbeispiel "Scheibenfräsen" (Bild 10) belegt diesen Sachverhalt. Gegenüber dem unbeschichteten Substrat vermindert sich der Standweg nach einer

**Hartmetall P 25 / TiN,
P - CVD - beschichtet**

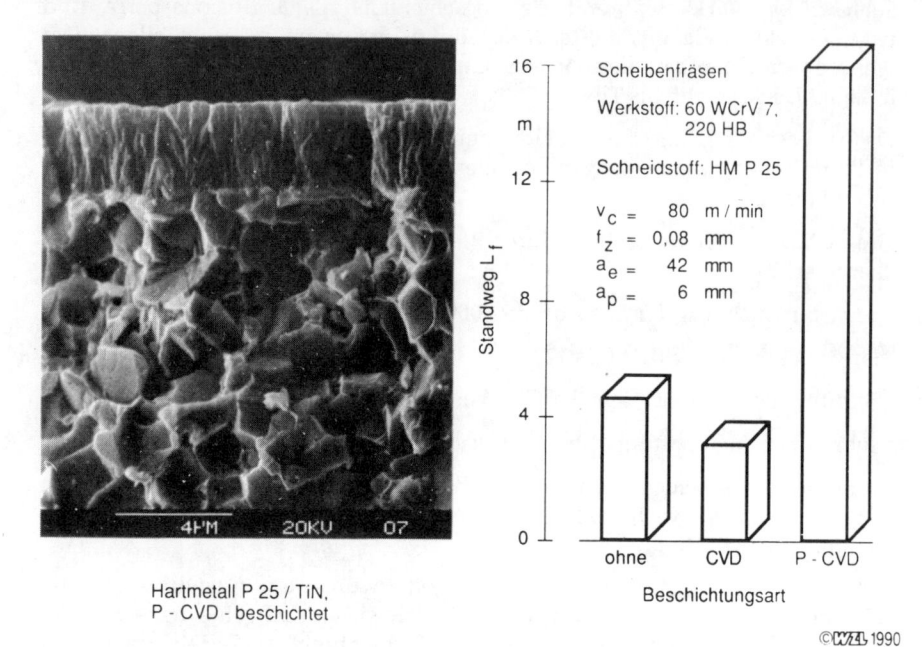

Bild 10: Leistung eines neuen P-CVD-beschichteten Hartmetalls beim Scheibenfräsen (nach: Krupp)

CVD-Beschichtung, während er nach einer P-CVD-Beschichtung um über 300 % größer ist.

Neuerdings werden auch Hartmetalle im PVD-Prozeß (Physical Vapour Deposition) bei Temperaturen um 500 °C beschichtet. Die Anwendung des PVD-Verfahrens erfolgt wiederum vorrangig mit dem Ziel, die Kantenfestigkeit des beschichteten Produkts zu verbessern /34, 41-45/.

Infolge der niedrigen Beschichtungstemperatur verändern sich, ähnlich wie beim P-CVD-Prozeß, die Eigenschaften des Substrats während des Beschichtens praktisch nicht. Vor allem Sprödphasen können in diesem Temperaturbereich nicht entstehen.

Laborversuche beim Drehen von vergütetem Stahl im unterbrochenen Schnitt (Leistendrehtest) geben Aufschluß über die Wirkung unterschiedlicher Glühzyklen auf die Leistungsfähigkeit von Hartmetallsubstraten **(Bild 11)**. Hartmetall, das bei 550 °C eine Stunde lang im Vakuum geglüht wurde, weist danach praktisch die gleiche Zerspanleistung auf wie unbehandeltes. Erfolgt das Vakuumglühen bei 1050 °C über eine Zeitspanne von 10 Stunden, ein Zyklus, der einer Wärmebeanspruchung bei der CVD-Beschichtung entspricht, dann fällt die Leistung des Hartmetalls in diesem Zerspantest deutlich ab (Bild 11, oben). Die Ursache dafür liegt auch in der Bildung von η-Phasen infolge von Abkohlung im Vakuum. Im CVD-Beschichtungsprozeß unterbleibt dies aufgrund der Reaktionsgase in Rezipienten.

Die CVD-Beschichtung verbessert dementsprechend die Schneidleistung gegenüber dem geglühten, unbeschichteten Substrat. Sie erweitert aber hier den Bereich der anwendbaren Schnittgeschwindigkeit nicht (Bild 11, unten). Der Schneidstoff erliegt, gleich ob unbeschichtet

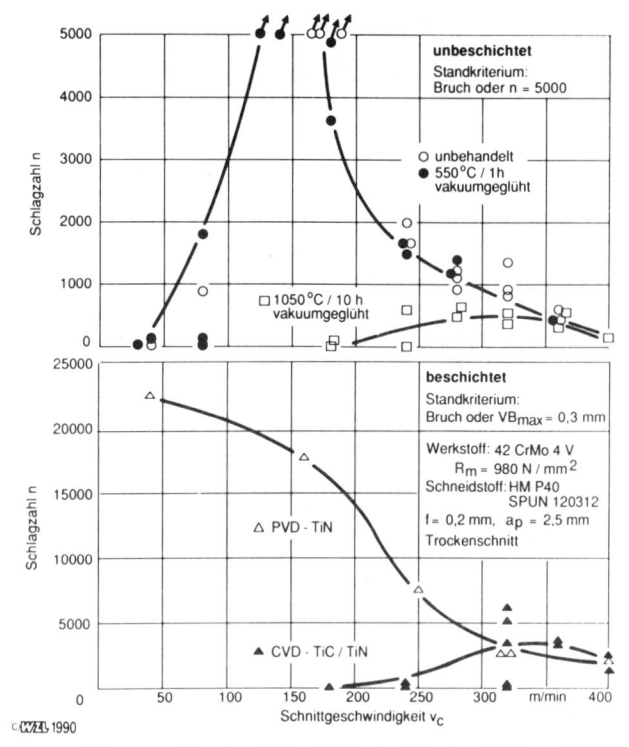

Bild 11: Verschleißverhalten wärmebehandelter und beschichteter Hartmetalle im Leistendrehtest

oder beschichtet, durch Bröckelung. Dieses Schadensbild deutet auf ein Defizit im Zähigkeitsverhalten hin /46/.

Eine PVD-Beschichtung erweitert den Bereich der anwendbaren Schnittbedingungen deutlich zu niedrigen Schnittgeschwindigkeiten hin bis in einen Bereich, der auch von beschichtetem HSS abgedeckt wird. Bei den niedrigen Schnittgeschwindigkeiten erliegen die Schneiden durch Freiflächenverschleiß und nicht mehr durch Rißbildung und Bröckelung. Die Ursachen für das verbesserte Zähigkeitsverhalten sind in den unbeeinflußten Eigenschaften des Substrats und in den günstigen Druckeigenspannungen, die beim PVD-Beschichten von Hartmetall entstehen, begründet.

Mit dem CVD-, dem P-CVD und dem PVD-Prozeß stehen drei Techniken zur Beschichtung von Hartmetallen zur Verfügung. Die beschichteten Produkte weisen je nach Prozeß unterschiedliche Eigenschaften auf. Daraus lassen sich Hinweise auf eine beanspruchungsgerechte Schneidstoffauswahl ableiten.

CVD-beschichtete Hartmetalle bewähren sich vor allem in glatten bis leicht unterbrochenen Schnitten bei der Bearbeitung von gut zerspanbaren C-Stählen, niedriglegierten Stählen und Gußwerkstoffen. Bei derartigen Bearbei-

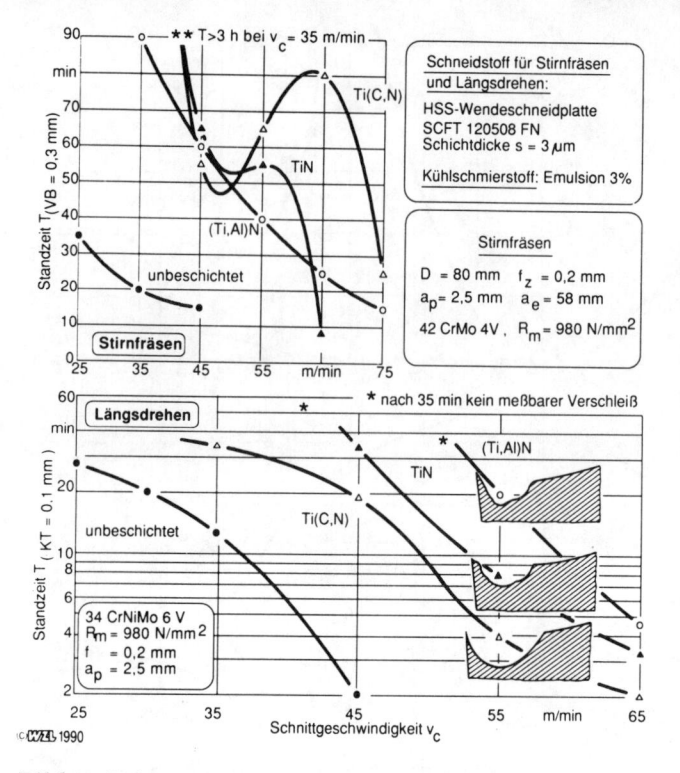

Bild 12: Leistungsvergleich beschichteter HSS-Werkzeuge

tungsaufgaben konkurrieren sie mit den Cermets. P-CVD- und PVD-beschichtete Schneiden wurden vor allem für Anwendungen im unterbrochenen Schnitt entwickelt. Sie sind auch gut geeignet für Arbeiten unter instabilen Verhältnissen und bei niedrigen Schnittgeschwindigkeiten. Mit ihnen lassen sich hochfeste legierte Stähle besonders vorteilhaft bearbeiten.

Obwohl der Schneidstoff und seine Eigenschaften häufig im Mittelpunkt des Interesses stehen, darf keinesfalls vergessen werden, daß sein Leistungspotential nur in Verbindung mit einer auf die Bearbeitungsaufgabe abgestimmten Geometrie, einer geeigneten Befestigungstechnik und hochwertigen Trägermodulen optimal genutzt werden kann.

Das Beschichten mit Titannitrid im PVD-Prozeß ist eine seit Jahren bewährte Methode zur Steigerung der Verschleißfestigkeit von HSS-Werkzeugen. Neuere, noch nicht so weit verbreitete Hartstoffsysteme für diese Anwendung sind Titancarbonitrid (Ti(C,N)) und Titanaluminiumnitrid ((Ti,Al)N). Seit etwa 1 1/2 Jahren werden Schaftfräser mit Ti(C,N)-Schichten angeboten. Die Markteinführung von Spiralbohrern mit (Ti,Al)N-Schichten läuft gegenwärtig an /43, 47-56/.

Gesicherte Erkenntnisse darüber, welcher Hartstoff bei welchem Bearbeitungsverfahren optimale Ergebnisse bringt, liegen noch nicht vor. Versuche bei Werkzeugherstellern und im Labor deuten bisher übereinstimmend darauf hin, daß sich Ti(C,N)-Schichten u. a. gut für das Fräsen eignen.

Systematische Untersuchungen beim Stirnfräsen mit TiN-, Ti(C,N)- und

(Ti,Al)N-beschichteten HSS-Wendeschneidplatten belegen dies (**Bild 12**). Im Bereich der hohen, nur mit beschichteten HSS-Schneiden realisierbaren Schnittgeschwindigkeiten nimmt die Standzeit in der Reihenfolge (Ti,Al)N, TiN, Ti(C,N) zu. Aber auch bei niedrigen Schnittgeschwindigkeiten sind Ti(C,N)- und TiN-Schichten überlegen.

Beim Drehen zeigen dieselben Wendeschneidplatten ein anderes Verhalten. Hier nehmen die Standzeiten von (Ti,Al)N über TiN zu Ti(C,N) hin ab (Bild 12, unten). In derselben Reihenfolge nimmt die Wärmeleitfähigkeit der Hartstoffe zu. Daraus ist zu folgern, daß hauptsächlich die Temperatur des HSS-Substrates unmittelbar unterhalb der Kontaktzone standzeitbestimmend ist und weniger der Verschleißwiderstand der Schicht. Bei verminderter Schnittgeschwindigkeit, was gleichbedeutend mit einer Absenkung der Temperatur in der Kontaktzone ist, lassen sich beim Drehen mit Ti(C,N)- und TiN-beschichteten Werkzeugen gleichlange Standzeiten realisieren wie mit (Ti,Al)N-beschichteten.

Die unterschiedlichen Kolkprofile, die qualitativ in gleicher Weise auch beim Fräsen entstehen, zeigen, daß die Kontaktzone des (Ti,Al)N-beschichteten Werkzeugs am nächsten an die Schneidkante heranrückt. Dies erhöht vor allem bei diskontinuierlichen Schnitten die Gefahr von Mikroausbrüchen. Bei TiN- und Ti(C,N)-beschichteten Schneiden ist die Kantenbelastung geringer, weil die Kontaktzone weiter innen liegt.

Aus den Ergebnissen dieser Laborversuche zeichnen sich Ansätze für einen an die Schichteigenschaften angepaßten Einsatz der drei Hartstoffe ab. Ist die thermische Beanspruchung standzeitbestimmend, weil die Anlaßtemperatur des Substrats überschritten wird, dann sind Schichten mit geringer Wärmeleitfähigkeit vorteilhaft. Bei Verwendung von Hartstoffschichten mit guter Wärmeleitfähigkeit ist die thermische Belastung der Kontaktzone durch Senken der Schnittgeschwindigkeit zu vermindern.

Erliegen die Werkzeuge überwiegend durch mechanische Überlastung der Schneidkante, wie z. B. beim Fräsen, dann sind Schichten, die eine Verlagerung der Kontaktzone von der Schneidkante weg bewirken, vorteilhaft. Andernfalls sind die Vorschübe zu vergrößern, um diesen Effekt herbeizuführen /57/.

Die Ausführungen zum Beschichten von Zerspanwerkzeugen zeigen, daß immer der Verbund aus Substrat und Hartstoffschicht zu betrachten ist, wenn abgeschätzt werden soll, ob und unter welchen Bedingungen Hartstoffschichten vorteilhaft eingesetzt werden können. Bei Hartmetallsubstraten begrenzt eher das Zähigkeitsverhalten des Verbundes den Einsatzbereich. Bei HSS-Werkzeugen ist es trotz Beschichtung immer noch die Anlaßbeständigkeit des Substrats.

2.2.2 Beschichten von Umformwerkzeugen

Umformen ist im Regelfall ein Nachformen im Ganzen, wobei die Werkzeuggravur und andere formgebende Werkzeugelemente als analoge Speicher für die Form und die Maße des Werkstücks dienen. Verändern sie sich infolge von Verschleiß oder anderen Einflüssen, so wirkt sich dies direkt auf die Qualität der Werkstücke aus. Ein Ausgleichen des Verschleißes durch Nachstellen der Werkzeuge, wie es bei spanenden Fertigungsverfahren vielfach gehandhabt wird, ist hier nicht möglich. Folglich ist der Gewinn durch Werkzeugstoffe und Veredelungsmethoden, die den Verschleißwiderstand verbessern, bei Umformwerkzeugen oft viel größer als bei Zerspanwerkzeugen.

Das PVD-Beschichten mit Hartstoffen ist eine hervorragende Methode, um die Leistungsfähigkeit von Werkzeugen zum Schneiden und zum Kaltumformen zu steigern (Bild 13). Anhand dieses Praxisbeispiels läßt sich verfolgen, wie durch die Anwendung der PVD-Beschichtung sowohl für Werkzeugelemente aus Kaltarbeitsstahl als auch aus Hartmetall erhebliche Standmengensteigerungen erreicht werden konnten.

Um dieses Potential zu nutzen, müssen seitens der zu beschichtenden Werkstoffe einige Voraussetzungen erfüllt sein. Sie müssen bei den Prozeßtemperaturen, die für titanbasierte Hartstoffe zwischen 250 °C und 550 °C liegen, vakuumtauglich sein. Das Ergebnis der Wärmebehandlung, die der Werk-stoff zum Erzeugen seiner Gebrauchseigenschaften durchlaufen muß, darf nicht durch die beim Beschichten erforderlichen Temperaturzyklen beeinträchtigt werden. Die Oberflächen-

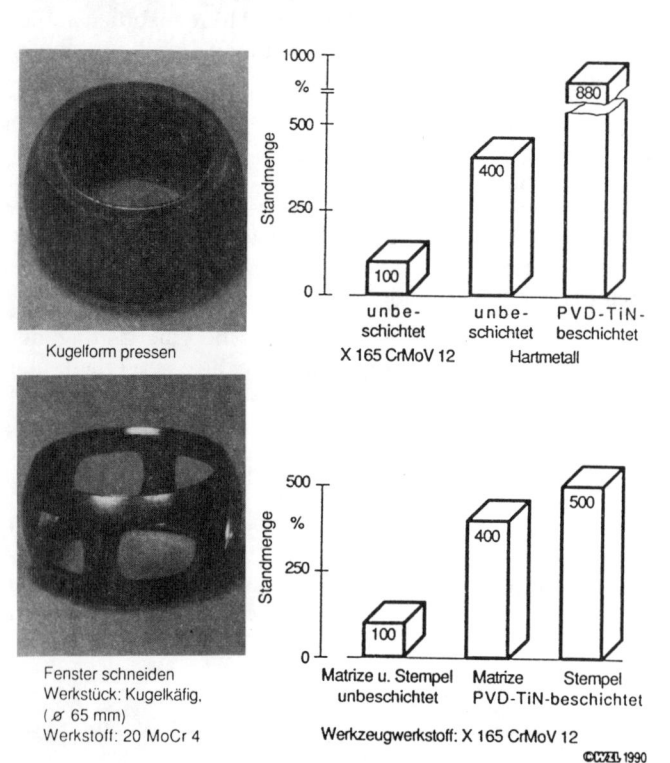

Bild 13: Beschichtung steigert die Leistung von Schnitt- und Preßwerkzeugen (nach: Mercedes-Benz)

strukturen der zu beschichtenden Teile müssen sich so herstellen lassen, daß sie den Anforderungen des Beschichtens und der späteren Anwendung genügen. Die von der PVD-Schicht selbst verursachten Beanspruchungen, z. B. in Form von Eigenspannungen, dürfen die Gebrauchseigenschaften der beschichteten Komponenten nicht mindern /58-62/.

Besonders bei komplexen Formgebungsprozessen mit großen Umformgraden treten lokal hohe Flächenpressungen auf, die trotz Schmierung bei unbeschichteten Matrizen oft schon nach einigen wenigen Teilen zur Kaltverschweißung zwischen Werkzeug und Werkstück führen. Damit ist die Herstellbarkeit solcher Werkstücke mit unbeschichteten Werkzeugen nicht gegeben. Wird der direkte metallische Kontakt durch eine Hartstoffschicht unterbunden, dann lassen sich vielfach auch derartige Werkstücke wirtschaftlich durch Kaltumformung herstellen.

Ein Beispiel dafür ist das Kaltfließpressen von schrägverzahnten Stirnrädern (Bild 14). Strömungsorientierte Modifikationen im Einlaufbereich der Matrize und das PVD-Beschichten mit Titannitrid haben zu Standmengen weit oberhalb der Mindeststückzahl für eine wirtschaftliche Fertigung geführt /63/.

Die Qualität der fließgepreßten Zahnräder liegt innerhalb enger Grenzen. Einzelne Absolutwerte entsprechen noch nicht denjenigen wälzgefräster Räder, weil mit einer nicht vorkorrigierten Matrize gearbeitet wurde. Dieser Mangel ist jedoch durch entsprechende Änderungen an der Matrize relativ einfach zu beheben.

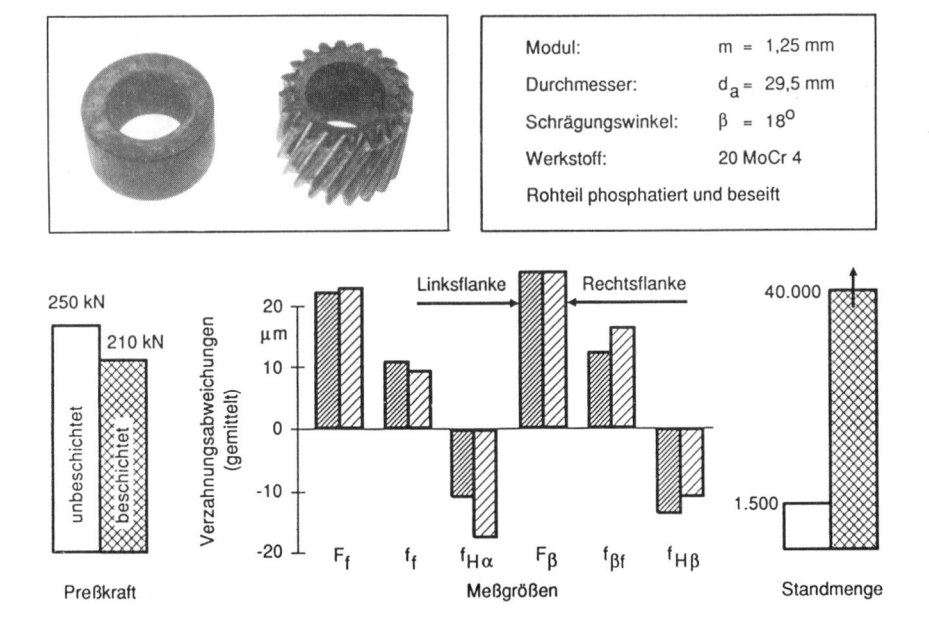

Modul:	$m = 1{,}25$ mm
Durchmesser:	$d_a = 29{,}5$ mm
Schrägungswinkel:	$\beta = 18°$
Werkstoff:	20 MoCr 4
Rohteil phosphatiert und beseift	

Bild 14: Kaltfließpressen von Stirnrädern

Für die weitere Bearbeitung der durch Kaltfließpressen hergestellten Zahnräder ist eine angepaßte Fertigungsfolge zu entwickeln. Beim Fließpressen entsteht prozeßbedingt eine Entkopplung zwischen den Lagen von Bohrung und Verzahnung. Der Bezug zwischen beiden wird wieder hergestellt, wenn das Zahnrad bei der Fertigbearbeitung der Bohrung in der Verzahnung aufgenommen wird.

Moderne Oberflächentechnologien lassen sich auch in Kombination zur Verbesserung von Werkzeugen für die spanlose Formgebung nutzen. Das Ionitrieren und anschließende Beschichten mit Titannitrid im PVD-Prozeß stellt beispielhaft eine derartige Kombination dar. Sie wurde für einen Ziehring aus dem ledeburitischen Chromstahl X 155 CrMoV 12 1 realisiert. Derartige Stähle neigen zur Bildung von Restaustenit. Die damit verbundenen Probleme lassen sich durch das Ionitrieren beseitigen. Ferner mindert diese "Zwischenschicht" den großen Härtegradienten zwischen dem Substrat (720 HV) und der TiN-Schicht (2300 HV).

Die Standmengensteigerungen bei Ersteinsatz sind beträchtlich. Sie liegen bei 500 % gegenüber unbeschichteten Werkzeugen. Die Kombination Ionitrieren und PVD-TiN-Schicht erlaubt ein dreimaliges Nachpolieren des Ziehrings, wobei nach jeder Politur nochmals etwa 80 % der Standmenge des Ersteinsatzes erreicht werden /64/.

Ebenso wie bei Zerspanwerkzeugen ist auch bei Werkzeugen zur spanlosen

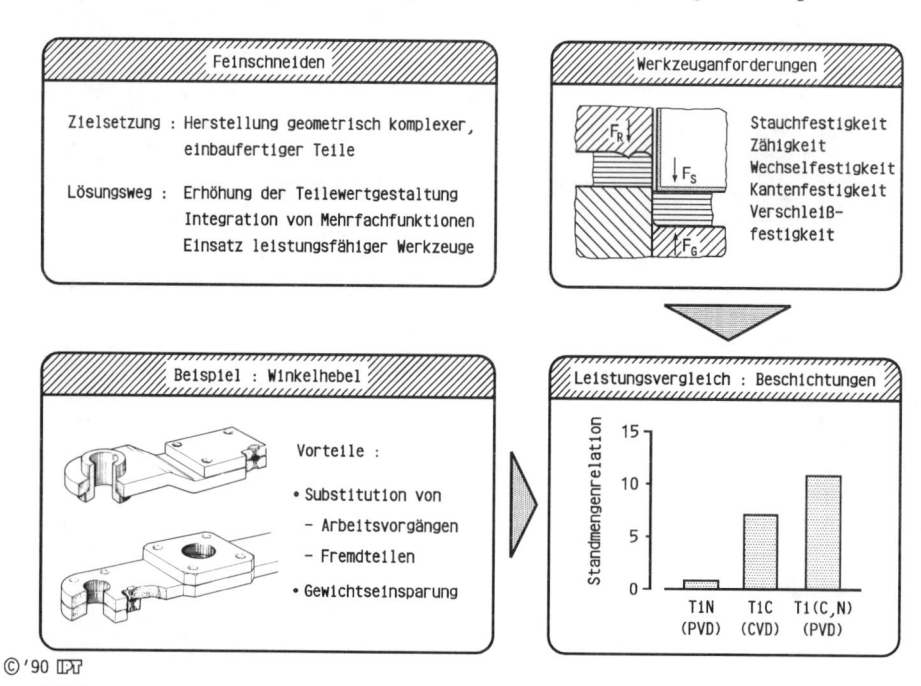

Bild 15: Leistungsvermögen von Feinschneidwerkzeugen (nach: Feintool)

Formgebung eine Optimierung der Beschichtung notwendig **(Bild 15)**. Wenn einbaufertige Werkstücke mit hoher Funktionsintegration herzustellen sind, dann summieren sich die Anforderungen an die Werkzeuge. Da eine Nachbearbeitung weitgehend ausgeschlossen ist, muß neben der Maß- und Formgenauigkeit auch die Oberfläche in der für die Funktion der Teile geforderten Qualität erzeugt werden. Dazu gehört bei geschnittenen Teilen auch die Gratfreiheit /65, 66/.

Mit der Einführung der Beschichtung werden vor allem bei hochbeanspruchten Werkzeugelementen neue Belastbarkeitsgrenzen sichtbar, die bei unbeschichteten Werkzeugen durch die verschleißbedingt kleineren Standmengen nicht in Erscheinung treten konnten.

Standmengensteigerungen um einige hundert Prozent bedeuten für die Werkzeuge eine entsprechende Erhöhung der Anzahl von Belastungszyklen. Damit kann neben dem Verschleiß auch die Ermüdung des Werkzeugstoffes die Ursache für den Ausfall von Teilen eines Werkzeugs sein. Die Hartstoffschicht bewirkt zwar eine Absenkung der Kräfte und damit der Spannungen im Werkzeug. Diese ist aber nicht so groß, daß dadurch der erhebliche Anstieg der Lastwechsel kompensiert werden könnte.

Das Schadensbild gibt vielfach auch Aufschluß darüber, welche Maßnahmen zur Verbesserung erforderlich sind. Treten Brüche an Querschnittsänderungen auf, dann ist die Gestaltung zu verbessern. Ist dies nicht möglich, so kommt der Wechsel zu einem höherwertigen Werkzeugstoff in Betracht. Bei extrem hoch beanspruchten Werkzeugelementen kann auch die Limitierung der Hubzahlen erforderlich werden, um durch Bruch bedingte Folgeschäden auszuschließen.

Bei Einsatz beschichteter Werkzeuge kann nicht unbedingt von der jeweils aktuellen Qualität der erzeugten Werkstücke auf die noch verfügbare Gebrauchsdauer der Werkzeuge geschlossen werden. Neben dem Erliegen durch Verschleiß ist von Fall zu Fall als neues Kriterium das Versagen infolge von Ermüdung in Betracht zu ziehen.

Während in nahezu allen Bereichen der Zerspanung und der Kaltumformung die Dünnschichtverfahren auf PVD- oder CVD-Basis ihr herausragendes Leistungsvermögen unter Beweis stellen, besteht in der Warmumformung ein nach wie vor hoher Bedarf zur Bereitstellung geeigneter Oberflächentechniken.

Für die mechanisch und thermisch hoch beanspruchten Werkzeuge sind mit einem Anteil von fast 70 % primär unterschiedliche Verschleißarten als Ausfallursache zu nennen **(Bild 16)**. Zur Steigerung der Verschleißfestigkeit kommen für Schmiedegesenke heute überwiegend Verfahren wie das Nitrieren oder das Beschichten mit Wolfram-Carbid zum Einsatz /67, 68/.

Typische Standmengen liegen im Bereich zwischen 5- und 20tausend Teilen. Werkstoff- und prozeßabhängig können jedoch auch deutlich geringere Standmengen auftreten. Lediglich Werkzeuge von schnellaufenden Mehrstufenpressen übertreffen die genannten Stückzahlen (s. Bild 16). Ihr komplexer Werkzeugaufbau bedingt jedoch, in Verbindung mit den zum Teil sehr un-

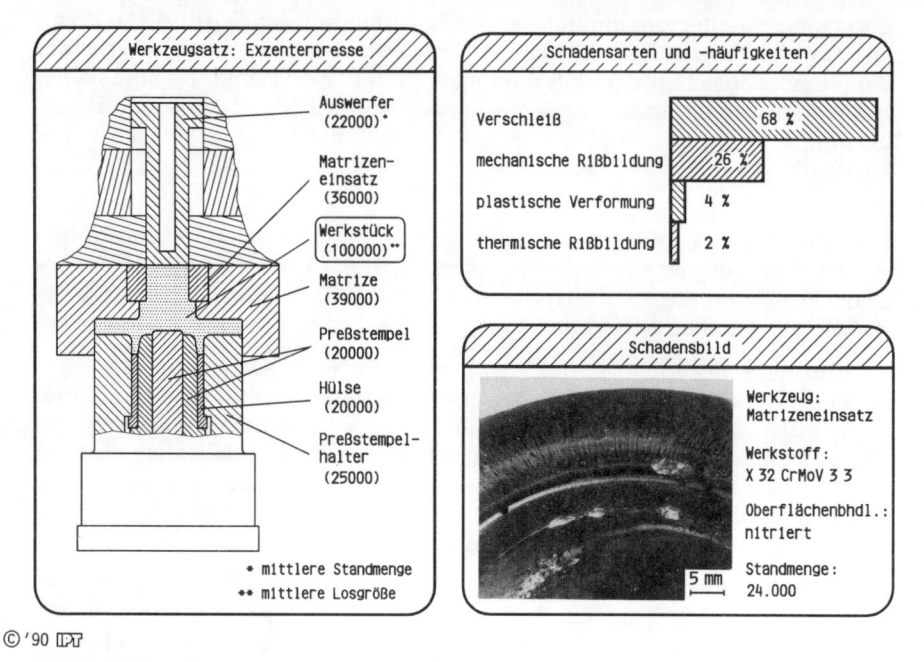

Bild 16: Charakterisierung des anwendungsspezifischen Bedarfs zur Standzeiterhöhung von Schmiedewerkzeugen

terschiedlichen Standmengen, kostenintensive Rüst- und Stillstandzeiten. Hier bieten die verschiedenen Techniken der Laseroberflächenbehandlung neue und zum Teil bisher nicht bekannte Lösungswege.

Unter dem Begriff "Laseroberflächenbehandlung" sind summarisch die Verfahren

* Umwandlungshärten,

* Umschmelzen,

* Legieren,

* Beschichten und

* Dispergieren

zusammengefaßt /69/, die sich gegenwärtig in stark unterschiedlich ausgeprägten Entwicklungs- bzw. Ausreifungsphasen befinden. Gleiches gilt für andere Kurzzeitwärmebehandlungsverfahren, die den Elektronenstrahl oder den Lichtbogen als Wärmequelle nutzen. Allen Verfahren gemeinsam ist das partielle Behandeln zur gezielten Veränderung der Oberflächeneigenschaften hochbeanspruchter Funktionszonen.

Unterscheidungsmerkmale ergeben sich zunächst aus den verfahrensspezifischen Prozeßtemperaturen. Beim Umwandlungshärten liegen sie zwischen der für die Kurzzeitbehandlung erforderlichen Austenitisierungstemperatur und der Solidustemperatur des jeweiligen Werkstoffes. Demgegenüber erfolgt die Werkstoffmodifikation bei den übrigen Verfahren über die schmelzflüssige Phase.

Darüber hinaus besteht ein weiteres Kriterium zur Differenzierung der Verfahren in den unterschiedlichen Wirkprinzipien. Aus dem Umwandlungshärten und dem Umschmelzen resultieren im wesentlichen thermisch bedingte Verbesserungen der Werkstoffeigenschaften. Dagegen führen die Techniken des Legierens, Beschichtens und Dispergierens auch zu einer chemischen Aufwertung des Materials im Oberflächenbereich.

So ermöglicht insbesondere das Laserstrahllegieren, dessen Verfahrensprinzip in **Bild 17** skizziert ist, die Erzeugung von Verbundwerkstoffen aus konventionellem Substrat und höchstlegierter Randschicht. Dadurch läßt sich eine Funktionsteilung zwischen Werkzeuggrundkörper und -randschicht erzielen, die sich bereits für erste Anwendungsbereiche der Warmumformung bewährt hat. Dies bestätigt der in Bild 17 dargestellte Standmengenvergleich /70/.

Die verschiedenartigen Beanspruchungsfälle der Schmiedetechnik bedürfen jedoch noch weitergehender Untersuchungen, um das Anwendungspotential

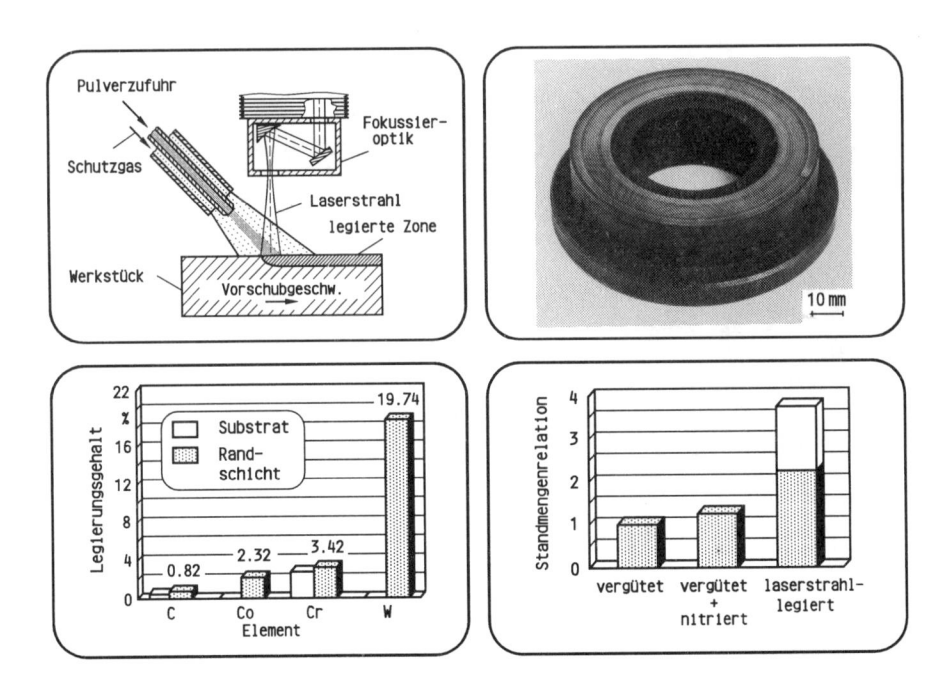

Bild 17: Laserstrahllegieren von Schmiedewerkzeugen (nach: Seissenschmidt)

dieser nicht-konventionellen Techniken abschätzen zu können.

2.3 Werkzeugkonzepte

Durch verbesserte Werkzeugstoffe und erweiterte Kenntnisse der Fertigungsverfahren entstehen immer wieder neue Chancen, Einzelprozesse zu optimieren, Bearbeitungsschritte zu eliminieren und Fertigungsfolgen neu zu gestalten.

Der Abbau "klassischer" Fertigungsfolgen wie Weichbearbeitung, Härten, Schleifen ist durch die Verfügbarkeit harter, kantenfester Schneidstoffe wie CBN, Oxidkeramik oder Feinstkornhartmetall in zunehmendem Maße möglich /71-75/.

Ein Beispiel ist das Innenräumen einer Verzahnung mit einem Werkzeug aus Feinstkornhartmetall **(Bild 18)**. Die beiden letzten Operationen der herkömmlichen Fertigungsfolge sind das Nachräumen im weichen Zustand und anschließendes Einsatzhärten. In der neuen Fertigungsfolge soll erst nach dem Härten nachgeräumt werden, so daß kein zusätzlicher Arbeitsgang anfällt. Vom Hartäumen sind die Verbesserung des Tragantiels der Verzahnung und eine bessere Schaltbarkeit des Getriebes zu erwarten, weil Maß- und Form-

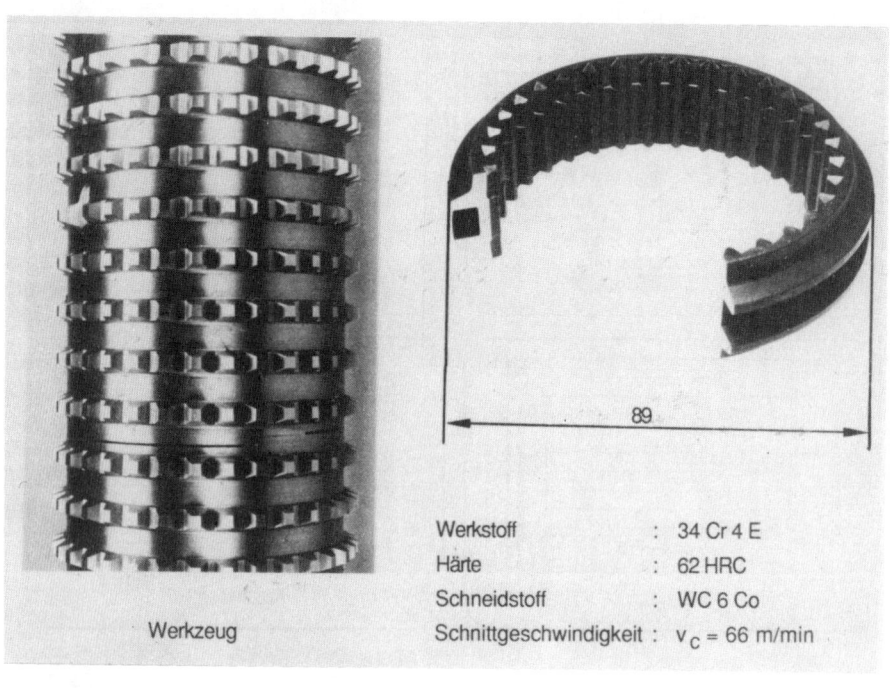

Werkstoff	: 34 Cr 4 E
Härte	: 62 HRC
Schneidstoff	: WC 6 Co
Schnittgeschwindigkeit	: v_C = 66 m/min

Werkzeug

Bild 18: Räumen einer Innenverzahnung

fehler infolge von Härteverzug beseitigt werden.

Erste Räumversuche mit einem beschichteten Werkzeug zeigten, daß sich auch für diese anspruchsvolle Bearbeitungsaufgabe Hartstoffschichten als Verschleißschutz grundsätzlich eignen /76, 77/.

Die weiter steigende Variantenvielfalt der Produkte wird die Abkehr von starren Produktionseinrichtungen und Fertigungsabläufen in Zukunft in noch stärkerem Maße erfordern als bisher. Flexibilität wird zunehmend auch in der Serienfertigung verlangt. In die Überlegung, wie größere Flexibilität zu erreichen ist, sind auch die Werkzeuge einzubeziehen. Ob beispielsweise Universal- oder Sonderwerkzeuge vorteilhafter eingesetzt werden können, läßt sich immer nur unter Berücksichtigung des gesamten Umfeldes beurteilen. Entscheidend ist vor allem, ob die Flexibilität des Werkzeugs oder die Flexibilität der Produktionsanlage erhöht werden soll.

Besteht die Forderung nach möglichst universeller Verwendbarkeit des Werkzeugs, dann wird sein Aufbau aus Standardkomponenten vorzuziehen sein. Das Sonderwerkzeug ist häufig dann notwendig, wenn sich eine Verkürzung von Taktzeiten nur noch durch Zusammenfassen von Operationen realisieren läßt. Beispiele für solche Werkzeuge zeigt **Bild 19**.

Die Diskussion über Universal- oder Sonderwerkzeuge dauert an. Vor allem bei Formwerkzeugen zum Schlichten, bei denen mehrere Schneiden exakt zueinander positioniert sein müssen, ist die Frage nach der Befestigung der Schneiden - Löten oder Klemmen - offen. Dies betrifft vorrangig hochharte Schneidkörper aus Oxidkeramik, CBN und polykristallinem Diamant sowie beschichtete

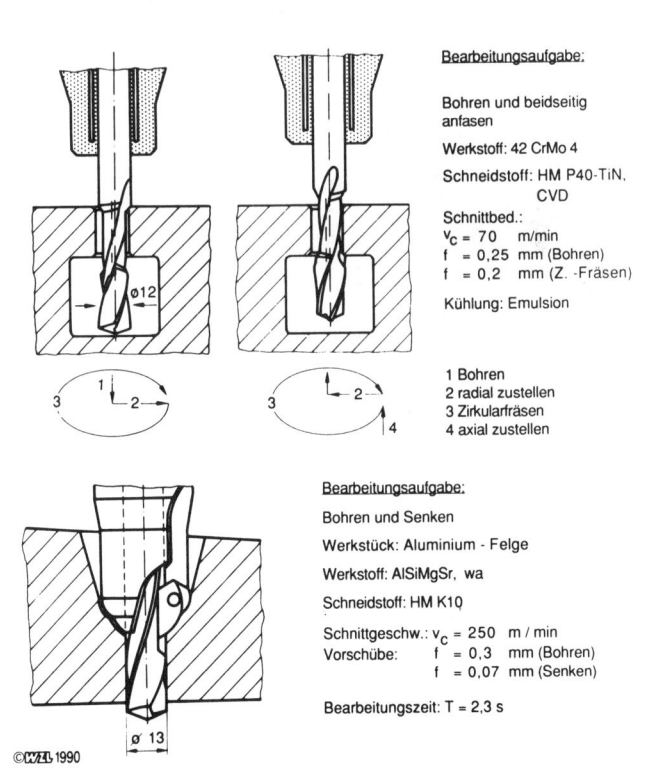

Bearbeitungsaufgabe:
Bohren und beidseitig anfasen
Werkstoff: 42 CrMo 4
Schneidstoff: HM P40-TiN, CVD
Schnittbed.:
v_c = 70 m/min
f = 0,25 mm (Bohren)
f = 0,2 mm (Z.-Fräsen)
Kühlung: Emulsion

1 Bohren
2 radial zustellen
3 Zirkularfräsen
4 axial zustellen

Bearbeitungsaufgabe:
Bohren und Senken
Werkstück: Aluminium - Felge
Werkstoff: AlSiMgSr, wa
Schneidstoff: HM K10
Schnittgeschw.: v_c = 250 m/min
Vorschübe: f = 0,3 mm (Bohren)
f = 0,07 mm (Senken)
Bearbeitungszeit: T = 2,3 s

Bild 19: Beispiele für Sonderwerkzeuge (nach: Hertel)

Schneiden. Auch die Adaption von Sensoren zur Prozeßüberwachung wird bei Sonderwerkzeugen aufwendiger.

Eine wesentliche Weiterentwicklung ist bei Werkzeugen zum Drehräumen erfolgt. Nach Einführung dieses Verfahrens waren zunächst nur Linearwerkzeuge gebräuchlich. Ein Nachteil dieser Konzeption ist die große Baulänge. Mit der Entwicklung neuer Maschinen kam der Übergang zu scheibenförmigen Werkzeugen (Bild 20) und zu zwei zusätzlichen Verfahrensvarianten: dem Rotationsräumen und der Kombination Drehen - Rotationsräumen /77-82/.

Das Rotationsräumen erfordert seitens der Maschine den geringeren steuerungstechnischen Aufwand. Das scheibenförmige Werkzeug führt lediglich eine Rotationsbewegung aus. Weil die Schneiden spiralförmig am Umfang des Werkzeugs angeordnet sind, erfolgt dabei gleichzeitig die Zustellung der einzelnen Schneiden. Diese Verfahrensvariante eignet sich besonders für die Massenfertigung.

Bei dem Werkzeug für den kombinierten Prozeß Drehen - Rotationsräumen sind die Schneiden zum Drehen auf einem Kreis angeordnet. Das Einstechdrehen ist besonders vorteilhaft, wenn auch die Wangen von Kurbelwellen zu bearbeiten sind. Es führt dabei zu kurzen Hauptzeiten. Durch einzeln steuerbare Bewegungen des Werkzeugs können Plan- und Längsdrehoperationen sowie

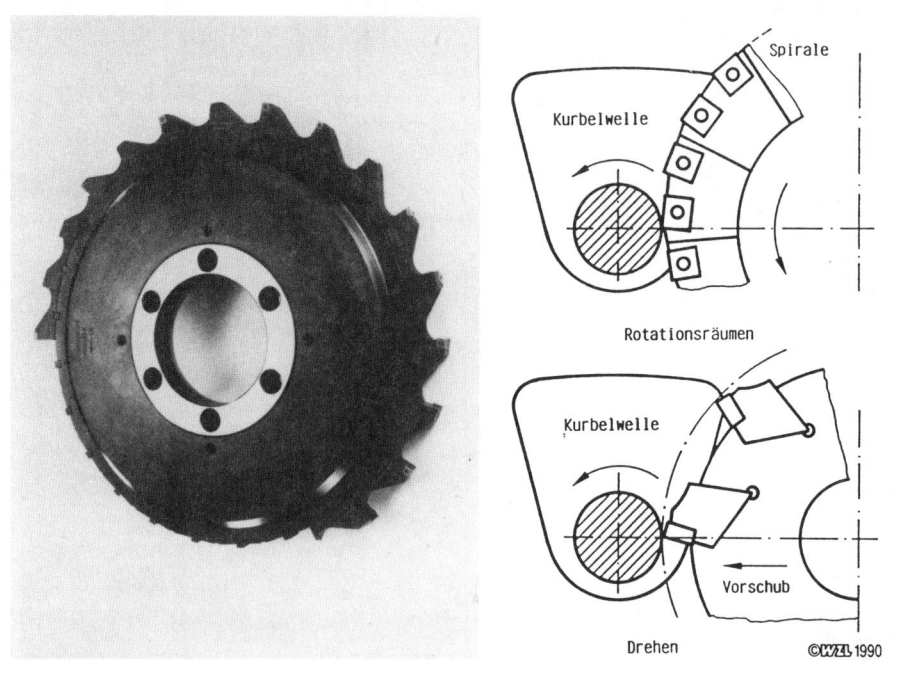

Bild 20: Weiterentwicklung beim Rotationsräumen (nach: Krupp, Hertel)

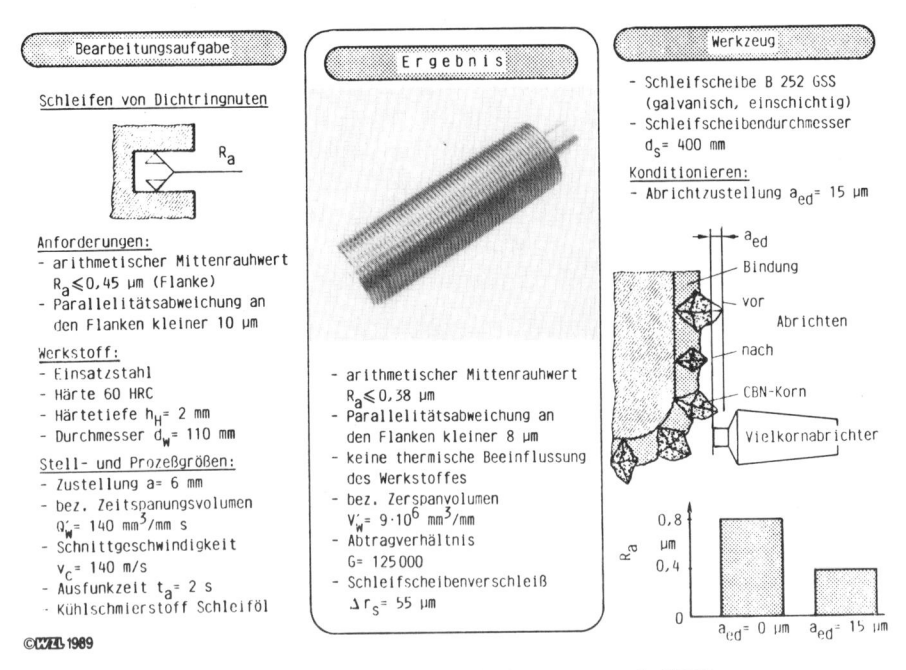

Bild 21: Hochleistungsschleifen von Dichtringnuten mit CBN

axiales und radiales Einstechdrehen durchgeführt werden. Während des Räumens wird eine Rotationsbewegung überlagert.

Diese Konzeption erlaubt es, die Werkzeuge mit mehreren gleichen Schneiden für solche Drehoperationen zu bestücken, die besonders hohen Verschleiß verursachen. Dadurch lassen sich die Wechselintervalle für das komplette Werkzeug verlängern. Die Schneiden im Räumteil sind wie beim Rotationsräumen spiralförmig angeordnet.

Die Verfahrensvariante Drehen - Rotationsräumen läßt sich aufgrund der programmierbaren mehrachsigen Werkzeugbewegungen flexibler einsetzen als das Rotationsräumen. Sie eignet sich daher auch für kleinere Stückzahlen.

Die Alternative Schleifen oder Zerspanen bietet sich aufgrund der konsequenten Weiterentwicklung der Hochleistungsschleiftechnologien heute öfter als früher.

Insbesondere das Hochgeschwindigkeitsschleifen mit CBN-Werkzeugen stellt ein äußerst leistungsfähiges Verfahren dar /83/. In der Teilefertigung sind bereits Schnittgeschwindigkeiten bis 180 m/s realisiert. Durch die Bereitstellung modifizierter Abrichttechniken ("touch dressing") lassen sich einschichtig galvanisch belegte Schleifscheiben grundsätzlich so aufbereiten, daß technisch hochwertige Funktionsflächen wirtschaftlich erzeugt werden können.

Bild 21 dokumentiert dies am Beispiel des Schleifens von Dichtringnuten. Zum Einsatz kam eine mit grobem CBN-Korn (B252) belegte Scheibe. Durch eine Abrichtzustellung a_{ed} von ca. 15 µm wird der arithmetische Mittenrauhwert R_a, der in diesem Fall als Maß für die Bearbeitungsqualität heranzuziehen ist, bereits halbiert. Von Beginn an liefert dieser Schleifprozeß damit hohe und gleichbleibende Oberflächengüten bei gleichzeitig geringer thermischer Beeinflussung der Bauteilrandschicht.

Inhalt aktueller Untersuchungen ist die weitergehende Leistungssteigerung des Schleifprozesses durch Erhöhung der Scheibenumfangsgeschwindigkeit auf Werte über 300 m/s.

Dazu bieten sich grundsätzlich zwei Wege an. Gemäß der Beziehung

$$v_s = \pi \cdot n_s \cdot d_s$$

führt sowohl die Vergrößerung des Scheibendurchmessers d_s als auch die

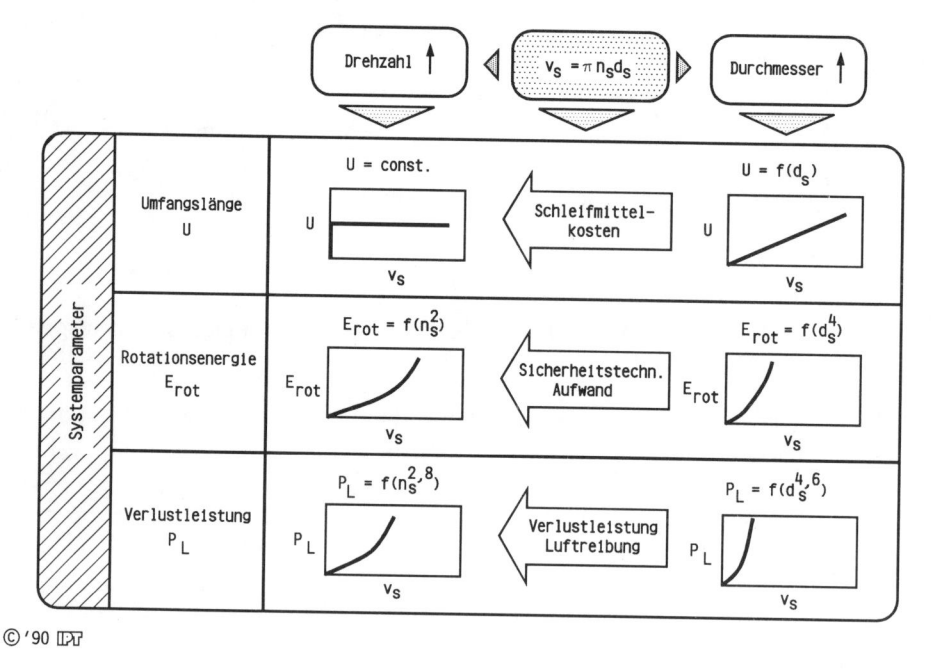

Bild 22: Steigerung der Scheibenumfangsgeschwindigkeit und deren Auswirkung auf Systemparameter

Erhöhung der Drehzahl n_s zu einer Zunahme der Umfangsgeschwindigkeit.

Eine Gegenüberstellung der wichtigsten Systemparameter, auf die die genannten Größen Einfluß nehmen, zeigt jedoch, daß der einzig sinnvolle Weg in der Steigerung der Drehzahl liegt (Bild 22).

Höhere Scheibenkosten, aus sicherheitstechnischen Gründen erforderliche stabilere Arbeitsraumkapselungen und die mit zunehmender Luftreibung und steigendem Eigengewicht verbundene größere Verlustleistung sprechen gegen den Einsatz größerer Scheibendurchmesser.

Bei einem Scheibendurchmesser von 200 mm wird für eine Umfangsgeschwindigkeit von nur 250 m/s bereits eine Drehzahl von 24.000 min^{-1} benötigt. Die hohen Drehzahlen stellen extreme Anforderungen an die Festigkeitseigenschaften des verwendeten Grundkörpermaterials der Scheibe sowie an das Antriebsspindelsystem. Darüber hinaus ist die Gewährleistung der Prozeßstabilität problematisch.

Um die angestrebten Umfangsgeschwindigkeiten von über 300 m/s dennoch zu realisieren, ist sowohl die Auslegung der Schleifmaschine als auch der Schleifscheibe neu zu konzipieren (Bild 23).

Während bei der Schleifmaschine neben der Antriebsseite vor allem Sicherheitsaspekte im Vordergrund stehen, bietet die Schleifscheibe primär folgende Ansatzpunkte /84/:

* Auswahl geeigneter, hochfester Grundkörperwerkstoffe,

* Formoptimierung der Scheibe in bezug auf gleichmäßigen Spannungsverlauf und minimale Dehnung durch definierte Dickenänderung über den Radius,

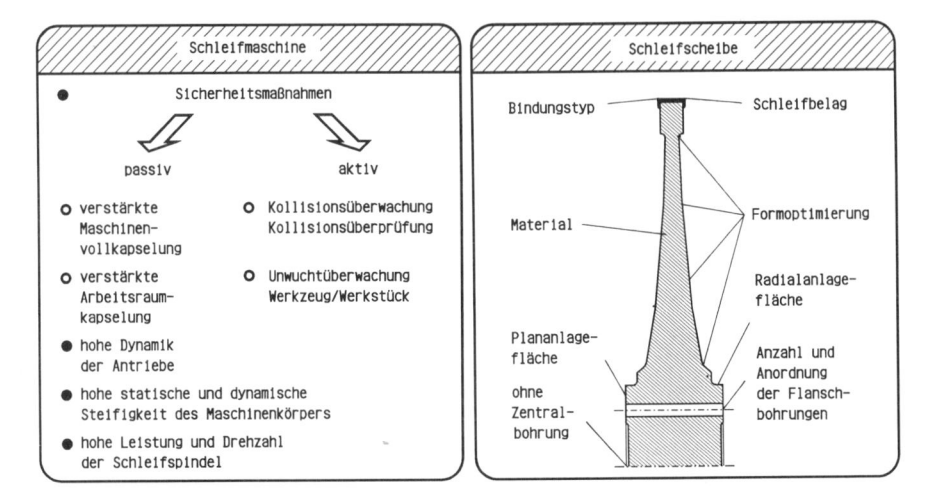

Bild 23: Wege zur Steigerung der Schnittgeschwindigkeit v_c über 300 m/s (nach: Winter)

* Verwendung von Grundkörpern ohne Zentralbohrung,

* Optimierung der Anzahl, Anordnung und Auslegung der Bohrungen im Flanschbereich zum Festspannen der Scheibe,

* Anpassung der Plan- und Radialanlagefläche.

Darüber hinaus sind der Bindung und der Spezifikation des Schleifbelages besondere Beachtung zu schenken.

In ersten Untersuchungen konnten bereits Schnittgeschwindigkeiten von 380 m/s realisiert werden. Inwieweit sich jedoch der erhöhte Aufwand technologisch und wirtschaftlich rechtfertigt, bleibt festzustellen.

2.4 Prozeßgestaltung

Wurden bisher überwiegend singuläre Ansatzpunkte wie der Werkzeugwerkstoff oder die Oberflächenbehandlung als Weg zur Leistungssteigerung von Werkzeugen betrachtet, so läßt sich am Beispiel der Herstellung von Schmiedegesenken zeigen, daß auch die gesamtheitliche Prozeßgestaltung ein außerordentliches Potential beinhaltet.

Als Fertigungsverfahren zur Herstellung von Hohlformen im Werkzeug- und Formenbau wird heute neben der Funkenerosion vorwiegend das Kopierfräsen eingesetzt. Die gebräuchliche Vorgehensweise beim Fräsen besteht im Ausräumen der Formen im weichen oder vorvergüteten Material und in der Fertigbearbeitung durch manuelles Gravieren nach dem Vergüten.

Mit der Verfügbarkeit leistungsfähiger Hartmetall- und CBN-Werkzeuge können sowohl Schrupp- als auch Schlichtbearbeitungen mit sehr hohen Schnittgeschwindigkeiten im bereits fertig vergüteten Gesenkblock durchgeführt werden **(Bild 24)**.

Dieser Überlegenheit gegenüber vielfach noch angewandten HSS-Werkzeugen sind Grundvoraussetzungen entgegenzuhalten, die einen erfolgreichen Einsatz erst ermöglichen.

Aus der meist komplexen Gravurgeometrie resultiert zunächst die Forderung nach sorgfältiger Abstimmung technologischer und strategischer Aspekte.

Tiefe, schmale Taschen erzwingen den Einsatz sehr schlanker und labiler Fräser unter ständig wechselnden Eingriffsverhältnissen. Die Mißachtung damit verbundener technologischer Randbedingungen führt leicht zum Werkzeugbruch, oder sie hat frühzeitigen Werkzeugverschleiß zur Folge. Dies erklärt die zurückhaltende Anwendung von Hartmetall und CBN beim Kopierfräsen.

Erst durch die Einbindung geeigneter Werkzeuge und Maschinen in technologieorientierte Strategien auf CAD/CAM-Basis wurden die Voraussetzungen geschaffen, weitere, bisher nur unzureichend bekannte Leistungsreserven auszunutzen /83-88/.

Die effektive Anwendung dieses Hilfsmittels bedingt aber die Erweiterung der

Wettbewerbsfaktor Produktionstechnik

Gravurabmessungen:	Gesenkwerkstoff:	Bearbeitungszeit:
Länge l = 250 mm	56 NiCrMoV 7 (1.2714)	(Schruppen und Schlichten)
Breite b = 100 mm	R_m = 1600 N/mm²	16 h

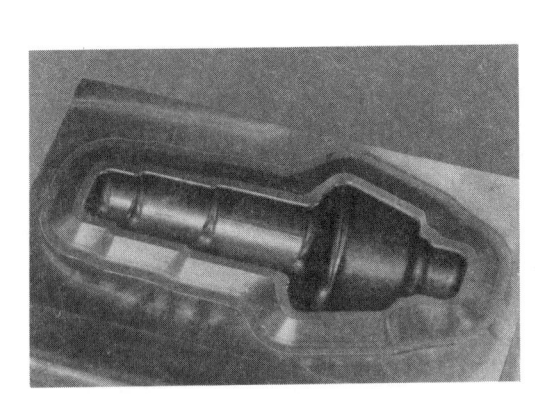

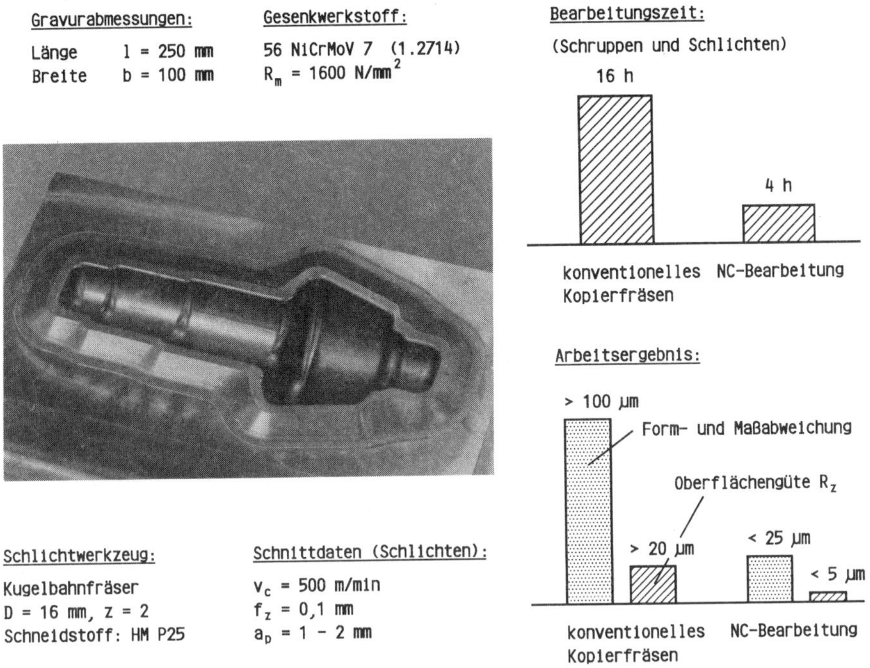

konventionelles Kopierfräsen   NC-Bearbeitung

Arbeitsergebnis:

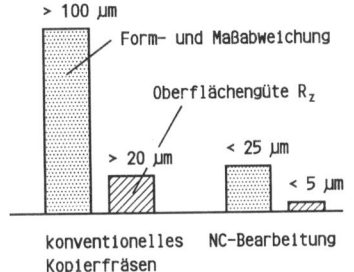

> 100 µm
Form- und Maßabweichung

Oberflächengüte R_z

Schlichtwerkzeug:
Kugelbahnfräser
D = 16 mm, z = 2
Schneidstoff: HM P25

Schnittdaten (Schlichten):
v_c = 500 m/min
f_z = 0,1 mm
a_p = 1 - 2 mm

> 20 µm   < 25 µm   < 5 µm

konventionelles Kopierfräsen   NC-Bearbeitung

Bild 24: Endbearbeitung vergüteter Schmiedegesenke durch NC-Fräsen

konventionell geometrieorientierten CAD/CAM-Systeme um anwendungsbezogene Technologiebausteine.

Zwar liegt in vielen Fällen die Werkstückgeometrie bereits in Form von CAD-Daten vor, dies reicht jedoch zur Auslegung eines optimierten Fräsprozesses nicht aus.

Aufgrund sich ständig ändernder Eingriffsbedingungen ist es notwendig, die Werkstückgeometrie in Bereiche aufteilen zu können, die in einer nach technologischen Kriterien ausgewählten Vorgehensweise gemeinsam bearbeitet werden. In diesen Problemkreis fällt auch die an die jeweilige Geometrie angepaßte flexible Aufteilung von Schrupp- und Schlichtkonturen.

Darüber hinaus sind weitere Bausteine erforderlich zur

* Arbeitsablaufermittlung und Zerspanungsoptimierung,
* Schnittaufteilung beim Schruppen und Schlichten,
* Schnittwertermittlung,
* Anpassung der Schnittdaten an die lokalen Eingriffsverhältnisse.

Die Anwendung bereits verfügbarer Module zur Fräsbearbeitung von Stahlhohlformen zeigt, daß gegenüber dem Kopierfräsen deutliche Vorteile in

* der erreichbaren hohen Fertigungsqualität,
* der erheblich verkürzten Bearbeitungszeit und in
* der Einsparung des Kopiermodells

bestehen.

Bild 25 veranschaulicht die Möglichkeiten einer optimierten Prozeßgestaltung am Beispiel einer Hohlform für eine Kegelradwelle. Beim Einsatz konventioneller Fräsverfahren sind eine Hauptzeit von 16 Stunden sowie zusätzlich mehrere Stunden manueller Nacharbeit erforderlich. Mit Hilfe der

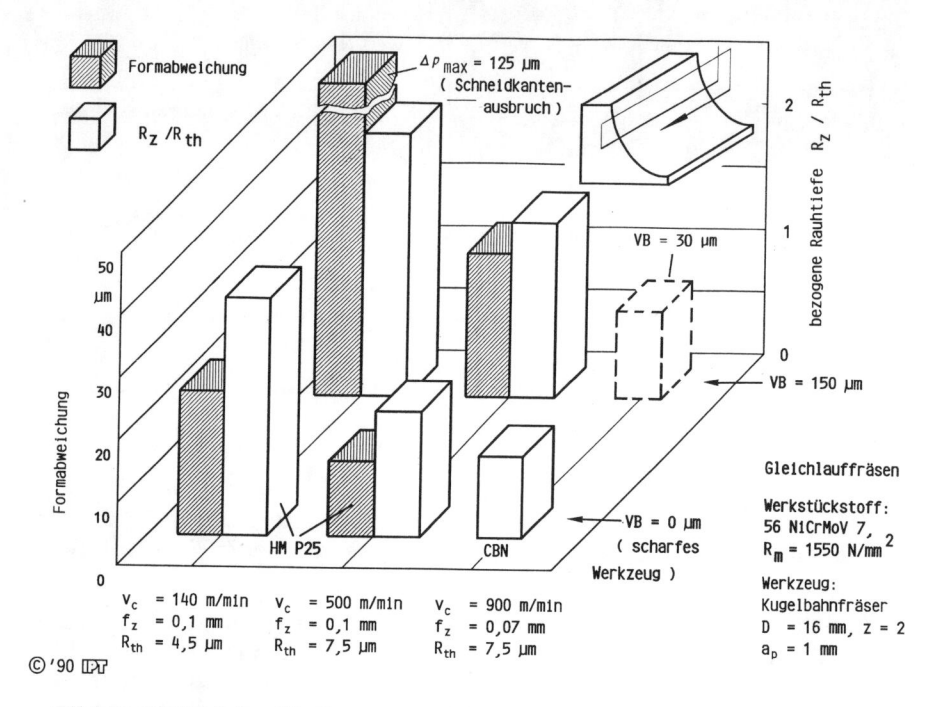

Bild 25: **Einfluß des Werkzeugverschleißes auf das Arbeitsergebnis beim Schlichten**

beschriebenen Ansätze gelang die Fertigung der vergüteten Gravur in ca. 4 Stunden. Dabei entsprechen sowohl die Oberflächenqualität als auch die erzeugte Formgenauigkeit den Vorgaben, die an einsatzfertige Gesenke gestellt werden.

3. Entwicklungstendenzen

Entwicklungen auf dem Werkzeugsektor verlaufen überwiegend evolutionär. Vorhandenes wird schrittweise verbessert, Neues gezielt in Lücken hinein entwickelt.

Es ist auch weiterhin eine stetige Verbesserung der Verschleißfestigkeit und der Zähigkeit von Schneidstoffen zu erwarten. Speziell bei den Wolframcarbid-Cobalt-Legierungen setzt sich der Trend zu noch feinkörnigeren Sorten mit Korngrößen weit unter 1 µm fort. Ein Anwendungsschwerpunkt dieser Hartmetalle wird die Zerspanung gehärteter Stahlwerkstoffe im unterbrochenen Schnitt sein.

Die Near-Net-Shape-Techniken werden sich weiter verbreiten. Dadurch nimmt der Bedarf an hochverschleißfesten Schneidstoffen zum Feinschlichten und zum Schlichten weiter zu. Für derartige Bearbeitungsaufgaben sind die titanbasierten Hartmetalle, die Cermets, besonders geeignet. Wie bereits erwähnt, wird bei dieser Schneidstoffgruppe mit einer Steigerung des Marktanteils auf etwa 15 % gerechnet. Der Zuwachs dürfte größtenteils zu Lasten von wolframbasierten Hartmetallen und von Oxidkeramik gehen. Es ist zu erwarten, daß dieses stark expandierende Marktsegment zunehmend auch von europäischen Herstellern besetzt wird.

Die Möglichkeiten der Beschichtungstechniken und der partiellen Oberflächenveredelung sind bei weitem noch nicht ausgeschöpft. Die im technischen Maßstab realisierten Verfahren werden dahingehend weiterentwickelt, Oberflächen noch stärker anwendungsorientiert zu veredeln als bisher. Dafür stehen eine Vielzahl von Hartstoffen, einzeln oder in Kombination, sowie mehrere Prozesse und Verfahren zur Verfügung.

Das Herstellen von Diamant und CBN in Niederdruckprozessen ist eine neue, in der Entwicklung befindliche Technik. Es können Diamant- und CBN-Körnungen erzeugt werden, die sich z. B. als Schleif- und Poliermittel verwenden lassen. Ebenso ist das Abscheiden dieser Hartstoffe auf metallischen Substraten möglich. Auf diese Weise können verschleißgefährdete Bauteile und Werkzeuge beschichtet werden.

Ziel dieser Entwicklung ist es, die Hartstoffe selbst preiswerter herzustellen und Kosten für Werkzeuge mit Diamant- oder CBN-Schneiden zu senken.

Am weitesten entwickelt ist die Niederdruck-Synthese von Diamant. In der Literatur wird über erste mit Diamant beschichtete Hartmetallkleinstbohrer und Wendeschneidplatten berichtet. Das Verfahren findet ferner zur Herstellung dünner, plattenförmiger Körper von etwa 0,5 mm Dicke Anwendung. Diese Technik erlaubt auch die Produktion von Formkörpern. Damit besteht die Aussicht, daß Diamant als Schneidstoff auf Formwerkzeugen in Zukunft breiter eingesetzt werden kann als bisher. Das Verbinden mit dem Werkzeuggrundkörper kann durch Löten erfolgen. Es wird erwartet, daß derartige Produkte innerhalb der nächsten 2 bis 3 Jahre marktreif sind.

Ein Anwendungspotential ist beim Bearbeiten von Aluminium-Silizium-Legierungen, Keramiken, faser- und whiskerverstärkten Kunststoffen, Graphit, Holzwerkstoffen und Gestein gegeben. Hinzu kommt der Einsatz als Schleifmittel.

Die Entwicklung von Diamantschichten ist weiter fortgeschritten als die von CBN. Hier ist gegenwärtig erst der Nachweis erbracht, daß sich auch dieses hochharte Material in einer Niederdruck-Synthese erzeugen läßt /89-92/.

Die Verfügbarkeit verbesserter Schneidstoffe und Beschichtungstechniken wird in Verbindung mit der zunehmenden Umsetzung der Near-Net-Shape-Entwicklungen neue Ansatzpunkte in der Stahlfeinzerspanung ergeben. Ist die Ultrapräzision bei der Fertigung von Metalloptiken schon heute eine Domäne des Drehens mit Diamantwerkzeugen (s. Bild 1), so zeigen erste Entwicklungen in der Fertigung von Präzisionsbauteilen, daß der Zerspanung mit geometrisch bestimmter Schneide in der Teilefertigung eine steigende Bedeutung zukommen wird. Die erreichbaren Maß- und Formgenauigkeiten sowie Oberflächengüten entsprechen in einzelnen Fällen bereits den konventionell erzielten Schleifqualitäten. Aspekte wie erhöhte Flexibilität bezüglich der bearbeitbaren Bauteilkonturen, Verkürzung der Durchlaufzeiten oder verminderte Schadstoffentstehung durch vermehrte Bearbeitung im Trockenschnitt werden die Tendenz zur Feinzerspanung mit geometrisch bestimmter Schneide forcieren. Dies verlangt in Zukunft zunehmend die Bereitstellung verschleißfesterer Werkzeuge mit höchster Kantenschärfe und -stabilität.

Durch die weitere Verbesserung von Werkzeugstoffen und Veredelungstechniken wird eine feinere und damit noch stärker prozeßorientierte Abstufung der Werkzeugeigenschaften möglich sein. Damit kommt der Werkzeuggestaltung und der Auswahl der Werkzeugstoffe noch größere Bedeutung zu als bisher, denn das verfügbare Leistungspotential läßt sich nur in der optimalen Kombination von Werkzeug und Bearbeitungsaufgabe vollständig nutzen. Um diese optimale Kombination für jeden diskreten Bearbeitungsfall sicher zu ermitteln, wird die EDV-gestützte Werkzeugauswahl und darüber hinausgehend die Werkzeugauswahl mit Hilfe von Expertensystemen zunehmend wichtiger.

Schrifttum:

1. Feldmann, H.-D.: Kaltmassivumformung, Fachgebiete in Jahresübersichten; VDI-Z 131 (1989), Nr. 1, S. 76-84

2. Tutmann, T.L.: Mit Zuversicht in die 90er Jahre; Ind.-Anz. 22/1989, S. 12 - 14

3. Röger, E.; Ufer, D.: In engen Grenzen; Maschinenmarkt, Würzburg

95 (1989) 21, S. 26 - 31

4. Fey, K.: Höhere Teilgenauigkeit; Ind.-Anz. 55/56, 1988, S. 26-30

5. Geiger, R.: Bedeutung moderner Präzisionsumformtechnik für die Kaltmassivumformung von Stahl; Draht 38 (1987) 11, S. 864 - 871

6. Voigtländer, O.: Perspektiven der Massivumformung; 3. Umformtechn. Kolloquium, Darmstadt, 16. - 17.03.1988

7. Niefer, W.: Die Umformtechnik im Substitutionswettbewerb mit anderen Technologien; 3. Umformtechn. Kolloquium, Darmstadt, 16. - 17.03.1988

8. König, W.: Schneidstoffe im Spannungsfeld neuer Fertigungsverfahren und sich wandelnder Fertigungsstrukturen; Tagungsbericht zum Symposium "Schneidstoffe" in Hagen, 03./04.11.1988, Verlag Schmid GmbH, Freiburg, S. 15 - 45

9. Kolaska, H.: Entwicklungen und Tendenzen bei Schneidstoffen: Immer feiner und zäher; Schweizer Maschinenmarkt (1989) 4, S. 32 - 37

10. Österr. Pat. 160 172, Gesintertes Hartmetall (1931); Erfinder: Schwarzkopf, P., Hirschl, J.

11. Kunz, H.: Über die Problematik der Klassifizierung und Normung von Schneidstoffen; VDI Berichte Nr. 762, 1989, S. 85 - 110

12. Hara, A.; Nomura, T.: Übersicht über die Entwicklung und den Stand der Technik der Cermets in Japan; VDI Berichte Nr. 762, 1989, S. 13 - 22

13. Ettmayer, P.; Kolaska, H.: Cermets (Wolframcarbidfreie Hartmetalle); Sonderdruck aus: Pulvermetallurgie in Wissenschaft und Praxis, Bd. 4, 1988

14. Uhlig, A.: Die Cermets kommen, techno-tip, 19 (1989) 6, S. 60 - 63

15. Lengauer, W. ; Ettmayer, P.: Recent Advances in the Field fo Transition Metal Refractory Nitrides; 12th. Int. Plansee Seminar 89, Proc. Vol. 2, S. 497 - 514

16. Kolaska, H. ; Dreyer, K.: Cermets auf dem Vormarsch; Maschinenmarkt 94(1988)49, S. 26 - 33

17. N.N.: Die Geschichte der Cermets; Sonderdruck aus: Die Maschine, Apr. 1988

18. Ettmayer, P.; Kolaska, H.: Cermets der neuen Generation; 12th. Int. Plansee Seminar 89, Proc. Vol. 2, S. 771 - 801

19. N.N.: Kennametal MM 8500; Firmenschrift NT 85-10 (25) E5

20. N.N.: Mitsubishi Cermet Handbook

21. N.N.: Wendeschneidplatten, Sumitomo Electric; Firmenschrift WSPD-2(1.88)

22. N.N.: Schneidstoff Cermet HT1, Hertel; Firmenschrift 1041 D Cermet

23. N.N.: NTK Cutting Tools, NGK Spark Plug Co., Ltd.; Firmenschrift O C-2076-8810

24. N.N.: Iscar Drehen, Iscar; Firmenschrift 0125/88-07/88-4/2-5.000

25. N.N.: Wendeschneidplatten zum Drehen, Sandvik Coromant; Firmenschrift, C-1000:226-GER

26. N.N.: Richtwerte für das Drehen, Krupp Widia; Firmenschrift 0000 0503 10 W 589

27. N.N.: Applikationsberichte, Metallwerk Plansee, Jan. 1990

28. Köllner, W.: Persönliche Mitteilung; VW-Kassel, Dez. 1989

29. Oskarsson, R.; Holst, von, P.: Sandvik Coronite, A New Compound Material For Endmills; 12th Int. Plansee Seminar, Proc. Vol . 2, S. 531 - 539

30. N.N. : 800 mm per minute with a Coronite endmill, Sandvik ; Firmenschrift C - 1140:007 EN 001

31. Bong, A.: Unveröffentlichte Untersuchung beim Schaftfräsen; WZL, TH Aachen, 1990

32. Kolaska, H.: Der Qualität der Schneidstoffe kommt in Zukunft eine entscheidende Rolle zu; Handelsblatt, 19.10.1988/Nr. 202

33. Reiter, N.; Kolaska, H.: Schneidstoffe heute und morgen; Sonderdruck aus: Pulvermetallurgie in Wissenschaft und Praxis, Bd. 4, 1988

34. Reiter, N.: Unbeschichtete und beschichtete Hartmetalle; Ergänzung zu VDI Berichte Nr. 762, 1989, S. 1 - 18

35. Bryant, W.A.; Santhanam, A.T.; Grab, G.P.: Ein neues CVD-mehrfachbeschichtetes Werkzeug für die Bearbeitung von Stahl- und Gußwerkstoffen; VDI Berichte Nr. 762, 1989, S. 233 - 245

36. Icks, G.: Naßfräsen mit beschichtetem Hartmetall; VDI Berichte Nr. 762, 1989, S. 221 - 232

37. Skogsmo, J.; Liu, P.; Norden, H.; Chatfield, Ch.: Microstructural Observations on Alumina Coatings Produced by Chemical Vapour Deposition; 12th. Int. Plansee Seminar, Proc. Vol. 3, S. 129 - 142

38. Schintlmeister, W.: Persönliche Mitteilung, Metallwerk Plansee, Januar 1990

39. N.N.: Tizit Starmaster, Metallwerk Plansee; Firmenschrift 14 DEF 7.89

40. Karner, H., Laimer, J., Störi, H., Rödhammer, P.: Plasma-Assisted Chemical Vapour Deposition of Wear Protective Coatings Onto Cemented Carbide Tools; 12th. Int. Plansee Seminar, 1989, Proc. Vol. 3, S. 495 - 509

41. König, U.: Untersuchung von kathodenzerstäubten binären und ternären Hartstoffschichten zur Verschleißminderung von Hartmetallen; Tribologie

Bd. 9 (1985), S. 275 - 334, Springer Verlag, Berlin

42. Rödhammer, P.; Kailer, K.; Mairhofer, A.: PVD-Hartstoffschichten auf zerspanenden Hartmetallwerkzeugen; Surtec 1987, Berlin

43. Knotek, O.; Atzor, M.; Jungblut, F.; Prengel, H.-G.: Über Verschleißeigenschaften reaktiv ARC-verdampfter und gesputterter (Ti,Al)N- sowie (Ti,Al,V)N-Schichten auf Sinterhartmetall; 12th. Int. Plansee Seminar, Proc. Vol. 3, S. 49 - 62

44. Gühring, J.; Ebberink, J.: Werkzeuge aus Hartmetall beschichten; Werkstatt und Betrieb 122 (1989) 7, S. 533 - 535

45. Günther, K.; Freller, H.; Hintermann, H.E.; König, W.; Kammermeier, D.: Advanced Coatings by Vapour Phase Processes; Annals of the CIRP 1989

46. Fritsch, R.: Unveröffentlichte Untersuchungen zum Drehen mit PVD-beschichtetem Hartmetall; WZL, TH Aachen, 1990

47. Gühring, J.; Ebberink, J.; Leyendecker, T.: Reproduzierbare Schichtqualität; Ind.-Anz. 65/66 (1989), S. 68, 69

48. Leyendecker, T.: Persönliche Mitteilung, Ceme Coat, Aachen, Feb. 1990

49. Schulz, H.; Bergmann, E.: Beschichtung von Hartmetallwerkzeugen mit PVD-Verfahren; ZwF 83 (1988) 7, S. 360 - 363

50. Ratz, U.: Schweizer Präzision; Ind.-Anz. 65/66/1989, S. 66,67

51. Jehn, H.; Hofmann, S.; Münz, W.-D.: (Ti,Al)N-Schichten- Ein Beispiel für "ternäre" Nitrid-Hartstoffschichten; Metall 42 (1988) 7, S. 658 - 669

52. Münz, W.-D.; Ertl, M.: Neue Hartstoffschichten für Zerspanwerkzeuge; Ind.-Anz. 13/1987, S. 14-16

53. Klein, M.: Schneidstoffe mit Pfiff; Maschinenmarkt, Würzburg 95 (1989) 44, S. 116 - 123

54. Vogel, J.; Schulz, H.: Beschichtete Werkzeuge aus Schnellarbeitsstahl; VDI Berichte Nr. 762, 1989, S. 1 - 11

55. N.N.: Hartstoffschicht Balinit B für spezielle Anwendungen; Applikationsbericht Fa. Balzers, BD 800 012 AD(8907)

56. Freller, H.; Haessler, H.: Evaluation of Existing Ion Plating Processes for the Deposition of Multicomponent Hard Coatings; Surface and Coatings Technology, 36 (1988), S. 219 - 232

57. Kammermeier, D.: Unveröffentlichte Untersuchungen; WZL, TH Aachen, 1990

58. N.N.: Voraussetzungen für die PVD-Beschichtung; Oberfläche + IOT 1989, Heft 12, S. 34 - 36

59. Schulz, H.; Vogel, J.: Den Verschleiß mindern, die Produktivität erhöhen; Ind.-Anz. 28/1989, S. 27 - 30

60. Keller, K.: Beschichten von Umformwerkzeugen; Sonderdruck aus: Werkstatt u. Betrieb, 121 (1988) 11 und 122 (1989) 1,5

61. Keller, K.: Gezielte Oberflächenbehandlung; Ind.-Anz. 75/1987, S. 11-16

62. N.N.: Standmengenerhöhung durch Werkzeugbeschichtung; Blech Rohre Profile 36 (1989) 6/7, S. 502 - 504

63. Koll, W.: Kaltfließpressen von Bauteilen mit Verzahnungen; eingereichte Dissertationsschrift, WZL, TH Aachen, 1990

64. Jungblut, F.: Persönliche Mitteilung, Hauzer Techno Coating, Venlo, Jan. 1990

65. Röhl, K.: Sitzbeschlagfertigung heute; Feintooling Information 28, S. 2 - 5

66. Haack, J.: Feinschneiden - Mittel zur Optimierung der Herstellkosten; Feintooling Information 28, S. 20 - 25

67. Bräutigam, F.: Kostensenkung durch Nitrieren im Ammoniakgasstrom von Schmiedegesenken; Ind.-Anz. 103 (1981) 99, S. 23

68. Joost, H.-G. : Untersuchung über die Anwendbarkeit von beschichteten und oberflächenbehandelten Gesenkschmiedewerkzeugen; Dissertation, TU Hannover, 1980

69. König, W.; Willerscheid, H.; Krauhausen, M.; Trappmann, H.: Lasermaterialbearbeitung - Systemlösungen für die Produktionstechnolgie; Symposium "Lasertechnik in Nordrhein-Westfalen", 26./27.10.1989, Düsseldorf

70. König, W.; Treppe, F.: Laserrandschichtbehandlung von Warmarbeitswerkzeugen; Technica 2/1990, S. 46 - 50

71. König, W.; Lung, D.; Klinger, M.: Angepaßte Schneidstoffe für die Hartbearbeitung; VDI Berichte 762, 1989, S. 305 - 320

72. König, W.; Iding, M.; Link, R.: Feindrehen und Bohren gehärteter Stahlwerkstoffe; IDR 23 (1989) 1, S. 22 - 33

73. Ackerschott, G.: Fertigbearbeitung von gehärteten Wellen- und Nabennuten; FVA-Forschungsreport 1988, Bad Soden

74. König, W.; Iding, M.; Goldstein, M.: Optimization of Production Sequences; Proceedings of Manufacturing International '88, Volume I ASME, S. 77 - 78

75. König, W .; Goldstein, M.; Iding, M.: Drehen gehärteter Stahlwerkstoffe; Ind.-Anz. 110 (1988) 14, S. 14 - 21

76. König, W.; Lung, D.; Klinger, M.: Räumen gehärteter Innenprofile; FVA-Forschungsreport 1989

77. König, W.; Berktold, A.; Bong, A.: Leistungssteigerung beim Räumen; 3. Karlsruher Kolloquium Räumen, Karlsruhe, 13.10.1988

78. N.N.: Turn-broaching gets a foothold in auto; American Machinist, Jan. 1988, S. 60 - 63

79. Wirsig, G. : Kurbelwellen schnell geräumt; VDI-Nachrichten Nr. 28, 15.07.1988, S. 17

80. Reiter, N.; Müller, M;, Stallwitz, E.: Technologie des Drehräumens; Werkstatt und Betrieb 122 (1989) 3, S. 201 - 206

81. Hoffmann, P.: Drehräumen - wirtschaftlichste Art der Kurbelwellenbearbeitung; Werkstatt und Betrieb 122 (1989) 3, S. 197 - 199

82. König, W.; Berktold, A.: Drehräumen - Kinematik und Werkstückqualität; Ind.-Anz. 111 (1989) 11, S. 24 - 27

83. Stuckenholz, B. : Das Abrichten von CBN-Schleifscheiben mit kleinen Abrichtzustellungen; Dissertation, RWTH Aachen, 1988

84. König, W.; Ferlemann, F.: Unveröffentlicher Abschlußbericht über ein Forschungsvorhaben zur Förderung mittlerer Unternehmen durch die Fraunhofer-Gesellschaft; IPT, Aachen, 1989

85. Eversheim, W.; König, W.; Bieker, R.; Cobanoglu, M.: NC - Fräsbearbeitung von vergüteten Schmiedegesenken; VDI-Z 131 (1989), Nr. 4 - April, S. 99 - 103

86. König, W.; Bieker, R.: NC - Fräsbearbeitung vergüteter Stahlhohlformen; Ind.-Anz. 111 (1989) 28, S. 23 - 26

87. König, W.; Bong, A.: Schuppfräsen vergüteter Warmarbeitsstähle optimieren; Ind.-Anz. 111 (1989) 11, S. 28 - 30

88. König, W.; Bong, A.: Schaftfräsen vergüteter Warmarbeitsstähle mit Cermets; Ind.-Anz. 111 (1989) 74, S. 50 - 51

89. Lux, B.; Haubner, R.: CVD-Beschichtung von Werkzeugen mit polykristallinem Diamant; VDI Berichte Nr. 762, 1989, S. 61 - 84

90. Bichler, R.; Haubner, R.; Lux, B.: Diamantabscheidung auf SiAlON-Substraten aus Wasserstoff-Methan-Gasgemischen mittels thermisch aktivierter chemischer Gasabscheidung (TA-CVD); 12th Int. Plansee Seminar, Proc. Vol. 3, S . 427 - 460

91. Stein, W.: Immer dünner und härter; Maschinenmarkt, Würzburg 94 (1988) 47, S. 37 - 42

92. Bonetti, R.S.; Tobler, M.: Amorphe, diamantartige Kohlenstoffschichten im industriellen Maßstab; SYMATEC '88

Mitglieder der Arbeitsgruppe für den Vortrag 2.2

Dr.-Ing. B. Bellmann, Hertel AG, Fürth
H. Freller, Siemens AG, Erlangen
Dipl.-Ing. R. Fritsch, WZL, RWTH Aachen
Prof. Dr.-Ing. R. Geiger, Presta AG, Eschen (FL)
G. Hertel, Hertel AG, Fürth
Dipl.-Ing. J. Hoffmann, De Beers Industriediamanten GmbH, Düsseldorf
Dr. h. c. W. Kirmse, Mercedes Benz AG, Stuttgart
Prof. Dr.-Ing. Dr. h. c. W. König, WZL, RWTH Aachen
Dipl.-Ing. D. Lung, WZL, RWTH Aachen
Dr.-Ing. F. J. Momper, Feldmühle AG, Ebersbach-Andershilf
Dr. techn. Dipl.-Ing. N. Reiter, Krupp Widia GmbH, Essen
K. Steinmetz, De Beers Industriediamanten GmbH, Düsseldorf
Dipl.-Ing. F. Treppe, FhG-IPT, Aachen
Dr. J. Vogel, Balzers AG, Balzers (FL)
Dr.-Ing. R. Zeller, Robert Bosch GmbH, Stuttgart

2.3 Bearbeitungspotentiale durch werkstoffgerechte Prozeßgestaltung

Gliederung:
1. Einleitung
2. Werkstoffgerechte Prozeßgestaltung
2.1 Optimierte Bearbeitung von Hochleistungskeramiken
2.2 Zerspanung von gehärtetem Stahl mit definierter Schneide
2.3. Duktiles Schleifen optischer Gläser
2.4. Bearbeitung faserverstärkter Kunststoffe
3. Zusammenfassung

Kurzfassung:

Bearbeitungspotentiale durch werkstoffgerechte Prozeßgestaltung

Die Werkstofftechnologie ermöglicht heute die Konstruktion von Bauteilen mit herausragenden Eigenschaften. Geringer Verschleiß und hohe Festigkeit beim Einsatz in aggressiven Medien oder unter hohen Temperaturen oder überragende Festigkeit bei niedrigem Gewicht sind einige beispielhafte Kennzeichen dieser Materialien. Die praktische Ausnutzung dieser Eigenschaften erfordert allerdings eine Bearbeitung, welche die werkstoffspezifischen Vorzüge erhält und gleichzeitig wirtschaftlich ist. Die werkstoffgerechte Schleifbearbeitung von Hochleistungskeramiken und optischen Gläsern sowie das Fräsen von faserverstärkten Thermoplasten stehen als Beispiele für die gelungene Anpassung spanender Fertigungsverfahren an die speziellen Erfordernisse des Werkstoffs. Die Entwicklung neuartiger Fertigungsverfahren stellt ebenfalls einen Schritt zur materialgerechten Bearbeitung dar. Das laserunterstützte Drehen ist ein Verfahren, das für die Bearbeitung hochwarmfester Materialien aufgrund seiner hohen Flexibilität interessante Anwendungsperspektiven eröffnet.

Abstract:

Material-Adapted Machining Opens up New Potentials of Productivity

Complex requirements with regard to the combination of geometrical functions and mechanical properties cannot be met by conventional materials. Low wear and high strength in aggressive environments or at high temperatures or high strength in combination with low weight are some characteristics of those materials.Full exploitation of the outstanding properties requires machining processes which preserve the material advantages on a high level of economy.Grinding of ceramics, optical glasses and milling of fibre reinforced plastics are examples for the successful layout of machining processes based on the respective material features. Development of new machining processes ist an another step to material-adapted machining. Especially the high flexibility of laser-assisted turning opens up new applications for machining ceramics or high temperature alloys.

1. Einleitung

Die Funktion und Verläßlichkeit hochentwickelter technischer Systeme ist in vielen Fällen nur dann gewährleistet, wenn die Eigenschaften der verwendeten Bauteile höchsten Anforderungen genügen. Häufig liegt das Anforderungsprofil jenseits der Einsatzgrenzen klassischer Konstruktionswerkstoffe oder überschreitet die Leistungsfähigkeit eingeführter Verarbeitungs- und Bearbeitungstechnologien.

Begriffe wie "neue Werkstoffe" oder "hohe Präzision" beschreiben nicht nur Produkte, die in der Öffentlichkeit als bahnbrechende technische Neuerungen apostrophiert werden, wie vor wenigen Jahren beispielsweise der "vollkeramische Verbrennungsmotor". In vielen Fällen hat Ernüchterung die anfängliche Euphorie verdrängt und einem realistischen Denken Platz gemacht. Die nüchterne Einschätzung des technisch Machbaren und gleichzeitig wirtschaftlich Vertretbaren führt heute zu solchen Anwendungen, die zwar für die breite Öffentlichkeit weniger spektakulär, hingegen für die Konkurrenzfähigkeit der Produkte auf internationalen Märkten außerordentlich bedeutsam sind /1/.

Bauteile müssen vorgegebenen konstruktiven Anforderungen genügen. Das Pflichtenheft für den Konstrukteur beinhaltet heute Aufgabenstellungen, bei

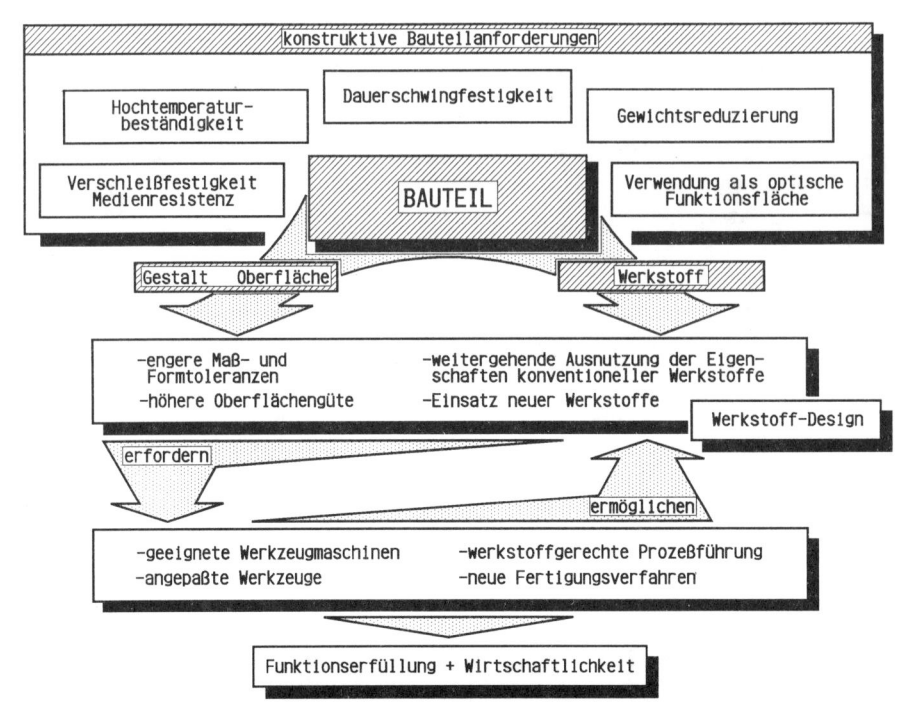

Bild 1: Komplexere Bauteilanforderungen verlangen werkstoffangepaßte Bearbeitungstechnologien

denen eine oder auch mehrere Bauteileigenschaften gleichzeitig und in hohem Maße erfüllt werden sollen (**Bild 1**).

Für den Anlagen- und Apparatebau etwa werden Verschleißfestigkeit und Resistenz gegenüber aggressiven Medien gefordert, der Motoren- und Turbinenbau verlangt Hochtemperaturbeständigkeit und Dauerfestigkeit, die Flugzeugindustrie und zunehmend auch die Automobilbranche setzen auf hochfeste Verbundwerkstoffe mit herausragenden mechanischen Eigenschaften und die dadurch erreichbare Gewichtsreduzierung /31/. In der Feinmechanik und Optik sind funktionsbedingt Genauigkeiten und Oberflächengüten bis in den Nanometerbereich gefragt.

Aber nicht nur in diesen, bereits als klassisch einzustufenden Fertigungsaufgaben nehmen die Bauteilanforderungen im Sinne einer Zusammenführung von komplexer Form und Funktion zu. Auch in Bereichen wie z. B. Maschinenbau, Medizin und Armaturenbau ist dieser Trend erkennbar. Dichtscheiben in Wasserpumpen, Bad- und Küchenarmaturen sowie Kolben in Kühlschrankkompressoren werden bereits aus Keramik in Serie hergestellt oder stehen vor der Markteinführung, in der Prothetik substituieren hochgenaue Hüftgelenk-Implantate aus Aluminiumoxid den Werkstoff Stahl /2/.

Die Vorgaben des Konstrukteurs drücken sich daher nicht nur in engeren Maß- und Formtoleranzen und höherer Oberflächengüte aus, sondern auch in einem konkreten Anforderungsprofil an den Werkstoff. Die Vervollkommnung bereits etablierter Werkstoffe und die Entwicklung neuer Konstruktionsmaterialien aus den Bauteilanforderungen heraus werden heute unter dem Begriff "Werkstoff-Design" zusammengefaßt. Funktionale Anforderungen und werkstofftechnische Entwicklungen haben in ihrer Synthese zu Materialien geführt, die das geforderte Eigenschaftsprofil erfüllen.

In Aufbau, Struktur und Eigenschaften unterscheiden sich diese Werkstoffe jedoch deutlich von ihren konventionellen Vorgängern. Die Übertragbarkeit bereits eingeführter Ver- und Bearbeitungstechniken ist stark eingeschränkt, sodaß die nicht werkstoff-gerechte Bearbeitung ein Gebrauchsverhalten verursacht, das erheblich von den konstruktiven Vorgaben und physikalischen Kennwerten des Werkstoffs abweicht /3/.

Nicht reproduzierbar herstellbare Bauteile, hoher manueller Nachbearbeitungsaufwand oder gar unvorhergesehenes Bauteilversagen im Betrieb schränken nicht nur Entwicklung und Konstruktion innovativer Produkte ein und mindern die Wettbewerbsfähigkeit, sondern können unter dem Aspekt der Produkthaftung auch schwerwiegende juristische Konsequenzen nach sich ziehen.

Internationale Marktfähigkeit und Marktbestand kann aber erst durch die Entwicklung wettbewerbsfähiger Produkte sichergestellt werden. Voraussetzung für die wirtschaftliche und reproduzierbare Herstellung funktionssicherer Bauteile sind werkstoffgerechte Bearbeitungsverfahren und Prozeßgestaltungen, die auf dafür geeigneten Maschinen mit angepaßten Werkzeugen durchgeführt werden.

Wettbewerbsfaktor Produktionstechnik 215

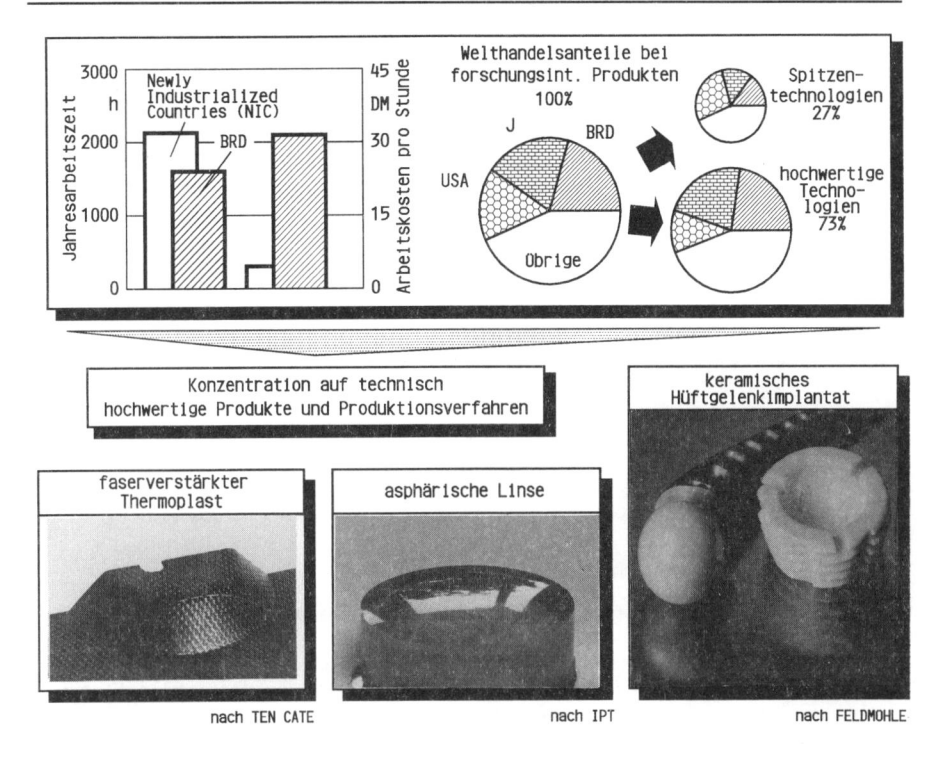

Bild 2: Die Position auf dem Weltmarkt durch technisch hochwertige Produkte und Produktionsverfahren sichern

Ein internationaler Vergleich unterstreicht die Bedeutung dieser Feststellung (Bild 2) /4/. Im Verhältnis zu ostasiatischen Anbietern müssen die westlichen Industriestaaten als Hochlohnländer eingestuft werden. Die Gegenüberstellung mit den "Newly Industrialized Countries" (NICs), dazu zählen Malaysia, Singapur, Südkorea, Philippinen, Taiwan und Hongkong, läßt deren deutliche Wettbewerbsvorteile erkennen:

- die Jahresarbeitszeit liegt um ein Drittel höher

- die Arbeitskosten pro Stunde machen nur ein Sechstel der hiesigen Aufwendungen aus.

Diesen Wirtschaftsraum zeichnet zusätzlich eine hohe Dynamik aus, wie der Welthandelsanteil von 9% (1988) gegenüber 11% der Bundesrepublik verdeutlicht. Die von hier zu erwartenden weiteren Anstrengungen werden zunehmend auf Märkte zielen, die bislang eine Domäne der westlichen Industrieländer sind. Diese Offensive könnte besonders Produkte betreffen, die unter die Kategorie "Forschungsintensive Technologien" fallen. In diese Gruppe fallen alle Produkte, deren FuE-Aufwand mindestens 3% des Produktumsatzes ausmachen. Im direkten Vergleich mit den übrigen hierbei an der Spitze liegenden Industrienationen der Welt, Japan und USA, übersteigt das Handelsvolumen der Bundesrepublik geringfügig den japanischen Anteil. Die USA konzentrieren sich besonders auf die Spitzentechnologien (FuE > 8% des Umsatzes), deren Anteil hierbei 28% des gesamten Handelsvolumens ausmacht. Die Situation auf diesem Gebiet ist für die Bundesrepublik besonders wichtig, da forschungsintensive Produkte mit über 50% am Außenhandelsumsatz beteiligt sind. Besonders die japanische Industrie dürfte in diesem Sektor noch steigerungsfähig sein, da auch hier die Jahresarbeitszeit höher und die Lohnkosten niedriger liegen als in den westlichen Industrienationen. Bevorteilt durch die Nähe installieren japanische Unternehmen ihre Produktion bereits verstärkt in den NICs und nutzen auf diese Weise die dortigen Standortvorteile aus. Diese Region beherbergt somit ein Industriepotential, das die Konkurrenzsituation auf dem Weltmarkt noch erheblich verschärfen wird.

Konkurrenz und Kosten zwingen die Hochlohnländer daher zur Konzentration auf technisch hochwertige Produktionsverfahren und Bauteile. Hier exemplarisch dargestellt durch ein keramisches Hüftgelenkimplantat, eine hochpräzise asphärische Glaslinse und ein tiefgezogenes Bauteil aus faserverstärkten Thermoplasten.

2. Werkstoffgerechte Prozeßgestaltung

An den hier vorgestellten Werkstoffgruppen werden nahezu sämtliche spanenden und umformenden Fertigungsprozesse erst durch das Zusammenspiel von Temperatur in Verbindung mit verschiedenen Druck-/Zug- oder Scherspannungen möglich (Bild 3).

Die Beispiele der Hochleistungskeramiken, des optischen Glases, gehärteten Stahles und der faserverstärkten Kunststoffe sollen die grundlegenden Mechanismen erläutern, die eine werkstoffgerechte Bearbeitung ermöglichen und auch in technischen Prozessen genutzt werden können. Darüber hinaus stellt dieser Beitrag technische Realisierungen vor, die durch Anpassung der relevanten Bearbeitungsparameter - Schnittwerte, Werkzeuge und Bearbeitungsmaschinen - vollzogen werden können.

Hochleistungskeramiken besitzen durch ihre Struktur und überwiegend kovalente Bindung eine hohe Härte, sind hochtemperaturbeständig und gegenüber vielen Medien chemisch resistent /5,38/. Diese Eigenschaften machen sie für zahlreiche Einsatzfälle interessant, gleichzeitig jedoch bereitet ihre Bearbeitung in vielen Fällen erhebliche Probleme. Die strukturbedingte geringe Verformungsfähigkeit der Keramik, überlagert von herstellungsbedingten Verunreinigungen, Inhomogenitäten an den Korngrenzen oder Eigenspannungen nach dem Sintern sind Faktoren, die bei der spanenden Fertigung berücksichtigt werden müssen. Wenn die Prozeßbedingungen während der Bearbeitung in keiner Weise diesen werkstoffspezifischen Besonderheiten Rechnung tragen, ist die Rißentstehung oder das Wachstum bereits vorhandener Risse die unvermeidliche Konsequenz. In jedem Fall setzen diese Schädigungen die Bauteilfestigkeit zumindest deutlich herab und hinterlassen in bezug auf diesen Werkstoffkennwert eine Streubreite, die keine reproduzierbare Funkti-

Wettbewerbsfaktor Produktionstechnik 217

Glas	Keramik	gehärteter Stahl	Faserverbund-kunststoffe
- keine Gleitebenen - keine Verformbarkeit	- hohe Härte - begrenzte Verformbarkeit	- Härte - vergleichsw. hohe Verformbarkeit	- Anisotropie - Inhomogenität

Zerspanung unter werkstoffangepaßten Spannungs- und Temperaturzuständen

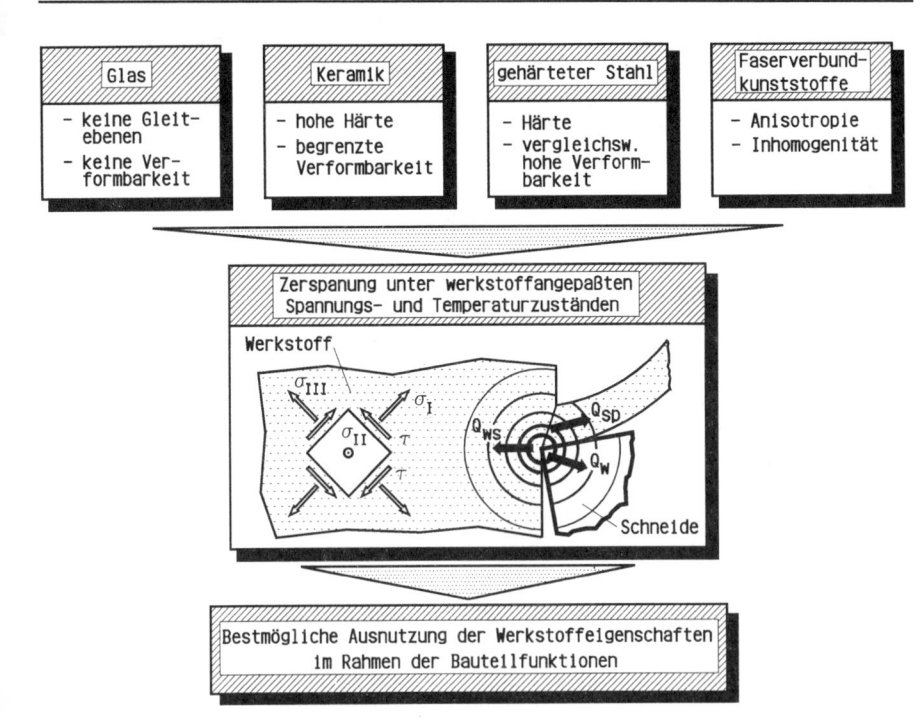

Bestmögliche Ausnutzung der Werkstoffeigenschaften im Rahmen der Bauteilfunktionen

<u>Bild 3:</u> **Die spanende Bearbeitung unter werkstoffangepaßten Spannungs- und Temperaturzuständen eröffnet neue Bearbeitungspotentiale**

onstüchtigkeit zuläßt.

Erkenntnisse der Bruchmechanik deuten darauf hin, daß durch Aufbringen eines hydrostatischen Druckspannungszustandes im Werkstoff unterhalb der Schneide die Rißentstehung unterdrückt oder zumindest die Rißlänge herabgesetzt werden kann. Die Umsetzung in schleiftechnische Kenngrößen mit keramikgerechten Wertebereichen führt zu erheblichen Festigkeitssteigerungen und besseren Oberflächenqualitäten.

Optisches Glas gehört ebenfalls in die Gruppe der Werkstoffe, die sich durch eine extrem niedrige Bruchzähigkeit auszeichnen. Dieser Kennwert liegt sogar unter dem der Ingenieurkeramiken /6/. Die optischen Gläser finden vor allem in präzisionsoptischen Bauteilen Verwendung. Während an planen und sphärischen Flächen die bei Schleifbearbeitung geschädigte oberflächennahe Randzone durch einen weitgehend beherrschbaren Polierprozeß abgetragen wird, ist dieser Arbeitsgang an asphärischen Linsenformen mit erheblichem Aufwand und langen Polierzeiten verbunden. Die Schleifbearbeitung dieser Flächen erfolgt daher unter der Prämisse, die Dicke der beim Polieren noch abzutragenden Randzone auf Werte von unter einem Mikrometer zu beschränken.

Der erfolgversprechendste Weg dorthin ist der viskoplastische Materialabtrag.

Auch hierbei erzeugt die eingreifende Schneide im Werkstoff gezielt ein Druckspannungsfeld, das im atomaren Nahbereich zu Fließvorgängen führt. Dies ist allerdings auf konventionellen Schleifmaschinen nicht realisierbar. Erst Werkstück- und Werkzeugbewegungen, die durch entsprechende Stellelemente im Bereich von Zehntelmikrometern äußerst präzis und reproduzierbar ablaufen, führen zu Genauigkeiten und Rauhtiefen, die vor wenigen Jahren nur durch Polierprozesse erreichbar waren.

Metallische Werkstoffe unterscheiden sich von den erstgenannten Materialien durch ihre vergleichsweise große Duktilität. Äußere oder auch innere Kräfte führen bereits bei niedrigen Temperaturen zu elastischen Verformungen. Bei Überschreiten des Hook'schen Bereiches treten irreversible Verformungen auf, die ursächlich im Wandern von Versetzungen begründet sind /7/. Der Abbau von Spannungen erfolgt hierbei zunächst über plastisches Fließen, bevor beim Erreichen der Streckgrenze der Bruch eintritt. An gehärtetem Stahl, einem Konstruktionswerkstoff, der für viele Anwendungen auch langfristig nicht zu ersetzen ist, setzt die Verspannung des Atomgitters die Duktilität erheblich herab. Trotzdem ist über das Zusammenwirken von Temperatur und Druck bei der spanenden Bearbeitung mit geometrisch bestimmter Schneide lokal eine ausreichende Duktilität erreichbar.

Faserverbundkunststoffe (FVK) sind eine Werkstoffgruppe mit stark anisotropen mechanischen Eigenschaften /8/. Bei niedrigem Eigengewicht erträgt der Verbund aus Kunststoffmatrix und hochfesten Fasern, wenn er im Bauteil kraftflußgerecht angeordnet ist, extreme Belastungen. Dieses hervorstechende Merkmal in Verbindung mit hoher Steifigkeit und Dauerfestigkeit, ausgezeichneten Dämpfungseigenschaften und guter Medienbeständigkeit machen die FVK zu einem Substitutionswerkstoff für Metallkonstruktionen. Dies gilt insbesondere dort, wo die Wirtschaftlichkeit des gesamten Produktes unmittelbar vom Gewicht abhängt (Flugzeugleitwerk), oder dort, wo auftretende Beschleunigungen nur mit geringen Massen beherrschbar sind (Stangengreifer in Webmaschinen).

Vielseitige Einsatzbereiche werden den faserverstärkten Thermoplasten prognostiziert. Dies sind Gewebestränge, -lagen oder Versteifungsprofile in einer durch Wärmezufuhr reversibel verformbaren Kunstharzmatrix. Schlagzähigkeit und hohe Bruchdehnung sind die charakteristischen mechanischen Eigenschaften. Besonders vorteilhaft ist die einfache Herstellung auch geometrisch komplexer Teile durch Tiefziehen, Rollformen oder Warmumformung. Eine saubere Trennung der einzelnen Komponenten bei gleichzeitig möglichst geringer Schädigung des gesamten Verbundes ist hier Bearbeitungsprämisse. Dies erfordert zum einen die Abstimmung von Werkzeug- und Prozeßparametern auf die höchst unterschiedlichen Eigenschaften der Einzelkomponenten, zum anderen ist jedoch auch deren Orientierung und relativer Anteil im Verbund zu berücksichtigen.

2.1 Optimierte Bearbeitung von Hochleistungskeramiken

Auf wirtschaftlichem Weg Bauteile mit garantiertem Gebrauchsverhalten reproduzierbar herstellen zu können, wird besonders unter dem Aspekt Produkthaftung immer mehr zu einem zentralen Thema. Speziell bei keramischen Werkstoffen können lokal vorhandene Spannungsspitzen, wie sie beispielsweise an scharfkantigen Konturelementen auftreten, zum plötzlichen, nicht vorhersehbaren Bruch führen. Daher beginnt die betriebssichere Bauteilauslegung bereits bei der keramikgerechten Konstruktion **(Bild 4)** /9/. Die FEM Berechnung der Spannungsverteilung an einer Dichtscheibe läßt die besonders belasteten Bereiche erkennen. Problematischer als diese rechnerisch erfaßbaren und konstruktiv zu ändernden Stellen sind jedoch mikroskopisch kleine Kerbstellen im Gefüge, von denen unter Zugbeanspruchung zuerst ein Riß oder Bruch ausgeht /10/.

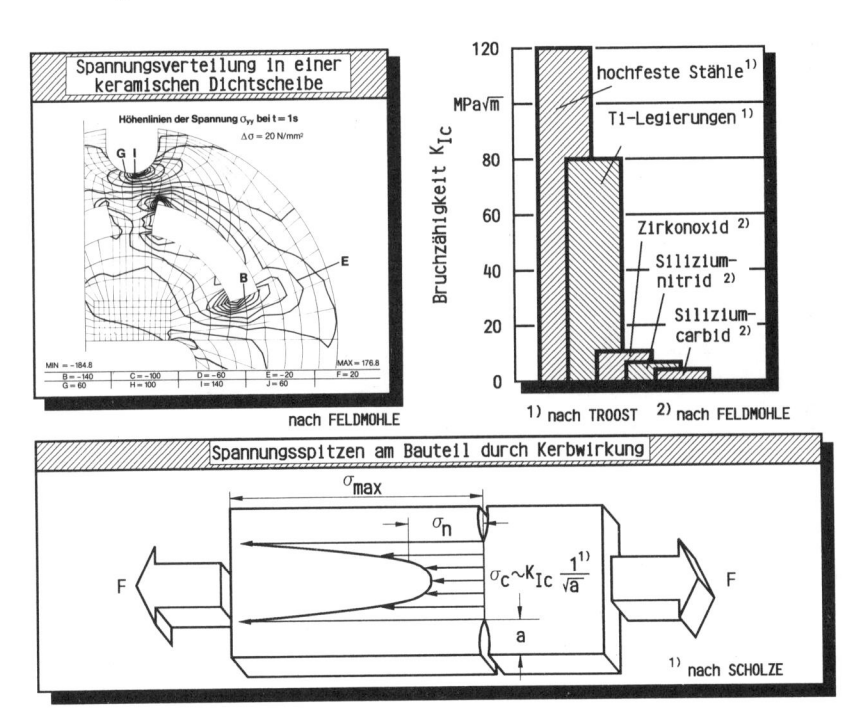

Bild 4: **Versagensursachen an keramischen Bauteilen**

Aus der Festigkeitslehre läßt sich der unten im Bild qualitativ aufgetragene Zugspannungsverlauf anhand der Bauteil- und Rißgeometrie berechnen /11/. Unter Hinzunahme der mechanischen Werkstoffkennwerte lassen sich die kritischen Rißlängen in Abhängigkeit von der maximal ertragbaren Zugspannung bestimmen. Dabei ist der Spannungsintensitätsfaktor, vielfach auch Bruchzähigkeit genannt, eine linear eingehende Werkstoffkonstante. Ein Vergleich der

K_{Ic}-Werte von hochfesten Stählen und Titan-Leg. mit einigen Hochleistungskeramiken macht deutlich, daß bei gleicher Rißtiefe die zum Bruch führende kritische Zugspannung bei den Keramiken etwa eine Zehnerpotenz niedriger liegt als bei den Metallen. Da die Festigkeitskennwerte bereits durch Eigenspannungen nach dem Sintern, Porosität oder Inhomogenitäten an den Korngrenzen ohnehin breiter streuen als bei metallischen Werkstoffen, sind Risse, die durch die Bearbeitung entstehen oder vergrößert werden, eine Ursache dafür, warum das Gebrauchsverhalten keramischer Bauteile von den konstruktiven Daten abweichen kann. Die oberste Bearbeitungsprämisse ist also die Rißvermeidung oder Unterdrückung des Rißwachstums auf eine Größenordnung, die zum Anstieg der ertragbaren Bruchspannung und gleichermaßen zur Erhöhung des Weibull-Moduls als Bewertungsgröße für die Reproduzierbarkeit führt /12/.

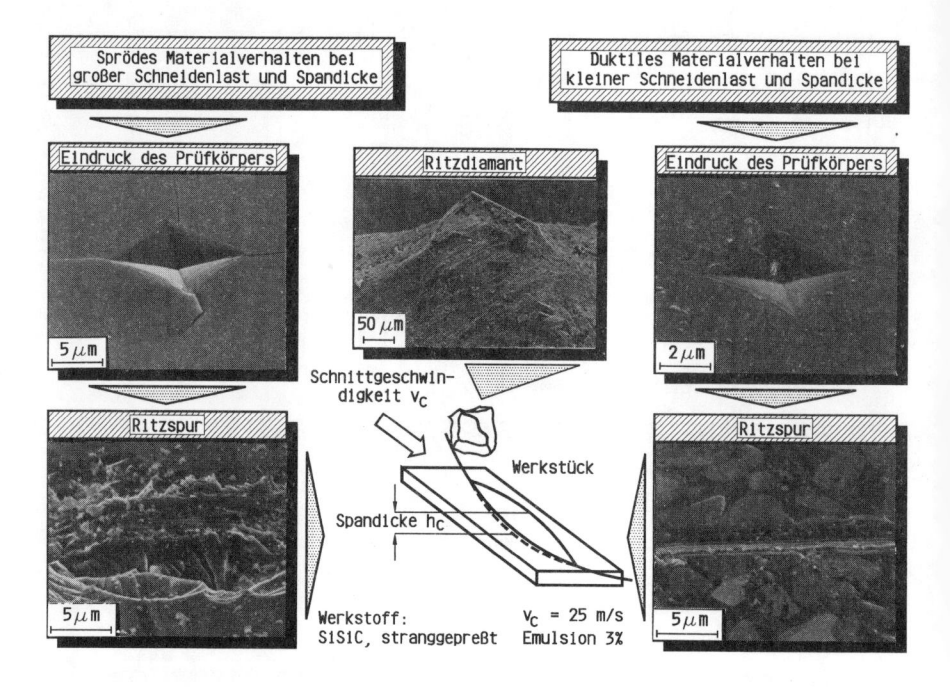

Bild 5: Schneidenlast und Spandicke bestimmen das Zerspanverhalten

Das Materialverhalten beim Eindringen eines harten Körpers, wie es beispielsweise beim Schleifen geschieht, ist elementar in Eindruck- und Ritzversuchen beobachtbar. Sie bilden die Grundlage für die Beschreibung werkstoffspezifischer Bruch- und Abtragsmechanismen **(Bild 5)**. Die hier gezeigten Eindrücke mit einem Diamanten nach Vickers simulieren das senkrechte Eindringen einer Schneide in den Werkstoff. Bei einer Belastung von 3 N beträgt die Eindruck-

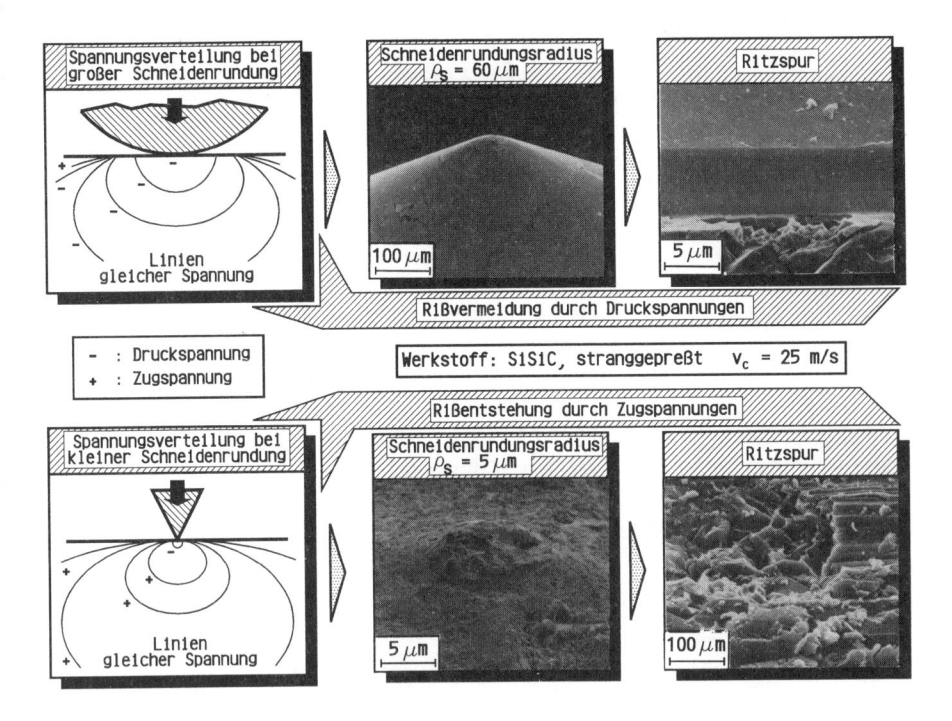

Bild 6: Die Vergrößerung des Schneidenrundungsradius bewirkt duktiles Materialverhalten

tiefe ca. 1,6 µm (Bild oben links). An den Ecken des Vierecks sind Risse zu erkennen. Die kritischen Zugspannungen werden an diesen Stellen überschritten und es kommt zur spontanen Rißausbreitung. Diese Risse verlaufen dabei nicht nur sichtbar an der Oberfläche, sondern reichen vor allem auch in die Tiefe. Da sie sich nach Rückgang der Belastung nahezu vollständig schließen, sind sie nur durch zerstörungsbehaftete Prüfmethoden identifizierbar. Bei reduzierten Kräften (rechte Bildseite) dringt der Diamant nur etwa 0,4 µm in die Keramik ein und erzeugt dabei plastische Verformungen, die als Aufwürfe am Rand des Eindrucks zu erkennen sind.

Die Vervollständigung dieser Ergebnisse in Ritzversuchen, bei denen die Eintauchtiefe des Diamanten in Analogie zu den Eindrucktiefen eingestellt wird, offenbart deutlich die Abhängigkeit des Abtragmechanismus von der Ritztiefe. Bei einer Ritztiefe von 1,2 µm ist Sprödbruch die vorherrschende Art des Materialabtrages. Erst bei halbierter Ritztiefe hinterläßt der Diamant eine durch plastische Deformation ausgehobelte Spur (Bild unten rechts). Für die keramikgerechte Schleifbearbeitung lassen sich hieraus zwei Folgerungen ableiten:

* die Kraft pro Einzelschneide muß klein bleiben

* die Ritztiefe darf einen werkstoffspezifischen Wert nicht überschreiten.

Da am Vickerseindruck auch bei hoher Last nur Rißbildung an den Ecken einsetzt, ist zu überprüfen, inwieweit die Schneidenform das Arbeitsergebnis beeinflußt.

Modellbetrachtungen zur Spannungsverteilung im Werkstoff im Eingriffsbereich der Schneide können gezielt für die Optimierung der Bearbeitung sprödharter Materialien genutzt werden. Der Vergleich zweier charakteristischer Lastfälle läßt erkennen, wie sehr das Ergebnis von der Schneidenform bestimmt werden kann (Bild 6) /13,14,15/. Das Druckspannungsfeld unterhalb eines scharfkantigen Körpers ist auf einen extrem kleinen Bereich in unmittelbarer Nähe der Schneidenspitze begrenzt (untere Bildreihe). In radialer Richtung treten ausschließlich Zugspannungen auf, die, wie in Bild 4 gezeigt, bei bereits vorhandenen Kerbstellen zur Rißbildung führen können. Die zugehörige Ritzspur wurde mit einem Schneidenrundungsradius von 5 μm erzeugt. Sie zeigt eine zerklüftete Topographie, die nahezu ausschließlich durch Sprödbruch entstanden ist.

Ein Eindringkörper mit großem Rundungsradius baut im Werkstoff ein vornehmlich aus Druckspannungen bestehendes Spannungsfeld auf (obere Bildreihe). Obwohl die hier ablaufenden Mechanismen für die Keramiken noch nicht in einer geschlossenen Beschreibung bekannt sind, scheint dieser Spannungszustand eine Voraussetzung für versetzungsbedingtes Gleiten zu sein. Die Ritzspur eines Diamanten mit 60 μm Schneidenrundungsradius entsteht bei gleicher Ritz-

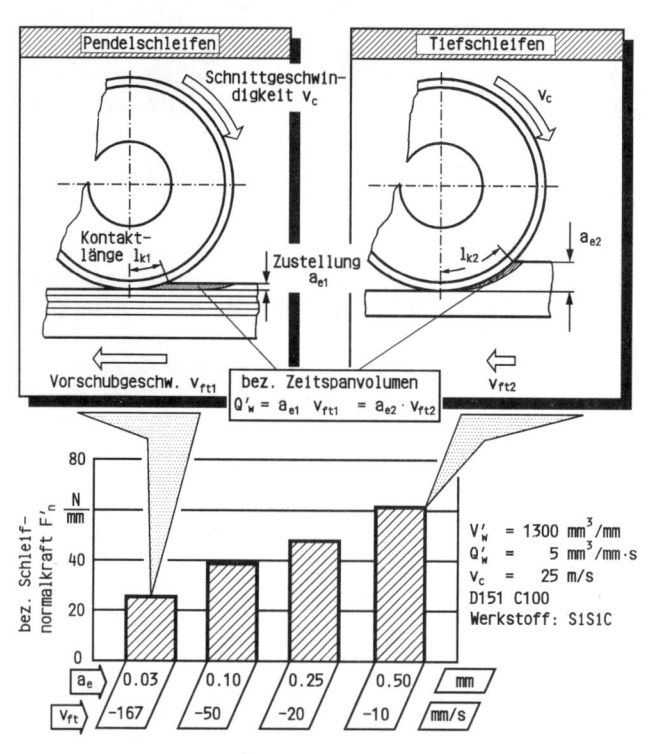

Bild 7: Realisierung keramikangepaßter Prozeßstellgrößen beim Tiefschleifen

tiefe durch plastische Verformung. Auch bei Werkstoffen mit sehr niedriger Bruchzähigkeit (SiSiC) unterstützt der hydrostatische Spannungszustand offensichtlich die Aktivierung von Gleitsystemen und unterdrückt durch viskoses Fließen weitestgehend die Rißbildung /16/.

Der dritte Baustein einer keramikgerechten Schleifbearbeitung ist somit ein großer Schneidenrundungsradius. Praktisch realisierbar ist dies durch die Verwendung von blockigem Diamantkorn, das unter Last nicht bricht oder splittert, sondern während der Bearbeitung gleichmäßig abflacht. Der Einsatz solcher Kornarten in Verbindung mit einer härteren Bindung stellt ein weiteres Potential für die werkstoffgerechte Prozeßführung dar.

Kleine Kräfte an der Einzelschneide in Kombination mit Ritztiefen im Submikrometerbereich und große Schneidenrundungsradien sind die bisher vorgestellten Randbedingungen zur keramikangepaßten Schleifbearbeitung. Wie lassen sich diese Erkenntnisse prozeßtechnisch verwerten?

Beim Planschleifen mit Umfangsscheiben berechnet sich das Zeitspanvolumen als Produkt aus Zustellung und Vorschubgeschwindigkeit (Bild 7). Bei gleichbleibendem Zeitspanvolumen sind die Eingriffsverhältnisse, wie beispielsweise die Kontaktlänge, durch Kombination dieser beiden Größen in einem weiten Bereich variierbar (schraffierte Bereiche in den oberen Bildern), sodaß hier zwischen den Varianten Pendel- und Tiefschleifen unterschieden wird. Im Hinblick auf die Realisierung der aufgezeigten werkstoffangepaßten Kennwerte liegt der große Vorteil des Tiefschleifens (rechte Darstellung) in der Verteilung des Zerspanvolumens auf eine wesentlich größere Schneidenzahl als beim Pendelschleifen /17/. Bei konstantem Zeitspanvolumen wächst die Kontaktlänge mit sinkender Vorschubgeschwindigkeit und steigender Zustellung weiter an. Da proportional hierzu auch die Zahl im Eingriff befindlicher Schneiden ansteigt, nimmt die Einzelspandicke ab. Die Diamanten werden nur im Bereich der Schneidenspitze belastet, stumpfen gleichmäßig ab und lassen eine Schleifbelagtopographie entstehen, die eine große Zahl kinematischer Schneiden kennzeichnet. Mit Erhöhung der Schnittgeschwindigkeit werden zusätzlich noch Graphitisierungsprozesse eingeleitet, die die Ausbildung von großen Rundungsradien an den Schneiden unterstützen. Der gleichzeitige Eingriff einer großen Schneidenzahl und der hohe Anteil an energetisch aufwendiger Reibarbeit führen zwar zu den gewünschten kleineren Kräften an der Einzelschneide, aber insgesamt zum Anstieg der bezogenen Schleifnormalkraft. Keramikgerechte Maschinenstellwerte können daher nur auf einer Schleifmaschine hoher Steifigkeit und ausreichender Spindelantriebsleistung realisiert werden.

Werkstoffgerechte Schleifbearbeitung führt bei Hochleistungskeramiken zu Verbesserungen des Gebrauchsverhaltens, hier dargestellt durch die charakteristische Bruchspannung und den Weibull-Modul, und zur Verminderung der Rauhtiefe (Bild 8). An Oxid-(Al_2O_3), Nitrid-(SSN) und Karbidkeramik (SiSiC) werden nicht nur höhere Bruchspannungen gemessen, sondern gleichzeitig auch ein größerer Vertrauensbereich konstatiert: der größere Weibull-Modul

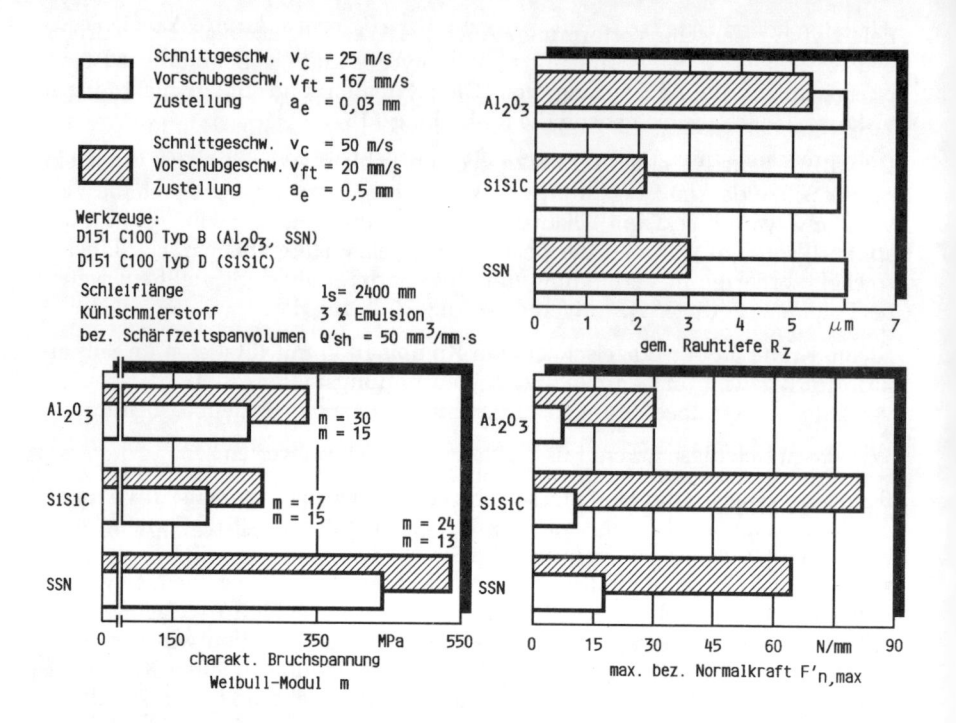

Schnittgeschw. v_c = 25 m/s
Vorschubgeschw. v_{ft} = 167 mm/s
Zustellung a_e = 0,03 mm

Schnittgeschw. v_c = 50 m/s
Vorschubgeschw. v_{ft} = 20 mm/s
Zustellung a_e = 0,5 mm

Werkzeuge:
D151 C100 Typ B (Al_2O_3, SSN)
D151 C100 Typ D (SiSiC)

Schleiflänge l_s = 2400 mm
Kühlschmierstoff 3 % Emulsion
bez. Schärfzeitspanvolumen Q'_{sh} = 50 mm^3/mm·s

Bild 8: Höhere Bauteilqualität und verdoppelte Zerspanleistung durch keramikangepaßte Prozeßstellgrößen

ist gleichbedeutend mit einem engeren Streubereich der gemessenen Festigkeitswerte. Dieser Kennwert ist gerade im Hinblick auf die reproduzierbare Bauteilfertigung besonders relevant. Die Rauhtiefenreduzierung, besonders an der SiSiC-Keramik ist so groß, daß auf eine Nachbearbeitung je nach Verwendung des Bauteils sogar verzichtet werden könnte.

Besonderes Interessse sollten diese Ergebnisse beim Anwender durch den Vergleich der Zeitspanvolumina finden: Bei verbesserter Werkstückqualität verkürzt die optimierte Bearbeitung die Hauptzeit um 50%! Da die Schleifnormalkräfte bis zum 6fachen ansteigen (SiSiC), ist die Bearbeitung unter solchen Bedingungen allerdings nur auf entsprechend ausgerüsteten Maschinen durchführbar.

Duktilität herbeiführen - diese knappe Forderung faßt die grundlegende Handlungsvorschrift für die werkstoffgerechte Bearbeitung von Hochleistungskeramik zusammen. Beim Schleifen ist dieser Zustand durch die kleinen Ritztiefen der Schneiden vergleichsweise einfach realisierbar. Wenn das Schleifkorn in den Werkstoff eintaucht, entsteht aufgrund der niedrigen Wärmeleitung innerhalb der Keramik vermutlich auch eine Wärmekonzentration im unmittelbaren Kontaktbereich der Schneide. Zusammen mit den vorherrschenden hohen Druckspannungen reicht diese Wärme aus, um lokale Duktilität im Werkstoff auszulösen und damit plastisches Fließen zu ermöglichen.

Die Weiterentwicklung von Fertigungsprozessen basiert vielfach auf der konsequenten Ausnutzung eines als maßgebend erkannten Umform- oder Abtragmechanismus. Das beherrschende physikalische Prinzip wird in gleichsinnig wirkende Prozeßparameter überführt und mit Hilfe technischer Kennwerte der Bearbeitungsaufgabe angepaßt. Bei der Keramikbearbeitung sind Druck und wohl auch Temperatur die entscheidenden physikalischen Kenngrößen. Die Ritztiefe stellt die charakteristische technische Wirkgröße dar. Soll beim Einsatz von Werkzeugen mit definierter Schneide eine Spanabnahme unter den gleichen Prämissen erfolgen, ist ebenfalls in der primären Scherzone eine lokale Erhitzung zur Erweichung des Werkstoffs erforderlich. Da die erreichbaren Spanungsquerschnitte mehrere Zehnerpotenzen größer sind als bei der Schleifbearbeitung, reicht die eingebrachte Energie aufgrund der hohen Werkstoffestigkeit und der schlechten Wärmeleitung nicht für eine lokale Erweichung in der Scherzone aus. Eine externe Wärmequelle muß das Energiedefizit ausgleichen. Daher wird heute verstärkt der Einsatz von Lasern untersucht, nicht zuletzt wegen ihrer hohen Flexibilität im Hinblick auf die Energieeinbringung.

Hochfeste Bauteile geringer Porosität aus Siliziumnitrid können industriell zur Zeit nur durch Heißpressen hergestellt werden, da im Vergleich zum drucklosen Sintern eine hohe Dichte des Werkstoffs und damit wesentlich

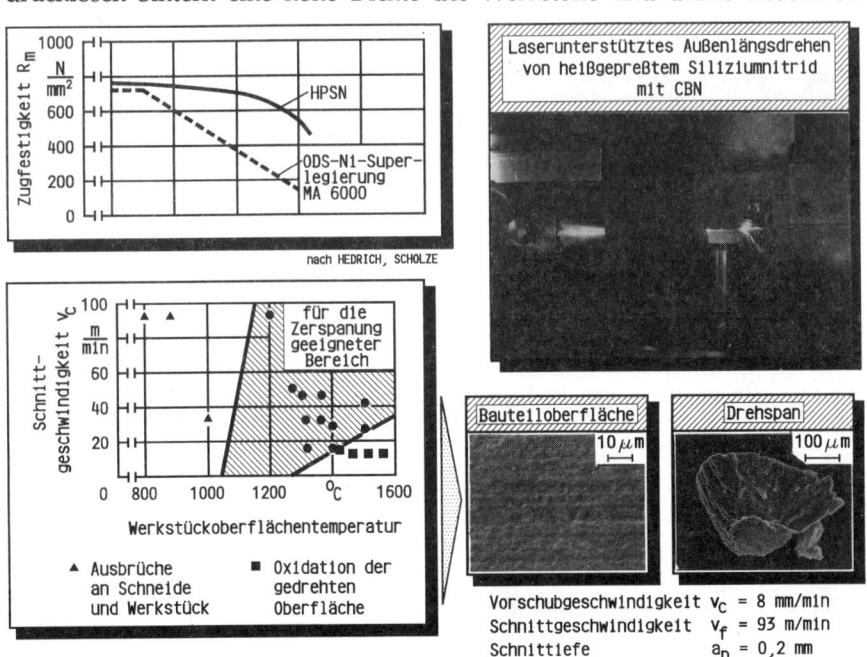

Bild 9: Laserunterstütztes Drehen von heißgepreßtem Siliziumnitrid

bessere Gebrauchseigenschaften zu erreichen sind. Allerdings läßt diese Preßtechnik nur die Herstellung kompakter Werkstoffblöcke vergleichsweise einfacher Geometrie zu, aus denen später die Endform unter hohem Zeit- und Kostenaufwand herausgearbeitet werden muß.

Zur Endbearbeitung von Bauteilen aus HPSN werden zur Zeit praktisch ausnahmslos Fertigungsverfahren mit geometrisch unbestimmter Schneide (Schleifen, Läppen) eingesetzt. Wegen der hohen Härte und Verschleißbeständigkeit von HPSN muß dabei die Verwendung teurer Diamantwerkzeuge bei hohen Fertigungszeiten in Kauf genommen werden. In der Keramikbearbeitung beträgt folglich der Anteil der spanenden Bearbeitung an den Gesamtherstellkosten zwischen 60-95%.

Zur Erzeugung höherer Zeitspanvolumina und zur Vergrößerung der Flexibilität bei der Gestaltgebung der Werkstücke wird untersucht, inwieweit die Vorteile der definierten Zerspanung duktiler Werkstoffe beim Außenlängsdrehen auf die Bearbeitung von HPSN übertragbar sind /18/. Das temperaturabhängige Festigkeitsverhalten dieses Werkstoffs läßt auch für Werkzeuge mit definiertem Schneidteil eine werkstoffgerechte Bearbeitungstechnologie möglich erscheinen (**(Bild 9)** Graphik oben links). Da an den Korngrenzen des weitestgehend kristallinen Gefüges von Siliziumnitrid amorphe Bereiche existieren, ist bei Erwärmung auf über 1000 °C eine teilweise Plastifizierbarkeit dieser Glasphase zu erwarten, die eine wichtige Voraussetzung für die Spanbildung schafft. Aufgrund seiner vergleichsweise hohen Bruchzähigkeit in Verbindung mit einer relativ niedrigen Wärmeausdehnung und der daraus resultierenden geringen Thermoschockempfindlichkeit ist HPSN für die Warmzerspanung besonders interessant.

Die Versuchsergebnisse bestätigen diese Hypothesen: Bei Temperaturen unter 1100 °C ist die Festigkeit des Materials noch nicht genügend herabgesetzt und der Werkstoff bricht in diesem Temperaturbereich noch interkristallin. Am Werkstück und an der Schneide entstandene Ausbrüche führen zu schlechter Oberflächengüte und rapidem Schneidenverschleiß. Die Temperaturerhöhung auf Werte zwischen 1200-1450 °C bringt in einem breiten Bereich die gewünschte plastische Spanbildung. Der abgetrennte Werkstoff ist als Fließspan zu erkennen (REM-Photo). Da Bruchvorgänge jetzt primär transkristallin verlaufen, entstehen am Werkstück Oberflächengüten in Schleifqualität (REM-Photo). Temperaturen von über 1450 °C führen zu unerwünschten Oxidationserscheinungen an der Werkstückoberfläche. Bei noch höherer Temperatur dissoziiert der Werkstoff.

Die Zerspanung hochfester Ingenieurkeramik mit geometrisch bestimmter Schneide erschließt eine werkstoffübergreifende Anwendung dieses Verfahrens. Das Bearbeitungspotential der Warmzerspanung beschränkt sich nicht nur auf keramische Werkstoffe, sondern bietet auch für die Zerspanung hochfester, temperaturbeständiger metallischer Legierungen interessante Perspektiven. Bei dynamisch und thermisch extrem beanspruchten Motoren- und Turbinenteilen lassen sich die Einsatzbereiche metallischer Hochtemperaturwerkstoffe durch legierungstechnische Maßnahmen und Oxiddispersionshärtung sowie optimierte Gefügestrukturen noch erheblich ausdehnen /19/. Neben den klassischen Ni-Basis Superlegierungen ermöglichen ODS Werkstoffe - ODS steht für Oxide Dispersion Strenghthening - eine Verschiebung der Einsatzgrenzen zu noch höheren Temperaturen. Die Steigerung der Warmfestigkeit wird hierbei durch Einbringen feinstverteilter, thermodynamisch äußerst stabiler Oxidpartikel mit Teilchendurchmessern zwischen 10-100 nm erreicht. Die definierte Zerspanung beispielsweise von ODS-Ferriten bei Temperaturen zwischen 600-800 °C mit dem Laser als Wärmequelle ist denkbar. Durch seine exakt steuerbare Wärmeenergie und die eng begrenzte wärmebeeinflußte Zone stellt das Verfahren besonders bei geometrisch komplexen oder filigranen Teilen wie Brenn- und Vorkammerdüsen oder Turbinenrädern eine äußerst flexible Alternative zur Schleifbearbeitung dar.

2.2 Zerspanung von gehärtetem Stahl mit definierter Schneide

Die Forderung einer lokalen Duktilität für die definierte Zerspanung ist letztlich unabhängig vom Werkstoff. Beim Schleifen von Keramik wird dies durch die geringe Eintauchtiefe in Verbindung mit einer stark negativen Schneidengeometrie erreicht. Beim Drehen von Keramik, wo während eines Schnittes wesentlich höhere Zerspanvolumina abgetragen werden, ist dazu der Einsatz

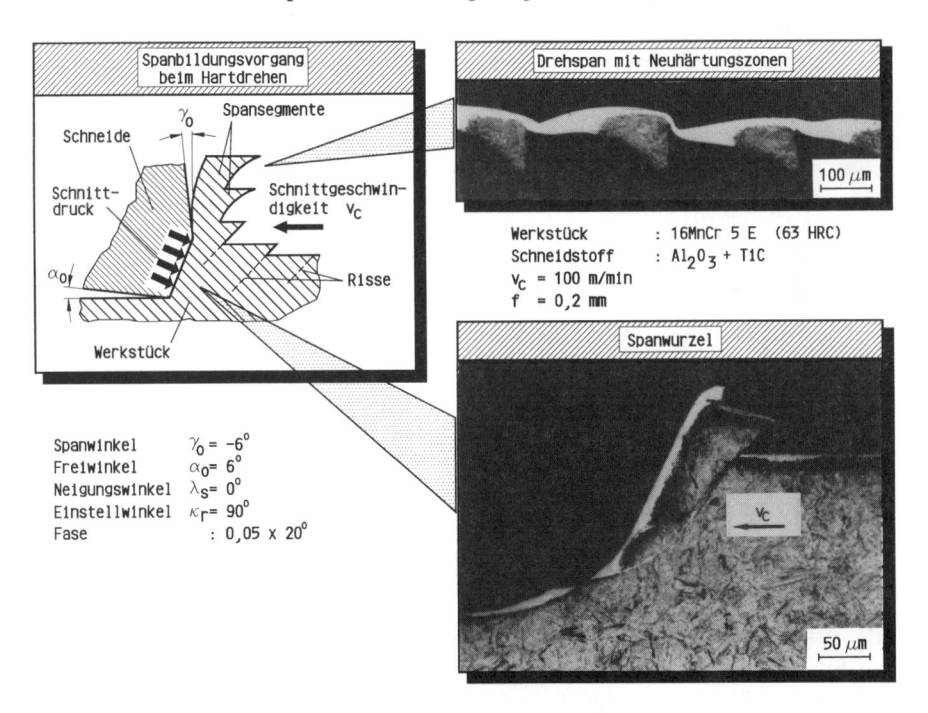

Werkstück : 16MnCr 5 E (63 HRC)
Schneidstoff : Al_2O_3 + TiC
v_c = 100 m/min
f = 0,2 mm

Spanwinkel $\gamma_0 = -6°$
Freiwinkel $\alpha_0 = 6°$
Neigungswinkel $\lambda_s = 0°$
Einstellwinkel $\kappa_r = 90°$
Fase : 0,05 x 20°

Bild 10: Spanbildung beim Drehen gehärteter Stähle

einer externen Wärmequelle, wie z.B. eines Lasers, erforderlich. Im Gegensatz zur Keramikbearbeitung kann bei der Zerspanung gehärteter Stähle mit definierter Schneide auf die zusätzliche Energieeinbringung verzichtet werden. Die auf eine Härte von über 60 HRC vergüteten Stähle weisen immer noch eine vergleichsweise hohe Duktilität auf. Daher läuft die Spanbildung hier anders ab (Bild 10) /20/.

Die Schneide dringt in das gehärtete Material ein und baut vor der stark negativ eingestellten Spanfläche extreme Druckspannungen auf. Überschreiten die Kräfte die örtliche Materialfestigkeit, entsteht vor der Werkzeugschneide ein Scherriß (Schemazeichnung). Dieser Riß baut die induzierte Energie ab und dient dem entstehenden Materialsegment als Gleitfläche, auf der dieses herausgeschoben wird. Diese Rißbildung im unmittelbaren Kontaktbereich "Werkzeugschneide-Spanunterseite" ist im Querschliff der Spanwurzel deutlich zu erkennen (Bild 10 unteres Photo). Druckspannungen und durch Reibung an der Werkzeugspanfläche erzeugte Erwärmung verbessern zusätzlich die lokale Duktilität im Bereich der Scherzone soweit, daß ein sägezahnähnlicher Span entsteht, der durch zunächst plastifizierten und dann neugehärteten Werkstoff zusammengehalten wird (oberes Photo). Diese Neuhärtungszone ist umso ausgeprägter, je besser die durch plastische Umformvorgänge bei der Zerspanung induzierte Wärme in der sekundären Scherzone konzentriert bleibt. Hierbei spielt besonders die Wärmeleitfähigkeit des Schneidstoffs eine Rolle: Schlechte Wärmeleiter, wie z.B. Oxid- und Mischkeramiken, behindern den Wärmeabfluß durch das Werkzeug, sodaß die induzierte Wärmemenge für die Erweichung des Werkstoffs ausreicht und es zur selbstinduzierten Heißzerspanung kommt. Die Entwicklung von Schneidstoffen aus polykristallinem kubischen Bornitrid (PCBN) trägt diesem Phänomen Rechnung: PCBN-Schneidstoffe niedriger Wärmeleitfähigkeit - erreicht wird dies über eine keramische Bindephase in Verbindung mit einem reduzierten Anteil an CBN-Körnern - werden heute erfolgreich in der Hartbearbeitung von Stahl eingesetzt.

2.3 Duktiles Schleifen optischer Gläser

Zerspanung bei duktilem Werkstoffzustand als Voraussetzung für die schädigungsfreie Bearbeitung ist nicht auf kristallin aufgebaute Materialien begrenzt. Diese Mechanismen sind auf Körper mit amorpher Struktur ebenfalls übertragbar /16/. Besonders für Glas, dem klassischen Werkstoff für transmissive Optiken, eröffnet diese Bearbeitungstechnologie Wege zur genaueren und wirtschaftlicheren Herstellung leistungsgesteigerter Produkte. Glas repräsentiert einen bereits seit Jahrhunderten bekannten und bearbeiteten Werkstoff, bei dem doch innerhalb der letzten zehn Jahre Erkenntnisse der Werkstoffmechanik zusammen mit der rasanten Entwicklung der Bearbeitungsmaschinen noch zu neuartigen, komplexen und hochpräzisen Bauteilen geführt haben.

Glas ist eine erstarrte Flüssigkeit, deren Viskosität bei Raumtemperatur so hoch ist, daß sie sich wie ein fester Körper verhält /21/. Unter der Annahme, daß Flüssigkeiten eine ungeordnete Struktur haben, muß dies auch für Glas

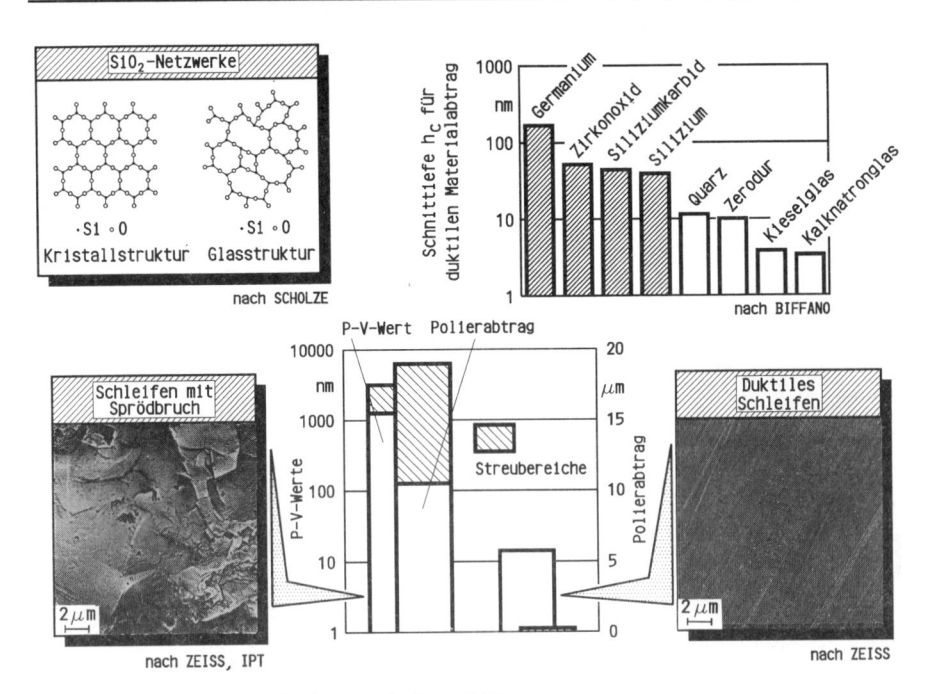

Bild 11: Duktiles Schleifen optischer Gläser

gelten. Abweichend von den Kristallen weisen Gläser eine regellose Netzwerkstruktur auf, die keine Orientierung besitzt. Glas ist ein amorpher Körper mit makroskopisch isotropen Eigenschaften **(Bild 11)**. Zur Bildung des Netzwerkes sind meist nur oxidische Verbindungen fähig, wovon Siliziumdioxid die bekannteste Struktur ist. Während im Kristall (Quarz) die (SiO_4)-Tetraeder regelmäßig angeordnet sind, liegen sie in glasiger Form (Kieselglas) als unregelmäßiges Netzwerk vor (links oben im Bild). Diese Struktur hat Konsequenzen für die mechanischen Kennwerte der Gläser. Da Gleitebenen praktisch nicht vorhanden sind, betragen die K_{Ic}-Werte von Kieselglas mit ca 0,8 MPa m nur etwa ein Fünftel des Wertes von Siliziumkarbid, woraus eine extrem niedrige Verformbarkeit resultiert. Dies hat zur Folge, daß der Sprödbruch im Glas nur mit Spandicken von wenigen Nanometern unterdrückt werden kann. Die Schnittiefen für plastischen Materialabtrag liegen daher beispielsweise für Kieselglas unter 10 Nanometern, während sie bei Hochleistungskeramiken nahezu eine Zehnerpotenz höher angesetzt werden können (Diagramm oben rechts) /22,37/.

Der Vergleich zweier geschliffener Glasoberflächen macht deutlich, welche Vorteile der Übergang vom Schleifen mit Sprödbruch (linkes REM-Photo) zum duktilen Schleifen (rechtes Photo) für Oberflächenqualität und Nachbearbeitungsaufwand mitbringt. Die Peak-to-Valley-Werte der duktil geschliffenen Oberfläche liegen mit etwa 14 Nanometer um mehr als drei Zehnerpotenzen

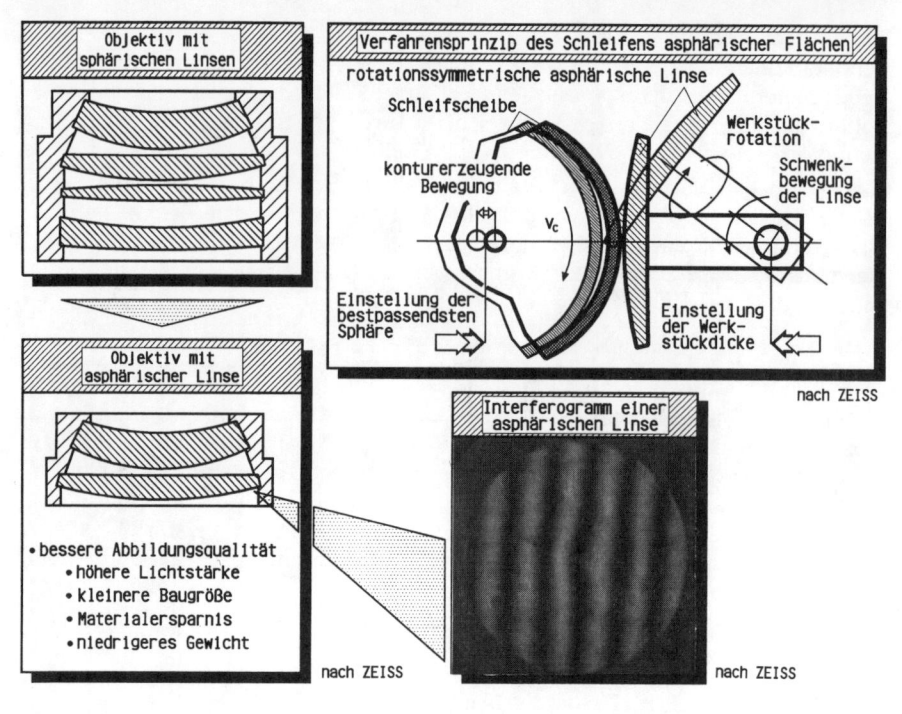

Bild 12: Anwendung des duktilen Schleifens in der Fertigung asphärischer Optikelemente

niedriger als beim konventionellen Schleifen /23/. Die Restrauhtiefe ist bereits nach dem Schleifen so gering, daß ein Polieren des Bauteils z.B. beim Einsatz im Infrarot entfallen könnte. Sollte der spätere Einsatzbereich dennoch eine weitere Verminderung der Rauhtiefe oder noch höhere Formgenauigkeiten erfordern, wird bereits nach 0,5 µm Polierabtrag unbeschädigtes Glasmaterial erreicht. Ein Wert, der 20mal geringer ist als beim konventionellen Schleifen mit Sprödbruch /24,25/.

Duktiles Schleifen ist nur auf Ultrapräzisionsschleifmaschinen möglich, die reproduzierbare Zustellungen im Submikrometerbereich ermöglichen /26,27/. Als Werkzeuge werden dabei Diamantschleifscheiben mit Mikrokörnungen des Bereiches <D5 meist in Kunstharzbindung eingesetzt. Trotz hoher Investitionskosten für Maschine und Meßeinrichtungen (Interferometer) ermöglicht erst diese Technologie die wirtschaftliche Fertigung hochpräziser asphärischer Flächen **(Bild 12)**.

Diese Form der optischen Wirkfläche bietet gegenüber planen oder sphärischen Ausführungen eine erhebliche Verbesserungen der Abbildungsqualität /28/. Die Korrektur von Bildfehlern mit Hilfe einer asphärischen Fläche schließt zusätzlich reduzierte Baugrößen, Gewichts- und Materialersparnis ein. Gefertigt werden asphärische Elemente mit einem dem Nockenwellenschleifen ähnelndem Verfahren /28/. Die Umfangsscheibe, zunächst auf die bestpassendste Sphäre eingestellt, bewegt sich nur noch translatorisch im Bereich von Mikrometern, um die asphärische Oberflächenkontur zu erzeugen. Die Linse rotiert um ihre optische Achse und wird während der Bearbeitung am Werkzeug vorbeigeschwenkt. Dies ist eines von mehreren Verfahrensprinzipien, bei dem Formabweichungen von weniger als 0,3 µm erzeugt werden können, wie sie das Interferogramm ausweist. Hohe Formgenauigkeit und extrem geringe Rißtiefen in der Randzone sind Voraussetzung, um den an solchen Formen äußerst aufwendigen Polierprozeß auf ein Minimum beschränken zu können.

2.4 Bearbeitung faserverstärkter Kunststoffe

In einem Verbundwerkstoff sind zwei oder mehrere Materialien so miteinander vereinigt, daß ein Werkstoff mit neuem Eigenschaftsprofil entsteht. Unter den Verbundwerkstoffen haben die faserverstärkten Kunststoffe (FVK) große Bedeutung erlangt, da sie sich für hochbeanspruchte Leichtbauteile besonders eignen. Entsprechend der Art, Menge und Anordnung der Verstärkungsfaser in der Matrix sind faserverstärkte Kunststoffe in ihren Eigenschaften weitgehend konstruierbar /29,30/.

Für die Verarbeitungsverfahren bei FVK ist die endformnahe Bauteilherstellung durch Press-, Spritz- oder Wickelverfahren kennzeichnend /8/. Eine allseits maßgenaue Formgebung ist allerdings in diesem Fertigungsschritt nicht oder nur unter unvertretbar hohem wirtschaftlichem Aufwand erreichbar. Daher wird eine meist spanende Endbearbeitung erforderlich, die neben Entgrat- und Besäumoperationen auch die Erzeugung von Funktionsflächen mit hohen Anforderungen an Maß- und Formgenauigkeit sowie Oberflächengüte einschließt. Während in der Endbearbeitung Faser und Matrix simultan zerspant werden, sind in vorausgehenden Arbeiten zunächst nur die Faserstränge oder -matten auf die später benötigte Größe und Form zuzuschneiden. Als Faserwerkstoffe werden neben der weitverbreiteten Glasfaser in Strukturkomponenten auch die vergleichsweise teuren Kohlenstoff- und Aramidfasern eingesetzt. Bevor einzelne Phasen der Bearbeitung faserverstärkter Bauteile behandelt werden, erscheint eine Darstellung der einzelnen Fasertypen und ihres chrakteristischen Bruchverhaltens für die Interpretation der später vorgestellten Ergebnisse hilfreich /32/.

Die Glasfaser entspricht in ihrem Aufbau dem der optischen Gläser **(Bild 13)**. Da es sich meist nicht um reines Kieselglas handelt, sondern Beimischungen anderer Oxide, z.B. Magnesium- oder Aluminiumoxid, hinzugefügt werden, weist die Netzwerkstruktur größere Inhomogenitäten auf. Die Kohlenstoffaser basiert auf der graphitischen Modifikation des Elementes Kohlenstoff, welche bei idealer Kristallanordnung stark anisotrope Eigenschaften aufweist. So wird ein extrem hoher E-Modul in Schichtrichtung durch einen sehr niedrigen Schubmodul parallel zu den Schichten erkauft, der ein vorzeitiges Abgleiten der Schichten bei entsprechender Belastung zur Folge hat. Wie im Bild angedeutet, weist die reale Faser jedoch starke Defektstrukturen auf, in der

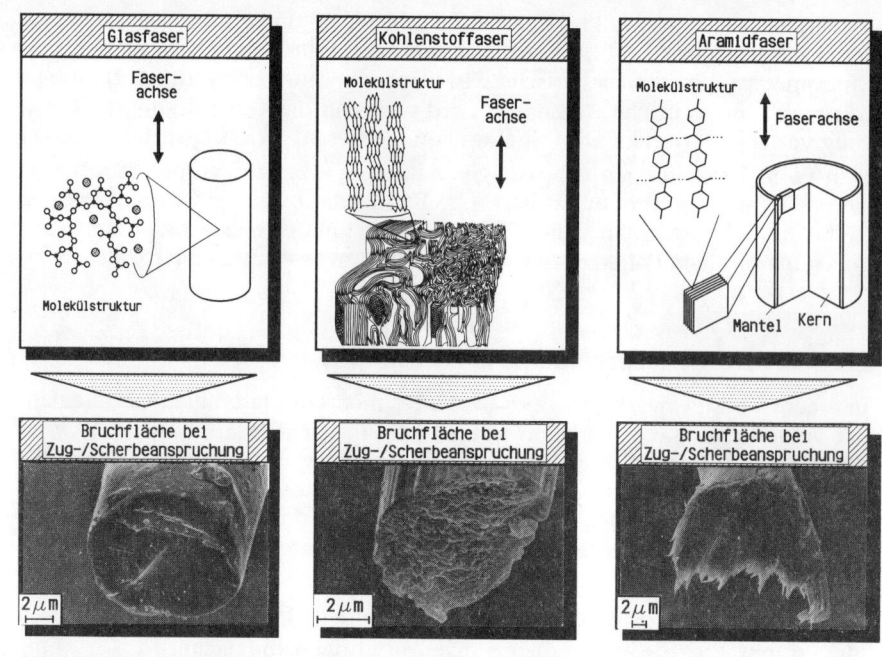

Bild 13: Struktur der Verstärkungsfasern in Faserverbundkunststoffen

insbesondere Schichtwellungen und Schichtverschlingungen die nötige Quer- und Schubfestigkeit der Faser sicherstellen. Die Aramidfaser ist charakterisiert durch steife, kovalent gebundene Molekülketten mit hohem Ausrichtungsgrad in der Faserlängsachse. Quer zur Kettenrichtung ermöglichen vorwiegend in radialer Faserrichtung wirkende Wasserstoff-Brückenbindungen eine gute Kraftübertragung ähnlich einem Reißverschlußsystem.

Die Bruchflächen der Fasern unter kombinierter Scher- und Zugbelastung lassen besonders im Vergleich der Kohlenstoff-, Glasfaser mit der Aramidfaser unterschiedlich ablaufende Trennmechanismen erkennen. Die Trennflächen der erstgenannten Fasern sind durch Sprödbruch entstanden. Sie verlaufen näherungsweise rechtwinklig zur Faserlängsachse und zeigen eine rauhe, zerklüftete Oberfläche. Die Aramidfaser besitzt dagegen ein vollkommen anderes Versagensverhalten. Der Trennbereich erscheint stark deformiert und läuft in einer dünnen, gezackten und fibrillierten Quetschkante aus. Dieser Fasertyp ist ohne axiale Vorspannung aufgrund seines hohen plastischen Verformungsvermögens praktisch nicht trennbar. Glas- und Kohlenstofffasern hingegen brechen allein schon bei Biege- bzw. Scherbelastung.

Für die späteren Bauteileigenschaften sind die Tränkung der Fasern und das Mischungsverhältnis der Harzkomponenten von größter Bedeutung. Man versucht deshalb, den Tränkungsprozeß aus der Fertigung auszugliedern. Daher werden für viele Prozesse Prepregs (pre-impregnated =vorgetränkt) eingesetzt. Dies sind mit Reaktionsharzen (meist Epoxyd- oder Phenolharze)

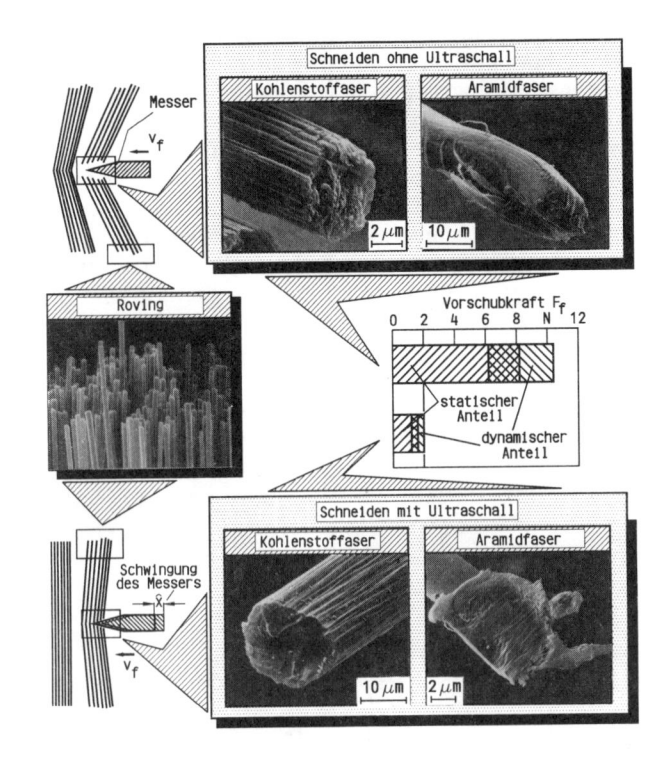

Bild 14: Ultraschallunterstütztes Schneiden von Prepregs

vorgetränkte Fasergebilde (**Bild 14**). Sie bestehen aus einer Vielzahl uni- oder multidirektional verlegter Gewebestränge (Rovings). Die Rovings sind Bündel parallel laufender Glas-, Kohlenstoff- oder Aramidfasern (REM-Photo in der Bildmitte). Beim vorwiegend manuell durchgeführten Trennen und Zuschneiden dieser Gewebematten mit konventionellen Trennwerkzeugen (Messern, Scheren) sind die Bearbeitungszeiten lang. Zusätzliche Probleme entstehen durch an der Klinge haftende Harzreste und Faserbruchstücke /33/, sowie durch Auslenkung und Deformation der Gewebepartien während des Zuschnittes, da die hochfesten Rovings nicht direkt getrennt, sondern innerhalb des Gewebes zunächst verschoben werden und erst bei Überschreiten der Bruchspannung reißen (obere Bildreihe). Das Schneiden von Prepregs mit ultraschallerregtem Messer bietet hier Vorteile, da die Fasern in den Rovings einzeln getrennt werden. Die auf die Faserachse gerichtete Schwingung des Messers induziert bei spröden Fasern (Kohlenstoff, Glas) lokal eng begrenzte Rißsysteme, die, unterstützt durch die Vorschubkraft, den Trennvorgang schon bei geringer Auslenkung einleiten (untere Bildreihe). Im Gegensatz zur Keramik- und Glasbearbeitung nutzt dieses Verfahren gezielt Sprödigkeit und geringe Bruchzähigkeit des Materials aus, um auf niedrigem Kraftniveau das Bearbeitungsziel zu erreichen. An der zähen Aramidfaser führt die bei Reibung des Messers entstehende Wärme offenbar zu einer Materialerweichung (REM-Photo unten rechts). Überlagert wird der Trennvorgang durch eine Scherspannung, die durch eine Minimierung des Schneidenrundungsradius am Messer unterstützt wird. Die über die Vorschubbewegung zusätzlich aufgebrachte Zugspannung ermöglicht dann einen leichten Trennvorgang.

Nachdem die Gewebelagen zugeschnitten sind, werden sie in eine Form gebettet und unter erhöhter Temperatur verpreßt. Besonders für die zunehmende Verwendung von Prepregs mit thermoplastischer Matrix steht ein breites Spektrum anwendbarer formgebender Verfahren zur Auswahl. Die thermische Aushärtung bringt gegenüber den chemisch aushärtenden Duroplasten verarbeitungstechnische Vorteile: Komplexe Bauteilformen sind durch Drücken, Tiefziehen oder Rollformen reversibel verform- und herstellbar, das Material ist schweißbar und anfallender Verschnitt kann wiederverwertet werden /34,8/. Da Schlagzähigkeit, Bruchdehnung und besonders die Wärmeformbeständigkeit durch Entwicklung hochtemperaturbeständiger Thermoplaste, wie z.B. Polyetherimid, Polyetheretherketon, Polyethersulfon oder Polyamidimid auf Temperaturen von bis zu 250 ° C angestiegen ist, werden faserverstärkte Thermoplaste für viele Anwendungen interessant. Bedingt durch den inhomogenen Aufbau aus Komponenten mit stark unterschiedlichen physikalischen Eigenschaften unterscheidet sich die spanende Bearbeitung dieser Werkstoffgruppe erheblich von der der Metalle, Ingenieurkeramiken oder Gläser. Während dort die zwingend erforderliche Duktilität erst durch hohe Druckspannungen und Temperaturen während des Zerspanprozesses erreicht werden muß, stellt bei thermoplastverstärkten Materialien gerade die extreme

GFK-PEI (30 Lagen uni.)
Dicke: 5 mm
v_c = 400 m/min, a_e = 3 mm
f_z = 0,05 mm, Gegenlauf

Hartmetallfräser, ungedrallt

λ	α	β
0°	15°	75°

ρ_s = 15 µm

Werkzeugdurchmesser d = 6 mm

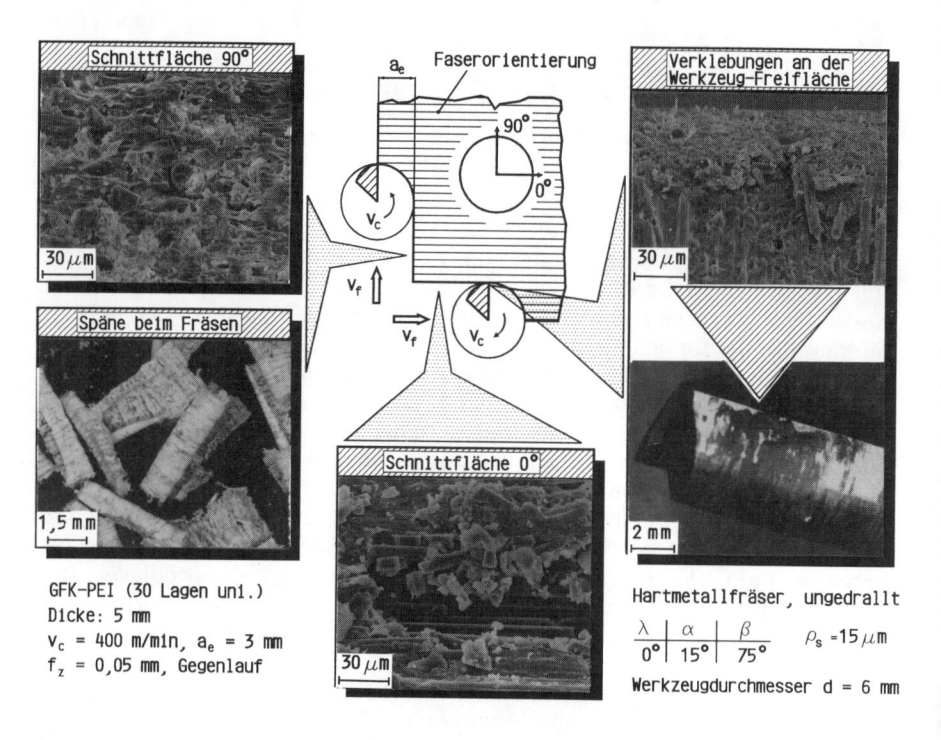

<u>Bild 15:</u> Werkzeug, Schnittflächen und Späne beim Fräsen langfaserverstärkter Thermoplaste

Duktilität der Matrix eine werkstoffspezifische Schwierigkeit dar (**Bild 15**). Am Beispiel der Fräsbearbeitung von unidirektional glasfaserverstärktem Polyetherimid wird deutlich /35/, wie hohe Prozeßtemperaturen in Verbindung mit der schlechten Wärmeleitung des Werkstoffs zum Aufweichen des polymeren Kunststoffs in der Eingriffszone führen (rechte Bildseite). Das aufgeschmolzene Material verklebt die Freifläche des Werkzeugs und intensiviert auf diese Weise noch die Reibarbeit. Da viele Verbundbauteile zur Feuchtigkeitsaufnahme neigen, wird bei Fräs- und Bohroperationen vielfach auf Kühlschmiermittel verzichtet. Der einzige Weg zur dauerhaften Verminderung der Reibarbeit ist daher der Einsatz von verschleißfesten Werkzeugen mit Schneidenrundungsradien von 10-15 µm und Rauhtiefen an Span- und Freifläche unter 0,8 µm. Schneiden aus polykristallinem Diamant erfüllen diese Forderungen. Wirtschaftlich wird der Prozeß aber erst in Verbindung mit einer CNC-Maschine, auf der auch bei kleinen Werkzeugdurchmessern ausreichende Schnittgeschwindigkeiten (vc > 400m/min) und definierte Vorschübe pro Schneide von 0,1-0,2 mm realisiert werden können.

Die Qualität der Schnittflächen hängt wie bei den Duromeren von der Faserorientierung ab. Bei Schnitten unter 0 ° trennen die Schnittkrfte das Laminat an der Grenzfläche Faser-Matrix (Photo unten) und reißen einzelne Fasern aus der Matrix heraus. Dadurch entstehen in der sonst relativ glatten Oberfläche Rauhtiefenspitzen. Schnitte unter 45 ° zeigen die schlechtesten Oberflächengüten. Durch die kombinierte Druck-Biegebeanspruchung knicken und brechen die Fasern oder werden aus dem Verbund gezogen. Erst bei 90 ° Faserorientierung können die Fasern abgeschert werden. Die Faserenden erscheinen glatt getrennt und die plastifizierte Matrix hat die Oberfläche stellenweise geglättet (Photo oben links). Abweichend von der Zerspanung faserverstärkter Duroplaste entsteht bei der Fräsbearbeitung der Thermoplaste kein Staub. Besonders unter 90 ° Faserorientierung findet eine ausgeprägte Spanbildung statt (Photo unten links). Durch die spröden Fasern entwickeln sich keine Fließspäne, sondern Formen, die mit Lamellen- oder Reißspänen vergleichbar sind. Die Ausbildung der Spanformen ist nach dem derzeitigen Kenntnisstand auf die wesentlich höhere Schlagzähigkeit und Bruchdehnung des thermoplastischen Matrixmaterials zurückzuführen. Diese Eigenschaften äußern sich in der plastischen Verformung der Matrix, bevor diese abgetrennt wird. Kohlenstoff- und Glasfaserverstärkung unterscheiden sich dabei nur geringfügig. Vorteilhaft ist diese Abtragsform vor allem in Hinblick auf den Schutz von Mensch und Maschine. Da die Späne durchschnittlich mehr als 15mal größer sind als bei Duromeren, besteht nicht die Gefahr der Lungengängigkeit und die Kapselung von Bearbeitungsraum und Maschinenteilen ist unproblematischer.

Zusammenfassung

Im internationalen Wettbewerb können nur technisch hochwertige Produkte bestehen, deren Funktion häufig auf Komponenten aus neuen Werkstoffen oder auf Bauteilen hoher Präzision beruht.

Die konstruktiven Bauteilanforderungen verlangen dafür die Zusammenführung komplexer geometrischer und mechanischer Funktionen zu Baueinheiten, deren wirtschaftliche und funktionssichernde Herstellung nur durch die Nutzung werkstoffgerechter Bearbeitungspotentiale gewährleistet werden kann. Die Entwicklung solcher Bearbeitungsverfahren ist dringend erforderlich, weil die konventionellen Technologien an den Konstruktionswerkstoffen von morgen versagen.

In diesem Zusammenhang zwingen besonders die steigenden Anforderungen an die Produktqualität zu fertigungstechnischen Verbesserungen. Gewicht erhält dieses Kriterium nicht nur angesichts einer steigenden Anzahl nationaler und internationaler Mitbewerber, sondern besonders auch vor dem Hintergrund der Produzentenhaftung. Bereits heute reicht der Einfluß der werkstoffgerechten Prozeßgestaltung weit über die unmittelbare Fertigung hinaus in andere Unternehmensbereiche hinein (Bild 16).

Voraussetzungen für die Realisierung einer werkstoffgerechten Bearbeitungstechnologie schaffen erst entsprechend ausgelegte Maschinen und angepaßte Werkzeuge. Die Bearbeitung beispielsweise von Hochleistungskeramik ist auf konventionellen Schleifmaschinen für die Metallbearbeitung kaum möglich.

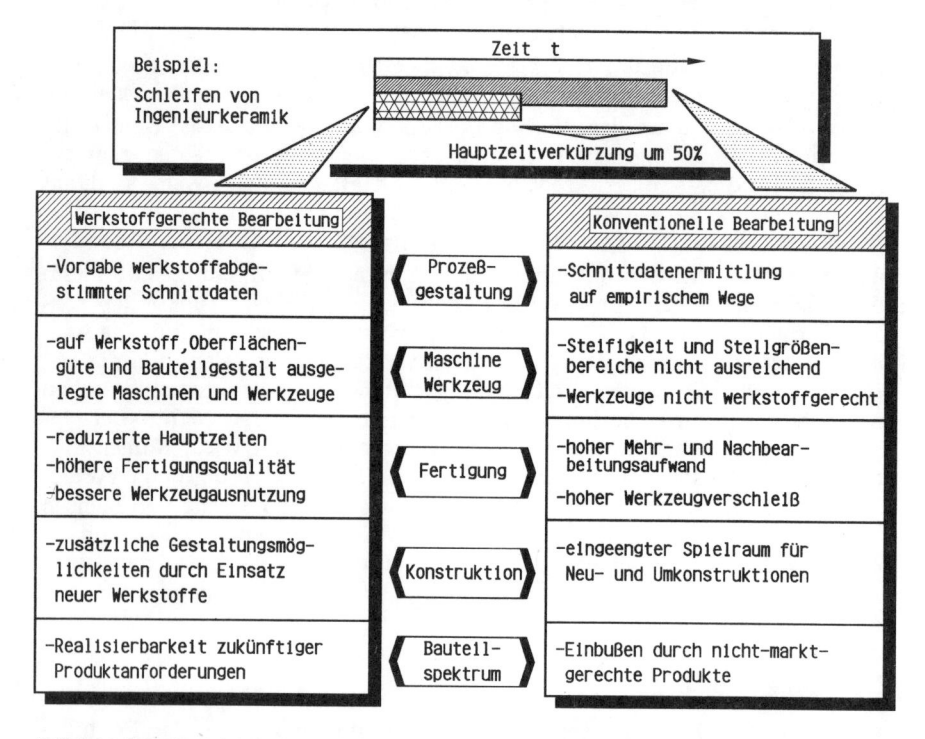

Werkstoffgerechte Bearbeitung		Konventionelle Bearbeitung
-Vorgabe werkstoffabgestimmter Schnittdaten	Prozeßgestaltung	-Schnittdatenermittlung auf empirischem Wege
-auf Werkstoff, Oberflächengüte und Bauteilgestalt ausgelegte Maschinen und Werkzeuge	Maschine Werkzeug	-Steifigkeit und Stellgrößenbereiche nicht ausreichend -Werkzeuge nicht werkstoffgerecht
-reduzierte Hauptzeiten -höhere Fertigungsqualität -bessere Werkzeugausnutzung	Fertigung	-hoher Mehr- und Nachbearbeitungsaufwand -hoher Werkzeugverschleiß
-zusätzliche Gestaltungsmöglichkeiten durch Einsatz neuer Werkstoffe	Konstruktion	-eingeengter Spielraum für Neu- und Umkonstruktionen
-Realisierbarkeit zukünftiger Produktanforderungen	Bauteilspektrum	-Einbußen durch nicht-marktgerechte Produkte

Bild 16: Marktfähigkeit und Produktivitätszuwachs durch werkstoffgerechte Prozeßgestaltung

Die Bearbeitungskräfte erfordern Maschinen, die vor allem über hohe Steifigkeit, präzise arbeitende Stellelemente und ausreichende Spindelantriebsleistung verfügen. Zusätzlich sollten darauf auch automatisierbare Auswucht- und Abrichtprozesse möglich sein. Die Herstellung von Bauteilen höchster Genauigkeit und Oberflächengüte ist ein Markt, dem für die kommenden Jahre ein erhebliches Wachstum prognostiziert wird. Entwicklung und Einsatz von Ultrapräzisionsmaschinen ermöglichen heute Bauteile, die bisher über die übliche Verfahrensfolge Schleifen, Läppen und Polieren nur sehr aufwendig, wenn überhaupt herstellbar waren. Gerade unter dem Aspekt einer werkstoff- und bauteilangepaßten Fertigung eröffnen sie den Weg zu einem Produktspektrum, das zukünftig nicht auf rein optische Anwendungen beschränkt bleiben wird.

Der Einsatz angepaßter Werkzeugmaschinen kann auch für die Bearbeitung faserverstärkter Kunststoffe als richtungsweisend angesehen werden. Wirtschaftlich kurze Zykluszeiten sind nur durch hohe Vorschubgeschwindigkeiten erreichbar. Die zerspanende Bearbeitung verlangt hohe Schnittgeschwindigkeiten, die sich in Verbindung mit kleinen Werkzeugdurchmessern erst durch Spindeldrehzahlen von mindestens 50000 1/min erreichen lassen /36/. Die komplexen Bauteilformen erfordern mindestens 5 CNC-Achsen, gekoppelt mit einer Steuerung, die besonders kurze Satzwechselzeiten realisiert. Automatischer Werkzeugwechsel und flexible Werkstückspannung sind weitere Komponenten zur Reduzierung der Bearbeitungszeiten. Zusätzlich ist für die Arbeitshygiene ein vollgekapselter Arbeitsraum zwingend erforderlich, da besonders bei der Bearbeitung von CFK-Duromeren Stäube emittiert werden, die als gesundheitsgefährdend eingestuft sind.

Die Integration einer werkstoffgerechten Prozeßgestaltung in die Produktion beinhaltet auch organisatorische Veränderungen. Beispielsweise umfaßt sie auch die übergeordnete Verwaltung und Vorgabe von Schnittdaten und Werkzeugen, die den Maschinenbediener von der alleinigen Verantwortung der direkten Prozeßbeherrschung entkoppelt.

Die Realisierung einer werkstoffgerechten Bearbeitung erfordert vergleichsweise hohe Investitionen für Maschinen, Werkzeuge und EDV-Anlagen. Unter dem Strich kann sie aber trotz allem wirtschaftlicher bleiben und gleichzeitig den notwendigen Freiraum für innovative Produktgestaltungen eröffnen, die dem Unternehmen auch zukünftig seine Wettbewerbsfähigkeit erhalten.

Schrifttum:

1. Autorenkollektiv: Produktionstechnik auf dem Weg zu integrierten Systemen; Aachener Werkzeugmaschinen Kolloquium 1987
2. Dawihl, W., Mittelmeier, E., Dörre, G. u.a.: Zur Tribologie von Hüftgelenk-Endoprothesen aus Aluminiumoxidkeramik; Medizinisch-orthopädische Technik 3/79, S. 114-118

3. König, W.: Bearbeitungsprozesse optimieren; Industrie-Anzeiger 68/1989

4. Zur technologischen Wettbewerbsfähigkeit der deutschen Industrie; Technologie-Nachrichten Nr. 462, Jan. 1990, Technologie-Nachrichten Verlags-und Beratungsgesellschaft mbH, Hennef

5. Salmang, H., Scholze, H.: Keramik, 2 Bde.. Band 1: Allgemeine Grundlagen und wichtige Eigenschaften; Springer-Verlag, Berlin, Heidelberg, New York 1982

6. Willmann, G.: Konstruieren mit Keramik und Glas - Vergleich wichtiger Gebrauchseigenschaften; Sprechsaal Vol 122, No 5, 1989

7. Troost, A.: Einführung in die allgemeine Werkstoffkunde metallischer Werkstoffe; 1984, BI Wissenschaftsverlag Mannheim, Wien, Zürich

8. Michaeli, W., Wegener, M.: Einführung in die Technologie der Faserverbundwerkstoffe; C. Hanser-Verlag München, Wien, 1990

9. Konstruieren keramischer Bauteile; Sonderdruck der FELDMÜHLE AG, 1989

10. Kerkhof, F., Richter, H.: Bruchmechanik von Glas und Keramik II: Experimentelle Untersuchungen; Sprechsaal Vol 120 No 8 1987

11. Roloff, H., Matek, W.: Maschinenelemente; Vieweg-Verlag 1976

12. Ewart, L., Suresh, S.: Crack propagation in ceramics under cyclic loads; Journal of materials science 22 (1987) 1173-1192, Chapman and Hall Ltd.

13. Struth, W.F.: Innentrennschleifen von einkristallinem Silizium; Dissertation RWTH Aachen 1988

14. Lawn, B., Wishaw, R.: Review indentation fracture: principles and applications; Journal of materials science 10 (1975) S.1049-1081, Chapman and Hall Ltd.

15. Lawn, B.: Hertzian fracture in single crystals with the diamond structure; Journal of applied Physics 39 (1968) No 10 S. 4828-4836

16. Schinker, M.G., Döll, W.: Grundlegende Untersuchungen zur spanenden Bearbeitbarkeit von anorganischen Gläsern mit Einzahnwerkzeugen; Abschlußbericht zum Forschungsvorhaben AIF Nr. 6241, Freiburg/Brsg. 1988

17. König, W., Wemhöner, J.: Schleifen von SiSiC: Hohe Zerspanleistung bei minimaler Bauteilschädigung; Sprechsaal 122 (1989), No 2, S.115ff

18. König, W., Wagemann, A., Mayrose, H.-G.: Laserunterstütztes Drehen von heißgepreßtem Siliziumnitrid; Industrie-Anzeiger 111 (1989) S. 34-36

19. Hedrich, H.D.: Hochtemperatur-Konstruktionswerkstoffe für Einsatztemperaturen über 1000 °C in der Kraftfahrzeuggasturbine und in Abgasturbosystemen VDI-Berichte Nr.600.4, 1987

20. Ackerschott, G.: Grundlagen der Zerspanung einsatzgehärteter Stähle mit geometrisch bestimmter Schneide; Dissertation RWTH Aachen 1989

21. Scholze, H.: Glas - Natur, Struktur und Eigenschaften; Springer-Verlag Berlin, Heidelberg, New York, 1977

22. Biffano, T., Dow, T., Scattergood, R.: Ductile regime grinding of brittle materials; Precison Engineering Center, North Carolina State University, Raleigh

23. Fiedler, H.: Unveröffentlichte Mitteilungen der Fa. Carl Zeiss 1990

24. Pahl, F.: Kugelschleifen optischer Gläser; Dissertation RWTH Aachen 1985

25. König, W., Schmitz-Justen, Cl., Kleinevoß, R.: Technologie beim Feinschleifen optischer Gläser; Abschlußbericht zum Forschungsvorhaben AIF Nr. 7123 Aachen 1989

26. Heynacher, E.: Fertigung und Prüfung asphärischer Flächen - Stand der Technik in der Bundesrepublik Deutschland; Zeitschrift Feinwerktechnik Heft 1 (1984) S. 1-5

27. Fiedler, H.: The Importance of shear mode Grinding for Fabrication of Aspherics; Abstracts of the 5th International Precision Engineering Seminar, 18.-22. 9. 1989, Monterey (USA)

28. Kross, J.: Zur Korrektion optischer Systeme mit asphärischen Flächen; Optik 70 (1985), S. 76-85

29. Ophey, L.: Faser-Kunststoff-Verbundkunststoffe VDI-Z Bd.128 (1986)

30. Menges, G., Ziegler, G.: Faserverbundkunststoffe - Grundlagen und Einführung in die Besonderheiten; Teile 1-3, Magazin neue Werkstoffe 4/88, 1/89, 2/89

31. Neitzel, M.: Verbundwerkstoffe mit Polymermatrices in Kraftfahrzeugen; Magazin neue Werkstoffe, 3/88

32. Graß, P.A.: Bohren faserverstärkter Duromere; Dissertation RWTH Aachen 1988

33. Neder, L.: Bessere Schnittflächen mit Ultraschall; PLASTverarbeiter 37.Jg., 1986 Nr.11

34. van Dreumel, W.: 1. Creative manufacturing of advanced composite parts; 2. Some notes on processing of composites without chemistry; Sonderdrucke der Fa. TEN CATE, Nov. 1989

35. König, W. Rummenhöller, S.: Fräsen langfaserverstärkter Thermoplaste; WGP-Kurzbericht

36. Schulz, H., Scherer, J.: Bearbeiten bei hohen Schnittgeschwindigkeiten; Werkstatt und Betrieb 122 (1989) 2 S. 133-142

37. König, W., Kleinevoß, R.: Spiegelglanz an keramischen Bauteilen;

Industrie-Anzeiger 97 (1987), S. 34-36

38 Fingerle, D., Fripan, M., Dworak, U.: Technische Keramik; Zeitschrift für wirtschaftliche Fertigung Hanser Verlag (1987) 7

Mitglieder der Arbeitsgruppe für den Vortrag 2.3
Dr.-Ing. A. Bömcke, WZL RWTH Aachen
Dr.-Ing. Burkhardt, IKV Aachen
Dr.-rer. nat. H. Fiedler, Carl Zeiss
Dipl.-Ing. M. Goldstein, WZL RWTH Aachen
Dr.-Ing. P. Graß, Hartmetallfabrik Andreas Meier
Dr.-Ing. E. Hamann, Feldmühle AG
Prof. Dr.-Ing. J. Herrmann, Carl Zeiss
Dipl.-Ing. R. Kleinevoß, FhG-IPT Aachen
Dipl.-Ing. M. Klinger, WZL RWTH Aachen
Prof. Dr.-Ing. Dr. h.c. W. König, WZL RWTH Aachen
Dr.-Ing. H.-R. Meyer, Ernst Winter
Prof. Dr.-Ing. W. Michaeli, IKV RWTH Aachen
Dipl.-Ing. S. Rummenhöller, FhG-IPT Aachen
Dr.-Ing. Cl. Schmitz-Justen, FhG-IPT Aachen
K. Sundberg, Sandvik GmbH, Düsseldorf
Dipl.-Ing. A. Thelin, AB Sandvik Coromant, Stockholm
Dipl.-Ing. A. Wagemann, FhG-IPT Aachen

2.4 Fertigung in umwelttechnischer Verantwortung

Gliederung:

1. Einleitung
2. Einflußfaktoren auf die Berücksichtigung umweltrelevanter Aspekte in der Produktion
3. Produktionsrelevante Energie- und Stoffströme
4. Gefährdungen aus fertigungstechnischen Prozessen
5. Wege zu einer umweltgerechten Fertigung
6. Verantwortlichkeiten
7. Chancen

Kurzfassung:

Fertigung in umwelttechnischer Verantwortung

Eine Reihe von Einflußfaktoren veranlassen heute immer mehr industrielle Unternehmen, der Frage der Umweltverträglichkeit ihrer Produktion eine gewichtige Bedeutung beizumessen. Neben spürbaren Belastungen bei der Entsorgung problematischer Produktionsrückstände und einer abnehmenden Marktakzeptanz für Gebrauchsgüter mit ökologischen Gefährdungspotential fordert insbesondere eine verschärfte Gesetzgebung die intensive Auseinandersetzung mit diesem Problemkreis. Hiervon sind alle Bereiche der Produktion betroffen, wobei die Fertigung eine zentrale Stellung einnimmt. Beispiele zur Modifikation und Substitution von Fertigungsprozessen belegen, daß sich ökologische und ökonomische Zielsetzungen auch mit wirtschaftlichen Vorteilen kombinieren lassen. Die Verantwortung für die Berücksichtigung ökologischer Aspekte liegt allerdings nicht allein in der Fertigung, sondern betrifft alle Produktionsbereiche von der Planung bis zur Qualitätssicherung, deren Aufgabenkatalog um die Prüfung auf Umweltverträglichkeit erweitert werden muß.

Abstract:

Production Engineering and environmental responsibility

Due to a series of factors, industry now attaches considerable importance to questions of environmental compatibility. In addition to the tangible effort required to dispose of problematical production wastes and decreasing consumer acceptance of products with an environmental risk potential, legislation demands intensive attention to environmental problems. These affect all aspects of production, centering on the manufacturing process. Examples of process modification and substitution document the extent to which ecological and economic objectives can be reconciled, often with a cost- effectiveness bonus. Ecological accountability affects not only manufacturing, but all production areas from planning to quality assurance, whose tasks must be extended to include environmental compatibility checks.

1. Einleitung

Die Dringlichkeit von Maßnahmen zum Schutze der Umwelt steht heute gemeinhin außer Zweifel und wird einer Umfrage zufolge in den Mitgliedsländern der Europäischen Gemeinschaft von bis zu 84% der Befragten bestätigt /1/. Die Präsenz des Themas in den Medien wie auch das zunehmende Spürbarwerden von Umweltbelastungen für jeden einzelnen leisten ihren Beitrag, der Behandlung der Umweltschutzproblematik einen vorrangigen Stellenwert einzuräumen. Die Herausforderungen, die sich aus den resultierenden Aufgabenstellungen ableiten, können kaum von einer gesellschaftlichen Gruppe allein, quasi in Form eines umfassenden Lösungsansatzes bewältigt werden. Zu vielschichtig und zu groß sind Art und Anzahl der Einzelhandlungen, die, aus Unkenntnis oder Fahrlässigkeit begangen, zu der Situation geführt haben, wie sie sich heute darstellt. Folglich wird wiederum nur eine Vielzahl gezielt ausgerichteter Maßnahmen Erfolgswahrscheinlichkeiten für eine Lösung der sich inzwischen zuspitzenden Fragestellungen in sich bergen.

Einer der Adressaten der neuen Herausforderung sind Produktionsunternehmen, die nicht zu Unrecht als Mitverursacher von z.T. erheblichen Umweltbelastungen gelten. Ähnlich den Unternehmerreaktionen auf die Forderung nach Berücksichtigung sozialer Aspekte vor einigen Jahrzehnten, galt das Thema "Umweltschutz" zunächst als ein unerwünschter kostensteigernder Faktor, der

Bild 1: Selbstdarstellung von Produktionsbetrieben im Wandel der Zeit

mit dem Verweis auf eine Gefährdung der Wettbewerbssituation wenn überhaupt, nur zögerlich umgesetzt wurde. Vieles deutet darauf hin, daß sich diese Einstellung weitgehend gewandelt hat und der Schluß scheint nicht unberechtigt, daß neben den Leitsätzen traditioneller Produktionstechnik gerade eine ökologisch unbedenkliche Produktion von Gütern einen zunehmend wichtigen Wettbewerbsfaktor darstellt. **Bild 1** veranschaulicht diese These anhand der unterschiedlichen Darstellungsformen zweier Produktionsbetriebe.

Kennzeichnendes Merkmal alter Firmenportraits ist die bildbeherrschende Anzahl rauchender Schornsteine und Schlote (linke Darstellung: Zinkhütte, um 1850). Diese galten gleichsam als Synonym für technischen Fortschritt, Wohlstand, sichere Arbeitsplätze und eine Reihe anderer, wirtschaftliche Potenz dokumentierender Attribute. Diese scheinen der heutigen Darstellungsform völlig zu fehlen. Vergleichsweise zurückhaltend und unauffällig fügt sich der moderne Betrieb (rechte Darstellung: Papierfabrik, 1989) in die Natur und erscheint in Harmonie mit der Umwelt. Da sich die primären Unternehmensziele, nämlich die Herstellung eines wirtschaftlich zu fertigenden, verkaufsfähigen Produktes für Unternehmen im freien Wettbewerb innerhalb der letzten 140 Jahre nicht geändert haben, können diese auch nicht als Auslöser des gewandelten Erscheinungsbildes gelten. Vielmehr ist davon auszugehen, daß mit der Änderung der Darstellungsform einer geänderten Akzeptanzhaltung des Zielpublikums und einem allgemeinen Wertewandel Rechnung getragen wird. Die Gewichtung ökologischer Gesichtspunkte, die die Art der Darstellung bestimmen und den Eindruck einer "sauberen Fabrik" erwecken, entspricht dem Stellenwert, den diese Aspekte heute in Unternehmen sowie in der Öffentlichkeit gewonnen haben.

2. Einflußfaktoren auf die Berücksichtigung umweltrelevanter Aspekte in der Produktion

Bei weitgehender Konstanz der Unternehmensziele sind die Rahmenbedingungen, unter denen die Produktion stattfindet, einem ständigen Wandel unterworfen. Das geänderte Bewußtsein, das in Bild 1 symbolisiert wird, ist allerdings nur ein Teil des Spektrums der gewandelten Randbedingungen, unter denen ein Unternehmen heute produziert, **Bild 2.** Gesichtspunkte des Umweltschutzes markieren hier eindeutig den Zwang zu erweiterten Betrachtungsweisen.

Die Ursachen, die zur Berücksichtigung und einer stetigen Erhöhung des Stellenwertes von Umweltbelangen geführt haben, sind recht vielschichtig und schwierig voneinander abgrenzbar. Beispielhaften Charakter haben hier Einflußfaktoren wie die Problematik der Rohstoffverknappung, die Abnahme des zur Verfügung stehenden Deponieraumes und hiermit unmittelbar verknüpft ein zunehmend belastender Anstieg der Entsorgungskosten für als Abfälle deklarierte Produktionsrückstände.

Nicht zuletzt war es das Spürbarwerden von Umweltbelastungen, das zu einer Sensibilisierung des Verbraucherbewußtseins im Hinblick auf die Umweltver-

Unternehmensziele
- Gewinnerzielung
- Wirtschaftliche Fertigung verkaufsfähiger Produkte
- Behauptung im Wettbewerb

Umwelt
- Rohstoffverknappung
- Abnahme von Deponieraum
- Verteuerung der Entsorgung
- Spürbarwerden von Umweltschäden

Politik und Gesellschaft
- Verbraucherbewußtsein
- Image des Unternehmens
- Wandel politischer Zielsetzungen

Gesetzgebung und Rechtsprechung
- Vorgabe und Verschärfung von Grenzwerten
- gesetzliche Auflagen
- Konsequenzen der Rechtsprechung

(zentral: industrielle Produktion)

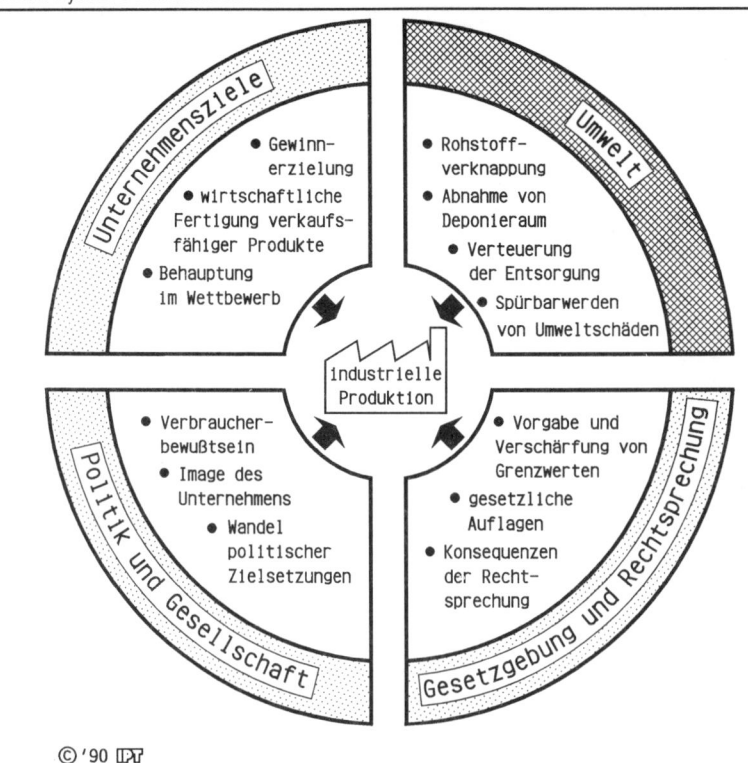

© '90 IFW

Bild 2: Einflußfelder auf die industrielle Produktion

träglichkeit von Produkten geführt hat. Die rege Akzeptanz der Recyclingmöglichkeiten für bestimmte Haushaltsabfälle wie auch die Einschränkung des Verbrauches von als umweltschädigend geltenden Produkten sind nur zwei Beispiele, die dies untermauern.

In Folge dieser Entwicklung ist auch seitens der Industrie erkannt worden, daß von einem Produktattribut "Umweltverträglich" eine zusätzliche Wettbewerbswirksamkeit ausgeht. Diese äußert sich zum einen in einer erhöhten Produktakzeptanz seitens des Konsumenten (Recyclingpapier, Wasch- und Reinigungsmittel, Farben, etc.) und einer damit verbundenen Verbesserung von Marktchancen, zum anderen liefert die Berücksichtigung ökologischer Ansprüche nicht zu unterschätzende Identifikationsmerkmale für die Mitarbeiter des Unternehmens, die sowohl motivationsfördernd wirken als auch die Mitarbeiterwerbung erleichtern.

Auswirkungen zeigen ebenfalls die Verschiebungen im Bereich politischer Zielsetzungen, die sich in der 1985 auf europäischer Ebene erfolgten Etablierung der Umweltpolitik als gleichberechtigtes politisches Ressort ausdrücken.

Während die genannten Einflußfaktoren den betroffenen Unternehmen und

Produzenten noch einen weitgehenden kalkulatorischen Spielraum bei der internen Umsetzung gestatten, lassen die Regulative durch Gesetzgebung und

```
////// Gesetzgebung //////        ////// Rechtsprechung //////
• Abfallgesetz                    • "... ob und in welchem Umfang die Abfall-
• Wasserhaushaltsgesetz             produzenten ihren Verpflichtungen ...
                                    nachkommen,
• Bundesimmissionsschutz-           - die ... Abfälle zu verwerten,
  gesetz                            - die Produktion zur Vermeidung von
• Altölverordnung                     Abfallanfall umzustellen und ...
• Technische Anleitungen            - verbleibende Abfälle in eigenen
  - Luft                              Anlagen zu beseitigen."
  - Wasser                          - Hessischer Verwaltungsgerichtshof -
  - Abfall                        • ...
• ...

                    (Abfallbeseitigung)
                            ⇩
              §     Abfallwirtschaft:    §
                    Vermeiden
                    vor Vermindern
                    vor Verwerten
                    vor Beseitigen
```

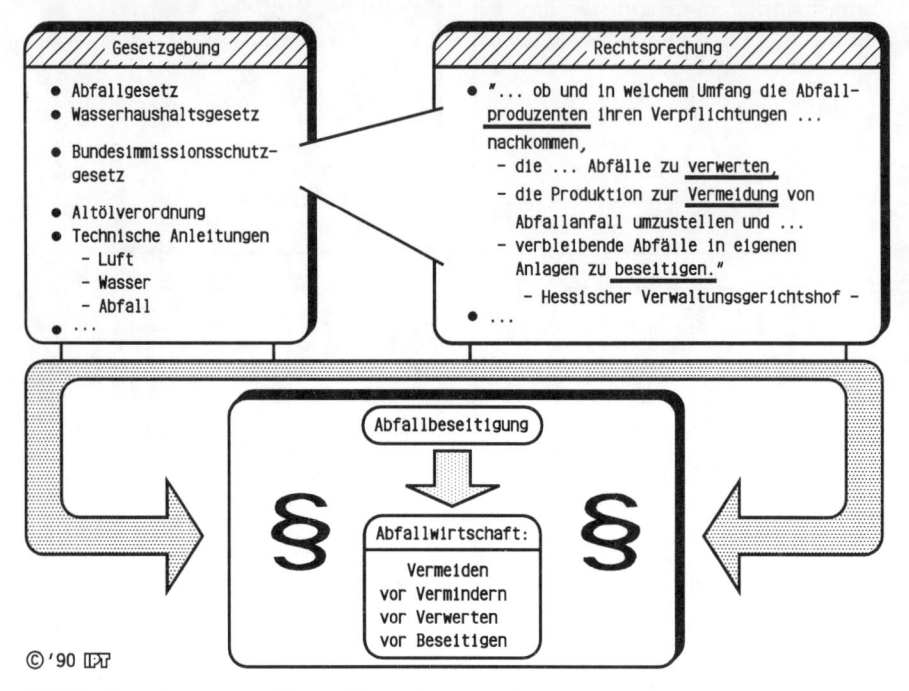

© '90 IPT

Bild 3: Umsetzung novellierter Umweltgesetze in der Rechtsprechung

Rechtsprechung hier weniger Freiheitsgrade. Dies gilt besonders für die einschlägige, den Umweltschutz betreffende Gesetzgebung, welche zum Teil eine inhaltliche Neuorientierung und Verschärfung erfahren hat, **Bild 3**. Hervorzuheben sind in diesem Zusammenhang das Abfall-, Wasserhaushalts- und das Bundesimmissionsschutzgesetz. Flankiert werden diese Gesetze von einer Reihe Technischer Anleitungen, die ebenfalls bereits neu gefaßt wurden bzw. in Überarbeitung befindlich sind.

Die Berücksichtigung der Gesetzesinhalte in der Spruchpraxis der Gerichte läßt erwarten, daß die hiervon Betroffenen einem zunehmenden Handlungszwang ausgesetzt werden. Beispielhaft hierfür ist ein Urteil des Hessischen Verwaltungsgerichtshofes /7/. Dieses Urteil erging anläßlich des Planfeststellungsbeschlusses zum Bau der Sondermülldeponie Mainhausen in Hessen.

Hier stellten die Richter fest, daß im Vorfeld einer Genehmigung zu prüfen sei,

"... ob und in welchem Umfang die Abfallproduzenten ihren Verpflichtungen nachkommen, die anfallenden Abfälle zu verwerten, die Produktion zur Vermeidung von Abfallanfall umzustellen und die gleichwohl noch verbleibenden Abfälle in eigenen Anlagen zu beseitigen".

Der Umorientierung der novellierten Gesetze von einer Abfallbeseitigung hin zu einer Abfallwirtschaft mit einer eindeutigen Ordnung der Bewirtschaftungsprioritäten wird in diesem Richterspruch in deutlicher Form Rechnung getragen. Daß diese Sichtweise sich künftig durchsetzen wird, steht außer Zweifel.

Dadurch wird den Produzenten von Sonderabfällen, und dies sind in hohem Maße industrielle Produktionsunternehmen, ebenfalls eine neue Sichtweise auferlegt. Diese wird dazu zwingen, die Grenze des Betrachtungs- und Verantwor-tungshorizontes weder am Einzelprozeß noch an den Fabriktoren zu ziehen, sondern den Bilanzrahmen weiter zu stecken.

3. Produktionsrelevante Energie- und Stoffströme

Die neu zu definierende Bilanzhülle umfaßt neben den Eingangsgrößen der Produktherstellung vor allem die Wege der Ausgangsgrößen bis hin zur Deponierung unter Beachtung der spezifischen Zwischenstationen, **Bild 4**.

Neben den Rückwirkungen, welche die ursächlich eine Deponiegenehmigung betreffende Rechtssprechung auf die Produktionsunternehmen hat, beginnt ebenfalls das bereits erwähnte, sich ändernde Verbraucherverhalten erste Auswirkungen zu zeigen.

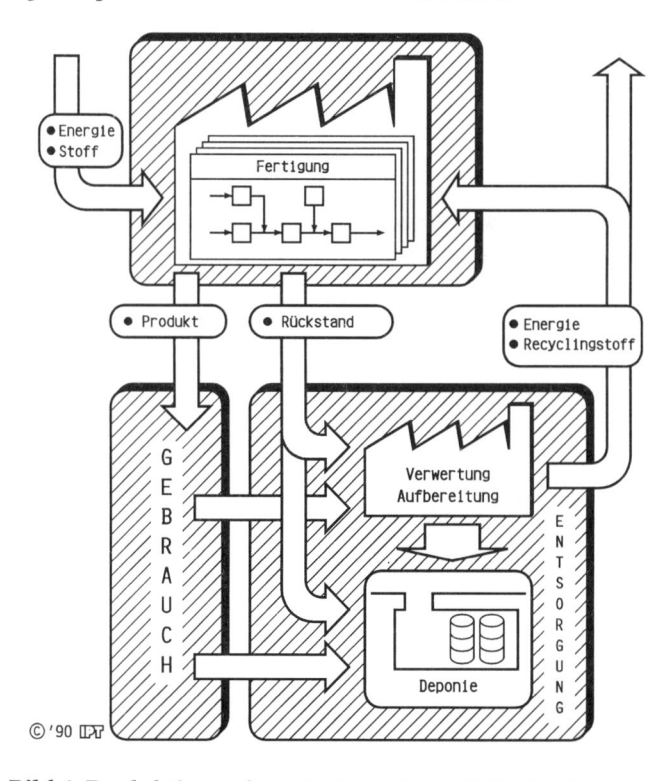

War bis vor einiger Zeit der Blick in Richtung des Stoffflusses charakterisierend für die persönliche Auseinandersetzung des Verbrauchers mit der Frage der Umweltverträglichkeit eines Produktes, d.h., die Problemfreiheit beim Gebrauch und **Bild 4:** Produktionsrelevante Energie- und Stoffströme der Entsorgung, so zeichnet sich nunmehr zunehmend auch der kritische Blick stromaufwärts ab. Einem Produkt wird somit neben dem Attribut, unproblematisch im Gebrauch zu sein, zusätzlich die Eigenschaft abgefordert werden, umweltschonend hergestellt worden zu sein.

In beiden Fällen ist innerhalb der Produktherstellung neben der Konstruktion mit Priorität der Bereich der Fertigung anzusprechen, diese geforderten Eigenschaften bereitzustellen.

Kennzeichnend für die Fertigung ist das Zusammenwirken einzelner Fertigungsprozesse, in denen die stoffliche und energetische Umsetzung stattfindet. Ziel dieser Umwandlung ist die Verarbeitung eines Rohstoffes zu einem Produkt, wobei neben dem Rohstoff noch Energie und Hilfsstoffe zu weiteren Eingangsgrößen des Prozesses zählen.

Da der Wirkungsgrad der Umwandlung von einem Rohstoff in ein Produkt nicht 100% beträgt, fallen neben dem Produkt und freiwerdender Energie noch Rückstände an, die den Prozeß zum großen Teil über die Pfade Abluft, Abwasser oder Abfall verlassen /8/.

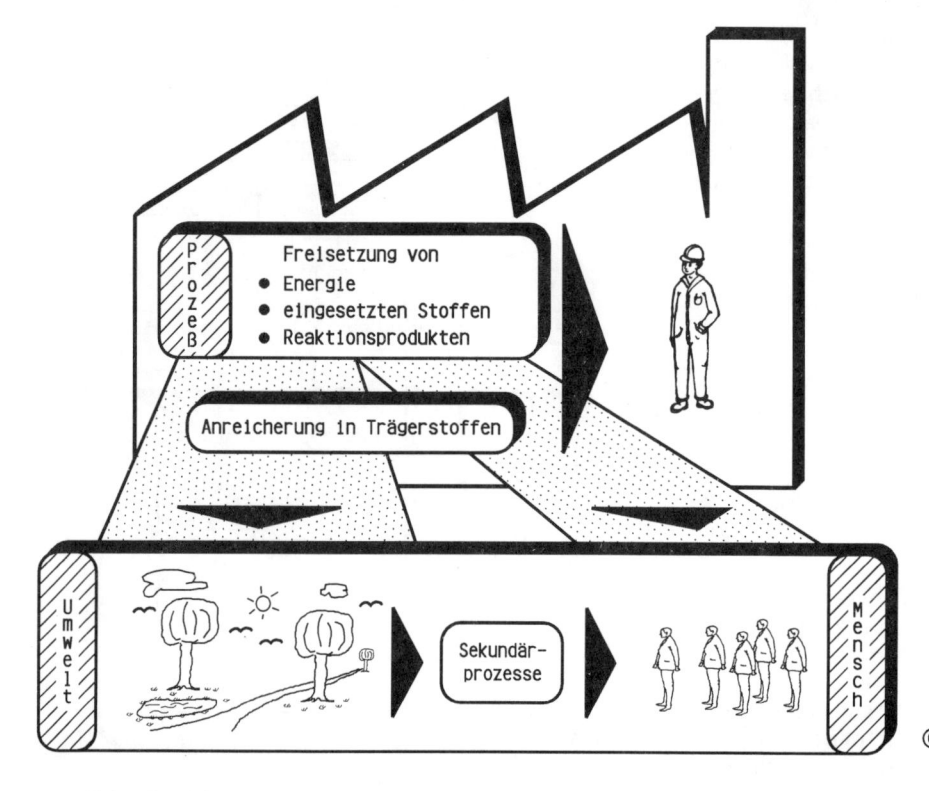

Bild 5: Wirkkette der Gefährdung durch fertigungstechnische Prozesse

4. Gefährdungen aus fertigungstechnischen Prozessen

Bei Betrachtung eines Prozesses aus umweltrelevanter Sicht wird deutlich, daß eine mögliche Gefährdung nicht auf die unmittelbare Arbeitsumgebung beschränkt bleibt, sondern eine Gefährdungsverschleppung über die Stoff- und Energieströme stattfindet.

Die Wirkkette dieser Gefährdungen ist in **Bild 5** schematisch wiedergegeben. Eine möglicherweise gesundheitsbeeinträchtigende Wirkung kann dabei, werden keine ausreichenden Schutzmaßnahmen ergriffen, auf verschiedenen Wegen eintreten /27/. Unmittelbar betroffen sind zunächst Personen, die dem direkten Umfeld des Prozesses exponiert sind. Die Wirkung kann hierbei zum einen auf direktem Wege durch die Kontamination mit freigesetzten Stoffen oder Energie eintreten, zum anderen indirekt infolge der Anreicherung gesundheitsschädlicher Substanzen in Trägerstoffen wie z.B. der Konzentration von Schwermetallen in Kühlschmierstoffen.

Innerhalb der Bilanzgrenze der Fertigung tritt im allgemeinen eine gerichtete Wirkung auf Einzelpersonen oder Personengruppen auf. Gelangen Gefahrstoffe allerdings infolge Verschleppung über die genannten Pfade oder bei Transport, Lagerung bzw. Deponierung in die Umwelt, so tritt eine ungerichtete Wirkung ein. Für den Menschen können daraus wiederum direkte oder indirekte Gefahren erwachsen, wie beispielsweise durch die Aufnahme von Giftstoffen über die Nahrungskette. Weiterhin kann sich, vermittelt durch den Ablauf von Sekundärprozessen, die Wirkkette der Gefährdung wieder am Menschen schließen. Ein Beispiel für das Zustandekommen solcher Sekundärprozesse ist die erwartete Häufigkeitszunahme bösartiger Hauterkrankungen infolge intensivierter UV-Strahlung. Diese wird gemeinhin dem Abbau des stratosphärischen Ozongürtels zugeschrieben, bewirkt durch die Emission halogenierter Kohlenwasserstoffe, welche auch in technischen Einsatzstoffen vorhanden sein können /4,13/.

In allen genannten Fällen verdient der Umstand Beachtung, daß es sowohl zu einer zeitlich kurzfristigen, meist durch toxische Stoffe initiierten Wirkung als auch zu längerfristigen Auswirkungen durch kumulative Eigenschaften der Stoffe kommen kann.

5. Wege zu einer umweltgerechten Fertigung

5.1 Erarbeitung von Lösungsansätzen

Die Kenntnis dieser abstrakten Wirkzusammenhänge und das Wissen um die bereits eingetretenen oder absehbaren realen Auswirkungen machen es erforderlich, eine Methodik zu entwickeln, das Gefährdungspotential fertigungstechnischer Prozesse zu eliminieren. Diese Methodik muß unter anderem dem Anspruch genügen, sowohl auf eine existierende Fertigung oder ein bestehendes Produkt als auch auf künftige Verfahren und Produkte anwendbar zu sein. Ein Konzept, das dieser Forderung Rechnung trägt, ist in **Bild 6**

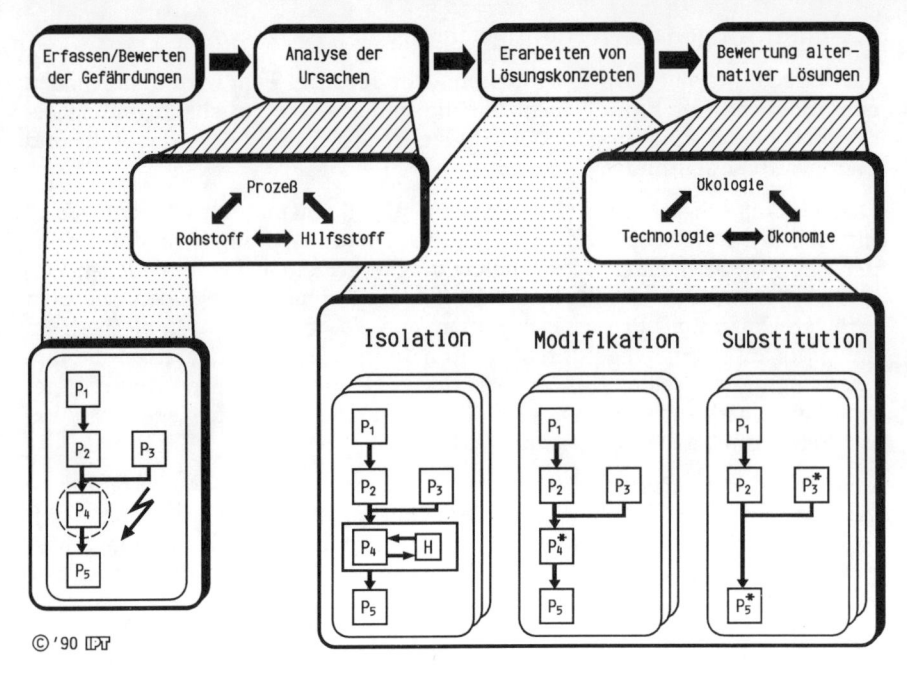

Bild 6: Methodik zur Vermeidung produktionsbedingter Gefährdungen

wiedergegeben.

Zunächst ist der Entstehungsort der potentiellen Gefährdung zu erfassen und das Gefährdungspotential gewichtend zu bewerten. Dieser Schritt kann es erforderlich machen, fachliche Kompetenz außerhalb der eigentlichen Disziplin des Produktionstechnikers in Anspruch zu nehmen. Insofern kommt sowohl dessen Informationshintergrund als auch seiner Bereitschaft, möglichen Schwachpunkten offensiv zu begegnen, eine besondere Bedeutung zu. Im zweiten Schritt muß über die Feststellung hinaus, daß eine Gefährdung vorliegt, die Ursache dieser Gefährdung ermittelt werden. Diese kann im Prozeß selbst zu finden sein oder aber in der Verwendung spezieller problematischer Einsatzstoffe liegen.

Sind diese Voraussetzungen geschaffen, können Lösungsalternativen erarbeitet werden, die sich in drei grundsätzliche Varianten gliedern lassen. Bild 6 zeigt diese in schematischer Darstellung.

Der Ausschluß unmittelbarer Gefährdungen kann durch Isolation des als problematisch erkannten Prozesses gewährleistet werden. Die praktische Umsetzung dieser Lösungsvariante wäre als Kapselung des Prozesses denkbar. Um zusätzlich das mittelbare Gefährdungspotential zu eliminieren und der Entstehung von Altlasten vorzubeugen ist es sinnvoll, in einem geschlossenen System die Gefährdung durch einen Hilfsprozeß zu neutralisieren. Eine weitergehende Möglichkeit der Gefährdungsminimierung oder gar -eliminierung besteht in der gezielten Modifikation der Prozeßgrößen oder der Einsatzstoffe. Dem Nachteil des hiermit verbundenen größeren Investitions- und Innovationsbedarfes steht der Vorteil einer, im Vergleich zum erstgenannten, umfassenderen Gefährdungsminimierung gegenüber. Der am weitesten reichende Schritt in diese Richtung läßt sich durch Vermeiden des Prozesses oder Substitution durch Alternativprozesse realisieren. Im allgemeinen wird dadurch auch eine Modifikation der vor- und nachgeschalteten Prozesse nötig.

Die abschließende Bewertung des für sinnvoll erachteten Lösungskonzeptes muß neben der vorrangigen Frage nach dem ökologischen Gewinn der Maßnahme auch die Aspekte der technischen Realisierbarkeit sowie der langfristigen Wirtschaftlichkeit beleuchten.

Eine wesentliche Rahmenbedingung für den Erfolg bei Anwendung dieser Methodik bildet der Umfang der bei der Gefährdungsanalyse gezogenen Bilanzhülle. Wird diese zu eng gelegt, besteht die Gefahr, daß Gefährdungen nicht eliminiert, sondern lediglich in andere Fertigungsschritte verlagert werden. Es wird demnach notwendig sein, über Einzelbereiche hinaus die gesamte Fertigungsfolge zu betrachten.

5.2 Beispiele aus der Praxis

Teils aus vorausschauendem, ökologischem Verantwortungsgefühl, teils unter dem Druck bestehender oder zu erwartender gesetzlicher Auflagen hat sich die Einsicht in die Notwendigkeit der offensiven Auseinandersetzung mit umweltrelevanten Fragestellungen bei der Produktion in vielen Unternehmen bereits durchgesetzt. Für die Tatsache, daß diese Einsicht in vielen Fällen trotz guten Willens einer realen Umsetzung in der betrieblichen Praxis entbehrt, können verschiedene Gründe verantwortlich gemacht werden. Vorrangig dürfte dieser Umstand auf bestehende Kenntnis- und Erfahrungsdefizite zurückzuführen sein. Dieser Mangel bezieht sich zum einen auf die Unkenntnis des tatsächlichen Gefährdungspotentials fertigungstechnischer Prozesse, welches häufig mit erheblichen Zeitkonstanten seine spürbaren Auswirkungen in Form von Krankheitssymptomen oder Umweltschäden zeigt. Zum anderen kann die unzureichende Kenntnistiefe der komplexen Wirkzusammenhänge dieser Prozesse allein oder in Verbindung mit einer konservativen Fertigungsphilosophie einer umwelttechnisch motivierten Veränderung im Wege stehen. Zusätzlich erschwerend wirkt sich der Umstand aus, daß Investitionen auf diesem Sektor oftmals unzutreffend als reine Kostenverursacher etikettiert werden, die die Wirtschaftlichkeit der Produktherstellung zweifelhaft erscheinen lassen.

Allgemeingültige, auf jeden Einzelfall anwendbare Handlungsanweisungen zur technischen Umsetzung der im vorigen Abschnitt vorgestellten Systematik sind aufgrund der Vielschichtigkeit praktischer Problemstellungen nicht ableitbar. Die im folgenden vorgestellten konkreten Lösungsansätze, die ihre Realisierung in der betrieblichen Praxis bereits erfahren haben, sollen daher stellvertretend für eine Vielzahl anderer Problemkreise und Lösungsalternativen die technische Machbarkeit der Integration ökologischer Aspekte in die Produktion dokumentieren. Über die Behandlung der rein technischen Fragestellungen hinaus soll gezeigt werden, daß ökologische Ansprüche an die Fertigung und technisch-wirtschaftliche Effizienz des Unternehmens nicht a priori einen Widerspruch darstellen, sondern gleichberechtigte, wenn nicht notwendige Voraussetzungen für eine künftig ertragsichere Produktion bilden.

Der Breite ihrer Anwendungsfelder und ihrer ökologischen Bedeutung entsprechend, soll das erste Fallbeispiel den Problemkreis umreißen, der von dem Einsatz von Bearbeitungsflüssigkeiten, speziell den Kühlschmierstoffen ausgeht. Durch die Wahrnehmung ihrer Hauptaufgaben des Kühlens und Schmierens der Bearbeitungsstelle sowie des Entfernens von Abtragprodukten haben sie einen großen Anteil am hohen Leistungsniveau heutiger Fertigungsprozesse. Das gewünschte Eigenschaftsprofil dieser Medien beinhaltet über die Erfüllung der genannten Aufgaben hinaus je nach Anwendungsfall weitergehende Forderungen, wie z.B. Korrosionsschutzeigenschaften, Langzeitstabilität oder Benetzungsverhalten /9/. Hierzu werden den Mitteln Additive zugesetzt, zu denen u.a. chlorhaltige Hochdruckzusätze, Biozide oder Emulgatoren gehören.

Neben allen technischen Vorteilen, die Kühlschmiermittel bieten, ist das mit ihrem Einsatz verbundene Gefährdungspotential erheblich, **Bild 7**. Im Bereich der unmittelbaren Exposition kann es bei dem betroffenen Personenkreis infolge Inhalation oder Benetzung zu teilweise bösartigen Erkrankungen u.a. der Haut und der Atemwege kommen, deren Verursacher sowohl im Kühlschmierstoff selbst oder auch in den dort angereicherten Reaktions- und Abriebprodukten zu finden sind /10/. Darüber hinaus stellen Kühl-

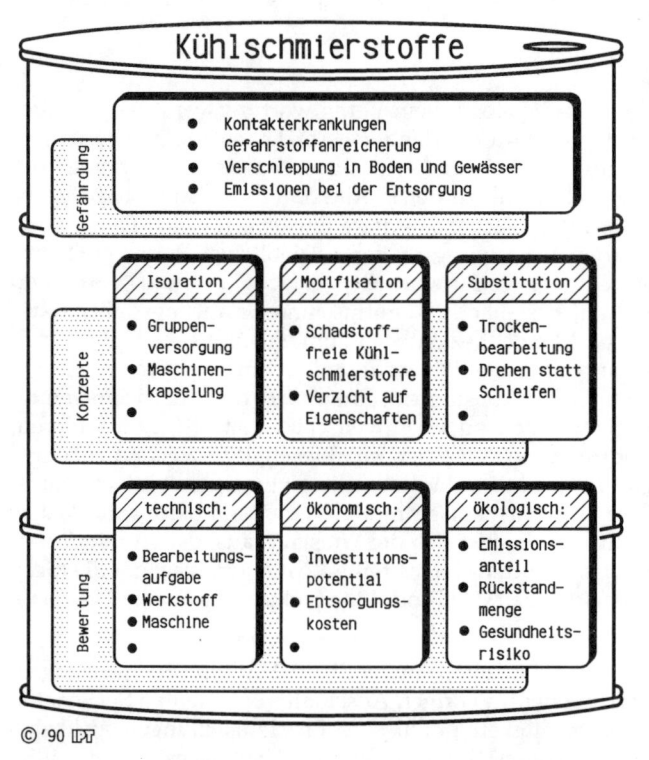

Bild 7: Lösungskonzepte zum Problemkreis Kühlschmierstoffe

schmierstoffe eine mittelbare Gefährdung für Boden, Wasser und Luft dar, sei es infolge von Verschleppung oder Leckageverlusten bei Herstellung, Transport und Gebrauch, sei es durch das mögliche Entstehen von hochgiftigen Schadstoffen bei dem üblicherweise angewandten Entsorgungsverfahren, der Verbrennung /11/.

Folgt man der im vorigen Abschnitt entwickelten Systematik, so bieten sich grundsätzlich die dort vorgestellten Konzepte an, die Gefährdungen zu minimieren bzw. auszuschließen. Zu den Maßnahmen, welche mit dem geringsten Erstehungsaufwand und in einer Vielzahl von Anwendungsfällen kurzfristig realisierbar sind, gehören die Gruppenversorgung und speziell in der Massenfertigung die Kapselung von Maschinen. Durch diese Isolation der Gefährdungsstelle von der Umgebung wird das unmittelbare Arbeitsplatzrisiko erheblich vermindert, nicht jedoch das mittelbare Gefährdungspotential. Entsprechende Einrichtungen sind marktgängig; die Kriterien für ihren Einsatz werden im wesentlichen durch die gestellten Bearbeitungsaufgaben, das zu bearbeitende Werkstoffspektrum sowie die verfügbaren Fertigungseinrichtungen bestimmt.

Eine weiterreichende Möglichkeit zur Reduzierung der Gefährdung ist die Modifikation des Kühlschmierstoffes selbst. Dies kann zum einen durch Substitution von problematischen Inhaltsstoffen wie der chlorhaltigen Verbindungen oder Biozide geschehen /12/, zum anderen durch einen Verzicht auf bestimmte Teile des Eigenschaftsprofils. Da die erstgenannte Möglichkeit zumindest latent das Risiko in sich birgt, einen Stoff, dessen Gefährlichkeit erkannt wurde, gegen einen anderen auszutauschen, dem diese Eigenschaft lediglich noch nicht nachgewiesen wurde, wäre der letztgenannten Alternative aus ökologischer Sicht der Vorzug zu geben. Deren Realisierung bedingt allerdings in aller Regel eine begleitende Modifikation der Prozeßführung; der hierzu nötige Forschungs- und Entwicklungsaufwand wäre für jeden Anwendungsfall speziell zu leisten.

Die Substitution kühlschmierbedürftiger Prozesse durch eine Trockenbearbeitung ist der am weitesten reichende und konsequenteste Schritt in Richtung einer ganzheitlichen Gefährdungsvermeidung. Dies würde zwar eine Umstellung der gesamten Fertigungsfolge voraussetzen, böte aber auch zusätzliche Chancen zu positiven ökologischen und ökonomischen Effekten in anderen Bereichen.

Welche Maßnahme zur Reduzierung der Gefährdung ergriffen wird, richtet sich neben den technischen Möglichkeiten des Unternehmens auch nach dem vorhandenen Investitionspotential. Aus Umweltsicht ist zwingend erforderlich, daß der Bewertungsrahmen für die angestrebte Lösung neben der Kalkulation der Betriebskosten auch die Beurteilung der ökologischen Effizienz der Maßnahme beinhaltet.

Unter dem Gesichtspunkt einer kurzfristig realisierbaren Gefährdungsminimierung bei vertretbarem Erstehungsaufwand soll im folgenden das Konzept der Gruppenversorgung hinsichtlich der genannten Bewertungskriterien näher betrachtet werden. Da in den meisten Fertigungseinrichtungen mehrere Ma-

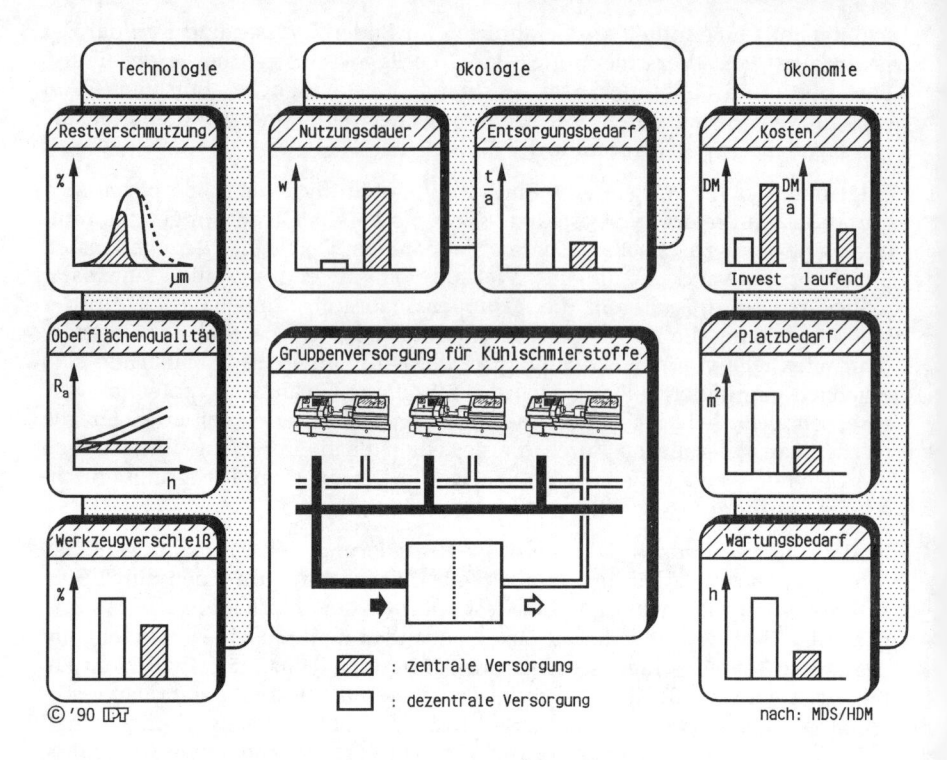

Bild 8: Bewertung der zentralen und dezentralen Kühlschmierstoffversorgung

schinen mit dem gleichen Kühlschmierstoff betrieben werden, bietet sich für diese Möglichkeit ein breites Anwendungsfeld, **Bild 8**.

Die technologischen Vorteile dieser Maßnahme liegen u.a. in einer intensiveren Kühlmittelreinigung, wodurch die Restverschmutzung des Mediums wesentlich geringer gehalten werden kann, als dies bei dezentralen Versorgungseinrichtungen möglich ist. Mit niedrigerem Verschmutzungsgrad des Mediums kann z.B. beim Feinschleifen eine Verbesserung der Werkstückoberflächenqualität /13/ oder beim Drahtziehen ein geringerer Werkzeugverschleiß erreicht werden /14/. Zudem erlaubt die höhere Temperaturkonstanz des Kühlmediums das Einhalten engerer Fertigungstoleranzen.

Die ökonomische Bilanz dieser Maßnahme ist zwar durch höhere Investitionskosten gekennzeichnet, welche aber durch den niedrigeren Betriebskostenaufwand aufgrund des geringeren Grundflächen- und Wartungsbedarfes nach einer absehbaren Amortisationszeit kompensiert werden. Kennzeichnend ist darüber hinaus der wesentlich geringere Ersatzbedarf für Leckageverluste.

Der Vorteil der zentralen Versorgung, die Qualität des Kühlschmiermediums über längere Zeiträume auf gleichbleibend hohem Niveau zu halten, führt zu einer signifikanten Verlängerung der Nutzungsdauer. Neben den ökologisch positiven Effekten der Rohstoffeinsparung und der Reduzierung des Transport- und Lagerungsbedarfes aufgrund geringerer Ersatzmengen sinkt proportional der Entsorgungsbedarf für das verbrauchte Medium. Die Folge ist eine Entschärfung der Entsorgungsproblematik und eine Reduzierung der oben genannten Gefährdungen.

Die Verwendung von Bearbeitungsflüssigkeiten in der Fertigung bedingt oftmals vor vielen nachfolgenden Prozeßschritten eine Reinigung des Werkstückes. Diese ist, besonders beim Einsatz von Ölen, nach bisheriger Praxis nur mit Reinigern möglich, die aus halogenierten Kohlenwasserstoffen bestehen, **Bild 9**. Diese Stoffe haben sich aufgrund ihrer positiven technischen Eigenschaften ein breites Anwendungsfeld erschlossen.

Während der Jahresverbrauch in der chemischen Industrie, der gewerblichen Textilreinigung und der Lackindustrie zusammen ca. 80.000 t beträgt, wird der größte Anteil der halogenierten Kohlenwasserstoffe in der metall - verarbeitenden Industrie zur Reinigung und Entfettung von Werkstücken verbraucht. Pro Jahr werden hier ca. 120.000 t benötigt, von denen ein erheblicher Anteil bei der Handhabung in die Atmosphäre entweicht /6/.

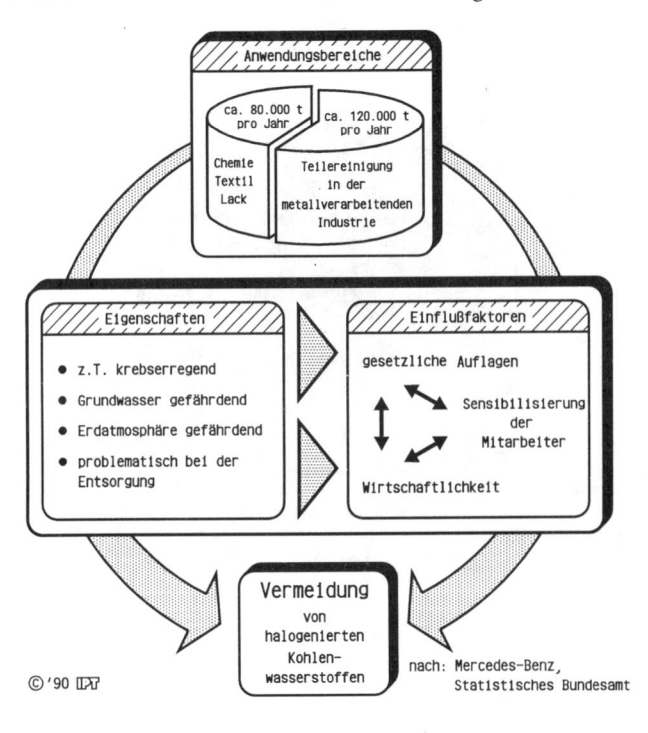

Bild 9: Problemkreis halogenierte Kohlenwasserstoffe

Die halogenierten Kohlenwasserstoffe werden eingesetzt, da sie gut fettlösend, unbrennbar, leicht destillierbar und vor allem preisgünstig sind. Ihr Gefährdungspotential ist allerdings erheblich. Sie sind teilweise krebserregend, stellen bei Leckagen eine Gefährdung für das Grundwasser dar und gelten als mitverantwortlich für die Zerstörung der Erdatmosphäre und für globale Klimaveränderungen /13,22/. Weiterhin entstehen bei der thermischen Entsorgung von halogenierten Kohlenwasserstoffen Schadstoffe, welche die Umwelt ebenfalls stark belasten.

Aufgrund dieses enormen Gefährdungspotentials verschärfen sich die gesetzlichen Auflagen bei der Handhabung, die seit 1986 die schrittweise jährliche Reduzierung der Emissionsgrenzwerte vorschreiben /26/. Die Umrüstung bestehender Anlagen erfordert einen erheblichen Investitionsaufwand, der den wirtschaftlichen Betrieb der Anlage in Frage stellt. Nicht zuletzt führt die Sensibilisierung der Mitarbeiter zu einem wachsenden Widerstand gegen die Anwendung dieser Mittel, deren Dämpfe bereits bei Konzentrationen weit unter den zulässigen MAK-Werten als geruchsbelästigend empfunden werden. Die genannten Gründe führen zu dem Zwang, den Einsatz von halogenierten Kohlenwasserstoffen zu vermeiden. Das technische Lösungskonzept hierzu soll ein Beispiel aus dem Automobilbau aufzeigen, **Bild 10**.

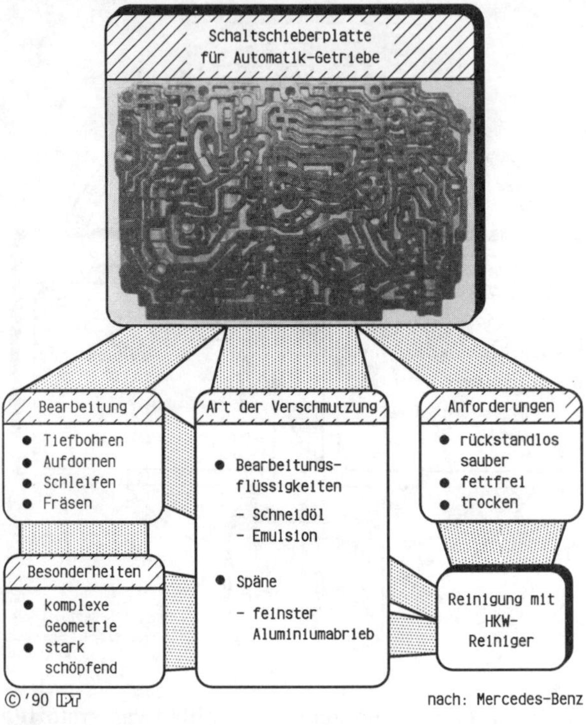

Zu den Bearbeitungsverfahren für die Herstellung der abgebildeten Schaltschieberplatte eines PKW-Automatikgetriebes zählen das Tiefbohren, Aufdornen, Schleifen und Fräsen, welche aufgrund unterschiedlicher technologischer Anforderungen zum einen Schneidöl, zum anderen Emulsion als Bearbeitungsflüssigkeit erfordern. Das Werkstück ist nach der Bearbeitung mit einem Gemisch aus feinsten Aluminiumabrieb und Resten der Bearbeitungsflüssigkeiten verunreinigt. Die komplexe Geometrie wirkt stark schöpfend und verursacht einen hohen Austrag an Öl und Emulsion. Da das Bauteil für den folgenden Bearbeitungsschritt (Montage) rückstandslos sauber sowie fettfrei und trocken sein muß, wurde die Reinigung bislang mit halogenierten Kohlenwasserstoffen durchgeführt.

Bild 10: Bisherige Lösung einer Reinigungsaufgabe

Diese Reinigungsmethode führte zu einem technisch einwandfreien Ergebnis, aus den genannten Gründen war jedoch eine technisch adäquate und

Ausgangs-situation	Verschmutzung mit Öl und Emulsion: HKW-Reiniger	ökologisch nicht vertretbar
Lösungs-alternativen	**Maßnahmen**	**Bewertung** ökologisch ☐ technisch 0 — 1
Modifikation vorgelagerter Prozesse	Nur Emulsionseinsatz: Verzicht auf HKW-Reiniger möglich	technisch nicht realisierbar
Substitution Hilfsstoffe	organischer Reiniger	Explosionsschutz nötig
Substitution Hilfsstoffe + Modifikation Prozess	alkalischer Reiniger im Ultraschallbad	Werkstücke nicht sauber
	alkalischer Reiniger im Ultraschallbad, Nachspülen mit Säure	Reinigung gut, zu hoher Platzbedarf
	Neutralreiniger im Ultraschallbad	

© '90 IFA
nach: Mercedes-Benz

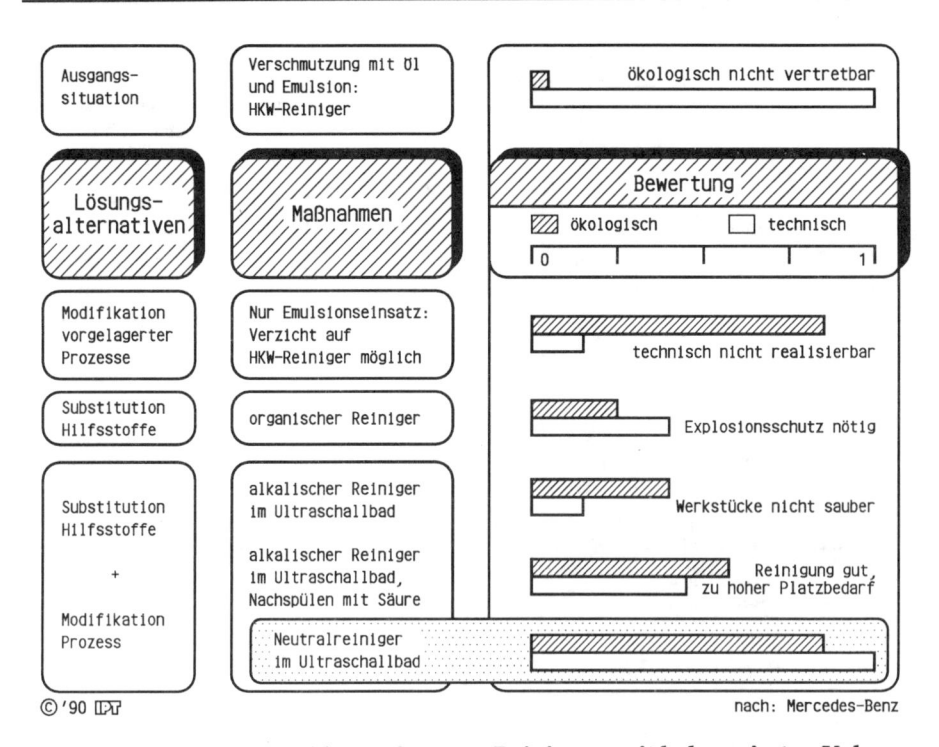

Bild 11: Bewertung von Alternativen zur Reinigung mit halogenierten Kohlenwasserstoffen

ökologisch unbedenkliche Alternative zu finden /23/. Dem ersten Schritt auf dem Weg zur Substitution des HKW-Reinigers lag die Überlegung zugrunde, als Bearbeitungsflüssigkeit ausschließlich Emulsion zum Einsatz gelangen zu lassen; dies hätte die Reinigung mit wäßrigen Mitteln wesentlich erleichtert, **Bild 11**. Diese Variante scheiterte an anlagentechnischen Hemmnissen beim Tiefbohren, die mittelfristig nicht zu beseitigen ware

Die Substitution des halogenierten Kohlenwasserstoff-Reinigers durch einen halogenfreien führte zwar zu dem gewünschten Reinigungserfolg, erforderte allerdings für die gesamte Anlage einen kostenintensiven Explosionsschutz. Wäßrige alkalische Reiniger mit Unterstützung durch Ultraschall erzielten die geforderte Reinigungswirkung nicht, da trotz mehrmaligen Nachspülens die Werkstücke mit Rückständen behaftet waren. Ein zusätzliches Nachspülen in saurem Medium behob zwar diese Nachteile, die hierfür benötigte Stellfläche konnte allerdings nicht bereitgestellt werden. Die in die Praxis umgesetzte Lösung bestand schließlich aus dem Einsatz eines Neutralreinigers, der mit Unterstützung des Ultraschallbades den geforderten Reinigungsgrad erzielte.

Möchte man auf die Reinigung mit flüssigen Medien gänzlich verzichten, so bedingt dies eine vollständige Umstellung der Prozeßfolge. Die Realisierbarkeit einer solchen Maßnahme sowie die technologischen, ökologischen und ökonomischen Auswirkungen sollen anhand des nachfolgenden Beispieles veranschaulicht werden, Bild 11.

Die derzeitige Fertigungsfolge zur Herstellung eines Steinbohrers beinhaltet nach mehreren Umformvorgängen ein Spannungsarmglühen mit nachfolgendem Fräsen der Längsnut sowie des Schlitzes für die Hartmetallschneidplatte. Beide Zerspanvorgänge laufen unter dem Einsatz von Schneidöl ab. Die Verschmutzung des Werkstückes mit diesem Hilfsstoff macht vor dem Einlöten der Hartmetallschneidplatte eine Reinigung des Werkstückes, wiederum mit halogenierten Kohlenwasserstoffen erforderlich.

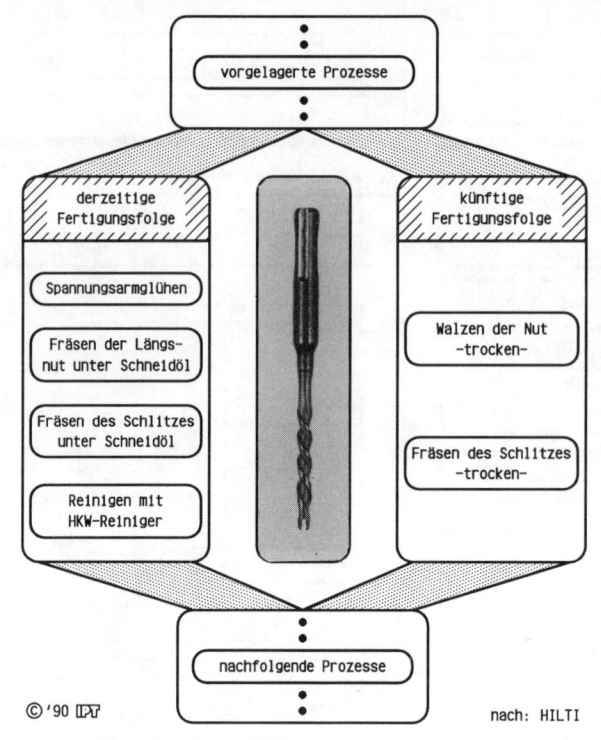

Bild 12: Alternative Fertigungsfolgen zur Bohrerherstellung

Die Absicht, nicht den Reiniger zu substituieren, sondern die Ursache für die Notwendigkeit des Reinigungsvorganges grundsätzlich zu beseitigen, bedingt eine Fräsbearbeitung im Trockenschnitt. Diese erfordert allerdings aufgrund der höheren Temperaturen an der Zerspanstelle den Einsatz von Hartmetall anstelle der bislang verwendeten HSS-Schneidstoffe. Ein positiver Nebeneffekt dieser Konsequenz ist, daß der vorgelagerte Glühprozeß aufgrund der höheren Härte und Verschleißfestigkeit des Hartmetalls entfallen kann.

Die ökologische Bilanz dieser Prozeßsubstitution ist in **Bild 13** dargestellt.

Der Verzicht auf den Glühprozess erlaubt eine Energieeinsparung von ca. 500.000 kWh pro Jahr. Dies entspricht zum Vergleich dem jährlichen elektrischen Energiebedarf von etwa 12.000 Haushalten. Das Fräsen der Nuten erfordert einen Schneidöleinsatz von ca. 10 t pro Jahr. Diese gesamte Einsatzmenge wird über die Werkstücke ausgetragen und bedingt den nachfolgenden Reinigungsvorgang, wozu etwa 30 t halogenierter Kohlenwasserstoff-Reiniger eingesetzt werden müssen. Bei diesem Vorgang gelangen durch Verdampfungsverluste ca. 3 t/a des umweltschädigenden Reinigers trotz Einhaltung der gesetzlichen Vorschriften (TA-Luft) in die Atmosphäre. Die verbleibende Rück-

Wettbewerbsfaktor Produktionstechnik 259

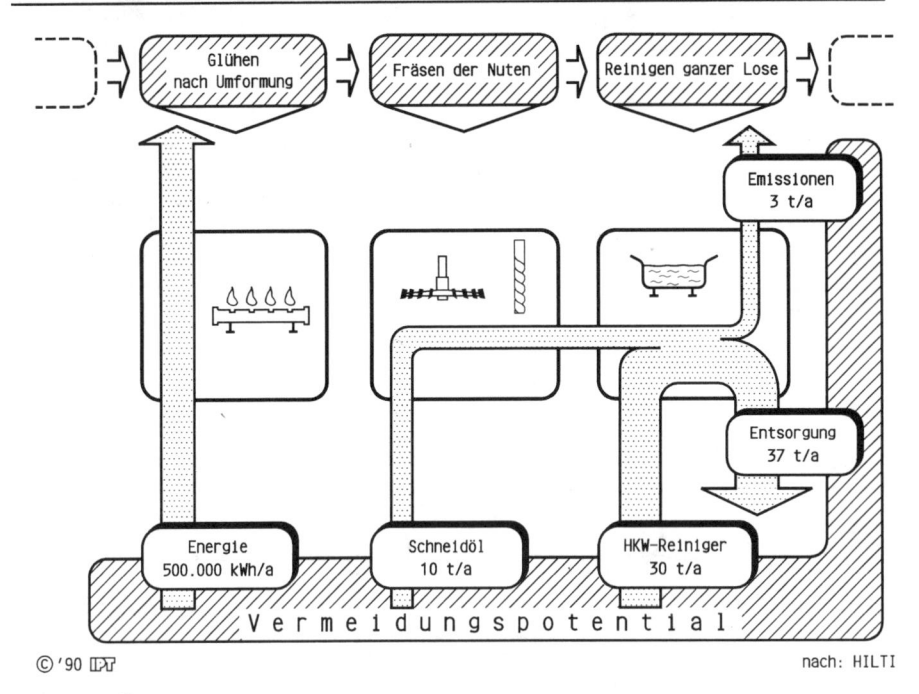

Bild 13: Ökologische Bilanz der Prozeßsubstitution

standmenge aus verbrauchtem Reiniger und Schneidöl muß als Sondermüll entsorgt werden.

Durch die künftige Substitution der geschilderten Fertigungsprozesse werden diese Umweltbelastungen vollständig vermieden. Der zur Realisierung dieser Lösung notwendige Forschungs- und Entwicklungsaufwand zahlt sich sowohl durch gravierende ökologische wie auch, bedingt durch die abzusehenden Einsparungen, ökonomische Vorteile in vollem Umfang aus.

Über die vorgestellten Beispiele hinaus läßt sich das Aufgabengebiet der ökologischen Fertigungsoptimierung auf eine Reihe anderer Problemschwerpunkte ausdehnen. Fortschritte konnten auch für die funkenerosive Bearbeitung durch den Einsatz wäßriger Dielektrika /16/ und bei der elektrochemischen Metallbearbeitung durch Forschungsarbeiten zur Schadstoffbildung /17,18/ und -vermeidung erzielt werden. Die Technologieentwicklung zur Bearbeitung neuerer Werkstoffgruppen wie der faserverstärkten Kunststoffe und auch der Einsatz innovativer Technologien selbst wird bereits durch Untersuchungen zu umwelttechnischen Themenstellungen begleitet /19,20/. Ebenso konnten Erfolge bei der Schleifbearbeitung von Nickelwerkstoffen /21/ und bei der Trockenzerspanung von vergüteten Warmarbeitsstählen erzielt werden.

6. Verantwortlichkeiten

Die genannten Beispiele zeigen Möglichkeiten auf, Fragen des Umweltschutzes im Bereich der Fertigung zu berücksichtigen, ohne die Wirtschaftlichkeit der Produktion in Frage zu stellen. Ökologisch motivierte Veränderungen bestehender Produktionsprozesse können ebenfalls ökonomische und technologische Vorteile mit sich bringen. Viele Unternehmen haben sich der Herausforderung bereits gestellt, Umweltschutz als einen gleichberechtigten Bestandteil ihrer Unternehmenspolitik zu betrachten. Fertigung in umwelttechnischer Verantwortung ist in fortschrittlichen Betrieben bereits "Chefsache" und wird

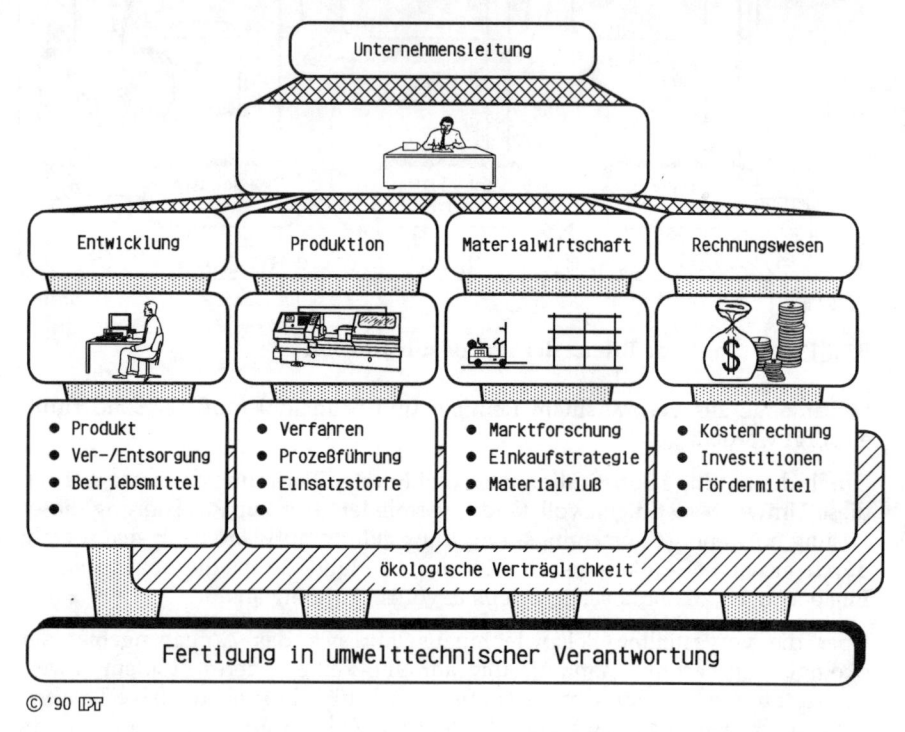

Bild 14: Erweiterte Verantwortlichkeitsbereiche innerbetrieblicher Abteilungen

als "Top-Down" Aufgabe verstanden, welche die Unternehmensführung in ihrer Vorbildfunktion für nachgeordnete Bereiche erfüllen muß, **Bild 14**.

Unter Heranziehung der für den Arbeitsschutz, die Arbeitssicherheit und den innerbetrieblichen Umweltschutz zuständigen Experten hat sie Zielvorgaben zu formulieren und die Mitarbeiter zu motivieren, ebenfalls in ihren Bereichen den Umweltschutz einbeziehende Teilziele zu setzen. Die Integration von

Fragen des Umweltschutzes in das unternehmerische Gesamtkonzept und die Durchsetzung auf allen betrieblichen Funktionsbereichen und Ebenen führt dort zu einer Erweiterung der Aufgaben- und Verantwortungsbereiche.

Diese Erweiterung kann den Entwicklungsstab dazu veranlassen, ein entweder im Gebrauch oder bei der Herstellung nicht umweltgerechtes Produkt grundsätzlich in Frage zu stellen. Zumindest ist die Planung generell auf die bei der Produktherstellung benötigten Rohstoffe und Energiemengen sowie rückstandarme Entsorgungsmöglichkeiten nach dem Gebrauchsende auszudehnen. Ebenso ist zu berücksichtigen, daß die zur Herstellung einzusetzenden Betriebsmittel eine energie-, rohstoff- und emissionsarme Fertigung ermöglichen.

Dem Bereich der Produktion obliegt die Aufgabe, mit Hilfe intelligenter Lösungen in Fertigung und Montage Energie und Rohstoffe einzusparen, problematische Stoffe zu substituieren und Produktionsrückstände zu minimieren. Lösungsansätze können dabei, wie auch die Beispiele zeigen, von den eingesetzten Verfahren, den verwendeten Hilfsstoffen und der Prozeßführung ausgehen. Insbesondere sind die technisch-ökonomischen Qualitätsmerkmale des Produktes um gleichberechtigte ökologische Attribute zu erweitern. Diese müssen von der Rohstoffgewinnung bis zur Entsorgung alle Produktlebensphasen erfassen.

Die Aufgabeninhalte der Materialwirtschaft eines Unternehmens sind ebenfalls neu zu formulieren. Bei der Beschaffung von Verbrauchs- wie Investitionsgütern können bei Kenntnis der Produktanforderungen umweltfreundliche Alternativen ermittelt werden /24/. Die Bevorzugung der entsprechenden Anbieter stärkt nicht nur deren Engagement, die Lieferfähigkeit ökologisch spezifizierter Produkte sicherzustellen, sie hat auch Signalwirkung für Unterlieferanten sowie solche, deren Produktpalette bislang nicht entsprechend ausgestattet war.

Die vorgestellten Beispiele belegen, daß die konsequente Beachtung des Umweltschutzes nicht nur mit Kosten behaftet ist, sondern daß Ausgaben für den Umweltschutz auch unmittelbare technische und betriebswirtschaftliche Vorteile haben können. Eine Kostenrechnung unter Einbeziehung ökologischer Aspekte muß bei diesen Ausgaben auch berücksichtigen, daß direkt oder indirekt eine Förderung durch öffentliche Mittel genutzt werden kann.

Fertigung in umwelttechnischer Verantwortung darf keine Utopie bleiben, sondern stellt bei konsequenter Mitwirkung aller Beteiligten ein reales, mit hoher Erfolgswahrscheinlichkeit erreichbares Ziel dar.

7. Chancen

Eine Geschäftspolitik deren Prämissen ausschließlich durch ökonomische Zielsetzungen geprägt wird, muß absehbar über ökologische und ökonomische Zwänge in eine Sackgasse führen, **Bild 15**. Die Zulässigkeit dieses Schlusses wird durch die Erfahrungen bestätigt, daß die Verknappung produktionswichtiger Rohstoffe ebenso zu deren Verteuerung beiträgt, wie eine Abnahme von

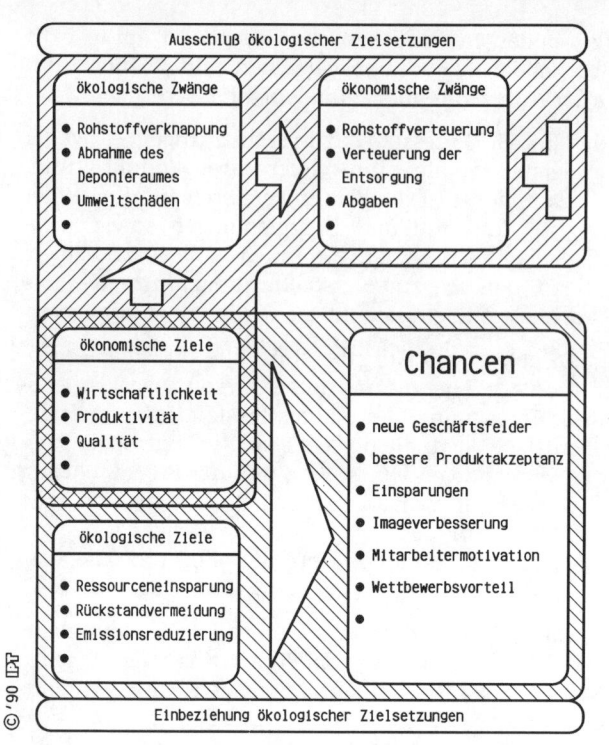

Bild 15: Folgen unterschiedlicher Unternehmensstrategien

Deponieraum zu einem Anstieg der Entsorgungskosten führt.

Nicht zuletzt als Reaktion auf die Schwierigkeiten einer verursachergerechten Regulierung bestehender Schäden und Altlasten werden sich nach dem neuen Umwelthaftungsgesetz die Unternehmensabgaben für den Ausschluß von Haftungsrisiken drastisch erhöhen /3,25/.

Den einzigen Ausweg aus dieser Sackgasse ökologischer und ökonomischer Zwänge hin zu neuen Chancen bietet die Kombination ökonomischer und ökologischer Zielsetzungen in der Unternehmenspolitik. Durch Reduzierung von Einsatzmengen, Vermeidung von Rückständen und Emissionen lassen sich jetzt und auch in Zukunft die Produktionskosten verringern. Gleichzeitig eröffnen sich Chancen zur Steigerung der Wettbewerbsfähigkeit des Unternehmens. Weitsichtige Unternehmen besitzen spätestens dann einen Vorteil im internationalen Wettbewerb, wenn sich Unternehmen auch in anderen Ländern auf öffentlichen Druck hin ebenfalls verstärkt in Fragen des Umweltschutzes engagieren müssen. Das werden sie um so schneller tun, je stärker die Bevölkerung sensibilisiert wird und sich das ökologische Image eines Unternehmens auf die Akzeptanz seiner Produkte auswirkt.

Nicht nur die Bevölkerung, auch die Mitarbeiter eines Unternehmens werden in Zukunft neben der Sicherheit ihres Arbeitsplatzes vermehrt auf dessen ökologische Qualität achten. Verbesserungen auf diesem Gebiet haben einen positiven Einfluß auf das Image des Unternehmens und steigern so die Motivation der Mitarbeiter, wenn diese erkennen, daß sich ihr Unternehmen auch nach innen hin glaubwürdig für den Erhalt der Umwelt einsetzt. Motivierte Mitarbeiter sind wiederum eine der wesentlichen Säulen für den wirtschaftlichen Erfolg eines Unternehmens.

Es hängt von uns ab, ob wir eine Fertigung in umwelttechnischer Verantwortung als Chance begreifen: Wir haben hierin nicht nur den künftigen wirtschaftlichen Erfolg unserer Unternehmen in den Händen, sondern halten im übertragenen Sinne den Schutz unserer Umwelt, und damit die Welt von morgen, schon heute zwischen den Spitzen unserer Maschinen. Wenn auch die umwelttechnische Verantwortung von der Unternehmensspitze ausgehen muß, so liegt sie in jeder Abteilung, bei jedem Mitarbeiter eines Unternehmens. Wenn jeder von uns in seinem Verantwortungsbereich den Umweltschutz aktiv betreibt, ist damit bereits der erste Schritt getan, um auch morgen noch in einer intakten Umwelt produzieren, verkaufen und letztlich leben zu können.

Schrifttum:

1. N.N.: Umwelttechnologie - Der grüne Weltmarkt, highTech (1988) Nr.9, S. 54-69

2. Winter, G.: Das umweltbewußte Unternehmen, Verlag C.H. Beck, München, 1988

3. Schöbitz, A.: Umweltsünder müssen tiefer in die Tasche greifen, VDI-N 1990, Nr.8, S.8

4. Oberholz, A.: Umweltorientierte Unternehmensführung, Frankfurter Allgemeine Zeitung, Frankfurt am Main, 1990

5. Jakobi, H.W.: Fluorchlorkohlenwasserstoffe (FCKW), Erich Schmidt Verlag, Berlin, 1989

6. N.N.: Organische Halogenverbindungen, Erich Schmidt Verlag, Berlin, 1988

7. N.N.: Hessischer Verwaltungsgerichtshof, Aktenzeichen V TH 3071/84 vom 28.08.1986

8. Sutter, H.: Integrierter Umweltschutz als Konsequenz Gesetzlicher Maßnahmen auf der Abluft-, Abwasser- und Abfallseite, in Sutter, H.; Winkel, P.: "Clean-Technologies, Zero- Discharge und Integriertes Produktrecycling", Schriftenreihe "Praxis-Forum" Technisches Management Forum Berlin, 09/89

9. Eckhardt, F.: Kühlschmierstoffe für die Metallbearbeitung, Firmenschrift der Mobil Oil A.G. in Deutschland, 1982

10. Becker, D.: Kühlschmiermittel - technologische und arbeitsmedizinische Aspekte, Dissertation, Universität Erlangen-Nürnberg, 1989

11. Müller, U.J.: Aspekte für die Metallbearbeitung, Vortrag bei der GfT/DGMK-Tagung, Essen 24./25.09.1985

12. König, W., Kassack, J.: Bericht zur Arbeitstagung "Zahnrad- und Getriebeuntersuchungen", Mai 1990 WZL der RW TH, Aachen

13. Lohrer, W.: Stand und Entwicklung der Luftreinhaltung in der Bundesrepublik Deutschland, in Sutter, H.,; Winkel, P.: "Clean-Technologies, Zero- Discharge und Integriertes Produktrecycling", Schriftenreihe "Praxis-Forum" Technisches Management Forum Berlin, 09/89

14. Böttger, D., Triesch, J.: Ölreinigung beim Drahtziehprozeß, DRAHT 40 (1989) 4, S. 318-322

15. Kiechle, A.: Reinigungsverfahren in der Automobilindustrie, Referat an der Technischen Akademie Wuppertal, 8.12.1988

16. König, W., Siebers, F.: Funkenerosives Senken mit Arbeitsmedien auf Wasserbasis, Die Maschine 43 (1989) 6

17. König, W., Friedrich, J.: Schadstoffbildung und Arbeitsergebnis beim elektrochemischen Senken. Möglichkeiten der Prozeßbeeinflussung beim Stahl X 40 Cr 13, VDI-Z 130 (1988) 6, S. 50-55

18. Friedrich, J.: Elektrochemische Metallbearbeitung - Untersuchung der Schadstoffbildung und ihrer Einflußnahme auf den EC-Abtragprozeß, Dissertation TH Aachen 1988

19. König, W., Trasser, Fr.-J.; Holländer, W.; Busch, H.: 2. Zwischenbericht zum Forschungsvorhaben: Messung der Schadstoffbelastung bei der Bearbeitung von faserverstärkten Kunststoffen und Entwicklung von Maßnahmen zur Minderung der Schadstoffemission, Fraunhofer-Institut für Produktionstechnologie, Aachen, Fraunhofer-Institut für Toxikologie und Aerosolforschung, Hannover, Juni 1990

20. König, W. et al.: Schadstoffbelastung bei der Bearbeitung von faserverstärkten Kunststoffen,Tätigkeitsbericht des Fraunhofer-Institutes für Produktionstechnologie, Aachen, 1988

21. Neder, L.; König, H.P., Koch; W.: Bildung von Feinstaub beim Bandschleifen, FHG-Berichtsheft 4-88, Umwelt II, Fraunhofer-Gesellschaft zur Förderung der angewandten Forschung e.V., München

22. Appel, O.; Michaeli, W.: Umweltschutz - Analyse des FCKW-Einsatzes, Wissenschaft und Umwelt (1989), Nr. 1, S. 21-29

23. Kiechle, A.; Großmann, A.: Substitution halogenierter Kohlenwasserstoffe in der Automobilindustrie, Referat anlässlich der Fortbildungsveranstaltung des Ministeriums für Umwelt Baden-Württemberg, 5.06.1989

24. N.N.: Umweltfreundliche Beschaffung, Umweltbundesamt (Hrsg.), Bauverlag GmbH, Wiesbaden und Berlin 1987

25. Hohmann, P.: Verschärfung des Haftungsrisikos, Umwelt Magazin, 18.Jahrg. (1990) 1/2, S. 67-68

26. Beck, M.: CKW-/FKW-Merkblatt, Qualitäts- und Umwelt-Engeneering für Sicherheit und Technologie, Dr. M. Beck, Stuttgart, Juni 1986

27. Graß, P.: Aspekte der Umweltbeeinflussung durch fertigungstechnische Prozesse, unveröffentlichte Untersuchung des IPT, 1988

Mitglieder der Arbeitsgruppe für den Vortrag 2.4

Dr.-Ing. Kaniut, Mercedes-Benz AG Stuttgart
Dipl.-Chem. Ing. grad. L. Liebau, WZL RWTH Aachen
Dipl.-Ing. L. Neder, FhG IPT Aachen
Dipl.-Ing. P. G. Pott, AEG-ELOTHERM GmbH, Remscheid
Prof. Dr.-Ing. C. Razim, Mercedes-Benz AG, Stuttgart
Dipl.-Ing. M. Schmelzer, FhG IPT Aachen
Dipl.-Ing. S. Schulte, HILTI GmbH, Kaufering
Dipl.-Ing. J. Triesch, Mannesmann Demag Sack GmbH, Düsseldorf
Dr.-Ing. J. Vutz, Heidelberger Druckmaschinen AG
Prof. Dr.-Ing. H. P. Wiendahl, IFA, Universität Hannover
Dr.-Ing. D. Wirths, HILTI GmbH, Kaufering

3. Leistungsfähige Produktionsanlagen: Von der Maschine zum integrierten System

3.1 Konstruktive Gestaltung und Realisierung von Produktionsanlagen

3.2 Realisierung des Materialflusses in integrierten Systemen: das Schnittstellenproblem

3.3 Leittechiken für flexible Fertigungssystemen

3.4 Wege zur Verkürzung der Inbetriebnahme- und Stillstandszeiten komplexer Produktionsanlagen

3.1 Konstruktive Gestaltung und Realisierung von Produktionsanlagen

1. Einleitung

2. Von der Problemstellung zum Layout
2.1 Analyse der Fertigungsaufgabe
2.2 Maschinenkonzepte

3. Fertigungssystem Werkzeugmaschine
3.1 Verbesserung der Produktivität und Wirtschaftlichkeit
3.2 Erhöhte Genauigkeitsforderungen
3.3 Schnittstelle Mensch - Maschine

4. Konstruktive Gestaltung
4.1 Simulationstechnik
4.2 Konstruktions- und Berechnungshilfen
4.3 Wechselwirkung zwischen Konstruktion und Versuch

5. Zusammenfassung

Kurzfassung

Konstruktive Gestaltung und Realisierung von Produktionsanlagen

Die konstruktive Gestaltung einer Produktionsanlage und damit der in ihr integrierten Fertigungseinheiten, wird durch eine Vielzahl unterschiedlicher Parameter beeinflußt. Ausgehend von der zu realisierenden Fertigungsaufgabe müssen in erster Linie Forderungen hinsichtlich der Produktivität und der erreichbaren Arbeitsgenauigkeit in der Konstruktion umgesetzt werden. Zusätzlich tritt die Wechselwirkung zwischen Mensch und Maschine immer mehr in den Vordergrund. Hier sind die Schlagworte Sicherheit, Ergonomie und Kommunikation mit der Maschine zu nennen. Zielsetzung der Konstruktion muß es sein, diese Anforderungen in wirtschaftlicher Weise zu realisieren. Dazu stehen dem Konstrukteur eine Reihe von Hilfsmittel zur Verfügung.

Abstract

Design and Realisation of Production Facilities

The design of a production facility, which is in the first place the design of the integrated manufacturing units, is influenced by a large amount of parameters. On the basis of the production problem that is to be realised, the requirements towards productivity and processing accuracy are mainly to be considered during the design process. In addition the interaction between user and machine tool is of great importance. In this context the aspects safety, ergonomics and the communication between user and machine tool are to be considered.

It has to be the objective of the design department to realise these requirements economically. Therefore the designer can use the different technical aids.

1. Einleitung

Der Begriff Produktionsanlage beschreibt an sich ein weites Feld von Betriebsmitteln, die der Stoffumwandlung und Stoffumformung, der Materialbearbeitung oder der Energieumwandlung dienen können. Hierbei kann es sich um isoliert arbeitende Funktionseinheiten oder aber verknüpfte Systeme handeln /1/. Übertragen auf den Bereich der spanenden Fertigung spiegelt diese Begriffsbestimmung das gesamte Maschinenspektrum von der klassischen Werkstattstruktur bis hin zur computergeführten Fertigung (CIM) wieder. Unabhängig von der organisatorischen Struktur einer Produktionsanlage müssen neben der Erfüllung der Produktionsaufgabe wichtige Nebenfunktionen realisiert werden. Diese lassen sich unter den Begriffen Energie-, Material- und Informationsfluß, Steuerung und Überwachung zusammenfassen (<u>Bild 1</u>).

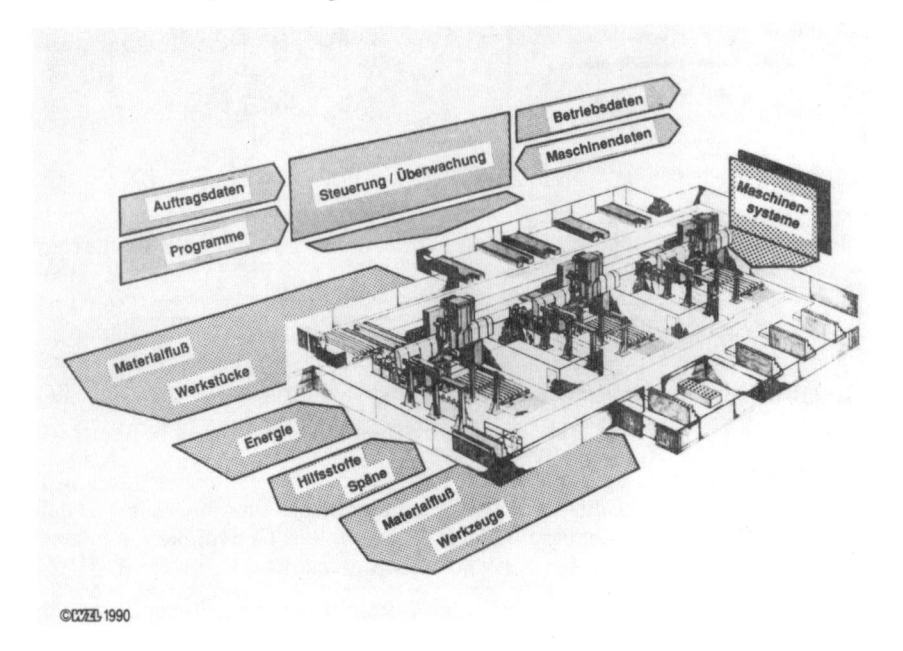

<u>Bild 1:</u> Komponenten einer Produktionsanlage (nach: **Waldrich**)

Mit zunehmender Automatisierung bei gleichzeitig hohen Anforderungen an die Flexibilität einer Produktionsanlage hat heute die konstruktive Entwicklung der materialfluß- und informationstechnischen Verknüpfung ein ebenso hohes Gewicht wie die eigentliche Produktionseinheit selbst. Hierbei treten Schnittstellenprobleme dominant in den Vordergrund. Wegen ihrer Aktualität werden die Schnittstellenaspekte in separaten Vorträgen diskutiert (Vortrag 3.2-3.4).

Um das Produkt Werkzeugmaschine erfolgreich am Markt zu plazieren, ist eine sorgfältige Marktanalyse notwendig (Bild 2). Hierbei hat die Analyse der Fertigungsaufgabe eine zentrale Funktion. Das daraus abzuleitende Anforderungsprofil an die Werkzeugmaschine umfaßt eine Vielzahl unterschiedlicher zu erfüllender Forderungen, die das Maschinenkonzept und die Realisierung des Material- und Informationsflusses bestimmen.

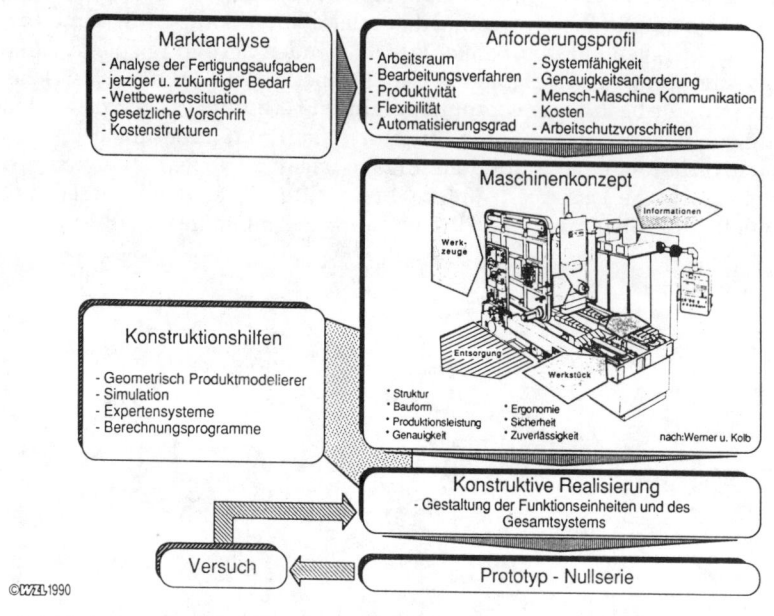

Bild 2: Realisierungsphasen von Maschinensystemen

Inhalt dieses Vortrages ist deshalb ausgehend von der Analyse der Fertigungsaufgabe die konstruktive Realisierung verschiedener Maschinenkonzepte und Baugruppen unter dem Gesichtspunkt der Produktivität, Genauigkeit sowie der Wechselwirkung zwischen Mensch und Maschine zu diskutieren (Bild 2).

In der Gestaltungsphase stehen dem Konstrukteur heute eine Vielzahl von Hilfsmitteln zur Verfügung. Neben den klassischen eingeführten Techniken im CAD- und Berechnungsbereich gewinnen Expertensysteme, Simulationstechniken und Optimierungsverfahren zunehmend an Bedeutung. In diesen Bereichen liegt auch der Schwerpunkt heutiger Forschungsaktivitäten.

Da im Konstruktionsstadium einerseits mit vereinfachten Annahmen gearbeitet werden muß, andererseits häufig Erfahrungsdefizite vorhanden sind, ist die versuchstechnische Analyse Prototyps weiterhin der wichtigste Iterationsschritt, um die Produktqualität hinsichtlich Funktionalität, Genauigkeit, Leistungsvermögen und Zuverlässigkeit dem definierten Anforderungsprofil anzunähern.

2. Von der Problemstellung zum Layout

2.1 Analyse der Fertigungsaufgabe

Die Analyse der Fertigungsaufgabe einer neu zu gestaltenden Werkzeugmaschine richtet sich sowohl auf das abzudeckende Werkstückspektrum als auch auf die zu realisierenden Arbeitsabläufe (Bild 3). Aus ersterem leiten sich Angaben über die Verschiedenheit der Werkstückgeometrien, der erzeugbaren Genauigkeiten und Oberflächengüten sowie über die der zu bearbeitenden Werkstoffe ab. Diese Vorgaben werden durch die Anzahl der Lose und die Losgrößen, für die die Maschine im Markt plaziert werden soll, ergänzt. Bei der Analyse der Arbeitsabläufe spielt die Anzahl und Art der in der Maschine zu realisierenden Bearbeitungsverfahren und die geforderte Bearbeitungsstückzeit eine wichtige Rolle.

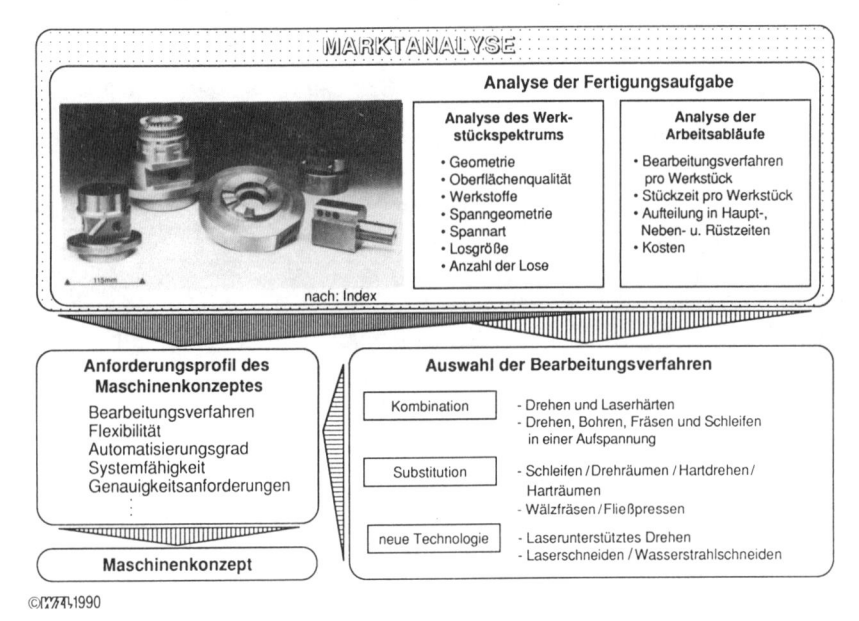

Bild 3: Analyse der Fertigungsaufgabe zur Konzeptfindung

Heute kommen in vielen Fällen für die Herstellung eines Werkstückes mehrere alternative Fertigungsverfahren in Betracht. Das heißt, daß diese möglichen Fertigungsverfahren hinsichtlich Nutzungsgrad und Wirschaflichkeit gegenübergestellt und bewertet werden müssen. Daher sind die stückzeitbestimmenden Haupt-, Neben- und Rüstzeiten, die mit den unterschiedlichen Verfahren einhergehen, in Relation zu Maschinen- und Werkzeugkosten zu sehen. Aus den Ergebnissen dieser Betrachtungen leitet sich letztlich die Auswahl des oder der Bearbeitungsverfahren sowie deren Kombination für die neue Maschine ab /2/.

So wurde in jüngster Zeit das Pulverschmieden und Fließpressen von Zahnrädern in Großserie als mögliche Alternative zum Wälzfräsen erprobt (**Bild 4**). Beispiele in der Automobilindustrie belegen, daß das Drehen und Schleifen in bestimmten Fällen durch das Drehräumen wirtschaftlich substituiert werden kann. Das Harträumen und Hartdrehen stellt in einigen Fällen ebenfalls eine Alternative zum Schleifen dar /3/.

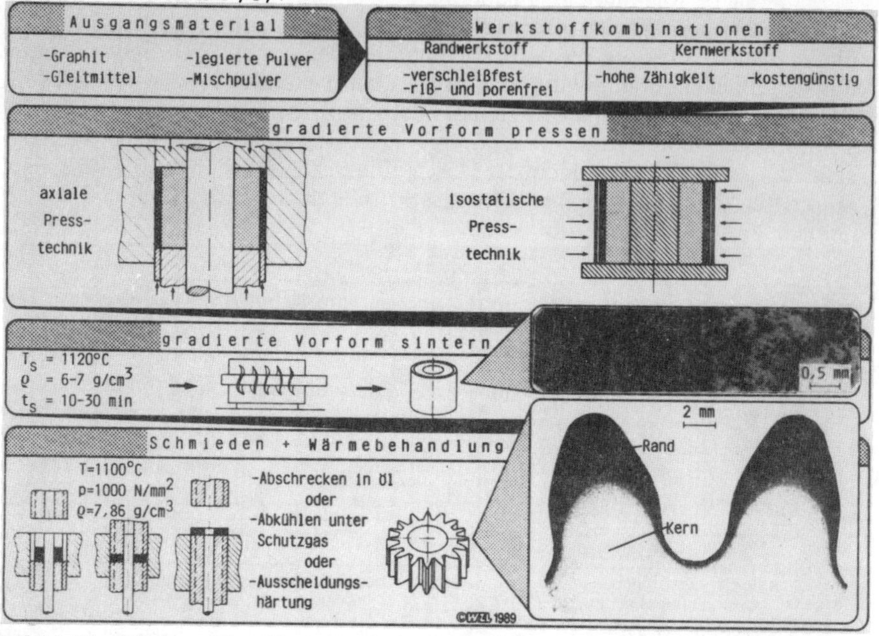

Bild 4: Verfahrensablauf beim Pulverschmieden von gradierten Zahnrädern

Die Einsatzfelder einiger Verfahren werden sich künftig durch neue oder modifizierte Technologien erweitern lassen. Als Beispiel sei das laserunterstützte Drehen von Keramiken genannt. Hierbei wird die Härte des Keramikwerkstoffs in der Zerspanzone durch die örtliche Wärmebeeinflussung so stark reduziert, daß eine Zerspanung der Keramik mit Hartmetallwerkzeugen möglich wird.

Grundlage für die Auswahl eines Maschinenkonzeptes ist das aus der Analyse der Fertigungsaufgabe abgeleitete Anforderungsprofil. Dieses beinhaltet im wesentlichen die Gesichtspunkte der zu realisierenden Produktivität und Genauigkeit, der Systemfähigkeit sowie der Entsorgung. Die dazu definierten Anforderungen ermöglichen dann die Festlegung des Maschinenkonzeptes mit den Attributen Bauform, Kinematik, Geschwindigkeit, Antriebsleistung, Steuerung usw..

Darüberhinaus ist umgekehrt auch eine Bewertung unterschiedlicher Maschinenkonzepte durch die Analyse der Fertigungsaufgabe möglich. Das im folgenden dargestellte Beispiel zeigt eine derartige Vorgehensweise. Ausgehend von dem Einsatzfeld eines kurvengesteuerten Revolverdrehautomaten soll untersucht werden, ob sich CNC-Drehautomaten grundsätzlich rentabel in der Fertigung von kleinen Teilen mit großer Stückzahlen einsetzen lassen /4/. Hier ist das Konzept einer Doppelschlitten-Doppelspindelmaschine zu untersuchen (Bild 5). Als Steuerung kommt eine Version der schnellen 32-bit Generation mit kurzen Satzlesezeiten zum Einsatz. Die Leistungsfähigkeit, dargestellt in realisierbaren Stückzeiten, wurde anhand von 10 Werkstücken gegenübergestellt. Um einen realistischen Vergleich zu gewährleisten, wurde der gleiche Kompexitätsgrad der Werkstücke wie bei einem Kurvenautomaten zugrunde gelegt.

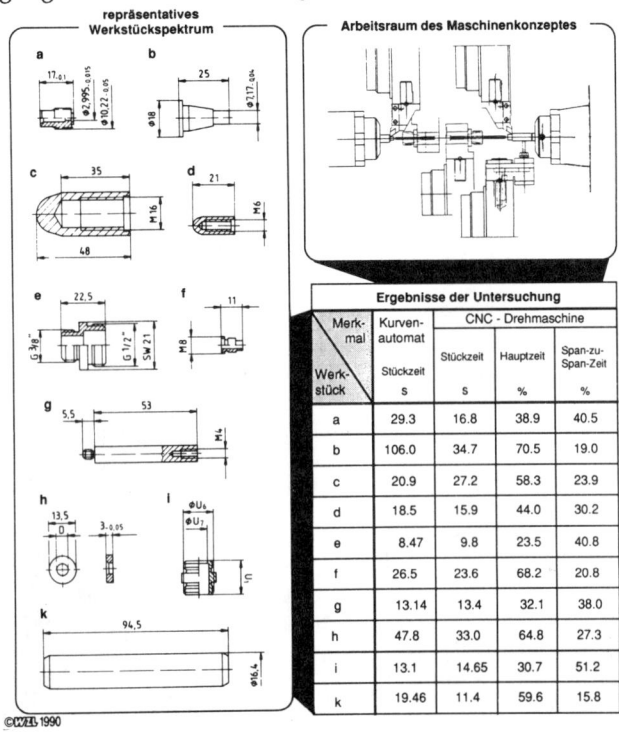

Ergebnisse der Untersuchung

Merk-mal Werk-stück	Kurven-automat Stückzeit s	CNC - Drehmaschine		
		Stückzeit s	Hauptzeit %	Span-zu-Span-Zeit %
a	29.3	16.8	38.9	40.5
b	106.0	34.7	70.5	19.0
c	20.9	27.2	58.3	23.9
d	18.5	15.9	44.0	30.2
e	8.47	9.8	23.5	40.8
f	26.5	23.6	68.2	20.8
g	13.14	13.4	32.1	38.0
h	47.8	33.0	64.8	27.3
i	13.1	14.65	30.7	51.2
k	19.46	11.4	59.6	15.8

Bild 5: Gegenüberstellung CNC-Drehautomat contra Kurvenautomat (nach: Traub)

Die Analyse der Fertigungsaufgabe führte zu zwei wesentlichen Aussagen. Zum einen zeigte sich, daß die Leistung des neuen Konzeptes zwischen 77 % (Teil c) und 305 % (Teil b) der des Kurvenautomaten liegt, wobei in 4 von 10 Fällen die rein mechanische Lösung der NC-Technik überlegen ist. Trotz der Doppelspindel-Doppelschlittenkonzeption liegt der Hauptzeitanteiles zwischen 23,5 und 70%. Daraus folgt, daß zu einer weiteren Reduzierung der Gesamtstückzeit insbesondere bei den Werkstücken mit geringen Hauptzeiten, die Nebenzeiten zu minimieren sind. Insgesamt konnte durch die Betrachtung der verschiedenen Arbeitsabläufe schließlich die gewählte NC-Konzeption als sinnvoll und wirtschaftlich bestätigt werden. Es zeigte sich, daß einzelne Bearbeitungsfolgen wie Gewindeschneiden oder die Innenbearbeitung die Stückzeiten so dominant bestimmen, daß eine weitere Steigerung der Anzahl der Werkzeugschlitten keinen Rentabilitätszuwachs erbringt.

2.2 Maschinenkonzepte

Betrachtet man die konstruktive Entwicklung der Werkzeugmaschinen in den letzten Jahren, so sind im wesentlichen folgende Tendenzen festzustellen:

1. Integration von Werkzeug und Werkstückfluß. Bei der Werkzeugversorgung geht der Trend bei Fräsmaschinen weg vom Werkzeugrevolver und Kettenmagazin hin zum Kassettensystem. Die zunehmend wichtiger werdende Logistik- und Schnittstellenproblematik, die nicht nur die Versorgung mit Werkstücken und Werkzeugen beinhaltet, sondern auch die informationstechnische Integration umfaßt, ist Inhalt eines eigenen Vortrages (3.2).

2. Die heute verfügbaren Hartstoff-Werkzeuge erlauben Schnitt- und Vorschubgeschwindigkeiten, denen die herkömmlichen Werkzeugmaschinen nicht gewachsen sind.

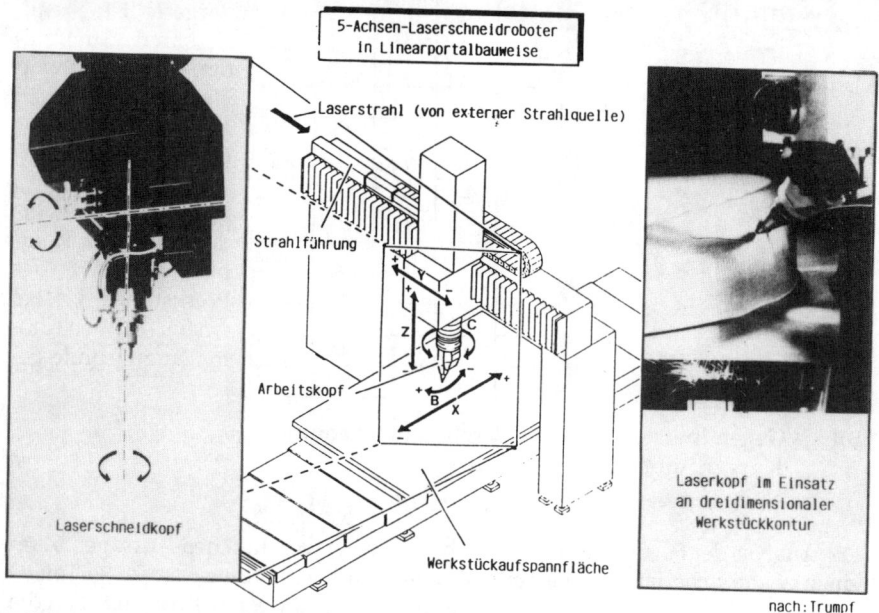

Bild 6: 5-Achsen-Laserroboter (nach: Trumpf)

3. Neue Verfahren werden häufig mit bestehenden traditionellen Maschinenkonzepten realisiert, wobei in erster Linie die Bewegungsfunktionen der Maschine genutzt werden. Beispiele hierfür sind die Verwendung von Portalen und Konsolfräsmaschinen zur Führung des Laserstrahls zum räumlichen Blechschneiden bzw. Lasererodieren (**Bild 6**).

Auch für das Tapelegen zur Herstellung von CFK- und GFK-Strukturen werden Portalroboter benutzt.

4. Die Erweiterung der Bearbeitungstechnologien einer Maschine.

Hier sind die hauptsächlichen Veränderungen von Maschinenkonzepten zu beobachten. Diese Erweiterung erfolgt in Form zusätzlicher Bewegungsachsen bzw. durch die Integration zusätzlicher Bearbeitungsverfahren. Derartige Bestrebungen sind in erster Linie bei den Drehmaschinen festzustellen (**Bild 7**). Die Gründe dafür liegen in der Problematik des Handlings großer, schwerer Teile sowie sehr kleiner Teile. Es gilt die Devise: Fertigbearbeitung so weit wie möglich in einer Aufspannung oder einer Maschine. Zeitvorteile beim Rüsten sowie bessere Bearbeitungsgenauigkeiten durch Umspannen in der Maschine bzw. Wegfallen des erneuten Spannens führen dazu, daß das Werkstück nicht zu unterschiedlichen Bearbeitungsstationen befördert werden muß. Die unterschiedlichen Bearbeitungsverfahren befinden sich in derselben Maschine /5/. Dies sind erste Schritte zur Komplettbearbeitung.

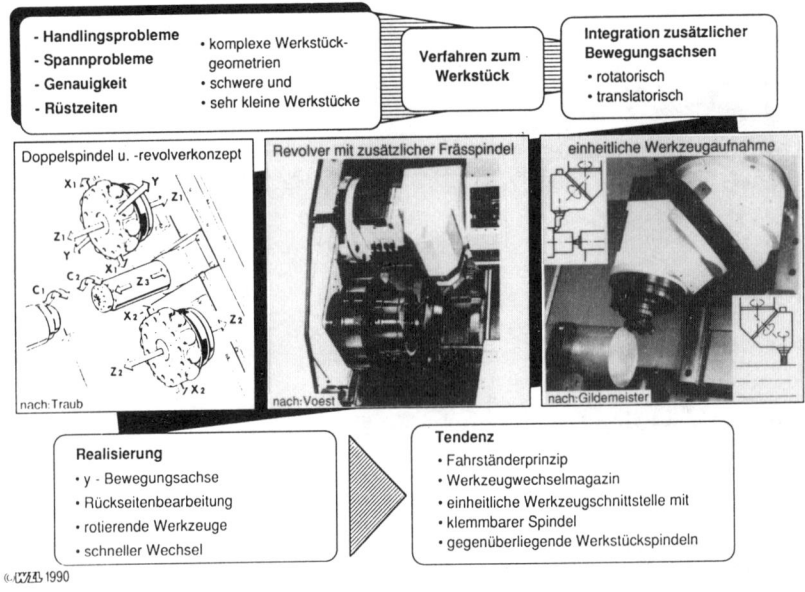

Bild 7: Drehmaschinenkonzepte mit erweiterten Bearbeitungsmöglichkeiten

Aus der Vielzahl der unterschiedlichen Konzeptionen sind in Bild 7 drei Varianten dargestellt. Bei Drehmaschinen kleiner und mittlerer Baugröße ist mit der Gegenspindel die Rückseitenbearbeitung realisierbar. Dies kann durch eine zweite Hauptspindel oder durch eine Hilfsspindel im Revolver geschehen. Durch die y-Bewegung des Revolvers in Verbindung mit angetriebenen Werkzeugen werden die Fähigkeiten der Maschine gesteigert und das Anwendungsfeld für mögliche Fertigungsoperationen erweitert. Statt der Integration der angetriebenen Werkzeuge in die Revolvereinheit besteht die Möglichkeit, eine separate Frässpindel in die Maschine zu integrieren. Dies kann zusätzlich zu dem bereits vorhandenen Revolver erfolgen oder diesen gänzlich ersetzen (Bild 7 rechts). Im letzteren Fall nimmt die Spindel sowohl die stehenden als auch die rotierenden Werkzeuge auf. Die radiale bzw. axiale Werkzeugstellung wird durch eine 45°-Schwenkeinrichtung realisiert. Der Arbeitsraum kann hierbei sehr übersichtlich gestaltet werden, während die Kollisionsgefahr bei zunehmender Anzahl von Revolver- bzw. Spindeleinheiten zunimmt. Im Falle der Realisierung der y-Achse in einer Drehmaschine bietet sich bei nur einer Werkzeugaufnahme die Fahrständerbauweise an, die bereits an Prototypen realisiert wurde. Bei der in Bild 7 rechts dargestellten Konzeption liegt keine y-Achse vor. Hier werden so weit möglich derartige Bearbeitungsoperationen durch die Überlagerung der Drehbewegung des Werkstücks (c-Achse) mit einer entsprechenden Zustellbewegung auf der Werkzeugseite (x-Achse) substituiert.

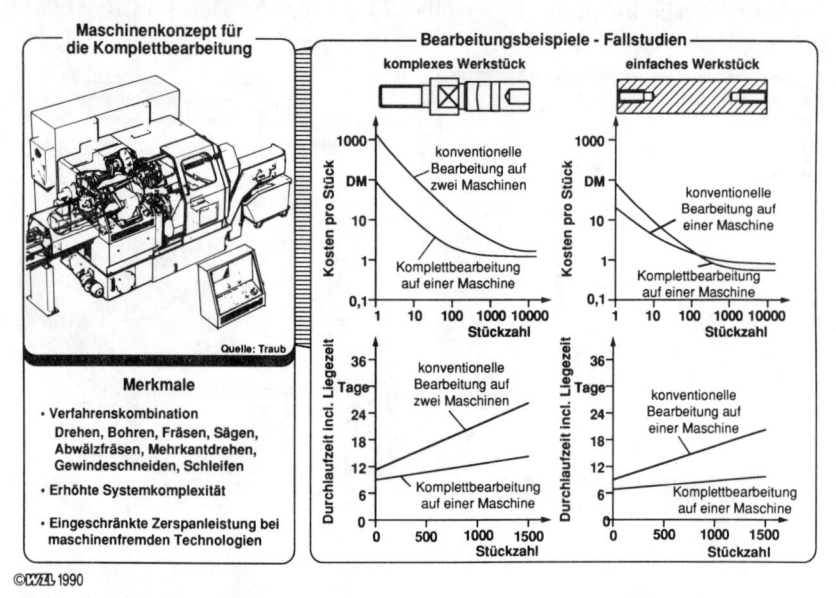

Bild 8: Gegenüberstellung von Komplettbearbeitung und konventioneller Bearbeitung - Fallstudie -

Die Konsequenzen der Komplettbearbeitung sind nicht nur in kürzeren Fertigungszeiten zu sehen (**Bild 8**). Der Materialfluß und die Durchflußzeiten können vereinfacht bzw. minimiert werden. Darüber hinaus müssen keine Liegezeiten zwischen den einzelnen Fertigungsstationen eingeplant werden. Eine indirekte Kostenreduzierung kann durch

- Senkung der Umlauf- und Lagerbestände

- geringeren Fertigungssteuerungsaufwand

- eine flexible Anpaßbarkeit an neue Fertigungsaufgaben

erreicht werden.

Am Beispiel zweier Fallstudien (Bild 8) sind die Fertigungskosten und die Durchlaufzeiten über der Losgröße bei konventioneller Bearbeitung der bei Komplettbearbeitung gegenübergestellt. Der Studie läßt sich entnehmen, daß die Durchlaufzeiten bei konventioneller Bearbeitung für diese Fallbeispiele immer länger als bei der Komplettbearbeitung sind. Hierbei wurde der Liegezeitanteil mit berücksichtigt. Demgegenüber ist bei dem Vergleich der Fertigungskosten eine differenziertere Betrachtung notwendig. So sind auf konventionellen Maschinen einfache Werkstücke bei geringer Stückzahl billiger zu produzieren. Dies ist im wesentlichen auf die verhältnismäßig hohen Rüst- und Progammierkosten und die hohen Maschinenstundensätze bei der Komplettbearbeitung zurückzuführen.

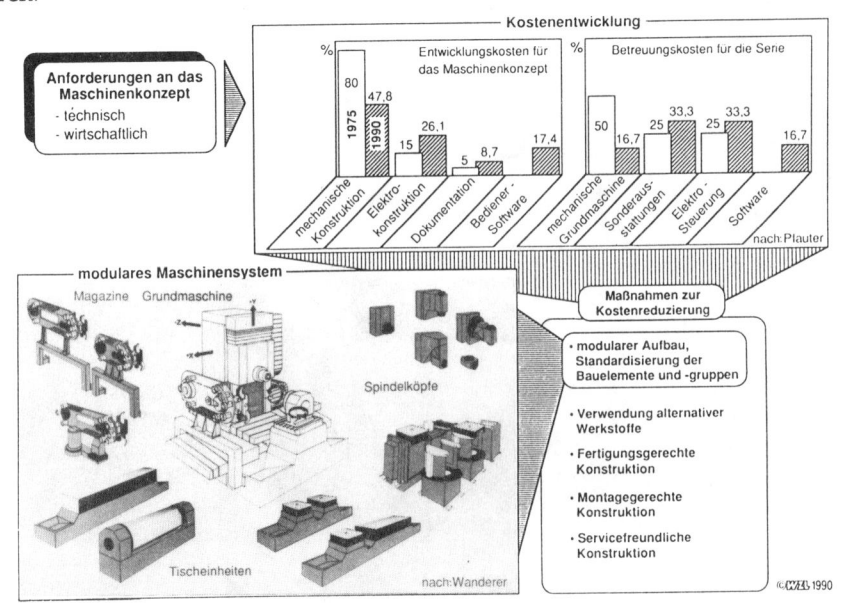

<u>Bild 9:</u> **Wirtschaftliche Gesichtspunkte bei der Entwicklung von Maschinenkonzepten**

Neben den technischen Anforderungen beeinflussen weitere wirtschaftliche Gesichtspunkte das Maschinenkonzept erheblich. Die Zielsetzung der Reduzierung von Entwicklungs-, Fertigungs- und Wartungskosten hat Auswirkungen sowohl auf die mechanische Konstruktion als auch auf die steuerungstechnische Hard- und Softwarerealisierung. Hierbei ist die in den letzten Jahren deutlich veränderte Kostenstruktur z.B. bei der Entwicklung und der Serienfertigung von Maschinen zu beobachten. Die in **Bild 9** dargestellten Angaben beziehen sich auf Produkte mittlerer Stückzahlen. Die Entwicklungskosten der mechanischen Konstruktion haben deutlich an Gewicht verloren. Demgegenüber ist ein neuer Kostenfaktor für die Entwicklung von Software entstanden, der gleichzeitig auch den Dokumentationsaufwand erheblich anwachsen läßt. Dieser Kostenanteil ist häufig bereits größer als der der Elektrokonstruktion (Hardware und SPS-Software). Die Softwarekosten resultieren vor allem aus dem Aufwand für benutzerfreundliche Bedienoberflächen und für die komplexeren Verkettungsaufgaben. Hier ist künftig mit weiteren Kostensteigerungen zu rechnen.

Das zweite Blockdiagramm zeigt den Betreuungsaufwand für die Serie. Hierunter sind alle konstruktiven und entwicklungstechnischen Aufwendungen für Hard- und Software zu verstehen, die der Anpassung der Grundmaschine an spezielle Kundenwünsche dienen. Es zeigt sich, daß sich hier die Kosten für Anpassungen der mechanische Struktur durch betriebsinterne Standardisierung erfreulich verringert haben. Demgegenüber ist festzustellen, daß die Aufwendungen für Zusatzeinrichtungen z.B. Werkstück- und Werkzeughandhabung oder die Erweiterung von Maschinenfunktionen und die Elektro-Konstruktion um ca. 100% angewachsen sind.

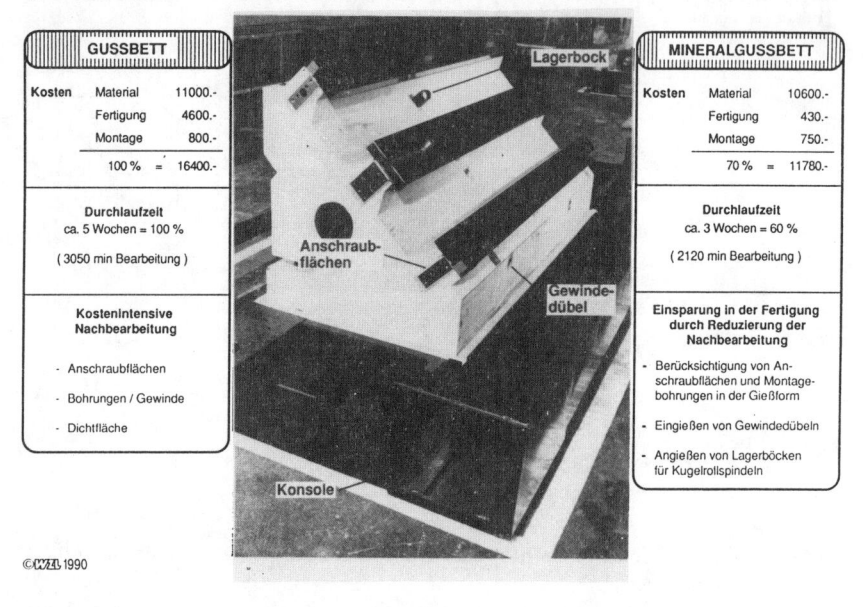

GUSSBETT			MINERALGUSSBETT	
Kosten	Material	11000.-	Kosten Material	10600.-
	Fertigung	4600.-	Fertigung	430.-
	Montage	800.-	Montage	750.-
	100 % =	16400.-	70 % =	11780.-
Durchlaufzeit			Durchlaufzeit	
ca. 5 Wochen = 100 %			ca. 3 Wochen = 60 %	
(3050 min Bearbeitung)			(2120 min Bearbeitung)	
Kostenintensive Nachbearbeitung			Einsparung in der Fertigung durch Reduzierung der Nachbearbeitung	
- Anschraubflächen			- Berücksichtigung von Anschraubflächen und Montagebohrungen in der Gießform	
- Bohrungen / Gewinde				
- Dichtfläche			- Eingießen von Gewindedübeln	
			- Angießen von Lagerböcken für Kugelrollspindeln	

© IWB 1990

Bild 10: Kosteneinsparung durch den Einsatz von Mineralguß

Diese Kostenstrukturen zeigen deutlich, daß alle Möglichkeiten der Kostenreduzierung in den Bereichen Konstruktion, Entwicklung, Fertigung, Montage und Service mehr als bisher auszunutzen sind. Hierzu sind beispielhaft einige Maßnahmen in Bild 9 aufgezeigt. Durch die Entwicklung von Maschinenbaureihen mit vergleichbarem Aufbau aber unterschiedlichen Arbeitsraumabmessungen und Antriebsleistungen u.a.m., lassen sich Entwicklungskosten einsparen. Eine weitere Möglichkeit der Kostenreduktion ergibt sich durch die strenge Verwendung von Baukastenelementen (Bild 9), mit denen es möglich ist, eine Grundmaschine an die verschiedenen Einsatzfälle anzupassen. Lagerhaltung und Losgrößen ermöglichen hierbei eine wirtschaftliche Fertigung. Allerdings zeigt die Erfahrung, daß hier Kompromisse nötig sind, da hochmodulare Lösungen häufig komplexer und damit teurer sind.

Ein Beispiel für eine Reduzierung von Herstellkosten und Durchlaufzeiten durch den Einsatz alternativer Werkstoffe ist in **Bild 10** anhand der Bettkonstruktion einer Drehmaschine aus Polymerbeton dargestellt. Es ist ersichtlich, daß die Betonausführung gegenüber der zuvor eingesetzten Gußvariante eine Kosteneinsparung von 30 % erbringt. Diese Einsparungen werden in erster Linie durch eine rationelle Fertigung des Betonkörpers bei äußerst geringer Nachbearbeitung erzielt. Bedingt durch die Möglichkeit metallische Funktionsflächen und Montagepunkte (Gewindedübel, Lagerböcke etc.) in die Gießform einzubinden und dort zu positionieren, wird das Maß an Nachbearbeitung auf ein Minimum beschränkt. Die geringe Nachbearbeitung führte zu einer Reduzierung der Durchlaufzeit für diese Baugruppe von ca. 40 %.

3. Fertigungssystem Werkzeugmaschine

Bei der Realisierung des Maschinenkonzeptes, also der konstruktiven Ausgestaltung von Funktionsträgern und Baugruppen, sind die Forderungen nach Produktivität und Wirtschaftlichkeit aber auch nach Funktionalität wie u. a. Arbeitsgenauigkeit zu erfüllen. Die zunehmende Technisierung und Komplexität moderner Fertigungseinheiten stellt zudem neue Anforderungen an die Konstruktion. Die Gestaltung der Schnittstelle Mensch-Maschine und damit die Ergonomie der Maschine sowie die zu realisierenden Sicherheitseinrichtungen sind neue Themenschwerpunkte in naher Zukunft.

3.1 Verbesserung der Produktivität und Wirtschaftlichkeit

Die Verbesserung der Produktivität kann nicht allein Zielsetzung bei der konstruktiven Gestaltung einer Werkzeugmaschine sein. Vielmehr sind hier die gefundenen Lösungen unter wirtschaftlichen Gesichtspunkten zu bewerten, um zu einem ausgewogenen Verhältnis von Investitions-, Betriebs- und Wartungskosten zur Produktivität zu gelangen. Der Wunsch nach höherer Produktivität wird natürlich durch die bemerkennswerten Entwicklungen auf dem Gebiet der Schneidstoffe (Vortrag 2.2) sowie durch die heute zur Verfügung stehenden technischen Möglichkeiten im Bereich der Antriebstechnik verstärkt. In Abhängigkeit von der zu realisierenden Fertigungsaufgabe konzentrieren sich daher die Bestrebungen auf eine Reduzierung der Haupt-, Neben- und Rüstzeiten (**Bild 11**). Im Anlagenverbund ist eine Parallelisierung der Transport und Rüstzeiten zu den Fertigungshaupt- und Nebenzeiten zwingende Vorraussetzung für ein rentables System. Durch leider noch nicht auf allen Gebieten ausgereifte Konzeptionen und Strategien der Überwachung und Diagnose versucht man technische und organisatorische Stillstandszeiten zu minimieren /6/.

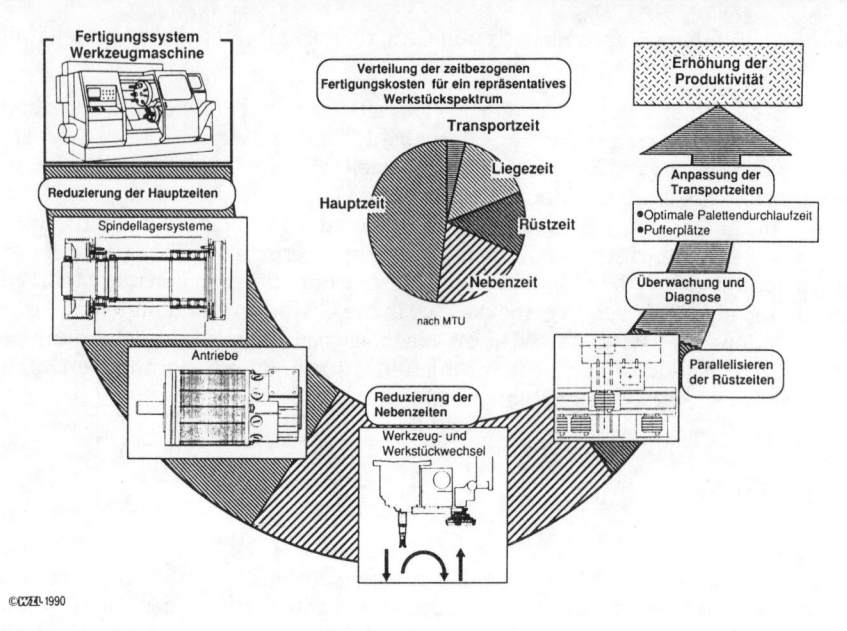

Bild 11: Verbesserung der Produktivität

Eine Reduzierung der Hauptzeiten zur Steigerung der Produktivität, d.h. ein Zuwachs an Zeitspanungsvolumen, wird durch die mögliche Erhöhung der Schnitt- und Vorschubgeschwindigkeiten erzielt. Insbesondere bei kleinen Hauptzeiten ist zu beachten, daß die Zunahme der Fertigungsnebenzeiten bedingt durch die Beschleunigungs- und Abbremsphasen nicht so groß wird, daß in der Summe keine oder nur eine vernachlässigbare Verbesserung erzielt wird. Hieraus ergeben sich bei der konstruktiven Auslegung von Maschinen Konsequenzen, die bestimmte Baugruppen wie z.B. Spindellagersysteme oder Vorschubeinheiten in den Vordergrund stellen.

Während die Antriebstechnik für die Hauptantriebe diesen Forderungen der Hochgeschwindigkeitsbearbeitung (HSC: high speed cutting) nach hoher Drehzahl, Drehsteifigkeit und Dynamik in der Regel gerecht wird, bestimmen in erster Linie die Drehzahlgrenzen der zur Verfügung stehenden Spindellagerkonzepte die maximal erreichbaren Drehzahlen. In Werkzeugmaschinen kommen als Spindellager Wälzlager, Gleitlager und in Sonderfällen auch Magnetlager zum Einsatz /7/. Die Funktionstüchtigkeit einer Lagerung läßt sich anhand der Merkmale

- Laufgenauigkeit
- Steifigkeit
- Drehzahlgrenze

- Reibung und Verschleiß
- Wartungsfreundlichkeit / -armut
- Lebensdauer

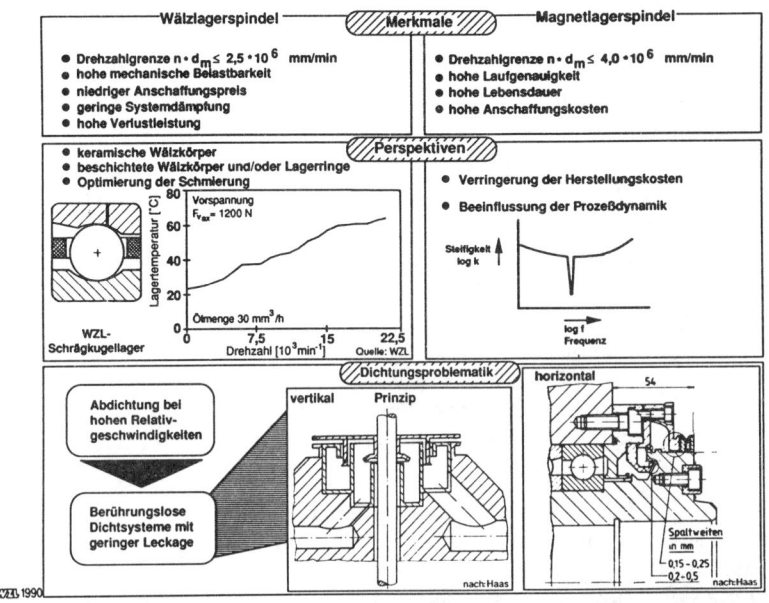

Bild 12: Spindellagersysteme für die Hochgeschwindigkeitsbearbeitung

beurteilen. In Hochgeschwindigkeitslagerungen ist die mechanische Belastbarkeit und die Höhe der Verlustleistung entscheidend für die Eignung des Lagerungskonzeptes. Die für den HSC-Betrieb geforderten hohen Schnittgeschwindigkeiten bedingen eine erhebliche Erhöhung (Faktor 2 bis 3) der Spindeldrehzahlen über den derzeitigen Stand der Technik. Hier sind Drehzahlkennwerte $n*d_m$ über $1,5 - 2,0*10^6$ mm/min erforderlich. Gleitlager sind diesen hohen Drehzahlanforderungen aufgrund ihrer großen hydrodynamischen Verluste nicht gewachsen.

Wälzlager arbeiten bei $n*d_m = 1,0*10^6$ mm/min bereits über ihrer nominellen Leistungsgrenze. Eine Steigerung der zulässigen Drehzahlen läßt sich nur durch tribologische Maßnahmen z.B. durch eine optimierte Schmierstoffversorgung oder Verwendung anderer Werkstoffe (Keramik) erreichen. Im Bereich der Schmiertechnologie wird vom WZL zusammen mit der Wälzlagerindustrie zur Zeit insbesondere die Fett- und die Öl-Luft-Minimalmengenschmierung für den Einsatz in Hochgeschwindigkeitsschrägkugellagern untersucht und weiterentwickelt /8/. Bei der konventionellen Öl-Luft-Schmierung erfolgt die Öl-Luft-Zuführung durch glattwandige Rohre. Das Öl wird dem Lager durch den Spalt zwischen Käfig und Lagerinnenring zugeführt. Die Luftturbulenzen um den rotierenden

Wälzlagerkäfig verhindern jedoch den Zutritt dieser geringen Ölmengen zu den Wälz- und Gleitkontaktstellen. Um das Öl bei diesem Schmierprinzip dennoch an die richtigen Stellen zu bringen, wurde vom WZL eine geeigneterte Ölzufuhrstelle gewählt. Hierzu wurde der Lageraußenring mit Ölzufuhrbohrungen versehen. **Bild 12** unten zeigt die Anordnung der Bohrung in der Schnittzeichnung. Das Öl wird durch die Bohrungen direkt neben der Wälzkontaktbahn in das Lager gebracht. Versuche mit derart modifizierten Lagern ergaben, daß die Lageraußenringtemperatur bei einem Drehzahlkennwert von $n^{*}d_{m} = 2{,}5 *10^{6}$ mm/min kaum 40°C über Raumtemperatur steigt /8/. Die Untersuchungen wurden mit Lagern der Baureihe 7020C durchgeführt (Bild 12, Diagramm). Langfristig ist mit Hilfe dieser Technik eine gesicherte Erhöhung der Drehzahlkennwerte für den Einsatz dieser Schrägkugellager zu erwarten.

Neben der schmierungstechnischen Optimierung existieren auch Bestrebungen, durch alternative Lagerwerkstoffe, wie z.B. Keramik, oder durch eine Hartstoffbeschichtung der Lagerkomponenten die tribologischen Eigenschaften der Wälzlager derart zu verbessern, daß eine Fettfüllung des Lagers als Lebensdauerschmierung ausreicht. Versuche mit Schrägkugellagern, deren Kugeln mit hartem und gleichzeitig reibungsarmem Wolframcarbid beschichtet waren, ergaben insbesondere hinsichtlich der Verschleißreduzierung sehr erfolgversprechende Ergebnisse.

Die Gründe, den Einsatzbereich konventioneller Wälzlagerungen weiter in Richtung höherer Drehzahlkennwerte auszubauen, sind letztenendes auch in den hohen Anschaffungskosten für magnetgelagerte Systeme zu sehen. Die heute zur Verfügung stehenden magnetgelagerten Spindellagerungen können bereits problemlos für die geforderten hohen Drehzahlen eingesetzt werden. Sie sind aber aufgrund ihrer hohen Anschaffungskosten für den Werkzeugmaschinenbau zumeist unattraktiv. Vorteile dieser Lagerungsart sind geringe Reibleistungen durch den relativ großen Luftspalt und die hohe Laufgenauigkeit. Durch eine gezielte Ansteuerung der Elektromagnete besteht die Möglichkeit der gezielten Unwuchtkompensation /9/. In Bild 10 ist zu erkennen, daß für bestimmte Anregungsfrequenzen die Lagersteifigkeit gezielt beeinflußt, hier reduziert werden kann. Diese systemspezifische Besonderheit kann sich z.B. dazu eignen, Ratterschwingungen beim Schleifen zu unterbinden.

Ein besonderes Problem bei HSC-Betrieb stellt die Abdichtung des Spindellagersystems dar. Die Dichtungen müssen zum einen die Lagerung vor Staub, Kühl- und Schneidflüssigkeiten schützen und zum anderen verhindern, daß Lagerschmierstoff aus dem Lagersystem austritt bzw. bei gefetteten Lagern austrocknet. Aufgrund der mit der Drehzahl stark ansteigenden Reibung können berührende Dichtungen nur bis zu Relativgeschwindigkeiten von etwa 30 m/s eingesetzt werden. In schnell drehenden Spindellagersystemen finden deshalb berührungslose Dichtungen Verwendung, deren enge, labyrinthartige Spalte wie eine Drossel wirken (Bild 12). Vollständige Dichtigkeit können sie deshalb prinzipbedingt nicht erreichen, so daß mit dem Eindringen von ggf. verschmutzter Luft, die zu Lagerschäden führt, gerechnet werden muß. Die Suche nach einem befriedigenden Kompromiß zwischen vertretbarem Bauraum der Dichtung und guter

Dichtwirkung in allen Arbeitspunkten bei sowohl vertikaler als auch horizontaler Spindellage ist derzeit Gegenstand der Forschungsarbeiten /10/.

Die Hochgeschwindigkeitsbearbeitung wirft, bedingt durch die hohe Energie der bewegten Bauteile an der Antriebsspindel sowie durch hohe Vorschubgeschwindigkeiten, erhöhte Sicherheitsprobleme sowohl für den Bediener als auch für die Maschine auf /11/. Diese Tatsache macht den Einbau bzw. die Anbringung von umfangreichen Schutzmaßnahmen unumgänglich.

Für die Maschine ist es in erster Linie von Bedeutung, die Ursachen für eine Kollision durch die Vorschubbewegungen auszuschließen und die Auswirkungen von Kollisionen zu minimieren. Die Ursachen sind zumeist Bedien- oder Programmfehler. Programmierfehler können bereits im Vorfeld durch Kinematiksimulationen in der Programmierabteilung oder an der Maschine weitestgehend erkannt und eliminiert werden. An geeigneten Methoden in Form von Online-Überwachung der Bewegungsräume durch geeignete Sensorsysteme wird z.Z. noch gearbeitet. Kollisionen sind jedoch nicht vollständig auszuschließen. Eine Minimierung der Folgen muß dann durch Sicherheitskupplungen oder aber durch gezielt eingesetzte Sollbruchstellen im Vorschubenergiestrang minimiert werden.

In jedem Fall bringen die schnelldrehenden Hauptspindeln Gefahren mit sich. Diese Gefahren, insbesondere für den Bediener, resultieren aus dem Bruch von Funktionselementen z.B. der Spannmittel oder des Werkzeuges durch die hohen Flieh- oder Bearbeitungskräfte /12/. Daher ist es von Interesse, die Auswirkungen hoher Drehzahlen auf die Funktionsfähigkeit der Koppelstellen zwischen Maschine und Werkzeug bzw. Werkstück abzuschätzen. Für einen Steilkegel SK 40 wurde mit der Finite-Elemente-Methode die Aufweitung der Kegelaufnahme bei einer Drehzahl von 28000 1/min berechnet (**Bild 13**) /12/. Die hierbei festgestellten Geometrieänderungen verschlechtern den Kegelsitz und führen zum axialen Verschieben des Werkzeugschaftes in die Spindel hinein. Bei der Bearbeitung bedeutet die Kegelaufweitung, daß der Werkzeugschaft durch die Prozeßkräfte nicht mehr zentrisch geführt ist. Im Extremfall kann dieser Sachverhalt das Lösen des Werkzeuges zur Folge haben. Vergleichbare Auswirkungen sind auch bei den Werkstückspannsystemen von Drehmaschinen zu erwarten.

Daher ist es erforderlich die Spannkraft auch im Bereich hoher Drehzahlen zu garantieren. In Bild 13 ist eine konstruktive Ausführung eines Werkzeugspanners dargestellt. Durch den Einsatz eines zusätzlichen Keilgetriebes konnte die umsetzbare Spannkraft gegenüber anderen Systemen mit normalen Federspannern um den Faktor 3 - 3,5 angehoben werden. Neben einer Erhöhung der Spannkräfte, bei Drehmaschinenfuttern durch die Umsetzung der Fliehkräfte in zusätzliche Spannkräfte realisiert, ist darauf zu achten, daß im Falle des Versagens lediglich der zu spannende Körper freigesetzt wird. Dieser Forderung kann mit dem in Bild 13 dargestellten Keilhacken-Hohlspannfutter Rechnung getragen werden. Hier werden zur Vermeidung der Freisetzung von Backeneinheiten diese Funktionselemente formschlüssig verriegelt. Die Nutzung von Hartstoffen bei Schleifscheiben (CBN u.a.) führten dazu, daß die Schleifscheibendrehzahlen erheblich gesteigert werden können. Die Gefahr des Werkzeugberstens ist hier ein hochaktuelles

Thema.

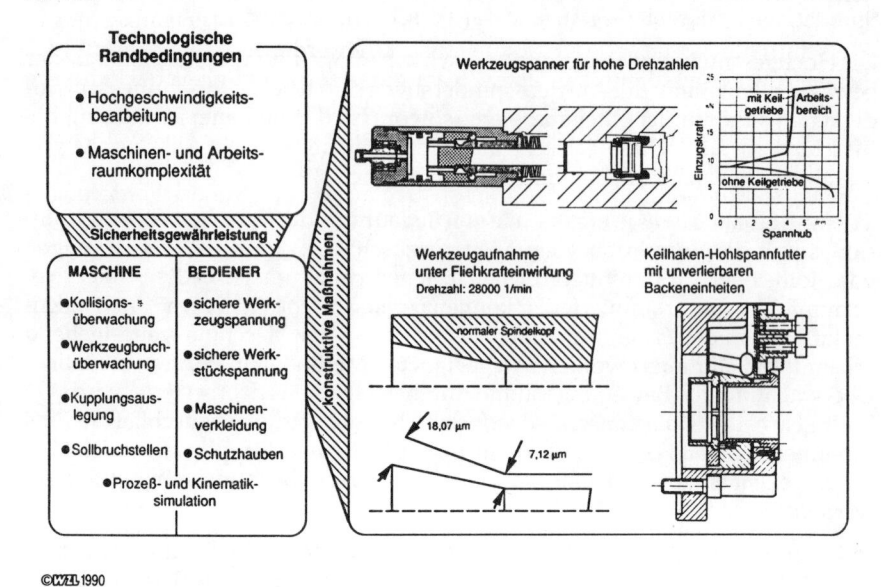

Bild 13: Sicherheitsaspekte bei hohen Drehzahlen

So müssen, neben einer Analyse der Gefahrenursachen und der Entwicklung neuer Spanner wegen der zu erwartenden Folgen bei einem Spannmittelversagen oder Werkzeugbruch, Schutzsysteme und Schutzeinrichtungen vorgesehen werden. Hierbei umfaßt der Begriff Schutzsysteme alle aktiven Einrichtungen (z.B autom. Schließeinrichtungen etc.) während Schutzeinrichtungen passive Aufgaben im Sinne des Fernhaltens oder Trennens, d.h. Schutzfunktion ohne eigenständige Schutzreaktion, erfüllen. Die zuvor angesprochene Energie der freigesetzten Fragmente erfordert eine wirkungsvolle, energieabsorbierende Verkleidung des Arbeitsraumes. Umfangreiche Untersuchungen haben gezeigt, daß die derzeit eingesetzten Blechkonstruktionen diesen Funktionen nicht immer gerecht werden. Aus diesem Grunde sind mechanisch nachgiebigere mehrwandige Strukturen anzustreben, die aufgrund des längeren Verformungsweges eine höhere Energieaufnahme ermöglichen /11/. Bei einer Sandwichbauweise sollte eine hochsteife Verbindung der einzelnen Schichten vermieden werden. Profilierungen, Verrippungen und Zwischenstrukturen der Verkleidungen oder Schutzhauben sollten so ausgeführt sein, daß sie bei Stoßbelastungen noch ausreichend nachgiebig sind.

Während gesteigerte Schnittgeschwindigkeiten zu einer Senkung der Hauptzeit führen, reduzieren gesteigerte Eilganggeschwindigkeiten die Nebenzeiten. Um die hohen Beschleunigungen der Vorschubachsen realisieren zu können, sollten die Trägheitsmomente der bewegten Maschinenteile so klein wie möglich ausfallen. Ein Weg, den Leichtbau zu realisieren, besteht im Einsatz von Glas- und Kohlefaserverbundwerkstoffen. In **Bild 14** ist der Schlitten einer Hochgeschwindigkeits-Zahnprofilschleifmaschine dargestellt, bei der die hohe Zerspanleistung im Tiefschliff durch eine hohe Hubfrequenz erreicht werden kann. Um die erforderlichen Antriebsmomente zur Überwindung der Massenträgheit bei einer Frequenz von 2,5 Hz und einem Hub von 200 mm zu minimieren, wurde der Schlitten aus Kohlefaserverbundwerkstoff hergestellt. Somit konnte die Masse des Schlittens mit eingespanntem Werkrad von 120 kg bei Stahl- bzw. Aluminium-Ausführung auf 60 kg reduziert werden. Dieser Vergleich basiert auf der Forderung an der Zerspanstelle gleiche Struktursteifigkeit von 400 N/µm zu realisieren /13/.

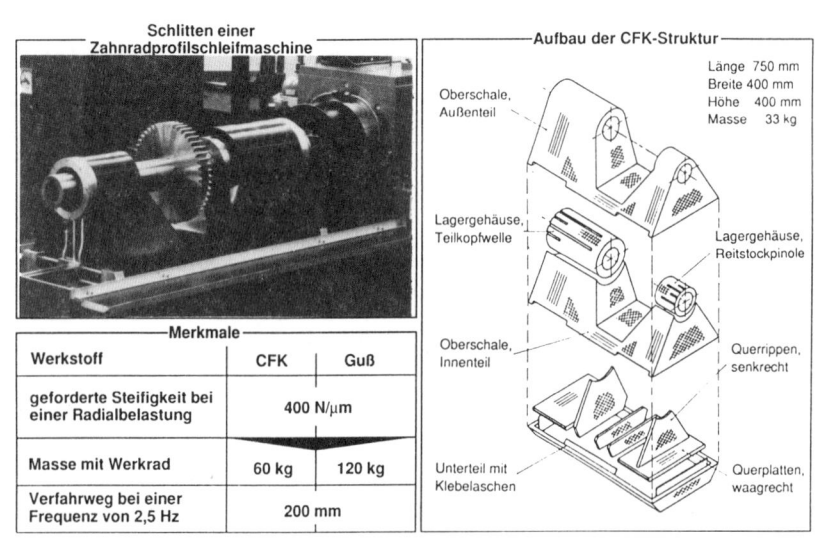

Merkmale		
Werkstoff	CFK	Guß
geforderte Steifigkeit bei einer Radialbelastung	400 N/µm	
Masse mit Werkrad	60 kg	120 kg
Verfahrweg bei einer Frequenz von 2,5 Hz	200 mm	

Bild 14: CFK-Schlitten einer Zahnradprofilschleifmaschine

Eine weitere Möglichkeit der Erhöhung der Produktivität des Systems Werkzeugmaschine durch Reduzierung der Fertigungszeiten besteht in der Reduzierung der Werkzeugwechselzeiten d.h. der Nebenzeiten. Die hierzu erforderlichen Gestaltungsfreiheiten werden in entscheidendem Maße von den konstruktiven Merkmalen, wie Achsanordnung, Lage und Anzahl der Arbeitsspindeln, Achsverteilung und von Rüststrategien, bestimmt bzw. eingeengt. Hierdurch werden mögliche Beschickungsstrategien, Magazin- und Greiferbauformen sowie Anbringungsorte vorbestimmt. Der Trend derzeitiger Entwicklungen zeigt, daß minimale Wechselzeiten im Bereich kleiner und mittlerer Maschinengrößen (z.B. Fräsmaschinen) nur durch das Prinzip "pro neuem und altem Werkzeug ein Greifer" realisiert werden kann. Hier verbleibt der Greifer sowohl an der Wechsel- als auch Bearbeitungsstelle positioniert. Je nach Magazinanbringung muß möglicherweise auf ein hauptzeitparalleles Rüsten verzichtet werden. In **Bild 15** sind zwei Ausführungsformen schneller Wechsler dargestellt. Bei der oberen Ausführung sind die Werkzeuge bzw. das Magazin um die Arbeitsspindel herum angebracht, wobei jedes Werkzeug seinen eigenen Greifer hat. Bei der zweiten Ausführung befindet sich das Werkzeugmagazin im Spindelkasten. Der Doppelarmgreifer ist lediglich mit der einen Hand an der im Einsatz befindlichen und mit der anderen Hand an dem nächsten einzusetzenden Werkzeug positioniert. Der Wechsel kann genauso schnell wie bei der oberen Ausführung durchgeführt werden. Bei schnell hintereinander folgenden Werkzeugwechseln wird jedoch die Wechselzeit von der Positionierzeit der Werkzeuge im Magazin beeinflußt.

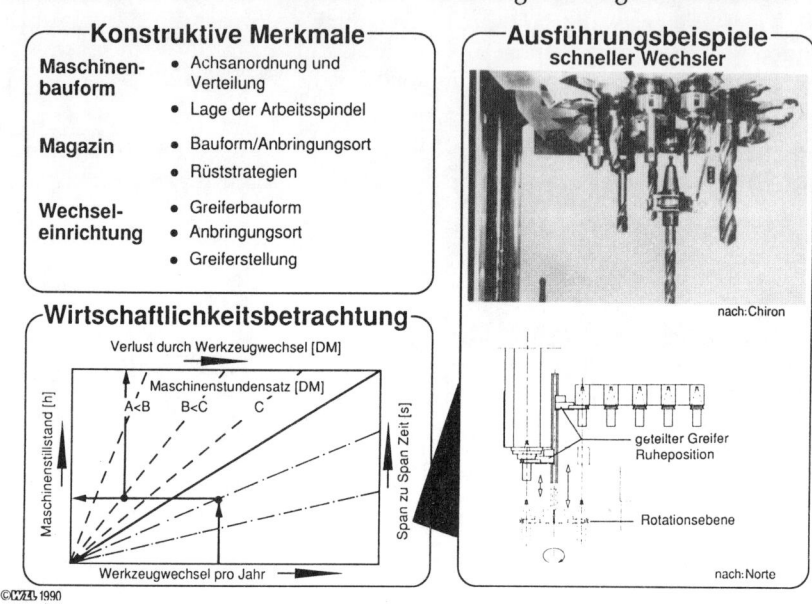

Bild 15: Schnelle Wechsler

Im Fall von Großwerkzeugmaschinen steht die unmittelbare Werkzeugwechselzeit in einem anderen Verhältnis zur Anfahrzeit von einer beliebigen Bearbeitungsposition zu der Wechselposition. Hier ist eine maximale Zeiteinsparung nicht in erster Linie durch die Reduzierung der Wechselzeiten sondern durch die Minimierung der Span zu Span Zeit zu erzielen. Dies hat zu neuen Konzepten geführt. Der Grundgedanke besteht darin, der Maschine das erforderliche Werkzeug durch ein schnelles Handhabungsgerät anzubieten.

Der Zusammenhang zwischen Wechselzeit und Kosteneinsparung ist natürlich von der Wechselhäufigkeit und den zugrunde gelegten Maschinenstundensätzen abhängig (Bild 15). Aus dem Diagramm geht hervor, daß eine geringfügige Reduzierung der Wechselzeit nur zu einer minimalen Kosteneinsparung führen wird. Es ist die Frage zu stellen, ob eine Minimierung der Maschinenstundensätze dann nicht einen größeren Effekt auf der Kostenseite bewirkt.

3.2 Erhöhte Genauigkeitsforderungen

Die Arbeitsgenauigkeit ist neben der zuvor diskutierten Produktivität ein Hauptbewertungskriterium einer Maschine. Diese Charakteristik wird in besonderem Maße durch das spezifische Maschinenverhalten, gekennzeichnet durch geometrische, statische, dynamische und thermische Eigenschaften, geprägt. Letztere führt oftmals zu einem Zielkonflikt zwischen Arbeitsgenauigkeit und Produktivität, da die Installation höherer Antriebsleistungen zur Realisierung höherer Zerspanleistungen zwangsläufig zu einer Vergrößerung der die Maschine belastenden Verlustleistungen führt. Dies führt zwangsläufig zu thermoelastischen Verformungen der Gestellbauteile und damit zu Ungenauigkeiten.

Neben den Maschineneigenschaften müssen natürlich auch Einflüsse der Umgebung (Raumtemperatur) und aus dem Prozeß (Verschleiß, Kräfte) berücksichtigt werden (Bild 16). Diese im wesentlichen bekannte Gesamtheit an Einflußgrößen gewinnt insofern erneut an Bedeutung, als daß die Forderungen an die erzielbare Arbeitsgenauigkeit durch neue Richtlinien von Seiten der Automobilindustrie unverhältnismäßig stark verschärft wurden /14/.

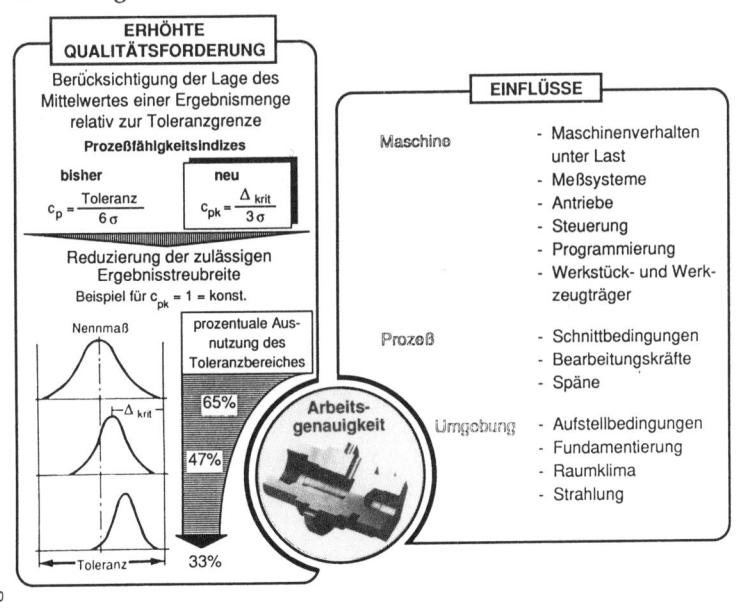

Bild 16: Arbeitsgenauigkeit - Forderungen und Einflüsse

Als Maß für die Arbeitsgenauigkeit wird die statistisch bewertete Arbeitsstreubreite herangezogen. Hierbei wird ein Vielfaches der Standardabweichung σ einer Ergebnismenge mit der geforderten Werkstücktoleranz in Beziehung gesetzt. Es ist jedoch lediglich die Größe des Toleranzfensters von Bedeutung (cp-Wert)

/15/. In den neu definierten Anforderungsprofilen wird darüber hinaus die Lage der Ergebnismenge (Mittelwert: $\triangle$krit) relativ zu den Toleranzgrenzen berücksichtigt (cpk-Wert). Dies bedeutet, daß bei vorgegebenem cpk-Wert mit zunehmender Drift des Mittelwertes aus der Toleranzmitte heraus der ausnutzbare Toleranzbereich stark eingeschränkt wird. Die Anforderungen an die Maschinengenauigkeit werden hierdurch enorm verschärft.

Es ist stark zu bezweifeln, ob diese recht einseitigen Forderungen sinnvoll und überhaupt in der Praxis realisierbar sind. Die Maschinen werden durch Temperaturregelungen und automatische Kompensationsmaßnahmen wesentlich teurer. Andererseits müssen konsequenter Weise klimatisierte Maschinenhallen gefordert werden, da sonst diese engen Toleranzfelder nicht realisiert werden können. Dieses Thema bedarf noch einer intensiven Diskussion zwischen Maschinenanwendern und -herstellern um sinnvolle, machbare und bezahlbare Lösungen zu formulieren.

Für die Realisierung dieser hohen Forderungen in zukünftigen Maschinenkonzepten sind thermisch stabile Werkstoffe bei der Konstruktion zu berücksichtigen, aber auch alle steuerungs- und meßtechnischen Möglichkeiten auszuschöpfen. Werstoffe mit günstigen thermoelastischen Eigenschaften sind Polymerbeton, Faserverbundwerkstoffe und Keramik (**Bild 17**).

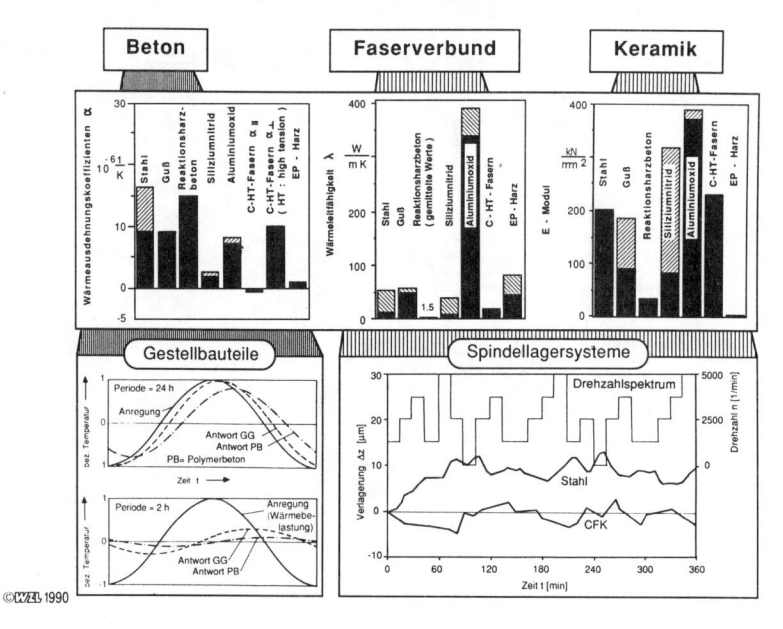

Bild 17: Einsatz alternativer Werkstoffe

Reaktionsharzbeton wird ausschließlich für Gestell- und Gehäusebauteile bei kleinen und mittleren Maschinen eingesetzt. Hinsichtlich der Genauigkeit wirkt sich seine hohe spezifische Wärmekapazität und seine geringe Wärmeleitfähigkeit positiv auf das zeitliche Verformungsverhalten aus. Bedingt durch die höhere thermische Trägheit stellen sich bei gleichen Belastungsschwankungen geringere Verformungsamplituden ein /16/. Eine Verbesserung des statischen und dynamischen Verhaltens durch die Verwendung von Beton ist allerdings nach wie vor umstritten, wie rückblickend auf eine große Zahl von Maschinenuntersuchungen festgestellt werden kann. Die Materialdämpfung ist zweifellos wesentlich höher als bei metallischen Werkstoffen. Diese kann sich jedoch nur bei entsprechenden dynamischen Verformungen (Eigenschwingungsformen) der Gestellbauteile auswirken. Bei kleinen Maschinen sind diese Schwingungen von untergeordneter Bedeutung. Zum anderen ist ein Vergleich von Maschinenkonstruktionen in Gußbauweise mit denen unter Verwendung von Reaktionsharzbeton oft problematisch, da die konstruktiven Realisierungen (Abmessungen, Gestalt) erheblich voneinander abweichen.

Faserverbundwerkstoffe und Keramik werden unter dem Aspekt Genauigkeit bisher nur bei Spindelkonstruktionen zur Reduzierung der axialen Spindelausdehnung eingesetzt. In Bild 17 wird deutlich, daß eine Reduzierung der z-Ausdehnung von ca. 60% gegenüber Stahl erreicht werden konnte. In **Bild 18** ist eine CFK-Spindel exemplarisch dargestellt. Es ist zu erkennen, daß der Werkstoff aus fertigungstechnischen Gründen eine einfache Formgebung erfordert. Die weiteren zur Krafteinleitung erforderlichen Funktionselemente aus Stahl werden in einer kombinierten Schrumpf-Klebeverbindung integriert. Die angegebenen Eigenschaften zeigen, daß diese Spindel durch ein sehr niedriges Gewicht, eine geringe thermische Dehnung und eine hohe Eigenfrequenz gekennzeichnet ist.

Beanspruchungen	
Drehmoment	500 Nm
Drehzahl	5000 min^{-1}
Schnittkräfte	10000 N

Auslegungsziele
• geringe Masse
• niedriges Trägheitsmoment
• minimale thermische Dehnung
• hohe dynamische Steifigkeit

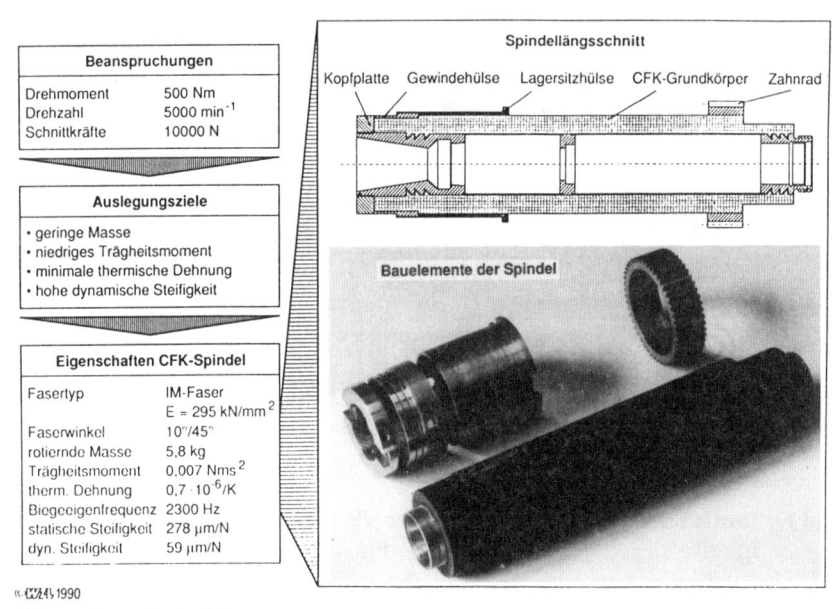

Eigenschaften CFK-Spindel	
Fasertyp	IM-Faser
	$E = 295$ kN/mm^2
Faserwinkel	10°/45°
rotierende Masse	5,8 kg
Trägheitsmoment	0,007 Nms^2
therm. Dehnung	$0,7 \cdot 10^{-6}$/K
Biegeeigenfrequenz	2300 Hz
statische Steifigkeit	278 µm/N
dyn. Steifigkeit	59 µm/N

Bild 18: CFK-Spindel

Auch der Einsatz von Keramik hat sich in der industriellen Praxis noch nicht etabliert. Dies ist auf die hohen Materialkosten in Verbindung mit der schwierigen und kostenintensiven Bearbeitung dieses Materials zurückzuführen. Einige konstruktive Ausführungen haben allerdings gezeigt, daß auch mit diesem Material eine deutliche Verringerung des Spindelwachstums erzielt werden kann /17/.

Über den Einsatz neuer Werkstoffe hinaus müssen natürlich weitere konstruktive Optimierungsmaßnahmen ergriffen werden, um die Arbeitsgenauigkeit zu verbessern. Hier ist eine optimale Massenverteilung zur Verbesserung des dynamischen Verhaltens, Kühlung und Temperierung oder die Verbesserung von Fügestellen und Führungselementen hinsichtlich ihres geometrischen, statischen und dynamischen Verhaltens anzuführen, um nur einige Beispiele zu nennen. Diese Gesichtspunkte sind klassische Problemstellungen der konstruktiven Praxis und sollen daher nicht näher beleuchtet werden.

Im Zusammenhang mit dem automatischen Werkzeugwechsel entstehen höhere Anforderungen an die Genauigkeit der Schnittstelle Maschine/Werkzeug. Höchste Lage- und Wiederholgenauigkeiten sind vielfach mit bestehenden Werkzeugschnittstellen (z.B. Steilkegel) nicht zu erreichen. Neben den angesprochenen Lagegenauigkeiten sind die statischen und dynamischen Eigenschaften, sowie die Anfälligkeit hinsichtlich Beschädigung, Verschleiß und Verschmutzung genauigkeitsbestimmend.

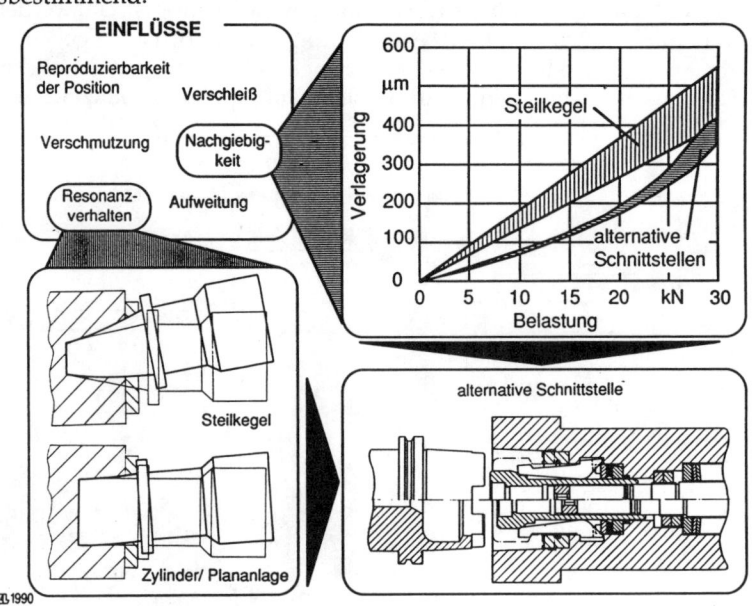

Bild 19: Einfluß der Schnittstelle Maschine/Werkzeug auf die Arbeitsgenauigkeit

Durch Prüfstandsversuche und Praxistests konnte der Nachweis erbracht werden, daß mit neuen Schnittstellenlösungen nicht nur die Wiederhol- und Wechselgenauigkeit gesteigert, sondern auch das Genauigkeitsverhalten unter Last verbessert werden kann (**Bild 19**). Insbesondere wurde deutlich, daß der Standardsteilkegel sowohl im Falle des statischen Nachgiebigkeitsverhaltens, als auch in seinem dynamischen Verhalten (Amplitudenverhalten) den auf dem Markt befindlichen alternativen Schnittstellenlösungen unterlegen ist. Hierbei wurde das Steilkegelverhalten für Einzugskräfte von 5-40 kN betrachtet /18/. Insgesamt konnte festgestellt werden, daß keines der unterschiedlichen alternativen Systeme alle Anforderungen (statisches-, dynamisches Verhalten, Genauigkeit) über verschiedene Größenstufungen hinweg erfüllt.

Diese Situation und der Wunsch der Anwender und Maschinenhersteller führten zu der Bestrebung eine vereinheitlichte Schnittstelle zu entwickeln. Hierzu wurde ein Arbeitskreis ins Leben gerufen, dem Vertreter der Werkzeughersteller, der Werkzeugmaschinenindustrie und der Anwender (z.B. Automobilhersteller) angehören. In dem heute bereits fortgeschrittenen Stadium dieser Bemühungen werden zwei Lösungen diskutiert. Zum einen handelt es sich um die dargestellte Variante: Kurzkegel und Plananlage. Zum anderen ist ein Doppelzylinder mit Plananlage vorgesehen. In beiden Fällen handelt es sich um Hohlschaftlösungen, wobei die axiale Genauigkeit und die Steifigkeit über die Plananlage in Verbindung mit hohen axialen Spannkräften erreicht wird. Hinsichtlich der radialen Genauigkeit bei hohen Drehzahlen ist dem Kurzkegel der Vorzug zu geben.

Neben den zuvor angesprochenen konstruktiven Maßnahmen bietet die Leistungsfähigkeit heutiger CNC-Steuerungen in Verbindung mit der Meßtechnik die Möglichkeit, durch steuerungstechnische Kompensationsverfahren die Arbeitsgenauigkeit zu verbessern. Diese müssen dann angewendet werden, wenn die physikalischen Grenzen bereits erreicht, d.h. die konstruktiven Möglichkeiten voll ausgeschöpft sind. Sie können zur Verbesserung des geometrischen und thermischen Maschinenverhaltens oder zur Reduzierung des Schleppfehlers eingesetzt werden.

Die prinzipielle Vorgehensweise bei der steuerungstechnischen Kompensation ist unabhängig von der zu kompensierenden Größe gleich. Aus dem meßtechnisch ermittelten Systemverhalten wird ein geeignetes Prozeßmodell abgeleitet, das in die Steuerung implementiert wird, um dann Einfluß auf die Fehlerwirkung zu nehmen. Die Leistungsfähigkeit derartiger Maßnahmen sei hier an zwei Beispielen demonstriert (**Bild 20**).

In Verbindung mit den zuvor angesprochenen höheren Vorschubgeschwindigkeiten ist es insbesondere wichtig, den von einem proportionalen Lageregler verursachten Schleppfehler zu reduzieren. Zu diesem Zweck wurde ein inverses Kompensationsfilter (IKF) bestehend aus einer Beschreibung des inversen Systemverhaltens (G^{-1}) und einem Tiefpaßfilter 2-ter Ordnung aufgebaut /19/. Das IKF arbeitet nach dem Prinzip der Vorsteuerung, d.h. man beeinflußt den Übertragungsfehler des Lageregelkreises durch geeignete Führungsgrößenverzerrung so, daß für das gesamte System ein nahezu verzerrungsfreies 1:1-Übertragungsverhalten resultiert. Dies setzt voraus, daß das dynamische Verhalten der Maschinenachse bzw. des Antriebssystems mathematisch beschrieben werden kann. Die Modellbildung erfolgt automatisch kurz vor dem Bearbeitungsvorgang über eine experimentelle Prozeßidentifikation an der Maschine. Sie führt zu genaueren Modellen der realen Maschinendynamik als dies mit analytischen Verfahren der Fall ist.

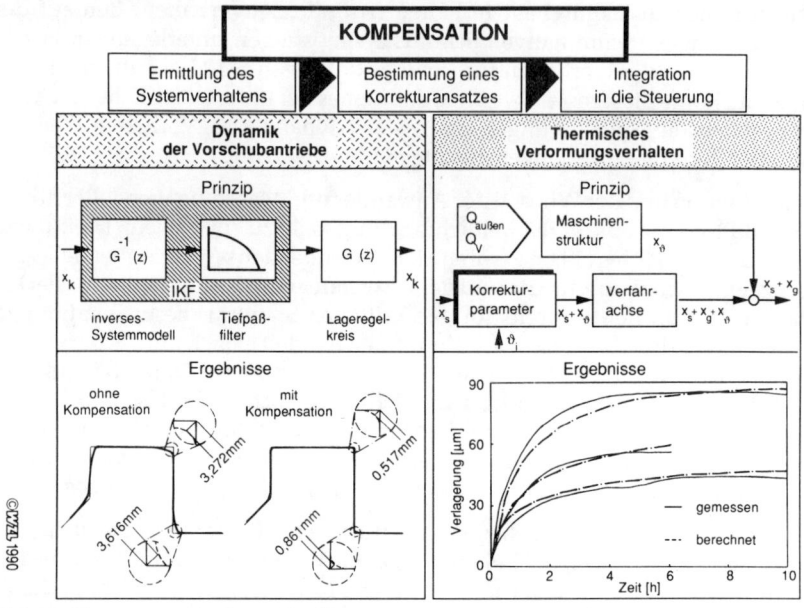

Bild 20: Kompensationsmaßnahmen

Der Analysevorgang dauert nur wenige Sekunden. Hierzu wird die Antriebseinheit in der Regel mit einem Rauschsignal beaufschlagt und die auftretende System antwort gemessen. Mit Hilfe eines Least-Square Verfahrens können dann die Parameter des Modells ermittelt werden. Die Leistungsfähigkeit dieser Kompensation wird anhand der dargestellten Bahnkurvenfehler mit und ohne Korrektur deutlich. Für die in diesem Fall vorgegebenen Randbedingungen (k_v=1,v=5m/min) konnte eine Verringerung des Fehlers um ca. 80 % erreicht werden.

In ähnlicher Weise können die Auswirkungen thermoelastischer Verformungen minimiert werden. Ausgehend von einer meßtechnischen Untersuchung des thermischen Last-Verformungsverhaltens in unterschiedlichen Betriebszuständen kann hier ebenfalls ein geeignetes Systemmodell erstellt werden, das den Zusammenhang zwischen punktuell gemessenen Temperaturen und den entstehenden Relativbewegungen an der Zerspanstelle aufzeigt. Die hier dargestellten Ergebnisse einer Kompensation der axialen Spindelausdehnung zeigen, daß Verbesserungen im Bereich von 70 - 80 % möglich sind.

Ein weiterer, die Genauigkeit beeinflussender Faktor, stellt das dynamische Verhalten des Systems Maschine-Werkzeug-Werkstück dar. Die zuvor beschriebenen Kompensationsverfahren beeinflussen Online die Auswirkungen eines Systemverhaltens. Um die Genauigkeitsanforderungen vor dem Hintergrund des dynamischen Systemverhaltens zu erfüllen, bietet sich im Vorfeld der Bearbeitung, d.h. in der Phase der NC-Satz-Generierung, eine Simulation des Prozeßverhaltens an. Daraus lassen sich dann für den Bearbeitungsprozeß die geeigneten Prozeßparameter (Schnittgeschwindigkeit, Vorschub, Eingriffsbögen, usw.) ermitteln.

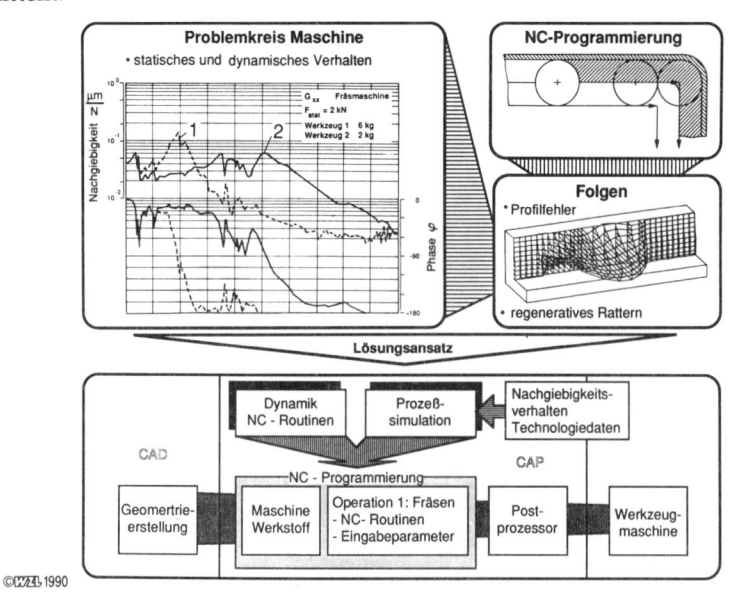

Bild 21: Berücksichtigung des dynamischen Maschinenverhaltens bei der NC-Programmierung

Das dynamische und statische Maschinenverhalten führt in Abhängigkeit von den gewählten Prozeßparametern zu einer Beeinträchtigung der Oberflächengüte bzw. der Maßhaltigkeit. Hierbei ist neben der Maschinencharakteristik insbesondere beim Schaftfräsen das Werkzeugverhalten bestimmend, wie die dargestellten Nachgiebigkeitsfrequenzgänge für zwei Werkzeuge unterschiedlicher Masse und Schlankheitsgrade zeigen (**Bild 21**). Um die technologischen Daten wie Schnittiefe, Eingriffsbreite, Vorschübe und Drehzahlen bezüglich Fertigungsgenauigkeit und dynamischem Stabilitätsverhalten optimal auf den Prozeß abzustimmen, wird daher für den Fräsprozeß eine Dynamikprozeßsimulation in ein CAP-System integriert. Hierbei werden die unterschiedlichen Werkzeugeinflüsse und die technologischen Randbedingungen berücksichtigt.

3.3 Schnittstelle Mensch - Maschine

Im Rahmen der zuvor diskutierten Gestaltung von Maschinenkonzepten wurde bereits angedeutet, daß neben technischen und ökonomischen Gesichtspunkten die Ergonomie eine nicht zu vernachlässigende Größe ist. Erweitert man diese Betrachtungsweise und analysiert die Schnittstelle zwischen Bediener und Fertigungssystem, so sind im wesentlichen drei Aspekte von Bedeutung:

- Ergonomische Gestaltung von Maschinenkonzepten
- Gewährleistung eines maximalen Bedienerschutzes
- Optimale Nutzung der jeweiligen Qualifikation des Bedieners

Die sicherheitstechnischen Maßnahmen wurden bereits in Kapitel 3.1 angesprochen, da insbesondere durch die Steigerung der Drehzahlen und der Komplexität von Anlagen und Maschinen neue Überlegungen auf diesem Gebiet angestellt werden müssen.

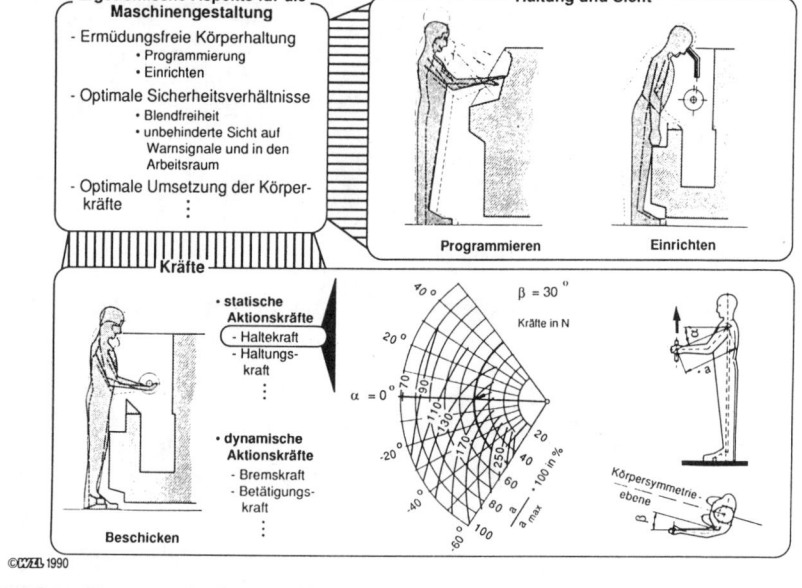

Bild 22: Ergonomische Maschinengestaltung (nach: DIN 33411, Traub)

Die ergonomische Auslegung von Fertigungssystemen umfaßt den gesamten Bereich der körpergerechten Dimensionierung (**Bild 22**). Dies bezieht sich auf die einzunehmende Körperhaltung bei der Bedienung der Maschine. Hier ist gemessen an der Häufigkeit der Tätigkeiten eine ermüdungsfreie Körperhaltung vorzusehen, nicht zuletzt um die Konzentration des Bedieners für die Überwachung des Prozesses und die sichere Bedienung des Fertigungssystems zu erhalten.

Die in DIN 33411 dargestellten Zusammenhänge zwischen Körperhaltung, Wirkrichtung und realisierbarer Körperkraft für statische und dynamische Aktionskräfte bieten hinreichende Aussagen für die ergonomische Gestaltung von Werkzeugmaschinen.

Ein weiterer Problemschwerpunkt besteht in der bedienerfreundlichen Handhabung und Überwachung der komplexen und optisch meist nicht mehr kontrollierbaren Maschinenfunktionen. Sie erfordern einen hohen Ausbildungsgrad für die Programmierung und Bedienung vor Ort /20/.

Vor diesem Hintergrund wurde im Rahmen eines umfangreichen BMFT-Projektes eine Software (WOP:Werkstatt orientierte Programmierung) entwickelt, die für die Fertigungsverfahren Drehen, Fräsen, Bohren, Schleifen und Stanzen eine weitestgehend einheitliche Form der Bedieneroberfläche gewährleistet. Die Bedienerfreundlichkeit wird durch eine graphische Bedieneroberfläche realisiert (**Bild 23**). Hier können ohne Kenntnisse des NC-Codes mittels selbsterklärender Symbole und Klartext-Begriffen NC-Programme generiert werden. Im Sinne der Durchgängigkeit wird diese Software auch in der AV eingesetzt.

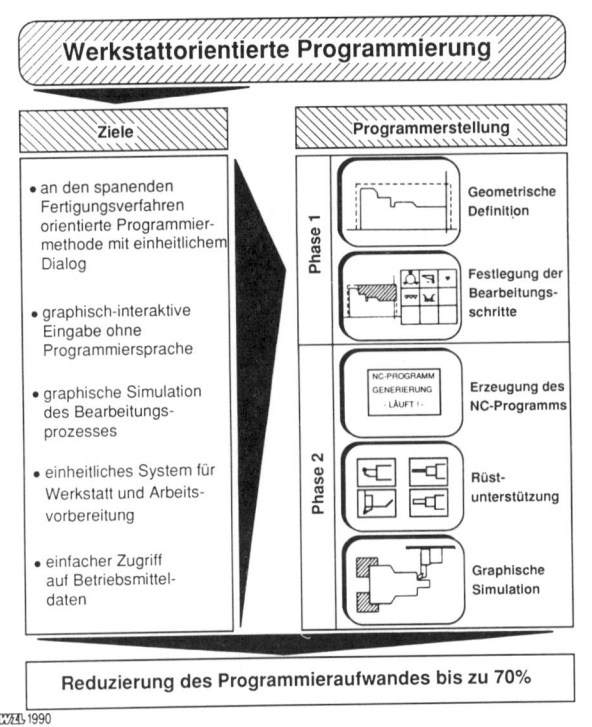

Bild 23: Werkstattorientierte Programmierung (WOP)

Neben der leichteren Bedienung von Maschinensteuerungen, die sich auch in der angegebenen Zeiteinsparung niederschlägt, unterstützt diese Philosophie die optimale Nutzung des Facharbeiterwissens ohne ihn zu überfordern. Dieser Effekt schlägt sich auch in einer erhöhten Motivation nieder.

Lag die Problematik bislang im Bereich der NC-Programmierung bedingt durch den hohen Abstraktionsgrad der Programme und damit schweren Veständlichkeit für den Bediener, so liegt heute die Problematik in der Überwachung des ablaufenden Fertigungsprozesses, der sich zunehmend der Kontrolle des Maschinenbedieners entzieht. Dies ist zum einen durch die Bauform NC-gesteuerter Maschinen bedingt. Zum anderen werden von den Berufsgenossenschaften aufgrund sicherheitstechnischer Aspekte in den meisten Fällen Vollkapselungen verlangt, so daß der Bediener keinen oder nur einen unzureichenden Sinneskontakt zum Bearbeitungsprozeß hat. Man versucht daher alle möglichen Informationen über das Terminal sichtbar zu machen. Eine direkte Kontrolle des Prozesses ist in den meisten Fällen nicht mehr gegeben, sieht man von der Anzeige der Drehzahl, der Leistung oder des in Bearbeitung befindlichen NC-Datensatzes einmal ab. In einigen Fällen wird eine Online Kinematiksimulation angewandt. Diese beschränkt sich natürlich auf die Darstellung der im Programm festgeschriebenen Bewegungsfolgen.

Allgemein kann festgestellt werden, daß der Bediener den Bezug zum ablaufenden Prozeß und damit auch die Erfahrung im Umgang mit der Maschine verliert (**Bild 24**). Das aktive Handeln des Bedieners ist derzeit auf das Einrichten, das Spannen der Werkstücke und das Rüsten der Werkzeuge beschränkt. Alle anderen Funktionen werden NC-gesteuert ausgeführt. Die Eingriffsmöglichkeiten in den automatischen Betrieb sind in erster Linie auf eine Betätigung des Not-Aus oder Regulierung mit Hilfe des Override beschränkt.

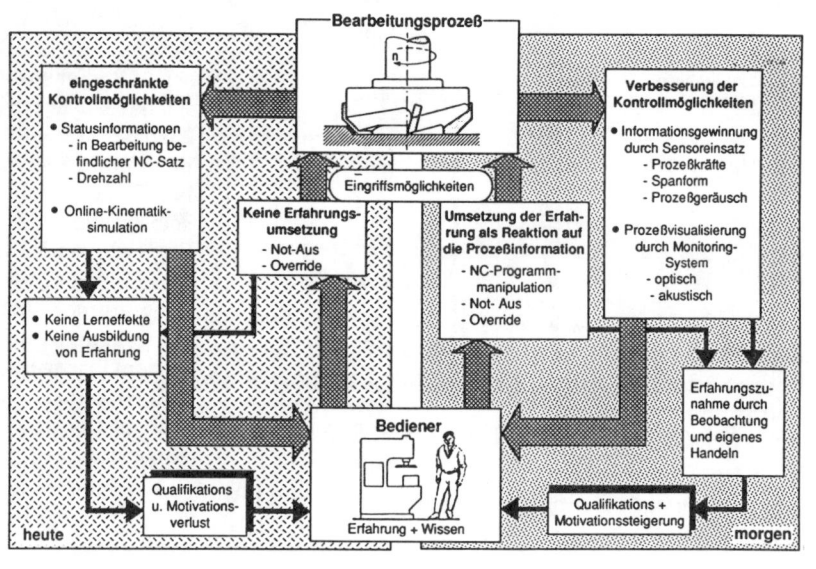

Bild 24: Verbesserung der Prozeßkontrolle für den Bediener

Diese Ausgangssituation führte zu der Überlegung, die Mensch-Maschine Kommunikation unter Berücksichtigung der Sinneswahrnehmung des Bedieners neu zu gestalten. Ziel ist zum einen die Integration des Bedieners in den modernen Fertigungsprozeß, ohne den Automatisierungsgrad zu beschränken. Zum anderen soll dem Bediener wieder das Gefühl vermittelt werden, den Prozeß und die Maschine zu beherrschen.

Hinsichtlich dieser Aufgabenstellung sind aus der Analyse der menschlichen Sinneswahrnehmungen (Sehen, Höhren, Fühlen etc.) die verschiedenen Arten von Informationen und ihr Zusammenwirken abzuleiten. Im folgenden muß dann analysiert werden mit welchen Sensorsystemen diese Informationen aus dem Prozeß gewonnen werden können. Desweiteren ist die Aufbereitung und Darstellung der analog oder digital vorliegenden Informationen von Bedeutung. Hierdurch erfolgt die eigentliche Kopplung des Fertigungsprozesses zum Maschinenbediener, der mit Hilfe eines neu zu gestaltenden Monitoring-Systems die Möglichkeit erhält, den direkt nicht sichtbaren Prozeß zu verfolgen. Letztenendes muß geprüft werden, inwieweit eine On-line Eingriffsmöglichkeit zwecks Änderung aktueller Bearbeitungsparameter, wie beispielsweise Drehzahl, Vorschub, Schnittiefe etc. vorhanden sein muß oder kann, um eine Steuerbarkeit der Maschine auch während des Automatikbetriebes durch den Bediener zu erreichen.

4. Konstruktive Gestaltung

Der Konstruktionsprozess wird üblicherweise in die drei Tätigkeitsbereiche Funktionssynthese, qualitative Synthese und quantitative Synthese untergliedert. Auf dem Weg vom Pflichtenheft zur fertigen Werkzeugmaschine bzw. Produktionsanlage stehen dem Konstrukteur unterschiedliche Hilfsmittel zur Verfügung, die in den verschiedenen Phasen des Konstruktionsprozesses zum Einsatz kommen. So versucht man künftig beim Entwickeln der Funktionsstrukturen einer neu zu entwickelnden Baugruppe Expertensysteme einzusetzen. Man muß jedoch feststellen, daß die Fähigkeit der Expertensysteme noch weit hinter den gesetzten Erwartungen zurückliegt.

Die Phase des qualitativen Gestaltens läßt sich idealerweise durch CAD-Systeme unterstützen, während sich bei der Dimensionierung einzelner Bauteile numerische Berechnungsverfahren wie die Finite-Element Methode bewährt haben. Allen Hilfsmitteln gemein ist das Ziel, in wirtschaftlich vertretbaren Zeiträumen zu technischen Lösungen zu gelangen, die von Beginn an frei von Schwachstellen sind. In diesem Sinne findet auch die Simulationstechnik in allen Bereichen ihre Anwendung. Einer Freigabe für die Serienfertigung oder einer Auslieferung an den Kunden wird dennoch immer eine Versuchs- und Erprobungsphase vorgeschaltet, um mögliche Schwachstellen zu lokalisieren und auszumerzen.

4.1 Simulationstechnik

Die Simulationstechnik hat in den letzten Jahren zunehmend an Bedeutung und aufbauend auf den bisher gewonnenen Erfahrungen an Aussagefähigkeit gewonnen. In dem hier interessierenden Problemkreis reichen ihre Einsatzbereiche von der Planung und Konstruktion von Anlagen und Maschinen über die Fertigung und Montage bis hin zur Schulung des Personals (**Bild 25**). Die Gründe für ihren Einsatz können im wesentlichen wie folgt zusammengefaßt werden:

- gesamtheitliche Betrachtung komplexer Systeme und Prozesse
- qualitative und quantitative Absicherung planerischer und konstruktiver Entscheidungen
- schnelle und damit wirtschaftliche Entwicklung von Alternativlösungen
- Unterstützung des menschlichen Vorstellungsvermögens durch Visualisierung der System- und Prozeßabläufe
- Minimierung der Gefährdung für Mensch und Maschine im Vorfeld der Fertigung
- Unterstützung der Anschauung in der Schulung

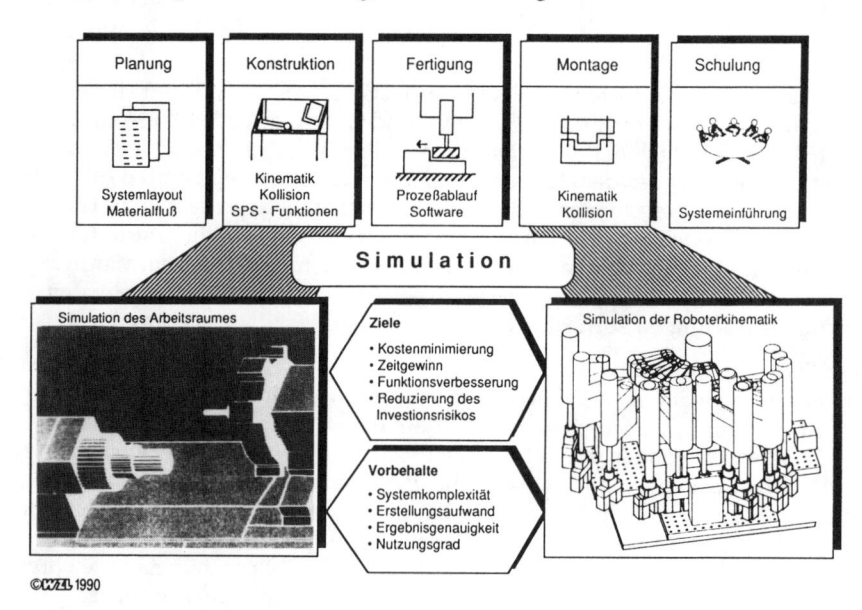

Bild 25: Einsatzgebiete Simulation

Hinsichtlich der Simulation von Produktionsanlagen zeigt die derzeitige Diskussion /21,22/, daß eine statische Beschreibung von Teilfunktionen bzw. Bereichen nicht ausreicht, eine optimale Gesamtlösung zu entwickeln. Daher liegen die Bestrebungen in einer Einbindung der Maschine in die Dynamik des gesamten Produktionsprozesses. Nur so können die Problemkreise Durchlaufzeiten, Kapazitätsauslastung, Dimensionierung von Puffern und Lagern, Auslegung der Transportmittel und die Festlegung von Steuerungskonzepten in ihrem Zusammenwirken bewertet werden.

Im Bereich der Konstruktion einzelner Produktionseinheiten sind im wesentlichen zwei wichtige Einsatzbereiche für die Simulation zu erkennen. Zum einen ist es in der Konzeptfindungsphase von Interesse, die kinematischen Zusammenhänge d.h. Zahl und Anordnung der Achsen bei Werkzeugmaschinen sowie die Bewegungsräume bei Robotern zu dimensionieren, hinsichtlich ihrer Funktionalität zu bewerten und auf Kollisionsfreiheit zu überprüfen. Hierzu wurden verschiedene Simulations- bzw. Animationssysteme geschaffen /23,24/. Hiermit können alle erforderlichen Achsen und Achskombinationen für die zu erfüllenden Fertigungsverfahren in einer Maschine ermittelt werden (Bild 25 unten links). Diese Lösungsvielfalt kann nach dem Kriterium einer minimalen Achsenzahl verringert werden. Die endgültige Lösung ist dann durch Aufwands- und Technologiebetrachtungen zu erarbeiten. Neben einer Unterstützung der mechanisch-konstruktiven Entscheidungen ist es zum anderen wünschenswert, die parallel zu entwickelnde Steuerungssoftware auf ihre Funktionalität und Fehlerfreiheit hin zu testen. Dies ist u. a. Inhalt des Vortrages 3.4. Der Bedarf nach derartigen Simulationshilfen steigt natürlich mit zunehmender Komplexität der zu entwickelnden Systeme. Zum anderen erlangt die Parallelisierung von Konstruktions- und Entwicklungsprozessen vor dem Hintergrund einer Durchlaufzeitminimierung einen hohen Stellenwert im internationalen Wettbewerb. Auf diesem Gebiet besteht derzeit ein enormes Defizit.

4.2 Konstruktions- und Berechnungshilfen

Die Unterstützung des Konstrukteurs in den verschiedenen Phasen des Konstruktionsprozesses bewirkt in erster Linie einer Verkürzung der Durchlaufzeiten und einer Verbesserung der Produktqualität. In diesem Sinne kann der Einsatz von EDV in der Konstruktion in die Aufgabengebiete

- Wissensbereitstellung

- Automatisierung von Standardaufgaben

- qualitative und quantitative Unterstützung von Entscheidungsprozessen

unterteilt werden. Letztere wurden bereits durch die oben angesprochenen Simulationstechniken unterstützt.

Die Informationsbeschaffung im Konstruktionsbereich erfolgt in der Praxis jedoch nach wie vor in erster Linie über Konstruktions- und Normteilkataloge, Fachliteratur und Prospektmaterial. Eine Vorgehensweise, die sehr zeitintensiv und oft nur unvollständig ist. Da ein großer Teil dieser Informationen bzw. dieses Wissens in Regeln gefaßt werden kann, hofft man auf den wirkungsvollen Einsatz von Expertensystemen, um diesem bestehenden Defizit zu begegnen. Mögliche Einsatzbereiche derartiger Systeme sind zum einen eine verbesserte Informationsbeschaffung, zum anderen eine intelligente Unterstützung der Entwurfsphase /25/. Herkömmliche Datenbanksysteme bieten dem Konstrukteur keine problemorientierte Unterstützung bei der Informationsfindung an. Desweiteren sind sie weniger geeignet, spezielle Wissensformen (Erfahrungswissen etc.) darzustellen.

Aus dem Bereich der Entwurfsunterstützung sei hier ein Expertensystem zur Auslegung wälzgelagerter Spindeln kurz erläutert (Bild 26). Im interaktiven Dialog erfragt das System Sachverhalte, die für die Auswahl des Lagerkonzeptes und die Festlegung der Hauptabmessungen relevant sind. Ausgehend vom Werkzeugmaschinentyp, den Belastungsgrößen, geometrischen Restriktionen und den zu erwartenden Betriebsbedingungen wird selbstständig eine geeignete Spindel-Lager-Anordnung ausgewählt. Die dazu erforderlichen Gestaltungsregeln sind in Form von Wenn-Dann-Beziehungen in einer Wissensbasis abgelegt. Als Ergebnis erhält man den Entwurf eines für das geforderte Aufgabenspektrum geeigneten Spindel-Lager-Systemes, in dem

- der Lagertyp

- die Spindel- und Lagerdurchmesser

- die werkzeug/werkstück- und antriebsseitige Auskraglänge

- der Lagerabstand und

- die Dichtungen

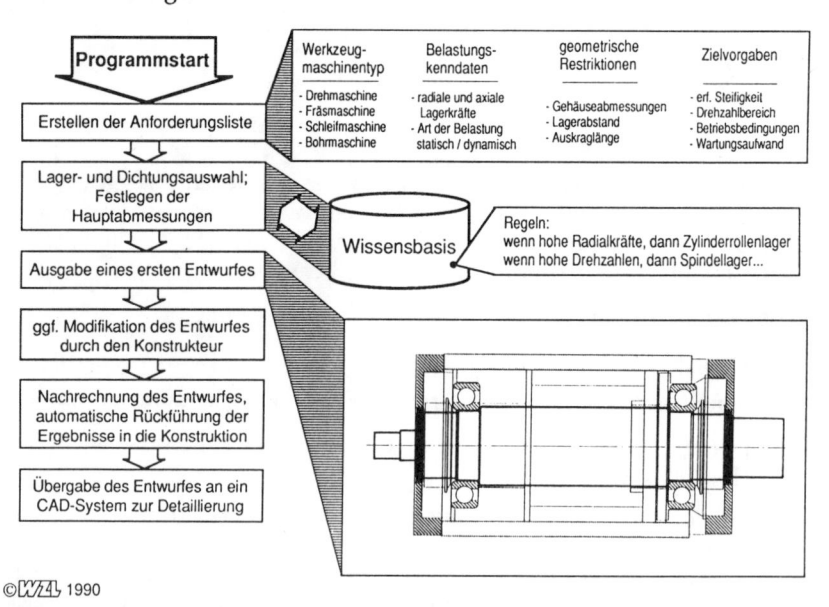

Bild 26: Expertensystem zur Auslegung von Spindellager-Systemen

festgelegt sind. Die einzelnen Entscheidungsgründe, die zu der Gesamtlösung geführt haben, können von dem Expertensystem abgefragt werden. Zur weiteren Detaillierung lassen sich die Daten dann in ein CAD-System übergeben. Eine Erweiterung dieses Systems um zusätzliche Lagertypen sowie die Entwicklung eines Systems für andere Baugruppen ist Inhalt derzeitiger Entwicklungsarbeiten.

Im Anschluß an das Entwurfsstadium wird bei zunehmender Konkretisierung der Konstruktion eine quantitative Absicherung und eine Verbesserung von Bauteil- bzw. Systemeigenschaften erforderlich. Neben der Auslegung einzelner Bauelemente mit Hilfe analytischer Ansätze auf PC-Basis sind für komplexe Fragestellungen wie die Auslegung des statischen, dynamischen und thermischen Strukturverhaltens numerische Methoden (FEM,BEM) erforderlich.

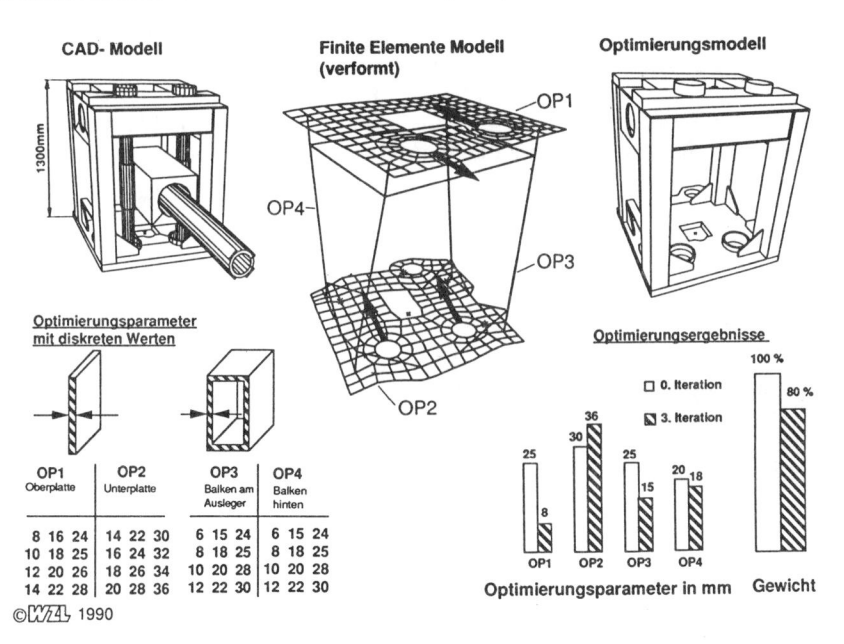

Bild 27: Diskrete Gewichtsminimierung unter Beibehaltung der Bauteilsteifigkeit

Die Anwendung dieser Programmsysteme ist in besonderem Maße an die Fähigkeiten des Anwenders gebunden, berücksichtigt man die Tatsache, daß die Realitätsnähe der Ergebnisse insbesondere durch die geschickte Aufbereitung des geometrischen Modells sowie die Vorgabe realistischer Randbedingungen bestimmt wird. Ziel dieser EDV-Anwendung ist weniger eine Bestätigung des gewählten konstruktiven Ansatzes sondern vielmehr eine Verbesserung einzelner Bauteilcharakteristika. Da der Benutzer bei dieser Aufgabe aufgrund der komplexen Zusammenhänge überfordert ist, wurden in den letzten Jahren unterschiedliche Verfahren zur Optimierung von Struktur und Systemeigenschaften erarbeitet. Die Auslegungskriterien reichen von der Gewichts- über Spannungs- und Formoptimierung bis hin zur Steifigkeitsoptimierung /26/. In **Bild 27** ist ein Beispiel für eine diskrete Gewichtsoptimierung unter Beibehaltung der Bauteilsteifigkeit dargestellt. Es handelt sich hierbei um ein Handhabungsgerät (Zylinderkoordinatenroboter) aus der Massivumformindustrie. Dieser wurde ausgewählt, um eine kombinierte Balken- und Schalenoptimierung vornehmen zu können. Als Optimierungsparameter wurden die im Bild angegebenen Wandstärkenreihen zugrund gelegt. Die Ergebnisse zeigen, daß nach 3 Iterationsschritten eine Gewichtreduzierung von 20 % erzielt wurde. Dies ist auf eine deutliche Verringerung der für die auftretenden Belastungen überdimensionierten Oberplatte zurückzuführen.

Im Zusammenhang mit den zuvor häufig angesprochenen Bauelementen aus faserverstärktem Kunststoff, zumeist CFK, sind die mechanischen Eigenschaften in erster Linie an die Anzahl der Faserlagen sowie die Orientierung derselben zum Bauteil gebunden. Auch für diese Problemstellung wurde ein Optimierungsansatz entwickelt /27/. Vortrag 1.2 geht auf diese Zusammenhänge tiefer ein.

4.3 Wechselwirkung zwischen Konstruktion und Versuch

Trotz der verschiedenen Möglichkeiten rechentechnischer Analysen des Funktionsumfanges und der Eigenschaften von Baugruppen, Maschinen und anderen Anlagenkomponenten ist eine versuchstechnische Verifikation der erstellten Konstruktion erforderlich, da die computergestützten Hilfsmittel auf vereinfachten Modellen basieren. Desweiteren ist eine Vielzahl der Verhaltenseigenschaften wie Lebensdauer, Verschleiß und Ermüdung nur mit versuchstechnischen Mitteln erfaßbar. Das Aufgabenspektrum im Versuch reicht daher von der Baugruppen-, Bauelementanalyse bezüglich ihrer Eignung für die vorbestimmte Funktion über Schadensanalysen an bestehenden Produkten bis hin zur Prototypenuntersuchung hinsichtlich einer Beschreibung der erzielten Produktqualität (**Bild 28**).

In diesem Sinne ist der Versuch eine wichtige Erfahrungsquelle der Konstruktion, wobei die hier gewonnen Erkenntnisse durchaus auch in Form von Expertenwissen informationstechnisch aufbereitet werden sollten. Hier liegen wichtige Wissensressourcen, die bisher in erster Linie an die Person des erfahrenen Mitarbeiters gebunden sind und durch dessen Ausscheiden verloren gehen können.

Die Möglichkeiten versuchstechnischer Analysen sind durch die Weiterentwicklung im Bereich der Elektronik und Meßgerätetechnik auf der einen Seite, und der Möglichkeiten schneller Datenaufbereitung und Auswertung über PC`s in Verbindung mit leistungsfähiger Software deutlich verbessert worden. Hierbei ist es für die praktische Anwendung von großer Bedeutung gewesen, daß zum einen der Datentransfer zwischen Meßkette und Auswerteeinheit durch die Software unterstützt wird, zum anderen die Benutzeroberflächen eine schnelle und einfa-

Wettbewerbsfaktor Produktionstechnik 303

che Handhabung zulassen.

Eine Bewertung der Produktqualität steht natürlich im Vordergrund der Betrachtungen. Hierbei ist es im Zusammenhang mit den in Kap. 3.2 dargestellten gestiegenen Genauigkeitsanforderungen, aber auch hinsichtlich der umsetzbaren Zerspanleistung und des Umweltverhaltens von Interesse, die Schwachstellen einer Maschine präzise zu lokalisieren, um ggf. durch gezielte konstruktive Änderungen das Gesamtverhalten zu verbessern. Derartige Aussagen können aber nur aus meßtechnischen Untersuchungen der einzelnen Maschinen und ihrer Eigenschaften (Dynamik, Thermik, Geometrie etc.) unter Last abgeleitet werden.

KONSTRUKTION
Situationsbeschreibung
Möglichkeit von
- Informationsdefizit
- mangelnder Erfahrung
- hoher Innovationsge-
  schwindigkeit
- Termindruck

Prototyp

Verbesse-
rungsvor-
schläge

Informations-
gewinnung

Wissensbasis

Wissen
Erfahrungen

VERSUCH
Aufgabenspektrum
• Baugruppen- und
  Elementuntersuchungen
• Schadensanalysen
• Maschinenuntersuchung
  und - beurteilung

Verbesserung der Aus-
sagefähigkeit durch
leistungsfähigere, preis-
wertere und besser hand-
habbare Meßtechnik

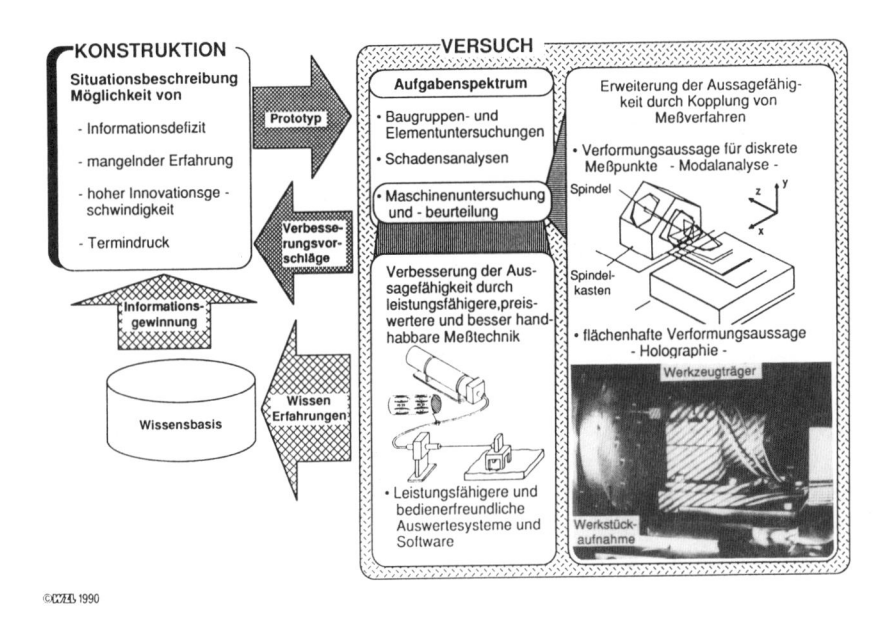

• Leistungsfähigere und
  bedienerfreundliche
  Auswertesysteme und
  Software

Erweiterung der Aussagefähig-
keit durch Kopplung von
Meßverfahren
• Verformungsaussage für diskrete
  Meßpunkte - Modalanalyse -

Spindel

Spindel-
kasten

• flächenhafte Verformungsaussage
  - Holographie -

Werkzeugträger

Werkstück-
aufnahme

©WZL 1990

<u>Bild 28:</u> Wechselwirkung zwischen Konstruktion und Versuch

Für die Beschreibung geometrischer Zusammenhänge stehen die optischen Meßverfahren bisher den elektro-mechanischen Meßverfahren gegenüber. Eine wesentliche Einschränkung für den Einsatz optischer Verfahren lag bei ihren hohen Anschaffungskosten und ihrem eingeschränkten Einsatzbereich bedingt durch große Abmessungen. Durch die Lichtleitertechnik und die Entwicklung von Halbleiterlasern, die durch ihren Einsatz in der Unterhaltungselektronik zu niedrigen Preisen verfügbar sind, ist eine vermehrte Anwendung optischer Meßverfahren zu erwarten. Als Beispiel hierfür ist in Bild 28 ein lasergestütztes Verfahren dargestellt, mit dem Geradheits-, Parallelitäts- und Fluchtungsfehler ermittelt werden können. Der hier noch über einen He-Ne Laser erzeugte Strahl wird über Lichtwellenleiter einem handlichen Meßkopf zugeführt.

Einen weiteren Ansatz stellt die Steigerung der Aussagefähigkeit bestehender Verfahren durch ihre Kopplung untereinander dar. Im Bereich der Dynamikuntersuchungen kann die Modalanalyse zur Beschreibung des dynamischen Strukturverhaltens als Stand der Technik angesehen werden. Während hiermit nur eine punktuelle Aussage möglich ist, bietet die Holographie flächige Aussagen über das Bauteilverhalten. Desweiteren können hiermit Informationen im Submikrometerbereich gewonnen werden. Das Ziel zukünftiger Forschungsaktivitäten richtet sich auf eine Kopplung beider Verfahren, um eine vollständige Beschreibung der schwingenden Struktur zu erreichen. Hiermit können dann flächige und räumliche Schwingungsformen dargestellt werden.

5. Zusammenfassung

Bei der Konstruktion und Realisierung von Produktionsanlagen sind eine Vielzahl externer Forderungen und Randbedingungen sowie unternehmensspezifische Zielsetzungen umzusetzen. Neben der Produktivität, Flexibilität und Arbeitsgenauigkeit eines Systems stehen Fragestellungen der Ergonomie, Sicherheit und Entsorgung im Vordergrund.

Angesichts der Wettbewerbssituation müssen diese Forderungen kostengünstig bei minimalen Durchlaufzeiten umgesetzt werden. Daher wurde versucht anhand ausgewählter Beispiele Anregungen zur Lösung der zuvor aufgezeigten Schwerpunktthemen zu geben. Neben den diskutierten konstruktiven und steuerungstechnischen Maßnahmen kann auch durch eine Verbesserung der den Konstruktionsprozeß unterstützenden Hilfsmittel eine Erhöhung der Systemqualität erzielt werden. In Verbindung mit einer konsequent methodischen Vorgehensweise und bei einem guten innerbetrieblichen Informationsfluß sind hier auch einige kosten- und zeitintensive Iterationsschritte zu vermeiden /28/.

Schrifttum

1. Kern, W.: Handwörterbuch der Produktionswirtschaft, Poeschel Verlag Stuttgart 1979

2. Lehmann, W.: 3D-Bewegungssimulation - neuartige Vorgehensweise zur Werkzeugmaschinenentwicklung, VDI-Z 132(1990) 1

3. König, W. /Goldstein, M. /Iding, M.: Drehen gehärteter Stahlwerkstoffe, Industrieanzeiger 14/1988 S.14-21

4. Sonnek, W.: Elektonik contra Kurven, Maschinenmarkt Sonderdruck, Nr.36, 9/89

5. Klewenhagen, H.: Komplettbearbeitung größerer Werkstücke reduziert Rüstzeiten beträchtlich, Maschinenmarkt Nr. 7(1990) S.40-44

6. Weck, M.: Werkzeugmaschinen Band 3, Automatisierung und Steuerungstechnik, VDI-Verlag, Düsseldorf 1989

7. Weck, M. /Koch, A.: Vergleich von Hauptspindel-Lager-Systemen mit unterschiedlichen Lagerungsarten, in Konstruktion von Spindel-Lager-Systemen für die Hochgeschwindigkeitsbearbeitung, Expert Verlag, Böblingen 1990

8. Weck, M. /Koch, A.: Experimentelle Untersuchung von Hochgeschwindigkeitsspindel-Lager-Systemen mit Wälzlagern, in Konstruktion von Spindel-Lager-Systemen für die Hochgeschwindigkeitsbearbeitung, Expert Verlag, Böblingen 1990

9. Habermann, H. /Brunet, M.: The active magnetic bearing enables optimum damping of flexible rotors, ASME International Gas Turbine Conference N84-GT 117-1984

10. Haas, W.: Abdichten von Spindel-Lager-Systemen, in Konstruktion von Spindel-Lager-Systemen für die Hochgeschwingigkeits-Materialbearbeitung, Expert Verlag, Böblingen 1990

11. Lehmann, W.: Arbeitssicherheit an Drehmaschinen, Hanser Verlag, München 1989

12. Weck, M. /Mayrose, G.: Sichere Nachrüstung konventioneller Werkzeugmaschinen für die Hochgeschwindigkeitsbearbeitung, Schriftreihe der Bundesanstalt für Arbeitsschutz Fb Nr.496, Dortmund 1987

13. Weck, M. /Kerstiens, P.: Schnell bewegter Schleiftisch aus faserverstärktem Kunststoff mit hydraulischen Antrieben, Industrie-Anzeiger Nr. 78 1987

14. n.n.: Statistische Qualitätskontrolle, Oual. Cont. EK880b, April 1985, Fa. Ford AG

15. VDI/DGQ Richtlinie 3441-3445 Statistische Prüfung der Arbeits- und Positioniergenauigkeit von Werkzeugmaschinen, Beuth-Verlag 1977

16. Salje, E.: Probleme der Wärmedeformation an Schleifmaschinen und ihre Lösung, Jahrbuch Schleifen, Honen, Läppen und Polieren, Vulkan-Verlag Essen, 1987

17. Spur, G. /Hoffmann, E./Paluncic,Z.: Thermal Behaviour Optimization of Machine Tools, Annals of the CIRP Vol. 37/1/1988

18. Weck, M. /Lembke, D.: Schnittstelle zwischen Werkzeugmaschine und Werkzeug, VDI Berichte Nr. 762, 1989

19. Weck, M. /Ye, Guohong: Bahnsteuerungskonzept zum hochgenauen Abfahren komplexer Kurven, Technische Rundschau 16/1989

20. Kronberg, J.: UNISONO - Syntax, Sonderdruck NC-Fertigung, Heft 6,9/88
21. Kupart, Th.: Simulation durch Strukturierung von Produktionseinheiten, Industrieanzeiger 9/1989
22. Pape, D.F.: Simulation des Materialflusses - Kein Allheilmittel, Industrieanzeiger 44/1988
23. Brenzinger, K.: Bewegungsanalysen bei der Konzeption von Werkzeugmaschinen, ZwF-Sonderheft, Oktober 1988
24. Storr, A. /Lederer, R.: Geometrische Kollisionsprüfung bei NC-Drehmaschinen mit mehreren Werkzeugschlitten, Werkstatt u. Betrieb 123 (1990) 1
25. Geber, H. / Bugmeister, W.: Wissensverarbeitung im Konstruktionsprozeß, VDI Bericht Nr.2 1988
26. Förtsch, F.: Entwicklung und Anwendung von Methoden zur Optimierung des Mechanischen Verhaltens von Bauteilen, Dissertation TH-Aachen, WZL, 1988
27. Weck,M. /Feldermann, J.: Anwendungsmöglichkeiten von adaptiven Finite-Element-Verfahren bei der Strukturoptimierung, Konstruktion 1989
28. Konstruktionsmanagement angesichts wachsender Produktkomplexität, Vortragsband PTK 1989, Berlin

Mitglieder der Arbeitsgruppe für den Vortrag 3.1

Dipl.- Ing. W . Boley, G.Boley Gmbh & Co. Werkzeugmaschinen

Dr.- Ing. W. Eggert, Hermann Pfauter GmbH & Co.

Dipl.- Ing. W. Folkerts, WZL RWTH Aachen

Dr.- Ing. F. Förtsch, WZL RWTH Aachen

Dipl.- Ing. M. Geiger, Friedrich Deckel AG

Dipl.- Ing. W. Haferkorn, Ingersoll Maschinenwerkzeuge GmbH

Dipl.- Ing. H. Ispaylar, WZL RWTH Aachen

Dr.- Ing. W. Lehmann, IWF TU Berlin

Dr.- Ing. W. Mießen, Alfing Keßler Sondermaschinen GmbH

Dipl.- Ing. W. Schäfer, WZL RWTH Aachen

Dipl.- Ing. N. Seidensticker, Heyligenstaedt & Co. KG

Prof. Dr.- Ing. G. Spur, IWF TU Berlin

Dipl.- Ing. T. Steinert, WZL RWTH Aachen
Prof. Dr.- Ing. K. Teipel, Schiess AG
Prof. Dr.- Ing. M. Weck, WZL RWTH Aachen
Dr.- Ing. H.-H. Winkler, Chiron-Werke GmbH
Dipl.- Ing.(FH) W.von Zeppelin, Traub AG

3.2 Realisierung des Materialflusses in integrierten Systemen: das Schnittstellenproblem

Gliederung:

1. Einleitung
2. Strukturen Flexibler Fertigungssysteme
3. Schnittstellen im Werkstückfluß
3.1 Übersicht
3.2 Vorrichtungen und Maschinenpaletten
3.3 Gestaltung von Robotergreifern
3.4 Werkstücktransport mit modularen Werkstückträgern
4. Automatisierter Werkzeugfluß
4.1 Werkzeugverwaltung und -versorgung
4.2 Mechanische Schnittstellen im Werkzeugfluß
4.3 Gesamtbetriebliches Werkzeugmanagement
5. Zusammenfassung

Kurzfassung

Realisierung des Materialflusses in integrierten Systemen: das Schnittstellenproblem

Die Gestaltung integrierter Fertigungssysteme befindet sich gegenwärtig auf einem Entwicklungsstand, der durch eine stetige Zunahme des Anteils informationstechnischer Komponenten gekennzeichnet ist. Die Realisierung des Materialflusses bleibt aber auch in Zukunft gleichzeitig ein mechanisches Problem, das insbesondere die Schnittstellengestaltung beinhaltet. Die Verkettung unterschiedlicher Bearbeitungseinheiten mit Hilfe automatisierter Handhabungs-, Transport- und Speichereinheiten setzt maschinen- und betriebsmittelseitig einheitlich gestaltete, möglichst genormte mechanische Schnittstellen voraus. Die Kopplung der einzelnen Bausteine über geeignete Materialflußsysteme ist aber heute oft noch eine Aufgabe, die wegen einer Reihe von Standardisierungsdefiziten durch umfassende Abstimmungsarbeiten gekennzeichnet ist. Der vorliegende Beitrag befaßt sich schwerpunktmäßig mit werkstück- und werkzeugseitigen Schnittstellen. Von der automatisierungsgerechten Gestaltung der Werkstücke selbst, über die Vorrichtungskonstruktion bis zur Gestaltung modularer Transportpaletten werden der Stand der Technik diskutiert sowie Standardisierungslücken und Lösungen aufgezeigt. Die mechanischen Schnittstellen im Werkzeugfluß werden vor dem Hintergrund einer umfassenden Aufgabenstellung in der Werkzeugverwaltung integrierter Systeme behandelt.

Abstract

Realization of the Material Flow in integrated Systems: the Problem of Interfaces

The structuring of integrated manufacturing systems is currently on a stage of development, characterized by steadily increasing of the part of components for the information flow. Realization of material flow will be in the future a mechanical problem too, comprising the design of interfaces. Linking of different manufacturing units aid of automated units for handling, transport and storage demands uniform, standardized mechanical interfaces. Coupling of separate elements within material flow systems is a task, characterized by coordination work due to deficiencies of standardizing. The available article primarily deals with interfaces for tools, workpieces and devices. The state of the art is discussed and new solutions are showed. The mechanical interfaces in the tool flow are dealed in the background to tool management of integrated systems.

1. Einleitung

Die material- und informationsflußtechnische Verknüpfung einzelner Funktionsbausteine stellt die Hauptaufgabe bei der Realisierung flexibel automatisierter Fertigungssysteme dar. Auch wenn der Anteil der steuerungstechnischen Aufgaben zukünftig immer gewichtiger wird, so ist die Gestaltung einheitlicher Schnittstellen, die eine Verkettung ermöglichen, eine Grundvoraussetzung für eine optimale Anlagenrealisierung. Seit Jahren werden Flexible Fertigungssysteme weitgehend modular strukturiert. Sowohl im Werkzeug- als auch im Materialfluß sind jedoch immer noch Defizite bei der Vereinheitlichung von mechanischen Schnittstellen und somit Beeinträchtigungen einer umfassenden Kompatibilität und Kopplung unterschiedlicher Bausteine zu beobachten.

Situation
- Erhöhung der Variantenvielfalt
- Erhöhung der Produktkomplexität
- Verringerung der Produktlebenszeit
- Senkung der Lieferzeiten

Ziele
- Steigerung von Produktivität und Flexibilität
- Realisierung ausreichender Qualität
- Erzielung höchster Wirtschaftlichkeit
- Verkürzung der Durchlaufzeiten

Detailentwicklungen
- Werkzeugbruchüberwachung
- Messen von Werkzeugverschleiß

Realisierung durch
- Flexible Fertigungszelle
- Flexibles Fertigungssystem
- Flexible Transferstraße

Funktionsmerkmale
- Fertigung kleinster Losgrößen unterschiedlichen Teilespektrums
- rechnergesteuerte Bereitstellung von Werkstücken, Werkzeugen, Vorrichtungen und Informationen
- Kombination gleichartiger und unterschiedlicher Bearbeitungseinheiten

Maschineneigenschaften
- Systemfähigkeit
- Späneentsorgung

Gestaltung geeigneter Schnittstellen im Material- und Informationsfluß
für die montageorientierte Komplettfertigung unterschiedlicher Teile

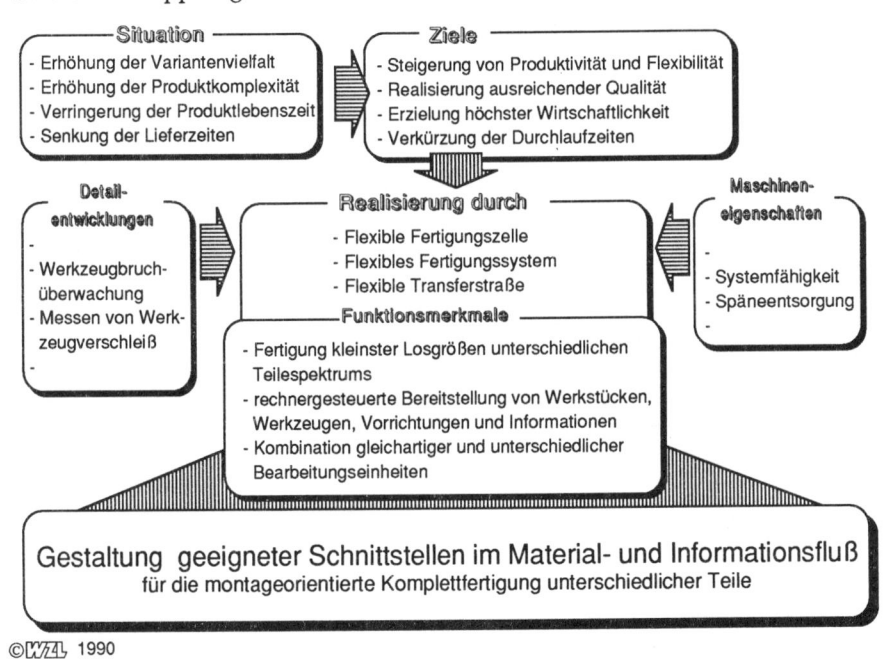

© WZL 1990

Bild 1: Schnittstellengestaltung - Aufgabe bei der Realisierung des flexibel automatisierten Materialflusses

An der Notwendigkeit eines zunehmenden Einsatzes flexibler Systeme besteht angesichts der Situation in der Produktionstechnik kein Zweifel /1/. Die aus dem Stadium der Einführung in einen Reifeprozeß hineinwachsenden flexiblen Systeme sind die einzig mögliche Antwort auf die durch den Markt vorgegebenen Forderungen nach wirtschaftlicher Fertigung schnellebiger, komplexer, in vielfältigen Varianten kurzfristig zu liefernder Produkte (**Bild 1**). Langen Durchlaufzeiten, hohen Lagerbeständen an Halbfabrikaten und einer damit verbundenen hohen Kapitalbindung kann nur mit einer auftragsgebundenen, an den Anforderungen der Montage orientierten flexiblen Fertigung entgegnet werden.

Die Lösung des Zielkonfliktes bei der Realisierung von Fertigungsanlagen für höchste Produktivität bei gleichzeitig hoher Flexibilität ist nur mit "systemfähigen" Bearbeitungszentren möglich. Hauptzeitparalleles Umrüsten sowohl auf der Werkstück- als auch auf der Werkzeugseite trägt zur Flexibilitätssteigerung bei. Der gewünschte Automatisierungsgrad bestimmt den Realisierungsaufwand von der Werkstückkonstruktion bis hin zur Auswahl geeigneter Werkzeugsysteme.

Der immer komplexer werdende Umfang der Systeme setzt modulare Strukturen und einheitliche Schnittstellen voraus. Die Gestaltung dieser Schnittstellen ist im Hinblick auf eine "wirkliche" Flexibilität jedoch immer noch mit Problemen verbunden, die insbesondere bei der Realisierung von integrierten Systemen mit Maschinen verschiedener Hersteller auftreten. Hier ist oft der Ideenreichtum des Endverbrauchers gefragt, der seinen Bedürfnissen entsprechende Bausteine auswählt und Schnittstellenanpassungen vornehmen muß. Doch selbst wenn die Maschinen aus einem Hause kommen, sind Handhabungs- und Transporteinrichtungen immer noch zu optimieren. Letztlich bestehen Entwicklungspotentiale bei der Gestaltung der Betriebsmittel, mit deren Hilfe die Prozeß- und Anlagenflexibilität verbessert werden kann.

Die Realisierung des Materialflusses kann durch gezielte Standardisierungsarbeit auf dem Gebiet der mechanischen Schnittstellen unterstützt werden.

2. Strukturen Flexibler Fertigungssysteme

Die Struktur von Produktionsanlagen wird technisch primär durch das zu fertigende Teilespektrum (Abmessungen, Komplexität, Losgrößen, Qualitätsklassen, Häufigkeit von Produktänderungen) bestimmt. Von der Einzelmaschine bis zum komplexen System eignen sich entsprechend den Anforderungen unterschiedlichste Systemstrukturen.

Kleinster Baustein ist die systemfähige Einzelmaschine, die über geeignete Werkzeug- und Werkstück-Schnittstellen verkettet werden kann. Das Horizontal-Bearbeitungszentrum für Fräs-/Bohrbearbeitung in Kreuzbettbauweise mit einer werkstückseitigen Verfahrachse sowie der Ständer- und Spindelkastenbewegung auf der Werkzeugseite hat sich als die Standardbauform systemfähiger Maschinen herausgebildet. Die werkstückseitige Verkettung dieser Maschinen mit Hilfe von Palettenwechslern ist hier Standard. Die Werkzeugversorgung wird in jüngster Zeit immer mehr von der Maschine entkoppelt, indem anstelle maschinennaher Ketten- oder Scheibenmagazine Magazin-Kassetten-Systeme Anwendung finden.

Sogenannte Bearbeitungseinheiten mit sämtlichen Verfahrachsen auf der Werkzeugseite (Fahrständerprinzip) stellen eine zweite Grundform systemfähiger Einzelmaschinen dar, die mit unterschiedlichen Tischvarianten kombiniert werden können und eine Voraussetzung für die Flexibilisierung von Transferanlagen darstellen. Diese Maschine arbeitet werkzeugseitig oft mit maschinennahen Kettenmagazinen, wenn die Werkzeugvielfalt nicht zu umfangreich ist.

Durch den Einsatz von Multifunktionsmaschinen, die Komplettbearbeitung ermöglichen, kann bis zu einem bestimmten Grad Verkettung vermieden werden. Die Verwendung von Dreh- und Schwenktischen bzw. Winkelfräs- oder Mehrspindelköpfen erweitert die Funktionalität von Fräs-/Bohr-Bearbeitungszentren. Komplettbearbeitung in Drehbearbeitungszentren ist heute nicht nur ein geflügeltes Wort, sondern Realität, die für bestimmte Werkstückspektren eine wirkliche Alternative zur Verkettung darstellt.

Die erste Ausbaustufe flexibel automatisierter Einzelmaschinen stellen Flexible Fertigungszellen dar. Primäres Kennzeichen ist die automatisierte Werkstückversorgung. Die Verkettung gleichartiger, sich ersetzender Maschinen mit flexibler Materialflußverkettung und Werkzeugversorgung führt zu einer ersten Form Flexibler Fertigungssysteme. Oft wird in dieser Ausbaustufe die gemeinsame zentrale Werkzeugversorgung noch nicht realisiert (**Bild 2**).

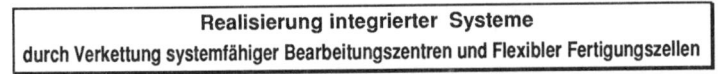

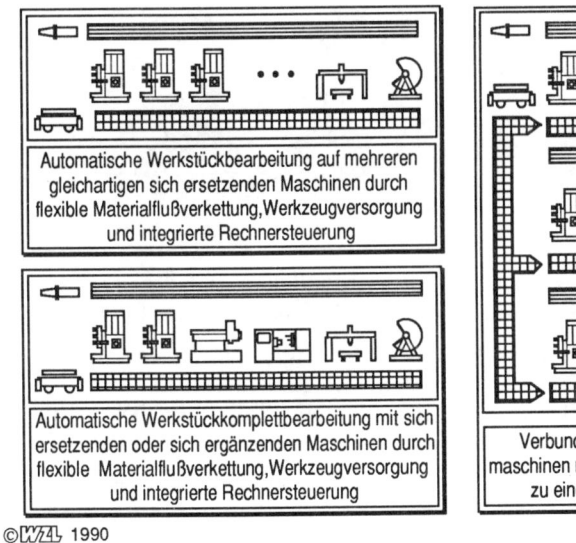

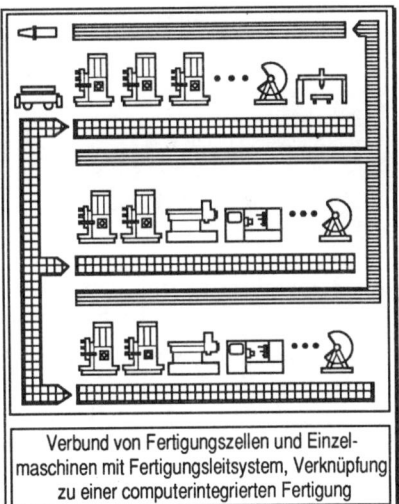

Bild 2: Strukturen Flexibler Fertigungssysteme

Während Systeme mit gleichen Maschinen noch mit relativ geringem Aufwand verwirklicht werden können, wird die Verkettung von Maschinen unterschiedlicher Bauform oder auch unterschiedlicher Hersteller durch fehlende Abstimmung einheitlicher mechanischer Schnittstellen erschwert. Hier muß heute oft noch der Anwender Entwicklungs- und Abstimmungsarbeit leisten, um die Produkte verschiedener Hersteller seinen Anforderungen entsprechend zu einem System verbinden zu können /2/.

Ein Beispiel für die Verkettung unterschiedlicher, sich ergänzender Maschinen zeigt **Bild 3**. Für die automatisierte Fertigung von Schneckenwellen wurden ein Sägeautomat, ein Drehautomat, eine Fräs- und eine Schleifmaschine zu einem Fertigungssystem verbunden. Der Werkstückfluß beginnt an einem Sägeautomaten mit vorgeschaltetem Flachmagazin. Der gesamte Werkstücktransport wird von einem Flächenportalroboter übernommen, der mittels einer zweiten Vertikaleinheit auch die Dreh- und Fräsmaschine mit Werkzeugen versorgt.

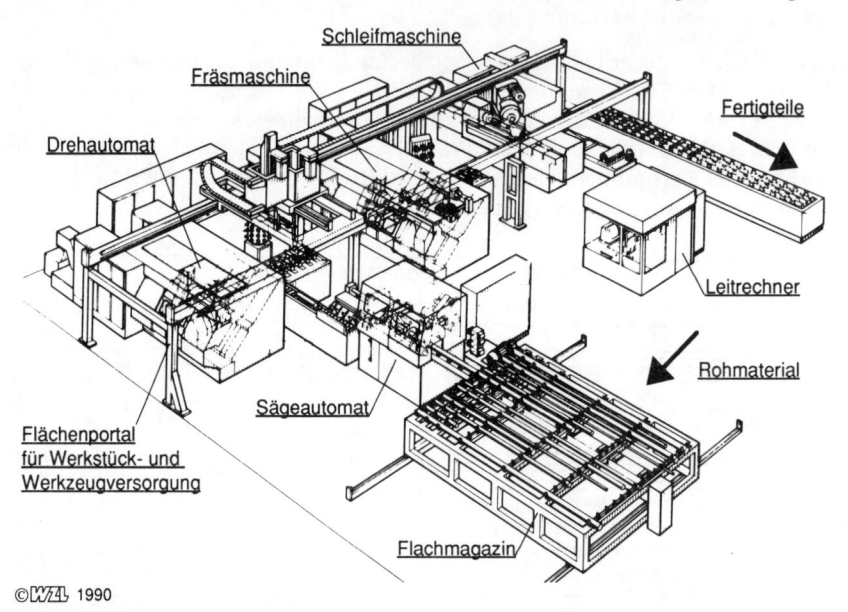

Bild 3: Flexibles Fertigungssystem mit unterschiedlichen, sich ergänzenden Maschinen für die Fertigung von Schneckenwellen (nach: Emag)

Eine Anpassung an unterschiedliche Werkstücklängen erfolgt über eine NC-Achse im Parallelgreifer. Hohe Verfahrgeschwindigkeiten von 150 m/min sind die Voraussetzung dafür, daß der Portalroboter innerhalb eines Bearbeitungszyklus alle drei Maschinen mit Werkstücken versorgt /3/.

Die höchste Ausbaustufe Flexibler Fertigungssysteme stellt ein Verbund von Einzelmaschinen und Flexiblen Fertigungszellen dar, der durch übergeordnete Werkstück- und Werkzeugflußsysteme gekennzeichnet ist. Je nach Teilespektrum werden dafür fahrerlose Flurförderfahrzeuge oder Hängebahnsysteme eingesetzt. Die Steuerung und Überwachung geschieht mit Hilfe eines Fertigungsleitsystems, wodurch erste Vorraussetzungen für eine computerintegrierte Fertigung realisiert sind /4/.

Die Materialflußverkettung beginnt bei komplexen Systemen mit der automatischen Bereitstellung des erforderlichen Rohmaterials. Zu dieser Thematik zeigt

Bild 4 die materialflußtechnische Integration einer Vorfertigungszelle in eine flexible Produktionsanlage. Die Anlage dient der automatisierungsgerechten Bereitstellung von Sägeabschnitten (Scheiben und Wellen) in wechselnden Werkstoffen, Durchmessern und Losgrößen. Bereits hier wird die für die automatisierte Werkstückversorgung erforderliche Ordnung der Sägeabschnitte erzeugt. In der Anlage ist eine Einrichtung integriert, die das Entnehmen, Entgraten und Wenden übernimmt. Auf einem Universal-Einzelstück-Werkstückträger werden die scheiben- und wellenförmigen Sägeabschnitte bereitgestellt. Diese Einrichtung wird dazu genutzt, weitere bisher manuell ausgeführte Arbeitsgänge wie das Waschen, Palettieren, Endenbearbeiten usw. zu integrieren. Durch diese komplette Bearbeitung ergeben sich Produktivitätsvorteile und der Materialfluß wird vereinfacht /5/. Zur Zeit wird an der Ausweitung auf prismatische Teile und Profile gearbeitet.

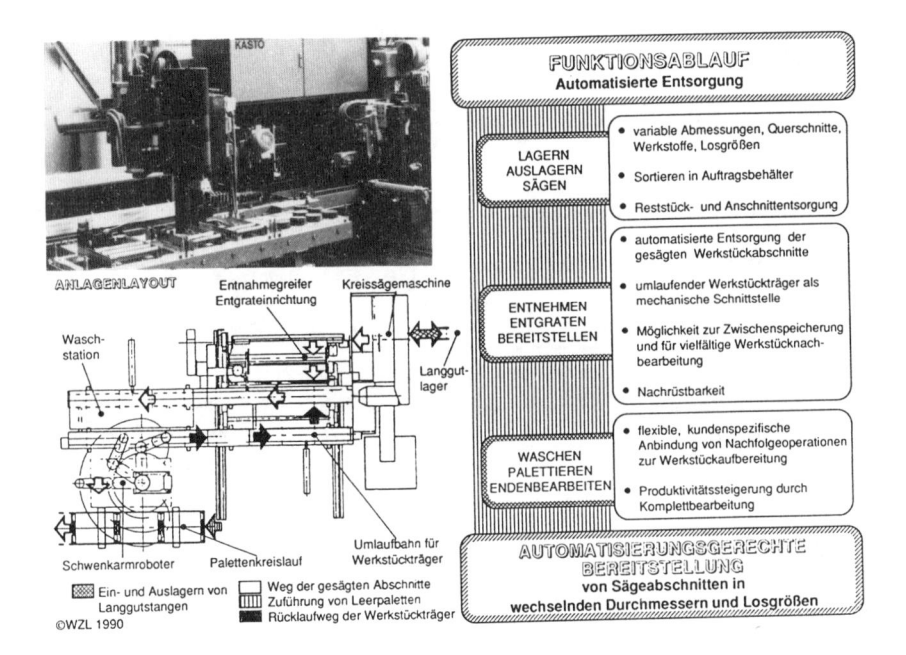

Bild 4: Materialflußtechnische Integration einer Vorfertigungszelle in eine flexible, automatisierte Produktionsanlage (nach: Kasto)

In einer modernen Komplett-Fabrik sind in den Materialfluß von der Rohmaterialbereitstellung bis zur Montage verschiedenste Fertigungsbereiche einbezogen. Neben den Flexiblen Fertigungssystemen existieren z.B. noch Technologiebereiche, die nicht automatisiert ablaufen können oder nicht in den automatischen Fluß einzubinden sind. Aus zentralen Lagern für Werkstücke, Vorrichtungen und Werkzeuge müssen über geeignete Transportsysteme die Fertigungsbereiche mit unterschiedlichem Automatisierungsgrad versorgt werden. Darüber hinaus sind fremdgefertigte, sowie nicht in flexiblen Systemen gefertigte Teile in die Montagevorbereitung einzubeziehen.

Die Realisierung des Materialflusses von der Materialbereitstellung bis zur Montage erfordert streng modulare Strukturen nicht nur im Software- sondern auch im Hardware-Bereich. Die Verknüpfung der einzelnen Bausteine wird durch standardisierte Schnittstellen unterstützt. Einen Überblick zu den mechanischen Schnittstellen enthält **Bild 5**.

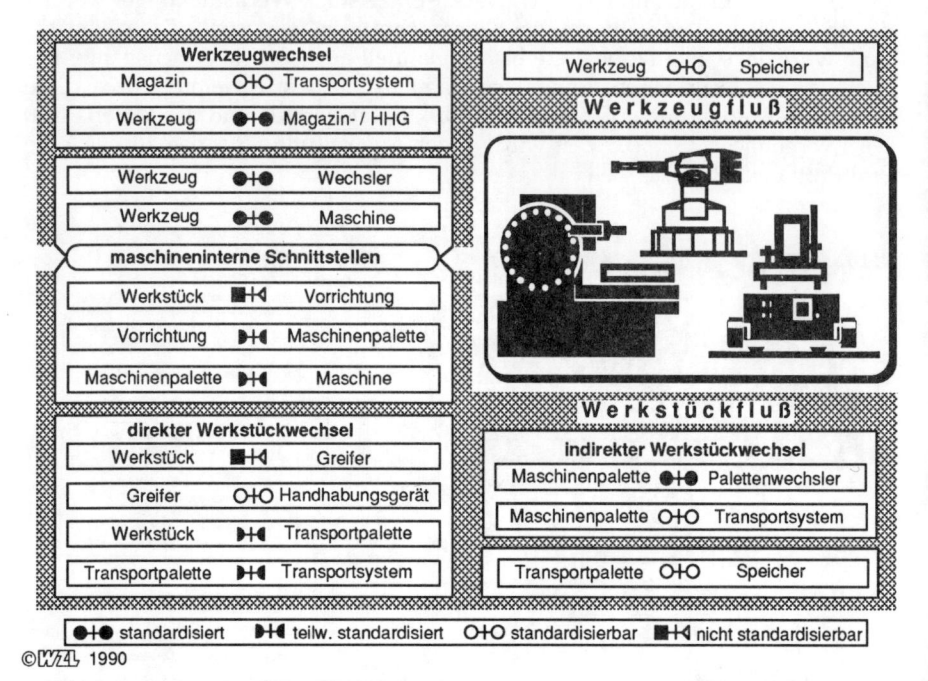

Bild 5: **Mechanische Schnittstellen im Werkzeug- und Werkstückfluß**

Generell ist einzuschätzen, daß den angesprochenen Vorteilen für den Anwender bei Verwendung einheitlicher Schnittstellen durchaus auch Nachteile auf der Anbieterseite gegenüberstehen können. So kann eine Vereinheitlichung von Schnittstellen auch eine Funktionseinschränkung bzw. eine Festschreibung des Standes der Technik bedeuten. Im Wettbewerb verschiedener Hersteller würden Marketingargumente entfallen. Gleichzeitig verhindert fehlende Normung die breite Anwendung bestimmter Lösungen in komplexen Systemen und macht schließlich die kostengünstige Realisierung der Systeme ohne Anpaßaufwand unmöglich.

Auf der Werkzeugseite gibt es mit den Steilkegelnormen Standards, die für einen großen Anwendungsbereich Einheitlichkeit erlauben. Auf diesem Gebiet ergeben sich infolge der technischen Weiterentwicklung neue Standardisierungsbedürfnisse (vgl. Abschnitt 4.2.2). Bereits bei der Werkzeug-Magazinierung, die immer mehr in Kassetten- oder Regalform erfolgt, endet jedoch augenblicklich die Standardisierung.

Standardisierungsdefizite im Werkstückfluß beginnen bei den Maschinenpaletten und reichen bis zu Greifern und Transportsystemen. Da die Werkstücke nur begrenzt mit einheitlichen Geometrieelementen für das Spannen, Handhaben und Transportieren versehen werden können, entstehen hier neue Forderungen an die flexible Automatisierung.

Die Synchronisation von Material- und Informationsfluß erfordert auf den zu handhabenden Betriebsmitteln an definierten Stellen Datenträger. Auch hier bestehen Normungsdefizite, die im Hinblick auf eine Materialflußoptimierung zu überwinden sind.

3. Schnittstellen im Werkstückfluß

3.1 Übersicht

Die bei der Handhabung und Bearbeitung von Werkstücken benötigten Betriebsmittel besitzen sowohl Schnittstellen zum Werkstück als auch untereinander (Bild 6). Bei direkter Handhabung werden die Werkstücke z. B. von einem fahrerlosen Transportsystem auf einer Transportpalette zur Werkzeugmaschine gebracht und können dort von einem Industrieroboter in eine Spannvorrichtung

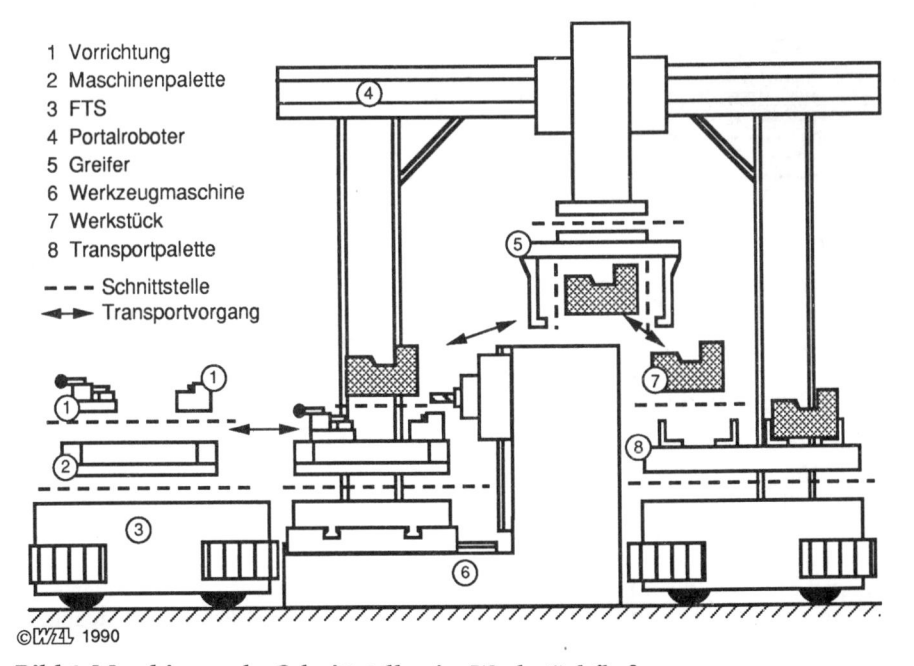

1 Vorrichtung
2 Maschinenpalette
3 FTS
4 Portalroboter
5 Greifer
6 Werkzeugmaschine
7 Werkstück
8 Transportpalette
– – – Schnittstelle
◄─► Transportvorgang

©WZL 1990

Bild 6: Maschinennahe Schnittstellen im Werkstückfluß

eingelegt werden. Die Spannvorrichtung selbst kann dabei ebenfalls von einem FTS transportiert werden. Standardisierungsdefizite bestehen dabei für alle auftretenden Schnittstellen, jedoch mit unterschiedlichen Konsequenzen.

So ist eine einheitliche Greiferschnittstelle technisch möglich und innerbetrieblich z. T. bereits realisiert. Eine entsprechende DIN-Norm (DIN 24601) befindet sich jedoch noch im Entwurfsstadium, da die technische Entwicklung der Greiferwechselsysteme noch nicht abgeschlossen ist.

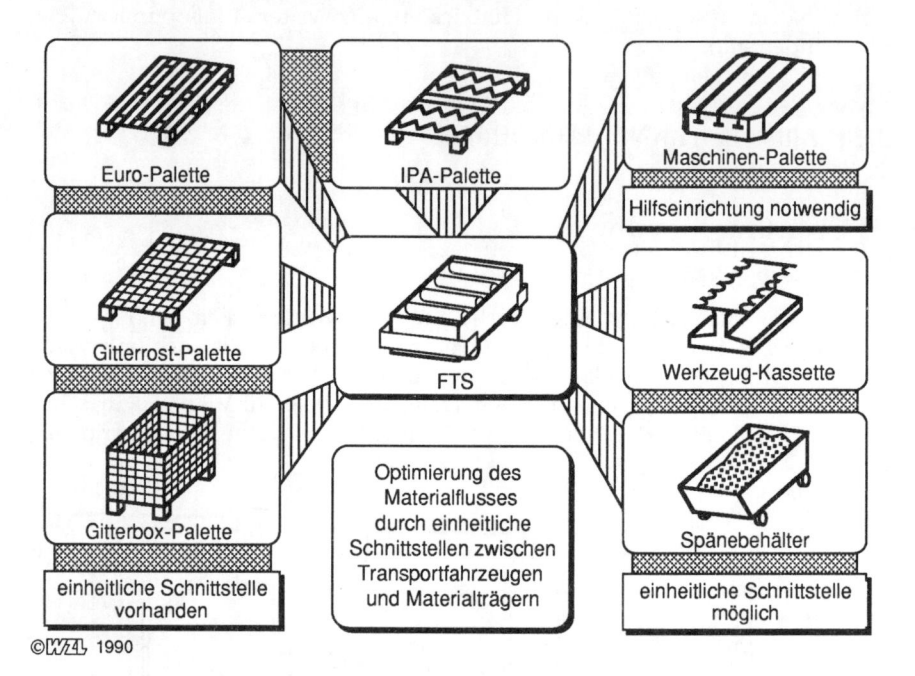

Bild 7: Vereinheitlichung von Schnittstellen bei Transportfahrzeugen

Ein Transport von Maschinenpaletten, Transportpaletten, Spänecontainern und Werkzeug-Kassetten auf einem Fahrzeug ist ebenfalls denkbar (**Bild 7**). So werden am WZL bereits Maschinenpaletten mit Vorrichtungen und Transportpaletten für Greifer bzw. Werkstücke auf dem selben FTS gefahren, wodurch Fahrzeuge eingespart werden können.

Eine Vereinheitlichung der Schnittstelle zwischen Fahrzeug und den im Bild dargestellten Transportbehältern ist leicht möglich. Zum Transport der Maschinenpaletten sind jedoch entweder Hilfsrahmen oder zusätzliche Einrichtungen auf dem FTS notwendig. Bei Beschickung unterschiedlicher Maschinen ist dabei eine einheitliche Übergabehöhe wichtig, da sonst Fördermittel mit Hubeinrichtungen notwendig sind. Auch hier existiert keine verbindliche Norm, so daß unterschiedliche Übergabehöhen evtl. durch die Maschinenfundamente ausgeglichen werden müssen.

Die größten Probleme und geringsten Standardisierungsmöglichkeiten gibt es bei den Schnittstellen zwischen Werkstück und Betriebsmitteln wie Greifer, Vorrichtung und Transportbehältnis.

Hierbei besteht eine Wechselwirkung zwischen dem Werkstück einerseits und den Betriebsmitteln andererseits (**Bild 8**).

Obwohl die Werkstücke natürlich nicht standardisierbar sind, muß versucht werden, schon bei der Werkstückkonstruktion durch geeignete Maßnahmen die Anforderungen an die Betriebsmittel und damit deren Kosten zu senken.

Dabei ist schon seit längerem eine Reihe von Möglichkeiten bekannt, die Realisierung der Funktionen Handhaben, Transportieren, Bereitstellen und Spannen zu erleichtern. So erlauben Werkstücke, die zwei parallele, gegenüberliegende und möglichst ebene Flächen besitzen, die Verwendung einfachster Greifer. Symmetrische Werkstücke brauchen bzgl. dieser Symmetrieachse nicht orientiert zu werden, so daß sich hier ein aufwendiges Erkennen der Lage erübrigt. Das gleiche gilt für Teile, die eine eindeutige Vorzugslage besitzen. Durch das Anbringen von Spannlappen an komplexen Guß- oder Schmiedeteilen, kann die Spannvorrichtung erheblich vereinfacht werden.

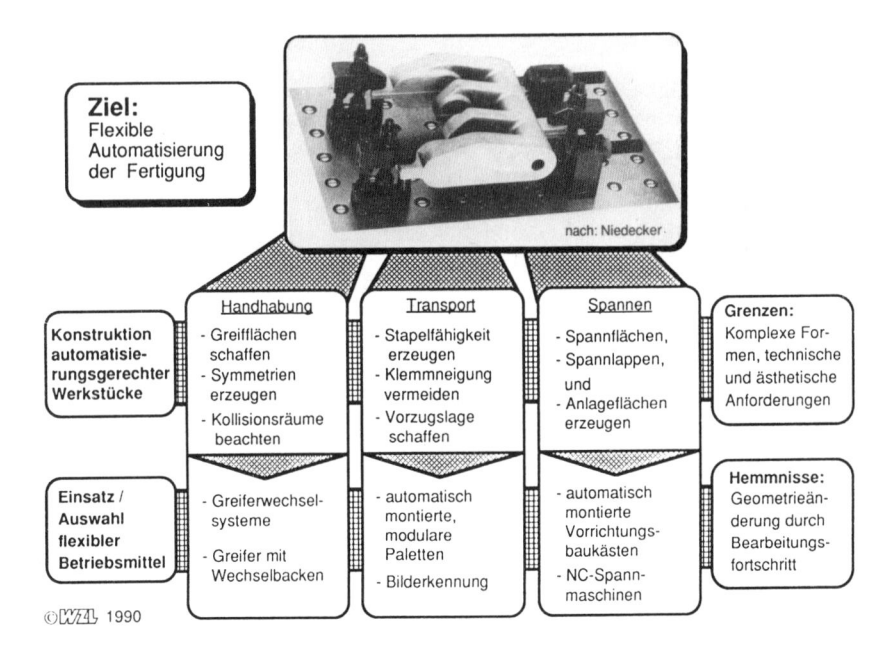

Ziel: Flexible Automatisierung der Fertigung				
	Handhabung	Transport	Spannen	Grenzen:
Konstruktion automatisierungsgerechter Werkstücke	- Greifflächen schaffen - Symmetrien erzeugen - Kollisionsräume beachten	- Stapelfähigkeit erzeugen - Klemmneigung vermeiden - Vorzugslage schaffen	- Spannflächen, - Spannlappen, und - Anlageflächen erzeugen	Komplexe Formen, technische und ästhetische Anforderungen
Einsatz / Auswahl flexibler Betriebsmittel	- Greiferwechselsysteme - Greifer mit Wechselbacken	- automatisch montierte, modulare Paletten - Bilderkennung	- automatisch montierte Vorrichtungsbaukästen - NC-Spannmaschinen	Hemmnisse: Geometrieänderung durch Bearbeitungsfortschritt

© WZL 1990

Bild 8: Maßnahmen zur Realisierung einer automatisierten Fertigung

Erst wenn solche Maßnahmen, die auch unter Begriffen wie "handhabungsgerechtes" oder "spanngerechtes Gestalten" /6-8/ bekannt sind, nicht ausreichen oder andere Nachteile mit sich ziehen, sollten Betriebsmittel eingesetzt werden, die flexibel an komplexe Werkstückkonturen anzupassen sind. Nachteilig sind dabei neben den höheren Kosten, auch höhere Ausfallwahrscheinlichkeiten komplexer Betriebsmittel.

Die Grenzen konstruktiver Maßnahmen am Werkstück, wie z. B. dem Anbringen von Spannlappen, liegen darin, daß die Geometrie eines Bauteils in der Hauptsache durch seine technische Funktion und bei manchen Produkten auch durch die Forderung nach einem gefälligen Design bestimmt wird.

Ein weiteres Automatisierungshemmnis ist in der Änderung der Werkstückkontur durch die Bearbeitung zu sehen. Diese kann so gravierend sein, daß zum Beispiel für Roh- und Fertigteil unterschiedliche Greifer und Transportpaletten benötigt werden.

3.2 Vorrichtungen und Maschinenpaletten

Eine Komponente, die die Flexibilität automatisierter Fertigungssysteme zur Zeit noch erheblich einschränkt, ist die Spannvorrichtung. Versuche hier Abhilfe zu schaffen, führten zur Entwicklung von numerisch gesteuerten Spannmaschinen /9/, die sich mit Hilfe einer Vielzahl frei positionierbarer Achsen der Werkstückkontur anpassen können.

Diese Systeme ermöglichen ein schnelles und relativ flexibles Umrüsten. Nachteilig sind jedoch insbesondere der hohe Umschließungsgrad des Werkstückes, der die Bearbeitung beeinträchtigt und die geringe Steifigkeit der Vorrichtung. Da für jede Werkzeugmaschine eine Spannmaschine mit mehreren NC-Achsen benötigt wird, sind hohe Investitionen notwendig, so daß sich diese Lösung in der Praxis bisher nicht durchgesetzt hat und sich wahrscheinlich auch nicht durchsetzen wird.

3.2.1 Automatisierte Vorrichtungsmontage

Ein anderer Weg wird in den Forschungsvorhaben am WZL bzw. am Stuttgarter Institut für Werkzeugmaschinen /10/ beschritten, die sich mit der automatischen Montage von Baukastenvorrichtungen beschäftigen.

Vorrichtungsbaukästen eignen sich aufgrund ihrer Flexibilität und des gegenüber Sondervorrichtungen wesentlich geringeren Erstellungsaufwandes vorzüglich für kleine Serien bis hin zur Losgröße Eins /11/. Da die Vorrichtung nach Fertigungsende wieder zerlegt wird, so daß die Elemente für den Aufbau anderer Vorrichtungen verwendet werden können, reduziert sich außerdem der Aufwand für die Lagerung. Im Gegensatz dazu werden Sondervorrichtungen im allgemeinen nach Auftragsende für eine erneute Fertigung des Werkstückes komplett gelagert, woraus sich enorme Lagerbestände ergeben können. Außerdem müssen die teuren Sondervorrichtungen nach Änderungen am Werkstück oft neu konstruiert und gefertigt werden.

In den oben genannten Forschungsvorhaben wird nun versucht, diese Vorteile konventioneller Baukästen weitgehend zu erhalten und zusätzlich die Möglichkeit einer automatischen Montage mit Industrierobotern zu schaffen. Abstriche müssen jedoch evtl. bei der Flexibilität der Baukastensysteme gemacht werden, da die Montagemöglichkeiten der Roboter eingeschränkt sind.

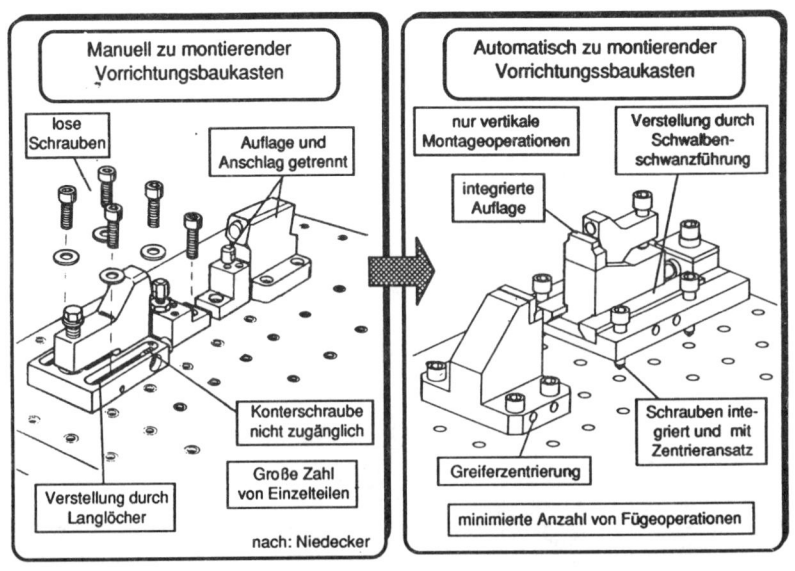

Bild 9: Funktionsmerkmale manuell und automatisch zu montierender Vorrichtunsbaukästen

Die Grundaufgabe eines solchen Vorhabens besteht in der Konstruktion robotermontagegerechter Elemente bzw. in einer entsprechenden Umgestaltung vorhandener Elemente (**Bild 9**).

Konventionelle Baukästen besitzen in der Regel eine Vielzahl zu handhabender und zu fügender Einzelteile, so daß hier zunächst Funktionen integriert werden müssen. Die Betätigungs- und Einstellelemente sind teilweise für Roboter schwer zugänglich und müssen anders angeordnet werden, außerdem sollten alle Montageoperationen möglichst in einer Richtung erfolgen.

Das Bild zeigt die notwendige Umgestaltung am Beispiel einer Horizontalspannung. Da die Positioniergenauigkeit des Roboters zum Aufbau einer präzisen Vorrichtung nicht ausreicht, wurde das Rasterbohrungssystem gewählt, in dem die Elemente durch Paßbohrungen exakt plaziert werden. Um die verschiedenen Funktionsträger, wie Spanner, Auflagen und Anlagen flexibel positionieren zu können sind daher Zwischenelemente notwendig.

Hier sind zumindest für die drei translatorischen Freiheitsgrade und für die Rotation um die Vertikale einstellbare Elemente notwendig. Der Einstellvorgang muß dabei durch eine hochgenaue NC-Achse vorgenommen werden, da die Robotergenauigkeiten hierfür nicht ausreichen. Diese Einrichtung wird jedoch, auch wenn mehrere Werkzeugmaschinen mit automatisch montierten Vorrichtungen beliefert werden sollen, nur einmal gebraucht, so daß die Kosten geringer sind als bei der Verwendung von Spannmaschinen.

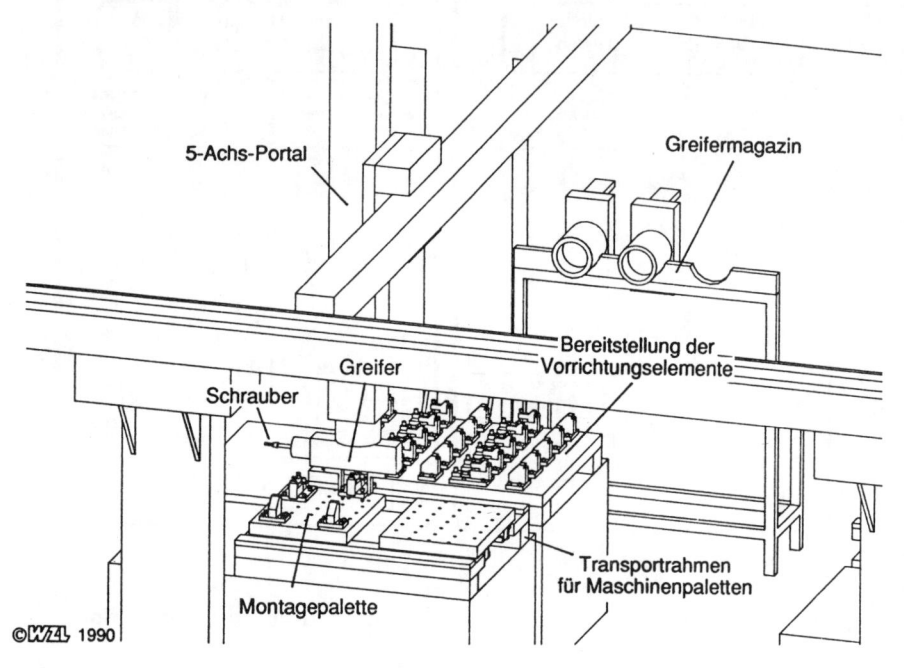

Bild 10: Layout einer Vorrichtungsmontagezelle

Insgesamt stehen bei einer wirtschaftlichen Bewertung des Projektes den höheren Kosten der Baukastenelemente und den Investitionen für die Montageanlage folgende Vorteile gegenüber:

- Bei einem Wiederaufbau der Vorrichtung ist durch die automatische Montage eine exakte Reproduzierbarkeit sichergestellt. Die bei einer manuellen Montage erforderliche fehleranfällige Auswertung von Zeichnungen, Stücklisten oder Fotos durch einen Monteur, entfällt bei Wiederverwendung des RC-Programms.

- Bei mannarmen Schichten müssen nicht alle benötigten Vorrichtungen vor Schichtbeginn montiert werden. Dadurch sinkt der Bedarf an Vorrichtungselementen, Grundkörpern und Maschinenpaletten und damit die Investitionen in diese Betriebsmittel.

Nicht zuletzt handelt es sich hier um ein Forschungsprojekt, aus dem auch Erkenntnisse für eine konventionelle Vorrichtungsmontage gewonnen werden können. Der wirtschaftliche Nutzen ist auch von der zukünftigen Entwicklung auf dem Arbeitsmarkt und von den technischen Fortschritten bei Robotern und Sensoren abhängig.

Bild 10 zeigt das Layout der zum Aachener Werkzeugmaschinenkolloquium 1990 realisierten Montagezelle. Die zum Einstellen der Elemente benötigten Einrichtungen befinden sich noch in Entwicklung.

3.2.2 Wissensbasierte Vorrichtungskonstruktion und Roboterprogrammierung

Weitere Vorteile einer automatisierten Vorrichtungsmontage ergeben sich durch die Einbindung des Vorrichtungsbaus in eine durchgehend rechnerintegrierte Produktion. Hierzu werden am WZL zwei weitere Forschungsvorhaben durchgeführt, die es ermöglichen sollen, die bei der Werkstückkonstruktion anfallenden Daten für die Vorrichtungskonstruktion und für die Roboterprogrammierung zu nutzen, so daß ausgehend vom CAD-Modell des Werkstücks mit wenigen Benutzereingaben eine Vorrichtung entsteht (**Bild 11**).

Das wissensbasierte System FIXPERT (Fixture Expert) /12/ stellt aus Vorrichtungselementen, die in einer CAD-Bibliothek abgelegt sind, eine komplette Spannvorrichtung zusammen, wobei in einer Wissensbasis abgelegte Regeln zur Vorrichtungskonstruktion genutzt werden.

Hierzu wird zuerst das Vorrichtungsgrundprinzip bestimmt, wobei hier insbesondere die Rohteilgeometrie und die durchzuführenden Bearbeitungen beachtet werden müssen. Auf die Festlegung des Positionier- bzw. Spannprinzips, folgt dann die Auswahl der Auflagefläche und der benötigten Vorrichtungselemente. In einem letzten Schritt werden zunächst die Bestimm- und danach die Spannelemente auf dem Vorrichtungsgrundkörper positioniert, so daß ein komplettes CAD-Vorrichtungsmodell entsteht.

Aus diesen Daten und einem Modell des Roboters und seiner Umgebung, dem sogenannten Weltmodell, generiert das Programm-System AUTOFIX (Automatic Fixturing) /13/, das ebenfalls mit den Methoden der künstlichen Intelligenz arbeitet, ein kollisionsfreies Roboterprogramm zur Montage der Vorrichtungen.

Bei AUTOFIX handelt es sich um ein aufgabenorientiertes oder implizites Offline-Programmiersystem, da es keine explizite Definition der vom Roboter auszuführenden Bewegungen erfordert, sondern eine Beschreibung der zu lösenden Handhabungsaufgabe. Diese komplexen Aufgaben, wie z. B. "Befestige Vorrichtungselement A an der Stelle B", werden von einem sogenannten Montageplaner in Elementaraufgaben zerlegt, die dann von untergeordneten Planungsmodulen gelöst werden.

Hierzu gehört als erstes Modul der sogenannte Greifplaner, der einen geeigneten Greifer auswählt sowie den Greifpunkt am Vorrichtungselement und die Orientierung des Greifers bestimmt. Ein weiteres Modul, der Bahnplaner, sucht dann eine möglichst kurze und kollisionsfreie Bahn. Für die eigentlichen Montageaufgaben sind dann Feinbewegungsplaner zuständig, die die oft umfangreichen, zum Fügen oder Befestigen notwendigen Befehlssequenzen generieren. Das Ergebnis des Programmiersystems ist ein steuerungsneutraler Code, der nach einer graphischen Simulation von Postprozessoren für den einzusetzenden Roboter übersetzt werden muß.

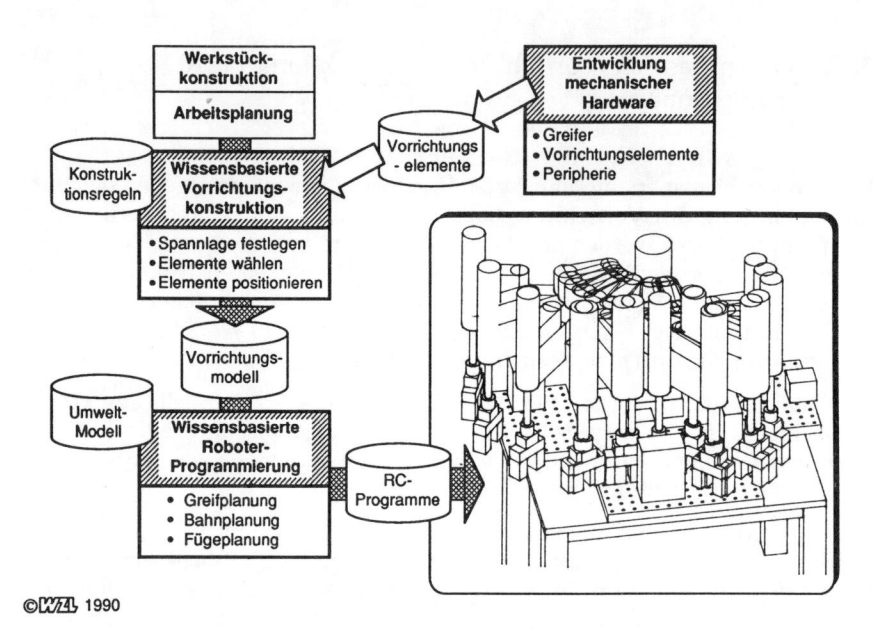

Bild 11: Rechnerunterstützter Vorrichtungsbau

Durch die Kopplung der drei Projekte auf den Gebieten Vorrichtungskonstruktion, Roboterprogrammierung und automatisierte Vorrichtungsmontage sind Zeiteinsparungen insbesondere beim Erstaufbau einer Vorrichtung möglich. Die Möglichkeiten eines fehlerhaften menschlichen Eingriffs werden weitgehend vermieden.

3.2.3 Standardisierungsdefizite bei Maschinenpaletten

Der Maschinenpalette kommt als Bindeglied zwischen Spannvorrichtung und Werkzeugmaschine eine besondere Bedeutung zu. In Flexiblen Fertigungssystemen mit indirekter Werkstückhandhabung wird sie als Transportmedium zur Verkettung unterschiedlicher Maschinen eingesetzt, woraus sich besondere Anforderungen an eine Standardisierung dieses Betriebsmittels ergeben (**Bild 12**).

Da diese Problematik schon seit längerem bekannt ist, wurde mit der Verabschiedung der DIN 55201 /14/ versucht, die notwendige Vereinheitlichung zu erreichen. In der betrieblichen Praxis hat sich jedoch gezeigt, daß die Bestimmungen dieser Norm für die automatische Verkettung unterschiedlicher Maschinen nicht ausreichen, da in der Hauptsache Geometrieelemente genormt sind, die die Positionierung und Befestigung der Palette in der Maschine ermöglichen.

Der Vorgang des Wechselns einer Palette fand jedoch keine Berücksichtigung, so daß hier die einzelnen Werkzeugmaschinenhersteller die unterschiedlichsten Einzugsmechanismen verwenden. Selbst ein identischer Mechanismus gewährleistet aber noch keine Verwendung der Palette auf verschiedenen Maschinen, da auch die Geometrie der Funktionsträger stark variiert. Hier muß sich der Anwender oft selbst helfen und seine Paletten entsprechend umkonstruieren. So zeigt Bild 12 im rechten Teil eine Lösung, die für das in /2/ beschriebene FFS, bei einem Anwender entwickelt wurde.

Eine weitere Funktion, die dringend vereinheitlicht werden müßte, ist die Übertragung hydraulischer, pneumatischer oder elektrischer Energie zum Spannen der Werkstücke. Entsprechende Kupplungen sind oft vom Maschinenhersteller gar nicht vorgesehen, so daß der Anwender auch dieses Problem selbst lösen muß.

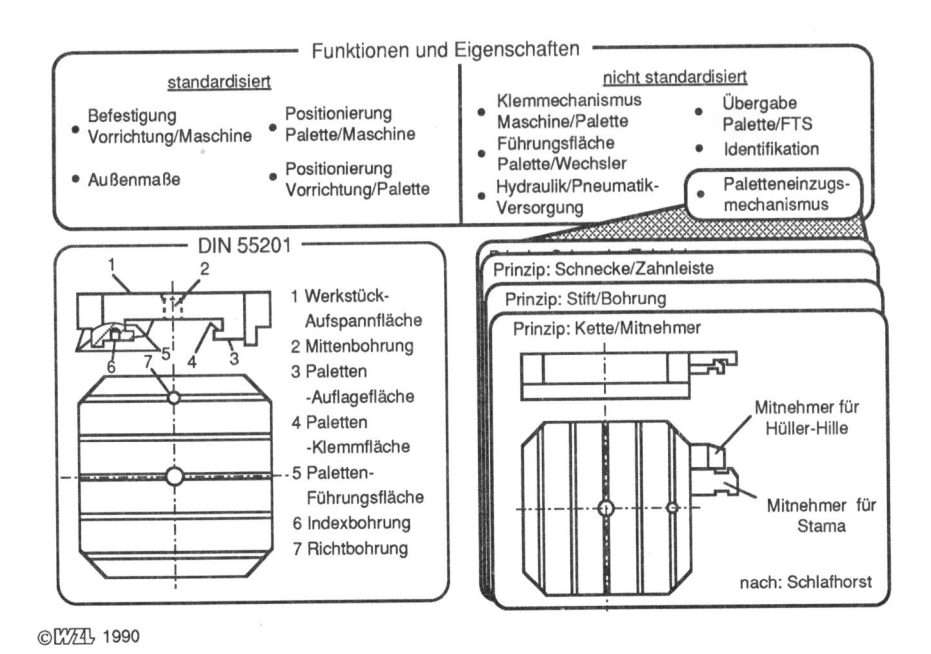

Bild 12: Standardisierungsdefizite bei Maschinenpaletten

Eine Neuauflage der Norm wäre hier also dringend erforderlich und würde der europäischen Werkzeugmaschinenindustrie Wettbewerbsvorteile schaffen.

3.3 Gestaltung von Robotergreifern

Einen weiteren Problembereich bei automatisiertem Materialfluß bilden die Greifer. Auch hier besteht ein direkter Kontakt zum Werkstück mit seinen komplexen Geometrien, der hohen Gestaltvielfalt und teilweise großen Toleranzen, woraus hohe Anforderungen an die Flexibilität der Greifer resultieren. Dabei sind neben den Grundfunktionen zum Greifen von Werkstücken, oft noch eine Reihe von Zusatzfunktionen zu erfüllen.

Um den steigenden Kosten für die immer größer werdende Anzahl benötigter Greifer zu begegnen, gibt es zwei prinzipiell verschiedene Ansätze (Bild 13).

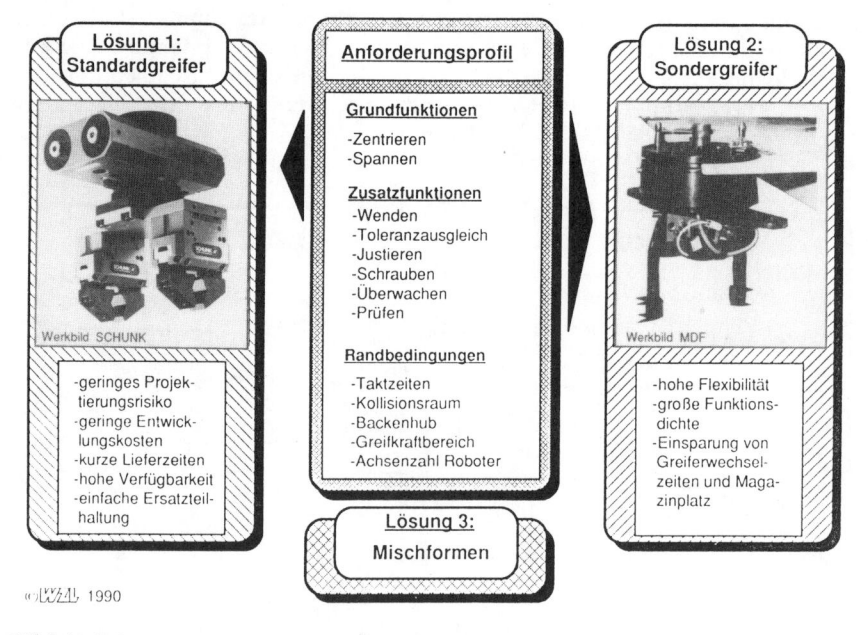

Bild 13: Lösungskonzepte zur Greiferentwicklung

Einerseits werden von verschiedenen Firmen zunehmend Standardgreifer bzw. Bewegungsmodule angeboten, die durch spezielle Greifbacken auf den jeweiligen Einsatzfall angepaßt werden können. Kostenersparnisse ergeben sich dadurch, daß die Greifer beim Zulieferer in höheren Stückzahlen produziert werden können. Da auf bewährte Technik zurückgegriffen wird, entfällt bei termingebundenen Projekten das Risiko, durch unvorhersehbare Probleme bei der

Greiferentwicklung in Verzug zu geraten.

Ein zweiter Lösungsweg führt zu komplexen Sondergreifern, die für ein bestimmtes Werkstückspektrum entwickelt werden und somit eine relativ hohe Flexibilität besitzen. Dieser Weg muß unweigerlich beschritten werden, wenn spezielle Zusatzfunktionen zu erfüllen sind, die in einen Standardgreifer nicht oder nur mit hohem Aufwand zu integrieren sind.

Da die Leistungsfähigkeit dieser Greifer auf das spezielle Aufgabengebiet abgestimmt ist, können Bauvolumen und Gewicht kleiner gehalten werden als bei Einsatz eines Standardgreifers. Durch die Fähigkeit sich an ein breites Werkstückspektrum anzupassen, entfällt die Notwendigkeit häufiger Greiferwechsel, wodurch wiederum die Durchlaufzeiten sinken.

Durch Greifer, die geringe Anforderungen an die Bereitstellungstoleranzen der Werkstücke stellen, können die in hoher Stückzahl erforderlichen Transportpaletten einfacher und damit billiger werden. Demgegenüber fallen die höheren Kosten solcher Greifer weniger ins Gewicht, da von diesen nur einige wenige benötigt werden. Einen Nachteil stellt die größere Fehleranfälligkeit komplexer Greifer dar. Hier liegt auch ein Grund weshalb Extrembeispiele dieser Greifertypen, wie z.B. Nachbildungen der menschlichen Hand /15/, bisher in der industriellen Praxis keine Bedeutung haben.

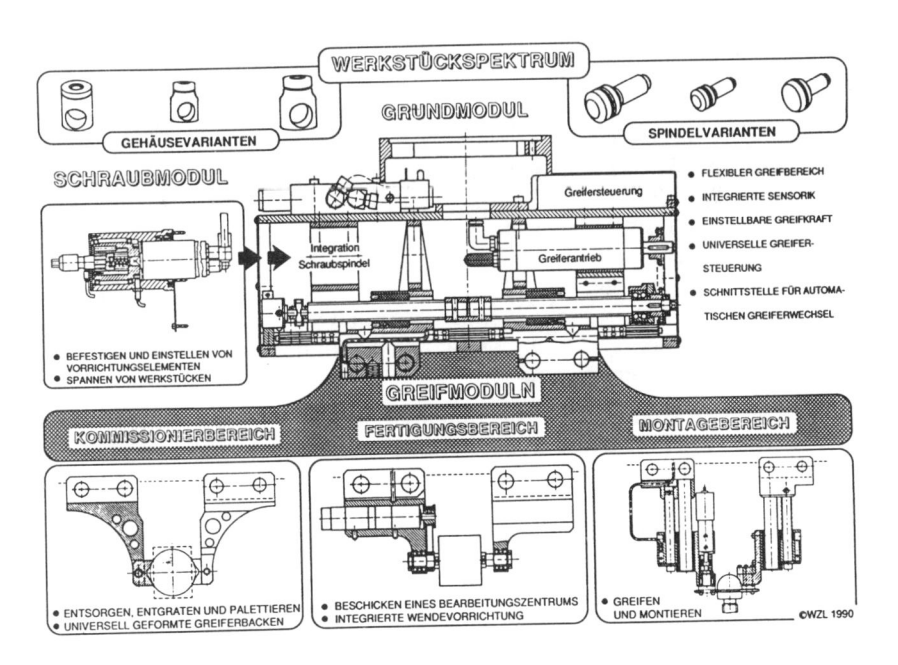

Bild 14: Modulares Greifersystem

Weit verbreitet sind dagegen Mischformen aus den beiden obengenannten Greifertypen, wobei die Vorteile beider Gattungen vereint werden. So kann zum Beispiel der Bewegungsmechanismus mit Standardmodulen verwirklicht werden, wogegen Zusatzfunktionen, wie das Anziehen von Schrauben oder das Wenden von Werkstücken im Greifer, durch Sonderkonstruktionen realisiert werden.

Um eine weite Verbreitung dieser standardisierten Greiferbausteine zu erreichen, wäre auch hier eine verbindliche Richtlinie in Form einer Norm wünschenswert. Damit würde es möglich, Module verschiedener Hersteller auf einfache Weise zu kombinieren. Es könnten sogar regelrechte Greiferbaukästen entstehen, aus denen man durch unterschiedliches Kombinieren der einzelnen Bausteine neue Greifer zusammenstellen könnte.

Ansätze hierzu sind in den modular aufgebauten Greifern in **Bild 14** zu sehen. Diese bestehen aus einem Grundmodul, welches den Greiferantrieb, die Greiferkinematik, eine frei programmierbare Steuerung und die Greiferwechselschnittstelle enthält und aus Greif- und Zusatzmodulen, welche an die spezielle Handhabungsaufgabe angepaßt werden können. Bei den Greifmodulen kann es sich um einfache Greiffinger oder aber auch um komplexere Einrichtungen handeln, die z. B. ein Wenden von Werkstücken für eine zweite Aufspannung erlauben.

In diesem Zusammenhang wird auch eine vereinheitlichte Schnittstelle zwischen Greifer und Roboterflansch wieder interessant. Es ist zwar durchaus möglich, Greifer über einfache mechanische Adapterplatten an verschiedene Roboter anzupassen, die hieraus resultierende zusätzliche Bauhöhe der Greifer ist jedoch bei vielen Handhabungsaufgaben äußerst störend und kann sogar den Einsatz des Greifers unmöglich machen.

3.4 Werkstücktransport mit modularen Werkstückträgern

Ein weiteres Betriebsmittel im direkten Kontakt zum Werkstück sind die Transport- Werkstückträger. Neben der Erfüllung der Hauptaufgaben des Transportierens und Speicherns müssen Paletten in automatisierten Systemen die Werkstücke einem Roboter oder Einlegegerät in exakt definierter Position und Orientierung zum Zugriff bereitstellen.

In jüngerer Zeit wurde zwar zunehmend versucht, das Greifen halbgeordnet vorliegender Werkstücke durch Bildverarbeitungssysteme zu unterstützen, diese versagen aber noch bei sich überlappenden Bauteilen. Der größte Nachteil des oft propagierten Griffes in die Kiste ist jedoch darin zu sehen, daß bearbeitete Flächen bei einem ungeordneten Transport beschädigt werden könnten.

Aufgrund dieser Tatsachen sind Werkstückträger, die die obengenannten Anforderungen erfüllen, in der Industrie weit verbreitet und binden hohe Mengen an Kapital. In flexiblen Fertigungszellen für Rotationsteile kommen dabei oft Speicherbänder in Verbindung mit einfachen Einlegegeräten, welche eine konstante Position zur Aufnahme des Werkstücks verlangen, zum Einsatz. Diese Magazine erfordern aufgrund ihres einfachen Aufbaus nur geringe Investitionen, müssen aber manuell mit Werkstücken versorgt werden und eignen sich deshalb nicht für eine flexible Verkettung mehrerer Zellen zu einem Fertigungssystem /16/.

Besser sind die sogenannten Systempaletten für diese Aufgabe geeignet. Analog zu den verschiedenen Vorrichtungsarten (Sondervorrichtung, Baukastenvorrichtung) gibt es auch bei den Werkstückträgern für größere Serien Paletten, die nur für spezielle Teile einsetzbar sind und modulare Systeme, die ein Umrüsten auf verschiedene Werkstücke erlauben.

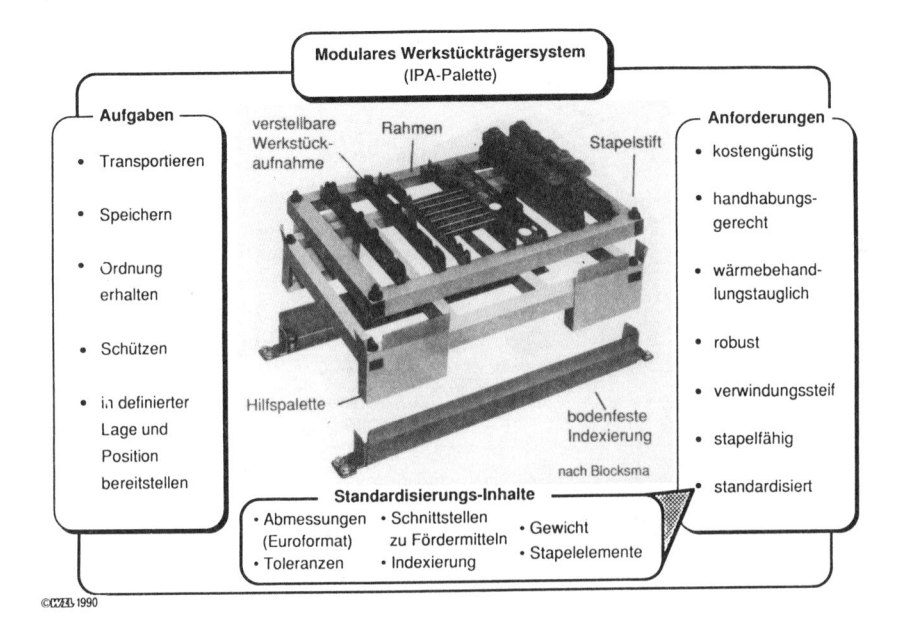

Bild 15: Modulares Werkstückträgersystem

Die Paletten mit fixer Oberflächenform werden meist tiefgezogen, geschäumt oder im Spritzguß-Verfahren aus Kunststoff, aber auch durch spanende Bearbeitung aus Holzlaminaten hergestellt. Die Kosten pro Palette sind hier ab einer Grenzstückzahl kleiner als bei den umrüstbaren Systemen aus Metall. Bei kleinen und mittleren Serien wird jedoch der Einsatz modularer Systeme rentabel.

Im Arbeitskreis "Magazinierung in der Rotationsteilefertigung" wurde vom Fraunhofer-Institut für Produktionstechnik und Automatisierung (IPA) in Zusammenarbeit mit Industriefirmen ein Standard erarbeitet, auf dessen Basis mittlerweile von verschiedenen Herstellern Palettensysteme angeboten werden.

Die Systeme bestehen in der Hauptsache aus den Palettenrahmen und den darauf zu befestigenden werkstückspezifischen Aufnahmeleisten (**Bild 15**). Diese Aufnahmen können auf dem Rahmen verschoben und damit an die Werkstückgröße angepaßt werden. Ein Rahmen mit Aufnahmeleisten bildet bereits als Einzelpalette eine funktionsfähige Einheit, die auf Rollbahnen oder ähnlichen Fördermitteln transportiert werden kann. Werden mehrere Rahmen in einen Transportcontainer eingeschoben, spricht man dagegen von Schubladenpaletten.

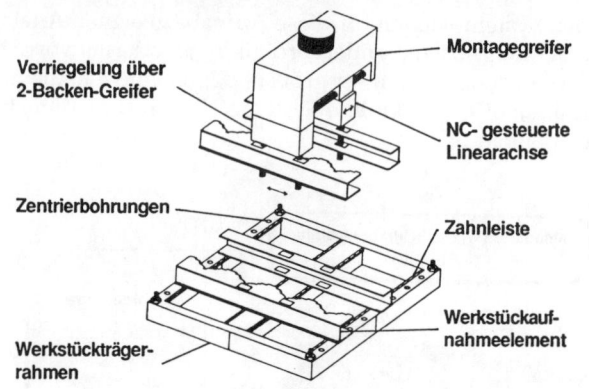

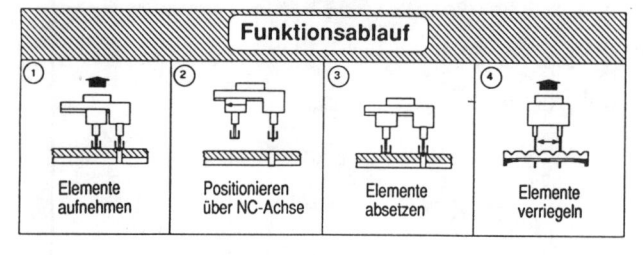

Bild 16: Ablauf der automatisierten Werkstückträgermontage

Zum Übereinanderstapeln der einzelnen Lagen werden sogenannte Stapelstifte verwendet, welche das Gewicht der Rahmen tragen und außerdem sowohl zum Positionieren der Rahmen untereinander als auch zur Indexierung eines kompletten Stapels dienen. Durch eine präzise Fertigung der Stifte und der Rahmen wird es möglich, die Werkstücke einem Industrieroboter mit Lagetoleranzen von wenigen Zehntel-Millimetern anzubieten. Um die Stapel mit Gabelstaplern, Regalförderzeugen oder ähnlichen Fördermitteln transportieren zu können, wird der gesamte Stapel auf eine Hilfspalette gesetzt.

Von Seiten der Anwender wird immer öfter gewünscht, Paletten auf verschiedenen Fördermitteln zu transportieren und damit Bearbeitungsmaschinen verschiedener Hersteller zu beschicken. So wurde eine Vereinheitlichung unumgänglich. Da aus dem obengenannten Arbeitskreis keine verbindliche Norm hervorging, obliegt es dem Anwender selbst, bei der Anschaffung eines Palettensystems auf eine Übereinstimmung mit diesem Standard zu achten. Die wichtigsten Standardisierungs-Parameter gehen aus Bild 15 hervor, wobei insbesondere die Abmessungen einer Systempalette unbedingt mit dem sogenannten Europa-Format (800x1200) oder mit dessen ganzzahligen Teilen (400x300, usw.) übereinstimmen sollten.

Obwohl diese umrüstbaren modularen Palettensysteme für eine flexible Automatisierung wesentlich besser geeignet sind als starre Spezialpaletten, erfordert der Rüstvorgang ähnlich dem Aufbau einer modularen Spannvorrichtung einen nicht zu unterschätzenden Aufwand an Zeit. Aus diesem Grund werden am WZL auch auf diesem Gebiet die Möglichkeiten einer Montage mit Industrierobotern untersucht. **Bild 16** zeigt schematisch den Aufbau des Greifers und des Palettensystems und den Ablauf der Montage.

Bei dem Greifer handelt es sich um einen der oben beschriebenen Mischformen zwischen Standardgreifern und hochtechnisierten Sonderkonstruktionen. Er besitzt eine NC-Achse, auf der zwei handelsübliche pneumatische 2-Backen-Greifer sitzen, mit denen jeweils ein Leistenpaar gegriffen wird. Die NC-Achse dient dabei zum exakten Einstellen des Leistenabstandes, der von der Größe der zu transportierenden Werkstücke abhängt.

Um die Aufnahmeleisten trotz der Ungenauigkeit des Roboters exakt auf dem Palettenrahmen positionieren zu können, besitzt der Rahmen Zentrierbohrungen, in die jeweils eine der beiden Leisten mit zwei Stiften eingreift. Die zweite Leiste besitzt dagegen keine Zentrierstifte, da sie ja relativ zur ersten stufenlos verschoben werden soll. Die Befestigung der Leisten auf dem Rahmen geschieht über einen federbelasteten Schnellverschluß, der von den Zweifingergreifern betätigt wird.

4. Automatisierter Werkzeugfluß

4.1 Werkzeugverwaltung und -versorgung

Die Forderung nach Flexibilität der Fertigungseinrichtungen setzt voraus, daß alle Bereiche des Informations- und Materialflußsystems in der Lage sind, flexibel auf interne und externe Einflüsse, wie Änderungen der Auftragstermine und Losgrößen oder Ausfälle einzelner Komponenten, zu reagieren. Flexiblen Werkzeugverwaltungssystemen und den damit im Zusammenhang stehenden mechanischen Komponenten wurde erst in den letzten Jahren verstärkte Aufmerksamkeit geschenkt. Mit komplexen, integrierten Fertigungssystemen wird zukünftig jedoch keine verstärkte Flexibilität zu erreichen sein, wenn der Fluß der Werkzeuge und Daten nicht automatisiert abläuft /18/.

Die Automatisierung des Werkzeugflusses hat im wesentlichen folgende Rationalisierungseffekte zur Folge:

- Erhöhung der Produktivität der Maschinen durch Vermeidung von Maschinenstillständen wegen fehlender Werkzeuge

- Senkung der Werkzeugkosten durch volle Ausnutzung der Werkzeugstandzeiten

- Nutzung eines Werkzeugs in mehreren Maschinen

- Erhöhung der Nutzungsdauer einer flexiblen Anlage durch den automatisierten, mannarmen Werkzeugtausch.

Diese Ziele können heute durch Einsatz von Werkzeugorganisationssystemen erreicht werden, die insbesondere von Werkzeug- und Werkzeugmaschinenherstellern angeboten werden /19/. Die Software- Systeme dienen der Werkzeugdatenverwaltung und Werkzeugdisposition. Die Verwaltung und Aktualisierung der Werkzeugdaten während des gesamten Werkzeugkreislaufs wird durch grafische Darstellungen des Werkzeugaufbaus unterstützt. Für die Werkzeugplanung und -disposition stehen Hilfsmittel zur Verfügung, die eine Ermittlung des aktuellen Werkzeugbedarfs sowie die Minimierung der Austauschwerkzeuge unterstützen. Für diese Aufgaben kommen überwiegend relationale Datenbanken zum Einsatz.

Die Hauptaufgabe der automatisierten Werkzeugversorgung besteht in der koordinierten Bereitstellung der Werkzeuge und dem zeitgerechten Werkzeugtransport und -wechsel. Die Einbeziehung von Werkzeugvoreinstellung und Zentral- oder Zwischenlager ist eine weitere notwendige Aufgabe. Einheitliche mechanische Schnittstellen unterstützen diese Vorgänge.

4.2 Mechanische Schnittstellen im Werkzeugfluß

4.2.1 Modulare Werkzeugsysteme

Baukastenstrukturen für Werkzeuge entstanden vor dem Hintergrund des universellen Bedarfs an Bearbeitungswerkzeugen in unterschiedlichen Längen und Durchmessern sowie der Notwendigkeit, die eigentlichen Werkzeuge über verschiedene Grundhalter an verschiedenste Maschinen adaptieren zu können. Über sogenannte "modulare Kupplungen" zu verbindende Werkzeugmodule können vielfältig miteinander kombiniert werden. Die Werkzeugsysteme eröffnen prinzipiell die Möglichkeit, den enormen Werkzeugbedarf in integrierten Systemen durch Mehrfachnutzung einzelner Werkzeugmodule und Verringerung der Anzahl notwendiger Grundhalter zu senken. Ohne Werkzeugverwaltungssysteme sind die angestrebten Vorteile beim Einsatz der Werkzeugsysteme kaum zu erreichen. Doch auch durch geeignete Gestaltung des mechanischen Systemaufbaus, speziell der modularen Kupplung, kann der rationelle Einsatz von Werkzeugsystemen unterstützt werden /20/.

Die Kupplung sollte so ausgeführt sein, daß eine einfache und sichere manuelle Montage/Demontage möglich ist. Dieser Forderung kommen sicherlich Systeme mit radialer Spannschraubenbetätigung am besten nach. Bei diesem Spannprinzip ist es leicht möglich Werkzeugköpfe zu wechseln, ohne das gesamte Werkzeug zerlegen zu müssen. Der oberste Gesichtspunkt für die Auswahl von Werkzeugsystemen sollte jedoch nicht die einfache Zerlegung, sondern die Erfüllung der Steifigkeits- und Genauigkeitsanforderungen sein. Hier besitzen Systeme mit zentralen Anzugsschrauben prinzipbedingt eindeutige Vorteile. Die Erfüllung der eigentlichen Zerspanungsaufgabe steht auch in verketteten Systemen über eventuellen Vorteilen in der Werkzeugkommissionierung.

Ein enormes Problem stellt für den Anwender bei der Auswahl von Werkzeugsystemen deren Vielfalt und Vielgestaltigkeit dar /21/. Heute werden mehr als 30 verschiedene Systeme angeboten, deren wesentlichste Spannprinzipien in **Bild 17** dargestellt sind.

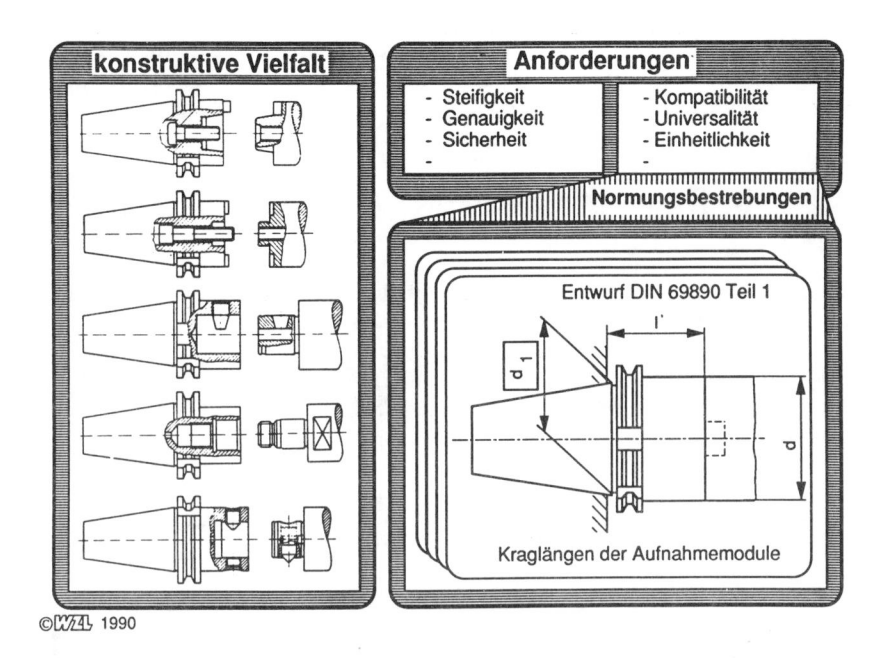

Bild 17: Normungsbestrebungen bei modularen Werkzeugen

Eine Beurteilung der Leistungsfähigkeit fällt oft ohne vergleichende Untersuchungen schwer. Um unabhängig von einem Lieferanten zu sein, besteht seitens der Endverbraucher der berechtigte Wunsch nach Standardisierung der Systeme.

Die Politik der Lizenzvergabe einiger Hersteller schafft quasi Industrienormen, löst das Problem der Einheitlichkeit aber nicht generell. Hier ist klar zu betonen, daß seitens der Werkzeughersteller auch wenig Interesse besteht, durch Aufgabe eigener Entwicklungen Marktanteile preiszugeben. So war dem Versuch, im Rahmen eines DIN-Arbeitskreises "Modulare Kupplungen" eine Standardisierung von Werkzeugtrennstellen herbeizuführen, von vornherein nur wenig Erfolg vergönnt. Hier kam es lediglich zur Festlegung äußerer Abmessungen einzelner Systemelemente (Bild 17). Zur Zeit existieren Normenvorschläge für die Kraglängen von Aufnahmemodulen sowie die Längen von Zwischenmodulen. Damit wurde ein erster Schritt in Richtung durchgängiges Tool Management gegangen.

Der zweite Schritt, die Vereinheitlichung der modularen Kupplung selbst, erscheint aus heutiger Sicht kaum durchführbar. So wird der Anwender auch zukünftig mit verschiedenen Werkzeugsystemen leben müssen, deren vereinheitlichte Abmessungen jedoch seine Werkzeugverwaltung unterstützen.

Diese Stufe der Vereinheitlichung ist in Bezug auf den automatisierten Werkzeugfluß auch ausreichend, da modulare Kupplungen systeminterne Trennstellen sind, die während des eigentlichen Flusses des Komplettwerkzeuges auch nicht gelöst werden. Zur Maschine hin muß die Schnittstelle dann wieder einheitliche Gestalt besitzen. In diesem Zusammenhang entsteht für absolut durchgängige Systeme die Forderung nach Identität von Trenn- und Schnittstelle.

4.2.2 Schnittstelle Maschine/Werkzeug

Technische Weiterentwicklungen der Schnittstelle Maschine/Werkzeug sind in den letzten Jahren vor dem Hintergrund der Verbesserung der Steifigkeit, Genauigkeit und weiterer Funktionsparameter zu beobachten. Sie haben zur Folge, daß der Anfang der 80er Jahre für den automatischen Werkzeugwechsel genormte Steilkegel DIN 69871 mit dem Anzugsbolzen DIN 69872 heute bereits in Frage gestellt wird.

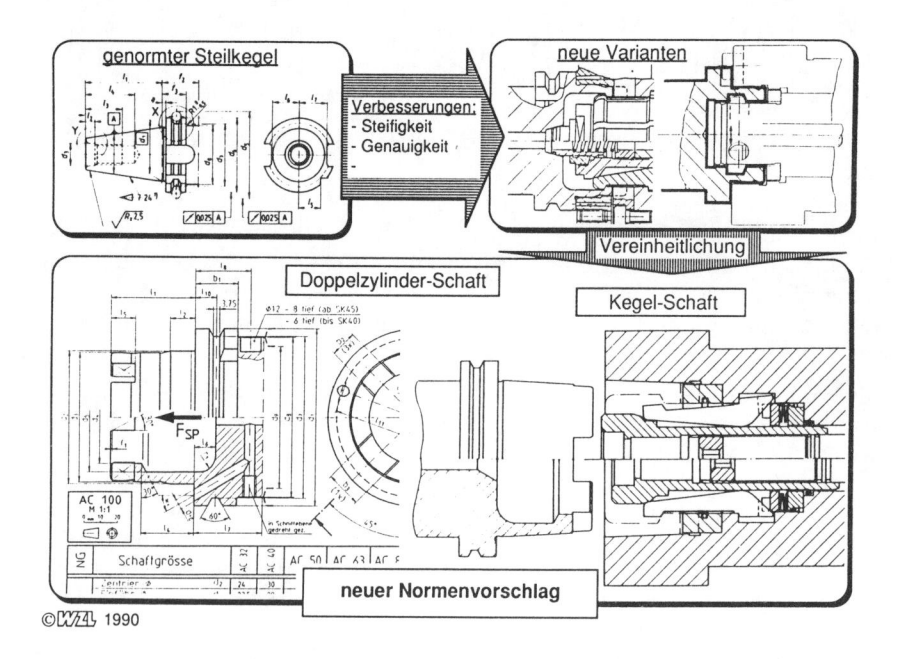

Bild 18: Vereinheitlichte Hohlschaftlösung als Alternative zum Steilkegel

Um ein Auseinanderlaufen der Entwicklung auf dem Sektor Werkzeugschnittstelle zu vermeiden, arbeitet das WZL im Rahmen eines Forschungsthemas mit zahlreichen Werkzeugherstellern, Maschinenherstellern und Endverbrauchern an der Vereinheitlichung von Schnittstellenlösungen. In umfangreichen Prüfstands- und Maschinenuntersuchungen wurde nachgewiesen, daß mehrere alternative Lösungen im Vergleich zum Steilkegel verbesserte Leistungsparameter zeigen /22/. Eine Reihe sogenannter Hohlschaftlösungen sind geometrisch ähnlich ausgeführt, so daß eine einheitliche Gestaltung der Struktur ohne Funktionseinschränkungen möglich ist.

Bild 18 zeigt als alternative Lösung zum Steilkegel für Fräs-/Bohr-Bearbeitungszentren die vereinheitlichte Hohlschaftlösung mit von innen nach außen wirkender Spannzange. Eine absolute Einheitlichkeit konnte wegen differierender Auffassungen zur Gestaltung der Schaftform jedoch nicht festgelegt werden. Hier stehen sich Befürworter von Kegel- und Doppelzylinderschaft gegenüber, haben aber alle Maße, die nicht die Schaftform betreffen, vereinheitlicht.

Die Neuentwicklungen zielen neben der Erhöhung von Steifigkeit und Genauigkeit durch verbesserte Spannsysteme, Schaftformgestaltung und Plananlage auch auf eine Verbesserung der Sauberhaltung der Schnittstelle ab. Hier wird insbesondere eine Plananlage gefordert, die nicht durch Mitnahmenuten unterbrochen ist. Durch diese Maßnahme können Schmutzpartikel mit Blasluft gut entfernt werden.

Eine solche Forderung hat zur Folge, daß z. B. für den Steilkegel bestehende Normen bzgl. der Greif- und Orientierungselemente nicht direkt übernommen werden können. Hier beeinflußt die technische Weiterentwicklung unmittelbar die Gestaltung der für die Verkettung wichtigen Elemente. Die Änderungen an Greifern und Magazinen sind erforderlich, wenn die angestrebten Funktionsvorteile voll zur Wirkung kommen sollen. Gleichzeitig wird mit der Festlegung der Maße des Greifbunddurchmessers in der Normreihe der modularen Werkzeuge ein weiterer Schritt in Richtung Vereinheitlichung gemacht. In ihrer Funktion als Koppelstelle muß die Schnittstelle Maschine/Werkzeug als weitere wichtige Aufgabe die Kühlmittelübertragung übernehmen. Darüberhinaus ist ein Platz für den Datenträger auf dem Werkzeughalter vorzusehen. Der neue Normenvorschlag enthält auch für diese Funktionen die erforderlich Maße.

Während Werkzeuge für Fräs-/Bohr-Bearbeitungszentren in flexiblen Systemen maschinen- oder zellenübergreifend eingesetzt werden und somit ohne einheitliche Schnittstelle kein optimaler Einsatz möglich ist, besteht diese Notwendigkeit für Werkzeuge in Drehbearbeitungszentren heute noch nicht in gleichem Maße.

Für den manuellen Schnellwechsel und den automatischen Wechsel in Drehmaschinen wurden zu Beginn der achtziger Jahre Schneidkopfsysteme entwickelt, deren Kupplungen ähnlich den modularen Systemen herstellerspezifisch ausgeführt sind. Da jedoch eine maschinenübergreifende Verkettung in der Werkzeugversorgung der Drehmaschinen nicht unbedingt erforderlich ist, erscheint eine Vereinheitlichung dieser Schnittstellen zunächst nicht notwendig. Die Schneidkopfsysteme der verschiedensten Hersteller lassen sich trotz unterschiedlicher Schaft- und Spannsystemgestaltung in gleicher Weise handhaben und magazinieren (Bild 19).

Als Standardschnittstelle für den manuellen Wechsel hat sich im Drehbereich der Zylinderschaft nach DIN 69880 durchgesetzt. Versuche, auf Basis dieser Schnittstelle automatisch arbeitende Wechselsysteme zu schaffen, sind vor Jahren bereits erfolgreich durchgeführt worden. Wegen der Komplexität der Werkzeughalter, der Kollisionsprobleme in Mehrfachrevolvermaschinen und der beschränkten Eignung des Zylinderschaftes für den automatischen Wechsel kann diese Art des automatischen Wechsels in Drehmaschinen nur mit hohem Kostenaufwand realisiert werden.

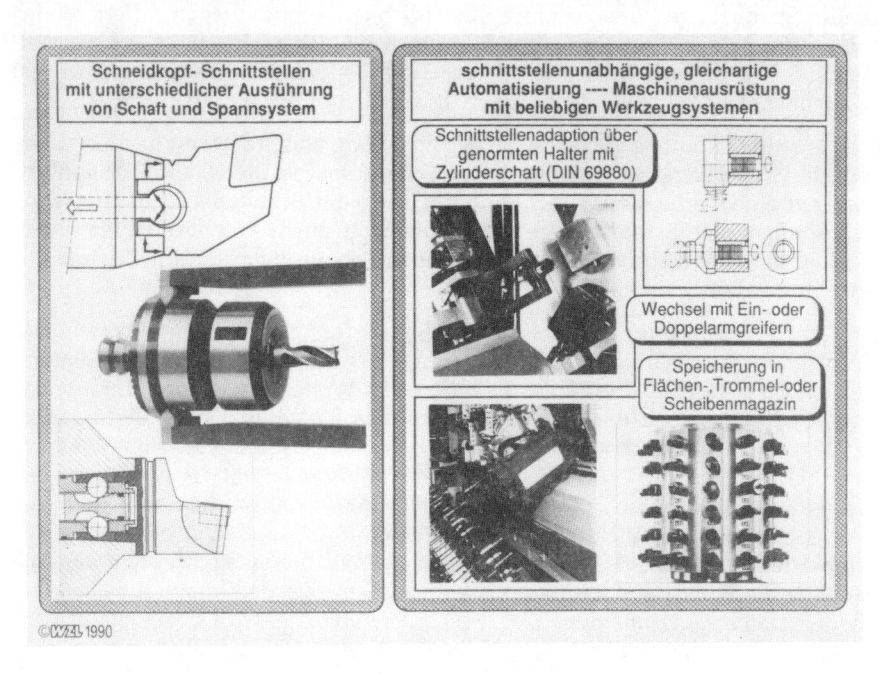

Bild 19: Maschinengebundener Wechsel von Schneidköpfen in Drehmaschinen (nach: Hertel, Krupp-Widia, Sandvik-Coromant)

Günstigere Bedingungen bieten in dieser Hinsicht Drehmaschinen, die anstelle der Revolver mit Einzel- Werkzeugträgern ausgerüstet sind. Somit steht genügend Arbeitsraum für den automatischen Wechsel der Werkzeughalter zur Verfügung. An der Maschinenrückseite können Kettenmagazine angebracht werden, aus denen ein Wechsler mit Doppelarmgreifer die Versorgung der Einzel-Werkzeugträger übernimmt. Die Werkzeugwechselzeiten liegen dabei prinzipbedingt stets über den Wechselzeiten von Revolvermaschinen, so daß nur für bestimmte Werkstückspektren neben der hohen Flexibilität auch eine hohe Produktivität erreicht werden kann. Die hauptzeitparallele Werkzeugver- und -entsorgung der Maschine geschieht über eine Werkzeugschleuse und könnte in Analogie zu den Fräs-/Bohr-Bearbeitungszentren auch maschinenübergreifend erfolgen. Unter derartigen Voraussetzungen wird dann auch wieder die Frage der einheitlichen Schnittstellengestaltung akut /23/.

Die Gestaltung einheitlicher Schnittstellen über verschiedenste Anforderungsbereiche hinweg ist seit Jahren eine Wunschforderung, die einige Werkzeughersteller durch Entwicklung sogenannter Universalsysteme erfüllen wollen. Es ist einzuschätzen, daß heute noch kein System auf dem Markt ist, das als modulare Kupplung, als Schneidkopfschnittstelle oder Zylinderschaftersatz in Drehmaschinen und als Schnittstelle zwischen Werkzeug und Spindel in Fräsmaschinen gleichermaßen gut geeignet ist.

So haben sich in den letzten Jahren auf die eigentliche Zerspanungsaufgabe ausgerichtete Systeme durchgesetzt, indem z.b. speziell für den Einsatz als stehendes Werkzeug in Drehmaschinen geeignete Lösungen oder auf die Bohr-/Fräs-Bearbeitung ausgerichtete Lösungen geschaffen wurden. Auch in Zukunft wird die automatische Werkzeugversorgung in integrierten Systemen primär nicht durch einen vollständig fabrikumfassenden Werkzeugfluß gekennzeichnet sein, für den durchgängig einheitliche Schnittstellen von Vorteil wären. Bei der Auswahl geeigneter Werkzeugsysteme für die flexible Fertigung ist unter Beachtung des Kostenfaktors zwischen notwendiger Einheitlichkeit und Grad der Erfüllung der Zerspanungsaufgabe zu optimieren.

4.2.3 Werkzeugmagazinierung und Transport

Die Struktur automatisierter Werkzeugflußsysteme wird durch das zu bearbeitende Werkstückspektrum und das Anlagenkonzept bestimmt. Die wichtigste Schnittstelle in diesen Systemen ist die Greif- und Magazinierungsschnittstelle des Werkzeugs selbst. Neben Handhabung, Transport und Speicherung der Einzelwerkzeuge gewinnt zunehmend der Kassetten- Werkzeugfluß an Bedeutung.

Die Strategie der Einzel-Werkzeugversorgung beinhaltet die vollständige Nutzung der Reststandzeiten durch einen Werkzeugeinsatz über mehrere Maschinen hinweg. Sowohl automatisch als auch manuell können die Werkzeuge unabhängig von einem bestimmten Auftrag und ohne erneutes Einrichten zwischen verschiedenen Maschinen transportiert und gewechselt werden. Handhabungsgeräte mit Einfach- oder Doppelarmgreifer übernehmen den Wechsel zwischen den einzelnen Maschinen und dem zentralen Werkzeugspeicher.

Diese Einzel-Werkzeugstrategie hat den Nachteil der unmittelbaren Abhängigkeit der Maschinen, die dasselbe Werkzeug benötigen. Zeitverschiebungen oder Störungen an einer Maschine wirken sich direkt auf die nachfolgende aus. Um diese Abhängigkeiten oder auch Transport- und Wechselzeiten zu vermeiden, ist der Werkzeugbedarf hinsichtlich der Verweildauer des Werkzeugs an einer Maschine zu optimieren.

Beim Kassetten-Werkzeugfluß werden die Werkzeuge zunächst manuell oder automatisch auf einem Vorbereitungsplatz kommissioniert in einer Kassette bereitgestellt. Der Transport zur Maschine ist dann wieder manuell oder automatisch möglich, wo ein Handhabungsgerät (meist Portalroboter) die Bereitstellung zum Wechsel übernimmt. Der Werkzeugfluß kann über ein separates Transportsystem realisiert werden oder in das Werkstück-Transportsystem integriert sein.

Insbesondere in Komplettanlagen kann die integrierte Nutzung eines Transportsystems sinnvoll und nützlich sein /24/. So bietet es sich an, Werkzeug-Kassettenformate den Transportpaletten- und Maschinenpalettenabmessungen anzupassen. Werkzeug-Kassetten oder erweiterungsfähige Regale haben heute jedoch unterschiedlichste Grundflächenabmessung, Anzahl von Werkzeugplätzen, und Gestalt. Von der Kassette, in der die Werkzeuge mit dem Schneidkopf nach unten weisend eingehängt werden, bis zur Palette, die Werkzeuge mit dem Spannschaft aufnimmt, werden unterschiedlichste Bauformen angeboten.

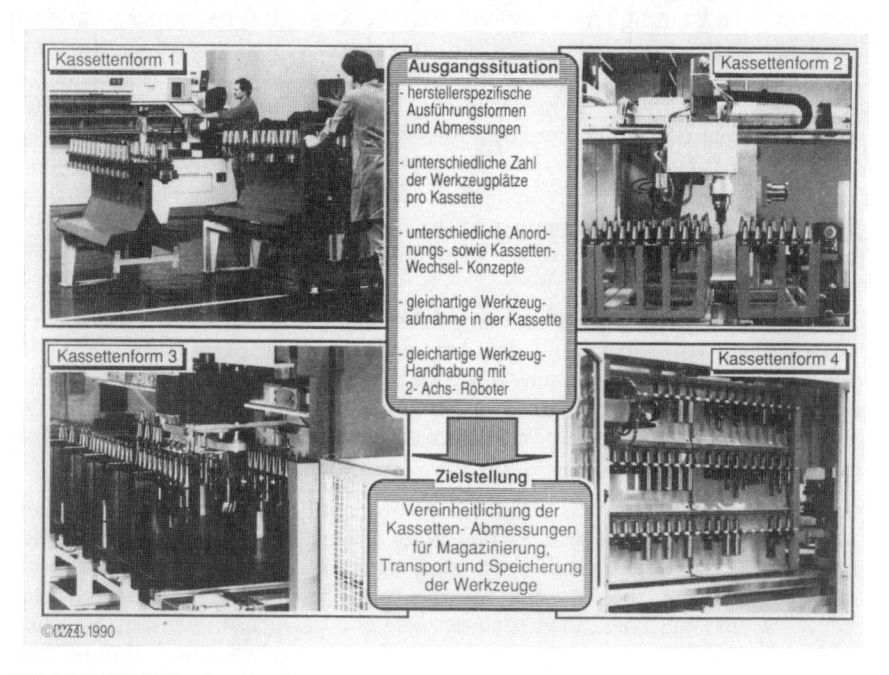

Bild 20: Vielfalt der Bauformen von Werkzeug-Kassetten (nach: Hüller-Hille, Fritz-Werner, Scharmann-Dörries, Wanderer)

Bild 20 zeigt beispielhaft alternative Kassettenbauformen. Zum Leidwesen der Anwender arbeiten die einzelnen Maschinenhersteller auf diesem Gebiet nicht zusammen. Ähnlich der Schnittstellenproblematik bei den Werkzeugen werden hier firmenspezifische Aspekte herausgestellt. Zukünftig sollte durch eine koordinierte Zusammenarbeit eine vereinheitlichte Kassetten-Lösung geschaffen werden, die in ihren Abmessungen auf Transport- und/oder Maschinenpaletten abgestimmt ist. Für einen optimalen Kassetten-Fluß ist nicht zuletzt auch eine geeignete Codierung der einzelnen Einheiten zu realisieren.

4.3 Gesamtbetriebliches Werkzeugmanagement

4.3.1 Einsatzmöglichkeiten von Werkzeug-Identifikationssystemen

Durch den Trend zur Komplettbearbeitung, möglichst auf einer Maschine, wächst der Werkzeugbedarf pro Maschine. Folglich steigt der Gesamt-Werkzeugkostenanteil beim Einsatz mehrerer komplexer Maschinen erheblich an. Werkzeugmanagementsysteme mit der Funktionalität, den Werkzeugeinsatzort, die Standzeit, den Werkzeugtransport, etc. zu planen und zu steuern, bieten hier die Möglichkeit einer erheblichen Reduktion des in Werkzeugen gebundenen Kapitals.

Wichtige Bausteine eines Werkzeugmanagementsystems stellen Identifikationssysteme dar, die die informationstechnische Verfolgung des Materialflusses jedes einzelnen Werkzeuges erlauben. Direkt am Werkzeug befestigten Systeme erlauben eine eindeutige Zuordnung zwischen dem Objekt und in einem separaten System abgelegten Informationen. Neben der Werkzeugidentifikation werden Datenträger hauptsächlich auf Paletten eingesetzt. Da die Funktionsweise bei beiden Systemen prinzipiell gleich ist, sollen im folgenden nur noch Werkzeugidentifikationssysteme betrachtet werden.

Als Informationsträger dienen neben Bar-Code-Etiketten, die optisch abgetastet werden, hauptsächlich elektronische Chips /25, 26, 27/. Bei den elektronischen Chips handelt es sich um sogenannte EEPROMs (Electrically Erasable Programmable Read Only Memory), die nicht nur lesbar sind, sondern bei Bedarf auch wieder gelöscht und neu beschrieben werden können.

Wenngleich das optische Verfahren mittels Bar-Code relativ einfach und preisgünstig realisierbar ist, weist es auch Nachteile auf. So kann einerseits das auf dem Werkzeuggrundhalter aufgeklebte Bar-Code-Etikett aufgrund des begrenzten Datenvolumens lediglich zur Identifikation der Werkzeuge eingesetzt werden. Weiterführende Informationen wie z.B. die geometrischen Soll- und Istmaße sind nicht mehr abspeicherbar. Ebenso ist zu berücksichtigen, daß die aufgeklebten Etiketten nur zum einmaligen Einsatz des Werkzeugs geeignet sind. Die Verfolgung des Werkzeugs endet somit an der Werkzeugmaschine.

Die im Vergleich zu den Bar-Code-Systemen wesentlich teureren elektronischen Identifikationssysteme weisen diese Nachteile nicht auf. Hier wird ein Chip fest in den Werkzeuggrundhalter integriert, so daß eine dauerhafte Identifikation möglich ist. Im einfachsten Fall sind diese Chips nur lesbar, d. h. auf ihnen ist nur eine feste Werkzeugidentifikationsnummer abgespeichert. Alle weiterführenden, zu dem Werkzeug mit dieser Nummer gehörenden Daten liegen in einer angeschlossenen Werkzeugdatenbank vor. Ist der Chip dagegen auch beschreibbar, lassen sich sowohl Werkzeugidentnummer als auch die sonst in der externen Datenbank abgelegten Daten auf dem Chip speichern. Für den eigentlichen Schreib-/Lesevorgang können sowohl kontaktierende als auch induktiv arbeitende Systeme zum Einsatz kommen.

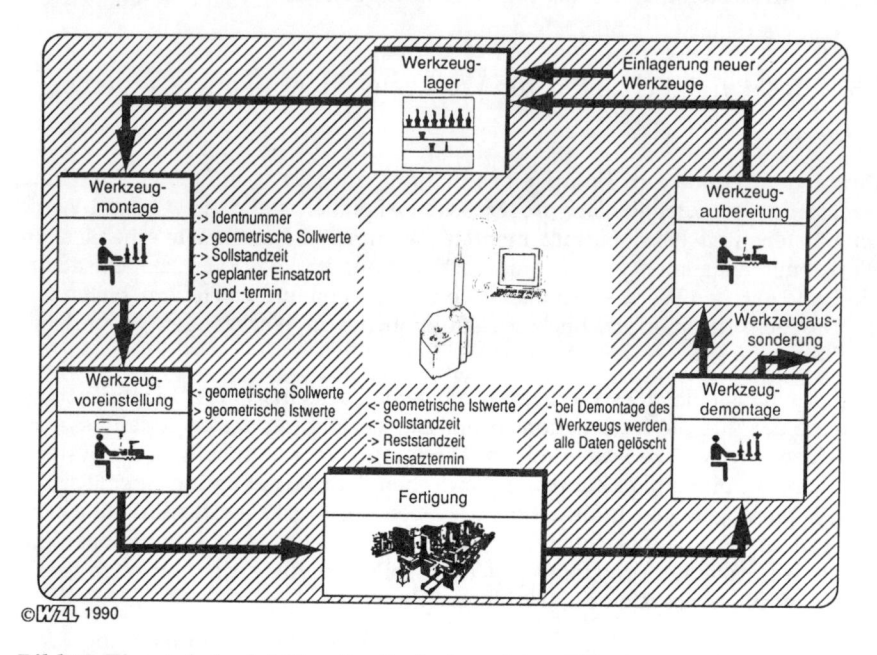

©WZL 1990

Bild 21: Einsatzbeispiel für schreib-/lesbare Identifikationssysteme

Ein beispielhafter Ablauf bei Verwendung eines schreib- und lesbaren Identifikationssystems wird im folgenden detaillierter betrachtet. Wie aus **Bild 21** hervorgeht, kann der Werkzeugfluß in die Bereiche Werkzeugversorgung und Werkzeugeinsatz unterteilt werden. Zu den Stationen der Werkzeugversorgung gehören:

- Werkzeuglager,
- Werkzeugmontage,
- Werkzeugvoreinstellung,
- Werkzeugdemontage und
- Werkzeugaufbereitung.

Der Bereich des Werkzeugeinsatzes wird im Bild 21 durch die dargestellte Fertigungsstation abgedeckt. Die für die informationstechnische Verfolgung des Werkzeugflusses wichtigsten, auf den Idendträger zu speichernden Daten sind im einzelnen:

- Identnummer des Werkzeugs,
- geometrische Soll- und Istwerte,
- Sollstandzeit,
- Reststandzeit bzw. Iststandzeit,

- geplanter Einsatztermin und
- geplanter Einsatzort.

An welchen Stationen die Daten des Identträgers gelesen werden, wo eine Aktualisierung vorgenommen wird und wo die kompletten Daten des Identträgers gelöscht werden, ist aus Bild 21 zu entnehmen.

Die Notwendigkeit, Datenträger an verschiedenen Einsatzorten zu lesen oder zu beschreiben, setzt vorraus, daß alle verwendeten Werkzeuge oder Werkzeughalter gleiche Einbauräume für den Datenträger aufweisen. Diese Normungsaufgabe stellt ein Projekt dar, in dem unterschiedlichste Gesichtspunkte zu berücksichtigen sind. So hat die Lage des Einbauraumes unmittelbare Auswirkungen auf die Art des Lesens/Schreibens.

Ein Datenträger in der Mitnahmenut eines Werkzeughalters kann z.B. nicht "dynamisch", d.h. während der Bewegung eines Werkzeugmagazins gelesen werden. Hier sind zusätzliche Hubbewegungen des Schreib-/Lesekopfes erforderlich. Ein Normentwurf zu dieser Thematik sieht auch vor, Datenträger in den Kopfbolzen eines Werkzeughalters einzubauen. In diesem Fall kann zwar "dynamisch" gelesen werden, aber der Bolzen wird so geschwächt, daß keine hohen Einzugskräfte zu realisieren sind. Im Hinblick auf Veränderungen der Schaftform von Werkzeughaltern erscheint auch dieser Einbauraum nicht auf Dauer für eine Normung geeignet. **Bild 22** gibt einen Überblick zu möglichen Einbauräumen für Datenträger.

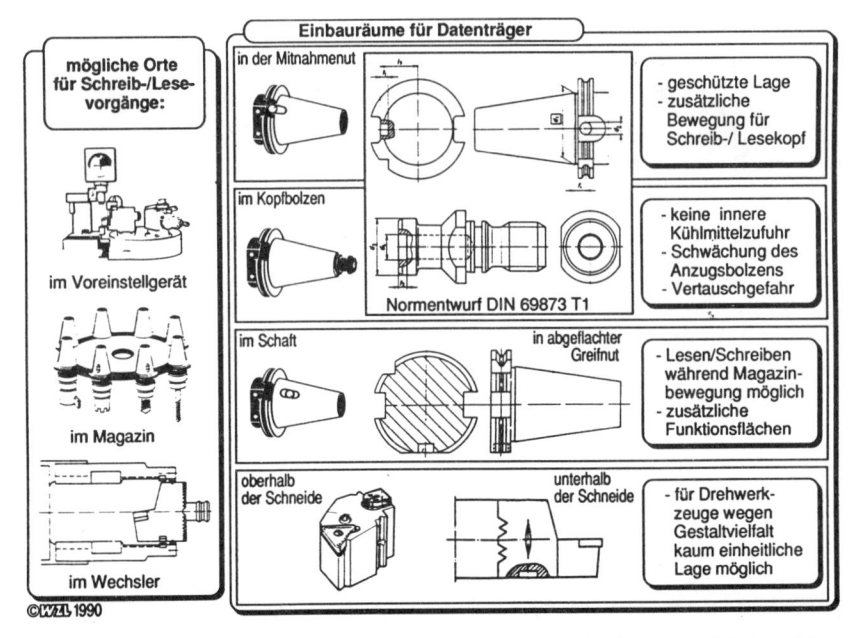

Bild 22: Einbauräume für Datenträger bei Werkzeughaltern und Schneidköpfen (nach: Balluff, Hertel, Sandvik-Coromant)

4.3.2 Werkzeuginformationssysteme

Unabhängig vom eingesetzten Identifikationssystem ist auf jeden Fall eine Werkzeugdatenbank einzusetzen, in der sämtliche Daten der Werkzeuge und der einzelnen Komponenten abgelegt sind. Die Bedeutung von Datenbanken innerhalb von Softwaresystemen des Werkstattbereichs wird ausführlich in Kapitel 5 des Vortrages 3.3 - Leittechniken für flexible Fertigungssysteme - behandelt.

Mit Hilfe eines Datenbanksystems wird in einem Werkzeuginformationssystem eine anwenderspezifische Werkzeugdatenbank aufgebaut, die die Verwaltung von

- Komplettwerkzeugen,
- Werkzeugkomponenten sowie von
- Einrichteblättern

zuläßt.

Die Werkzeuginformationssysteme unterstützen betriebsweit die Suche nach bestimmten Werkzeugen sowie deren Daten, welche beispielsweise im Bereich der NC-Programmierung oder bei der Werkzeugvoreinstellung benötigt werden. Durch den Einsatz eines Werkzeuginformationssystems können u.a. folgende Vorteile für die Fertigung erzielt werden /28/:

1. Reduzierung der Werkzeugtypen-Vielfalt und damit auch Einsparung bei den Verwaltungs-, Lager- und Beschaffungskosten von Werkzeugen,

2. Reduzierung des Werkzeugbestandes durch eine übersichtliche Lagerverwaltung unter Verwendung von Werkzeugeinsatz-Statistiken,

3. Erhöhung der Standzeitausnutzung durch Nachhalten der Reststandzeiten,

4. Erhöhung der Datensicherheit bei den Werkzeugfluß-Stationen durch einen rechnergestützten Daten- und Informationsfluß.

Wie mehrere Marktuntersuchungen /29/ ergeben haben, verfügen fast alle kommerziell angebotenen Werkzeugverwaltungssysteme lediglich über die zuvor geschilderte Informationsfunktionalität. Für eine vollständige Koordination des Werkzeugflusses ist jedoch neben der Informationsversorgung der einzelnen Stationen zusätzlich über eine entsprechende Werkzeugflußplanung und -steuerung noch die termingerechte Bereitstellung der Werkzeuge zu gewährleisten.

4.3.3 Werkzeugflußplanung und -steuerung

Eingangsgröße eines Werkzeugflußplanungs- und -steuerungssystems ist der Maschinenbelegungsplan, der die zeitliche Zuordnung von Arbeitsgängen zu Maschinen beschreibt (**Bild 23**). Daneben muß weiterhin die Zuordnung der benötigten Werkzeuge zu den Arbeitsgängen bekannt sein, so daß die Werkzeugflußplanung die vorgesehenen Werkzeugeinsatzzeiten ermitteln kann. Diese Informationen werden von einem Leitstand oder einem Werkzeugfeinplanungssystem zur Verfügung gestellt. Darauf aufbauend ist festzustellen, welche Werkzeuge zu den benötigten Zeiten bereits an der Maschine verfügbar sind und welche noch angefordert werden müssen. Für die anzufordernden Werkzeuge, die auch als Differenzwerkzeugsatz bezeichnet werden, kann dann anhand einer Rückwärtsterminierung über alle im Werkzeugfluß vorgelagerten Stationen, wie z.B. Werkzeugmontage oder Werkzeugvoreinstellung, ein Werkzeugflußplan automatisch erstellt werden. Hierbei sind auch die u.U. begrenzten Kapazitäten der einzelnen Werkzeugfluß-Stationen zu berücksichtigen.

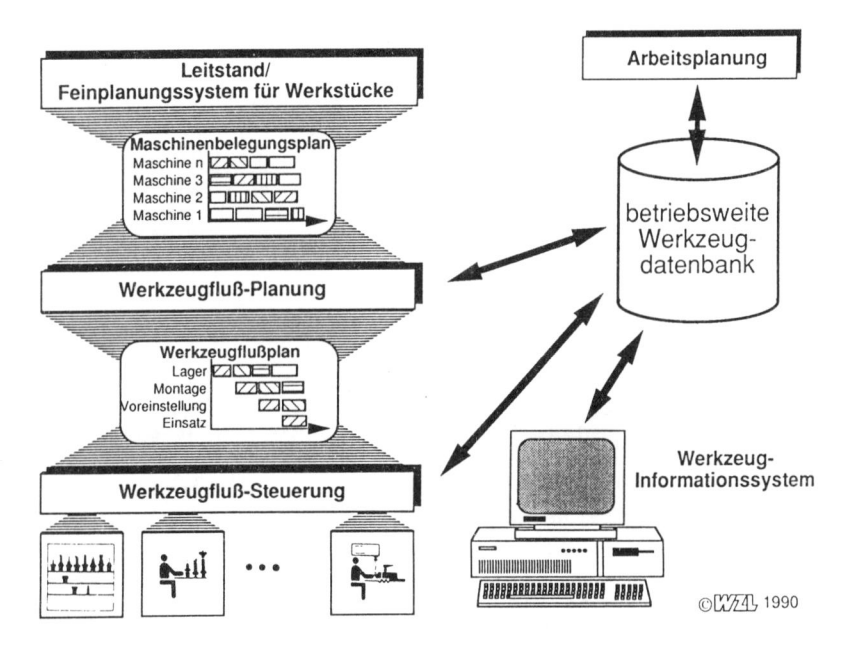

Bild 23: Aufbau eines Werkzeugverwaltungssystems

Aufgabe der Werkzeugflußsteuerung ist nun, den Werkzeugflußplan in der Form abzuarbeiten, daß Einzelaufträge, wie beispielsweise "Montage des Werkzeugsatzes 4711", an die im Werkzeugflußplan spezifizierten Stationen übermittelt werden. Zu diesem Zweck werden diese Einzelaufträge in die Warteschlangen der Stationen übertragen und mit einem Fertigstellungstermin sowie mit einer Priorität versehen. Im störungsfreien Fall läuft die Werkzeugflußsteuerung selbständig ab.

Treten entweder im Werkzeugfluß selbst oder im übergeordneten Werkstückfluß Störungen oder Umplanungen auf, so muß die Werkzeugflußsteuerung in Zusammenarbeit mit der Werkzeugflußplanung geeignete Maßnahmen ergreifen. Beispielsweise sind folgende Maßnahmen durchzuführen:

1.) Bei Umplanung innerhalb des Werkstückflusses, z.b. durch Einschub eines Eilauftrags, ist von der Werkzeugflußplanung festzustellen, ob die benötigten Werkzeuge im vorgegebenen Zeitrahmen bereitgestellt werden können. Falls dies nicht möglich ist, so wird eine Meldung an die rechnergestützte Werkstückflußplanung übermittelt.

2.) Ist aufgrund von Kapazitätsengpässen eine termingerechte Bereitstellung nicht durchzuführen, so muß die Werkzeugflußsteuerung eine entsprechende Meldung an den Werkstattmeister übermittelt, so daß dieser durch eine kurzfristige Erhöhung der eingesetzten Kapazitäten, z. B. durch den Einsatz von Springern, die termingerechte Bereitstellung sichern kann.

Durch diese Architektur des Werkzeugmanagements, bestehend aus einem verteilten Werkzeuginformationssystems, einem Werkzeugflußplanungs- und einem Werkzeugflußsteuerungsmodul, ist einerseits eine betriebsweite Informationsversorgung aller Bereiche, die sich mit Werkzeugen beschäftigen, zu realisieren. Andererseits sind durch die Koordination des Werkzeugflusses die werkzeugbedingten Auftragswartezeiten und Maschinenstillstandszeiten sowie die Werkzeugbestände im Werkstattbereich zu reduzieren.

5. Zusammenfassung

Ausgehend von den Anforderungen an die flexibel automatisierte Fertigung und den Strukturen flexibler Fertigungssysteme wird das Problem der einheitlichen Gestaltung mechanischer Schnittstellen als eine Aufgabe bei der Optimierung des Materialflusses herausgearbeitet. Genormten Schnittstellen-Lösungen stehen Standardisierungsdefizite sowohl auf der Werkstück- als auch auf der Werkzeugseite gegenüber. Daß der Ausgleich dieser Defizite möglich ist, wird an Beispielen zur Werkstück- und Werkzeugversorgung gezeigt.

Die Vermeidung von Materialfluß durch Einsatz hochentwickelter, multifunktionaler Einzelmaschinen ist ein erster Weg, automatisierte, montageorientierte Komplettfertigung zu realisieren. Die Grenzen derartiger Anlagen bezüglich Produktivität und Flexibilität sind für viele Teilespektren jedoch oft erreicht, so daß eine Verkettung von Einzelmaschinen zu Mehrmaschinensystemen unvermeidlich wird.

Der Notwendigkeit, einheitliche Schnittstellen für die Kopplung unterschiedlicher Bausteine und für die Materialflußoptimierung zu gestalten, stehen vielfach Firmeninteressen gegenüber, die eine Normungsarbeit behindern. Eine umfassendere, firmenübergreifende Standardisierung wird insbesondere die Arbeit des Endverbrauchers bei der Realisierung von Anlagen mit Maschinen verschiedener Hersteller unterstützen.

Der vorliegende Beitrag beinhaltet für den Werkstückfluß zunächst Hinweise zur Konstruktion automatisierungsgerechter Werkstücke. Unter Beachtung der Grenzen entsprechender Maßnahmen werden Einsatzmöglichkeiten bzw. Auswahlkriterien für flexible Betriebsmittel diskutiert. Als ein weit in die Zukunft greifendes Gebiet wird alternativ zu flexiblen Spannmaschinen die automatisierte Vorrichtungsmontage vorgestellt. Ausgehend von der Konstruktion robotermontagegerechter Vorrichtungselemente wurden wissensbasierte Systeme zur Vorrichtungskonstruktion und Roboterprogrammierung entwickelt, die eine automatisierte Vorrichtungsmontage ermöglichen.

Standardisierungsdefizite und Lösungsansätze werden für die Gestaltung von Maschinenpaletten und Robotergreifer aufgezeigt. Die automatische Montage umrüstbarer, modularer Werkstückträger ist ein weiterer Automatisierungskomplex, für den ausgehend von den Forderungen nach höchster Flexibilität konstruktive Lösungen angeboten werden können. Diese Lösungen orientieren sich genau wie die der automatisierten Vorrichtungsmontage an den Forderungen der mannarmen Schicht und beinhalten die Konstruktion geeigneter Handhabungsgeräte.

Die gegenüber den Werkstücken prinzipiell leichter zu vereinheitlichenden Werkzeugschnittstellen weisen ebenfalls Standardisierungsdefizite auf. Hier entsteht insbesondere mit der Weiterentwicklung der Schnittstelle Maschine/Werkzeug neuer Standardisierungsbedarf. Durch frühzeitige gemeinschaftliche Zusammenarbeit zwischen verschiedenen Firmen und dem WZL sind einheitliche, normungsfähige Lösungen entwickelt worden. Nach wie vor werden daneben aber solche firmenspezifischen Schnittstellenlösungen existieren, die für die einheitliche, maschinenübergeordnete Werkzeugversorgung nicht notwendigerweise standardisiert sein müssen. Ein weiteres Standardisierungsprojekt ist in diesem Zusammenhang die Vereinheitlichung von Werkzeug-Kassetten für den Transport und die Bereitstellung im Magazin.

Die Anforderungen an den automatisierten Werkzeugfluß werden durch Ausführungen zum gesamtbetrieblichen Werkzeugmanagement ergänzt. Die Notwendigen Aktivitäten im Rahmen der Werkzeugflußplanung und -steuerung werden diskutiert. Im besonderen wird auf die Einsatzmöglichkeiten von Identifikationssystemen hingewiesen.

Schrifttum

1. Meretz, H.: Flexible Fertigungssysteme in der Praxis - eine unendliche Geschichte, Werkstatt und Betrieb 122 (1989) 2, S. 143-147
2. N.N.: Ingeniöse Investentscheidung, NC-Fertigung 8(1989), S. 34-39
3. Maier, W. und Moersch, R.: Flexibles Fertigungssystem für Schneckenwellen bis zur Losgröße 1, ZwF 83 (1988) 6, S. 285-289

4. N. N.: Firmenschrift der Firma Fritz Werner

5. Spath, D.: Abschnittaufbereitung am Sägezentrum, Die Maschine 1/2(1990), S. 66-70

6. Koller, R.: Konstruktionslehre für den Maschinenbau: Grundlagen des methodischen Konstruierens, 2. Aufl. Springer-Verlag, Berlin; Heidelberg; New York, 1985, S. 147-154

7. Fronober, M.; Henning, W; Thiel, H. und H. Wiebach: Vorrichtungen: Gestalten, Bemessen, Bewerten, 10. Aufl. VEB-Verlag Technik, Berlin, 1987, S. 234-235

8. Hennecke, D. und H. Brückner.: Automatisierungsgerechte Gestaltung der Erzeugnisse als Vorraussetzung für den effektiven Einsatz von Industrierobotern, Fertigungstechnik und Betr., Berlin (1984) 32, S. 674-676

9. Reibenwein, V. : Numerisch gesteuertes Werkstückspannen, Dissertation, Universität Stuttgart, 1985

10. Lang, C. M. und W. Thiel.: Automatisch aufbaubare flexible Spannvorrichtungen, ttz für Metallbearbeitung 1/2(1988), S. 11-18

11. Buchholz, Th.: Modulare Vorrichtungs-Systeme - Anforderungen, Einsatzerfahrungen und Tendenzen, Werkstattstechnik 79(1989), S. 527-530

12. Neitzel, R.: Entwicklung wissensbasierter Systeme für die Vorrichtungs-Konstruktion, Dissertation, RWTH Aachen, 1989

13. Weck, M. und J.-K. Weeks: Aufgabenorientierte Roboterprogrammierung für die automatisierte Montage undDemontage flexibler, modularer Spannvorrichtungen, in: Künstliche Intelligenz in der Fertigungstechnik, Hanser-Verlag, München; Wien, 1989

14. N. N.: DIN 55201 - Paletten für Werkzeugmaschinen, Beuth-Verlag, Berlin, 1985

15. Rakic, M.: Multifingered Robot Hand with Selfadaptability, Robotics and Computer Integrated Manufacturing, 2/3(1989), S. 269 -276

16. Hardock, G.: Notwendigkeit und Rahmenbedingungen der Magazinierung, Vortrag zum VDI-Seminar " System-Werkstückträger", Stuttgart, 13. und 14.03.1989

17. Grossmann, B.; Klaiber, F. und B. Grün: Werkzeugverwaltung - Eine entscheidende Komponente für die Flexibilität hochautomatisierter Fertigungseinrichtungen, VDI-Zeitung 131 (1989) 8, S. 82-87

18. Friedl, A.; Dittrich, V. und R. Wiechmann: Automatisierter Werkzeugfluß in flexiblen Fertigungssystemen, ZwF 85 (1990) 2, S. 107-112

19. Hake, U. und U. Siewert: Rechnerunterstützte Werkzeugorganisation, Werkstattstechnik 79 (1989), S. 719-720

20. Happersberger, G. und U. Kasperzack: Einsatzmöglichkeiten und Organisation moderner Werkzeugsysteme, Werkstattstechnik 79 (1989), S. 517-520

21. Schmid, H.: Unüberhörbarer Ruf nach der Norm, Industrieanzeiger EXTRA 109 (1987) 75, S. 84-88

22. Weck, M. und D. Lembke: Schnittstelle zwischen Werkzeugmaschine und Werkzeug, VDI Berichte 762 (1989), S. 405-431

23. Gutmacher, H.: Maximale Flexibilität durch minimalen Rüstaufwand, Werkstatt und Betrieb 122 (1989) 9, S. 768-770

24. Hammer, H.: Neue Lösungen zur flexiblen Automatisierung von Bearbeitungszentren, Werkstatt und Betrieb 122 (1989) 9, S. 721-725

25. N. N.: Firmenprospekt der Fa.Bilz

26. N. N.: Firmenprospekt der Fa. Balluff

27. N. N.: Firmenprospekt der Fa. Krupp-Widia

28. Steiger, K. und A. Pauls: Anforderungsanalyse für ein Tool-Management System unter Berücksichtigung der aktuellen Marktsituation, Studienarbeit am WZL (1989)

29. N. N.: Werkzeuge organisiert -Konzeption und Verwaltung bei Toolmanagementsystemen, CIM-Praxis, Oktober 1989, S. 68 - 81

Mitarbeiter der Arbeitsgruppe für den Vortrag 3.2

Ing. (grad) J. Abler, Liebherr Verzahntechnik GmbH
Dr.-Ing. H. Berger, Mannesmann Demag Fördertechnik
Dipl. Kfm. R. Blocksma, Blocksma Metallwarenfabrik GmbH
Dipl.-Ing. M. Dietz, W. Schlafhorst & Co
Dipl.-Ing. K. Etscheidt, WZL
Dr.-Ing. F. Förtsch, WZL
Dipl.-Ing. G.-P. Haupt, Niedecker GmbH
Dipl.-Ing. H.-U. Jaissle, Hüller-Hille GmbH
Dipl.-Ing. D. Lembke, WZL
Dipl.-Ing. A. Pauls, WZL
Dr.-Ing. D. Spath, Kasto Maschinenbau GmbH & Co KG
Prof.-Dr.-Ing. M. Weck, WZL

3.3 Leittechniken für flexible Fertigungssysteme

Gliederung:

1. Einleitung
2. Hierarchieebenen in der Informationsverarbeitung
3. Funktionalitäten eines Leitsystems
4. Beispiele für realisierte Fertigungsleitsysteme
4.1 Beispiel eines kommerziellen Fertigungsleitsystems
4.2 Prototypentwicklung innerhalb eines ESPRIT-Projektes
5. Standardisierung im Bereich der Leittechnik
5.1 Datenverwaltung
5.2 Kommunikation
5.3 Betriebssysteme
5.4 Mensch-Maschine-Interface
5.5 Schnittstellenbeschreibung
6. Realisierung einer modular strukturierten, offenen Steuerungsarchitektur für FFS
7. Zusammenfassung

Kurzfassung:

Leittechniken für flexible Fertigungssysteme

Im Rahmen dieses Vortrags wird die Konzeption einer neuen Systemarchitektur für Leitsysteme diskutiert. Basierend auf einer Beschreibung exemplarischer Realisierungen von Leittechniken für flexible Fertigungssysteme wird eine hierarchische, dezentral orientierte Struktur eines Leitsystems als Zielarchitektur herausgestellt. Weitere wichtige Kennzeichen einer solchen Architektur sind der modulare Aufbau, wobei alle Systemmodule klar definierte, einheitliche Schnittstellen haben, sowie der Einsatz eines verteilten relationalen Datenbanksystem.

Für die Realisierung eines solchen Leitsystems müssen, soweit vorhanden, Standards bzw. Standardisierungsbemühungen beachtet werden. Dies gilt insbesondere für den Bereich der Kommunikation, die genutzte Datenbank-Abfragesprachen sowie das Betriebssystem. Weitere mögliche Standards, z.B. im Bereich der Mensch-Maschine-Schnittstelle, sind zu diskutieren.

Der letzte wichtige Schwerpunkt des Vortrag ist die Beschreibung der Realisierung einer solchen Systemarchitektur. Diese erfolgt z. Zt. unter dem Namen "COSMOS 2000" im Rahmen eines industriellen Arbeitskreises am Werkzeugmaschinenlabor.

Abstract:

Shop floor control techniques for flexible manufacturing systems

In this lecture, the concept of a new system architecture for shop floor control techniques is discussed. Based on a description of previously developed computerized shop floor control systems for flexible manufacturing systems, the goal of a hierachical and decentralized architecture is shown. Further important characteristics of such an architecture is its modular construction, whereby all the system modules have a uniform interface and the use of a distributed and relational data base system.

In order to develop a shop floor control system such as this one, standards, if available, must be adhered to. This is especially valid in the areas of communication, data base querying and operating systems. Further standards such as man-machine-interfaces must be discussed. The last important aspect of this lecture is the description of the development of such an architecture. This is currently being done within the framework of an industrial study group at the WZL under the name of "COSMOS 2000".

1. Einleitung

Maßnahmen zur Steigerung der Produktivität allein können den Marktanforderungen wie zunehmende Variantenvielfalt, kürzere Durchlaufzeiten, hohe Termintreue, etc. nicht mehr genügen. Vielmehr bedingt die Entwicklung auf dem Absatzmarkt den Einsatz von Produktionseinrichtungen, mit denen immer kleiner werdende Losgrößen mit hoher Produktivität und Qualität wirtschaftlich gefertigt werden können.

Vor diesem Hintergrund ist heute der Einsatz flexibler Fertigungssysteme zu sehen. Die von einer amerikanischen Fachzeitschrift /1/ im Jahre 1989 durchgeführte Analyse über die Anzahl der Installationen von flexiblen Fertigungssystemen zeigte, wie in **Bild 1** dargestellt, daß in dem Zeitraum von 1984-1988 über 300 Systeme neu installiert wurden. Damit stieg die Anzahl der Gesamtinstallationen auf insgesamt 630 Systeme. Auffällig ist jedoch, daß die Steigerungsrate der Neuinstallationen innerhalb des letzten Auswertungsabschnittes stagnierte.

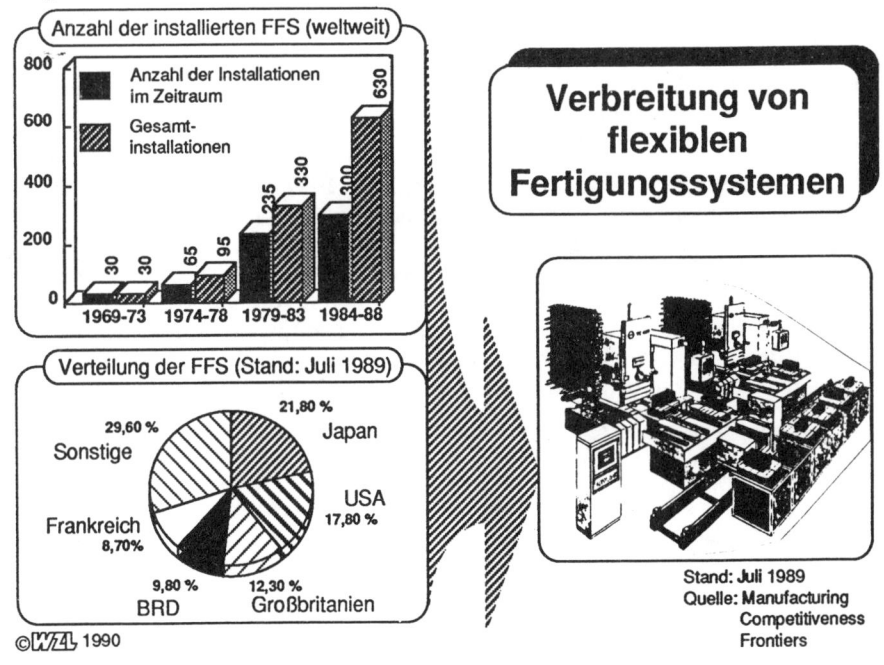

Bild 1: Weltweite Verbreitung von flexiblen Fertigungssystemen

Diese Tendenz resultiert u.a. daraus, daß die erwartete Flexibiltät dieser Systeme im Hinblick auf die zu fertigende Produkt- und Variantenvielfalt häufig nicht erfüllt wird. So stellt die Realisierung eines flexibel automatisierten Materialflusses den Anwender und den Anbieter aufgrund der Vielzahl vorhandener Schnittstellen sowie aufgrund des großen Teilespektrums vor größte Probleme.

Der materialflußtechnische Aspekt wird in dem Vortrag 3.2 -Realisierung des Materialflusses in integrierten Systemen: das Schnittstellenproblem- näher betrachtet. Neben den materialflußtechnischen Schwierigkeiten, die bei der Installation von flexiblen Fertigungssystemen zu bewältigen sind, gewinnt die Leittechnik zur Steuerung dieser Systeme gerade beim stufenweisen Auf- und Ausbau solcher Systeme zunehmend an Bedeutung. Die zur Zeit noch fehlenden Schnittstellen-Standards, die hohen Kosten für die Steuerungssoftware, aufwendige Anpaßarbeiten bei Systemänderung und -erweiterung, nicht vorhandene einheitliche Mensch-Maschine-Schnittstellen, etc., stellen auch hier eine starke Einschränkung hinsichtlich der geforderten Flexibilität des Fertigungssystems dar. Die erforderliche hohe Systemauslastung, vor allem in bedienerarmen Schichten, wird aufgrund mangelnder Planungsfunktionalitäten sowie nur ansatzweise vorhandener Störfallstrategien oftmals nicht erreicht.

Vor diesem Hintergrund wird die Notwendigkeit von Steuerungskonzepten deutlich, die durch ihre modulare Struktur unter Verwendung von Schnittstellen-Standards, durch Einsatz eines relationalen und verteilbaren Datenbanksystems, etc. die informationstechnischen Erfordernisse zur Steuerung flexibler Fertigungssysteme berücksichtigen.

Basierend auf dieser Erkenntnis wurde im Jahre 1989 am WZL ein industrieller Arbeitskreis gebildet, in dem sowohl Anbieter als auch Anwender von flexiblen Fertigungssystemen sowie Hard- und Softwarehersteller vertreten sind. In diesem Arbeitskreis wird eine Steuerungsarchitektur entwickelt, die die zuvor aufgeführten Forderungen nach einem modularen Aufbau, der Verwendung von Schnittstellen-Standards und der dadurch resultierenden leichten Anpaßbarkeit an unterschiedliche Fertigungsstrukturen erfüllt. Dieses Fertigungsleitsystem wird derzeit unter dem Namen COSMOS 2000 entwickelt.

Mit dieser Steuerungsarchitektur wird es möglich, die Zielsetzungen beim Einsatz von flexiblen Fertigungssystemen, wie

- Erhöhung der Produktivität,

- Erhöhung der Flexibiltät,

- Reduzierung der Bestände und

- Reduzierung der Durchlaufzeiten

zu erreichen **(Bild 2)**.

Im folgenden soll ausgehend von einer allgemeinen Betrachtung der Leittechnik für flexible Fertigungssysteme, in der die Hierarchieebenen der Informationsverarbeitung, die Funktionalitäten von Fertigungsleitsystemen sowie die

Standardisierungsbemühungen aus diesem Bereich analysiert werden, das Konzept des Fertigungsleitsystems COSMOS 2000 sowie der derzeitige Stand der Arbeiten vorgestellt werden.

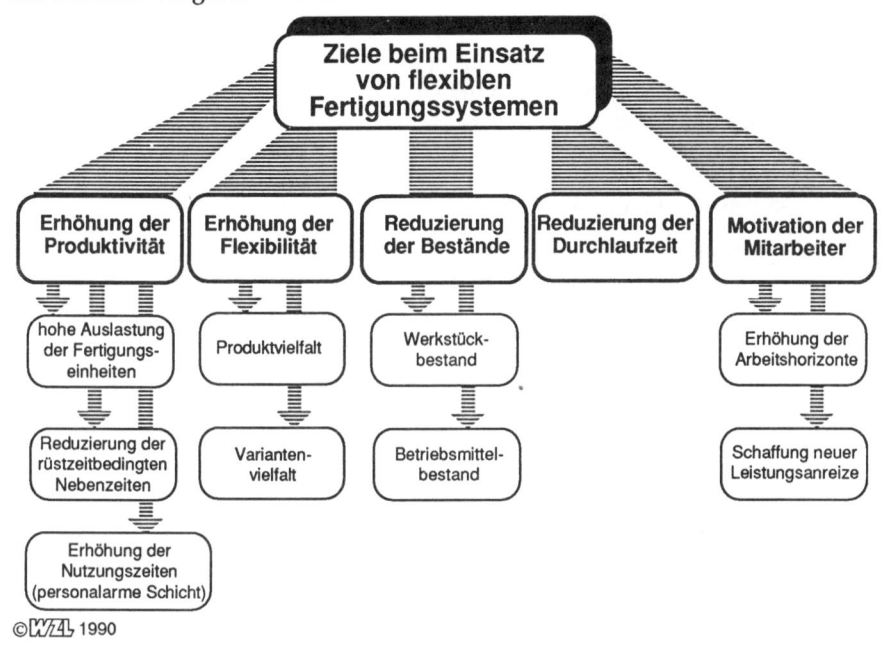

Bild 2: Ziele beim Einsatz von flexiblen Fertigungssytemen

2. Hierarchieebenen in der Informationsverarbeitung

Aufgrund der großen Komplexität der Informationsverarbeitung bei der Bewältigung operativer und dispositiver Vorgänge in Fertigung und Produktion ist es erforderlich, den gesamten Bereich der Fertigung und Produktion in funktionale Ebenen zu gliedern. Diese Gliederung hat sich als eine hilfreiche Methode zur datenflußtechnischen Strukturierung bzw. zur Analyse der unternehmensinternen Informationshaushalte herausgestellt /2/.

Ein Vorteil der Entwicklung eines auf einem Ebenenmodell basierenden CAM-Systems, besteht in der Zuteilung der Daten und relevanten Informationen zu der jeweiligen Ebene des Gesamtmodells. Durch diese Zuteilung ist gewährleistet, daß in einer Ebene nur die für diese Ebene relevanten Informationen vorliegen und somit eine Informationsüberlastung der Ebenen aufgrund der Daten anderer Ebenen vermieden werden kann. Das heißt, daß in Bezug auf die Datenhaltung und Datenverarbeitung durch die Bildung der einzelnen Ebenen eine starke Hierarchisierung und Dezentralisierung vorgenommen wird.

Durch diese Strukturierung bedingt können die Bausteine einzeln oder schrittweise je nach Bedarf verwirklicht werden. Inkompatibilitäten beim späteren Ausbau eines komplexen Gesamtsystems können so bei sorgfältiger Planung weitestgehend ausgeschlossen werden.

Die Unterteilung des Bereiches Fertigung und Produktion wird in Anlehnung an den von der ISO vorgestellten "**Ottawa Report**" /3/ in fünf funktionale Ebenen **(Bild 3)** vorgenommen:

- Ebene 5: Planungsebene   (Enterprise/Plant-Level),
- Ebene 4: Leitebene   (Section/Area/Facility-Level),
- Ebene 3: Zellenebene   (Cell-Level),
- Ebene 2: Steuerungsebene   (Station-Level) und
- Ebene 1: Aktor-/Sensorebene (Equipment-Level).

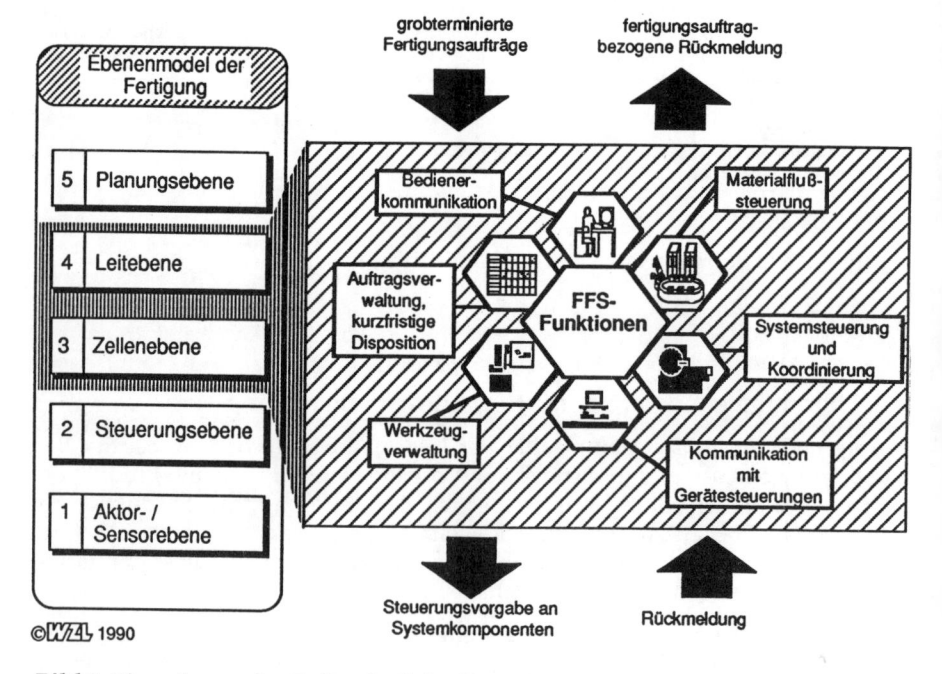

Bild 3: Einordnung der Leittechnik in die Hierarchieebenen der Fertigung

In der Planungsebene eines Fertigungsbereiches sind Funktionalitäten angesiedelt, die zur Realisierung der Unternehmensziele innerhalb des Bereiches benötigt werden; solche Funktionalitäten sind beispielsweise die Auftragsplanung, die Produktionsplanung und -steuerung und die Konstruktion. Die Ergebnisse der Funktionen der Planungsebene sind die Eingangsgrößen für Funktionen der Leitebene, deren Aufgabe die Koordinierung der Fertigung sowie die Überwachung und Steuerung der Auftragsbearbeitung ist. Während auf der Leitebene die Koordination der Zellen vorgenommen wird, sind auf der Zellenebene die zelleninternen Abläufe zu koordinieren. Die Verteilung der Aufträge auf einzelne Bearbeitungsmaschinen, die Anforderungen von benötigten Betriebsmitteln oder die Bildung von Auftragswarteschlangen sind typische Funktionen der Zellenebene. Unterhalb der Zellenebene sind die Steuerungsebene und die Aktor-/Sensorebene angesiedelt.

Die Leittechnik für flexible Fertigungssysteme umfaßt den Bereich der Ebenen 3 und 4, d.h. den Bereich der Leit- und der Zellenebene, innerhalb des Ebenenmodells der Fertigung.

Trotz dieser vorgeschlagenen Strukturierung des Produktionsbereiches eines Unternehmens in verschiedene Ebenen ist zur Zeit weder in nationalen noch in internationalen Normungsgremien eine Definition der Begriffe "Leittechnik/Fertigungsleittechnik" vorgenommen worden.

Die Fertigungsleittechnik umfaßt u.a. die in Bild 3 dargestellten Funktionalitäten, wie z.B. die Materialflußsteuerung, die kurzfristige Disposition der Aufträge oder die Betriebsmittelverwaltung /4/. Eine detailliertere Beschreibung der Funktionalitäten und damit auch des Aufgabenbereiches der Fertigungsleittechnik wird in Kapitel 3 vorgenommen.

Neben der hierarchischen Strukturierung und der Ebenenbildung kann auf jeder einzelnen Ebene eine weitere Unterteilung der Funktionalitäten und damit eine Trennung der Funktionen durchgeführt werden. Wie aus **Bild 4** hervorgeht, definiert man hierzu innerhalb der Ebenen einzelne, in sich funktional abgeschlossene Module. Auf der Planungsebene sind global die Module Produktionsplanung und -steuerung (PPS), die Arbeitsvorbereitung (AV), die Konstruktion und der Bereich Produktion, im Bild durch das Modul Fertigungsleitsystem dargestellt, exemplarisch aufgeführt. Die Koordination der einzelnen Module einer Ebene erfolgt durch das Modul Ablaufsteuerung, das auf jeder Ebene angesiedelt ist /5/.

Auf den unterlagerten Ebenen erfolgt eine weitere Aufteilung der auf der Planungsebene angesiedelten Funktionsmoduln. Der Bereich Produktion wird analog zu der Struktur der Planungsebene durch eine Ablaufsteuerung koordiniert und synchronisiert. Als Beispiele für Funktionsmoduln des Fertigungsleitsystems sind in Bild 4 die Funktionen Bedienung, Auftragsverwaltung, die Zellensteuerung sowie die Materialflußsteuerung des vom Fertigungsleitsystem abzudeckenden Fertigungsbereiches angegeben.

Diese Aufteilung einzelner Funktionsmoduln einer Ebene in weitere Moduln, die wiederum durch eine Ablaufsteuerung synchronisiert werden, läßt sich, wie aus Bild 4 hervorgeht, bis zur Aktor-/Sensorebene durchführen.

Dabei existiert das Funktionsmodul Ablaufsteuerung auf allen Ebenen innerhalb des Ebenenmodells der Fertigung. Die zu erfüllenden Aufgaben dieses zentralen Elementes jeder einzelnen Ebene unterscheiden sich nur geringfügig in Abhängigkeit von der Zuordnung zu einer Ebene; die Aufgaben bestehen immer in der Koordination und Synchronisation aller Funktionsmoduln der spezifischen Ebene.

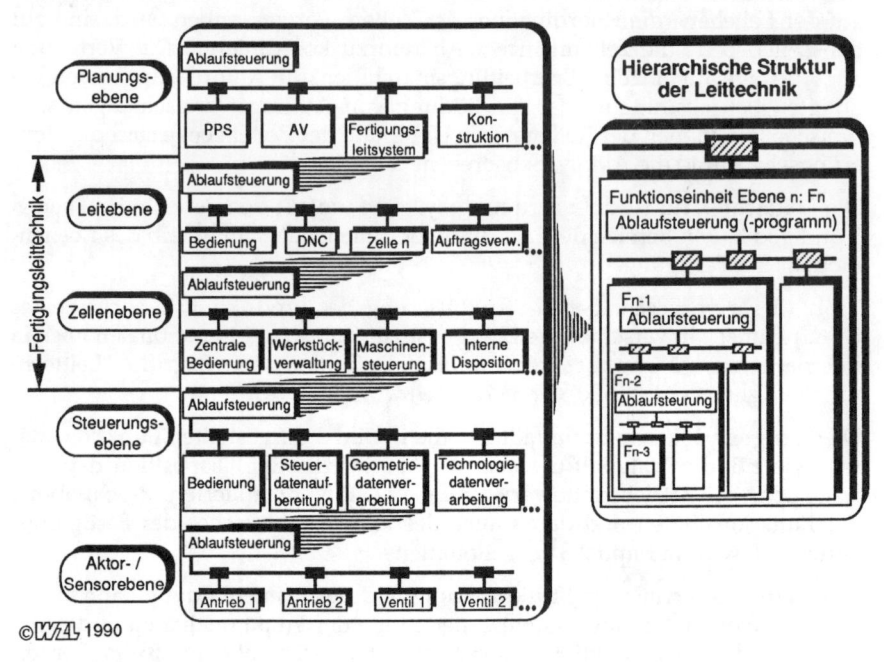

Bild 4: Hierarchische Struktur der Leittechnik (nach ISW Stuttgart)

Desweiteren können gleiche Funktionsmoduln auf unterschiedlichen Ebenen vertreten sein, wie beispielsweise das Modul Materialflußsteuerung, das sowohl auf der Leitebene als auch auf der Zellenebene benötigt wird. Im ersten Fall wird der Materialfluß im gesamten Fertigungssystem gesteuert, im zweiten Fall lediglich der Materialfluß innerhalb einer Zelle oder einer Insel. Das heißt Module unterschiedlicher Ebenen können trotz unterschiedlicher Operationsbandbreiten die gleichen Funktionalitäten befriedigen; der Unterschied zwischen diesen Funktionsmoduln liegt lediglich in der Quantität und Qualität der Daten und im Detaillierungsgrad der Funktion.

Durch eine Aufgliederung des Fertigungsleitsystems in einzelne Funktionsmoduln kann man sich eine Funktionsbibliothek aufbauen, mit deren Hilfe ein an verschiedene Anwendungsaufgaben anpaßbares System konzipiert werden kann.

Inwieweit dieser Ansatz der wiederverwendbaren Funktionsmoduln auf einzelne Softwaremodule übertragen werden kann, muß noch in einer Prototypentwicklung mit verschiedenen Anwendungssystemen nachgewiesen werden.

3. Funktionalitäten eines Leitsystems

Wie bereits im vergangenen Kapitel dargestellt, deckt das Fertigungsleitsystem den Bereich der Ebenen 3 und 4, d.h. der Leit- und der Zellenebene, ab. Die Steuerungs- und Kontrollfunktionen, die für ein Fertigungsleitsystem benötigt werden, lassen sich, wie in **Bild 5** dargestellt, in verschiedene Aufgabenbereiche unterteilen.

Werkzeugmanagement
- Werkzeugdatenverwaltung und -übertragung
- Bedarfsermittlung
- Werkzeugbereitstellung
- Einsatzplanung
- Werkzeugflußplanung und -steuerung

Feinplanung
- Auftragsverwaltung
- Auftragsmixbildung
- Belegungsplanung
- Ablaufsimulation
- Umdisposition
- Synchronisation

Vorrichtungsmanagement
- Vorrichtungsdatenverwaltung und -übertragung
- Einsatzplanung
- Vorrichtungsbereitstellung
- Montageanweisung

Prozeßführung und -überwachung
- Anlagenabbildung und Anlagenvisualisierung
- Störungsmeldung
- Steuerbefehle

Leitsystem

Materialflußsteuerung
- Verwaltung von Arbeitsvorgängen
- Generierung von Transportvorgängen
- Führen des Transport- und Lagerbildes

Qualitätssicherung
- Aufbau eines Qualitätsregelkreises
- Integration der Meßeinrichtungen in das FFS

Statistik und Auswertung
- Systembezogene Auswertung
- Auftragsbezogene Auswertung

Instandhaltung
- vorbeugende Instandhaltung
- Planung der Instandhaltung
- Diagnose von verketteten Systemen

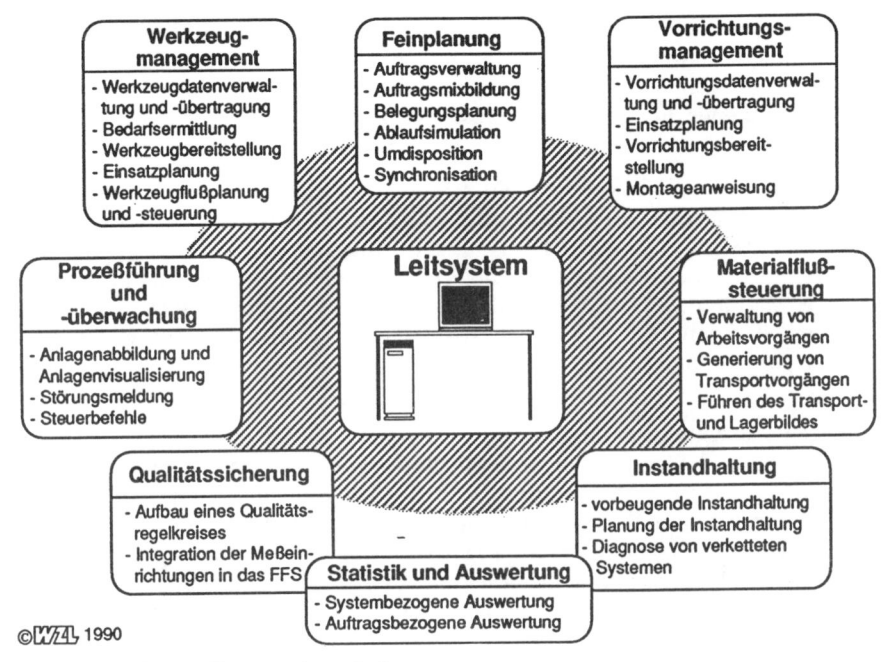

©WZL 1990

Bild 5: Funktionalitäten eines Leitsystems

Den eigentlichen Steuerungsfunktionen eines Leitsystems ist ein Feinplanungsmodul vorgeschaltet. In diesem Feinplanungsmodul werden die in einem Fertigungsbereich zu bearbeitenden Aufträge, die von einem vorgelagerten Produktionsplanungssystem oder von einem Bediener vorgegeben werden, nach unterschiedlichen Kriterien reihenfolgeoptimiert. Mögliche Kriterien für diese Optimierung sind beispielsweise:

- kürzeste Operationszeiten,
- Reduzierung der Rüstzeiten oder
- minimaler Werkzeugwechsel.

Neben der Ermittlung einer optimierten Auftragsreihenfolge sind beispielsweise Betriebsmittelreservierungen vorzunehmen. Basierend auf dem so erstellten Auftragsreihenfolge- bzw. Maschinenbelegungsplan müssen die beiden unter dem Begriff Betriebsmittelmanagement zusammenzufassenden Funktionsmoduln Werkzeugmanagement und Vorrichtungsmanagement eine termingerechte Bereitstellung der benötigten Betriebsmittel garantieren.

Parallel zu dieser Betriebsmittelbereitstellung muß die Materialflußsteuerung die zu bearbeitenden Rohteile und Werkstücke termingerecht an die entsprechenden Arbeitsstationen liefern bzw. nach Beendigung der Arbeitsgänge die Teile weitertransportieren. Die anstehenden Arbeitsvorgänge werden den ausführenden Zellen zugewiesen, entsprechende Tranportvorgänge werden generiert, und das Transport- und Lagerbild des Gesamtfertigungssystems wird nachgehalten. Zur Prozeßüberwachung dient eine Anlagenvisualisierung, über die der Bediener die Möglichkeit bekommt, zusätzliche Steuerbefehle einzugeben und bei Störungsmeldungen entsprechende Aktionen starten zu können.

Neben diesen als klassisch zu bezeichnenden Funktionen eines Leitsystems müssen Funktionen zur Qualitätssicherung in ein Fertigungsleitsystem integriert werden. Die Qualitätssicherung beinhaltet den Aufbau von Qualitätsregelkreisen, beispielsweise durch eine Vermessung der Teile bereits in der Maschine. Dadurch können Rückschlüsse auf den Werkzeugverschleiß gezogen werden, der dann bei weiteren Bearbeitungsvorgängen von der Maschinensteuerung automatisch ausgeglichen werden kann.

Bei der Steuerung von verketteten System kommt dem Bereich der Instandhaltung eine wichtige Funktion zu, da durch eine vorbeugende Instandhaltung bzw. durch eine Planung der Instandhaltung mögliche Störungen von Maschinen oder Transportsystemen vermieden werden können. Treten trotz der vorbeugenden Instandhaltung Fehler oder Störfälle in Fertigungssystemen auf, so ist mit Hilfe einer Diagnose, vorzugsweise einer wissensbasierten Diagnose, eine schnellere Erkennung und Beseitigung der Fehlerursache möglich. Unterstützt werden die Funktionsmodule Instandhaltung und Qualitätssicherung durch eine entsprechende Statistik und Auswertungsfunktionen.

Die verschiedenen, je nach Art des Fertigungssystems und der eingesetzten Fertigungsverfahren auch unterschiedlich stark ausgeprägten Funktionalitäten, bilden die erforderliche Gesamtfunktionalität für ein Fertigungsleitsystems. Je nach Fertigungsaufgabe können sich daraus sehr komplexe und umfangreiche Steuerungssysteme ergeben.

4. Beispiele für realisierte Fertigungsleitsysteme

Im folgenden werden zwei unterschiedliche Beispiele für realisierte Fertigungsleitsysteme vorgestellt, wobei ein System ein industriell angebotenes Fertigungsleitsystem ist, während das zweite Beispiel eine innerhalb eines von der EG geförderten ESPRIT-Projektes (European Strategic Program for Research and Development in Information Technologies) realisierte Prototypentwicklung darstellt.

4.1 Beispiel eines kommerziellen Fertigungsleitsystems

Das erste Beispiel ist ein industriell realisiertes Fertigungsleitsystem /6/. Die Strukturierung des Systemlayouts seitens der Informationstechnik erfolgte nach den in den vorherigen Kapitel beschriebenen Architekturen, d.h. es ist eine hierarchische Struktur, bestehend aus der Leit- und der Zellenebene, eingesetzt worden (vgl. Bild 3).

Die Struktur des flexiblen Fertigungssystems, bestehend aus vier sich ersetzenden Bearbeitungszentren, einem zelleninteren Transportsystem für Werkstücke und Werkzeuge, einem Lagerbereich, einem Werkzeugbereich und einem Bereich, der gekennzeichnet ist durch mehrere Einzelarbeitsstationen, ist in **Bild 6** zusammen mit der eingesetzten informationstechnischen Struktur dargestellt.

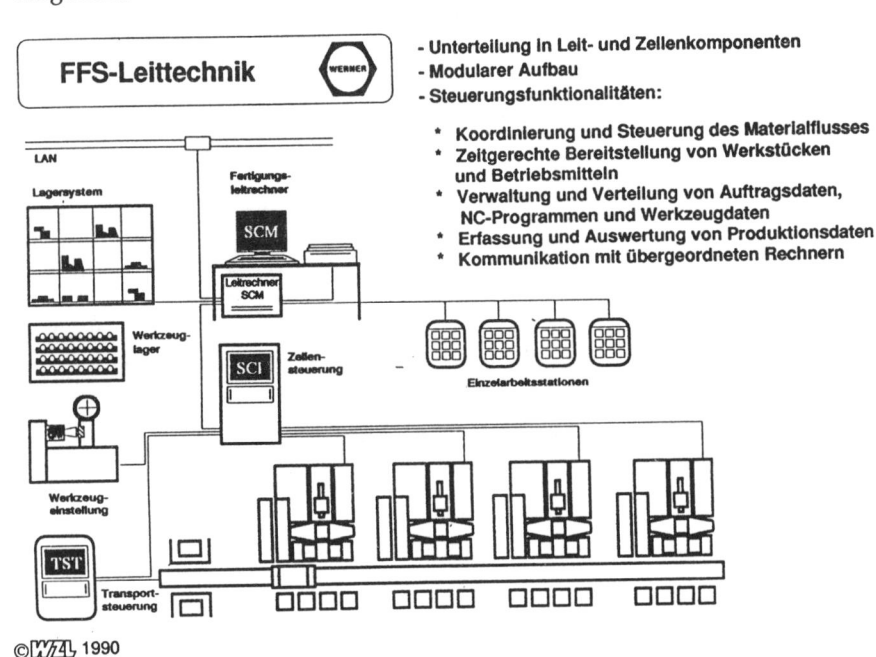

Bild 6: Realisiertes Fertigungsleitsystem (nach: Werner & Kolb)

Für die Koordination der einzelnen Bereiche wird ein Fertigungsleitrechner eingesetzt, der neben der Ansteuerung der einzelnen Zellensteuerungen auch die Schnittstelle zu den übergeordneten Funktionen der Planungsebene bildet. Der Fertigungsleitrechner führt zusätzlich die gesamte Auftragsablaufoptimierung einschließlich der Betriebsmitteleinsatzplanung durch.

Bei dem in Bild 6 dargestellten Beispiel ist lediglich eine Zellensteuerung für die Fertigungszelle, bestehend aus den Bearbeitungsmaschinen und dem

Transportsystem, eingesetzt; die Ansteuerung mehrerer Zellensteuerungen bei komplexeren Fertigungssystemen ist auch möglich. Die Aufgaben der Zellensteuerung setzen sich zusammen aus der Koordination und Überwachung der einzelnen Komponenten des Fertigungssystems, der Verwaltung der aktuellen Auftrags- und Betriebsmitteldaten, der Erzeugung von Steuerbefehlen für die Zellenkomponenten und der Transportsteuerung. Weitere Funktionen sind die NC-Programmverwaltung und -verteilung, das Betriebsmittelmanagement sowie die Funktion Betriebsdatenerfassung und -auswertung.

Diese Zusammenfassung unterschiedlicher Aufgaben in eine Zellensteuerung kann bei einer nachträglichen Erweiterung der Funktionalitäten zu Problemen führen. Da das Fertigungsleitsystem speziell für die Fertigungssysteme eines Herstellers angeboten wird, kann eine nachträgliche Modifikation, beispielsweise bei einer Anpassung an flexible Fertigungssysteme anderer Hersteller, als schwierig angesehen werden.

4.2 Prototypentwicklung innerhalb eines ESPRIT-Projektes

Mit CIRCE, dem Experimental Centre for Research and Integration in CIM, ist im Rahmen des ESPPRIT-Projektes 812 ein Versuchsfeld entstanden, das zum Test und zur Erprobung von Prototypen, Modulen und Teilsystemen vorgesehen ist, die in anderen ESPRIT-Projekten entwickelt wurden. Um dem Anspruch, der an ein CIM-Versuchsfeld gestellt wird, genüge zu tun, wurde das System-Layout nach sorgfältigen Analysen den neuesten Erkenntnissen nachempfunden. Das System-Layout des CIRCE-Systems, wie in **Bild 7** dargestellt, eignet sich aus diesem Grunde zum Aufzeigen der Entwicklungstrends bei Steuerungssystemen für flexible Fertigungseinrichtungen /7/.

Das Versuchsfeld gliedert sich, von seiner Funktionalität her gesehen, in zwei Bereiche. Der technische Bereich (Technical Office Area) beinhaltet alle jene Aktivitäten, die in einem Unternehmen in der Produktionsplanung, dem Konstruktionsbereich und der Arbeitsvorbereitung angesiedelt sind. Der Werkstattbereich (Shop Floor Area) umfaßt die Aktivitäten, die zur Steuerung des Fertigungsprozesses benötigt werden.

Mechanisch gesehen strukturiert sich der Fertigungsbereich in Zellen, wie beispielsweise eine Fertigungszelle für prismatische Werkstücke, eine Fertigungszelle für rotationssymmetrische Werkstücke, eine Montagezelle, ein Hochregallager, ein fahrerloses Flurtransportsystem und ein Werkzeugbereich.

Die datentechnische Integration der verschiedenen Zellen und Funktionsbereiche erfolgt über ein MAP-konformes Breitbandnetzwerk. Das genutzte Kommunikationsprotokoll ist die Manufacturing Message Specification (vgl. Kapitel 5.2). Die Zellen- und Funktionsbereichsrechner verfügen in der Regel über integrierte Kommunikationsadapter. Sofern keine Kommunikationsadapter auf dem Markt verfügbar waren, sind geeignete Schnittstellen entwickelt worden.

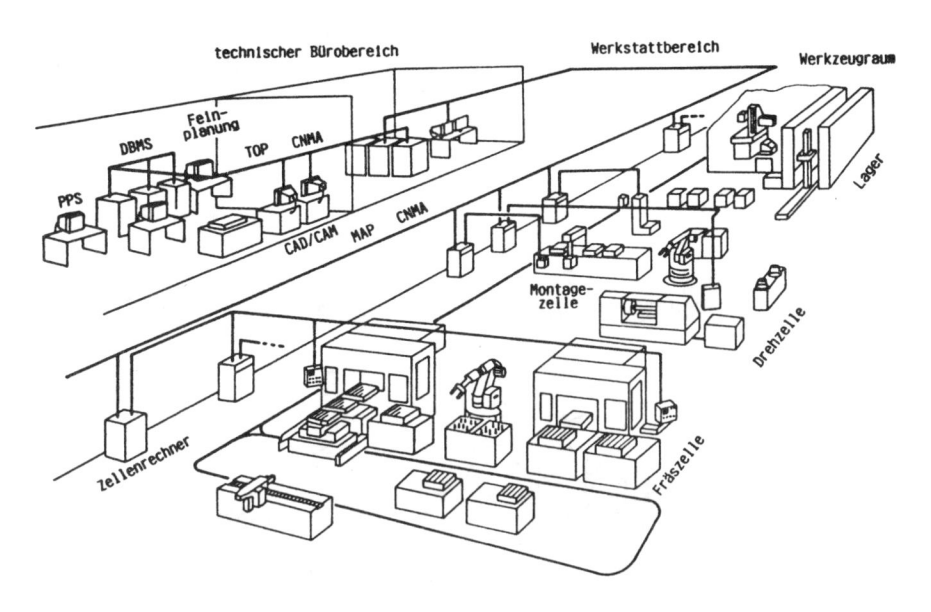

Bild 7: Prototyp eines Fertigungsleitsystems im CIRCE-Center Genua

Die Kommunikation innerhalb der Zellen- und Funktionsbereiche ist bis heute noch nicht über MAP-konforme Datenübertragungssysteme möglich. Aus diesem Grunde müssen im CIRCE-System gegenwärtig noch herstellerspezifische Datenübertragungssysteme genutzt werden. Sobald die ersten Steuerungen mit entsprechenden MAP-Kommunikationsadaptern verfügbar sein werden, erfolgt die Ablösung der herstellerspezifischen Datenübertragungssysteme.

Die Verbindung der einzelnen Rechnersysteme des technischen Bereiches und des Fertigungsleitrechners erfolgt über ein Ethernet-ähnliches Netzwerk gemäß ISO 8802.3. Als Kommunikationsprotokoll wird das TCP/IP Protokoll eingesetzt. Das TCP/IP Protokoll ist wegen seiner weiten Verbreitung als de-facto-Standard für offene Datenkommunikation anzusehen.

Die Auslegung des Datenübertragungssystems im CIRCE-System erfolgte gemäß den Entwicklungen des ESPRIT-Projektes 955 --Communication Network for Manufacturing Applications-- (CNMA).

5. Standardisierungen im Bereich der Leittechnik

Die Realisierung der in Kapitel 3 dargestellten Funktionalitäten muß sich, wie bereits im Beispiel des CIRCE-Prototypen angedeutet, an Standards bzw. an Standardisierungsbemühungen aus dem Bereich der Fertigung orientieren.

Bei der Entwicklung neuer Systeme für den Bereich der Fertigungsleittechnik sind aufgrund einer möglichen Übertragbarkeit auf andere Rechnersysteme und aufgrund der notwendigen Integration in unterschiedliche EDV-technische Umgebungen Standards, so weit wie diese existieren, einzusetzen. Die zu berücksichtigenden Standardisierungen beziehen sich auf die in **Bild 8** beschriebenen Teilbereiche.

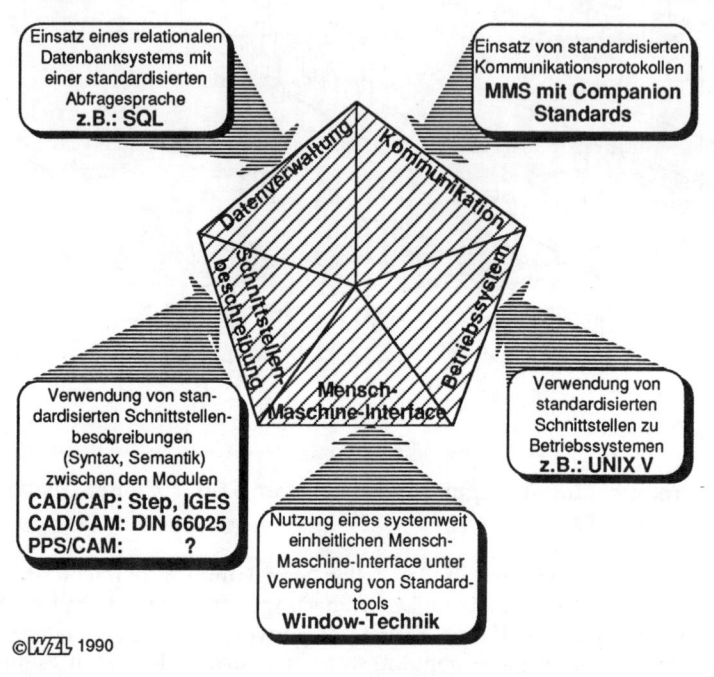

Bild 8: Standardisierungsbausteine im Bereich Leittechnik

Diese sind im einzelnen:

- Datenverwaltung: Einsatz eines Datenbanksystems mit einer standardisierten Abfragesprache
- Kommunikation: Einsatz von standardisierten Kommunikationsprotokollen sowohl zu der Steuerungsebene als auch zu der übergeordneten Planungsebene
- Betriebssysteme: Verwendung von standardisierten Schnittstellen zu Betriebsystemen
- Mensch-Maschine-Schnittstelle: Nutzung einer systemweit einheitlichen Mensch-Maschine-Schnittstelle unter Verwendung von Standardtools

- Schnittstellen-   Verwendung von Schnittstellenstandards zwi-
  Beschreibung: schen unterschiedlichen Funktionsmodulen.

Die einzelnen Teilbereiche werden im folgenden detaillierter betrachtet.

5.1. Datenverwaltung

Für die Datenhaltung und -verwaltung in Systemen für die Fertigungsleittechnik werden zunehmend Datenbankverwaltungssysteme eingesetzt. Neben den allgemeingültigen Forderungen an Datenbanksysteme treten aufgrund des Einsatzgebietes in der Fertigung spezielle Anforderungen auf, die mögliche einzusetzende Datenbanksysteme erfüllen müssen /8/ (Bild 9).

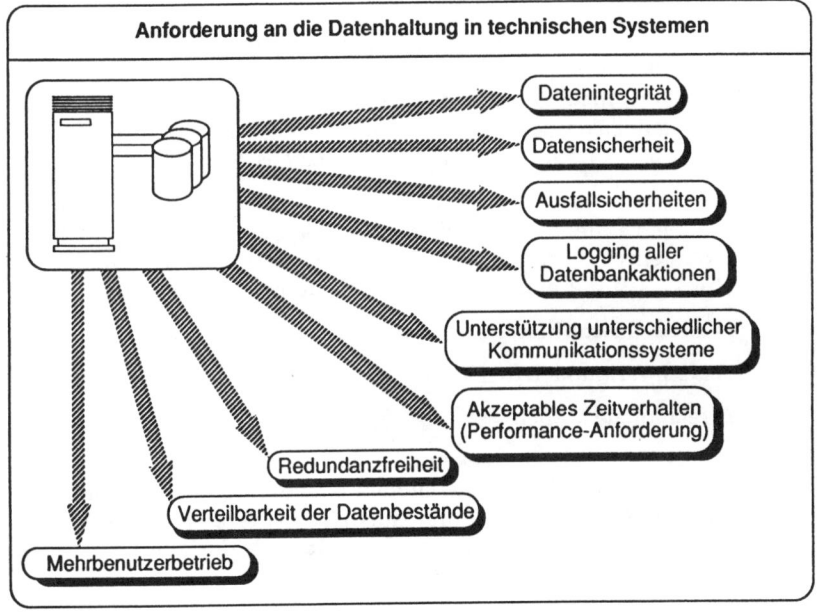

Anforderung an die Datenhaltung in technischen Systemen

- Datenintegrität
- Datensicherheit
- Ausfallsicherheiten
- Logging aller Datenbankaktionen
- Unterstützung unterschiedlicher Kommunikationssysteme
- Akzeptables Zeitverhalten (Performance-Anforderung)
- Redundanzfreiheit
- Verteilbarkeit der Datenbestände
- Mehrbenutzerbetrieb

© WZL 1990

Bild 9: Anforderungen an die Datenhaltung

Ein zentrale Anforderung an Datenbanksysteme stellt die Ausfallsicherheit des Systems dar, da ein Ausfall des Datenbanksystems aufgrund seiner zentralen Bedeutung nach der Abarbeitung der bereits aktiven Aufträge zum Ausfall der gesamte Fertigung führen würde. Aus diesem Grunde werden bei Fertigungsleitsystemen Maßnahmen zur Steigerung der Ausfallsicherheit als ein unbedingtes Muß angesehen. Diese Erhöhung der Ausfallsicherheit kann durch den Einsatz von Spiegelplattensystemen oder auch durch eine "harte Verdoppelung", d.h. durch eine doppelte Installation des Datenbanksystems auf zwei voneinander unabhängigen Rechnersystemen, erreicht werden. Bei Ausfall eines Datenbanksystems wird automatisch auf das parallel mitlaufende System umgeschaltet.

Eine weitere Anforderung an Datenbanksysteme, die in technischen Systemen eingesetzt werden, stellt die Unterstützung unterschiedlicher Kommunikationssysteme dar. Diese Anforderung ergibt sich aus dem EDV-technischen Istzustand im Fertigungsbereich. Der Istzustand ist gekennzeichnet durch eine heterogene Rechner- und Betriebssystemwelt, in die das Fertigungsleitsystem integriert werden muß. Da diese Integration über das Medium "Datenbanksystem" erfolgt, muß dieses Kommunikationsschnittstellen zu sehr vielen Rechnersystemen bzw. Kommunikationssystemen bereitstellen.

Der Einsatz von Datenbanksystemen in technische Systeme bedingt ein akzeptables Antwortzeitverhalten beim Zugriff bzw. bei der Manipulation der Datenbestände. Die Definition dieses akzeptablen Antwortzeitverhaltens hängt von der Anwendung des Datenbanksystems ab. Beispielsweise ist der Einsatz eines Datenbanksystems zur Speicherung von Meßwerten, die eine Steuerung jede 100ms liefert, nicht sinnvoll. Die Performancetauglichkeit ist vor Einführung eines Datenbanksystems im Einzelfall anhand der zu erwartenden Datenvolumina und des benötigten Antwortzeitverhaltens zu prüfen.

Bevor eine Auswahl eines spezifischen Datenbanksystems vorgenommen werden kann, ist ein Datenbankmodell auszuwählen, da die Eigenschaften eines Datenbanksystems im wesentlichen vom eingesetzten Datenbankmodell abhängen. Zur Zeit sind drei Datenbankmodelle im Einsatz **(Bild 10)**:

- das hierarchische Modell,
- das Netzwerkmodell und
- das relationale Modell.

Das hierarchische Modell ist gekennzeichnet durch eine streng hierarchische Baumstruktur, so daß dieses Datenmodell eine geringe Flexibilität bezüglich der Modifikation der Datenstrukturen aufweist. Der Vorteil dieser Baumstruktur sind die kurzen Zugriffszeiten und damit auch die guten Performanceeigenschaften des Datenmodells /9/.

Eine wesentliche Einschränkung des hierarchischen Datenbankkonzeptes besteht in der eindeutigen Vorgänger-Nachfolger-Beziehung. Diese macht das Konzept für viele Anwendungen, insbesondere im technischen Bereich, ungeeignet. Im Gegensatz zu dem hierarchischen Datenmodell wird bei einem Netzwerkmodell die Datenstruktur durch gerichtete und auch benannte Beziehungen aufgebaut. Das Netzwerkmodell ist zur Zeit in sehr wenigen Datenbanksystemen als Datenbankmodell zum Einsatz gekommen.

Hierarchisches Modell

Charakteristika: 1:n - Beziehungen
Einstieg in die Datenstruktur nur über die Wurzel möglich
Vorteile: einfache Struktur des Datenmodells
kurze Zugriffszeiten
Nachteile: geringe Flexibilität bezüglich der Modifikation einer Struktur
starrer Datenzugriff; Datenredundanzen

Charakteristika: m:n - Beziehungen müssen über Relationen- bzw. Kettensätze realisiert werden
Einstieg über jeden Start einer Verkettung
Vorteile: kurze Zugriffszeiten
wahlfreier Einstieg
günstige Speicherorganisation möglich
Nachteile: komplexe Datenstruktur
Flexibilität ist abhängig vom Vernetzungsgrad
schwierige Implementierung

Netzwerkmodell

Relationales Modell

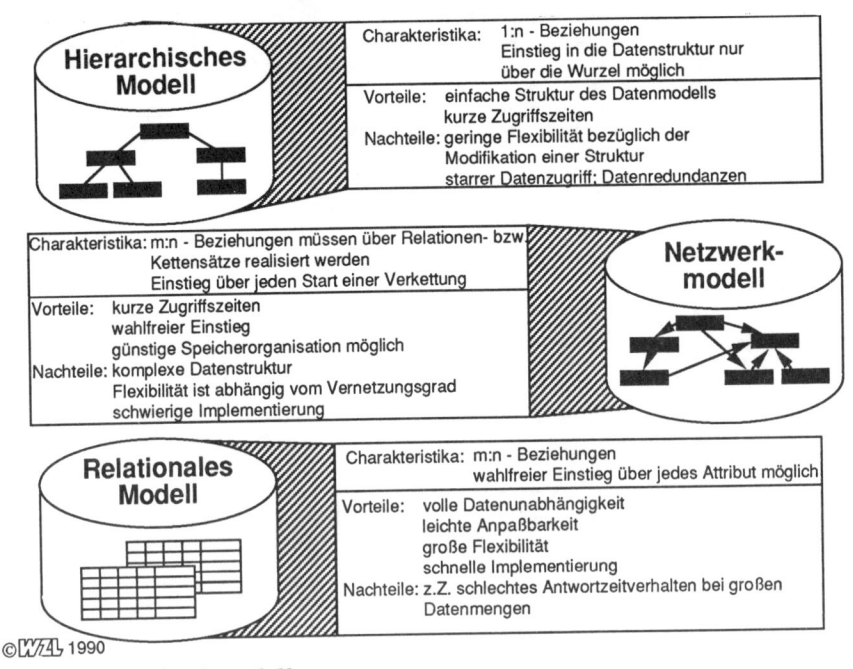

Charakteristika: m:n - Beziehungen
wahlfreier Einstieg über jedes Attribut möglich
Vorteile: volle Datenunabhängigkeit
leichte Anpaßbarkeit
große Flexibilität
schnelle Implementierung
Nachteile: z.Z. schlechtes Antwortzeitverhalten bei großen Datenmengen

© WZL 1990

Bild 10: Datenbankmodelle

Das dritte Datenbankmodell, das zur Zeit in vielen Datenbanksystemen zum Einsatz kommt, ist das relationale Modell. Aufgrund seiner Vorteile gegenüber den anderen ist es für den Bereich der Fertigungsleittechnik gut geeignet und wird vermehrt eingesetzt. Die Vorteile liegen in der schnellen Implementierung der Datenstruktur und in der großen Flexibilität bezüglich nachträglicher Änderungen der Datenstruktur. Diese nachträgliche Modifizierbarkeit ist für den Einsatz in einem Fertigungsleitsystem von entscheidender Bedeutung, da sehr viele Fertigungsleitsysteme mit der Anwendung erweitert werden müssen. Ein großer Nachteil der relationalen Datenbanksysteme stellt das zur Zeit schlechtere Antwortzeitverhalten gegenüber den hierarchischen Systemen dar. Aufgrund der rasanten Weiterentwicklung der relationalen Systeme wird dieser Nachteil zunehmend kompensiert.

Unabhängig vom eingesetzten bzw. einzusetzenden Datenbankmodell ist zur Performancesteigerung eine Verteilung der Datenbestände auf verschiedene Rechner vorzusehen. Diese Verteilung sollte nach dem Grundsatz erfolgen, die Daten dort zu halten, wo sie am häufigsten benötigt werden /10/.

Die Verteilung der Datenbestände auf unterschiedliche Systeme bedeutet nicht, daß die Datenbestände vollkommen voneinander unabhängig sind, sondern vielmehr, daß die Datenbestände dezentral gehalten werden und die gesamte Datenverwaltung durch ein systemweites, globales Datenbanksystem vorgenommen wird **(Bild 11)**.

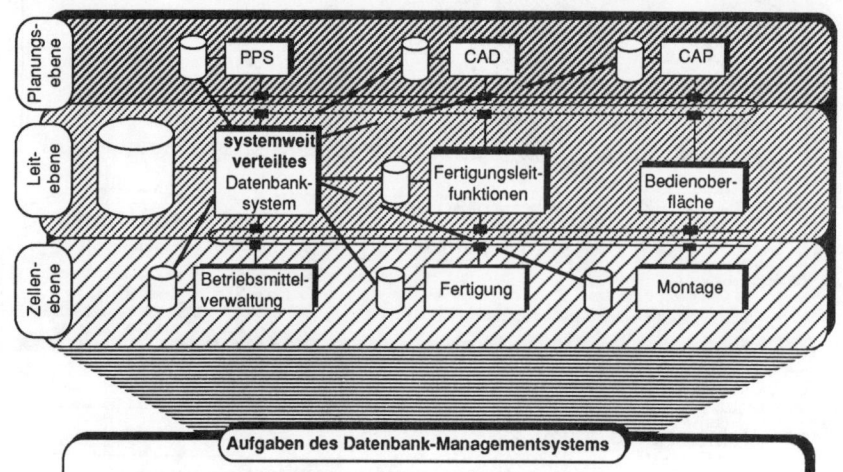

Bild 11: Verteiltes Datenbanksystem

Aufgaben des Datenbank-Managementsystems
- Verwaltung sämtlicher Daten- und Informationsflüsse in der Leitebene und der Zellenebene
- Verwaltung sämtlicher Daten- und Informationsflüsse zwischen der Planungsebene und der Leitebene
- Datenbank enthält Layout des Fertigungssystems und der Steuerungsarchitektur
- Datenbank enthält die aktuellen Zustandsdaten des gesamten Fertigungssystems

© WZL 1990

Neben der reinen Verwaltung der Stammdaten und der Zustandsdaten eines Fertigungsleitsystems kann das Datenbanksystem auch die Funktion einer genormten Schnittstelle ausüben. In diesem Fall werden Schnittstellentabellen zwischen einzelnen Zellenrechnern definiert, auf die beide Module über das Medium Datenbank zugreifen können. Durch diese Schnittstellentabellen wird eine weitestgehende Entkoppelung der Funktionmoduln realisiert.

Eine solche Entkopplung kann sowohl zwischen leitsysteminternen Funktionsmoduln als auch zwischen Funktionsmodulen des Fertigungsleitsystems und Funktionsmodulen der Planungsebene aufgebaut werden.

Die Schnittstelle der Funktionsmoduln zur Datenbank wird über eine geeignete Datenbankabfragesprache (Query Language) realisiert. Aufgrund der großen Verbreitung von relationalen Datenbanksystemen hat sich als Standard für Datenbanksprachen SQL (Structured Query Language) durchgesetzt /11, 12/. Diese Datenbanksprache setzt sich aus vier Teilmengen zusammen, die in **Bild 12** dargestellt sind.

Diese sind im einzelnen:

- die Datendefinitionssprache DDL (data definition language) zur Definition der Datenstruktur,

- die Datenmanipulationssprache DML (data manipulation language) zur Modifikation der Daten,
- die Datenabfragesprache QL (query language) zum Zugriff auf einzelne Daten und
- die Datenkontrollsprache DCL (data control language) für den Verteilungsentwurf der Datenstruktur.

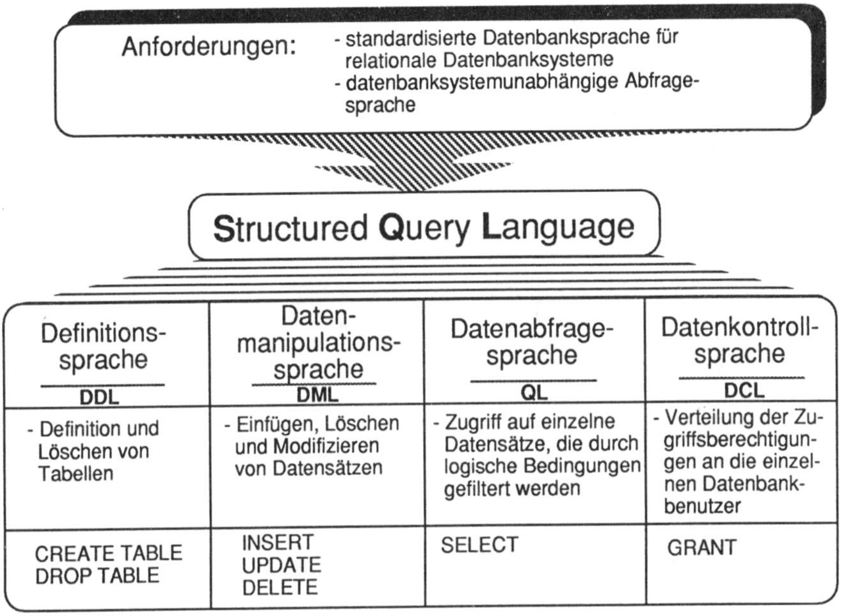

Anforderungen:
- standardisierte Datenbanksprache für relationale Datenbanksysteme
- datenbanksystemunabhängige Abfragesprache

Structured Query Language

Definitionssprache	Datenmanipulationssprache	Datenabfragesprache	Datenkontrollsprache
DDL	DML	QL	DCL
- Definition und Löschen von Tabellen	- Einfügen, Löschen und Modifizieren von Datensätzen	- Zugriff auf einzelne Datensätze, die durch logische Bedingungen gefiltert werden	- Verteilung der Zugriffsberechtigungen an die einzelnen Datenbankbenutzer
CREATE TABLE DROP TABLE	INSERT UPDATE DELETE	SELECT	GRANT

© WZL 1990

Bild 12: Datenbanksprache Structured Query Language SQL

Sofern diese standardisierten Sprachelemente verwendet werden, ist eine Übertragung des Fertigungsleitsystems auf ein anderes Datenbanksystem mit einem geringeren Aufwand möglich, sofern das neue einzusetzende Datenbanksystem die bereits verwendeten Kommunikationsmöglichkeiten besitzt.

5.2 Kommunikation

Die Untersuchung der Anforderungen, die an das zu verwendende Datenübertragungssystem bzw. die zu nutzenden Kommunikationsprotokolle in einer flexiblen Fertigungseinrichtung gestellt werden, läßt das folgende, auch in **Bild 13** dargestellte, funktionale Profil erkennen:

1. Es muß aus einem Anwendungsprogramm heraus möglich sein, über das Kommunikationssystem Informationen mit dem Anwendungsprogramm einer anderen Systemkomponente auszutauschen.
2. Aus einem Anwendungsprogramm heraus muß die Möglichkeit gegeben sein, über das Kommunikationssystem auf die Datenbestände eines Datenbanksystems zuzugreifen und diese Datenbestände manipulieren zu können.
3. Eine Dateioperation, d.h. der Zugriff, die Übertragung und die Verwaltung von Dateien in einem File-Server muß aus einem Anwendungsprogramm heraus über das Kommunikationssystem möglich sein.
4. DNC-Datenkommunikation zu marktgängigen Automatisierungskomponenten muß gewährleistet sein.

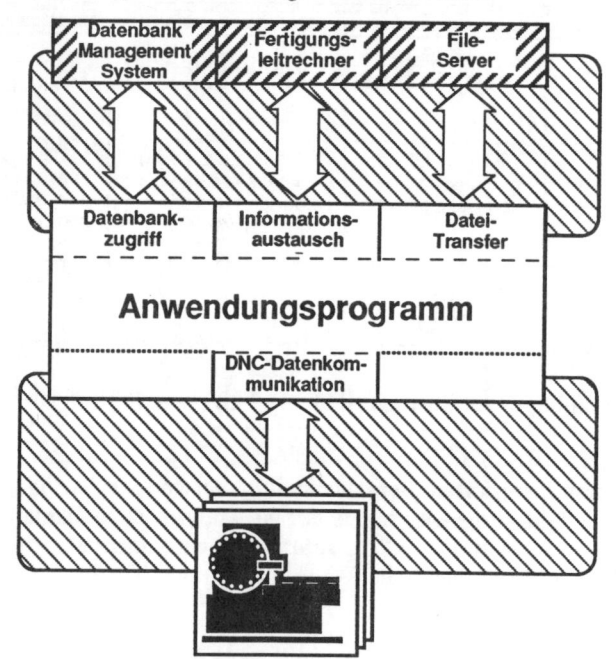

Bild 13: Kommunikationsanforderungen

Der Vergleich dieser Anforderungen mit den heute vorhandenen internationalen Kommunikationsnormen zeigt, daß -von der Ausnahme DNC-Datenkommunikation abgesehen- alle anderen Anforderungen an die zu verwendende Datenübertragungssysteme durch standardisierte Kommunikationsprotokolle abgedeckt sind. Die ISO-Standards, die im Zusammenhang mit Steuerungssystemen für flexible Fertigungseinrichtungen bedeutsam sind, sind von ihrer Funktionalität her gesehen in Schicht 7, der Anwendungsschicht des in ISO 7498 standardisierten "Basic Reference Model for Open Systems Interconnection (OSI)", angesiedelt. Ziel des ISO Basic Reference Model ist es, mit einem Minimum an zusätzlichen technischen Absprachen, die außerhalb der OSI-Standards liegen, die Kommunikation zu solchen Rechnersystemen und Automatisierungskomponenten zu ermöglichen, die

- von verschiedenen Herstellern,

- mit einem unterschiedlichen Betriebssystem ausgestattet,

- von verschiedenem Komplexitätsgrad und

- in unterschiedlicher Technologie aufgebaut

sein können.

Damit decken sich die Ziele des ISO-Referenzmodells vollständig mit den Anforderungen, die an das Datenübertragungssystem eines modernen Leitsystems gestellt werden. ISO-Normen der Anwendungsschicht müssen deshalb auf jeden Fall bei der Auslegung des Datenübertragungssystems zukünftiger Leitsysteme mit ins Kalkül einbezogen werden. Von der Vielzahl heute bereits vorhandener ISO-Normen der Anwendungsschicht bieten besonders drei Standards Kommunikationsdienstelemente an, die in Leitsystemen nutzbringend eingesetzt werden könnten (Bild 14).

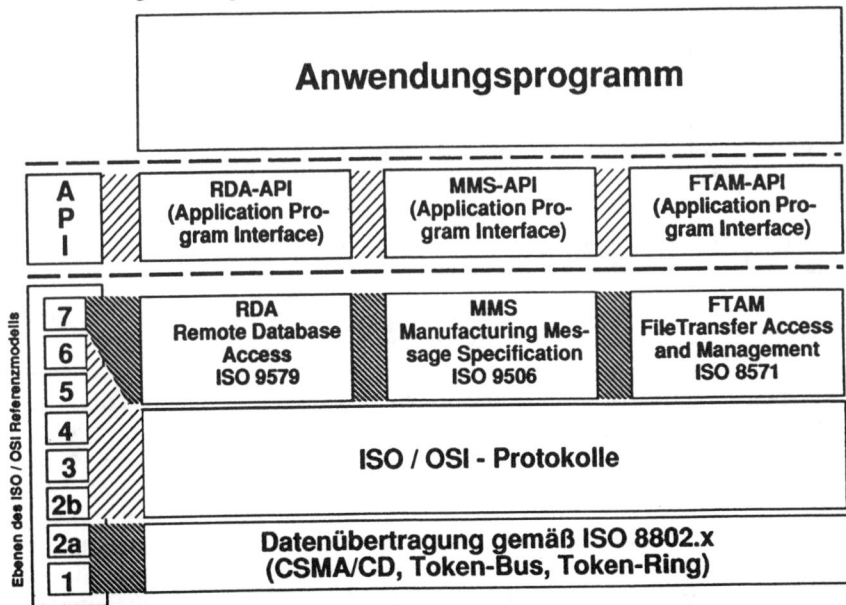

Bild 14: Application Program Interface: die Schnittstelle zwischen Anwendungs- und Kommunikationssoftware

Diese Standards sind:

- ISO 9579 - Remote Database Access (RDA) /13/,
- ISO 8571 - File Transfer, Access and Management (FTAM) /14/ und
- ISO 9506 - Manufacturing Message Specification (MMS) /15/.

Der ISO-Standard 9579 --Remote Database Access-- dient dem Zugriff auf Datenbestände in einem unabhängigen Datenbank-Server. Der Einsatz des RDA-Kommunikationsprotokolls ist dann sinnvoll, wenn aus einem Anwendungsprogramm heraus auf die Datenbestände eines Datenbanksystems zugegriffen werden muß.

Der ISO-Standard 8571 --File Transfer, Access and Management-- erlaubt es Dienstnutzern, in einer "offenen" OSI-orientierten Kommunikationsumgebung aus einem Anwendungsprogramm heraus Dateien zu übertragen (File Transfer), auf Dateien zuzugreifen (File Access) und Dateien in File Servern zu verwalten (File Management). Die dazu benötigten FTAM-Dienste bzw. die zugehörigen Protokolle verfügen über eine weitreichende Funktionalität. Eine Vielzahl unterschiedlicher Anwendungsfälle kann unterstützt werden. Das führt dazu, daß die Implementierungskosten bei Realisierung aller durch das Protokoll gebotener Möglichkeiten sehr hoch werden. Um zu vermeiden, daß Hersteller eigenmächtig eine Auswahl bezüglich der von ihnen zu implementierenden Dienste vornehmen können und Systeme mit unterschiedlicher FTAM-Funktionalität angeboten werden, wurden in FTAM Functional Units vorgesehen. Eine Implementierung muß alle Dienste einer Functional Unit unterstützen.

Die Manufacturing Message Specification (ISO 9506) ist speziell dazu entwickelt worden, die auf den Austausch von Telegrammen ausgerichtete Datenkommunikation zwischen Automatisierungskomponenten und Rechnern des Fertigungsbereiches zu ermöglichen. Zur Erfüllung dieser Aufgaben definiert MMS 14 unterschiedliche Telegrammarten, die die Grundlage für einige hundert daraus ableitbare weitere Telegramme bilden. Auch diese abgeleiteten Telegramme sind in MMS standardisiert.

Obwohl MMS standardisiert ist und anwendungsneutrale Rechner/Rechner Kommunikation mittels MMS schon heute möglich ist, ist es noch nicht möglich, herstellerunabhängige Datenkommunikation zu Automatisierungskomponenten des Werkstattbereiches zu verwirklichen. Zurückzuführen ist die fehlende "offene" Kommunikationsmöglichkeit darauf, daß gerätespezifische Besonderheiten in MMS nicht vorgesehen sind. Durch die gegenwärtig in ihrer Entwicklung befindlichen Companion Standards zu MMS werden jedoch in der näheren Zukunft auch gerätespezifische Funktionen auf der Basis von MMS standardisiert sein. Für NC- und Robotersteuerungen ist abschätzbar, daß bis Mitte 1991 international genormte Companion Standards vorliegen werden. Der zeitliche Rahmen für die ebenfalls in Entwicklung befindlichen Companion Standards für SPS-Steuerungen und Prozeßleitsysteme in der verfahrenstechnischen Industrie ist gegenwärtig nicht abschätzbar. Der Companion Standard für "Production Management", der von seiner Funktionalität her gesehen zur Standardisierung der Datenkommunikation oberhalb der Zellenrechner vorgesehen ist, liegt gegenwärtig erst in Ansätzen vor.

Die Anpassung ISO/OSI-konformer Kommunikationsprotokolle an Anwendungsprogramme erfolgt, wie in Bild 14 dargestellt, über sogenannte Application Program Interfaces (APIs). Während durch die Kommunikationsprotokolle der Anwendungsschicht Telegramme und zur Kommunikation benötigte Objekte und Strukturen definiert werden, ist es die Aufgabe der APIs durch die Vereinbarung von programmiersprachenneutralen Funktionsaufrufen, Variablennamen, Variablentypen und Defaultwerten definierte Schnittstellen zu schaffen, mit denen dann aus Anwendungsprogrammen heraus auf die Kommunikationsprotokolle zugegriffen werden kann. APIs sind somit Softwaremodule, die eine Entkopplung der Anwendungssoftware von den Kommunikationsprotokollen ermöglichen.

Die Standardisierung der APIs wird gegenwärtig vom technischen Komitee 97 der ISO vorangetrieben. Die Standardisierungsaktivitäten sind eng mit den MAP und TOP - Aktivitäten verknüpft.

Trotz der guten Voraussetzungen, die sich aus dem Vorhandensein bzw. der kurz bevorstehenden Verabschiedung von internationalen Normen ergeben müßten, sind auf ISO Normen (MMS, FTAM) basierende Implementierungen noch selten und in der Regel nur in Forschungsprojekten wie den ESPRIT-Projekten CIRCE und CNMA realisiert (vgl. Kapitel 4). Die Nutzung des Remote Database Access ist in den marktgängigen Datenbank-Managementsystemen heute noch nicht verwirklicht.

Daraus ergibt sich, daß offene Datenkommunikation gegenwärtig nicht in dem Maße zu verwirklichen ist, wie das für eine modulare Systemarchitektur wünschenswert wäre.

Für die Realisierung der Datenkommunikation in Fertigungsleitsystemen bedeutet dies, daß für die Datenkommunikation mit Datenbanksystemen oder aber zur Kommunikation zwischen Zellenrechner und Fertigungsleitrechner auf weitverbreitete, marktgängige, aber nicht international standardisierte Kommunikationsprotokolle, wie etwa dem Transport Control Protocol/Internet Protocol (TCP/IP) zurückgegriffen werden muß. Damit die dadurch zwangsläufig zu realisierende Kommunikations-Interimslösungen in ihrem notwendigen Arbeitsaufwand minimiert werden kann, ist das strikte Einhalten einer Migrationsstrategie für die Datenkommunikation, d. h. eine Berücksichtigung zukünftiger Standards, erforderlich.

Die für neu zu entwickelnde Leitsysteme anzustrebende Migration der Datenübertragung muß zwangsläufig von einer vorläufigen Verwendung marktgängiger, herstellerspezifischer Produkte ausgehen. Diese werden später mit zunehmender Verfügbarkeit standardisierter Kommunikationsprotokolle sukzessive gegen solche Produkte ausgetauscht, die auf ISO-Normen (RDA, FTAM, MMS) basieren.

Hierbei kann davon ausgegangen werden, daß zuerst FTAM- und MMSkonforme Kommunikationsprodukte eingeführt werden. Später werden RDA-konforme Produkte folgen.

Bei der Migration des Datenübertragungssystems kommt den Application Program Interfaces (APIs) eine Schlüsselstellung zu, da über sie eine weitgehende Entkopplung der Anwendungsprogramme von den zu nutzenden Kommunikationsprotokollen ermöglicht werden kann. Diese Entkopplung der Kommunikationsaufgabe vom eigentlichen Anwendungsprogramm bedeutet, daß mit Schaffung von APIs allgemeingültige Anwendungsprogrammschnittstellen realisiert werden können, die unabhängig vom verwendeten Kommunikationsprotokoll sind und zu einer modularen Struktur der Software führen werden.

Wie oben bereits dargelegt wurde, ist wegen fehlender Companion Standards zu MMS gegenwärtig offene Datenkommunikation mit NC-, Roboter- und speicherprogrammierbaren Steuerungen nicht realisiert. Zur Unterstützung der internationalen Standardisierungsaktivitäten wurde deshalb im WZL im Rahmen des Arbeitskreises 2.4 -Companion Standards zu MMS- der Kommission CIM im DIN, eine Kommunikationsfunktionalitäts-Untersuchung von 16 marktgängigen NC- und von 5 Roboter-Steuerungen durchgeführt.

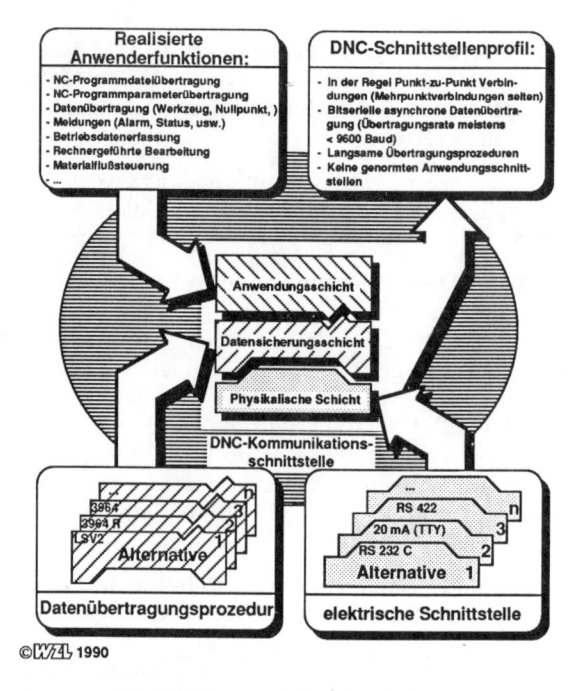

Bild 15: Struktur von DNC-Kommunikationsschnittstellen

Die Untersuchungsergebnisse, die in **Bild 15** auszugsweise dargestellt sind, zeigen, daß entgegen anderer Annahmen bei der Datenkommunikation zwischen Automatisierungskomponenten und übergeordneten Rechnersystemen Punkt-zu-Punkt förmige Kommunikationsschnittstellen für bitserielle, asynchrone Datenkommunikation mit niedrigen Datenübertragungsraten vorherrschen und den Stand der Technik darstellen.

Kommunikationslösungen auf Basis lokaler Netzwerke wie etwa SINEC von Siemens sind bei der Vielzahl von Anschaltungen heute eher noch als Ausnahmen anzusehen und als Hinleitung in die richtige Richtung zu werten.

Obwohl die Kommunikationsschnittstellen zwischen Zellenrechnern und Automatisierungskomponenten hersteller- und anwendungsspezifisch ausgelegt sind und sich oft auch nicht bei den verschiedenen Steuerungsserien eines Herstellers entsprechen, ist ihre Architektur doch sehr ähnlich. Die Kommunikationsschnittstellen sind im allgemeinen in eine physikalische Schicht, eine Datensicherungsschicht und eine Anwendungsschicht strukturiert.

In der physikalischen Schicht sind

- Übertragungsart,

- Betriebsart,

- Zeichenformat,

- Übertragungsgeschwindigkeit sowie

- die elektrischen und die mechanischen Schnittstelleneigenschaften

der Kommunikationsschnittstelle festgelegt. Standardisierte serielle Schnittstellen, wie V.24/V.28 (RS 232 C), RS 422, RS 423 oder die 20 mA-Stromschnittstelle überwiegen.

Die Datensicherungsschicht wird durch sogenannte Datenübertragungsprozeduren realisiert, bei denen in der Regel Kommunikationssteuerungsverfahren in Anlehnung an DIN 66019 zum Einsatz kommen. Die Instanz Datensicherungsschicht wird heute in der Mehrzahl der Einsatzfälle durch die Datenübertragungsprozeduren LSV2, 3964 und 3964R funktional abgedeckt. Die drei Prozeduren sind Derivate der DIN 66019. Die DIN 66019 beschreibt Steuerungsverfahren im Übermittlungsabschnitt eines Datenübertragungssystems. Die Norm kommt dort zur Anwendung, wo einseitige oder wechselseitige Datenübermittlung durchzuführen ist. Der Betriebsablauf wird bei den in DIN 66019 beschriebenen Datenübertragungspozeduren dadurch bestimmt, daß nach jeder Übertragungszeichenfolge und nach jedem Steuerbefehl eine Rückmeldung im Wechselbetrieb abgegeben werden muß.

Neben der DIN 66019 existieren andere ähnliche nationale Standards mit gleichem Aufgabenfeld, wie beispielsweise der EIA-Standard RS 1310 in den USA.

Für die Anwendungsschicht der DNC-Kommunikationsschnittstelle werden nicht genormte hersteller- und anwendungsspezifische Protokolle verwendet. Diese hersteller- und anwendungsspezifischen Protokolle unterscheiden sich in ihrer Funktionalität sehr stark.

Einfache DNC-Kommunikationsschnittstellen erlauben lediglich NC-Programmdateiübertragung. Sie ersetzen daher nur die NC-Datenversorgung von Arbeitsmaschinen mit Lochstreifen. Die nächst höhere Funktionalitätsklasse von DNC-Schnittstellen ermöglicht neben der NC-Programmübertragung zusätzlich den Transfer von Betriebsdaten. In der höchsten Funktionalitätsklasse werden über die DNC-Schnittstelle neben NC-Datenübertragung und Betriebsdatentransfer auch Datentelegramme zur Fertigungssteuerung ausgetauscht. Dies beginnt mit Telegrammen zur Unterstützung des Maschinenbedieners beim Werkzeugwechsel und geht bis hin zu Telegrammen zur vollständigen Steuerung des Materialflusses in einer bedienerarmen Fertigungsumgebung. In dieser Ausbaustufe eignen sich solche DNC-Kommunikationsschnittstellen für die datentechnische Integration in flexible Fertigungssysteme.

Die spezifische DNC-Kommunikationsfunktionalität von Arbeitsmaschinensteuerungen kann in folgende Klassen unterteilt werden:

- Programmdateiverteilung/Programmdateiverwaltung,

- Datenübertragung (Nullpunktdaten, Werkzeugdaten, Palettendaten, usw.),

- Meldungen (Alarm, Fehler, usw.),

- Abfrage des Maschinenstatus,

- rechnergesteuerte Bearbeitung (Fertigungssteuerung),

- Werkzeugflußsteuerung,

- Materialflußsteuerung,

- DNC-/NC-Betriebsarten,

- Betriebsdatenerfassung

- usw.

Die Vielzahl dieser heute für Anwender verfügbaren DNC-Kommunikationsfunktionen hat in Verbindung mit der relativ großen Anzahl von Anbietern von NC-Steuerungen mit DNC-Kommunikationsschnittstellen dazu geführt, daß es bislang keine Standards für die Anwendungsschicht von DNC-Kommunikationsschnittstellen gab. Der erste weltweite Versuch einer Standardisierung der Anwendungsschicht durch das US-amerikanische EIA-Gremium 1393, im Jahre 1979 begonnen, scheiterte durch die Verschmelzung der Aktivitäten mit den Arbeiten am Manufacturing Automation Protocol. Heute, über zehn Jahre später, entsteht durch die Standardisierung der MMS Companion Standards erstmals eine normierte Fixierung der spezifischen Syntax bzw. der Semantik der Anwendungstelegramme in Fertigungsleitsystemen. Jeder Her-

Wettbewerbsfaktor Produktionstechnik 375

steller von Automatisierungskomponenten bzw. von Fertigungsleitsystemen muß berücksichtigen, daß Datenkommunikation in Zukunft auf OSI-konformen Protokollen basieren wird. Als Protokolle werden die drei in diesem Kapitel genannten Protokolle (RDA, FTAM, MMS) im Vordergrund stehen, wenngleich es noch viele weitere Anwendungsprotokolle gibt, die ebenfalls für spezifische Anwendungen zum Einsatz kommen.

5.3. Betriebssysteme

Eine weitere für die Konzeption und Realisierung eines Fertigungsleitsystems wichtige Entscheidung stellt die Auswahl einer geeigneten Entwicklungsumgebung dar. Unter dieser Entwicklungsumgebung ist entweder das einzusetzende Betriebssystem oder eine betriebssystemneutrale Entwicklungsplattform zu verstehen. Der Zusammenhang zwischen standardisierter Schnittstelle, Betriebssystem und Entwicklungsplattform ist in **Bild 16** dargestellt. Solche betriebssystemneutralen Entwicklungsplattformen oder System Enabler werden von einigen Hard- und Softwareherstellern für eine Familie von Betriebssystemen angeboten /16/.

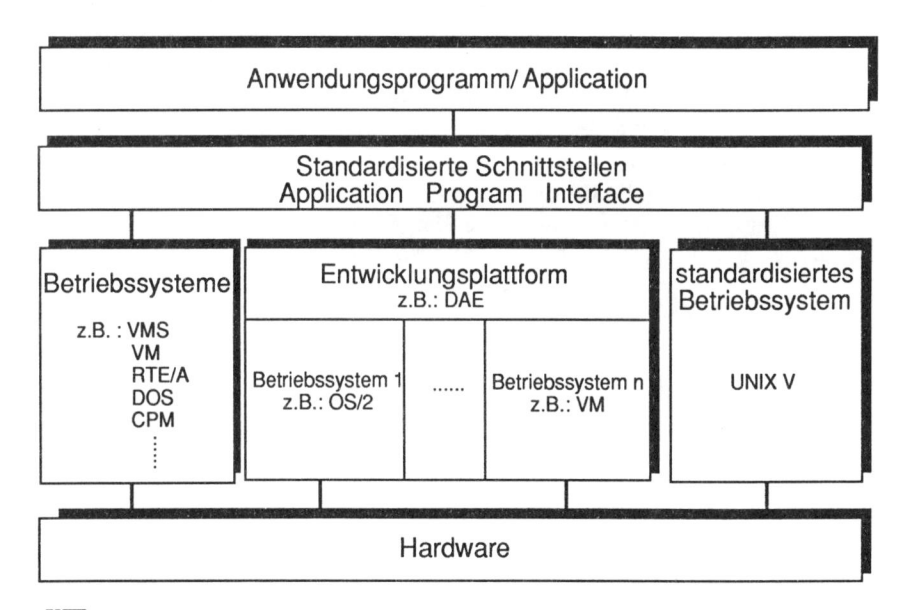

Anwendungsprogramm/ Application		
Standardisierte Schnittstellen Application Program Interface		
Betriebssysteme z.B. : VMS VM RTE/A DOS CPM	Entwicklungsplattform z.B.: DAE	standardisiertes Betriebssystem
	Betriebssystem 1 z.B.: OS/2 ...... Betriebssystem n z.B.: VM	UNIX V
Hardware		

© IWZL 1990

Bild 16: Standardisierte Betriebssystemschnittstellen

Eine Entwicklungsplattform stellt eine Sammlung von Funktionsaufrufen, den sogenannten Application Program Interfaces, dar, die von den Anwendungsprogrammen benutzt werden können. Intern in der Entwicklungsplattform werden diese neutralen Funktionsaufrufe in betriebssystemspezifische Funktionen umgesetzt, die an das spezielle Betriebssystem übergeben werden.

Der Vorteil dieser Entwicklungsplattformen liegt in der betriebssystemneutralen Schnittstelle zu den Applikationen, so daß eine Übertragung der Applikationen auf andere Betriebssysteme ohne jede Änderung möglich ist, sofern die Entwicklungsplattform auch für dieses Betriebssystem verfügbar ist.

Desweiteren ergibt sich die Forderung nach standardisierten Schnittstellen zu Betriebssystemen aufgrund einer möglichen Übertragbarkeit der Software auf andere bzw. leistungsfähigere Rechnersysteme. Aufgrund einer Erweiterung der zu leitenden Werkstatt kann eine solche Übertragung auf leistungsfähige Rechner erforderlich werden.

Bei der Auswahl eines Betriebssystems bzw. einer Entwicklungsplattform sind die Konsequenzen bzw. Restriktionen für die einzusetzende Hardwarestruktur, die einzusetzende Kommunikation und die Darstellungsmöglichkeiten zu berücksichtigen. Da einzelne Betriebssysteme nur auf speziellen Rechnersystemen lauffähig sind, sind mögliche Hardware/Betriebssystem-Konstellationen zu betrachten. Desweiteren ist bei der Auswahl eines Betriebssystems der Bereich Kommunikation aufgrund der Integration in eine CIM-Gesamtarchitektur zu betrachten; einige Kommunikationsprotokolle sind bereits in Betriebssystemen enthalten, während für andere Kommunikationsprotokolle keine Unterstützung verfügbar ist. Analoge Überlegungen sind für den Bereich der Bildschirmdarstellung anzustellen.

Als standardisiertes Betriebssystem setzt sich zur Zeit das Betriebssystem UNIX als de facto-Standard durch, da dieses Betriebssystem für sehr viele in der Fertigungsumgebung eingesetzte Hardwarekonstellationen verfügbar ist. Parallel zum Einsatz standardisierter Betriebssysteme werden zur Zeit Implementierungen von Entwicklungsplattformen, beispielsweise dem System Enabler Distributed Automation Edition (DAE) vorgenommen.

Aufgrund dieser Überlegung wird die Bedeutung der Auswahl eines Betriebssystems oder eine Entwicklungsplattform für die Konzeption und Realisierung eines Fertigungsleitsystems deutlich.

5.4. Mensch-Maschine-Interface

Wie bereits beschrieben wurde, sind in vielen Fällen mit der Auswahl eines geeigneten Betriebssystemes oder einer auf einem Betriebssystem aufbauenden Entwicklungsplattform die Darstellungsmöglichkeiten fest vorgegeben. Das heißt bei der Auswahl eines Betriebssystems sind die Belange der Bildschirmdarstellung unter dem Gesichtspunkt der Verwendung von standardisierten Schnittstellen zu berücksichtigen.

Unabhängig von dem eingesetzten Präsentationstool ist die Art der Darstellung den spezifischen Anforderungen und Fähigkeiten der Werkstattmeister und der Maschinenbedienern anzupassen.

Die im folgenden aufgeführten Auswirkungen müssen durch eine bedienerangepaßte Darstellung vermieden werden /17/ (**Bild 17**):

- Die immer umfangreicher werdende Funktionalitäten moderner Steuerungssysteme werden als nicht mehr beherrschbar empfunden.
- Die Lernprozesse der Bediener werden nicht optimal unterstützt.
- Die Bediener werden im Normalbetrieb unterfordert.
- Die Bediener werden im Störungsfall überfordert.

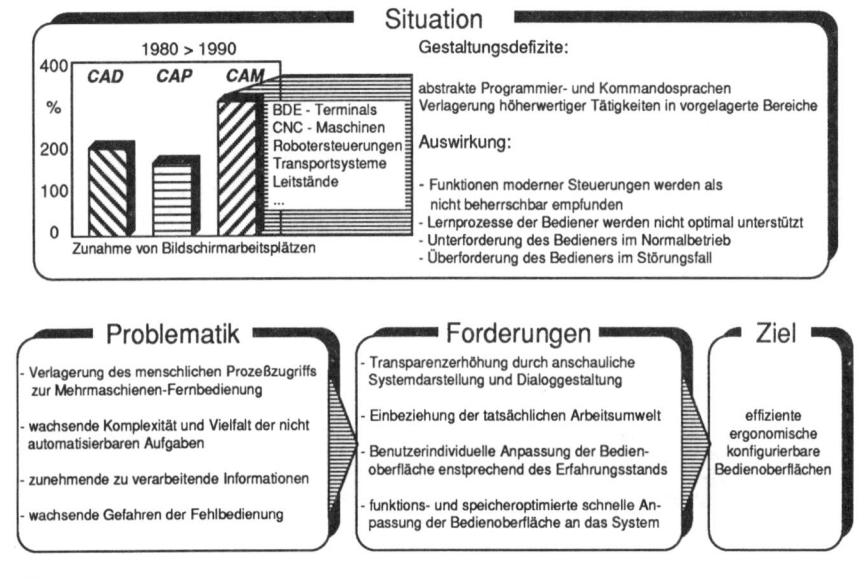

Bild 17: Ergonomische Anforderungen an ein Mensch-Maschine-Interface

Der erfolgreiche Einsatz von Rechnerkonzepten kann langfristig nur dann sichergestellt werden, wenn neben den rein technischen Optimierungskriterien der menschengerechte Prozeßzugriff verstärkt berücksichtigt wird. Die ursprünglich durch den Rechnereinsatz angestrebten Ziele, wie Flexibilitätssteigerung und Tranzparenzerhöhung betrieblicher Abläufe, konnten u.a. wegen der Akzeptanzprobleme beim Personal nicht erreicht werden.

Mit der zunehmenden Integration von Funktionen in ein Fertigungsleitsystem wachsen auch die Gefahren, die sich durch eine mögliche Fehlbedienung ergeben können. Technische Sicherheit kann nicht heißen, daß dem Bediener verwirrende, mißverständliche oder schwer zu verarbeitende Informationen des Systems dargeboten werden, die ihn insbesondere bei kritischen Betriebsfällen der Anlage zu unkontrollierten Aktionen mit katastrophalen Folgen verleiten können.

Vor diesen Hintergründen ist die Gestaltung der Mensch-Maschine-Schnittstelle, also der Bedienoberfläche, für integrierte Systeme in Form eines interaktiven Dialogs zwischen einem Bediener und dem steuernden System von großer Bedeutung. Die softwareergonomische Gestaltungsarbeit bezweckt in diesem Zusammenhang die Herabsetzung aller Belastungsmomente sowie die Erhöhung von Arbeitskompetenz und -motivation /18/. Hierbei spielen die rezeptiven Eigenschaften des Menschen, d.h. die Funktionen des Menschen, die zur Wahrnehmung eines Gegenstandes beitragen, die vordergründige Rolle.

Der Konfigurationsansatz für Bedienoberflächen im Fertigungsbereich leitet sich einerseits aus der Forderung der flexiblen Anpassung der Bedienoberfläche, beispielsweise an eine geänderte Struktur des Materialflusses, ab. Andererseits spielt die Einbeziehung der Arbeitsumwelt des Personals bei der Gestaltung der Mensch-Maschine-Schnittstelle aus Akzeptanzgründen eine wichtige Rolle. Läßt die konfigurierbare Bedienoberfläche eine beliebige Auswahl von graphischen Sinnbilder zur Darstellung von Anlagenkomponenten bzw. Texte zur Bezeichnung der vorkommenden Begriffe zu, so kann die tatsächliche Arbeitsumwelt mit Hilfe einer Konfiguration der Bedieneroberfläche nachgebildet werden.

Zur Durchführung einer Konfiguration und programmtechnischen Verwaltung der vielfältigen heterogenen Strukturen, Funktionen und Informationen flexibler Fertigungssysteme müssen die wesentlichen Komponenten und Funktionalitäten solcher Anlagen zunächst extrahiert werden. Diesen sind dann allgemein verwendbaren und parametrierbaren Datenstrukturelementen zuzuordnen, die entsprechend den ergonomischen Bedienoberflächenanforderungen anzupassen und in das Programmsystem zu integrieren sind. Außerdem ist eine klare Abgrenzung zu den anlagenspezifischen Dispositions- und Steuerungsfunktionen erforderlich.

Im Rahmen eines Forschungsprojektes wird am WZL ein Programmiersystem zur Konfiguration von Bedieneroberfächen im Fertigungsbereich basierend auf einem objektorientierten Ansatz entwickelt. Wie aus **Bild 18** hervorgeht, besteht das System aus zwei entkoppelten Modulen. Mit Hilfe des ersten Moduls, dem Konfigurationsprogramm, wird die systemspezifische Bedienoberfläche aus den allgemein verwendbaren und parametrierbaren Datenstrukturelementen aufgebaut. Diese beinhalten alle wesentlichen Funktionalitäten, die für die Konfiguration einer graphisch interaktiven Bedienoberfläche notwendig sind.

Mit kommerziellen Zeichenprogrammen werden die Basiselemente der späteren Bedienoberfläche, wie Bilder und Texte, erstellt und in sogenannten Resource-Files abgelegt.

In dem Konfigurationsprogramm kann über Bibliotheken auf diese Resource-Files zugegriffen werden, die dann individuell mit bedienoberflächenspezifischen Funktionalitäten verknüpft und als Einheit gespeichert werden. Mit Hilfe des beschriebenen Konfigurationssystems und unter Verwendung der zuvor angedeuteten Standardtools für Bildschirmausgaben ist es also möglich, eine standardisierte Mensch-Maschine-Schnittstelle zu kreieren, die sich durch eine systemweit einheitliche Bedienerführung auszeichnet.

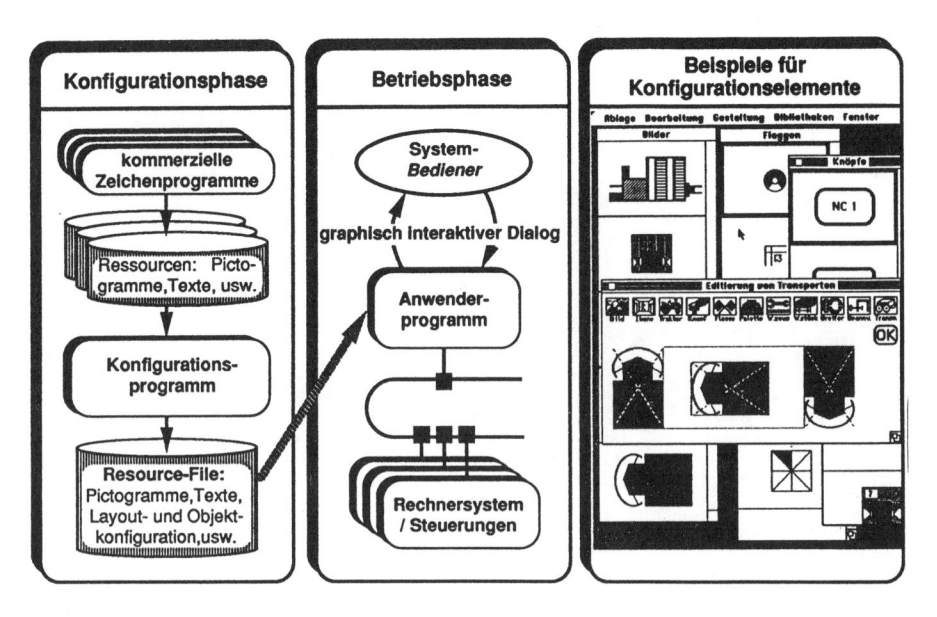

© WZL 1990

Bild 18: Konfigurationssystem für Bedienoberflächen

Das zweite Modul, das Anwenderprogramm, stellt die Leitstandsbedienoberfläche dar. Während der Initialisierungsphase dieses Programmes werden zunächst die Resource-Files eingelesen und zu einer dynamisch verwaltbaren Darstellung, entsprechend der in dem Konfigurationsprogramm festgelegten Darstellung, aufgebaut. In der Betriebsphase visualisiert dieses Programm die systemspezifischen Informationen und Aktionen auf dem Bildschirm und agiert über den graphisch interaktiven Dialog als Bindeglied zwischen dem Bedienungspersonal und dem System.

Während der Konfigurationsphase kann somit ein beliebiges in der Fertigungsanlage vorkommendes Betriebsmittel oder Werkstück durch Anwahl von Grundelementen konfiguriert werden. Diese Grundelemente werden aus sogenannten Elementbibliotheken (Bild 18) graphisch interaktiv ausgewählt und objektspezifisch parametriert.

Die symbolhafte graphische Darstellung einer Fertigungsanlage und der in ihr stattfindenden Bewegungsvorgänge bietet einem Bediener einen direkten und umfassenden Einblick in den momentanen Fertigungsablauf (**Bild 19**). Diese

Funktionalität findet bei herkömmlichen Bedieneroberflächen für Fertigungsanlagen kaum Berücksichtigung. Einzelne Bilder bieten dem Bediener einen direkten Bezug zu der ihm vertrauten Arbeitsumwelt. Sie können gleichzeitig als Informationsträger eingesetzt werden, um beispielsweise den augenblicklichen Standort eines Flurförderfahrzeugs oder von Paletten anzuzeigen. Durch den Einsatz von Flaggen werden dem Bediener beispielsweise Statusinformationen einzelner Komponenten oder Aufträge angezeigt.

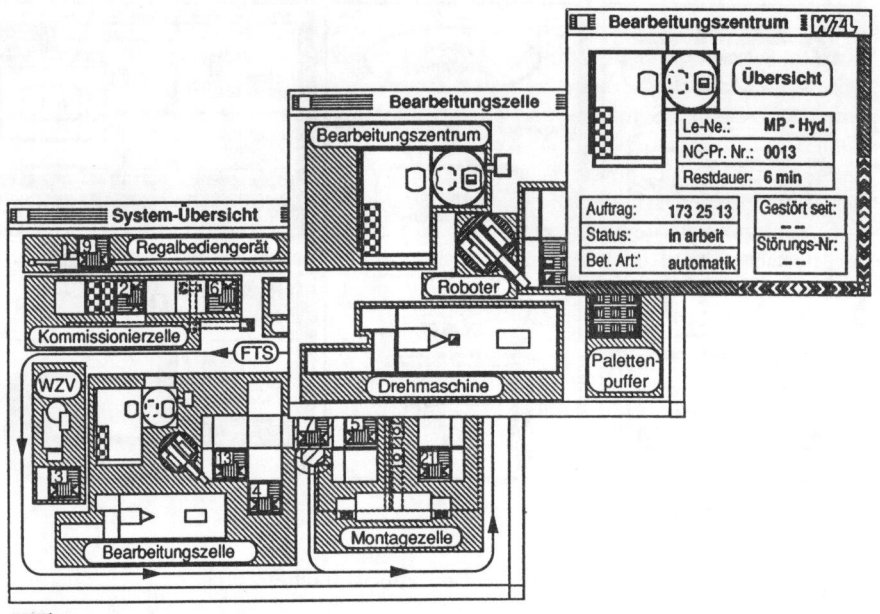

©WZL 1990
Bild 19: Beispiel einer Bedienoberfläche

Steueraufträge für Transportvorgänge können durch eine analoge Bewegungsmimik umgesetzt werden. Dazu wird mit einem Zeigerinstrument, wie z.B. einer Maus, das Piktogramm, beispielsweise eines Fahrzeugs, von der aktuellen Station zur gewünschten Zielstation bewegt. Der Transportauftrag wird daraufhin generiert und im semiautomatischen Betrieb an die entsprechende operative Steuerung zur Plausibilitätsüberprüfung und eventuellen Ausführung übertragen.

Neben dem im Bild 19 dargestellten Anlagen-Layout mit den aktuellen Statusinformationen der Komponenten bzw. der Aufträge, können in eine solche Bedienoberfläche weitergehende Informationen, beispielsweise bezüglich der Maschinenauslastung (GANTT-Diagramm) zur Anzeige gebracht werden.

5.5. Schnittstellenbeschreibungen

Neben der Mensch-Maschine-Schnittstelle besitzt das Fertigungsleitsystem Softwareschnittstellen zu den Funktionsmoduln der Planungsebene. Wie bereits aus Bild 4 hervorgeht, sind u.a. die Systeme Produktionsplanung und Produktionssteuerung, Arbeitsplanung und Konstruktion auf dieser Planungsebene angesiedelt, so daß das Fertigungsleitsystem über geeignete Schnittstellen zu diesen Systemen verfügen muß.

Unter dem Begriff Schnittstelle ist in diesem Zusammenhang nicht nur die in Kapitel 5.2 beschriebene Kommunikationstechnik zu verstehen, sondern im besonderen Maße die Sprache zwischen den Systemen. Diese Sprache besteht auf einer festgelegten Semantik und auch der Syntax, in die die zu übermittelnden Daten und Informationen transformiert werden müssen. Wenn möglich sollte eine normierte oder vereinheitlichte Schnittstellenbeschreibung verwendet werden, um den Austausch einzelner Systeme ohne Modifikation der angeschlossenen Systeme zu ermöglichen. Wie aus **Bild 20** zu entnehmen ist, sind im Bereich CAD-Konstruktion viele Bemühungen um eine Standardisierung der Schnittstelle zwischen CAD-Systemen oder von CAD-Systemen zu CAP-Systemen erfolgreich durchgeführt worden.

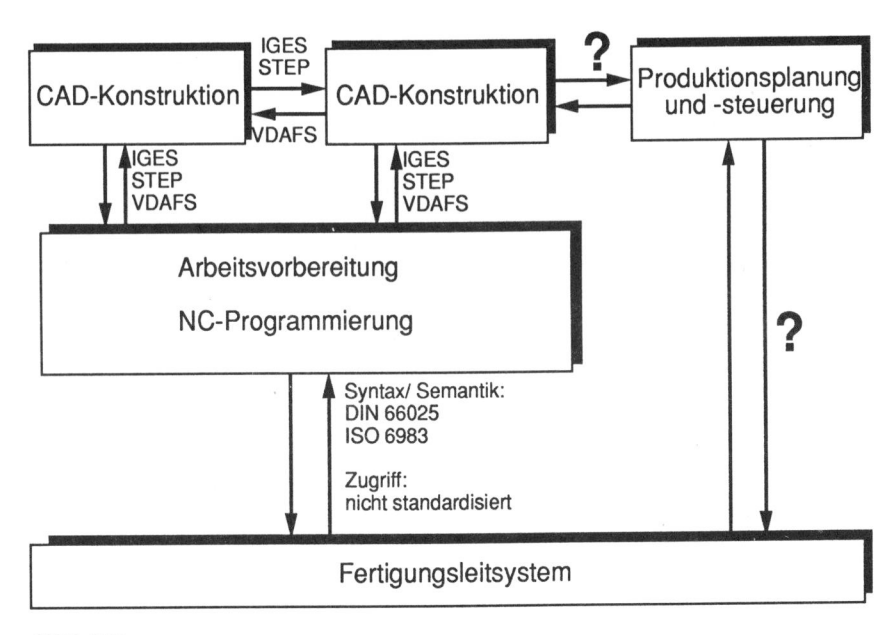

Bild 20: Sprachschnittstellen

In diesem Anwendungsbereich haben sich die Schnittstellenbeschreibungen IGES (Initial Graphics Exchange Specification) /19/ zur Übertragung von Geometrieinformationen und STEP (Standard for the Exchange of Product Model Data) zum Austausch von Geometrie- und Technologieinformationen durchgesetzt. Als Basis von STEP gilt die in den USA entwickelte Schnittstelle PDES (Product Data Exchange Specification). Ein Problem einer IGES-Schnittstelle liegt in der fehlenden Information bezüglich der Technologie; bei Einsatz einer STEP-Schnittstelle werden diese Informationen zusätzlich zu den geometrischen Informationen übertragen.

Die Schnittstelle zwischen dem Bereich der Arbeitsvorbereitung bzw. NC-Programmierung und dem Fertigungsbereich wird durch die DIN 66025 /20/, die den Programmaufbau für numerisch gesteuerte Arbeitsmaschinen standardisiert, abgedeckt. Die Art und Weise des Zugriffs bzw. der Übertragung der NC-Programme ist nicht vereinheitlicht. Desweiteren fehlen zur Zeit Schnittstellenbeschreibungen sowohl für eine Kommunikation zwischen der Produktionsplanung und der Konstruktion als auch für einen Informationsaustausch zwischen der Produktionsplanung und dem Fertigungsleitsystem. Aufgrund der zur Zeit fehlenden Schnittstellen vom PPS-System zum Fertigungsleitsystem ist bei der Implementierung und Integration des Fertigungsleitsystems eine PPS-spezifische Anpassung notwendig. Um diesen Anpassungsaufwand in Zukunft zu minimieren, sollten sich Normungsgremien, bestehend aus Anbietern von PPS-Systemen und von Fertigungsleitsystemen, um eine Standardisierung der Schnittstelle bemühen. Der Umfang dieser Schnittstellenbeschreibungen ist im Vergleich zum Schnittstellenstandard STEP als gering anzusehen.

6. Realisierung einer modular strukturierten, offenen Steuerungsarchitektur für FFS

Die unterschiedlichen Standardisierungsbestrebungen im Bereich der flexiblen Fertigung wurden in den vorangegangenen Kapiteln bereits diskutiert. Ziel dieser Standardisierungen ist es ein einheitliches Umfeld für die unterschiedlichen Funktionsmodule im Bereich der Steuerungssoftware für flexible Fertigungssysteme zu schaffen. Durch dieses einheitliche Umfeld wird es ermöglicht, die Anwendungssoftware auf unterschiedliche Systeme zu portieren und dort ohne aufwendige Neu- oder Anpaßentwicklungen wieder einzusetzen.

Die unterschiedlichen Anforderungen, die von der Fertigung gestellt werden, können durch eine entsprechende Auswahl und Kombination von vorgefertigten, universell einsetzbaren Softwaremodulen erfüllt werden. Speziell im Bereich der Steuerungssoftware für FFS bringt dies dem Anwender erhebliche Kosteneinsparungen nicht nur bei der Erstellung von FFS-Steuerungssystemen, sondern auch bei der Erweiterung oder Änderung schon bestehender Systeme.

Der aktuelle Zustand im Bereich der FFS-Leitsoftware ermöglicht dies bisher nicht. Es gibt heute zwar eine Vielzahl von Leitsoftware für die unterschiedlichsten Produktionssysteme, welche auch im Praxiseinsatz ihre Bewährung gezeigt haben, die allerdings immer auf eine bestimmte Einsatzart festgelegt sind. Teilweise existieren bei der Steuerungssoftware Komplexitätsgrenzen, z.B. daß nur eine begrenzte Anzahl eines zudem nur spezifischen Maschinentyps überwacht und gesteuert werden kann /21/. Eine Erweiterung oder Anpassung solcher Art von Software ist nur unter beträchtlichem Zeitaufwand und hohen Kosten möglich, wenn sie aufgrund der vorgegebenen inneren Struktur überhaupt durchführbar ist. Weiterhin ist durch die Vorgabe von Systemhardware und Betriebssystem oftmals ein Einsatz auf der schon existierenden Rechnerumgebung beim Anwender nicht möglich, so daß unter weiteren Kosten ein spezielles Rechnersystem angeschafft werden muß, wobei eine Verbindungsmöglichkeit dieser unterschiedlichen Systeme nur selten berücksichtigt wird.

Ein weiteres Problem, auch nach der Berücksichtigung der oben aufgeführten Punkte, ist die Verkettung unterschiedlicher Softwaremodule untereinander. Die Möglichkeit, daß eine Ablaufsteuerung unmittelbar auf die Vorgaben einer PPS-Planung oder Feinplanung zugreifen kann, ist bei unterschiedlichen Programmsystemen zumeist nicht gegeben und kann nur unter hohem zusätzlichen Aufwand realisiert werden.

Aus dieser Problematik resultiert die Anforderung nach einer dezentralen, modular strukturierten Unterteilung des umfangreichen Aufgabenfeldes der FFS-Leitsoftware /22, 23/. Das hierbei zu berücksichtigende komplexe Aufgabenfeld und die hieraus resultierenden verschiedenartigsten Steuerungsfunktionalitäten für FFS wurden bereits im Kapitel 3 näher erläutert.

Modularer Aufbau bedeutet in diesem Zusammenhang auch eine Unterscheidung in universell wiederverwendbare und spezielle, je nach Anforderung zu ergänzende Funktionalitäten. Diese Unterteilung in applikationsspezifische und -neutrale Bereiche bezieht sich nicht nur auf die zum Einsatz kommende Software, sondern auch auf die Informationsverwaltung innerhalb des Gesamtsystems. Vor diesem Hintergrund ergibt sich die Forderung nach dem Einsatz eines Datenbanksystems mit der standardisierten SQL-Schnittstelle. Aber auch innerhalb des Datenbanksystems, d.h. bei der Datenstruktur, muß eine Unterscheidung in applikationsneutrale und -spezifische Elemente beibehalten werden.

Vor diesem Hintergrund der gegenwärtigen Situation bei der heute verfügbaren FFS-Leitsoftware und der daraus resultierenden Problematik wird, wie bereits erwähnt, am WZL eine neuartige FFS-Steuerungsarchitektur unter dem Namen COSMOS 2000 im Rahmen eines industriellen Arbeitskreises entwickelt und realisiert. Bei der Entwicklung der COSMOS 2000 Steuerungsarchitektur werden die erforderlichen Anforderungen für eine modular strukturierte, adaptierbare und offene, universell einsetzbare Leitsoftware für FFS berücksichtigt. Der Aufgabenbereich der COSMOS 2000 Leitsoftware ist in **Bild 21** dargestellt. Er umfaßt alle Funktionen der FFS-Leitebene sowie der untergeordneten Zellenebene bis zur Maschinenankopplung der unterschiedlichen, in einem FFS einsetzbaren Werkzeugmaschinen, Transportkomponenten bzw. deren Steuerungen. Wie in Bild 21 dargestellt, ist die Untergliederung in unterschiedliche Funktionsebenen und weitere Aufschlüsselung in verschiedene Funktionsmodule rein funktionsorientiert geschehen. Dies bedeutet, daß eine Hardwarezuordnung zu den unterschiedlichen Funktionsbausteinen somit nicht vorgegeben ist, sondern daß die Hardware je nach den Systemanforderungen konfiguriert werden kann. Es besteht beispielsweise die Möglichkeit, jedem Funktionsbereich auf der Zellenebene einen eigenen Zellenrechner zuzuordnen oder auch mehrere, sogar unterschiedliche Funktionsbausteine auf einer Hardwarekomponente zusammenzufassen.

Der gesamte Informationsfluß innerhalb des COSMOS 2000 Aufgabenbereiches sowie die Verbindung zur übergeordneten Leitebene erfolgt über ein systemweites Datenbanksystem. Innerhalb der COSMOS 2000 Steuerungsarchitektur wird hierbei ein relationales, je nach Anwendungsanforderungen auch verteiltes Datenbanksystem mit der SQL-Abfragesprache eingesetzt.

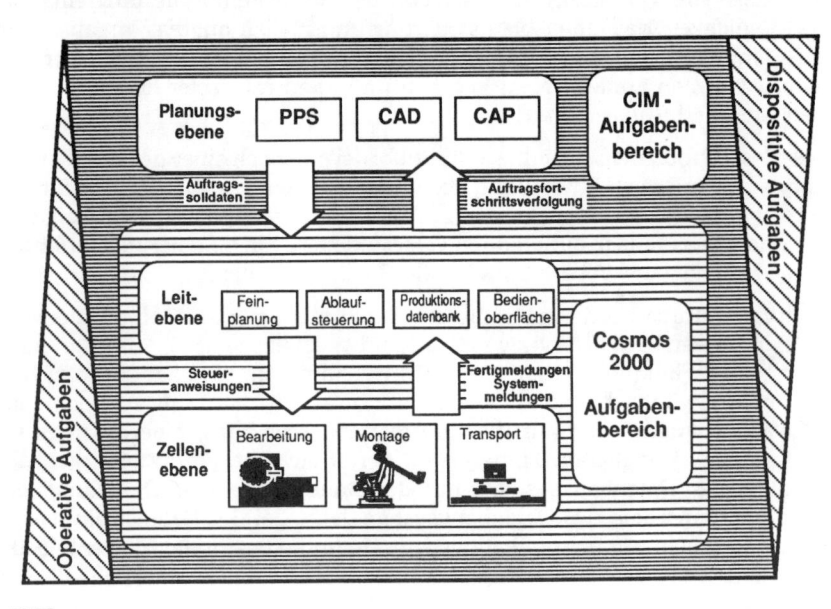

Bild 21: Aufgabenbereiche des COSMOS 2000 Leitsystems

Durch den Einsatz einer Datenbank mit standardisierter SQL-Abfragesprache wird es ermöglicht, einzelne Module aus einem Softwarepaket herauszunehmen und durch andere zu ersetzen, da eine einheitliche Schnittstelle für den Datenaustausch geschaffen ist. Im Bereich der Kommunikation wird die Verbindung zur angegebenen Peripherie derart gestaltet, daß unterschiedlichste

Maschinenkomponenten oder auch verschiedene Netzwerke angeschlossen werden können.Mit einer Aufteilung der FFS-Steuerungsfunktionen in die Hierarchieebenen Leit- und Zellenebene sowie einer weiteren Untergliederung in einzelne Funktionalitäten werden Softwarebausteine ermöglicht, aus denen man je nach Anforderung eine optimal abgestimmte FFS-Steuerungssoftware erstellen kann. Funktionale Komponenten der Leitebene sind einerseits die Ablauffeinplanung, die eine nach verschiedenen Kriterien optimierte Auftragsreihenfolge liefert, und die Ablaufsteuerung, die die eigentliche Produktionskontrolle durchführt. Komponenten der Zellenebene sind die unterschiedlichen Zellensteuerungen eines flexiblen Fertigungssystems. In diesen Funktionsmoduln müssen die unterschiedlichen Zellenfunktionalitäten (Kommissionieren, Bearbeiten, Lagern, usw.) betrachtet und abgedeckt werden.

Auch die unterschiedlichen Funktionsmodule innerhalb der COSMOS 2000 Systemarchitektur sind so strukturiert, daß sie leicht auf die endgültige Einsatzfunktionalität hin abgewandelt bzw. ergänzt werden können. So wird zum Beispiel die Anpassung der Bedienoberfläche an die verschiedenen heute existierenden Fertigungssystemlayouts und die unterschiedlichen Produktionsprozesse durch eine geeignete Mensch-Maschine-Schnittstelle realisiert, die modular aufgebaut ist und den unterschiedlichsten Anforderungen angepaßt werden kann, sicherstellt. Somit kann für den Bediener eine auf die jeweilige Fertigungssituation optimal angepaßte Bedienoberfläche mit geringem Änderungsaufwand erstellt werden (vgl. Kapitel 5.4).

Weiterhin sind die Anbindungen der Softwarefunktionsmodule an den Informationsfluß innerhalb des FFS durch ein Kommunikationssystem so ausgelegt, daß unterschiedlichste Kommunikationsprotokolle, zum Beispiel zur Verbindung eines Leitrechners mit den Zellenrechnern, installiert oder auch nachträglich ausgetauscht werden können, ohne aufwendige Änderungen an den einzelnen Funktionsbausteinen zu verursachen. Durch eine entsprechende Unterteilung der Fertigungsfunktionen in einzelne, gegebenenfalls durch Ein- und Ausgabepuffer entkoppelte Funktionsbereiche, erreicht man eine Steigerung der Verfügbarkeit des Gesamtsystems.

Bei den heute gebräuchlichen Fertigungsleitsystemen sind für die unterschiedlichen Zellenfunktionen spezielle Schnittstellen geschaffen worden. Je nach Zellenart sind besondere Ansteuerungsverfahren und individuell zu übertragende Parametersätze zu berücksichtigen. Bei der COSMOS 2000 Steuerungsarchitektur hingegen ist die Schnittstelle auch bei Zellen unterschiedlichster Funktionalität identisch (**Bild 22**). Die direkte Ankopplung der Zellen an das Modul der Ablaufsteuerung, die zur Koordinierung der Zellen bzw. deren Funktionsbereiche erforderlich ist, ist applikationsneutral, also für alle denkbaren Zellenfunktionalitäten gleich. Dies schließt auch Aufgaben wie Transport zwischen den Zellen oder spezielle Zellenfunktionalitäten, wie die Funktionen Lagerhaltung oder Qualitätssicherung, mit ein.

Auf diese Art ist eine Realisierung von universell einsetzbarer Steuerungssoftware für flexible Fertigungssysteme möglich, da aufgrund der neutralen Schnittstelle beliebige Funktionalitäten der Fertigung in einem Fertigungsleitsystem implementiert werden können. Zudem ist hierdurch eine spätere Erweiterbarkeit oder auch Änderung des bereits realisierten Fertigungssystems ohne hohen Aufwand bezüglich der Steuerungssoftwareentwicklung möglich.

Konventionelle Ansteuerung der Werkstattebene

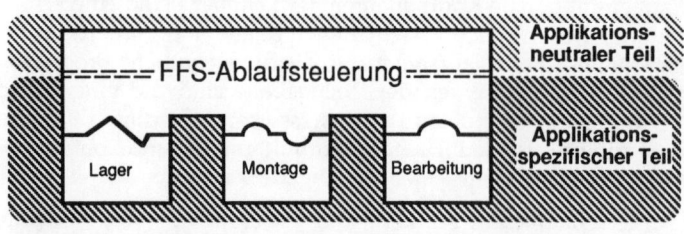

FFS-Ablaufsteuerung — Applikationsneutraler Teil
Lager | Montage | Bearbeitung — Applikationsspezifischer Teil

COSMOS 2000 Ansteuerung der Werkstattebene

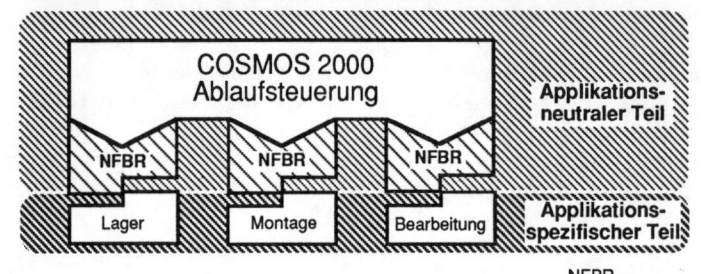

COSMOS 2000 Ablaufsteuerung — Applikationsneutraler Teil
NFBR | NFBR | NFBR
Lager | Montage | Bearbeitung — Applikationsspezifischer Teil

© WZL 1990

NFBR = Neutraler Funktionbereich

Bild 22: Neutrale Zellenrechner-Schnittstelle

Die neben der neutralen Ansteuerung und Koordination benötigten zellenfunktionsspezifischen Daten werden über ein Datenbanksystem ausgetauscht. In **Bild 23** ist dieser Zusammenhang nochmals näher erläutert.

Über eine direkte Verbindung sind alle Zellenrechner mit der Ablaufsteuerung des Fertigungsleitrechners verbunden. Die Ansteuerung und Aufgabenzuweisung an die verschiedenen Zellenrechner erfolgt durch zellenfunktionsneutrale Telegramme. Über entsprechende Telegramme sind zudem die Zellen in der Lage, Ereignismeldungen direkt an den Leitrechner zu melden.

Über diese einfache Telegrammschnittstelle zwischen Leitrechner und den Zellenrechnern erfolgt die zeitliche Koordinierung der einzelnen, autark arbeitenden Zellen untereinander sowie die Auftragszuteilung an die unterschiedlichen Zellen. Ebenfalls erfolgt über diese Schnittstelle die Bedarfsanforderung der Zellen aufgrund noch fehlender Betriebsmittel wie auch Fertig- oder Störungsmeldungen bezüglich der vom Leitrechner zugeteilten Zellenaufträge. Eine direkte Kommunikation der Zellen untereinander kann somit entfallen. Dadurch entsteht keine aufwendige Anpaßarbeit, die erforderlich wäre, wenn in einer Zelle eine Änderung durchgeführt wird, die mit weiteren Zellen verbunden ist, in denen dann auch entsprechende Anpaßarbeiten durchzuführen wären.

Informationsversorgung über das Datenbanksystem
- zellenabhängige Auftragsinformationen werden über das Datenbanksystem bereitgestellt
- Versorgung mit systemweiten Stamm- und Zustandsdaten

Leitrechner

Steuerung der Zellenrechner über Telegramme
- Telegramme sind zellenneutral
- geringe Anzahl der Telegramme
- Beispieltelegramme: Auftragsanforderung, Statusabfrage,.....

verteiltes Datenbanksystem

Zellenrechner 1

Zellenrechner n

⇒ Informationsfluß
→ Steuerfluß

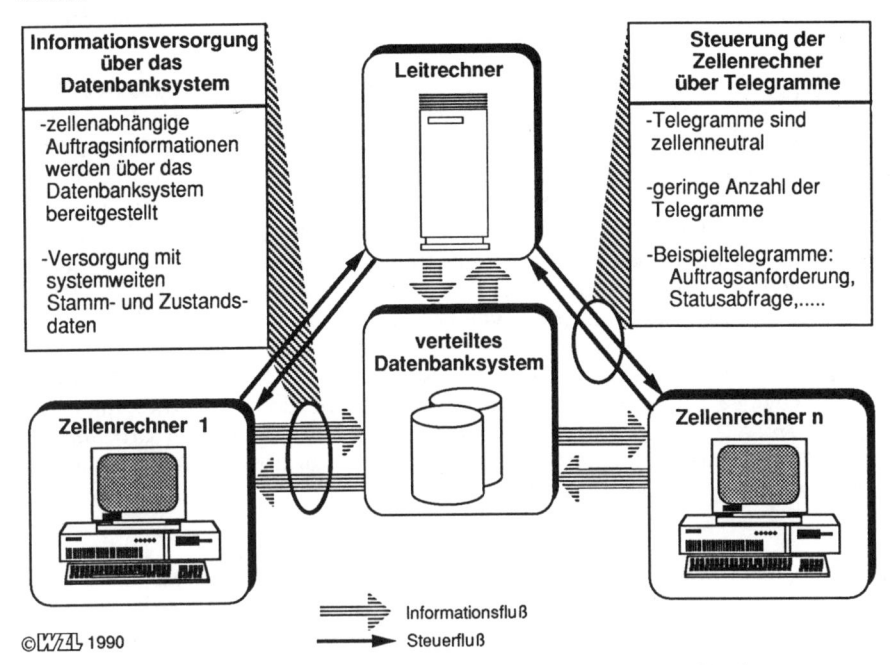

© WZL 1990

Bild 23: Bedeutung des Datenbanksystems innerhalb der Architektur

Bei Änderungen oder auch Erweiterungen am Fertigungssystem ist somit der Änderungsbedarf der Leitsoftware auf ein Minimum reduziert. Diese direkte Schnittstelle zeichnet sich zudem durch ihre Einfachheit und geringe Anzahl von unterschiedlichen Telegrammen aus.

Parallel zu dieser Schnittstelle für den innerhalb des Fertigungsleitsystems erforderlichen Telegrammverkehr existiert für jede Komponente eine weitere Schnittstelle für den Informationsfluß. Diese Schnittstelle ist durch den Standard SQL eindeutig beschrieben und somit für die unterschiedlichen Anforderungen in der Funktionalität bestimmt und auf den jeweiligen Anwendungsfall übertragbar. Dieser Informationsfluß über die SQL-Schnittstelle führt von jeder Komponente des Fertigungsleitsystems zur Datenbank.

Somit können die unterschiedlichen, für die Bearbeitung der zugewiesenen Zellenaufgaben erforderlichen Informationen von den Zellen unmittelbar aus der Datenbank gelesen werden. Ebenso werden für die Fertigungssteuerung relevanten Daten von den Zellenrechnern wiederum in der Datenbank abgelegt.

Auf diese Weise liegt immer ein aktuelles Abbild der Fertigung im Datenbanksystem vor, so daß andere Komponenten, wie zum Beispiel die Ablauffeinplanung oder ein Diagnosesystem, immer auf einen aktuellen Datenstand Zugriff haben.

In **Bild 24** ist der innere Aufbau eines Zellenrechners nach dem COSMOS 2000 Konzept dargestellt. Der Zellenrechner verfügt über eine universelle Schnittstelle zur übergeordneten Leitebene, auf der die Komponenten Datenbanksystem, Systembedienoberfläche, NC-Programmverwaltung und die Funktionsmodule Ablauffeinplanung und Ablaufsteuerung auf dem Leitrechner angesiedelt sind. Der Leitrechner übermittelt den ihm zugeordneten Zellen eine Liste von Aufträgen, die diese autark bearbeiten. Die zur Bearbeitung erforderlichen Informationen werden vom Zellenrechner selbstständig aus der Datenbank gelesen, wo sie unter der jeweiligen Zellenauftragsnummer als Zugriffskriterium abgelegt sind. Ein universeller Teil in den Zellenrechnern, der überall identisch ist, übernimmt die Verwaltung der Warteliste der vom Leitrechner zugewiesenen, zu bearbeitenden Aufträge, lädt die zur Bearbeitung erforderlichen NC- bzw. RC-Programme und steuert das autonome Abarbeiten der Aufträge. Ebenso meldet er Störungen oder fertig bearbeitete Aufträge an die übergeordnete Leitebene zurück.

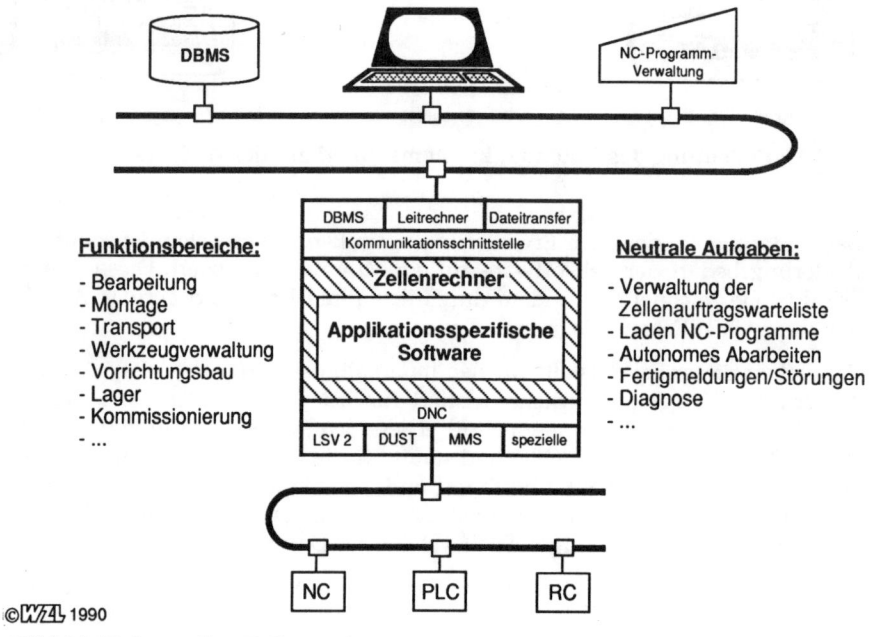

Bild 24: Universeller Zellenrechner der COSMOS 2000 Architektur

Dieser universelle Teil wird ergänzt um applikationsspezifische Software, die auf die jeweilige Funktionalität der Zelle abgestimmt ist, also Bearbeitungszelle, Montage- oder Transportzelle, Lagerfunktionen, etc.. Aber auch die unterschiedlichen Kommunikationsprotokolle, die zur Anbindung an die der Zelle zugeordneten Steuerungen über die DNC-Schnittstelle bzw. zum Ansprechen der Funktionsmodule der Leitebene über der zweite Kommunikationsschnittstelle erforderlich wird, sind auswechselbare und wiederverwendbare Bausteine. Seitens der DNC-Schnittstelle sind hier Protokolle wie die LSV2 oder DUST-Prozedur zu nennen oder das MMS (Manufacturing Message Spezifikation), sowie auf der Leitrechneranbindung Protokolle wie Advanced Program to Program Communication (APPC), Transport Control Protocol/Internet Protocol (TCP/IP) oder auch herstellerspezifische Protokolle.

In **Bild 25** ist die Hardware-Konfiguration der zuvor geschilderten modular strukturierten und offenen Steuerungssoftware dargestellt, welche das am WZL existierende flexible Fertigungs- und Montagesystems als Testumgebung steuern soll. Auf der Leitebene sind vier unterschiedliche Funktionseinheiten die Datenbank, das Fertigungsleitsystem, ein Fileserver für die zu verwaltenden NC-Programme sowie die Funktionseinheit Bedienoberfläche angesiedelt.

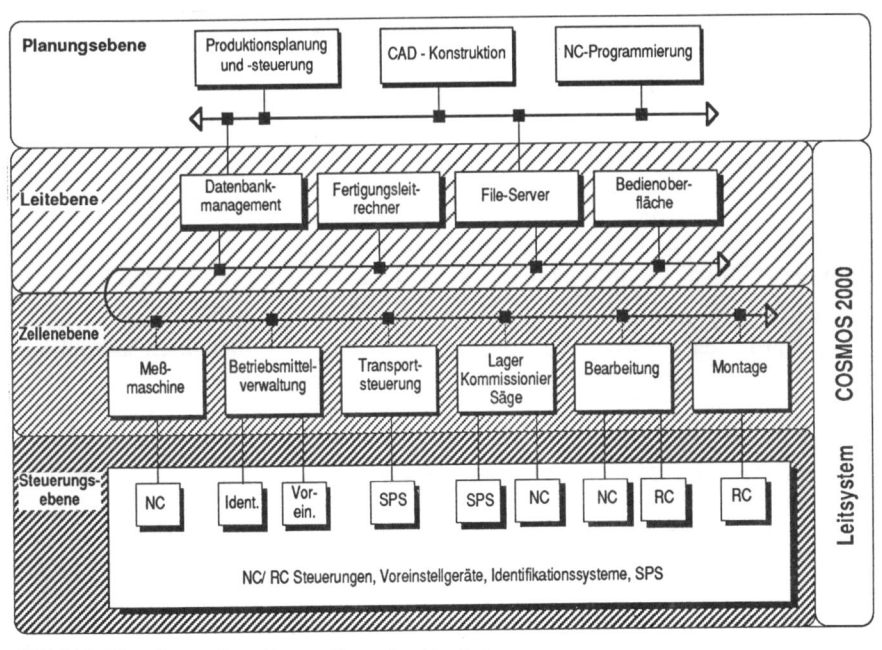

Bild 25: Hardwarekonfiguration des Prototypen

Auch die Schnittstelle zu den Funktionsmoduln der Planungsebene wird über das Medium Datenbanksystem abgedeckt, so daß beispielsweise die Planungsvorgaben eines Produktionsplanungssystems zum Feinplanungsmodul des Fertigungsleitsystems über geeignete Schnittstellentabellen realisiert werden können.

Auf der Zellenebene sind am WZL sechs unterschiedliche Funktionseinheiten installiert. Im einzelnen sind dies die Funktionsbereiche Messen, Betriebsmittelverwaltung, Transportsteuerung, Lager-, Kommissionier- und Sägeeinheit sowie die Funktionsbereiche Bearbeitung und Montage. Jeder dieser Funktionsbereiche steuert auf der unterlagerten Steuerungsebene unterschiedlichste Komponenten, wie NC-Maschinen, SPS, Identifikationssysteme, etc. an.

Durch diese modular aufgebaute, offene Steuerungsarchitektur ist eine spätere Erweiterbarkeit, beispielsweise um eine wissenbasierte Diagnose oder um ein Planungsmodul zur Instandhaltung, gewährleistet.

7. Zusammenfassung und Ausblick

Der Trend bei der Entwicklung von Leitsystemen für flexible Fertigungssysteme geht eindeutig in Richtung einer streng hierarchischen Struktur, die sich durch eine Verteilung der Intelligenz und der Dispositionsspielräume auszeichnet. Dabei ist das Fertigungsleitsystem innerhalb des Ebenenmodells der Fertigung auf der Leitebene und der Zellenebene angesiedelt. Das Fertigungsleitsystem besitzt dabei Schnittstellen zu den Funktionsmoduln der Planungsebene und zu den Geräteeinheiten der Steuerungsebene.

Trotz zahlreicher Bemühungen nationaler und internationaler Normungsgremien liegen zur Zeit keine den internationalen Standards angepaßte Kommunikationssysteme für die Geräte der Steuerungsebene vor, so daß, trotz der Entwicklung von MMS und der Weiterentwicklung der Companion Standards zu MMS, heute nur Kommunikationsprotokolle nach DIN 66019 auf Basis von Punkt-zu-Punkt Verbindungen den Stand der Technik repräsentieren.

Ein wichtiger Punkt bei der zukünftigen Entwicklung von Fertigungsleitsystemen liegt in der Verwendung von standardisierten Schnittstellen, sowohl aus dem Bereich der Kommunikationstechnik, als auch aus den Bereichen Datenverwaltung, Betriebssysteme/Entwicklungsumgebungen und Bildschirmdarstellung.

Auf Basis der zu Zeit verfügbaren Standards werden Fertigungsleitsysteme entwickelt, wie z.B. das zuvor vorgestellte Steuerungssystem COSMOS 2000, die sich durch eine offene Struktur auszeichnen. Diese vorgestellte Architektur eines FLS sollte in Normungsgremien zur Standardisierung eingebracht werden.

Der Anspruch, daß solche Steuerungssysteme auf unterschiedliche Fertigungsstrukturen übertragbar sind, muß nach Vollendung der Prototypentwicklung anhand einzelner Portierungen nachgewiesen werden.

Schrifttum:

1. Tchijov, I.: FMS Performance, Manufacturing Competitiveness Frontiers, Juli 1989, S. 8-12

2. Friedrich, A.: Datenkommunikation - V.24, LAN, Protokolle, Vortragsmanuskript des Seminars Produktmodell, Technologie Transfer Zentrum Aachen, 1989

3. N.N.: The Ottawa Report on Reference Models for Manufacturing Standards, Version 1.1, Hrsg. ISO TC 184/SC5/WG1 Dokument N51/1986

4. Eng, E.;Parrish, D.J.; Achatz, R.: Parametrierbare Software zur Steuerung flexibler Fertigungssysteme,ZwF 83 (1988) 6, S. 306-310

5. Pritschow, G.: Automatisierungstechnik - Eine ganzheitliche steuerungstechnische Aufgabe, Vortragsmanuskript des Produktionstechnischen Kolloquiums Berlin, 1989, S. 65-71

6. N.N.: Wegweiser zur Lösung individueller Fertigungsprobleme, Firmenprospekt der Fa. Fritz Werner, Berlin

7. N.N.: CIRCE - Experimental Centre for Research and Integration in CIM, Public Domain Report Esprit Project No. 812

8. Schlageter, G.;Stucky, W.: Datenbanksysteme: Konzepte und Modelle, Verlag Teubner, Stuttgart, 1983

9. N.N.: Verteiltes Datenbankmanagement, miniMicro magazin, 3/1988, S. 128-131

10. N.N.: INGRES - Datenbankmanagement der Zukunft, Chip-Spezial, 1989

11. N.N.: Database Language SQL, ANSI X3.135-1986

12. Lusardi, F.: SQL - Programmieren in Datenbanken, McGraw-Hill, Hamburg, 1989

13. N.N.: ISO 9579 Information Processing Systems/ Open System Interconnection, RDA, Genf, 1989

14. N.N.: ISO 8571 Information Processing Systems/ Open System Interconnection, FTAM, Genf, 1989

15. N.N.: ISO 9506 Information Processing Systems/ Open System Interconnection, MMS, Genf, 1989

16. N.N.: Plant Floor Series - Distributed Automation Edition, Firmenprospekt der Fa. IBM, 1989

17. Löffler, L.: Adaptierbare und adaptive Benutzerschnittstellen, Dissertation Universität Karlsruhe, 1989

18. Mielke, M.: Leitfaden zur Umsetzung softwareergonomischer Maßnahmen, Berlin 1986

19. N.N.: IGES Version 3.0, Department of Commerce Dokument Nr. NBSIR 86-3359

20. N.N.: DIN 66025 - Programmaufbau für numerisch gesteuerte Arbeitsmaschinen, Januar 1983

21. Weck, M.; Lange, N.: Flexibel Fertigungssysteme -funktionale Module und Kontrollarchitekturen, Technologiezentrum Nord, Seminarbericht Flexible Automation, April 1989

22. Groha, A.: Universelles Zellenrechnerkonzept für flexible Fertigungssysteme, Forschungsbericht Nr. 14, IWB München, Januar 1988

23. Lutz, P.: Leitsysteme für die rechnerintegrierte Auftragsabwicklung, Forschungsbericht Nr. 16, Dezember 1987

Mitglieder der Arbeitsgruppe für den Vortrag 3.3

    Dr.-Ing. D. Binder, Robert Bosch GmbH
    Dipl.-Ing. U. Blum, Industriegewerkschaft Metall
    Dipl.-Ing. A. Friedrich, WZL RWTH Aachen
    Dipl.-Ing. E. Götz, Robert Bosch GmbH
    Dipl.-Ing. H. Hammer, Werner und Kolb
    Dipl.-Ing. W. Klauss, Traub AG
    Dr.-Ing. E. Kohen, TEKOM GmbH
    Dipl.-Ing. N. Lange, WZL RWTH Aachen
    Dipl.-Ing. A. Pauls, WZL RWTH Aachen
    Prof. Dr.-Ing. G. Pritschow, ISW Stuttgart
    Dipl.-Ing. G. Waibel, Siemens AG
    Prof. Dr.-Ing. M. Weck, WZL RWTH Aachen
    Dipl.-Ing. Dipl.-Wirt. Ing. H.G. Weissenseel, IBM Deutschland GmbH
    Dr.-Ing. Dipl.-Wirt. Ing. F. Weiß, WZL RWTH Aachen

3.4 Wege zur Verkürzung der Inbetriebnahme- und Stillstandszeiten komplexer Produktionsanlagen

Gliederung:

1. Einleitung
2. Ursachen für die geringe Nutzung komplexer Produktionsanlagen
2.1 Ursachen für lange Inbetriebnahmezeiten
2.2 Ursachen für Schwierigkeiten bei der Integration
2.3 Ursachen für die geringe Verfügbarkeit von Fertigungsanlagen
3. Maßnahmen zur Verkürzung der Inbetriebnahme- und Integrationszeit
3.1 Systematische Anforderungsanalyse
3.2 Frühzeitige Prüfung von Maschinenbaugruppen
3.3 Systematische Softwareentwicklung für Automatisierungskomponeten
3.4 SPS-Aktor-Sensor-Bus
3.5 Unterstützung der Integration
4. Anwenderseitige Maßnahmen zur Steigerung der Verfügbarkeit
4.1 Strategien zur Prozeßüberwachung
4.2 Strategien zur Anlagendiagnose
5. Zusammenfassung

Kurzfassung:

Wege zur Verkürzung der Inbetriebnahme- und Stillstandszeiten komplexer Produktionsanlagen

Im Rahmen dieses Vortrages werden zunächst Ursachen für lange Inbetriebnahmezeiten und geringe Verfügbarkeiten von Produktionsanlagen aufgezeigt. Hierzu gehören Defizite bei der Konstruktion, Montage, Inbetriebnahme und Instandhaltung wie auch personelle Mängel. Während der Hersteller im wesentlichen für Maßnahmen zur schnellen Inbetriebnahme einer Maschine verantwortlich ist, muß der Anlagenbetreiber Maßnahmen zur Sicherung der Verfügbarkeit und zum Erreichen eines hohen Nutzungsgrades ergreifen.

Herstellerseitig sind dementsprechend u. a. Software-Testsysteme, Baugruppentests sowie fertigungs- und inbetriebnahmegerechte Konstruktionen vorzusehen. Eine gute Dokumentation kann in Verbindung mit Überwachungs- und Diagnosefunktionen sowie Ausweichstrategien die Verfügbarkeit steigern.

In der Verantwortung des Betreibers liegen darüber hinaus die Schulung der Mitarbeiter, die Stördatendokumentation und die Nutzung der Diagnosemöglichkeiten in Verbindung mit der vorbeugenden Instandhaltung.

Der Vortrag schließt mit der Präsentation von Forschungsaktivitäten zum Thema Diagnose und der Vorstellung eines neuartigen Steuerungskonzeptes mit integrierten Diagnosemöglichkeiten zur Steigerung der Verfügbarkeit.

Abstract:

Ways to reduce the initial operation- and still-stand-times of complex manufacturing machines

Within the scope of this lecture, the main reasons for long initial operation times and low service quality of manufacturing machines are described. These include deficiencies in the construction, installation, initial operation and maintenance as well as staff shortcommings. As the manufacturing is mainly responsible for measures required for insurring the rapid initial operation of a machine, then it is up to the user of this machine to undertake measures which insure the availability and attain a high degree of machine usage.

On the manufacturing side, one must plan software test systems, componentry tests as well as constructions suitable for fabrication and initial operation. A good documentation increases the service quality in conjunction with monitoring and diagnosis functions as well as supplementary alternative strategies.

The responsibility of the user lies in the training of its staff, the documentation of data that was recorded on machine malfunction and the use of diagnosis possibilities in conjunction with stock-keeping of space parts.

The lecture finishes with the description of research activities on the subject of diagnosis and a new type of concept for control systems with additional possibilities to increase the availability of manufacturing machines.

1. Einleitung

In der Produktionstechnik hat sich in den letzten Jahren ein tiefgreifender Wandel von der einfachen Werkzeugmaschine zu hochautomatisierten Fertigungszentren und verketteten Systemen vollzogen. Komplexe Automatisierungskomponenten, z.B. zur Werkstück- und Werkzeughandhabung, sowie umfangreiche informationstechnische Funktionalitäten entwickeln sich zunehmend zum bestimmenden Leistungs- und Kostenfaktor und führen nicht nur zu längeren Durchlauf- und Inbetriebnahmezeiten beim Hersteller, sondern auch zu einer Verringerung der technischen Verfügbarkeit beim Betreiber.

Die meisten verfügbarkeitsmindernden Fehler und Ausfälle treten erfahrungsgemäß unmittelbar vor bzw. nach der Auslieferung komplexer Produktionsanlagen auf und fallen in dieser Phase vornehmlich in den Verantwortungsbereich des Herstellers (Bild 1). Dies ist zum einen auf planerische und konstruktive Mängel beim Hersteller zurückzuführen, aufgrund derer sich die Inbetriebnahme erheblich verlängert. Eine Reihe von Fehlern tritt aber erst in der Anlaufphase beim Kunden zutage. Zum anderen gestaltet sich die Integration von Einzelkomponenten in verkettete Systeme aufgrund unzureichend harmonisierter Schnittstellen häufig sehr schwierig.

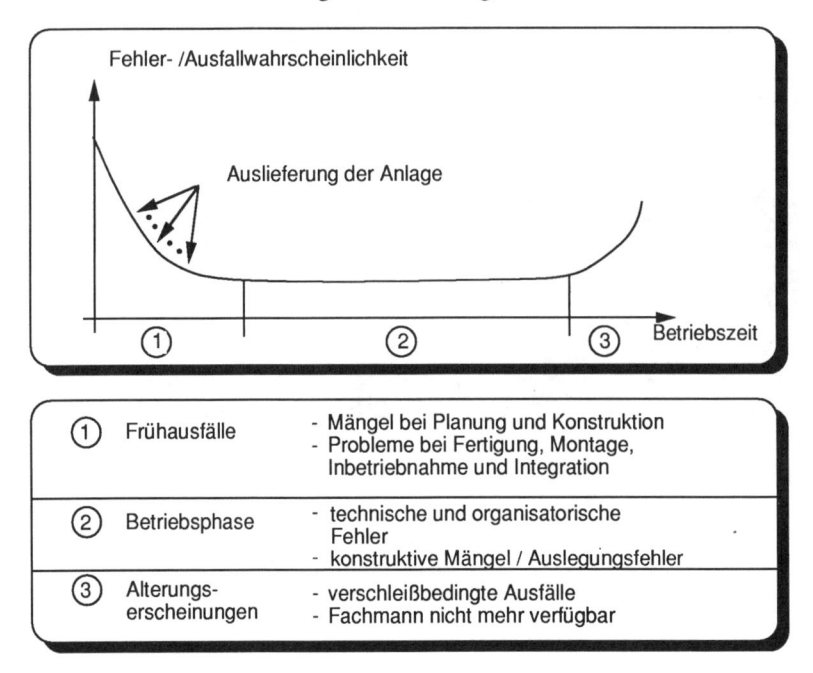

①	Frühausfälle	- Mängel bei Planung und Konstruktion - Probleme bei Fertigung, Montage, Inbetriebnahme und Integration
②	Betriebsphase	- technische und organisatorische Fehler - konstruktive Mängel / Auslegungsfehler
③	Alterungserscheinungen	- verschleißbedingte Ausfälle - Fachmann nicht mehr verfügbar

Bild 1: Fehlerübersicht

Während in der Betriebsphase komplexer Anlagen eine weitgehend gleichbleibende Fehlerwahrscheinlichkeit zu beobachten ist, der vom Betreiber mit einer Vielzahl von Maßnahmen begegnet werden kann, steigen die Ausfälle nach einigen Jahren wieder an, weil Verschleißmechanismen und Alterungserscheinungen stetig zunehmen.

Eine wirkungsvolle Bekämpfung der geschilderten Problematik kann wegen der engen Verzahnung der Unternehmensziele von Hersteller und Betreiber nur durch gemeinsame Anstrengungen beider Seiten erfolgen (Bild 2). Während der Hersteller sowohl durch Leistungsumfang und Qualität eines Produktes als auch durch die hiermit einhergehenden Dienstleistungen (Service usw.) wesentlich zum ordnungsgemäßen Betrieb der Anlage beim Kunden beiträgt, beeinflußt der Auftraggeber (d.h. der spätere Betreiber) durch sein Anforderungsprofil und seine Werksvorschriften Systematik und Laufzeit der Auftragsabwicklung im Herstellerwerk.

Auftrag

| Vorschriften | spezifische Sonderkonstruktionen | Anforderungsprofil | nachträgliche Änderungen |

Hersteller
- Sicherung der Produktqualität
- zügige Auftragsabwicklung
- Reduzierung der Inbetriebnahmezeiten
- hoher Anteil an Wiederholkonstruktionen

Ziele

Betreiber
- hohe Verfügbarkeit
- geringe Ausfall- und Stillstandszeiten
- hohe Lebensdauer
- optimale Lösung der Bearbeitungsaufgabe

Produkt
- Leistungsfähigkeit
- Qualität
- Technologie

Dienstleistung
- Liefertermin
- Dokumentation
- Service
- Schulung

Lieferung

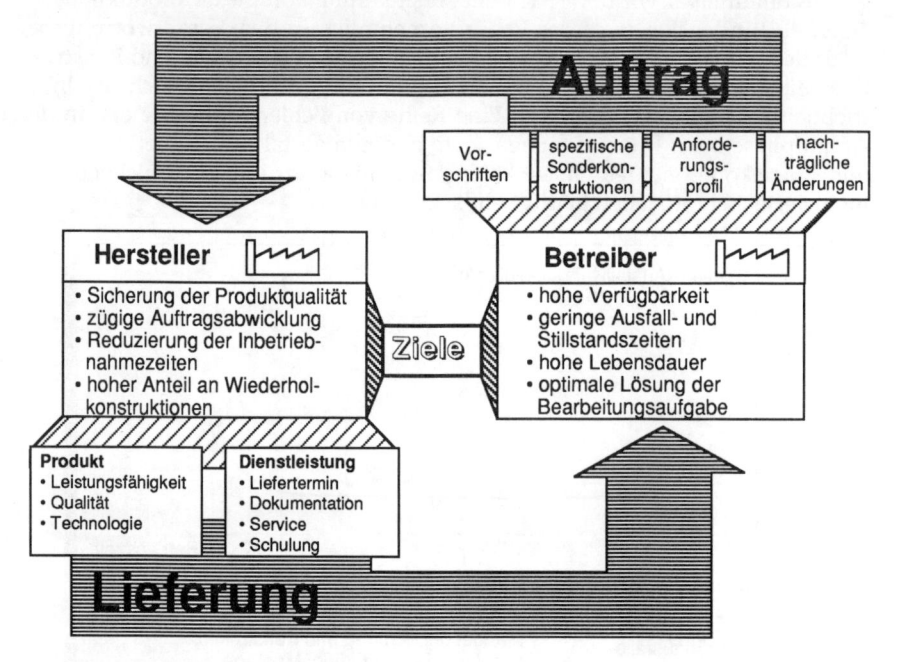

Bild 2: Wechselwirkung zwischen Hersteller und Betreiber von Produktionsanlagen

Im Rahmen dieses Vortrags soll zunächst aufgezeigt werden, welche Faktoren zu einer Erhöhung der Inbetriebnahme- und Stillstandszeiten führen, um auf dieser Basis einen breitgefächerten Überblick über mögliche Maßnahmen zur Verkürzung dieser Zeiten zu geben.

2. Ursachen für die geringe Nutzung komplexer Produktionsanlagen

2.1 Ursachen für lange Inbetriebnahmezeiten

Die Inbetriebnahme komplexer Produktionsanlagen stellt erfahrungsgemäß den größten Engpaß innerhalb der Auftragsabwicklung dar /1/. Selbst wenn die Funktionsfähigkeit der Einzelkomponenten durch vorgelagerte Prüfungen verifiziert wurde, wirft das komplexe Zusammenwirken aller Einheiten häufig Probleme auf. Charakteristisch für die Inbetriebnahme ist zum einen die zu diesem Zeitpunkt bestehende hohe Kapitalbindung, da nahezu alle für die einwandfreie Funktion der Anlage notwendigen Komponenten bereits installiert wurden (__Bild 3__, links), zum anderen aber auch der dominierende Anteil elektrischer und steuerungstechnischer Tätigkeiten an der gesamten Inbetriebnahmezeit (Bild 3, rechts).

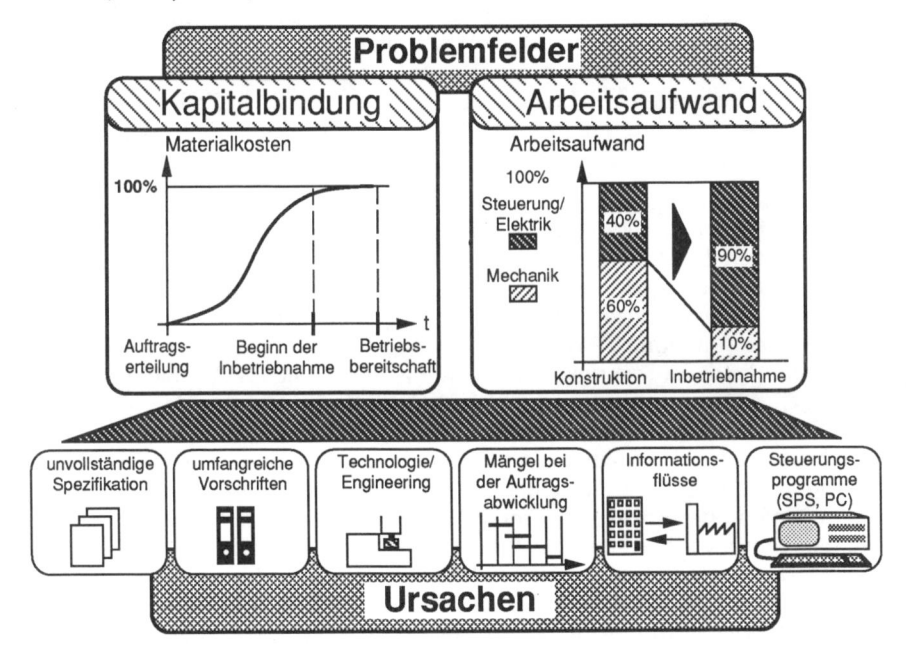

__Bild 3:__ Ursachen für lange Inbetriebnahmezeiten komplexer Produktionsanlagen

Die Ursachen langer Inbetriebnahmezeiten sind vielfältig und liegen häufig bereits in weit vorgelagerten Phasen des Auftragsdurchlaufs. Wie in Bild 3 (unten) angedeutet, wird bereits die Spezifikation des Auftrags nicht hinreichend dokumentiert und detailliert, so daß funktionelle Zusammenhänge erst in späteren Phasen genau definiert werden. Dieses Problem wird durch umfangreiche Kundenvorschriften und nachträgliche Änderungswünsche noch verstärkt. Die Berücksichtigung kundenspezifischer Vorschriften und Sicherheitsrichtlinien erfordert häufig einen hohen Anteil individueller Sonderlösungen.

Weitere Schwierigkeiten bei der Auftragsabwicklung ergeben sich aus innerbetrieblichen Koordinations- und Kommunikationsproblemen, wobei hier insbesondere Informationsdefizite zwischen mechanischer Konstruktion und den steuerungstechnischen Bereichen zu Verzögerungen der Inbetriebnahme führen.

Besonders signifikant ist der hohe Anteil, den Anpassung und Test der maschinenspezifischen Steuerungsprogramme (insbesondere SPS) innerhalb der Inbetriebnahme einnehmen. Häufig wird versäumt, die Anzahl der bei der Inbetriebnahme zu beseitigenden Programmfehler durch vorgelagerte Maßnahmen herabzusetzen.

2.2 Ursachen für Schwierigkeiten bei der Integration

Während der Vortrag 3.2 schwerpunktmäßig Integrationsprobleme bei mechanischen Schnittstellen auf der Ebene Werkzeug- und Werkstückfluß sowie die notwendige Vereinheitlichung von Datenstrukturen im Schnittstellenbereich CAD - CAM behandelt, soll hier dieser Aspekt auf der CAM-Zellenebene unter spezieller Berücksichtigung der informationstechnischen Kopplung näher beleuchtet werden.

Der Prozeß der Integration von Automatisierungskomponenten hinein in verteilte, heterogene Fertigungsumgebungen zeigt immer wieder, daß die Dauer der geplanten Systemintegrationsphase durch unvorhergesehene technische Probleme verlängert wird (**Bild 4**). Dies ist darauf zurückzuführen, daß die von den Herstellern vor Auslieferung neuer Komponenten durchgeführten Funktionstests das funktionale Profil einer zu testenden Automatisierungskomponente nicht vollständig erfassen können, da entsprechende Testmöglichkeiten fehlen. Dies resultiert daraus, daß bei den Funktionstests normalerweise keine wirkungsvollen Interaktionstests mit anderen Einheiten des Gesamtsystems durchgeführt werden können, da sich gerade in Fertigungssystemen mit Komponenten verschiedener Hersteller die informationstechnisch zu verkettenden Teilsysteme in der Regel erst während der Systemintegrationsphase beim Anwender begegnen. Die von den Herstellern vor der Auslieferung durchgeführten Interaktionstests beschränken sich daher oft auf die Simulation der Automatisierungskomponente, mit der die zu testende Komponente später interagieren soll. Diese Art des Interaktionstests birgt die große Gefahr in sich, daß Fehler in der zu testenden Einheit auch im Simulator gleichsinnig vorhanden sind, da sowohl deren Entwicklung wie auch die Entwicklung des Simulators auf der gleichen Kommunikations-Software beruhen.

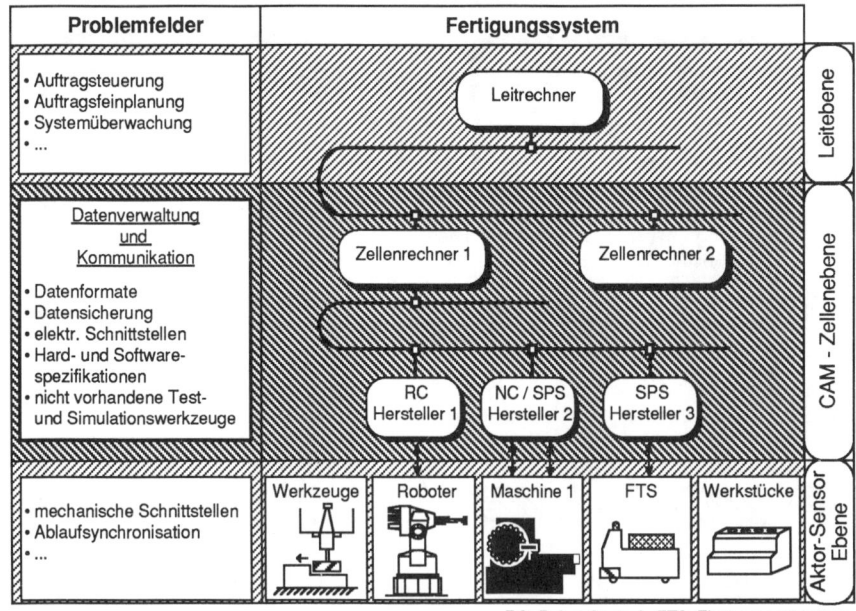

Wettbewerbsfaktor Produktionstechnik 399

Bild 4: Schwierigkeiten bei der Integration und Verkettung von Fertigungskomponenten

2.3 Ursachen für die geringe Verfügbarkeit von Fertigungsanlagen

Nach der Abnahme einer Fertigungsanlage übernimmt der Anwender die Verantwortung, eine möglichst hohe Verfügbarkeit seiner Maschine zu erreichen. Die Ursachen für Stillstandszeiten können grundsätzlich unternehmensinterne und -externe Gründe aufweisen (**Bild 5**). Auf der einen Seite sind beim Anwender in der Regel organisatorische Ursachen von der Auftragsplanung und unzureichenden Mitarbeiterqualifikation über Ersatzteilmangel und schlechte Wartungsmaßnahmen bis hin zur unflexiblen Arbeits- und Freizeitregelung Ursachen für eine ungenügende Ausnutzung von Produktionsanlagen. Während hier der Schwerpunkt der Verantwortung im eigenen Unternehmen liegt, sind bei technisch bedingten Stillstandsursachen oft Hersteller und Zulieferer gemeinsam verantwortlich.

Ausfälle oder Fehlfunktionen von Maschinenkomponenten sind bei der großen Komplexität moderner Anlagen oft auf unzureichende Planung bei der Auftragserteilung und Konstruktion zurückzuführen. Ungelöste Möglichkeiten, Bearbeitungsspäne sicher zu entsorgen, sind häufig ein weiteres Hindernis bei der Lösung einer Automatisierungsaufgabe. Die Entwicklung neuer Technologien und optimierter Zerspanungsbedingungen sowie entsprechender Sensorsysteme zur Spanformerkennung können hier einen ersten Schritt zur Lösung dieses Problems darstellen /2,3,4/.

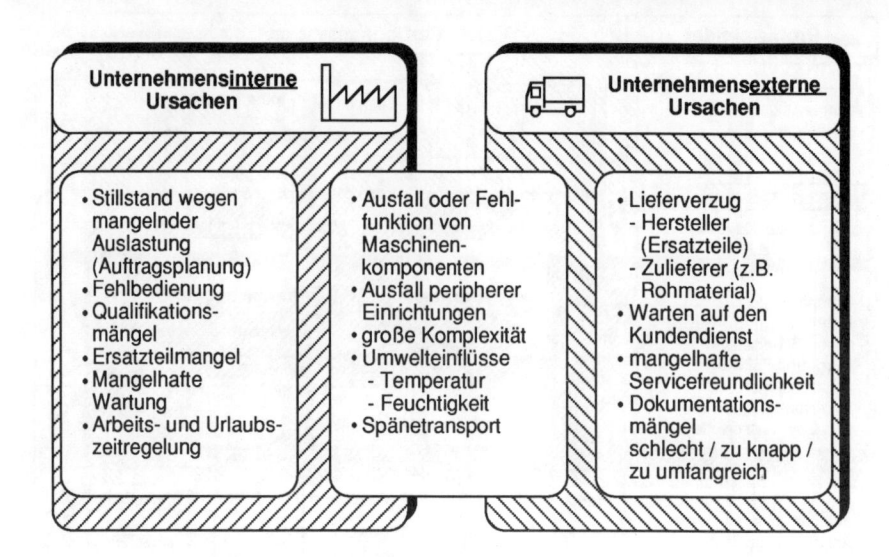

```
┌─────────────────────────────────┐  ┌─────────────────────────────────┐
│  Unternehmensinterne            │  │  Unternehmensexterne            │
│  Ursachen                       │  │  Ursachen                       │
├─────────────────┬───────────────┤  ├─────────────────────────────────┤
│ • Stillstand    │ • Ausfall oder│  │ • Lieferverzug                  │
│   wegen         │   Fehlfunktion│  │   - Hersteller                  │
│   mangelnder    │   von         │  │     (Ersatzteile)               │
│   Auslastung    │   Maschinen-  │  │   - Zulieferer (z.B.            │
│   (Auftrags-    │   komponenten │  │     Rohmaterial)                │
│   planung)      │ • Ausfall     │  │ • Warten auf den                │
│ • Fehlbedienung │   peripherer  │  │   Kundendienst                  │
│ • Qualifikations│   Einrichtungen│ │ • mangelhafte                   │
│   mängel        │ • große       │  │   Servicefreundlichkeit         │
│ • Ersatzteil-   │   Komplexität │  │ • Dokumentations-               │
│   mangel        │ • Umwelt-     │  │   mängel                        │
│ • Mangelhafte   │   einflüsse   │  │   schlecht / zu knapp /         │
│   Wartung       │   - Temperatur│  │   zu umfangreich                │
│ • Arbeits- und  │   - Feuchtig- │  │                                 │
│   Urlaubs-      │     keit      │  │                                 │
│   zeitregelung  │ • Späne-      │  │                                 │
│                 │   transport   │  │                                 │
└─────────────────┴───────────────┘  └─────────────────────────────────┘
```

Bild 5: Stillstandsursachen bei komplexen Maschinen und Anlagen

Im Bild 5, rechts, sind schließlich einige Beispiele aufgeführt, die in der Regel außerhalb des Einflußbereichs des Anwenders liegen. Gerade im Hinblick auf die Lieferung von Ersatzteilen, den Einsatz des Kundendienstes, die servicefreundliche Gestaltung der Maschine sowie die Art der Dokumentation ist der eingangs bereits beschriebene interaktive Regelkreis zwischen Anwender und Hersteller dringend notwendig, um die erwünschte Verfügbarkeit komplexer Produktionsanlagen beim Betreiber zu erreichen.

3. Maßnahmen zur Verkürzung der Inbetriebnahme- und Integrationszeit

Auf dem Weg zu kürzeren Inbetriebnahme- und Integrationszeiten bei komplexen Fertigungsanlagen können eine Reihe sehr unterschiedlicher Maßnahmen organisatorischer und technischer Art getroffen werden, die weite Bereiche des Auftragsdurchlaufs umfassen (Bild 6). Von zentraler Bedeutung ist zum einen die durchgängige Planung und Steuerung der Auftragsabwicklung und zum anderen die möglichst frühzeitige Einbeziehung qualitätssichernder Maßnahmen. Eine Reduzierung der Durchlaufzeiten kommt hierbei nicht nur dem Hersteller, sondern auch dem Kunden in Form kürzerer Lieferfristen zugute. Im folgenden soll exemplarisch aufgezeigt werden, welche neuen Ansätze sich im Hinblick auf die geschilderte Problematik abzeichnen.

Auftragsdurchlauf

Anforderungsanalyse → **Konstruktion** → **Teilefertigung** → **Montage** → **Inbetrieb- und Endabnahme** → **Auslieferung**

- Detaillierte Klärung des Auftragsumfangs

- Fertigungs-, montage- und inbetriebnahmegerechte Konstruktion
- Schaffung einer vorab-testbaren Modulbauweise
- Konzeption von Fehlererkennungs- und -behebungsstrategien
- Prinzipielle Sicherung der Technologie

- Vorverlegung von Inbetriebnahmetätigkeiten
- Möglichst frühzeitiger Test der wichtigsten mechanischen Funktionsbaugruppen auf geeigneten Prüf- und Einlaufständen

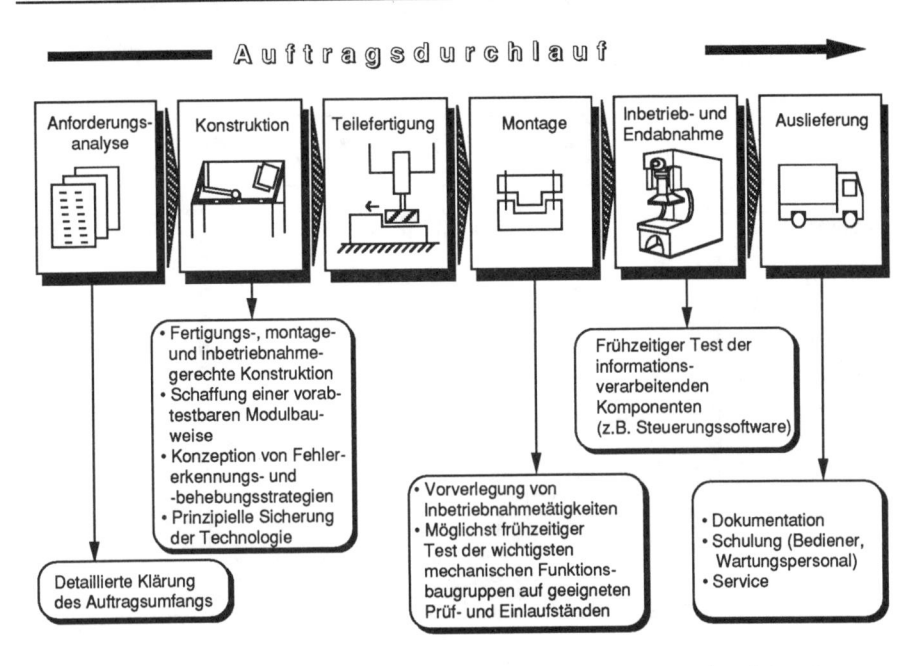

- Frühzeitiger Test der informationsverarbeitenden Komponenten (z.B. Steuerungssoftware)

- Dokumentation
- Schulung (Bediener, Wartungspersonal)
- Service

Bild 6: Herstellerseitige Maßnahmen zur Verkürzung von Inbetriebnahme- und Ausfallzeiten komplexer Maschinen und Anlagen

3.1 Systematische Anforderungsanalyse

Die Ursachen vieler Problemfelder bei der Herstellung komplexer Produktionsanlagen liegen bereits in den ersten Phasen der Auftragsabwicklung. Einer der wichtigsten Schritte in der Anfangsphase besteht daher in der möglichst detaillierten Analyse aller Anforderungen, die seitens des Auftraggebers an die Anlage gestellt werden, um die Wahrscheinlichkeit und Notwendigkeit späterer Änderungen zu reduzieren. Hier ist jedoch nicht allein der Hersteller gefordert, durch die frühzeitige Erstellung eines verbindlichen und aussagekräftigen Pflichtenheftes ein zielgerichtetes Zusammenarbeiten der nachgelagerten Abteilungen zu erleichtern. Vielmehr ist eine effiziente Auftragsabwicklung nur dann möglich, wenn seitens des Kunden eine umfangreiche Informationsweitergabe in Form einer detaillierten Auftragsbeschreibung erfolgt, wobei ein solches Vorgehen letztendlich auch dem Kunden selbst zugute kommen wird.

Bild 7 grenzt die Verantwortlichkeiten zwischen Auftraggeber und Auftragnehmer voneinander ab und zeigt die prinzipielle Vorgehensweise bei der schrittweisen Detaillierung der Anforderungen auf, wobei die Erstellung eines ausführlichen Pflichtenheftes im Vordergrund der Bemühungen stehen muß. Je genauer und umfassender die Anlagenfunktionalität bekannt ist, desto effizienter gestalten sich alle nachfolgenden Phasen der Auftragsabwicklung (Konstruktion, Fertigung, Montage usw.).

Eine derartige Verlängerung der Analyse- und Planungsphase wird sich in einer deutlichen Verkürzung nachfolgender Phasen auswirken.

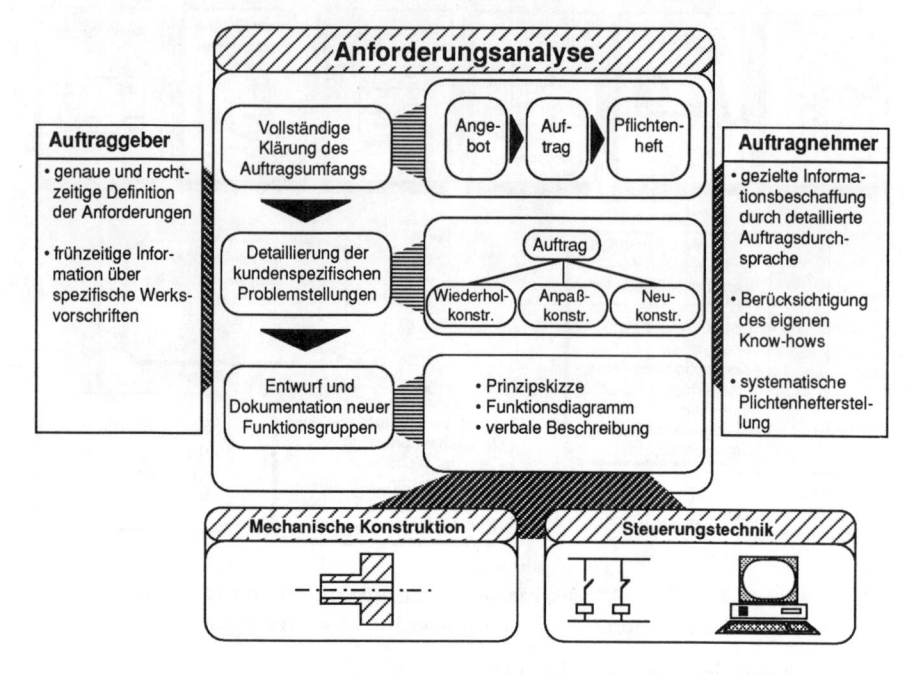

Bild 7: Systematische Anforderungsanalyse im Werkzeugmaschinenbau

Weitere Rationalisierungspotentiale ergeben sich durch die fertigungs-, montage- und inbetriebnahmegerechte Produktgestaltung. Da dieser Gesichtspunkt insbesondere im Vortrag 1.2 zur Sprache kommt, wird hierauf im weiteren nicht näher eingegangen.

3.2 Frühzeitige Prüfung von Maschinenbaugruppen

Eine frühzeitige Funktions- und Qualitätskontrolle der wichtigsten Maschinenbaugruppen kann zu einer erheblichen Reduzierung der Fehler bei der Inbetriebnahme, aber auch in der Betriebsphase führen. Hierzu sind die Langzeiteigenschaften der verschiedenen Funktionseinheiten auf geeigneten Prüf- und Einlaufständen unter betriebsähnlichen Bedingungen zu verifizieren.

Bild 8 gibt einen Überblick über Zielsetzungen und Realisierungsansätze solcher Baugruppenprüfstände. Das Spektrum möglicher Realisierungsformen reicht von einfachen Dauerlauftests der wichtigsten Baugruppen (Hauptspindel, Revolver usw.) bis hin zu baugruppenspezifischen Einlaufprüfständen mit Temperatur- und Schwingungsmessungen unter betriebsähnlichen Bedingungen mit zyklischer Protokollierung wichtiger Meßgrößen. Durch eine regelmäßige Dokumentation und Auswertung der Prüfresultate sowie späterer Ausfälle kann eine wirkungsvolle Schwachstellenanalyse ermöglicht werden, deren Ergebnisse als Grundlage konstruktiver, fertigungs- oder montagebezogener Modifikationen dienen können, um zukünftige Fehler zu vermeiden.

```
┌─────────────────────────────────────────────┐
│         Vorabtest von Maschinenbaugruppen   │
├─────────────────────────────────────────────┤
│   Hauptantrieb            Revolver          │
└─────────────────────────────────────────────┘
```

Ziele

Reduktion von:
- Durchlaufzeiten in der Maschinenendmontage
- Fehlerbehebungskosten
- Frühausfällen beim Kunden
- ...

Steuerung — NC / SPS

Reitstock

Ansatz

- Verwendung geprüfter Funktionsgruppen in der Endmontage
- Prüfung unter gebrauchsähnlichen Bedingungen
- geringer Prüfaufwand
- Einbettung in Montageablauf
- Prüfdokumentation
- ...

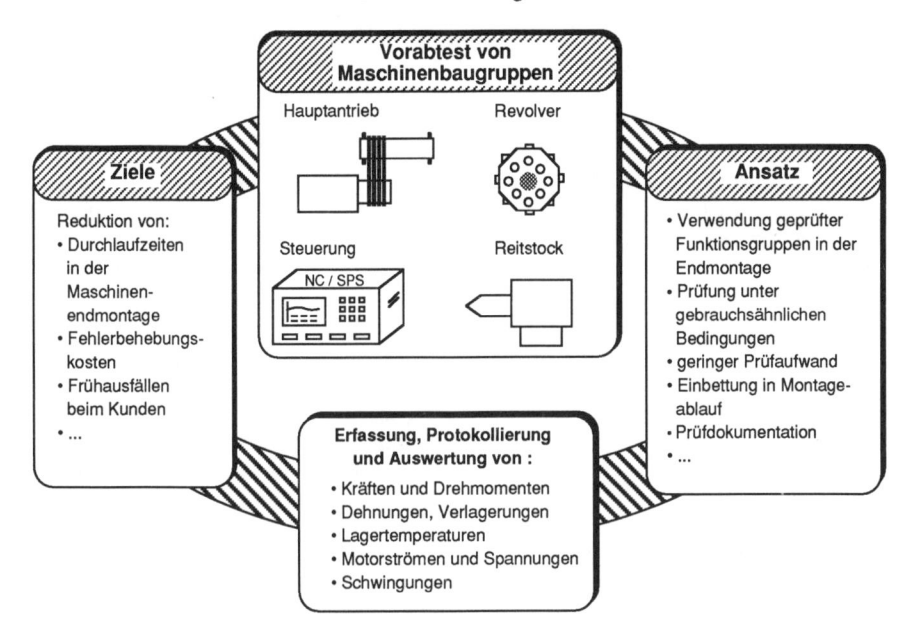

Erfassung, Protokollierung und Auswertung von:
- Kräften und Drehmomenten
- Dehnungen, Verlagerungen
- Lagertemperaturen
- Motorströmen und Spannungen
- Schwingungen

Bild 8: Verkürzung von Inbetriebnahme- und Integrationszeiten durch Vorabtest von Maschinenbaugruppen

Von zentraler Bedeutung ist die planmäßige Einbettung solcher Baugruppenprüfungen in den Montageablauf (z.B. im Anschluß an die Baugruppenmontage), so daß die jeweiligen Funktionen bereits unmittelbar nach ihrem Zustandekommen verifiziert werden und somit zu einem frühen Zeitpunkt Aussagen über die Langzeiteigenschaften getroffen werden können. Hinzu kommt die Notwendigkeit, die Fortpflanzung unerkannter Fehler zu verhindern, da sich die Behebungskosten mit zunehmender Zeit vervielfachen.

Neben der Durchführung solcher mechanischer Funktionstests empfiehlt sich auch eine frühzeitige Prüfung des Schaltschranks bzw. seiner Verkabelung, da sich die Lokalisierung fehlerhafter elektrischer Verbindungen an der kompletten Anlage häufig als sehr zeitaufwendig erweist. Bei Serienmaschinen kann auch ein komplexer Simulationsaufbau zum Test des gesamten Schaltschranks in Betracht kommen, wobei die anzusteuernden Maschinenbaugruppen durch einen speziellen Prüfstand mit geeigneten mechanischen und elektrischen Komponenten (z.B. Hydraulikzylinder, Motoren) substituiert werden. Ein Dauertest von einigen Stunden gibt nicht nur Aufschluß über die Funktionsfähigkeit, sondern auch über das Temperaturverhalten der Steuerungselektronik.

3.3 Systematische Softwareentwicklung für Automatisierungskomponenten

Als besonderes Hindernis auf dem Weg zu kürzeren Inbetriebnahmezeiten erweisen sich speziell bei kundenspezifischen Sondermaschinen Anpassung und Test der Steuerungsprogramme für komplexe Automatisierungskomponenten. Während bei Serienmaschinen die einmal erstellten und verifizierten Programme in aller Regel wiederverwendet werden können, sind im Sondermaschinenbau für jede Maschine andere Programme zu erstellen, deren Test zu erheblichen Verzögerungen der Inbetriebnahme führt. Vordringlichstes Ziel muß es sein, die hohen Fehlerquoten bei SPS- und zunehmend auch PC-Programmen durch geeignete Maßnahmen im Vorfeld zu reduzieren. **Bild 9** gibt einen Überblick über mögliche Rationalisierungspotentiale bei der Entwicklung von Steuerungssoftware im Werkzeugmaschinenbau. Es wird deutlich, daß der erste Schritt zur Reorganisation der Softwareentwicklung in einer Anpassung des Vorfelds, d.h. der unternehmensinternen Rahmenbedingungen liegen muß. So ist z.B. die firmeninterne Standardisierung funktionell gleicher Baugruppen eine wesentliche Voraussetzung für eine frühzeitige Bereitstellung fehlerarmer Steuerungsprogramme, so daß bei neuen Anlagen auf einen möglichst hohen Anteil bereits getesteter Programmmodule zurückgegriffen werden kann. Hinzu kommt die bereits erwähnte und auch für die Softwareerstellung fundamentale Bedeutung der Anforderungsanalyse, da erst die eindeutige Spezifikation aller Funktionalitäten eine wirkungsvolle Programmerstellung ermöglicht.

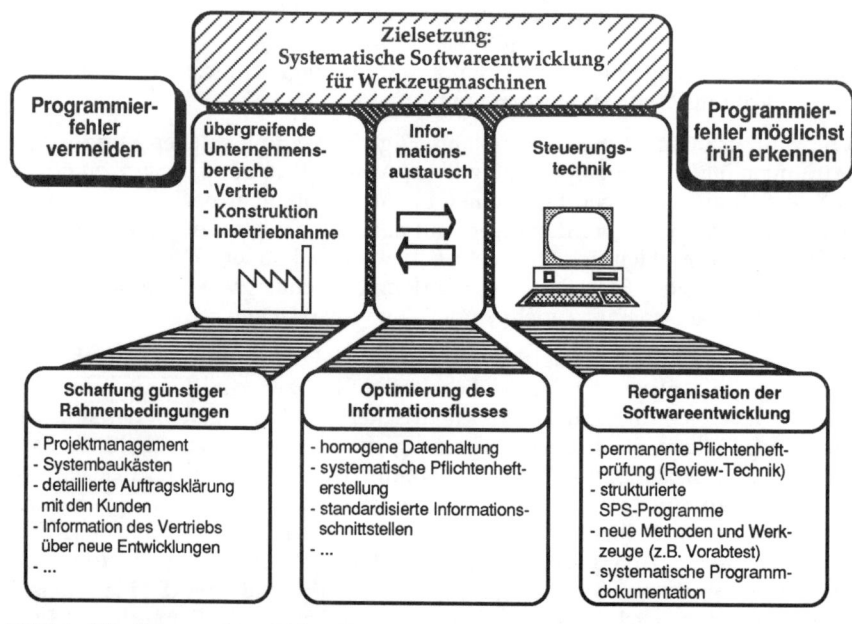

Bild 9: Gliederung der Maßnahmen zur Rationalisierung der SPS-Softwareentwicklung

Einen weiteren wichtigen Beitrag zur Unterstützung einer systematischen Softwareentwicklung kann die Verbesserung des Informationsflusses zwischen der mechanischen Konstruktion und dem Bereich der Steuerungstechnik leisten, um alle Unklarheiten bezüglich funktioneller Zusammenhänge möglichst frühzeitig und eindeutig auszuräumen.

Schließlich muß die Softwareentwicklung selbst - gerade im Hinblick auf ihren steigenden Anteil am Gesamtumfang des Auftrages - zukünftig verstärkt auf Erkenntnisse des modernen Software-Engineering zurückgreifen /5/. Auf längere Sicht müssen Entwurf und Erstellung der Steuerungssoftware durch leistungsfähige Werkzeuge wie z.B. CASE-Tools (Computer Aided Software Engineering) unterstützt werden, um Strukturierung und Systematik zu fördern, Informationsdefizite abzubauen und den Anteil wiederverwendbarer Programmteile zu erhöhen, wobei jedoch die Heterogenität der steuerungsspezifischen Programmiersprachen auch in Zukunft nur schwer abzubauen sein wird /22/.

Da selbst eine konsequente organisatorische und methodische Reorganisation der SPS-Softwareentwicklung letztendlich meist nicht zur Entwicklung fehlerfreier bzw. hinreichend fehlerarmer Programme führen wird, besteht auch in Zukunft die Notwendigkeit einer wirkungsvollen Testmöglichkeit der Software noch vor Fertigstellung der zu steuernden Anlage. Aus diesem Grund wurde am WZL ein Konzept zum rechnerunterstützten Vorabtest von SPS-Programmen erstellt, bei dem die betriebsbereite Steuerung an einen Simulationsrechner angeschlossen und die Anlage mit Hilfe einer grafischen Simulationssprache nachgebildet wird (Bild 10). Grundgedanke dieses Ansatzes ist die

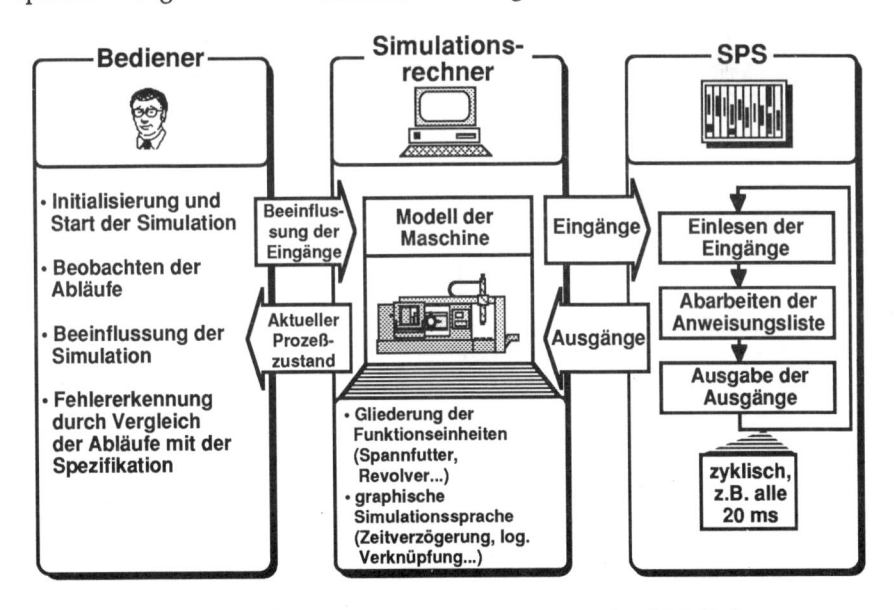

Bild 10: Prinzip eines rechnergestützten Testsystems für SPS-Software

Tatsache, daß die Maschine auf der Grundlage der steuerungsseitigen Ein-Ausgangsbelegung in weitgehend unabhängige Funktionseinheiten untergliedert werden kann, wobei das physikalische Prozeßverhalten der einzelnen Module durch standardisierte Simulationsbausteine wie z.B. Zeitverzögerungen oder logische Verknüpfungen beschrieben wird. Die korrekte und zügige Erstellung solcher Modelle muß durch die benutzergerechte Gestaltung der Modelleingabe sowie die rechnerinterne Durchführung von Plausibilitätsprüfungen unterstützt werden. Die zu testende Steuerung arbeitet in derselben Weise wie an der Maschine, wobei die einzelnen Abläufe und Funktionen vom Simulationsrechner grafisch aufbereitet werden, so daß der Benutzer prüfen kann, ob das Prozeßverhalten den spezifizierten Anforderungen entspricht.

3.4 SPS-Aktor-/Sensor-Bus

Da die Verdrahtung von Sensoren und Aktoren bei komplexen Anlagen sehr zeitaufwendig und fehleranfällig ist, bieten zunehmend mehr SPS-Hersteller dezentrale E/A-Baugruppen an, die über ein serielles Bussystem (z. B. RS 485, Profibus usw.) mit einer zentralen SPS verbunden sind. Eine Ergänzung solcher Systeme im Hinblick auf eine weitere Reduzierung des Verdrahtungsaufwandes stellt ein SPS-Aktor-/Sensor-Bus dar, der einen direkten Anschluß der Sensoren und Aktoren gestattet (Bild 11). Derzeit stehen am WZL zwei Realisierungsvorschläge im Mittelpunkt der Untersuchungen:

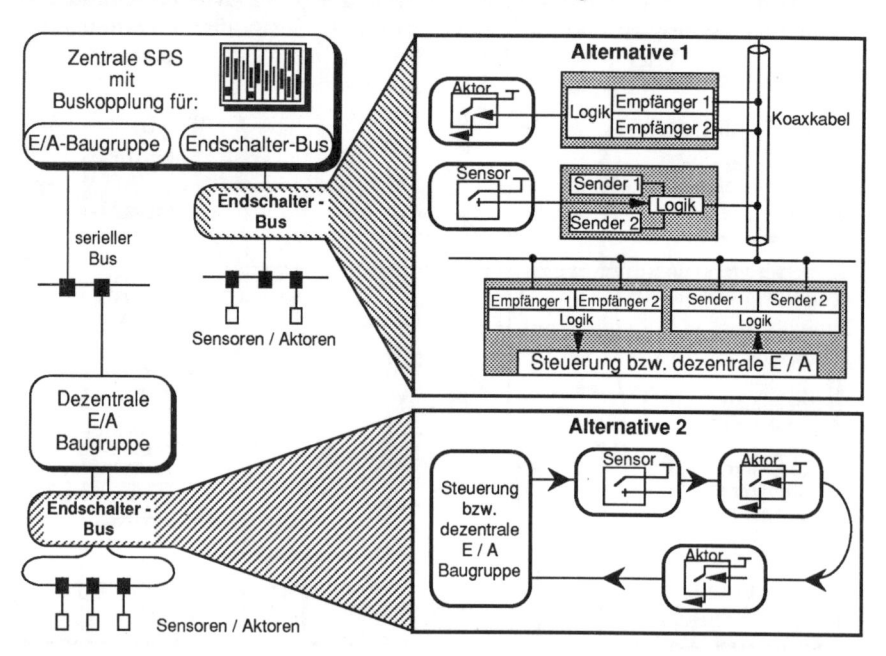

Bild 11: Konzepte zur Realisierung eines SPS-Aktor-/Sensor-Busses

1. Ein Schalterbus mit Trägerfrequenzverfahren, bei dem jedem Busteilnehmer zwei Frequenzkanäle (Sender 1 und Sender 2 mit Empfänger 1 und Empfänger 2) zugewiesen werden, die eine eindeutige Zuordnung des Teilnehmers und seiner Zustände (z. B. ein/aus) erlauben. Zur Erzielung der notwendigen Frequenzstabilität müssen alle Kanäle quarzstabilisiert arbeiten.

2. Ein digitaler Endschalterbus mit physikalischer Ringstruktur, bei dem die Information unter Beifügung einer Prüfsumme von Teilnehmer zu Teilnehmer weitergereicht wird. Hierzu muß jeder Sensor bzw. Aktor mit einer intelligenten, wirtschaftlich vertretbaren Auswertelogik ausgestattet werden.

Zunächst sollen beide Varianten prototypenhaft realisiert werden, um dann aufgrund der gewonnenen Erfahrungen das günstigere Konzept zu industrieller Reife weiterzuentwickeln.

3.5 Unterstützung der Integration

Bei der Inbetriebnahme verketteter Produktionsanlagen ergeben sich insofern weitere Probleme, als trotz der prinzipiellen Funktionsfähigkeit der Einzelkomponenten (Maschinen, Ladeportal, Transportsystem usw.) deren Kommunikationskomponenten häufig nicht den Anforderungen entsprechen.

Für die Durchführung von Systemintegrationstests ergibt sich die Notwendigkeit entsprechender Testwerkzeuge, die die Durchführung von Tests bezüglich kommunikationstechnischer Probleme zulassen (z. B. mit kommerziell verfügbaren Protokollanalysatoren möglich). Darüber hinaus müssen geeignete Integrationstestwerkzeuge verfügbar sein, mit denen in angemessener Weise der Test von zu integrierenden Automatisierungskomponenten bezüglich anwendungsspezifischer Probleme möglich ist.

Deshalb wurde am WZL im Rahmen des ESPRIT-Projektes 812 "CIRCE" /6/(vergleiche Vortrag 3.3) mit der Entwicklung eines Integrationstestwerkzeuges begonnen, das speziell zum Test der anwendungsspezifischen Anforderungen von Automatisierungskomponenten geeignet ist. Dieses Integrationstestwerkzeug, der Testbed Integrator (TBI), wurde auf Basis eines PCs mit integriertem MAP-Kommunikations-Controller (Manufacturing Automation Protocol) realisiert und hat während der Integrationsphase zwei Hauptaufgaben zu erfüllen (Bild 12).

In der ersten Integrationsphase dient der Testbed Integrator zum Testen der zu integrierenden Automatisierungskomponente auf Hardwarefehler und zur Überprüfung der Konformität des vom Komponentenhersteller angegebenen anwendungsspezifischen Verhaltens.

In der zweiten Integrationsphase wird der Testbed Integrator dazu verwendet, das erwartete Interaktionsverhalten mit dem realen Verhalten der zu testenden Komponente zu vergleichen, um so mögliche Fehler zu lokalisieren. Der Test des Interaktionsverhaltens verfolgt im Störungsfall das Ziel, erkanntes Fehlverhalten möglichst exakt einzugrenzen. Eine solche Störungseingrenzung ist aus einer Anwendung in der Regel nicht möglich. So kann mit einem Zellenrechner das Interaktionsfehlverhalten einer Robotersteuerung nicht lokalisiert werden. Im günstigsten Fall wird die Software des Zellenrechners durch eine Fehlermeldung einen Hinweis auf die Art der Störung geben.

Testbed Integrator

Funktionales Profil:
Integrationstestwerkzeug zum Durchführen von:
- Hardwaretests
- Konformitätstests
- Interoperabilitätstests

Hardware:
- Industrie Computer IBM 7531
- Concord MAP-Controller
- Concord Modem (10 MBit/sec)

Software:
- PC-DOS
- SISCO MMS-Protokollsoftware

Testobjekt — NC-Steuerung

Testingenieur — Testbed Integrator

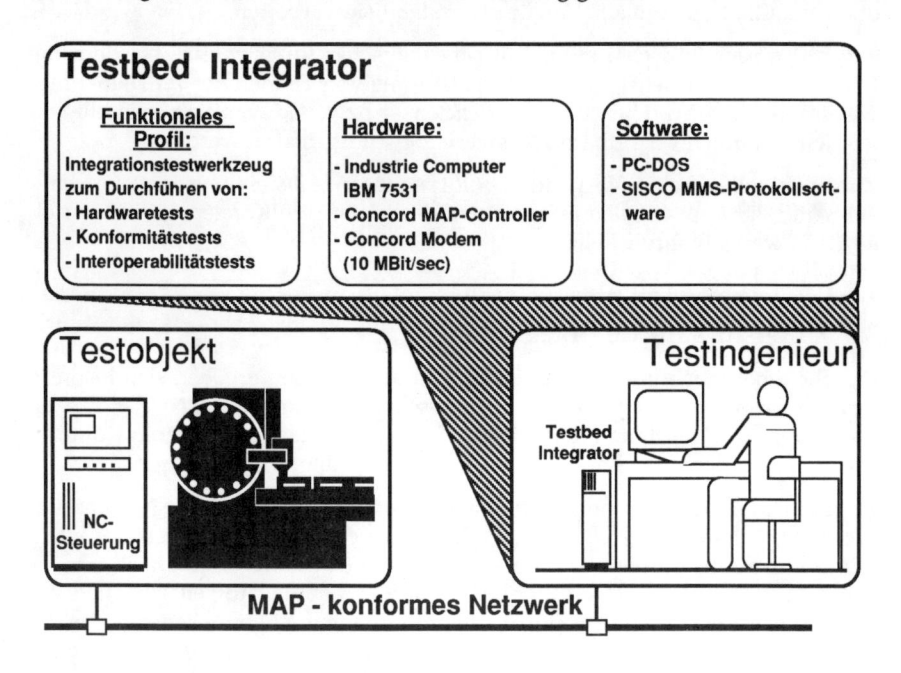

MAP - konformes Netzwerk

Bild 12: Testbed Integrator

Der Testbed Integrator soll deshalb durch gezieltes Nachstellen des Telegrammverkehrs und durch Auswertung der von der zu testenden Automatisierungskomponente getätigten Aktionen eine exakte Lokalisierung einer Funktionsstörung ermöglichen.

Zur Unterstützung des Testingenieurs verfügt der Testbed Integrator über eine Bedienoberfläche, die es erlaubt, spezifische Datentelegramme auszusenden und die auf diese Telegramme empfangenen Antworten anzuzeigen. Da der Testbed Integrator speziell auf den Einsatz im Fertigungsbereich ausgerichtet wurde, stützen sich die in seiner Bedienoberfläche zur Verfügung gestellten Kommunikationsdienstelemente auf die Manufacturing Message Specification (MMS). MMS ist ein Kommunikationsstandard der Anwendungsschicht des OSI - Referenzmodells, der durch begleitende Normen, sogenannte Companion Standards, funktional für spezifische Klassen von Automatisierungskomponenten wie NC- oder Robotersteuerungen ergänzbar ist. Diese Companion Standards spezifizieren eine Vielzahl gerätespezifischer Objektstrukturen (z.B. Named Variable Objects usw.). Diese Objektstrukturen sind interaktiv vom Testingenieur generierbar, so daß solche Objekte, wenn sie für einen Test benötigt werden, erzeugt werden können.

Neue Entwicklungsideen gehen in die Richtung, den Testbed Integrator so zu erweitern, daß auch das Erstellen von Scenarien-Dateien mit einem Editor möglich ist, die dann automatisch ablaufen. Dadurch wird der Testingenieur dann weitestgehend von Routinetätigkeiten entlastet, indem vordefinierte Testsequenzen automatisch ablaufen können, d.h. nicht mehr manuell über die Bedienoberfläche initiiert werden müssen. Außerdem sollen alle ausgetauschten Telegramme in einer Log-Datei mitgeschrieben werden, so daß eine spätere Analyse möglich ist.

Abschließend sei darauf hingewiesen, daß die Verantwortlichkeit des Herstellers in der Regel nicht mit der erfolgreichen Inbetriebnahme der Anlage beim Kunden endet. Vielmehr kann dem Betreiber durch die Bereitstellung einer ausführlichen, übersichtlich gestalteten Dokumentation sowie gezielte Wartungshinweise ein wichtiger Leitfaden zur Reduzierung von Stillstandszeiten zur Verfügung gestellt werden. Darüber hinaus kann eine schnelle Serviceleistung des Herstellers die Dauer fehlerbedingter Stillstände beim Anwender erheblich reduzieren.

4. Anwenderseitige Maßnahmen zur Steigerung der Verfügbarkeit

Nach der Inbetriebnahme einer Produktionsanlage beim Anwender besteht die Notwendigkeit einer schnellen Amortisation durch wirtschaftliche Nutzung. Wie bereits in Bild 1 erwähnt, obliegt dem Betreiber der Fertigungssysteme die Verantwortung, eine möglichst hohe Verfügbarkeit seiner Maschine sicherzustellen. **Bild 13** stellt die wesentlichen organisatorischen und technischen Maßnahmen zum Erreichen dieses Zieles dar. Zu den organisatorischen Maßnahmen, die der verantwortliche Leiter einer Produktionsanlage ergreifen muß, gehört die Schulung von Mitarbeitern; dies sind neben dem Bediener insbesondere das Wartungs- und Instandsetzungspersonal. Gerade bei neuen Technologien und modernen Steuerungssystemen ist der intensive Know-How-Transfer vom Hersteller zum Anwender unerläßlich, denn die Fehlersuch- und Fehlerbehebungszeiten sinken mit wachsendem Kenntnisstand der jeweiligen Mitarbeiter.

Unterstützt wird die Instandsetzung durch eine ausführliche, lückenlose Fehlerdokumentation der Instandsetzungsabteilung. Hier sollten neben den Ausfallzeiten insbesondere Ursachen und Maßnahmen zur Fehlerbehebung festgehalten werden. Neben den heute verbreiteten handgeschriebenen Störungsprotokollen ist hier zur Unterstützung des Wartungspersonals ein sinnvoller EDV-Einsatz möglich /7/.

Neben einer hohen technischen Verfügbarkeit ist ein hoher Nutzungsgrad der Maschine Voraussetzung, um wirtschaftlich produzieren zu können /8/. Der Nutzungsgrad hängt jedoch wesentlich von der geplanten Auslastung einer Fertigungseinrichtung ab, denn eine technisch verfügbare Maschine muß während der gesamten zur Verfügung stehenden Produktionszeit in der Auftragsplanung berücksichtigt sein /9,10/. Im Fehlerfall hängt die Wirksamkeit dieser

Planung entscheidend von möglichen Alternativstrategien ab. Neben einer Zurückstellung von Aufträgen mit gleichzeitiger Neubelegung anderer, intakter Produktionsmaschinen ist auch der gezielte Einsatz aktiver oder passiver Redundanzen sowohl auf System- als auch auf Komponentenebene möglich.

Organisatorische Maßnahmen		Technische Maßnahmen

Schulung der Mitarbeiter	Bereitstellung von Redundanzen
	• auf der Systemebene
	  - mehrere Maschinen
	• auf der Komponentenebene
	  - Schwesterwerkzeuge
	  - Vorrichtungen
	  - Motoren
		Klimatisierung der Maschinenumgebung

Störungs-dokumentation		Prozeßüberwachung (Werkzeugverschleiß, Bruch)
Optimale Auslastung der Maschine	Instandhaltungsmanagement • Inspektion • vorbeugende Wartung • Instandsetzung	Anlagendiagnose (Maschinenfehler)
Erarbeitung von Ausweichstrategien bei Störungen		Wiederanfahr-strategien nach Fehlern

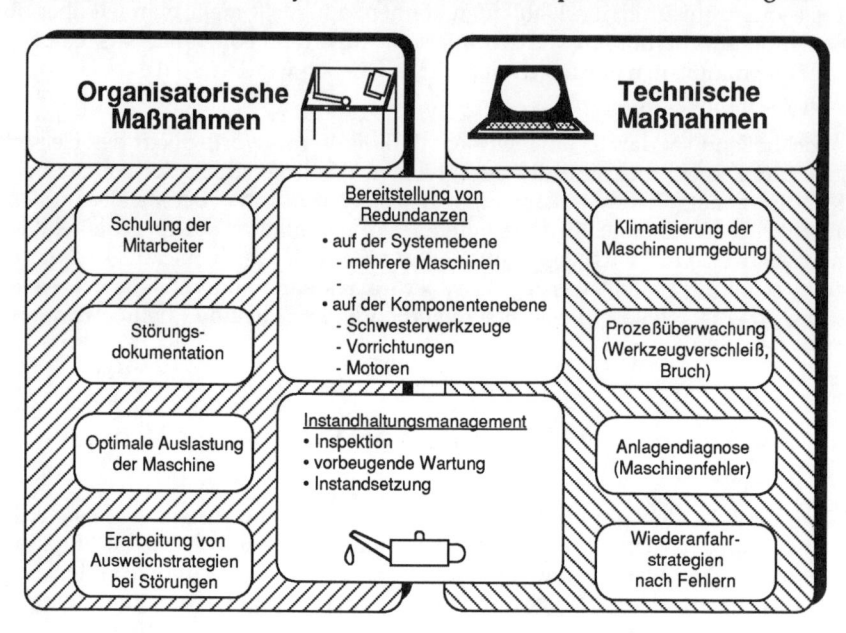

Bild 13: Anwenderseitige Maßnahmen zur Erhöhung der Verfügbarkeit von Produktionsanlagen

Parallel zu organisatorischen und technischen Maßnahmen, z.B. Umrüsten von Vorrichtungen und Werkzeugen, sind vor allem die finanziellen Aufwendungen zum sinnvollen Einsatz redundanter Systeme zu beachten. Voraussetzung hierzu sind zusätzliche Maschinen bzw. Transportsysteme oder entsprechende Aufträge; diese sind dann hard- und softwaremäßig zu realisieren.

Einen ganz entscheidenden Einfluß auf die Verfügbarkeit von Maschinen hat das Instandhaltungsmanagement /43/. Als wesentliche Aufgaben sind die Inspektion, die vorbeugende Wartung und nach einer Störung die oben bereits erwähnte Instandsetzung zu nennen. Hierbei ist aus organisatorischer Sicht die zeitliche Festsetzung von vorbeugenden Tätigkeiten in geplante Stillstandszeiten der Anlage sicherzustellen. Technisch sind entsprechende Hilfsmittel und Werkzeuge zur reibungslosen Durchführung bereitzustellen.

Die Erfahrung der Maschinenbetreiber lehrt, daß zeitlich nicht konstante Umwelteinflüsse eine direkte Auswirkung auf die Verfügbarkeit von Maschinen haben. Während z. B. niedrige Temperaturen einen negativen Einfluß auf alle hydraulisch betätigten Komponenten ausüben, verursachen steigende Temperaturen in Schaltschränken Fehlfunktionen von Steuerungsbaugruppen. Naheliegende technische Forderungen wären entweder eine Regelung der Temperatur- und Feuchtigkeitsbereiche durch aufwendigen Einsatz von entsprechenden Klimaanlagen beim Anwender oder die umweltunempfindliche Auslegung aller Maschinen- und Elektronikbaugruppen durch den Hersteller; in beiden Fällen können erhebliche Zusatzinvestitionen notwendig werden.

Der wesentliche Anteil an unzureichender Verfügbarkeit ist im Rahmen technischer Störungen auf Ausfälle von Maschinenkomponenten durch Verschleiß bzw. falsche Auslegung auf der einen Seite und werkzeugbedingte Störungen (Verschleiß, Bruch) auf der anderen Seite zurückzuführen. Insbesondere bei komplexen Fertigungssystemen, die aus mehreren verschiedenen Fertigungs-, Handhabungs- und Transportsystemen bestehen, ist das Wiederanfahren einzelner Teilsysteme nach der Fehlerbehebung eine zeitintensive Aufgabe.

Die Problematik des Wiederanfahrens von komplexen Fertigungseinrichtungen läßt sich in zwei Problemkreise unterteilen. Zunächst sind maschineninterne Funktionen zu fordern, die den Maschinenbediener menügesteuert bei der Inbetriebnahme nach einer Störung unterstützt und eine Fehlbedienung ausschließen. Insbesondere sind alle Daten, wie Achspositionen, E/A-Belegung der SPS, aktive NC- und SPS-Programmzeile usw. im Fehlerfalle zu sichern, damit hierauf nach der Fehlerbeseitigung wieder aufgesetzt werden kann. Ungleich umfangreicher wird das Problem, wenn mehrere Komponenten synchron zueinander arbeiten müssen. Im Handhabungsbereich sind intelligente Greifersysteme z.B. auf Informationen aus der Robotersteuerung angewiesen und quittieren diese anschließend. Die erneute Inbetriebnahme des Gesamtsystems nach Ausfall einer Teilkomponente setzt sowohl in der Systemsoftware des Greifers als auch der Robotersteuerung Routinen voraus, die eine unabhängige Inbetriebnahme einer Komponente ermöglichen, um dann den durch die Fehlfunktion abgebrochenen Vorgang fortsetzen zu können.

Darüber hinaus haben zahlreiche Untersuchungen im Bereich der Fertigungstechnik gezeigt, daß neben den oben genannten Maßnahmen zur Steigerung der Verfügbarkeit vor allem Stillstandszeiten aufgrund von Prozeß- und Maschinenstörungen minimiert werden müssen /13/. Die folgenden Kapitel gehen dementsprechend detailliert auf die Problematik der Prozeßüberwachung und der Anlagendiagnose ein.

4.1 Strategien zur Prozeßüberwachung

Mit der Prozeßüberwachung werden im wesentlichen zwei unterschiedliche Ziele verfolgt (Bild 14). Zum einen steht die Überwachung von Bearbeitungswerkzeugen im Vordergrund. Hier sind Strategien zur Verschleiß- und Brucherkennung weiterzuentwickeln und in der Produktion einzusetzen. Zum anderen sind wichtige Aspekte der Prozeßsicherung zu berücksichtigen, um die Verfügbarkeit von Produktionsanlagen zu erhöhen. Hierzu gehören die klassischen Aufgaben der adaptiven Regelung (Adaptive Control, AC) wie das Erkennen und Vermeiden von Rattern, das Verkürzen von Leerschnitten und Nebenzeiten bzw. das Optimieren von Hauptzeiten /14/.

Beiden Zielen gemeinsam sind zwei mögliche Ansätze, die direkte Überwachung des Fertigungsprozesses und die Überwachung der Werkstückqualität mit der indirekten Schlußfolgerung auf Prozeßverlauf und Werkzeugzustand.

```
Ziel: Werkzeugüberwachung und Prozeßsicherung
```

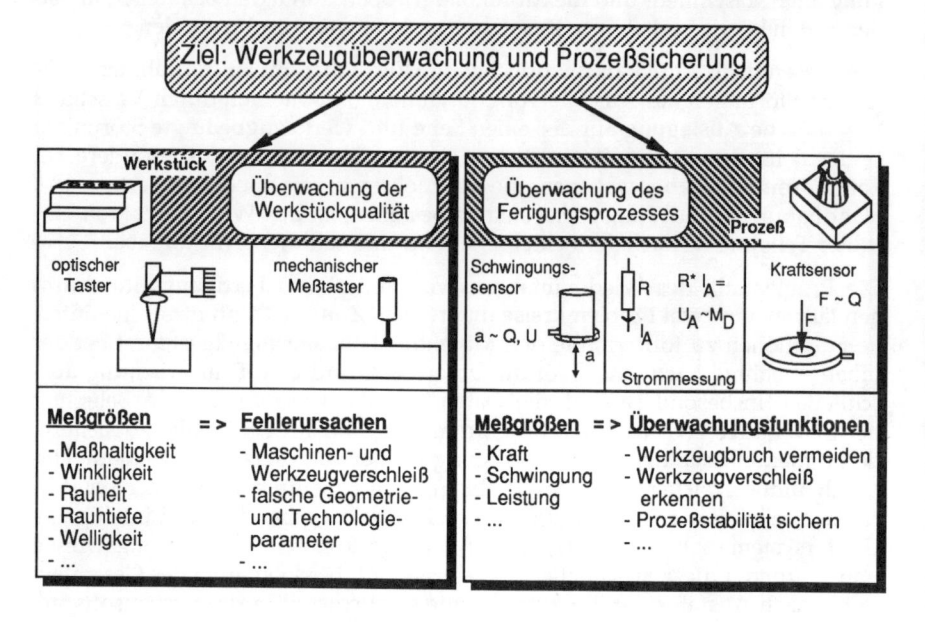

Werkstück		Prozeß
Überwachung der Werkstückqualität		Überwachung des Fertigungsprozesses
optischer Taster	mechanischer Meßtaster	Schwingungssensor $a \sim Q, U$ / $R^* I_A =$ $U_A \sim M_D$ / Strommessung	Kraftsensor $F \sim Q$
Meßgrößen => **Fehlerursachen**		**Meßgrößen** => **Überwachungsfunktionen**	
- Maßhaltigkeit - Winkligkeit - Rauheit - Rauhtiefe - Welligkeit - ...	- Maschinen- und Werkzeugverschleiß - falsche Geometrie- und Technologieparameter - ...	- Kraft - Schwingung - Leistung - ...	- Werkzeugbruch vermeiden - Werkzeugverschleiß erkennen - Prozeßstabilität sichern - ...

Bild 14: Strategien zur Werkzeugüberwachung und Prozeßsicherung

Die Qualitätsüberwachung am Werkstück (Bild 14, links) basiert z.B. auf optischen bzw. mechanisch tastenden Systemen/15/, die die Oberflächengüte und Maßhaltigkeit erfassen, um daraus auf Maschinen und Werkzeugverschleiß bzw. ungünstige Geometrie- und Technologieparameter als Fehlerursache zu schließen. Dieser Ansatz, der in den Vorträgen 4.1 und 4.3 behandelt wird, soll an dieser Stelle nicht weiter vertieft werden.

Die Überwachung des Fertigungsprozesses (Bild 14, rechts) dagegen basiert auf der Erfassung von Prozeßgrößen. Hier sind stellvertretend für weitere Meßsignale Schwingungen, Bearbeitungskräfte und Stromaufnahmen der Haupt- und Vorschubachsen zu nennen. Aus diesen Sensorsignalen sind Überwachungsfunktionen abzuleiten, die werkzeug- und prozeßabhängige Stillstandsursachen vermeiden sollen. Typische Beispiele, die zur Erhöhung der Maschinenverfügbarkeit beitragen, sind das Erkennen von Werkzeugverschleiß und stochastischem Werkzeugbruch sowie die Sicherung der Prozeßstabilität. Gleichzeitig sind Rattern und Maschinenüberlastungen zu erkennen und durch geeignete Regelalgorithmen zu vermeiden.

Bevor auf die Integration von Sensoren in die Maschine und die Entwicklung von speziellen Werkzeugen zum Einrichten und Programmieren von Überwachungssystemen näher eingegangen wird, sollen zunächst in einer Übersicht der Stand der Technik, die bestehenden Defizite und laufende Forschungs- und Entwicklungstendenzen auf dem Gebiet der Prozeßüberwachungssysteme dargestellt werden (Bild 15).

Prozeßüberwachungssysteme

Stand der Technik	Defizite	Laufende Forschung und Entwicklung
nur für Schruppbearbeitung geeignet	unempfindliche Sensoren	Integration der Sensoren nahe der Zerspanstelle
Nachrüsten des Sensors erforderlich	hohe Kosten	Berücksichtigung bei der Konstruktion
als Zusatzgeräte	Schnittstellen	Integration in die NC
für Standardprozesse in der Massenfertigung	nur bedingt programmierbar	programmierbare Überwachungssysteme für verschiedene Prozesse
nur einfache Signalauswertestrategien	oft wirkungslos, Fehlalarme	wirtschaftliche Realisierung von Mustererkennungsverfahren, keine Fehlalarme
nur einSensortyp anschließbar	verschiedene Sensorschnittstellen	Auswertung verschiedener Sensorsignale gleichzeitig

Steuerung / Sensoren
NC / SPS
Prozeß
Anlage

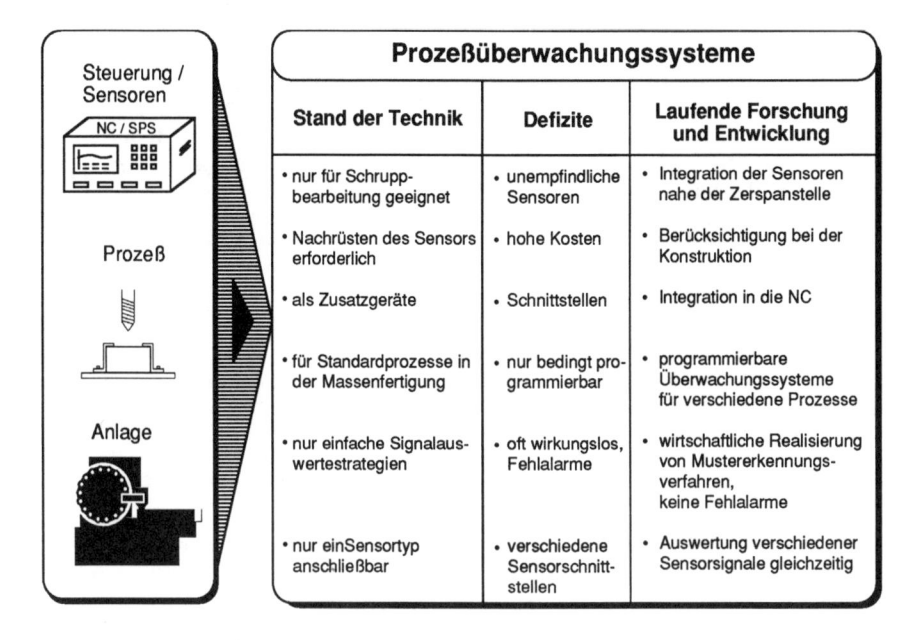

<u>Bild 15</u>: Problemfelder heutiger Prozeßüberwachungssysteme

Die heute auf dem Markt bekannten Überwachungssysteme eignen sich nur zur Überwachung großer Spanungsquerschnitte, sind also für die Überwachung von Schruppaufgaben konzipiert. Das grundsätzliche Problem ist im allgemeinen die Signalerfassung, die nicht nahe genug an der Zerspanstelle erfolgt, weil entsprechend robuste Sensoren nicht existieren oder eine kostenintensive Neukonstruktion wesentlicher Maschinenkomponenten notwendig würde. Zur Verbesserung dieser Situation ist die Integration der Sensoren bei der Konstruktion der Maschine zu berücksichtigen und der Sensoraufbau den Umgebungsbedingungen in der Maschine anzupassen.

In der Regel sind Überwachungsgeräte kein fester Bestandteil der Fertigungseinrichtung, vielmehr haben sich Zulieferfirmen etabliert, die Komplettlösungen für ganz spezielle Überwachungsaufgaben anbieten. Verfügbar sind Zusatzsysteme, die zur Überwachung von Standardprozessen wie Drehen und Stanzen in der Massenfertigung geeignet sind. Der Entwicklungsbedarf in naher Zukunft besteht in der Integration von programmierbaren Prozeßüberwachungsmoduln für komplexe Prozesse bei sich ändernden Technologieparametern in die NC-Steuerung. Schnittstellen sind einerseits zur Steuerungssoftware, z.B. zur Synchronisation des Prozeßverlaufes mit der Überwachung, andererseits zu hierarchischen Leitsystemen notwendig, um über Werkzeugdaten und Technologieparameter entsprechende Überwachungsstrategien starten zu können.

Ein weiterer Nachteil der verfügbaren Prozeßüberwachungsgeräte ist im allgemeinen die sehr einfache Signalauswertung eines bestimmten Sensorsignals. Oft löst nur ein Prozeßsignal beim Überschreiten verschiedener Grenzwerte entsprechende Meldungen aus (z.B. Verschleiß, Bruch, Kollision) /16,17,18/. Auf der anderen Seite zeigen umfangreiche Zerspanversuche, daß die parallele Auswertung verschiedener Prozeßsignale mit Hilfe einfacher Mustererkennungsverfahren wesentlich zuverlässigere Aussagen über den aktuellen Werkzeugzustand erlaubt /21/.

Wenn Werkzeugüberwachungssysteme zukünftig in der Industrie verbreitet Einsatz finden sollen, müssen sie wirtschaftlich und zuverlässig arbeiten. Da die steigende Leistungsfähigkeit von Rechnersystemen bei nahezu konstanten Kosten die wirtschaftliche Bereitstellung von Hardwarekomponenten zuläßt, sind jetzt die Hochschulen aufgefordert, in verstärkter Zusammenarbeit mit der Industrie die bekannten Auswertestrategien weiterzuentwickeln und in der Praxis zu testen.

4.1.1 Maschinenintegrierte Sensorik

Aussagekräftige Sensorsignale sind Voraussetzung für die oben skizzierten Anforderungen an zukünftige Prozeßüberwachungssysteme. Heute erreichte Forschungsergebnisse /19,21,/ bauen auf labormäßig eingesetzten Präzisionssensoren für die Meßtechnik auf /45/. Nachteile sind hier besondere Schutzmaßnahmen z. B. beim Einsatz von Kühlschmiermittel. Labormäßig angebrachte Sensoren erlauben zusätzlich oft keinen Werkstück- bzw. Palettenwechsel. Ein wichtiger Ansatz, um dieser Problematik zu begegnen, ist die Integration von Sensoren nahe der Zerspanstelle in die Maschine.

Bild 16 zeigt exemplarisch einige realisierte Beispiele für die praxisorientierte Sensorintegration. Im folgenden sollen Wirkungsweise sowie entscheidende Vor- bzw. Nachteile der Systeme kurz beschrieben werden.

Mit Hilfe der links oben dargestellten Meßeinrichtung können die Bearbeitungskräfte in 3 Koordinaten über vier Meßquarze, deren Empfindlichkeit über keramische Dehnungsübertrager erheblich gesteigert wurde, im Bypass gemessen werden. Vorteile dieser Lösung und aller weiteren Beispiele sind die unveränderten statischen und dynamischen Eigenschaften sowie die Erhaltung der vollen Funktionsfähigkeit der Maschine.

Im oberen rechten Teil von Bild 16 ist ein Beispiel für eine Werkzeugmaschinenspindel mit integrierten Meßwertaufnehmern skizziert. Gemessen werden das dynamische Drehmoment und die Oberflächenschwingungen der Hauptspindel. Die Signale werden auf der Spindel vorverarbeitet und anschließend über spezielle Drehübertrager an die Auswerteelektronik übertragen.

Eine einfache Möglichkeit zur Kraftmessung bieten die rechts unten skizzierten Kraftmeßlager. Je nach Bauart können Radial- oder Axialkräfte erfaßt werden, die jedoch mit der Überrollfrequenz der Wälzkörper moduliert sind /23/.

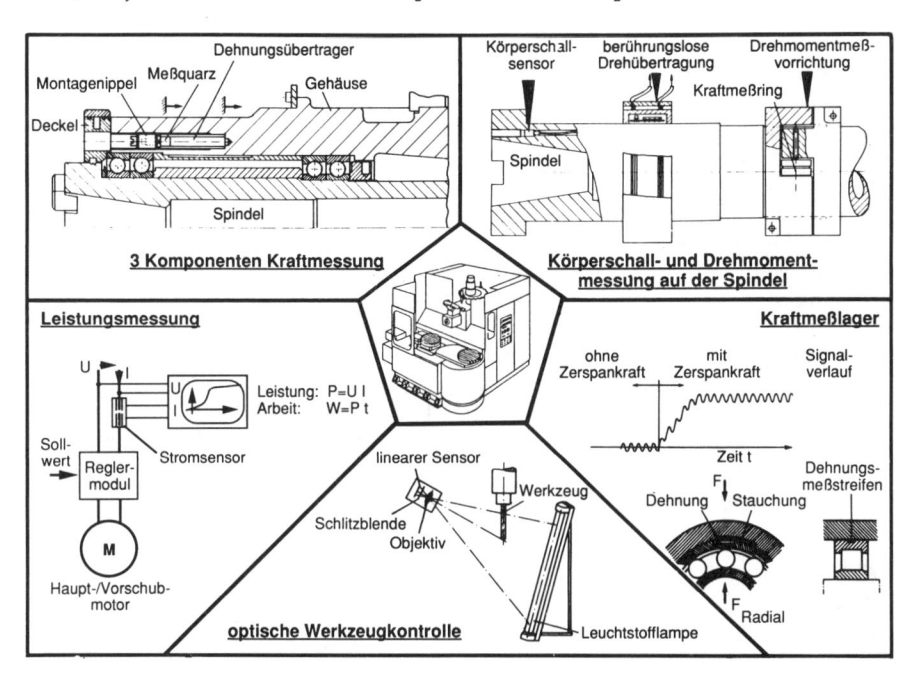

Bild 16: Sensorintegration in der Maschine

Ohne zusätzlichen Aufwand sind Sensoren, die die Leistungsaufnahme von Haupt- bzw. Vorschubantrieben messen, nachträglich in jede Maschine einzubauen (Bild 16, links unten) /24/. Einen Nachteil stellt hier allerdings die große Entfernung zwischen Meß- und Zerspanungsstelle dar. Alle zwischengeschalteten Übertragungsglieder wirken wie Filter, die sehr schnelle Veränderungen der Zerspankraft im Motorstrom nicht sichtbar werden lassen .

Schließlich kann ein optisches System im Werkzeugmagazin der Maschine installiert werden. Es wertet das Schattenbild des Werkzeuges mit dem Ziel aus, gebrochene und falsche Werkzeuge zu erkennen. Der Sensor arbeitet offline während der Maschinenhauptzeit, so daß der Prüfvorgang die Nebenzeit nicht verlängert /25/.

4.1.2 Hilfsmittel für den Entwurf von Überwachungsstrategien

Die Festlegung der jeweils geeigneten Überwachungsstrategie erfordert die Untersuchung, Bewertung und Auswahl von Sensorsignalen, Analyseverfahren, prozeß- oder anlagenbeschreibenden Merkmalen sowie von Entscheidungsstrategien. Bei der Überwachung von Prozessen sind die analytischen

Zusammenhänge zwischen meßbaren Prozeßsignalen und den Prozeßgrößen meist sehr komplex und oft sogar unbekannt. So ist beispielsweise der Verschleißzustand eines Bearbeitungswerkzeuges aus gemessenen Kraft- oder Körperschallsignalen nicht ohne weiteres bestimmbar. Daher erscheint der Einsatz von Mustererkennungsverfahren in Verbindung mit selbstlernenden Verfahren sinnvoll /26,27/. Daneben bieten die Begriffe der Mustererkennung ein einheitliches Beschreibungsmodell für die Signalverarbeitung in Überwachungssystemen /21/. Im oberen Teil von **Bild 17** ist der Aufbau eines Mustererkennungssystems mit seinen drei wesentlichen Komponenten skizziert. Der Datenaufnahme und Vorverarbeitung, in der aus den gemessenen Prozeßsignalen durch unterschiedlichste Analyseverfahren zur Störungsreduktion und Informationstransformation ein Mustersignal erzeugt wird, folgt eine Merkmalsberechnung, deren Ergebnis ein Merkmalsvektor ist. Ein abschließender Klassifikationsvorgang liefert dann die Überwachungsergebnisse.

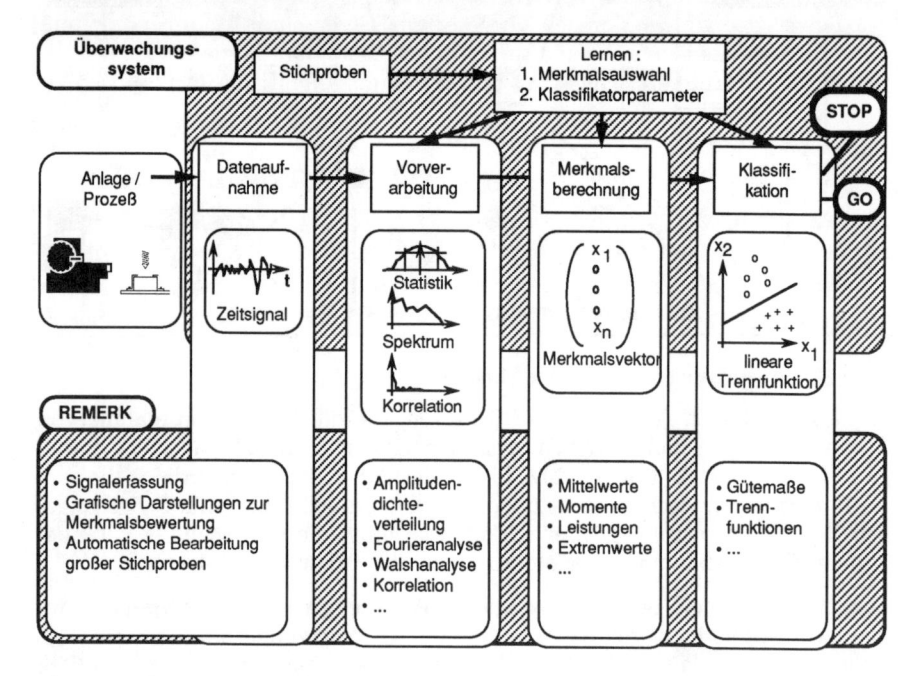

Bild 17: Hilfsmittel zur Entwicklung von Mustererkennungsverfahren zur Prozeßüberwachung: Programmsystem REMERK (<u>R</u>echnergestützte <u>Merk</u>malsfindung)

Die Entwicklung dieser Systeme ist durch einen zweistufigen Lernprozeß gekennzeichnet. In einer ersten Phase ist das Klassifikationsverfahren sowie der Aufbau des Merkmalsvektors festzulegen. Dazu sind aus Stichproben der Prozeßsignale charakteristische Merkmale unterschiedlichster Prozeß- und Anlagenzustände zu finden. Die zweite Phase des Lernens besteht aus der Bestimmung von aktuellen Klassifikatorparametern in Abhängigkeit von einem speziellen Anwendungsfall. Beispielsweise ist der Aufbau des Merkmalsvektors und des Klassifikators zur Verschleißüberwachung von Spiralbohrern für Bohrer unterschiedlicher Durchmesser gleich, die aktuellen Parameter variieren jedoch.

Während für die zweite Stufe des Lernprozesses für die verschiedenen Klassifikatortypen Lernalgorithmen zur Verfügung stehen, ist die erste Phase durch ein heuristisches Vorgehen gekennzeichnet. Die Suche nach prozeßbeschreibenden Merkmalen erfordert Intuition und Erfahrung. Zur Unterstützung dieses Auswahl- und Entscheidungsprozesses wurde ein Programmsystem zur rechnergestützten Merkmalsfindung (REMERK) entwickelt, das die einzelnen Abschnitte eines Mustererkennungssystems durch Bereitstellung einer Vielzahl möglicher Funktionen in Form eines Werkzeugkastens bereitstellt (Bild 17, unten) /28/. Es stehen zahlreiche Funktionen zur Signalanalyse (z.B. Fourieranalyse, Statistik) und Merkmalsberechnung zur Verfügung. Hilfsmittel zur Bewertung von Merkmalen und Merkmalsätzen sind in Form von Grafiken und verschiedenen Gütemaßen realisiert. Besondere Betriebsarten ermöglichen eine vollautomatische Verarbeitung von großen Stichproben.

4.1.3 Realisierung von Überwachungsstrategien

Zur Abbildung der z. B. mit REMERK als Hilfsmittel entwickelten Überwachungsstrategien auf reale Systemstrukturen ist eine problemorientierte und weitgehend hardwareunabhängige Beschreibungsmethodik notwendig.

Als geeignete Systemstrukturen haben sich über globale Speicher lose gekoppelte Mehrrechnerstrukturen erwiesen (**Bild 18,** unten). Durch Verwendung einer Mehrrechnerstruktur ist eine flexible wirtschaftliche Anpassung an einen geforderten Leistungsumfang möglich. Die Bereitstellung einer hohen Leistungsfähigkeit auf jedem einzelnen Rechner sowie ihrer Ausstattung mit wichtigen Prozeßschnittstellen ermöglicht die selbständige Bearbeitung von Teilaufgaben und minimiert den notwendigen Kommunikationsaufwand zwischen den einzelnen Rechnern bei der Lösung der Gesamtaufgabe. Daneben ermöglicht eine Mehrrechnerstruktur in Verbindung mit einer geeigneten Softwareumgebung die Bearbeitung von zueinander parallelen Überwachungsaufgaben an der gleichen Maschine/Anlage mit einem Überwachungsgerät.

Folgende Anforderungen müssen an eine geeignete Beschreibungsmethodik zur Implementierung von Überwachungsstrategien mit Hilfe eines über einen globalen Speicher lose gekoppelten Mehrrechnersystems gestellt werden:

- problemorientierte Beschreibung
- symbolische Namen für Variablen und Prozeßsignale
- strukturierte Beschreibung der Programmlogik
- symbolorientierte Beschreibung der Kommunikation

```
┌─────────────────────────────────────────────────────────────┐
│              Monitoring Language (MOLA)                     │
│       (Symbolische Programmierung des Überwachungssystems)  │
├─────────────────────────────────────────────────────────────┤
│ GLOB Globale Variablen zur Kopplung der Rechner untereinander END │
├─────────────────────────────────────────────────────────────┤
│ BLOCK Rechner_1                                             │
│   CONFIG Konfiguration der Prozeßschnittstelle END          │
│   VAR   Lokale Variablen und Konstanten END                 │
│   BEGIN Anweisungen zur Realisierung von Überwachungsstrategien │
│ END                                                         │
├─────────────────────────────────────────────────────────────┤
│ BLOCK Rechner_2                                             │
│   CONFIG Konfiguration der Prozeßschnittstelle END          │
│   VAR   Lokale Variablen und Konstanten END                 │
│   BEGIN Anweisungen zur Realisierung von Überwachungsstrategien │
│ END                                                         │
└─────────────────────────────────────────────────────────────┘
```

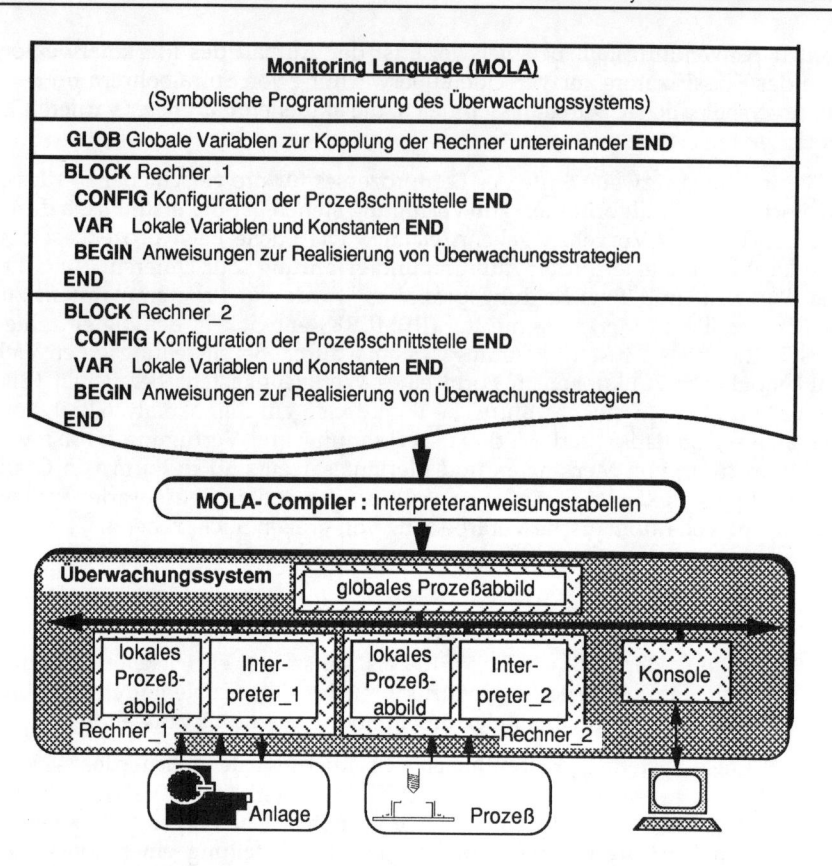

Bild 18: Struktur und Programmierung eines konfigurierbaren Überwachungssystems

Diese Anforderungen können mit einer Hochsprache erfüllt werden. Im Gegensatz zu herkömmlichen Programmiersprachen wie PASCAL oder C sind spezielle Sprachelemente zur Beschreibung der Prozeßschnittstelle und zur Beschreibung der Kommunikation mittels des globalen Speichers notwendig. In Bild 18 ist die globale Struktur der nach diesen Anforderungen entworfenen Programmiersprache für Überwachungssysteme MOLA (Monitoring Language) dargestellt /29/. In MOLA existiert für jeden eingesetzten Rechner ein separater Anweisungsblock. Den Kopf jedes Blockes bildet eine Konfigurationsbeschreibung, die den Typ des verwendeten Rechners sowie die Schnittstellendefinition für die symbolische Beschreibung der angeschlossenen Prozeßsignale enthält. Durch die Angabe eines Rechnertyps werden sowohl die Schnittstellenkapazitäten als auch die zur Verfügung stehenden Überwachungsalgorithmen festgelegt. In einem Anweisungsteil, dessen Syntax weitgehend einer herkömmlichen Programmiersprache entspricht, werden die Überwachungsalgorithmen formuliert. Dabei stehen spezielle Schlüsselworte zur Ausführung komplexer Signalanalysen wie z.B. FFT zur Verfügung.

Zur Implementierung dieser Beschreibungsmethodik auf einem über einen globalen Speicher lose gekoppelten Mehrrechnersystem wird eine Interpreterstruktur angewendet. Auf jedem Rechner arbeitet ein auf diesen Rechnern angepaßter Interpreter eine s.g. Anweisungstabelle von Interpreterbefehlen ab. Auch komplexe Funktionen, wie z.b. eine FFT, sind als Interpreterbefehl implementiert. Damit wird ein hohes Abstraktionsniveau der Anweisungstabellen erreicht. Die Variablen werden durch s.g. lokale Prozeßabbilder realisiert. Mit Hilfe eines im globalen Speicher definierten Teilprozeßabbildes wird die Kommunikation zwischen den Rechnern realisiert. Durch Vereinheitlichung der Interpreterbefehlssätze für hardwaremäßig unterschiedliche Rechner mit gleichem Funktionsumfang werden die Anweisungstabellen hardwareunabhängig. Beispielsweise lassen sich auf diese Weise spezielle Rechner auf Signalprozessorbasis zur leistungsfähigen Spektralanalyse in das System integrieren. Die Anweisungstabellen eines entsprechenden MOLA-Programms werden durch den MOLA-Compiler erzeugt.

4.2 Strategien zur Anlagendiagnose

Die beschriebenen Werkzeuge zur Unterstützung eines Maschinenanwenders bei der Prozeßüberwachung befinden sich z.Zt. in der Testphase bei verschiedenen Prozessen. Sie lassen sich jedoch in gleicher Weise auf die Problematik der Anlagenüberwachung und Fehlerdiagnose anwenden.

4.2.1 Lager- und Getriebediagnose

In **Bild 19** sind entsprechende Ergebnisse aus der Untersuchung von Zahnradgetrieben dargestellt /30/. Zunächst wird noch einmal die prinzipielle Vorgehensweise von den physikalischen Meßgrößen über verschiedene Verarbeitungsschritte bis hin zu ausgewählten Merkmalen angedeutet, die eine eindeutige Zustandsbeschreibung des überwachten Anlagenteils erlauben.

In diesem Beispiel wurden sowohl die Wälzlager als auch die Verzahnung eines Getriebes überwacht. Im oberen Teil des Bildes sind neben dem Spitzenwert des hochpaßgefilterten Körperschallsignals die Lageraußenringtemperatur sowie die Lageraußenringdehnung als mögliche Merkmale aufgeführt, die eindeutig den Verschleißzustand von Lagern beschreiben. Im Diagramm ist beispielhaft nur der Spitzenwert des hochpaßgefilterten Körperschallsignals über der Betriebszeit aufgetragen. Sichtbar ist der deutliche Anstieg zu Beginn der im Foto dargestellten Schädigung.

Der untere Teil des Bildes 19 stellt analog dazu Kennwerte vor, die den bevorstehenden Zahnbruch eines rotierenden Zahnrades ankündigen. Zu nennen sind hier Merkmale im spektralen und cepstralen Bereich. Stellvertretend für weitere sei nur die Gamnitude der Drehquefrenz im unteren Diagramm qualitativ dargestellt /19/. Zu erkennen ist der sehr plötzliche und schnelle Anstieg des Signals unmittelbar vor dem Bruch. Vermutlich wird das Körperschallsignal durch die Zahneingriffsstöße aufgrund von Mikrorissen im Zahn beeinflußt. Nach Auftreten erster Mikrorisse erfolgt der Zahnbruch dann sehr schnell /31/.

Physikalische Meßgrößen	Verarbeitungsschritte	Merkmale zur Zustandsbeschreibung
Temperatur	Filterung Skalierung Spitzenwertbestimmung	**Lager** • Spitzenwert des hochpaßgefilterten Körperschallsignals • Lageraußenringtemperatur • Lageraußenringdehnung • ...
Dehnung	1. FFT (Spektrum) 2. FFT (Cepstrum)	**Verzahnung** • Gamnitude der Drehquefrenz
Körperschall	Statistische Auswertung (Zeitsignale, Spektrum)	• Merkmale im spektralen und cepstralen Bereich • ...

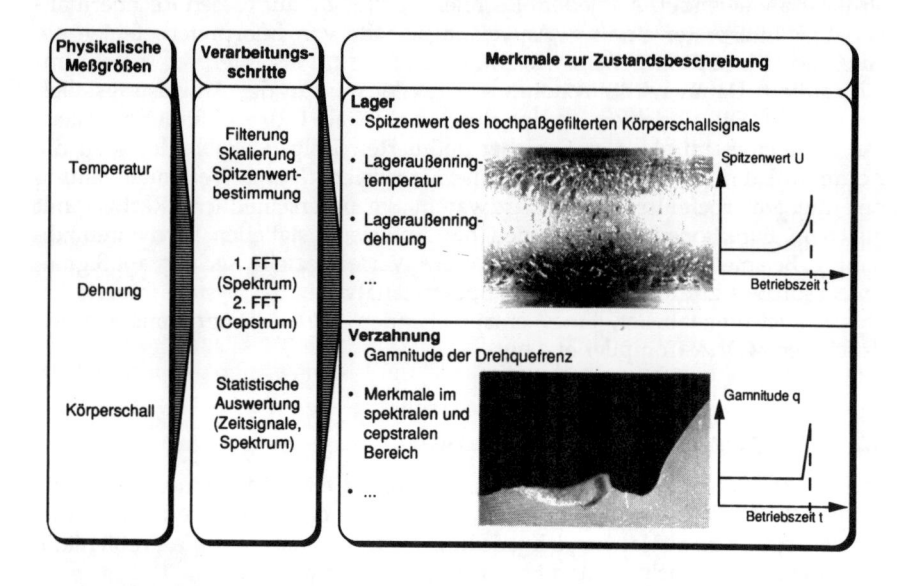

Bild 19: Möglichkeiten zur Überwachung und Diagnose bei Zahnradgetrieben

Neben einzelnen, besonders kritischen Baugruppen, wie z.B. die oben überwachten Leistungsgetriebe, sind zur Erhöhung der technischen Verfügbarkeit von Produktionsanlagen allgemeine Diagnosewerkzeuge innerhalb der Maschine zu fordern. Der folgende Abschnitt gibt zunächst einen Überblick über realisierte Diagnosefunktionen in modernen NC-Steuerungen.

4.2.2 Maschineninterne Diagnosefunktionen

Stetig komplexer und kompakter aufgebaute Fertigungseinrichtungen fordern vom Maschinenbediener und Servicepersonal einen hohen Kenntnisstand über den mechanischen und elektrischen Aufbau und die funktionalen Zusammenhänge. Über dieses Wissen verfügt zunächst nur der Hersteller, der in den oben geforderten Schulungen dieses Know-How weitergeben soll.

In diesem Zusammenhang sind aber auch spezielle Überwachungs- und Diagnosefunktionen in der Maschinensteuerung zu fordern, die die Fehlersuche beim Anwender verkürzen helfen.

Stand der Technik sind auf dieser Ebene heute Fehlermeldungen im Klartext. Diese Meldungen sind oft gegliedert nach Fehlerbereichen und entsprechend bezeichnet. Eine typische Einteilung ist z.B.:
- Datenübertragungsfehler
- NC-Programmfehler
- NC-Alarmmeldung
- SPS-Alarmmeldung

Diese Fehlerlisten umfassen bis etwa 1000 verschiedene Meldungen, die einerseits den Fehlerort und andererseits die defekten Bauteile mehr oder weniger exakt beschreiben. Diese große Anzahl verschiedener Fehlermeldungen deutet die Komplexität der Fehlerdiagnose an Werkzeugmaschinen und Handhabungsgeräten an. Unabhängige Analysen haben für eine durchschnittliche NC-Maschine bis zu 20.000 verschiedene Fehlerursachen ergeben /32/.

Dieses Beispiel zeigt deutlich, daß die maschineninterne Diagnose ein großes Entwicklungspotential enthält, welches im Sinne der Verfügbarkeitssteigerung in Zukunft noch intensiver mit neuen Möglichkeiten angegangen werden muß.

Bild 20 zeigt zwei verschiedene Ansätze für Diagnoseroutinen in speziellen Steuerungen, die über die einfache Darstellung von Fehlermeldungen im Klartext hinausgehen.

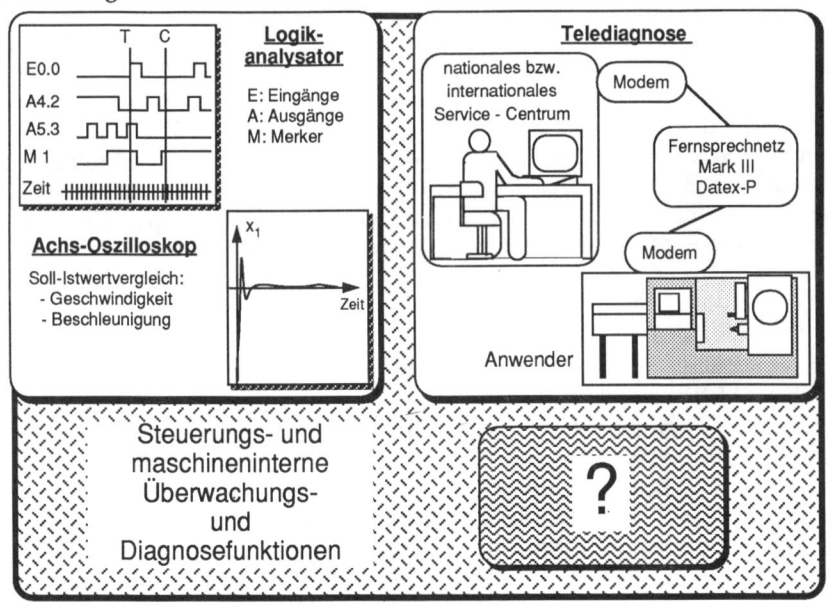

Bild 20: Steuerungs- und maschineninterne Überwachungs- und Diagnosefunktionen (nach Bosch, Traub)

Ein Logikanalysator als Funktion in der NC bietet die Möglichkeit, zeitliche Abläufe in der SPS und an deren Schnittstellen auf dem Bildschirm darzustellen. Diese integrierte Funktion hat gegenüber einem handelsüblichen Logikanalysator einige Vorteile. Zunächst können zusätzlich zu SPS-Ein-/Ausgangssignalen auch interne SPS-Signale (z.B. Merker) angezeigt werden. Weiterhin ist kein zeitintensives Verkabeln notwendig, und die Bedienung der vertrauten NC ist einfacher als die eines fremden Gerätes.

Alle programmierten Signale erscheinen auf dem Bildschirm der NC /20,33/. Außerordentlich nützlich ist dieser Logikanalysator z.B. bei der Suche nach nur sporadisch auftauchenden Fehlern. Ein solcher Fehler kann sich durch eine Signalkombination äußern, die sonst nicht vorkommt (z.b. Werkzeugwechsel, wenn das Magazin noch nicht in endgültiger Position ist). Eine zusätzliche Zeitmessung ist ein wertvolles Hilfsmittel zur Optimierung von SPS-Programmen.

Das Einstellen und Überprüfen der Lageregler kann sehr praxisnah durch ein integriertes Speicheroszilloskop unterstützt werden. Mit seiner Hilfe ist es z.B. möglich, steuerungsinterne Signale auf dem Bildschirm darzustellen, denkbar sind hier Soll- und Istweg, Geschwindigkeit oder Beschleunigung der NC-Achsen. Maßfehler am Werkstück können pinzipiell mechanische, dynamische oder elektrische Fehlerursachen haben. Mit Hilfe der Oszilloskopfunktion kann ein Fehler in der Steuerungselektronik ermittelt oder ausgeschlossen werden.

Wenn die mangelnde Erfahrung und die zur Verfügung gestellten Diagnosehilfsmittel beim Anwender nicht ausreichen, eine Fehlerursache in angemessener Zeit zu finden, bietet sich der Telefonservice einiger Steuerungshersteller an. Ein Rechner der Service-Zentrale und die Steuerung beim Anwender werden hierzu über spezielle Schnittstellen und Modem über das Telefonnetz verbunden /34/. Der gesamte Testablauf wird durch einen Servicetechniker beim Hersteller und einen Bediener an der Maschine gesteuert. Hierbei können neben den normalen Abfragen wie Maschinenstatus und -parameter auch spezielle Diagnoseprogramme auf die Maschinensteuerung übertragen und die Ergebnisse im herstellereigenen Diagnoserechner ausgewertet werden. Mit Hilfe der dort verfügbaren Datenbank, in der der Lebenslauf der Maschine festgehalten ist, und einer Vielzahl von Maschinenmodellen zur Simulation der Fehlererscheinung läßt sich ein großer Teil der möglichen Fehlerursachen schnell und kostengünstig ermitteln.

Das Fragezeichen im dritten Teil von Bild 20 deutet den bestehenden Handlungsbedarf an dieser Stelle an. Die Steigerung der Leistungsfähigkeit von Mikrorechnern und die Möglichkeit, große Datenmengen zu speichern, erlauben zunehmend auch unter wirtschaftlichen Gesichtspunkten die Verbesserung und Ergänzung von Diagnoseroutinen innerhalb der Steuerungen. Z.B. ist die Einrichtung eines Fahrtenschreibers innerhalb der Steuerung eine schon vor langer Zeit geforderte Funktion zur Ermittlung der Vorgeschichte bei Maschinenstillständen /14/.

Die Ansätze, Stördaten EDV-gestützt maschinennah auszuwerten und die Maschinendiagnose mit Methoden der künstlichen Intelligenz zu unterstützen, sollen hier stellvertretend für die zahlreichen Versuche stehen, dem Anwender zukünftig erweiterte Möglichkeiten zur Fehlervermeidung und Fehlerbehebung an die Hand zu geben /35/.

Ergänzend zu diesen Diagnosefunktionen sind u.U. auch Therapiemaßnahmen zur Vermeidung von Stillständen sinnvoll. Ein sicherer Stillstand einer Produktionsanlage kann z.B. durch Wiederholung eines kritischen Vorgangs oder durch Nutzung ähnlicher Ausweichstrategien verhindert werden. Erst wenn solche Therapieversuche ohne Erfolg bleiben, wird eine entsprechende Fehlermeldung ausgegeben und die Anlage stillgesetzt.

4.2.3 Maschinenübergreifendes Diagnosesystem

Alle bisher beschriebenen Beispiele für Fehlerursachen mit den dazugehörigen Maßnahmen zur Steigerung der Verfügbarkeit und des Nutzungsgrades beziehen sich auf eine abgeschlossene Produktionseinheit (z.B. Werkzeugmaschine oder Transportsystem). Wie im Vortrag 3.3 eingangs zitiert, wächst jedoch die Anzahl eingesetzter flexibler Fertigungssysteme stetig. Statistisch gesehen steigt aber mit der Anzahl der in einem Gesamtsystem beteiligten Komponenten die Ausfallwahrscheinlichkeit des Systems extrem an. Zusätzlich zu den maschineninternen Störungen treten Probleme bei mechanischen und elektrischen Schnittstellen auf (vergl. Abschnitt 2.2).

Diese Fehlerursachen kann der Hersteller bei der Planung und Konstruktion von Maschinen nur zum Teil berücksichtigen und dem entsprechend auch nur unzureichend Diagnosefunktionen hierfür anbieten. Deshalb scheint es sinnvoll, zusätzlich zur maschinen- und steuerungsinternen Diagnose ein globales Diagnosesystem zu entwerfen und aufzubauen /44/.

Das grundsätzliche Problem eines solchen Diagnosesystems ist die Datenerfassung aus der Maschinenebene, um zu Beginn einer Diagnose den aktuellen Anlagenzustand zu erfassen.

Prinzipiell sind hierzu mehrere Wege gangbar. Ein am WZL entwickelter Diagnosebus mit sog. Datenerfassungsstationen (DES) wird unabhängig von vorhandenen Leitsystemen direkt an den Steuerungen eines FFS installiert und ermöglicht die zentrale Erfassung aller diagnoserelevanten Systemdaten /36/ (Bild 21). Diese Datenerfassungsstationen sind steuerungsunabhängige Einplatinenrechner, deren verschiedene Schnittstellen je nach Einsatzgebiet und Steuerungsart zentral programmiert werden. Sie ermöglichen einerseits die Erfassung beliebiger Sensorsignale aus der Prozeßebene sowie andererseits aller Daten, die über die DNC-Schnittstelle einer Steuerung abrufbar sind.

Falls, wie in Bild 21 angedeutet, ein Leitsystem vorhanden ist, können in Zukunft spezielle Datenerfassungsroutinen in den Zellenrechnern die Erfassung von Diagnosedaten aus den Maschinensteuerungen übernehmen und diese für das Diagnosesystem zugänglich in einer Datenbank ablegen.

Das vorgestellte globale Diagnosesystem dieses Konzeptes verfügt also über zwei unabhängige und teilweise redundante Schnittstellen, den Diagnosebus und das LAN zum Leitsystem eines FFS.

```
Leitrechner ─── Maschinenparameter
              - Betriebsmeldungen
              - Statusmeldungen          Globales
              - Alarmmeldungen           Diagnosesystem
              - Werkzeugdaten
              ...
              LAN

Zellenrechner

         DES: programmierbare
SPS / NC      Schnittstelle
              zur Steuerung
              und Maschine

                              Diagnosebus
Maschine                      - DNC-Daten
                              - SPS-Signale
                              - Sensorsignale
                              - ...

DES: Datenerfassungsstation
```

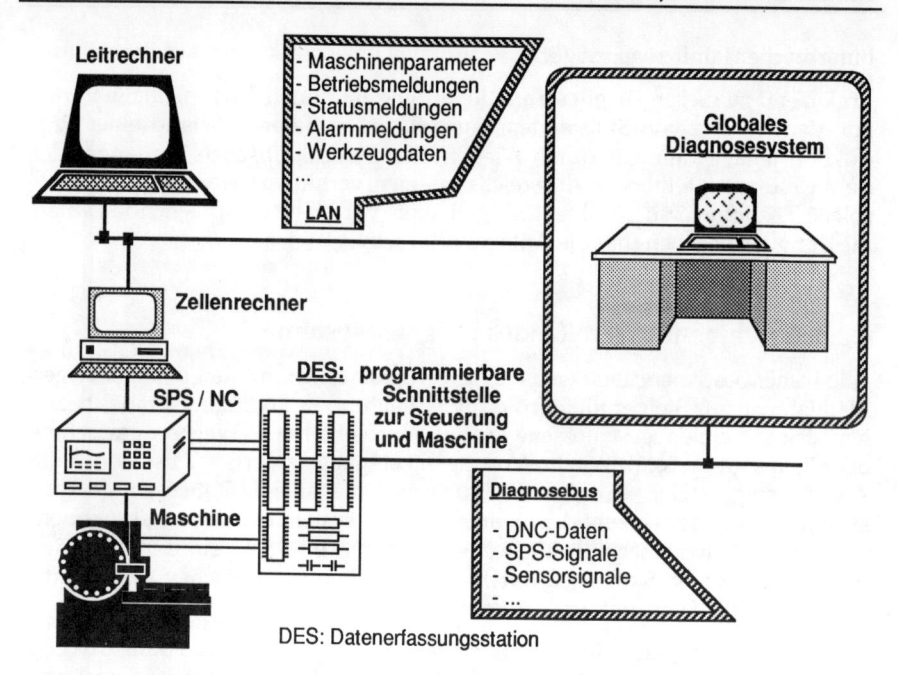

Bild 21: Erfassungsmöglichkeiten von Systemdaten zur Anlagendiagnose

Grundsätzlich sind in der Leitebene die Anlagenüberwachung und die eigentliche Diagnose zu unterscheiden (**Bild 22**). Übliche Steuerungskonzepte für FFS verfügen über eine Überwachungsfunktion, die prinzipiell verschiedene Zustände der Maschine kennt; man unterscheidet z.B. zwischen "kein Auftrag", "Auftrag wird bearbeitet" und "Maschine gestört". Im letzten Fall kann eventuell noch die Fehlermeldung der gestörten Steuerung am Terminal des Leitrechners angezeigt werden. Diagnosefunktionen, d.h. die Frage nach der Ursache für den Stillstand, sind im allgemeinen nicht realisiert. Die erfaßten Fehlermeldungen, ergänzt um übliche BDE-Meldungen, erlauben schließlich eine zentrale Auswertung hinsichtlich der Verfügbarkeit einzelner Maschinen und der Ausbringung des gesamten FFS.

Die folgenden Abschnitte beschreiben darüber hinaus Ausweichstrategien sowie Diagnose- und Therapiefunktionen in der Leitebene, die nicht nur die vorhandene Verfügbarkeit dokumentieren, sondern diese wirkungsvoll verbessern wollen.

Einige Möglichkeiten für einfache Ausweichstrategien werden zunächst anhand eines Beispiels erläutert.

Die Handhabungsaufgabe innerhalb eines Fertigungsprozesses sei das Greifen von fünf Werkstücken von einer Palette an definierter Position. Die Sensorik am Greifer erkennt, daß an Position 1 kein oder ein falsches Teil vorhanden ist. Um den Vorgang nicht sofort mit einer entsprechenden Fehlermeldung zu unterbrechen, sind zwei mögliche Reaktionen des Leitrechners auf diese Situation sinnvoll.

Leitebene

Systemüberwachung
- Störungen anzeigen
- BDE - Auswertung
  - Verfügbarkeit
  - Ausbringung
- Wiederholung eines Vorganges
- Starten eines Meßzyklus
- Diagnoseanforderung

Systemdiagnose
- Systemdaten erfassen
- Symptomvektor erzeugen
- verschiedene Diagnosemöglichkeiten
  - Wiederholungsfehler => Bibliothek
  - unbekannte Fehler => wissensbasierte Diagnose
- Diagnoseergebnisse speichern
- Wissensakquisitionswerkzeuge

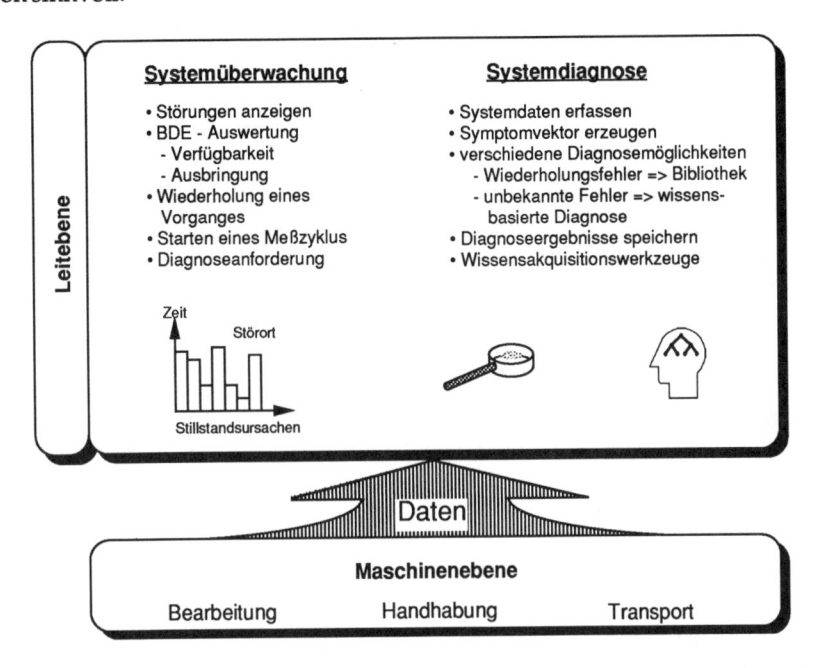

Daten

Maschinenebene
Bearbeitung   Handhabung   Transport

Bild 22: Überwachungs- und Diagnosefunktionen in der Leitebene eines FFS

Es wird selbständig ein Greifversuch an Position 2 durchgeführt, nachdem der erste Fehlversuch als Warnung über den Leitstand ausgegeben wurde. Wenn der wiederholte Greifversuch ebenfalls scheitert, wird ein Fehler am Greifer selbst wahrscheinlich. Als Maßnahme zur Unterstützung der folgenden Fehlerdiagnose wäre dann z.B. das Anfahren eines "Normwerkstücks", welches sich im Arbeitsraum des Roboters befindet, sinnvoll. In Abhängigkeit davon, ob dieses Testprogramm erfolgreich durchgeführt werden kann oder nicht, wird die Fehlerursache "ein Defekt am Greifer" oder "fehlende bzw. falsche Werkstücke" automatisch ermittelt und ausgegeben.

In vielen Fällen ist der Fehlerursachenbereich nicht so einfach zu ermitteln, wie im oben beschriebenen Beispiel. Insbesondere sind Folgefehler einer Störung eindeutig zu ermitteln, um eine zielstrebige Ursachendiagnose beginnen zu können.

Nach einer Diagnoseanforderung durch den Leitrechner kann der Diagnoserechner mit Hilfe der oben beschriebenen Datenschnittstellen den Anlagenzustand nach der Störung erfassen. Der Kerngedanke des am WZL auf einem IBM-AT entwickelten Diagnosesystems besteht in der Ableitung von Fehlerhypothesen bzw. Fehlerursachen aus einem Symptomvektor /37/.

Die Komponenten dieses Vektors werden aus den erfaßten Systemdaten gebildet. In Abhängigkeit dieser Daten zeigt der Symptomvektor in einer rechnerinternen Bibliothek auf Fehlerhypothesen oder Fehlerursachen. Prinzipiell gibt es jetzt zwei Möglichkeiten, entweder handelt es sich um einen "Wiederholungsfehler", das heißt zu diesem Symptomvektor existiert bereits eine Fehlerursache, oder es ist ein sog. "unbekannter Fehler".

Zu einem "unbekannten Fehler" wird automatisch mit der Fehlerhypothese eine wissensbasierte Diagnoseroutine aufgerufen, die sowohl über die vorhandenen Maschinenschnittstellen, d.h. den Diagnosebus mit den DES, als auch über die Benutzerschnittstelle weitere Informationen zum Eingrenzen der Fehlerursache abfragt. Das Ergebnis der Diagnosesitzung wird dem ursprünglichen Symptomvektor als eine mögliche Fehlerursache zugeordnet. Diese Fehlerursachen können im Diagnosezweig "Wiederholungsfehler" mit entsprechenden Wahrscheinlichkeiten versehen später unmittelbar abgerufen werden.

Als Hardwareplattform wurde ein transportabler, preiswerter Rechner gewählt, weil er für die eigentliche Diagnose auch auf der Maschinenebene zur Verfügung stehen muß. Dort sind ohne nennenswerten finanziellen Mehraufwand Anschlußmöglichkeiten für den Diagnosebus und das Leitrechner-LAN möglich.

4.2.4 Entwicklungstendenzen

Diese Ausführungen zum Stand der Technik und der Entwicklung auf dem Gebiet der Anlagendiagnose machen deutlich, daß ein Mangel an praxisnahen käuflichen Systemen besteht, die wirtschaftlich über die gesamte Lebensdauer einer Produktionsanlage eingesetzt werden können. Hier ist in Zukunft zum Beispiel an den Einsatz von lernenden Diagnosesystemen auf der Basis neuronaler Netze zu denken /11,12/.

Stellvertretend für laufende Forschungsarbeiten sind in **Bild 23** ein Verfahren zur vereinfachten Wissensakquisition für wissensbasierte Diagnosesysteme und ein Beispiel zum Aufbau eines Anlagenmodells zur Diagnose mit Hilfe von Petri-Netzen skizziert. Die Idee und Arbeitsweise eines neuartigen Konzeptes (Septor 2000), wie es heute z.B. zur Steuerung großer Transferstraßen eingesetzt werden kann, soll abschließend unter dem Gesichtspunkt der integrierten Diagnose vorgestellt werden.

4.2.4.1 Entwicklung von Werkzeugen zur Wissensakquisition

Alle Diagnosesysteme, die gegenwärtig mit wissensbasiertem Ansatz aufgebaut werden, haben ein gemeinsames Problem: die Wissensakquisition. Diese wird heute meist als Befragung von Experten durchgeführt. Das bedeutet, daß man für ein kompetentes Expertensystem alle im Diagnoseprozeß Beteiligten befragen muß, dies sind z.B. Anlagenführer, Bedienungspersonal, Mechaniker, Elektriker, Elektroniker, Qualitätssicherungspersonal usw..

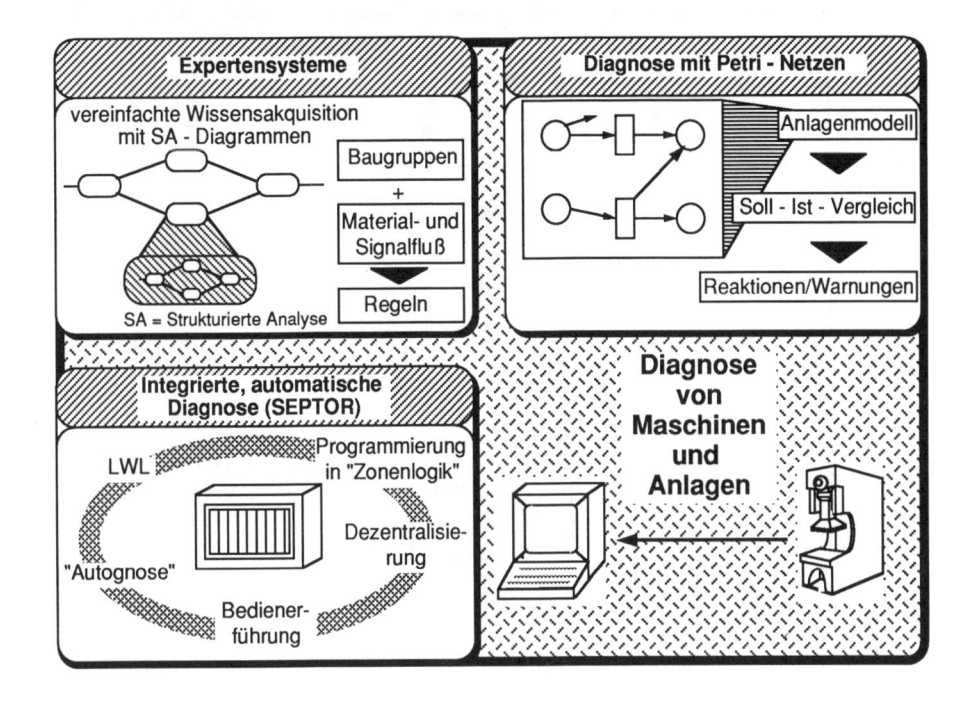

Bild 23: Entwicklungstendenzen bei der Anlagendiagnose

Die Befragung stellt die Experten vor ganz neue Anforderungen, die sie in der Regel nicht erfüllen können: Plötzlich werden der Lösungsweg, die vermuteten Alternativen, die Symptome für Verdacht, Beweis oder Widerlegung von Ursachen wichtig. Es werden Begründungen für die Wahl der Diagnoseschritte gefordert. Es wird eine Vollständigkeit verlangt, die möglichst viele Diagnosefälle über mehrere Jahre aufnehmen möchte. Dafür sind die Experten nicht vorbereitet.

Die im **Bild 24** angedeutete Vorgehensweise zum Aufbau einer Wissensbasis für ein Diagnosesystem basiert auf einem anderen Weg.

Das in der Softwareentwicklung verbreitete Verfahren der strukturierten Analyse (SA) /38,39/ basiert auf einer grafischen Eingabemethodik mit wenigen Symbolen. Mit diesem Verfahren kann eine präzise Modelldefinition auf der Basis von Datenflüssen erfolgen.

Interessant für die Fehlerdiagnose in einer komplexen Anlage wird die Methode deshalb, weil sich Fehlerzusammenhänge aus dem Material- und Datenfluß ergeben. Eine Fehlermeldung hat immer bestimmte Fehlerbedingungen, die sich als Datenfluß innerhalb eines grafischen Diagramms darstellen lassen. Die grundlegenden Elemente und die Methodik der strukturierten Analyse sind in Bild 24 oben dargestellt.

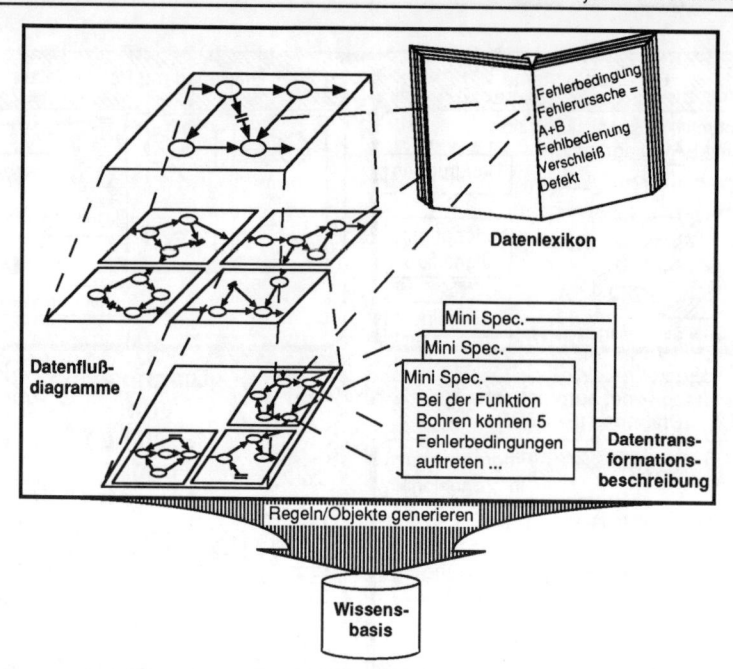

Bild 24: Wissensakquisition mit Hilfe der strukturierten Analyse (SA)

Bei einer Anlagenmodellierung und Fehlerbeschreibung können die Pfeile den Informations- bzw. Materialfluß sowie bestimmte Fehlerbedingungen beschreiben. Durch die verschiedenen Daten- und Materialtransformationen (Kreise) werden Eingangswerte (Daten, Material) in entsprechende Ausgangswerte verwandelt. Die Pfeile sind im sog. Datenlexikon, die Kreise in der Datentransformationsbeschreibung (Minispezifikation) beschrieben. Bei einer Transformation können dann bei bestimmten Fehlerbedingungen oder -ursachen entsprechend den Pfeilen Meldungen ausgegeben werden. Die Darstellung der Fehlerursachen als Pfeile und die Darstellung von Prozessen und Vorgängen als Kreise in verschiedenen Verfeinerungsgraden dieses grafischen Werkzeuges erleichtert die Analyse von Fehlerzusammenhängen in komplexen Produktionsanlagen erheblich. Die Regeln für die Wissensbasis lassen sich mit dem Diagramm sehr einfach automatisch aufbauen, indem man die Fehlersymptome als Bedingungsteil der Regel einträgt und mögliche Fehlerursachen aus dem Datenlexikon als Aktionsteil benutzt. Der Top-Down Entwurf ermöglicht so die Zuordnung von detaillierten Fehlerbedingungen zu den Vorgängen. Auch größere Wissensbasen lassen sich durch Verwendung dieser Darstellungsart übersichtlich und konsistent aufbauen.

4.2.4.2 On-line-Diagnosesystem auf der Basis von Petri-Netzen

Ein alternatives Konzept eines Diagnosesystems sieht die Verwendung zeitbehafteter Petri-Netze /40/ zur Ermittlung des Sollzustandes für die zu überwachende Anlage, Maschine oder Maschinenkomponente vor /41/. Abweichungen im Anlagenablauf werden durch funktionalen und zeitlichen Vergleich mit dem jeweils korrespondierenden Istzustand ermittelt. Das Diagnosesystem arbeitet auf allen Steuerungsebenen von komplexen Produktionsanlagen und unterstützt somit den Anlagenbediener wirkungsvoll bei der Fehlersuche und bei der Fehlerbehebung.

Da Petri-Netze die Bildung von Hierarchien unterstützen, können sie auf allen Ebenen eines hierarchischen Steuerungssystems zur Ermittlung von Abweichungen und Fehlern eingesetzt werden. Ein reibungsloser und ständiger Datenaustausch zwischen den Ebenen muß erfolgen, damit die Überwachung der Gesamtanlage gewährleistet ist (Bild 25).

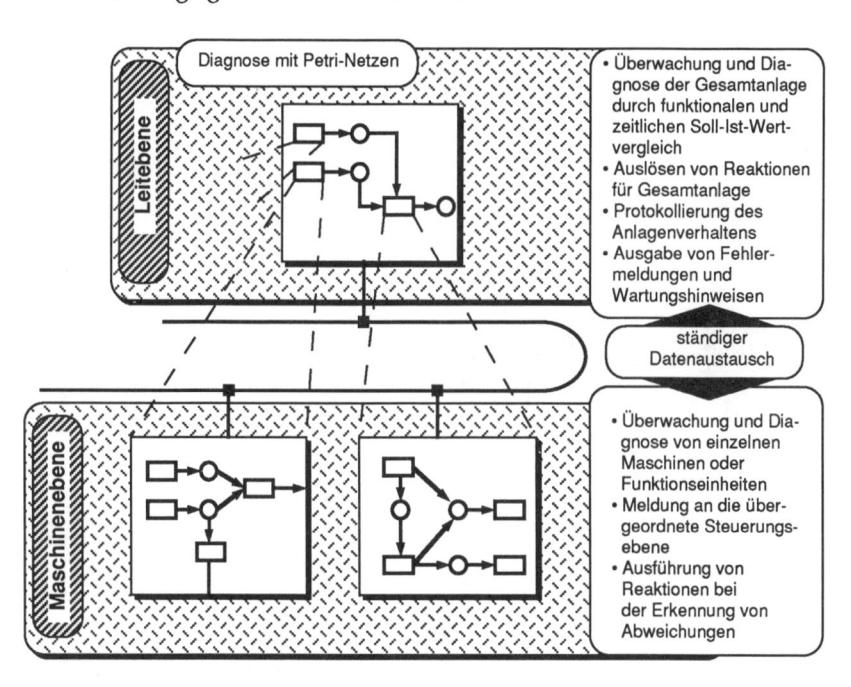

Bild 25: Maschinen- und Anlagendiagnose auf der Basis von Petri-Netzen
(nach LPS Uni Bochum)

Neben reinen Überwachungs- und Diagnoseaufgaben leitet das System zudem bei Detektion von spezifischen Fehlern selbständig Fehlerbehandlungsmaßnahmen in Form von korrektiven Steuerungsabläufen ein. Dazu kann interaktiv auf Leitrechnerebene ein Reaktionsmodell entworfen werden, das eine Zuordnung von Fehlern oder Fehlermustern zu Reaktionen wie Notaus, Nothalt oder eingeschränktem Anlagenbetrieb vornimmt. Die untergeordneten Steuerungsebenen sind in ihrem Reaktionsverhalten autonom, da die auf Leitrechnerebene generierten Reaktionsmodelle an die maschinennahen Steuerungen (SPS) transferiert werden. Sie melden an die Leitrechnerebene ständig Statusmeldungen (Fehler, Abweichungen oder Vollzugsmeldungen), damit dort in bezug auf die Gesamtanlage reagiert werden kann.

4.2.4.3 Das Septor-Steuerungskonzept

Betrachtet man heutige speicherprogrammierbare Steuerungen im Hinblick auf Diagnosefunktionen, so stellt man fest, daß selbst separate Diagnosebausteine lediglich diejenigen Fehler interpretieren können, die im Diagnoseprogramm berücksichtigt und damit "vorgedacht" sind.

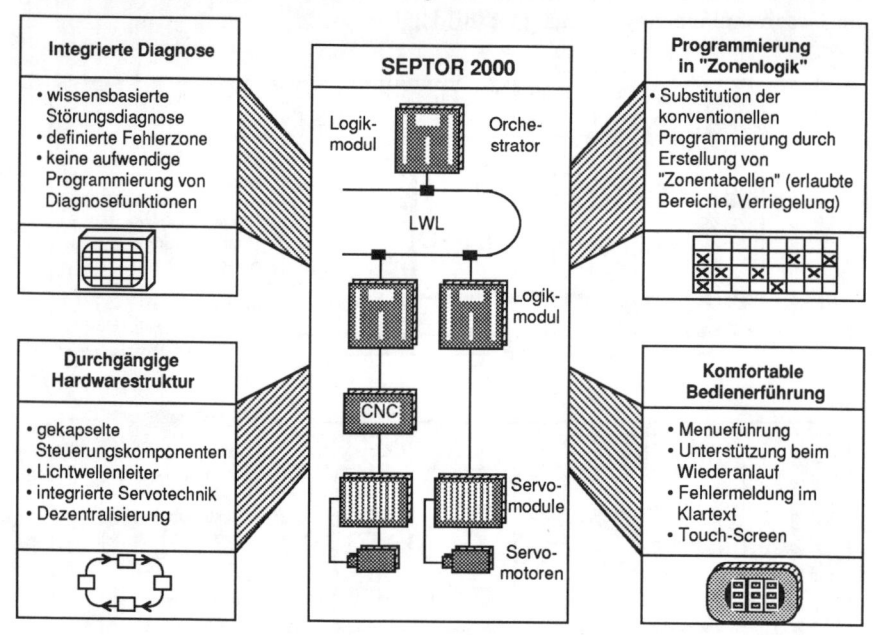

Bild 26: Steuerungssystem SEPTOR 2000 (nach AEG)

Das Septor-Steuerungskonzept bietet demgegenüber erhebliche Vorteile (**Bild 26**) /42/. Die "Autognose", die automatische Störungsdiagnose von Septor, sichert die Behandlung aller denkbaren Fehlerzustände in einer Fertigungslinie. Fehlerort und -ursache werden vom System selbständig ermittelt. Hilfen für die Fehlerbehebung ermöglichen eine erhebliche Reduzierung des notwendigen Zeitaufwands zur Beseitigung des Maschinenstillstands.

Das Hardwarekonzept basiert auf gekapselten Modulen, die dezentral in den einzelnen Bearbeitungsstationen installiert sind. Hierzu gehören Logikmodule mit den erforderlichen E/A-Moduln sowie integrierte Servomodule zur Steuerung aller Positionierungsaufgaben in diesem Fertigungsbereich. Die übergeordnete Kommunikationsverbindung der einzelnen Stationssteuereinheiten erfolgt durch einen Hochgeschwindigkeits-Lichtwellenleiter.

Entsprechend dem Gesamtkonzept orientiert sich die Steuerungsprogrammentwicklung an den Bearbeitungsstationen. Die systematische Gliederung der Steuerungsaufgaben erfolgt in überschaubare Teilaufgaben, die als unabhängige Mechanismen beschrieben werden können. Die vorgesehene Ablaufreihenfolge dieser Aufgabenteile wird durch Definition ihrer zugehörigen Steuerungszustände in Zonenlogik beschrieben. Ihre gegenseitige Verknüpfung erfolgt durch Beschreibung von Verriegelungen sowie durch Verwendung globaler Steuerungssignale.

Die komfortable Bedienerführung unterstützt das Personal bei der Anlagenführung durch konsequente Nutzung der Menütechnik. Alle Fehlermeldungen der Autognose erscheinen auf großen Anzeigen an jeder Bearbeitungsstation. Integrierte Wiederanfahrstrategien helfen nach der Beseitigung von Störungen, die Anlage systemgeführt in den Automatikbetrieb zu steuern. Fehlbedienungen sind damit nahezu ausgeschlossen.

5. Zusammenfassung

Die Wirtschaftlichkeit komplexer Produktionsanlagen hängt in zunehmendem Maße vom Faktor "Zeit" ab. Dies äußert sich zum einen im Bestreben der Hersteller die Durchlaufzeiten bei der Herstellung von Fertigungssystemen zu verkürzen, und zum andern in der Absicht der Betreiber, durch die Reduzierung organisatorischer und störungsbedingter Stillstandszeiten eine Verfügbarkeitssteigerung zu bewirken.

In diesem Vortrag wurde zunächst gezeigt, welche Maßnahmen zur Verkürzung der Durchlauf- und insbesondere der Inbetriebnahmezeiten im Herstellerwerk getroffen werden müssen. Hervorzuheben sind dabei die durchgängige organisatorische und informationstechnische Systematisierung des Auftragsdurchlaufs sowie die konsequente Einbindung fehlererkennender Maßnahmen in den Produktionsablauf, um Fehler möglichst unmittelbar nach ihrem Zustandekommen beheben zu können. Insbesondere ist eine möglichst frühzeitige Bereitstellung hinreichend geprüfter Steuerungsprogramme anzustreben.

Ein zuverlässiger und störungsarmer Betrieb von Produktionsanlagen muß durch eine Kombination organisatorischer (Instandhaltung, Wartung, Schulung) und technischer Maßnahmen (Prozeßüberwachung, Diagnose) unterstützt werden. Neuere Entwicklungstendenzen innerhalb der technischen Maßnahmen zielen einerseits darauf ab, Überwachungs- und Diagnoseeinrichtungen in die Maschine und deren Steuerung zu integrieren. Andererseits sind neue Werkzeuge (Wissensakquisition, Petri-Netze) sowie damit aufgebaute Diagnosesysteme und alternative Steuerungsarchitekturen zur wirkungsvollen Steigerung der Verfügbarkeit komplexer Produktionsanlagen weiterzuentwickeln und in der Praxis einzusetzen. Wichtige Voraussetzung hierfür sind u.a. zielstrebige und praxisorientierte Normungsbesterbungen, um sowohl auf Hard- als auch auf Softwareebene einheitliche Schnittstellen aller integrierten Systeme zu erhalten. Nur eine durchgängige, leistungsfähige Kommunikation über alle Ebenen der Produktion ermöglicht eine wirtschaftliche Nutzung von komplexen Produktionsanlagen.

Schrifttum:

1. K. Sossenheimer: Entwickeln von Instrumentarien zur rationellen Planung und Steuerung der Inbetriebnahme komplexer Produkte des Werkzeugmaschienenbaus, Dissertation, TH Aachen, 1989

2. König, W., Kluft, W., Wicklaus, R.: Sensor zur automatischen Spanformerkennung bei der Drehbearbeitung, HGF-Bericht 80/2, Industrieanzeiger 1980/102.Jg., Nr. 1

3. Schmoeckel, D.: Neue Möglichkeiten zur Spanbrechung beim Drehen, VDW-Forschungsbericht A 4022, August 1980

4. Rasch, F. O., Vigeland, O.: Hydraulic Chipbreaking, Annals of CIRP, Vol. 30/1/1981

5. P. Hruschka: Der Weg zum Werkzeug - Entwicklung von und Erfahrung mit Software-Engineering-Mitteln, Elektronik 25/1988, S.97-102

6. Friedrich, A.: Specification of Testbed Integrator, Esprit Projekt 812, Experimental Center for System Integration in CIM, Nov. 1987

7. Weck, M.; Reuschenbach, W.: Universell einsetzbares Störenbaterfassungs- und Diagnosesystem für FFS, WGP-Kurzbericht, Industrieanzeiger 1988/110.Jg., Nr.93, S.38-41

8. N. N.: VDI-Richtlinie 4004 Blatt 4, VDI-Verlag GmbH, Düsseldorf 1986

9. Weck, M.; Lange, N.: Ablauffeinplanung auf Werkstattebene, Industrieanzeiger 1989/111.Jg., Nr.49/50

10. Weck, M.; Lange, N.: Flexible Fertigungssysteme - Funktionale Module und Kontrollarchitekturen, Vortrag zum 4. TZM-Kongreß in Zelle vom 24.-26. April 1989

11. Schmidt, E.: Expertensystem spielt Neuronales Netz, Computer Woche, 17. Febr. 1989, S. 28-30

12. Eckmiller, R.: Neuronal Computer, Malsburg v. d., Christoph (Hrsg.)

13. N. N.: Untersuchung der Zuverlässigkeit und der Verfügbarkeit von CNC-Fertigungssystemen, Forschungsbericht A 6382, Sept. 1987, Verein Deutscher Werkzeugmaschinen e. V.

14. Weck, M.: Werkzeugmaschinen, Band 3, Automatisierung und Steuerungstechnik, VDI-Verlag, Düsseldorf 1989

15. Brodmann, R., Hübner, G., Rau, R., Steiger, W.: Surface Quality Inspection in Rocker Arm Manufacturing Using an Optical Roughness Measuring Device, Industrial & Production Engineering, 1983/3, page 126-129

16. N.N.: Prozeßüberwachung in der spanenden Fertigung, Prospekt der Firma Brankamp System Prozeßautomation GmbH, 1987

17. Kluft, W.: Sensorik verhindert Folgeschäden, Moderne Fertigung, Heft 7/86

18. N.N.: Der K7A Tool Monitor, Prospekt der Firma Carlo Gavazzi Omron GmbH, 1986

19. Mehles, H.: Analyseverfahren zur Maschinen- und Prozeßüberwachung, Dissertation, TH Aachen, 1987

20. Hulsch, A.: Moderne Diagnosehilfsmittel in CNC-Steuerungen, Elektronik Nr. 18, vom 6. 9. 1985, S. 111 ff.

21. Kühne, L.: Entwicklung eines universellen Überwachungssystems für Fertigungseinrichtungen. Dissertation, TH Aachen, 1985

22. T. Oestreicher: Rechnergestützte Projektierung von Steuerungssystemen, Dissertation, TH Karlsruhe, 1986

23. Lechler, G.: Werkzeugüberwachungssystem in der Praxis, Industrieanzeiger 1982/104 Jg., Nr. 96, S. 39-41

24. N. N.: Artis Werkzeugüberwachungen, Firmenprospekt der Firma Artis, Gesellschaft für angewandte Meßtechnik mbH

25. N.N.: CNC-Technik. Eine Kundenzeitschrift der Hüller-Hille GmbH, März 1986

26. Niemann, H.: Klassifikation von Mustern, Berlin, Heidelberg, New York, Tokio, Springer-Verlag 1983

27. Niemann, H.: Methoden der Mustererkennung, Akademische Verlagsgemeinschaft Frankfurt/Main 1974

28. Weck, M., Boge, C.: Sensorsignalverarbeitung in einem universellen Überwachungs- und Diagnosesystem, in: Pritschow, Spur, Weck (Herausgeber) Sensordatenverarbeitung in der Fertigungstechnik, Carl Hanser Verlag, München, 1987

29. Boge, C.: Programmiersprache für ein universelles Überwachungs- und Diagnosesystem, HGF-Kurzbericht, Industrieanzeiger 1987/109Jg., Nr. 10, S. 39-40

30. Weck, M., Fritsch, P.: Anwendung der spektralen und cepstralen Verarbeitung von Körperschallsignalen zur Zustandsüberwachung von Getrieben, 29. Arbeitstagung "Zahnrad- und Getriebeuntersuchungen" 25.-26. Mai 1988, WZL, RWTH Aachen

31. Weck. M., Salje, H., Fritsch, P.: Getriebeüberwachung mit Hilfe von Körperschall- und Temperaturmessungen, Industrieanzeiger 1988/110Jg., Nr. 89, S. 32-35

32. Bullinger, H.-J.: Expertensysteme in der Industrie, Zusammenfassung eines Vortrages mit dem Thema: "Entwicklungsstand von Expertensystemen und ihre Einsatzmöglichkeiten in der Industrie" auf einer Veranstaltung des VDI-Arbeitskreises Produktionstechnik (ADB) am 6. 12. 1988 in Stuttgart, VDI-Z 131, Nr. 4, April 1989

33. N. N.: IMD - Integrierte Maschinendiagnose, Prospekt der Firma Bosch

34. v. Zeppelin, W.: Teleservice unterstützt den Betrieb, Industrieanzeiger 1986/108. Jg., Nr. 1/2, S. 23-25

35. Kögel, G.: Ein Expertensystem für die Fehlerdiagnose an Werkzeugmaschinen, in: Moderne Fertigung, Heft 10, Oktober 1987

36. Weck, M., Reuschenbach, W., Bartal, P.: Diagnose in der automatisierten Fertigung - Wissensbasiertes Diagnosesystem mit automatischer Störungsdatenerfassung, Industrieanzeiger 1989/111Jg., Nr. 34, S. 27-32

37. Reuschenbach, W., Bartal, P.: Wissensbasiertes Diagnosesystem mit automatischer Störungsdatenerfassung zur Sicherung der Verfügbarkeit von FFS, in: Pritschow, Spur, Weck (Herausgeber), Künstliche Intelligenz in der Fertigungstechnik, Carl Hanser Verlag, München, 1989

38. De Marco, T.: Structured Analysis and System Specification, Yourdan Press, New York 1982

39. Wodtke, E.: Software Analyse- und Entwurfsmethoden im Vergleich: Bauplan der Softwarearchitekten, Elektronik Journal 24/1987, S. 46-50

40. W. Reisig: Petrinetze - Eine Einführung, Springer-Verlag, 1986

41. F. Janzen, H. Kath, J. Möhrle, H.-J. Seifert: Petrinetze in der Produktionstechnik, ZWF 84 (1989)3, S.141-145

42. Roberts, R.: Zone Logic - A Unique Methode Of Praktical Artificial Intelligence, Septor Electronics Corporation, ISBN 0-87455-196-X, Radnor, Pennsylvenia

43. U. Olsen: Kontrolle ist besser, techno-tip 1989, Sonderheft "Fabrik 2000", S.218-225

44. Weck. M., Boge, C., Mehles, H., Reuschenbach, W.: Concept for Process and Installation Diagnosis in Flexible Manufacturing Systems, VDI Bericht Nr. 644, 1987

45. N.N.: Kistler Information Nr. 39, September 1986, Prospekt der Firma Kistler Instrumente AG

Mitglieder der Arbeitsgruppe für den Vortrag 3.4:
Dipl.-Ing. Chr. Boge, WZL RWTH Aachen
Dipl.-Ing. A. Friedrich, WZL RWTH Aachen
Prof. Dipl.-Ing. E. Götz, AEG
Dipl.-Ing. A. Kohring, WZL RWTH Aachen
Dipl.-Ing. W. Lipp, Hüller Hille
Prof. Dr.-Ing. W. Maßberg, LPS, Ruhr-Universität Bochum
Dr.-Ing. H. W. Obrig, W. Hegenscheid GmbH
Dipl.-Ing. J. Preis, Heyligenstaedt
Dipl.-Ing. W. Reuschenbach, WZL RWTH Aachen
Dipl.-Ing. K. Ruthmann, Droop & Rein
Dipl.-Ing. H. J. Seifert, LPS, Ruhr-Universität Bochum
Dipl.-Ing. W. Sonnek, Traub AG
Prof. Dr.-Ing. M. Weck, WZL RWTH Aachen
Dr.-Ing. Dipl.-Wirt.-Ing. F. Weiß, WZL RWTH Aachen
Dr.-Ing. G. Werntze, Maho AG

4. Qualitätssicherung als Schlüsselfunktion in allen Bereichen der Produktion

4.1 Die Realisierung von Qualitätsregelkreisen - ein zentrales Moment der integrierten Qualitätssicherung

4.2 Netze als Basis für das fertigungsintegrierte Qualitätsmanagement

4.3 Optoelektronische Meßverfahren zur fertigungsintegrierten Qualitätssicherung

4.1 Die Realisierung von Qualitätsregelkreisen - zentrales Moment der integrierten Qualitätssicherung

Gliederung:

1. Einleitung
2. Strukturierung von Qualitätsregelkreisen
2.1 Maschineninterne Qualitätsregelkreise
2.2 Maschinennahe Qualitätsregelkreise
2.3 Ebenenübergreifende Qualitätsregelkreise
3. Modellbildung von Qualitätsregelkreisen
3.1 Komponenten von Qualitätsregelkreisen
3.2 Vorgehensweise zur Realisierung von Qualitätsregelkreisen
4. Exemplarische Anwendung der Modellbildung
5. Zusammenfassung und Ausblick

Kurzfassung:

Die Realisierung von Qualitätsregelkreisen - zentrales Moment der integrierten Qualitätssicherung

Die Qualitätssicherung ist in zunehmenden Maße gefordert, den Charakter einer Querschnittsfunktion zu übernehmen, die im Sinne eines technologischen Controllings auf die Aktivitäten aller Unternehmensbereiche ein- bzw. rückwirkt. Der wohl wichtigste Ansatz zur Integration qualitätssichernder Aktivitäten liegt im gedanklichen Modell des Qualitätsregelkreises. Beim praktischen Aufbau solcher Regelkreise zeigt sich, daß eine Übertragung des klassischen Regelkreismodelles auf unternehmensbereichsübergreifende Strukturen auf Grenzen stößt.

Der vorliegende Beitrag zeigt, wie Qualitätsregelkreise strukturiert und aufgebaut werden können. Der Stand der Technik wird an Beispielen aus der industriellen Praxis erläutert, aus denen eine allgemeine Vorgehensweise zur Modellierung komplexer Qualitätsregelkreise abgeleitet wird. Die aufgezeigte Vorgehensweise ermöglicht es, systematisch Komponenten der Regelkreise zu beschreiben und über eine Qualitätsdatenbasis zu integrieren. Dabei wird eine Struktur der Datenbasis entworfen, die sich aktuellen Bestrebungen der Schnittstellennormungen angleicht.

Abstract:

Realization of Quality Control loops - the Centralelement of Integrated Quality Assurance

Quality assurance is getting more and more the character of an interface function between all parts of a company. The most important approach to integrate the activities of quality assurance is the idea of quality control circles. By realising such circles a lot of problems appear that make it obvious that it is impossible, to use the traditionell model for control circles without modifications.

This article shows a way for structuring and realization quality control circles. The state of the art is shown by industrial examples from which a universal approach is developed, how to model complex quality control circles. The approach makes it possible, to describe components of the circles and integrate them by the use of a quality data base. A possible structure for that data base is shown, that follows actual standards.

1. Einleitung

Im Rahmen einer Erhebung zum Thema Qualitätssicherung, die vor wenigen Jahren bei ca 120 Unternehmen des produzierenden Gewerbes in der Bundesrepublik Deutschland durchgeführt wurde, zeigte sich unter anderem, daß lediglich 13 Unternehmen in der Lage waren, ihre Qualitätskosten exakt auszuweisen /16/. Die anderen Unternehmen waren auf Schätzungen angewiesen. Der Anteil der Qualitätskosten an den Herstellkosten sowie die Zusammensetzung der Qualitätskosten sind in **Bild 1** für die Unternehmen mit genauer Qualitätskostenrechnung dargestellt.

Istzustand nach: Roland Berger & Partner
Basis: 13 Unternehmen mit exakter Qualitätskostenermittlung

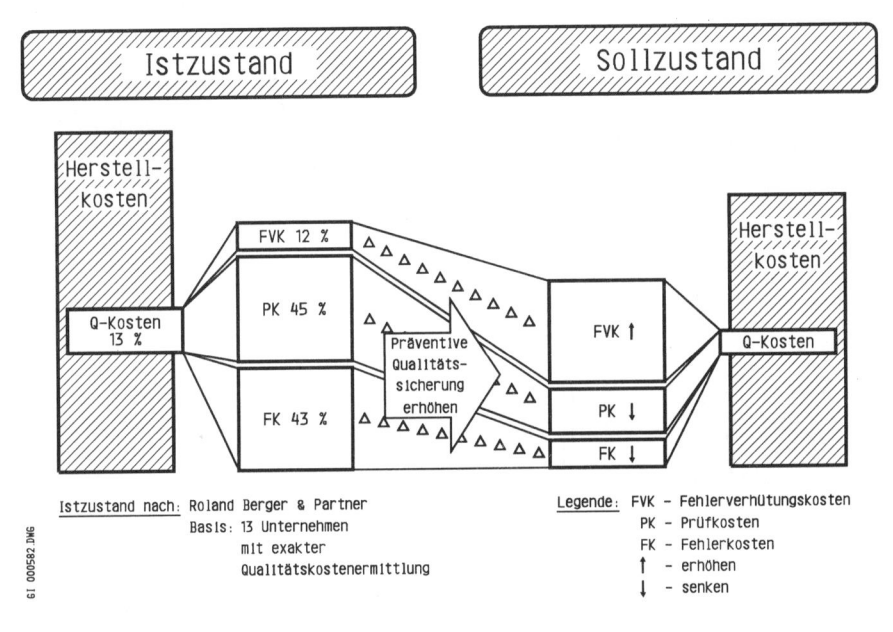

Legende: FVK – Fehlerverhütungskosten
PK – Prüfkosten
FK – Fehlerkosten
↑ – erhöhen
↓ – senken

Bild 1: Qualitätskosten und Herstellkosten - Ist- und Sollzustand

Die Unternehmen, die ihre Qualitätskosten schätzen, weisen diesen einen um 5 % niedrigeren Betrag zu, als jene Unternehmen, die ihre Qualitätskosten exakt ermitteln. Interessanterweise weisen die Unternehmen, die die Verteilung der Qualitätskosten nicht exakt kennen, den Fehlerverhütungskosten einen doppelt so hohen Betrag zu, wie die Unternehmen mit exakter Qualitätskosten- rechnung. Dies geschieht in erster Linie zu Gunsten niedriger Fehlerkosten. Diese Diskrepanz macht deutlich, wie sehr Wunschdenken und Realität auseinandergehen.

Dabei bietet sich gerade durch eine gezielte Verstärkung der Qualitätssicherungsansätze im Bereich der planenden und konzipierenden Tätigkeiten ein sehr wirkungsvolles Instrument zur Optimierung der Qualitätskosten und Reduzierung der Herstellkosten /2,3,5,9,21/. Dieser Ansatz läßt sich unter dem Schlagwort "Qualität planen und produzieren" treffend zusammenfassen.

Wie sich derartige Ansätze der präventiven Qualitätssicherung auf die wirtschaftliche Gesamtsituation eines Unternehmens auswirken, soll anhand der in **Bild 2** dargestellten Zielsetzung erläutert werden. Der Einsatz geeigneter Maßnahmen ermöglicht es, Fehler frühzeitig zu erkennen oder sogar gänzlich zu vermeiden. Dadurch werden die Aufwendungen für Nacharbeit, Ausschuß und Service drastisch verringert, so daß mit der Verbesserung der Qualität eine gleichzeitige Senkung der Herstellkosten einhergeht /3,9/.

Zielsetzung	Voraussetzungen	Maßnahmen
Istzustand / Sollzustand	• Einsatz moderner Qualitätstechniken	Führungsebene / Planungsebene / Steuerungsebene / operative Ebene

• Herstellkosten senken
• Qualitätskosten senken
• Qualität verbessern
  – höhere Kundenzufriedenheit
  – geringere Reklamationsraten
• ...
	• Kundenorientierte Produktgestaltung
	• Frühzeitige Erkennung und Vermeidung von Fehlern
	• Höhere Transparenz des Qualitätsgeschehens
	• Beherrschte und fähige Prozesse
	• Nutzung vorhandenen Wissens
	• ...
	• Motivierte Mitarbeiter
	• ...
		• Realisierung von Qualitätsregelkreisen
		  – Strukturierung
		  – Modellbildung
		  – Integration

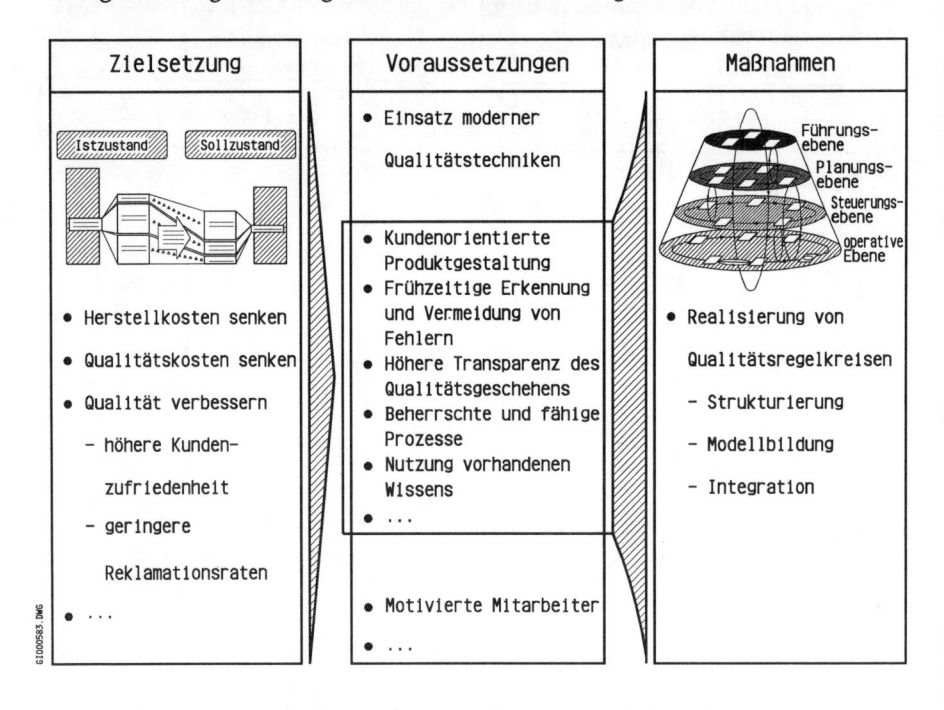

Bild 2: Motivation zur Realisierung von Qualitätsregelkreisen

Neben dem direkt quantifizierbaren Nutzen durch die Reduzierung der Herstellkosten sind durch eine Verbesserung der Qualität langfristig zufriedenere Kunden und damit eine Erhöhung der Marktchancen des Unternehmens zu erwarten. Dies gilt sowohl für die Produktqualität, als auch für die Qualität von Dienstleistungen. Man sollte sich hierzu das Ergebnis einer Studie des White House Office of Consumer Affairs (Washington DC) vor Augen halten. Danach beschweren sich lediglich 4 % der unzufriedenen Kunden über mangelnde Qualität, mehr als 90 % dieser Kunden werden das Produkt fortan meiden, jeder dieser Kunden wird seinen Unmut mindestens 9 anderen Personen gegenüber kundtun, 13 % werden diesen sogar gegenüber mehr als 20

Personen äußern /4/.

Es bedarf einer Vielzahl von Voraussetzungen, um die Zielsetzung einer gleichzeitigen Verbesserung der Qualität und Optimierung der Kosten zu realisieren. Diese reichen vom Einsatz moderner Qualitätstechniken über die kundenorientierte Produktgestaltung bis hin zum motivierten und geschulten Mitarbeiter. Ein wichtiges Element ist die systematische Nutzung des im Unternehmen vorhandenen Wissens und die Transparenz des Qualitätsgeschehens, um Qualitätseinbrüchen rechtzeitig vorzubeugen. Durch den Aufbau von Regelmechanismen werden solche Voraussetzungen wirkungsvoll unterstützt. Sie sind ein wesentlicher Schritt auf dem Weg zu einem umfassenden, integrierten QS-System, dessen Schwerpunkt auf vorbeugenden Qualitätsmaßnahmen statt auf der Nachbesserung liegt /16/. Qualitätsregelkreise, die heute vorwiegend eine Anwendung in der operativen Ebene erfahren, werden in Zukunft alle Bereiche des Unternehmens umfassen /15/.

Anliegen dieses Beitrages ist es, eine Vorgehensweise zum systematischen Aufbau von Qualitätsregelkreisen aufzuzeigen. Hierzu wird eine Struktur für Qualitätsregelkreise vorgestellt und an Beispielen aus der Praxis erläutert. Darauf aufbauend wird ein Ansatz zur Modellbildung komplexer Regelkreise entwickelt und deren Integration im Unternehmen vorgestellt. Abschließend wird ein Ausblick auf Entwicklungstendenzen sowie den künftigen Nutzen von Qualitätsregelkreisen gegeben.

2. Strukturierung von Qualitätsregelkreisen

Das Konzept heutiger CIM-Modelle geht in der Regel von einer hierarchischen Struktur aus, die von der Führungsebene zur Ausführungsebene reicht. Diese Konzepte integrieren zwar, aber lassen ganz oder teilweise den Nachweis rückführender Komponenten missen. Ein Anstoß aus dem planerischen Bereich löst lawinenartige Aktivitäten in der operativen Ebene aus. Das Ergebnis ist ein fertiges Produkt, wobei das Entstehen möglicher Fehler während der Produktion im Modell kaum oder gar nicht berücksichtigt wird. Qualitätssichernde Aktivitäten werden bei solchen Modellen häufig lediglich in Form einer Endprüfung berücksichtigt. Übertragen auf ein biologisches System entspricht eine solche Struktur dem motorischen Nervensystem eines Lebewesens. Dieses System ist in der Lage, auf bestimmte Anregungen zu agieren; es kann jedoch schwerlich auf von der Idealsituation abweichende Zustände reagieren, da ihm das erforderliche sensorische Nervensystem zur Erfassung dieser Zustände fehlt. Für die weitere Entwicklung von CIM-Systemen ist deshalb die umfassende Realisierung eines solchen sensorischen Nervensystems von großer Bedeutung. Dabei wird der umfassenden Rückführung und Nutzung von Betriebs- und Qualitätsdaten aus der operativen Ebene eine Schlüsselposition zukommen.

Das in **Bild 3** dargestellte Konzept zeigt, wie die Struktur eines umfassenden Regelkreismodells in einem Unternehmen gestaltet werden kann. Obwohl das Gesamtkonzept als langfristige Zielsetzung zu betrachten ist, ist der Weg mit

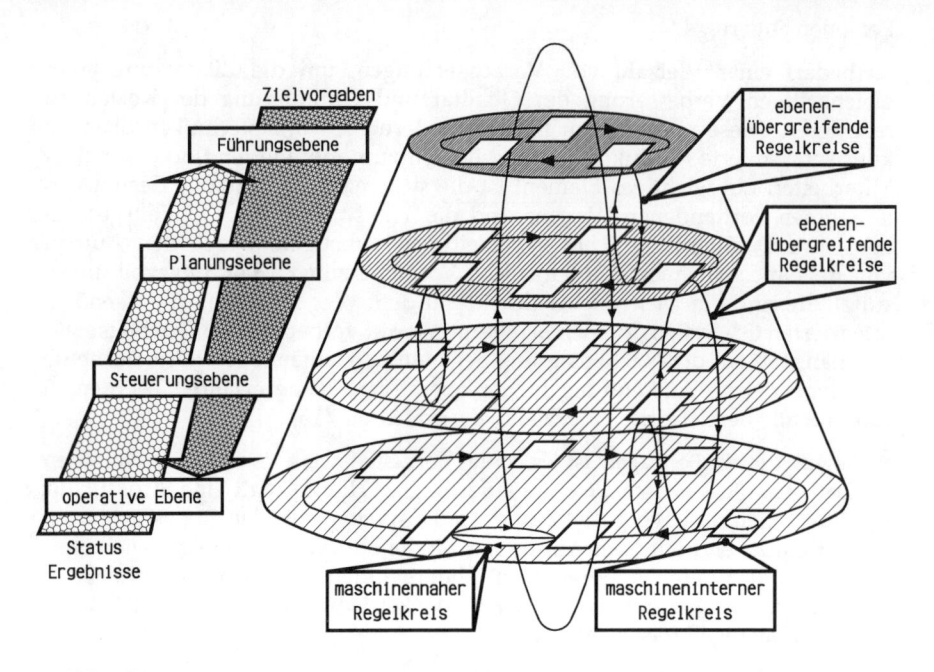

Bild 3: Struktur technischer und organisatorischer Qualitätsregelkreise

Teillösungen in der Gestalt maschineninterner, maschinennaher und teilweise auch ebenenübergreifender Regelkreise angereichert. Regelkreise dieser drei Typen lassen sich bereits heute in Unternehmen finden. Dies gilt insbesondere für den maschineninternen und maschinennahen Bereich. Ebenenübergreifende Qualitätsregelkreise sind hingegen nur in Ausnahmefällen realisiert.

Im folgenden werden zunächst anhand ausgewählter Beispiele Realisierung dieser drei Regelkreistypen vorgestellt. Darauf aufbauend wird dann eine Vorgehensweise erarbeitet, die darauf abzielt, die einzelnen Regelkreistypen in ein Gesamtsystem zu integrieren.

2.1 Maschineninterne Qualitätsregelkreise

Maschineninterne Qualitätsregelkreise greifen die zur Regelung benötigten Informationen unmittelbar an der Maschine bzw. deren Komponenten ab. Die Regelgrößen werden in die Maschinensteuerung eingespeist. Solche Regelkreise sind gut automatisierbar, wenn der Zusammenhang zwischen Ziel- und Stellgrößen eindeutig beschrieben werden kann. Sie sind bei allen NC-Systemen Stand der Technik. Beispiele sind die Lageregelung der einzelnen NC-Achsen, sowie die Werkzeugeinstellung bzw. -korrektur über die

Nutzung spezieller Meßtaster in Verbindung mit maschineninternen Meßsystemen. Daneben wird an Systemen gearbeitet, die bereits auf der Maschine eine Erfassung von geometrischen Qualitätskenngrößen am Produkt ermöglichen, ohne die Meßsysteme der Maschine zu benutzen. Bild 4 zeigt den Einsatz eines schaltenden Tasters mit eigener Meßbezugsreferenz auf einem Bearbeitungszentrum zur automatisierten Durchmesserprüfung und Korrekturwertermittlung.

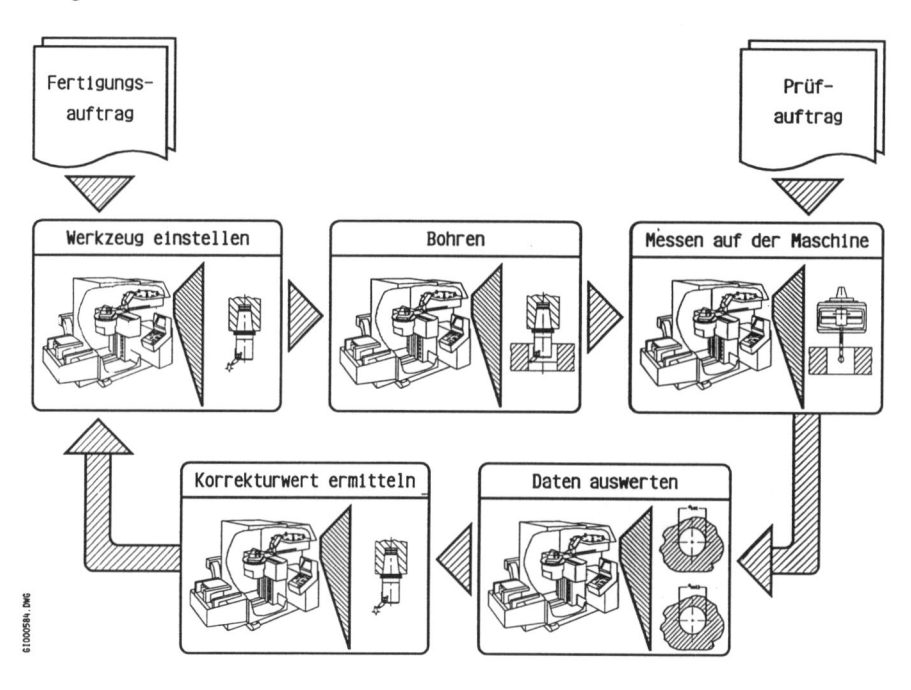

Bild 4: Maschineninterner Qualitätsregelkreis am Beispiel eines Bohrprozesses (nach: Mauser)

Der Ablauf eines Meß- und Korrekturzyklus in einem derartigen Qualitätsregelkreis kann etwa wie folgt beschrieben werden: Die Maschine erhält über die NC-Steuerung den Fertigungsauftrag und stellt das Werkzeug, in diesem Fall eine verstellbare Bohrstange gemäß den Spezifikationen ein. Nach Erstellen der Bohrung wird das Werkzeug gegen den im Bild dargestellten Bohrungsmeßdorn ausgetauscht. Dieser wird mit Prüfaufträgen versehen und ermittelt die Meßgrößen des gerade erzeugten Durchmessers. Nach der Berechnung der Bohrungsgeometrie werden Kenngrößen für die Korrekturwertermittlung des Werkzeuges errechnet. Diese Korrekturwerte werden verwendet, um das Werkzeug automatisch nachzustellen.

Der Regelkreis ermöglicht eine optimale Regelung der gestellten Bearbeitungsaufgabe, ist jedoch auf die Kompensation der Störgröße Werkzeug auf die Zielgröße Bohrungsdurchmesser zugeschnitten.

2.2 Maschinennahe Qualitätsregelkreise

Maschinennahe Qualitätsregelkreise zeichnen sich dadurch aus, daß die Zielgröße erst dann ermittelt wird, wenn das Produkt den Prozeß bereits verlassen hat. Die Ergebnisse einer Prüfung oder das Auftreten bestimmter Ereignisse bewirken das Einleiten prozeßverbessernder Maßnahmen. Da in der Regel der Zusammenhang zwischen Zielgröße und Stellgröße nicht eindeutig beschrieben werden kann, setzt der Regelprozeß ein hohes Maß von Wissen über den Prozeß voraus und wird meist von erfahrenem Fachpersonal durchgeführt. Ansätze zur Automatisierung solcher Regelkreise liegen im Einsatz von Expertensystemen, wobei bereits erste Realisierungen durchgeführt wurden /10/.

Ein weitverbreitetes Beispiel für maschinennahe Qualitätsregelkreise ist die statistische Prozeßregelung (Statistical Process Control) /7/. **Bild 5** zeigt den Einsatz der statistischen Prozeßregelung bei der Galvanisierung der Heizdräh-

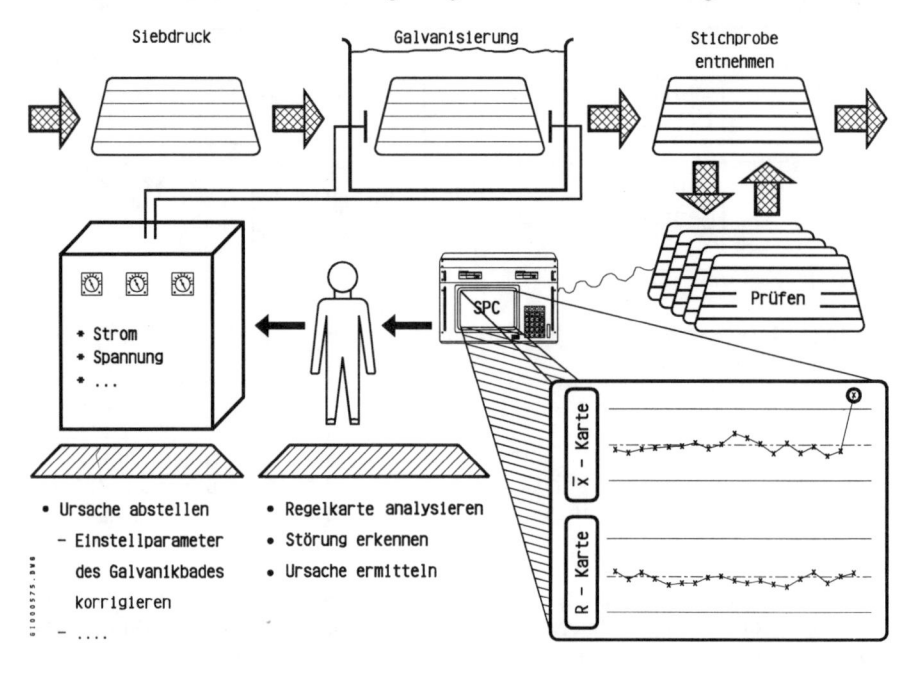

Bild 5: Maschinennaher Qualitätsregelkreis am Beispiel der Galvanisierung heizbarer Heckscheiben (nach: Flachglas)

te einer Automobilheckscheibe. Der Prozeß ist dabei in stark vereinfachter Form dargestellt.

Die Maske für die Heizdrähte wird im Siebdruckverfahren aufgebracht. Danach werden die Scheiben galvanisiert. Im Anschluß an das Galvanikbad werden Stichproben entnommen. Bei den zu prüfenden Scheiben wird der elektrische Widerstand der Heizdrähte gemessen. Aus den Meßwerten werden die Regelkartenparameter Mittelwert und Spannweite errechnet.

Der Anlagenführer analysiert die Karte. Der Verlauf der Mittelwerte (x-quer) und Spannweiten (R) gibt ihm Hinweise auf den möglichen Einfluß von Störgrößen. Werden Störgrößen entdeckt, so wird der Prozeß gestoppt und die Ursache für die Störung ermittelt. Im Beispiel zeigte sich, daß die Einstellparameter des Galvanikbades einer Korrektur bedurften, um den Prozeß wieder in einen stabilen Zustand zurückzuführen. Die Regelung erfolgt innerhalb der zulässigen Fertigungstoleranzen, so daß trotz Überschreiten der Eingriffsgrenze des Mittelwertes kein Ausschuß produziert wurde.

Das Führen einer Regelkarte setzt ein hohes Maß von Wissen um die Prozeßzusammenhänge voraus, um gezielt auf das Auftreten von Störungen reagieren zu können. Es empfiehlt sich deshalb, Ursachen und Maßnahmen in einer geeigneten Form zu dokumentieren, um später Hilfestellung beim Auftreten neuer Störungen leisten zu können. Von besonderer Bedeutung ist es, diese Informationen so abzulegen, daß sie unmittelbar abrufbar sind und von übergeordneten Stellen genutzt werden können.

2.3 Ebenenübergreifende Qualitätsregelkreise

Ebenenübergreifende Qualitätsregelkreise wirken innerhalb einer Unternehmensebene, verknüpfen mehrere Ebenen und reichen bis zum Kunden oder Lieferer. Solche Regelkreise sind heute in den wenigsten Unternehmen realisiert /15,16/. Dort wo sie angewandt bzw. eingeführt werden, handelt es sich vorwiegend um Unternehmen, die intensiv präventive Qualitätssicherung betreiben.

Man muß sich vor Augen halten, daß ebenenübergreifende Qualitätsregelkreise nicht nur auf Produkte wirken, sondern auch auf Dienstleistungen, wie sie im gesamten Bereich des Service dominieren. Durch die daraus resultierende Komplexität der Informationsverbindungen und Menge der benötigten Daten wird der Aufbau eines Regelkreises mit zunehmender Spannweite immer schwieriger. Wie bei den maschinennahen Regelkreisen existieren Ansätze zur Automatisierung durch Expertensysteme, die jedoch weit davon entfernt sind, den Stand der Technik darzustellen /19/.

Die Wirksamkeit ebenenübergreifender Qualitätsregelkreise wird anhand des in **Bild 6** dargestellten Beispiels deutlich. Der hier angesprochene Hersteller von Kugellagern erfaßt die Kundenerwartungen und setzt diese in konkrete Produktanforderungen um, die in einem Pflichtenheft dokumentiert werden. Eine wesentliche Anforderung des Kunden war im vorliegenden Beispiel, den

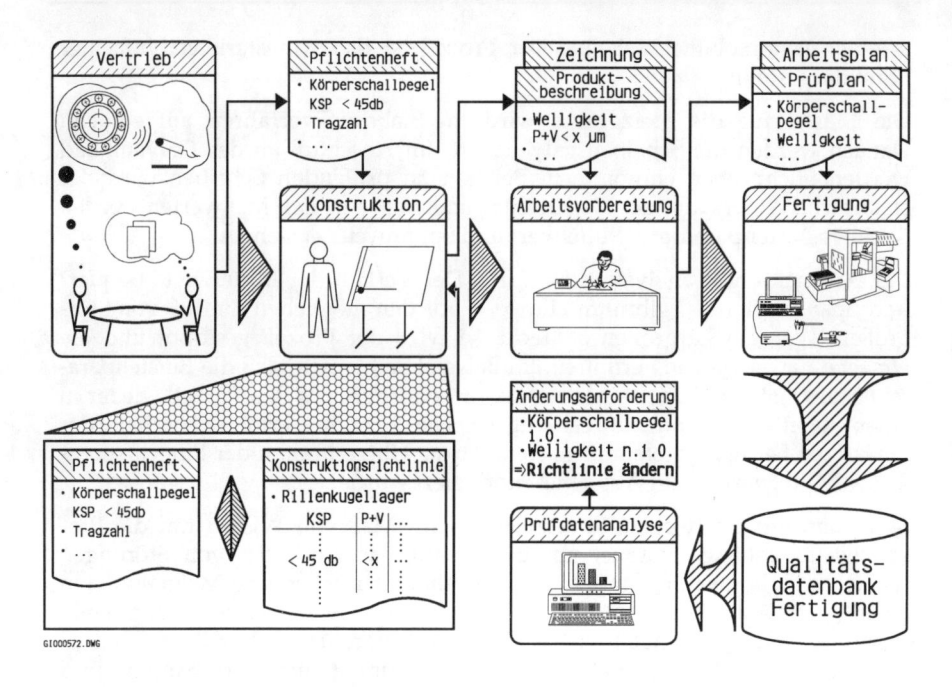

Bild 6: Übergreifender Qualitätsregelkreis am Beispiel der Kugellagerherstellung (nach: FAG)

Geräuschpegel (Körperschall) des zu beziehenden Lagers unterhalb eines definierten Wertes zu halten.

In einem nächsten Schritt werden nun unter besonderer Berücksichtigung der Kundenforderungen bzw. des daraus resultierenden Pflichtenheftes die entsprechenden Unterlagen der Konstruktion erstellt. Ein wichtiges Hilfsmittel hierbei ist eine hausinterne, auftragsneutrale Konstruktionsrichtlinie, die eine direkte Umsetzung der Anforderungen aus dem Pflichtenheft in Produktmerkmale ermöglicht. So entspricht im vorliegenden Fall z.B. ein bestimmter zulässiger Körperschallpegel einer bestimmten zulässigen Welligkeit der Laufbahn (P+V), die nun als Toleranzvorgabe festgelegt wird.

Die während der Fertigung erfaßten Qualitätsdaten aus Zwischenprüfungen, SPC und Endprüfung werden in einer zentralen Qualitätsdatenbank abgelegt. Dort stehen sie für Auswertungen zur Verfügung, die u.a. maschinenbezogen, merkmalsbezogen oder baugruppenbezogen durchgeführt werden. Gleichzeitig stellen die Daten der Qualitätsdatenbasis die Dokumentation der Auslieferqualität dar.

Die Qualitätslenkung greift in turnusmäßigen Auswertezyklen auf diese Datenbank zu und analysiert Schwachstellen. Zeigt eine dieser Analysen, daß der Körperschallpegel des oben beschriebenen Kugellagers oberhalb der geforderten Spezifikation liegt, sind entsprechende Fehlerursachenanalysen einzuleiten. Für das Beispiel ergab eine detaillierte Untersuchung, daß die Ursache in einer zu hohen Welligkeit der Laufbahn lag, die sich jedoch innerhalb der geforderten Toleranz befand. Diese Erkenntnis wurde umgehend an die Konstruktion weitergeleitet und führte zu einer Aktualisierung der Konstruktionsrichtlinie.

Das Beispiel macht deutlich, daß gerade ebenenübergreifende Qualitätsregelkreise geeignet sind, im Unternehmen vorhandenes Wissen zum Zwecke der präventiven Qualitätssicherung zu nutzen. Aufgrund der Komplexität solcher Regelkreise ist die Entwicklung einer systematischen Vorgehensweise erforderlich, die den Aufbau und die Einführung erleichtern soll.

3. Modellbildung von Qualitätsregelkreisen

Das klassische Modell der Regelungstechnik mit einem direkten Zusammenhang zwischen Regelgröße und Stellgröße ist für begrenzte Aufgabenstellungen bei maschineninternen Qualitätsregelkreisen anwendbar, bei denen eine überschaubare Menge von Größen explizit geregelt werden. Mit zunehmender Vergrößerung der Spannweite der Regelkreise in den maschinennahen und ebenenübergreifenden Bereich gestaltet sich die Anwendung des klassischen Regelkreismodells zunehmend schwieriger. Es ist deshalb erforderlich, einen neuen Ansatz zum Aufbau von Qualitätsregelkreisen zu wählen, der im folgenden vorgestellt wird. Dabei werden die Komponenten des Regelkreismodells erläutert und eine Vorgehensweise gezeigt, die eine systematische Realisierung der Regelkreise ermöglicht.

3.1 Komponenten von Qualitätsregelkreisen

Analog zu klassischen Regelkreisen verfügen Qualitätsregelkreise über Regelstrecken und Regler (Bild 7). Als Regelstrecken werden funktionale Bereiche des Unternehmens definiert. Dabei kann es sich sowohl um ganze Abteilungen, wie z.B. die Konstruktion oder die Fertigung, als auch um einzelne Tätigkeitsbereiche, wie die Erstellung eines Arbeitsplanes oder einer Konstruktionszeichnung, oder die Fertigung eines Merkmals auf einer Maschine handeln.

Auf diese Regelstrecken wirken keine Regler mit einfachen Regelmechanismen, wie z.B. P-Regler mit direktem Zusammenhang zwischen Regelgröße und Stellgröße, sondern Methoden der Qualitätssicherung, wie z.B. statistische Prozeßregelung (SPC) /7,17/, Versuchsmethodik /2,7,21/ oder Quality Function Deployment (QFD) /11/.

Die Anzahl der möglichen Regelgrößen steigt mit der Spannweite des Regelkreises. Betrachtet man die Zusammenhänge bei Reglern, die unmittelbar am

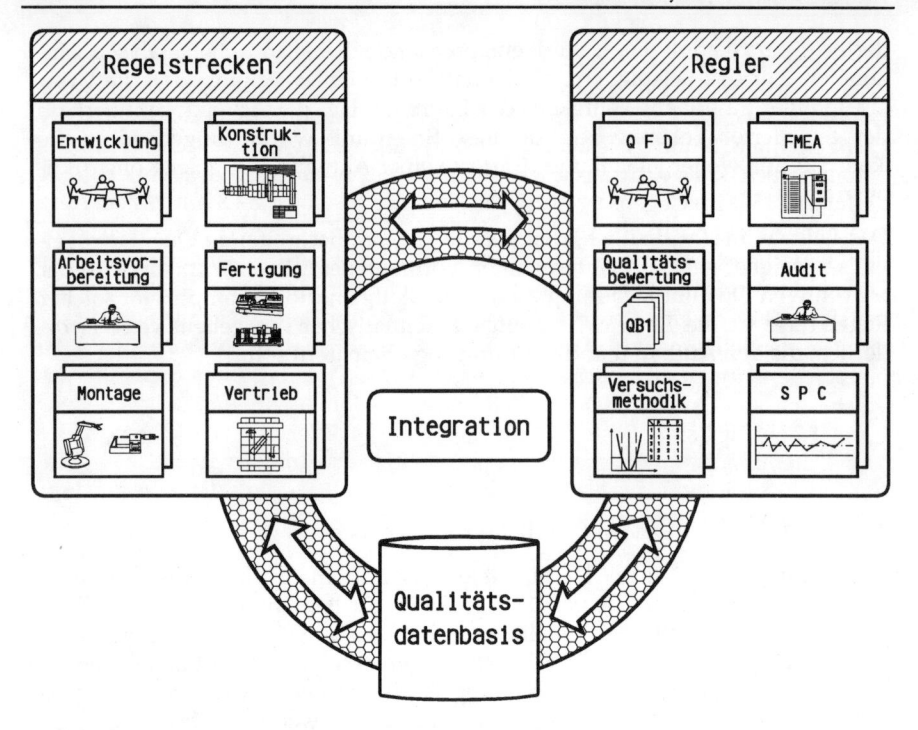

Bild 7: Komponenten von Qualitätsregelkreisen

Prozeß wirken, wie die statistische Prozeßregelung (SPC) oder die Versuchsmethodik, so lassen sich hier unter Umständen noch klare Regelvorschrifen festlegen. Bei Reglern wie dem Quality Function Deployment (QFD), das vom Kunden über die gesamte Produktion bis hin zur Feldbeobachtung reichen, ist dies kaum noch möglich.

Hier muß vielmehr die Möglichkeit geschaffen werden, Regelvorschriften aus der aktuellen Situation abzuleiten und die dafür benötigten Informationen und Entscheidungshilfen an den richtigen Stellen und zur richtigen Zeit bereitzustellen. Die sich hieraus ergebenden komplexen Regelmechanismen dienen vor allem dazu, Qualitätsforderungen auf lange Sicht zielgerichtet zu erfüllen und so das Qualitätsgeschehen im allgemeinen zu optimieren.

Dazu muß das klassische Regelkreismodell um eine zusätzliche Komponente, die Qualitätsdatenbasis, erweitert werden. Ein Beispiel für eine solche Datenbasis wurde bereits bei der Fertigung von Kugellagern aufgezeigt. Versucht man die hier gewonnenen positiven Erfahrungen zu verallgemeinern, so wird der Aufbau eines Modells für die Datenbasis erforderlich. Hierzu ist es opportun, Schnittstellen zu definieren, die eindeutig die zu verwendenden Datenelemente und -strukturen der einzelnen Anwendungen beschreiben, und aus diesen Schnittstellen den Aufbau des Datenmodells abzuleiten.

Auf diesem Gebiet wird derzeitig intensiv im Hinblick auf die rechnerintegrierte Fertigung (CIM) gearbeitet. Die breiteste Aktivität findet sich bei der Kommission CIM im DIN (KCIM) /8/. Erste Ergebnisse sind in den DIN Fachberichten 20 und 21 festgelegt. Schnittstellen der Qualitätssicherung wurden im Arbeitskreis Auftragsabwicklung bearbeitet und sind im Fachbericht 21 definiert /15/. Im Gegensatz zur KCIM, bei der das Thema Qualitätssicherung von nahezu jeder Arbeitsgruppe mitbehandelt wird, existiert ein Arbeitskreis der Deutschen Gesellschaft für Qualität (DGQ), der sich ausschließlich mit der Definition von Schnittstellen für die Qualitätssicherung befaßt. Ziel dieses Arbeitskreises ist es, eine Spezifikation QDES (Quality Data Exchange Specification) für den allgemeinen Austausch von Qualitätsdaten zu erarbeiten /8/. Neben dem innerbetrieblichen Austausch von Qualitätsdaten gewinnt der Austausch von Qualitätsdaten zwischen Unternehmen zunehmend an Bedeutung. Auch hier sind Bestrebungen zur Standardisierung der Datenformate und Dateninhalte zu beobachten. Die wichtigsten Ansätze stellen hier DIN EDIFACT und die amerikanische Norm ANSI X.12 dar, die verschiedene Typen von Qualitätsnachrichten definieren /8/.

Das in **Bild 8** dargestellte gedankliche Modell einer Qualitätsdatenbasis baut auf den Ergebnissen der oben genannten Aktivitäten auf und soll eine Vorstellung geben, wie eine solche Datenbasis strukturiert werden kann. In Anlehnung an die vorliegenden Ergebnisse der KCIM wird in Produktdaten, Betriebsmitteldaten und Prozeßdaten unterschieden.

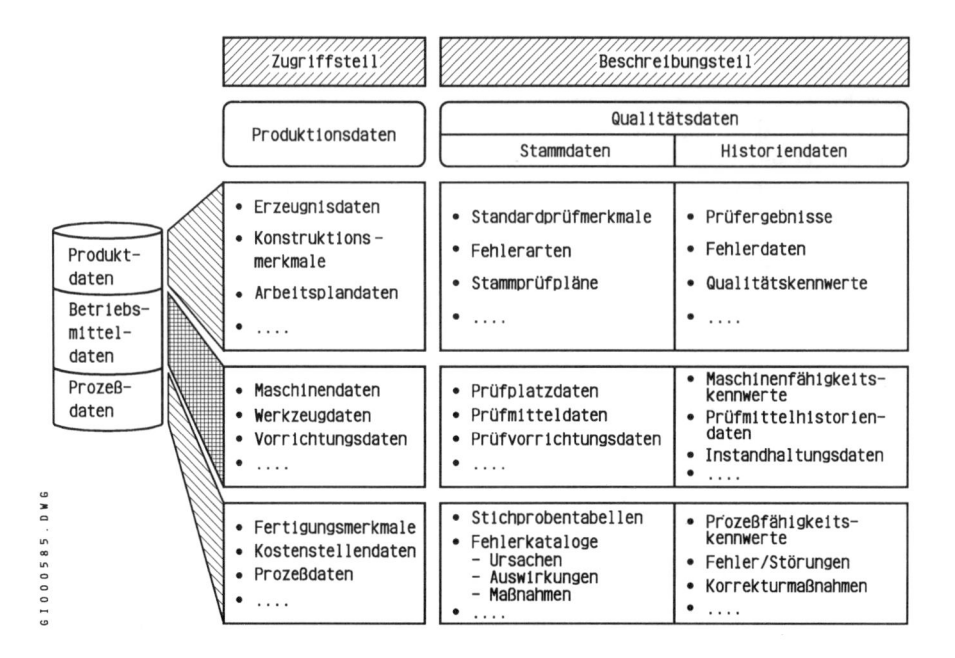

		Zugriffsteil	Beschreibungsteil	
		Produktionsdaten	Qualitätsdaten	
			Stammdaten	Historiendaten
Produkt-daten		• Erzeugnisdaten • Konstruktions-merkmale • Arbeitsplandaten •	• Standardprüfmerkmale • Fehlerarten • Stammprüfpläne •	• Prüfergebnisse • Fehlerdaten • Qualitätskennwerte • ....
Betriebs-mittel-daten		• Maschinendaten • Werkzeugdaten • Vorrichtungsdaten •	• Prüfplatzdaten • Prüfmitteldaten • Prüfvorrichtungsdaten •	• Maschinenfähigkeits-kennwerte • Prüfmittelhistorien-daten • Instandhaltungsdaten • ....

Prozeß-daten		• Fertigungsmerkmale
		• Kostenstellendaten
		• Prozeßdaten
		• ....
			• Stichprobentabellen
			• Fehlerkataloge
			  – Ursachen
			  – Auswirkungen
			  – Maßnahmen
			• ....
				• Prozeßfähigkeits-kennwerte
				• Fehler/Störungen
				• Korrekturmaßnahmen
				• ....

<u>Bild 8:</u> Gedankliches Modell der Qualitätsdatenbasis

Das hier vorgestellte Modell der Qualitätsdatenbasis unterscheidet einen Beschreibungs- und einen Zugriffsteil. Der Beschreibungsteil enthält die eigentlichen Qualitätsdaten, die in Stammdaten und Historiendaten gegliedert sind. Das wesentliche Merkmal für Stammdaten ist, daß sich diese nur langfristig und mittelfristig ändern. Zu den hier angesprochenen Stammdaten gehören z.B. Prüfpläne oder Kataloge für Prüfmerkmale und Fehlerarten. Historiendaten hingegen werden laufend auf den aktuellen Stand gebracht, wie z.B. Maschinenfähigkeits- oder Prozeßfähigkeitskennwerte. Der Zugriffsteil spezifiziert diejenigen Produktionsdaten, die benötigt werden, um die Aufgaben der Qualitätssicherung durchzuführen. So werden zum Beispiel bei der Durchführung der Prüfplanung Arbeitsplandaten und Erzeugnisdaten benötigt.

Obwohl der Begriff Qualitätsdatenbasis die Vorstellung erweckt, daß der physikalische Aufbau einer einzigen großen Datenbank gemeint ist, geht es vielmehr darum, eine Systematik der Datenstrukturen zu entwickeln, die eine durchgängige Bereitstellung und Nutzung zentral und dezentral abgelegter Informationen ermöglicht. Zur Vereinfachung der Darstellung ist die Qualitätsdatenbasis jedoch meist als eine Datenbank dargestellt.

Der Aufbau und die Nutzung dieses gemeinsamen Datenbestandes ist eine wesentliche Voraussetzung für die Realisierung komplexer und vermaschter Regelkreise, die über alle Bereiche des Unternehmens wirken.

3.2 Vorgehensweise zur Realisierung von Qualitätsregelkreisen

Es stellt sich die Aufgabe, eine universell einsetzbare Vorgehensweise zu beschreiben, die es ermöglicht, die im Unternehmen verfügbaren funktionalen Bereiche und Methoden der Qualitätssicherung so aufzubereiten, daß sie als Regelstrecken und Reglern unter Einbeziehung der Qualitätsdatenbasis zu einem System von Qualitätsregelkreisen integriert werden können. Eine solche Vorgehensweise, um aus den Komponenten Regler, Regelstrecke und Qualitätsdatenbasis ein System von Qualitätsregelkreisen zu realisieren, läßt sich, wie in **Bild 9** dargestellt, in drei Schritte gliedern:

1. Definition der Regler und Regelstrecken,
2. Bilanzierung der Regler und Regelstrecken und
3. Integration über die Qualitätsdatenbasis.

Die Definitionsphase grenzt die Regelstrecken gegeneinander ab und beschreibt das Anwendungsspektrum der Regler. Hierzu wird eine Bilanzhülle um die jeweilige Komponente gelegt und eine Analyse der Funktionen durchgeführt. Das Ergebnis dieser Definitionsphase ist eine Aufstellung von Regelstrecken, denen geeignete Regler gegenübergestellt werden.

Um die informationstechnische Verknüpfung vorzubereiten, wird eine Bilanzierung der Komponenten durchgeführt. Hierzu werden die Informationsflüsse von Regelstrecken und Reglern analysiert und die Datenelemente ermittelt, die zur Erfüllung der Funktion benötigt werden. Diese werden, bezogen auf

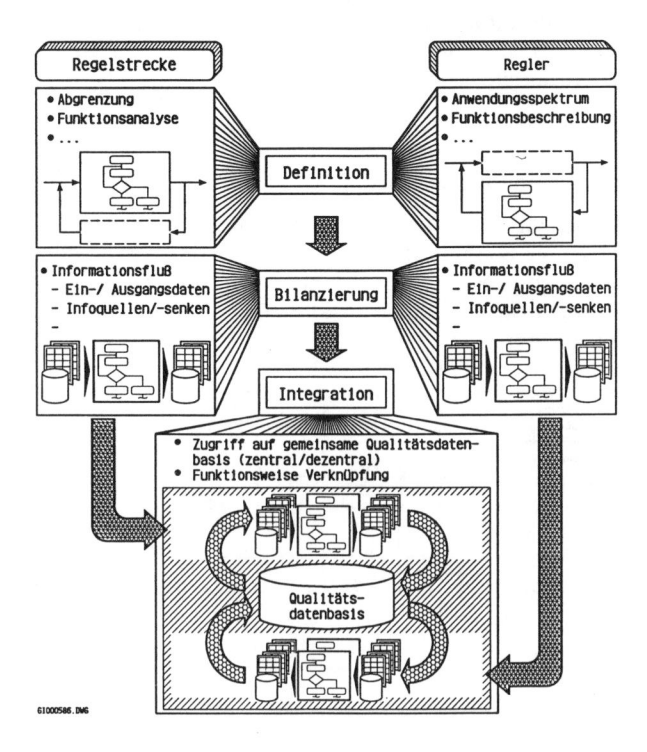

Bild 9: Vorgehensweise zum systematischen Aufbau von Qualitätsregelkreisen

den Regler oder die Strecke, als Eingangsdaten und Ausgangsdaten untersucht. Die Quellen und Senken der einzelnen Datenelemente werden ermittelt.

Das Ergebnis dieser beiden Arbeitsschritte wird zur Beschreibung der Inhalte und Zugriffswege der Qualitätsdatenbasis genutzt, über die Regler und Regelstrecken miteinander integriert werden. Diese Integration der einzelnen Regelkreiskomponenten ermöglicht es, ein System aufzubauen, das maschinen interne, maschinennahe und ebenenübergreifende Regelkreise miteinander verknüpft. Dabei ergibt sich ein Modell vermaschter Qualitätsregelkreise, wie es in **Bild 10** dargestellt ist. Da in diesem Modell ein Regler auf mehrere Strecken wirken kann, wurde aus Gründen der Übersichtlichkeit auf eine direkte Verbindung von Reglern und Regelstrecken verzichtet.

Der standardisierte Informationsfluß einer Regelstrecke besteht aus Eingangsinformationen von anderen Regelstrecken, die bearbeitet werden und der Erzeugung von Ausgangsinformationen dienen. Die Ausgangsinformationen werden an drei verschiedene Typen von Datensenken weitergeleitet:

* Der erste Teil der Information gelangt zu anderen Regelstrecken. So leitet in Bild 10 die Konstruktion ihre Ausgangsinformationen unmittelbar an die Arbeitsvorbereitung weiter.
* Der zweite Teil der Information wird an direkt angekoppelte Regler geleitet. So speist die Konstruktion unter anderem die Regler R1 (Qualitätsbewertung) und R2 (Konstruktions-FMEA).
* Der dritte Teil wird zur Nutzung durch andere Regler in der Qualitätsdatenbasis abgelegt. So greift die Qualitätslenkung neben den in der Qualitätsdatenbasis abgelegten Prüfergebnisse auch auf Daten der Konstruktion zu. Dies wurde auf eindrucksvolle Weise am Beispiel der Kugellagerherstellung gezeigt.

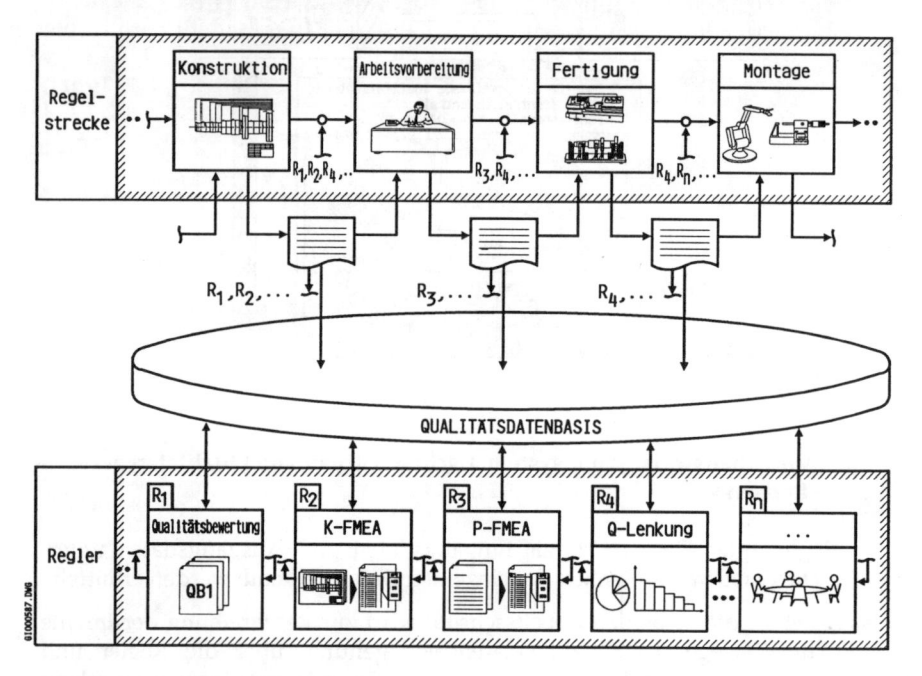

Bild 10: Integrierte Qualitätsregelkreise

Die Regler erhalten demnach ihre Eingangsdaten entweder direkt von den entsprechenden Regelstrecken, oder indirekt über die Qualitätsdatenbasis. Die Ausgangsdaten des Reglers werden direkt an die Regelstrecke weitergegeben, z.B. als Hinweise auf Schwachstellen oder Verbesserungsvorschläge. Gleichzeitig legen die Regler Informationen in der Qualitätsdatenbasis ab, die von anderen Reglern genutzt werden können.

Die hier aufgezeigte Vorgehensweise ermöglicht es, systematisch Qualitätsregelkreise auf allen Bereichen des Ebenenmodells (Bild 3) zu modellieren. Sie erlaubt damit neben dem maschineninternen und maschinennahen Bereich insbesondere eine Einbeziehung der planerischen Bereiche in die Gestaltung von Qualitätsregelkreisen.

4. Exemplarische Anwendung der Modellbildung

Die im vorigen Kapitel aufgezeigte Vorgehensweise zur systematischen Modellbildung von Qualitätsregelkreisen soll im folgenden anhand der Realisierung eines ebenenübergreifenden Qualitätsregelkreises mit der Regelstrecke Arbeitsvorbereitung und dem Regler Prozeß-Fehler-Möglichkeits- und Einfluß-Analyse (P-FMEA) verdeutlicht werden. Dabei soll insbesondere auf die Bedeutung der Qualitätsdatenbasis als universeller Schnittstelle zu anderen Unternehmensbereichen hingewiesen werden. Der in **Bild 11** dargestellte Regelkreis ist damit ein Teilsystem des in Bild 10 gezeigten Modells vermaschter Regelkreise.

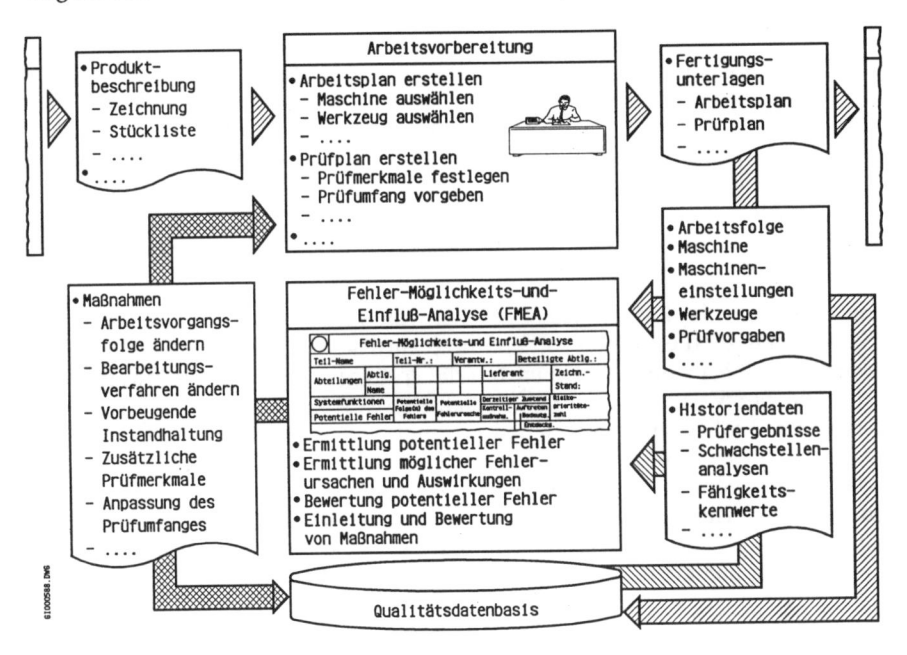

Bild 11: Beispiel eines Qualitätsregelkreises - Arbeitsvorbereitung / FMEA

Die Funktionsanalyse der Arbeitsvorbereitung ergibt unter anderem die Aufgabenbereiche "Arbeitsplan erstellen" und "Prüfplan erstellen" mit verschiedenen Unteraufgaben. Zur Durchführung dieser Tätigkeiten werden im wesentlichen produktbeschreibende Informationen aus der Konstruktion benötigt, wie Zeichnungen und Stücklisten. Die erstellten Unterlagen werden an die Fertigung weitergeleitet. Ein Teil der Informationen, wie z.B. Prüfpläne mit ihren teilespezifischen Prüfvorgaben werden in der Qualitätsdatenbasis abgelegt.

Aufgabe der Prozeß-Fehler-Möglichkeits- und Einfluß-Analyse (Prozeß FMEA) ist es, Fehlerarten von Systemkomponenten und deren Auswirkungen auf ein Produktionssystem zu untersuchen /17/. Mit einer Analyse werden Prozesse hinsichtlich des Ausfalls einzelner Prozeßschritte quantitativ bewertet. Schwachstellen sollen bereits vor Produktionsbeginn entdeckt und damit Sicherheit und Zuverlässigkeit verbessert werden. Die Untersuchung potentieller Fehlerarten und Fehlerursachen ermöglicht es, Fehler frühzeitig zu erkennen, und damit Ausfälle zu vermeiden.

Hierzu werden mit einer schematisierten Vorgehensweise potentielle Fehler ermittelt und bezüglich der Wahrscheinlichkeit ihres Auftretens und ihrer Auswirkung bewertet. Eine Untersuchung möglicher Fehlerursachen führt zur Zusammenstellung geeigneter Maßnahmen, die ebenfalls zur Ermittlung einer sogenannten Risikoprioritätszahl herangezogen werden.

Heutzutage wird die FMEA meist im Rahmen eines Brainstormings durchgeführt, da der Zugriff auf unterstützendes Datenmaterial in den wenigsten Fällen vorhanden ist. Hier kann die Qualitätsdatenbasis durch Bereitstellung von Historiendaten wesentliche Unterstützung leisten. So können z.B. durch eine Ähnlichkeitsbetrachtung Informationen über das Qualitätsgeschehen im Unternehmen auf neue Produkte übertragen, und Schwachstellen leichter aufgedeckt werden. Weitere Unterstützung leisten können in der Qualitätsdatenbasis abgelegte Fehlerkataloge, Maßnahmenkataloge oder Prüfmerkmalskataloge.

Die Ergebnisse der FMEA fließen in Form von Verbesserungsvorschlägen und Maßnahmen in die Arbeitsvorbereitung zurück. So kann z.B. die Analyse ergeben, daß bei einem ähnlichen Teil die Fertigung auf einer bestimmten Maschine in der Vergangenheit Schwierigkeiten bereitet hat, obwohl diese Maschine für die Fertigung des neuen Produktes im Arbeitsplan vorgeschlagen wurde. In diesem Fall würde der Vorschlag erfolgen, auf eine andere Maschine oder ein anderes Bearbeitungsverfahren auszuweichen. Die FMEA kann neben einer Optimierung des Arbeitsplanes auf nötige Anpassungen des Prüfplans hinweisen. Dies gilt für den Fall, daß bestimmte Fehlerarten entdeckt werden, die zu bisher nicht berücksichtigten Prüfmerkmalen führen.

Zusätzlich werden die Ergebnisse der FMEA, die für spätere Anwendungen und andere Regler interessant sind, in der Qualitätsdatenbasis abgelegt. Dies können z.B. Erweiterungen von Fehlerkatalogen und Maßnahmenkatalogen sein oder die Ergebnisse durchgeführter Analysen oder Daten, die bei weiteren Ähnlichkeitsbetrachtungen genutzt werden können.

Im vorgestellten Beispiel wurde im Sinne der Modellbildung von einer strengen Trennung zwischen Regler und Regelstrecke ausgegangen. Es kann jedoch durchaus der Fall sein, daß die FMEA bereits in der Arbeitsvorbereitung durchgeführt wird, vielleicht sogar von derselben Person, die den Arbeitsplan oder Prüfplan erstellt. Da der wesentliche neue Aspekt des vorgestellten Beispiels in der Unterstützung durch die Qualitätsdatenbasis liegt, handelt es sich trotzdem um einen ebenenübergreifenden Qualitätsregelkreis, bei dem Informationen aus verschiedenen Unternehmensbereichen systematisch bereitgestellt und genutzt werden.

5. Zusammenfassung und Ausblick

Heutige Qualitätsregelkreise finden sich vorwiegend in der operativen Ebene des Unternehmens. Es ist zu erwarten, daß sich die Spannweite der Regelkreise zunehmend vergrößern wird, und sich diese, wie in **Bild 12** gezeigt, über die Steuerungs- und Planungsebene bis hinauf in die Entscheidungsebene erstrecken werden /1/. Beispiele aus der Praxis zeigen, daß solche übergreifenden Regelkreise den Aufbau einer Qualitätsdatenbasis realisiert erfordern.

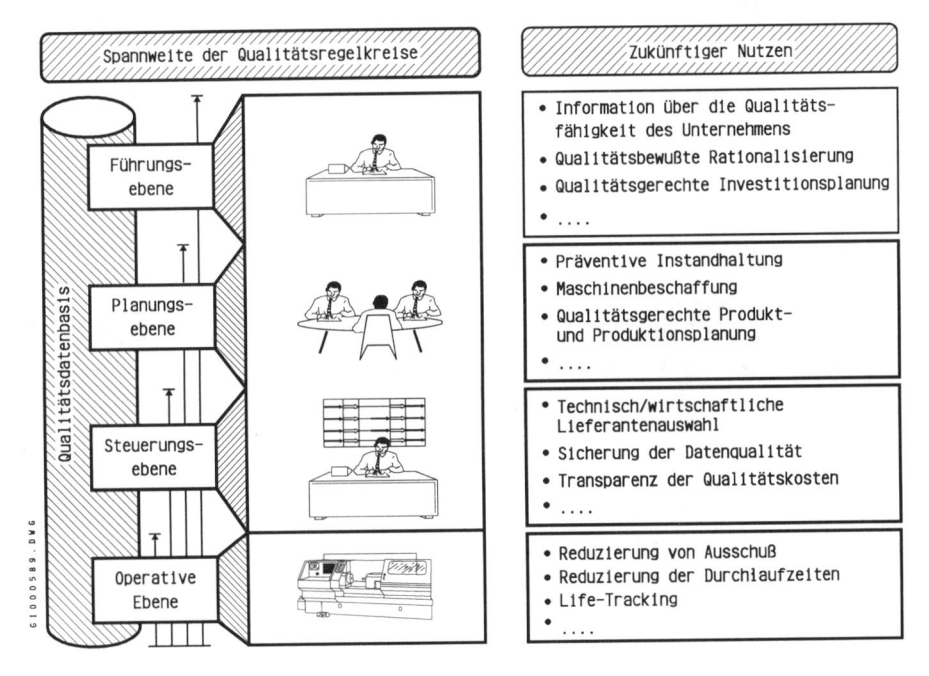

Bild 12: Zukünftige Entwicklung und Nutzen von Qualitätsregelkreisen

Der vorliegende Beitrag zeigt eine Vorgehensweise, um systematisch Komponenten der Regelkreise zu beschreiben und über die Qualitätsdatenbasis zu integrieren. Es wurde eine mögliche Struktur der Datenbasis entworfen, die sich aktuellen Bestrebungen der Schnittstellennormungen angleicht.

Die Realisierung von Qualitätsregelkreisen verspricht einen vielfältigen Nutzen für alle Bereiche des Unternehmens. Primäres Ziel in der operativen Ebene ist die Reduzierung von Ausschuß und Durchlaufzeiten, die zu einer deutlichen Reduzierung der Herstellkosten beitragen kann. Für die Steuerungsebene eröffnet sich die Möglichkeit einer objektiven Lieferantenauswahl unter technischen und wirtschaftlichen Gesichtspunkten. Die zu realisierende Transparenz der Qualitätskosten mit schnellem Zugriff auf aktuelle Daten ermöglicht es, kostenorientierte Qualitätsverbesserungsmaßnahmen einzuleiten, und diese anhand der erreichten Verbesserung der Kostensituation zu bewerten. Die Planungsebene erhält Entscheidungsgrundlagen über eine qualitätsgerechte Planung von Produkten sowie Randbedingungen für die qualitätsoptimale Gestaltung von Prozessen und Produktionsabläufen. Die Entscheidungsebene wird in die Lage versetzt, jederzeit Informationen über die aktuelle Qualitätsfähigkeit des Unternehmens abzurufen.

Zusammenfassend kann gesagt werden, daß durch die Realisierung von Qualitätsregelkreisen, die über eine Qualitätsdatenbasis integriert werden, die Möglichkeit geschaffen wird, den Wettbewerbsfaktor Qualität neben Terminen und Kosten transparent und handhabbar zu gestalten.

Schrifttum:

1. Auge, J.: Qualitätsregelkreise mit Einbindung indirekter Produktionsbereiche QZ, Qualität und Zuverlässigkeit; Carl Hanser Verlag, München, Jg.34 (1989)

2. Bothe, K.: World Class Quality - Design of Experiments made easier, more cost effective than SPC AMA management briefing; American Management Association, New York, 1. Auflage, 1988

3. Crosby, P.: Qualität bringt Gewinn, McGraw-Hill Book Company GmbH, Hamburg, 1986

4. Desatnik, R.: Long live the king, Quality Progress; American Society for Quality Control, Milwaukee, Jg.22 (1989) 4; S. 24-26

5. Ebeling, J.: Qualität auf neuen Wegen, Firmenschrift der Bayrischen Motorenwerke; Abteilung Qualitätssicherung, (1988)

6. Eversheim, W.: Produktionstechnik auf dem Weg zu integrierten Systemen, Aachener Werkzeugmaschinen Kolloquium, VDI-Verlag Düsseldorf 1987

7. Gimpel, B.: Statistische Prozeßregelung (SPC), Seminar"Leistungsmerkmale PC-gestützter Qualitätssicherungs-Systeme"; GfQS, Gesellschaft für Qualitätssicherung, Aachen, 1990

8. Gimpel, B.; Köppe, D: Normung von Schnittstellen für die Qualitätssicherung, CIM Management; R. Oldenbourg Verlag, München, Jg. 5 (1989) 1

9. Golüke, H.; Steinbach W.:
   Qualität und Qualittssicherung als Verkaufsargument, QZ, Qualität und Zuverlässigkeit; Carl Hanser Verlag, München, Jg.33 (1988) 2

10. Held, H.: Konzept und Realisierung eines wissensbasierten Fehleranalysesystems für kaltumformende Fertigungseinrichtungen, Fortschrittsbericht, VDI Reihe 10 Nr.94, VDI Verlag, Düsseldorf 1989

11. Hauser, J.R.; Clausing, D: Wenn die Stimme des Kunden bis in die Produktion vordringen soll, HARVARDmanager; Manager Magazin Verlagsgesellschaft mbH, Hamburg, Jg.10 (1988) 4;

12. Köppe, D.: Komponenten kommerzieller CAQ-Systeme Qualitätssicherung und Meßtechnik in der integrierten Produktion; VDI/VDE (GMA), Düsseldorf, 1989

13. Kohen, E.; Schmitz-Mertens, H.-J.: Produktion als Regelkreis, Industrie-Anzeiger; Konradin Verlag, Leinfelden Echterd., Jg.111 (1989) 46

14. Melan, E.H.: Improving Responsiveness in Product Development Quality Progress; American Society for Quality Control, Milwaukee, Jg.22 (1989) 6; S. 26-30

15. N.N.: Schnittstellen der rechnerintegrierten Produktion (CIM) - Fertigung und Auftragssteuerung, DIN-Fachbericht 21; Beuth Verlag, Berlin 1989

16. N.N.: Stand und Entwicklungstendenzen im Qualitätswesen im Hinblick auf CAQ, Roland Berger & Partner, München 1987

17. N.N.: Qualitätskontrolle in der Automobilindustrie; Sicherung der Qualität vor Serieneinsatz, VDA Verband der Automobilindustrie e.V.; Frankfurt/Main, 1986

18. Pfeifer, T.; Bonse, L.: Integrierte rechnergestützte Qualitätssicherung - Entwicklungstendenzen, Industrie Anzeiger; Konradin Verlag, Leinfelden- Echterd., Jg.110 (1988) 81;

19. Pfeifer, T.; Grob, R.: Knowledge based fault analysis as central component of quality assurance, 14th Symposium on Operation Research, Ulm, 1989

20. Sieper, H.-P.: Voraussetzungen und Lösungsansätze für ein innerbetriebliches Qualitätsinformationssystem, Dissertation; Rheinisch-Westfälische Technische Hochschule, Aachen, 1970

21. Taguchi, G.: Introduction To Quality Engineering, Asian Productivity Organisation; ASI, Dearborn Michigan, Tokyo, 1986

Mitglieder der Arbeitsgruppe für den Vortrag 4.1.

Dipl.-Ing. P. Böhm, Universität Dortmund
Prof. Dr.-Ing. M. A. Crostak, Universität Dortmund
Dipl.-Ing. D. Frowein, ZF
Dr.-Ing. P. Geisler, Robert Bosch GmbH Werk Bühlertal
Dipl.-Ing. B. Gimpel, FhG IPT
Dr.-Ing. H. Golüke, FAG Kugelfischer Georg Schäfer KG aA
Dipl.-Ing. M. Graf, Robert Bosch GmbH, Stuttgart
Dipl.-Ing. B. Grün, Mauser Werke Oberndorf GmbH
Dipl.-Ing. D. Köppe, FhG IPT
Dipl.-Ing. M. Kwon, FhG IPT
Dipl.-Ing. M. Lücker, WZL
Dipl.-Ing. R. Mieke, Renk AG
Dipl.-Ing. G. Orendi, FhG IPT
Prof. Dr.-Ing. Dr. h. c. T. Pfeifer, WZL / FhG IPT
Dr.-Ing. A. Rüllich, Friedrich-Schiller-Universität Jena
Dr.rer.nat. W. Weiske, Flachglas AG
Prof. Dr.-Ing. E. Westkämper, IWF, TU Braunschweig
Prof. Dr.-Ing. H. Weule, Universität (TH) Karlsruhe
Dipl.-Ing. P. Zeller, FhG IPT

4.2 Netze als Basis für das fertigungsintegrierte Qualitätsmanagement

Gliederung:
1. Einleitung
2. Kommunikationslösungen für die Fertigungsautomatisierung
2.1 Stand der Technik
2.2 Kommunikation im Feldbereich am Beispiel der Qualitätsdatenerfassung
2.3 Anforderungen an eine offene Kommunikation im Feldbereich
3. Offene Kommunikationssysteme für den Feldbereich
4. Zusammenfassung und Ausblick

Kurzfassung:

Netze als Basis für das fertigungsintegrierte Qualitätsmanagement

Im Mittelpunkt einer rechnerintegrierten Fertigung stehen immer wieder Netze, mit denen der Datenverbund zwischen Quellen und Senken auf jeder der logischen Informationsebenen eines Unternehmens sowie ebenenübergreifend hergestellt werden kann.

Während für die planenden und konstruierenden Bereiche offene Kommunikationssysteme bereits verfügbar und international genormt sind, bereitet die Einbindung der Feldebene mit Sensoren, Aktoren und Meßumformern in den Informationsfluß integrierter Produktionssysteme noch Schwierigkeiten, da es an international standardisierten Kommunikationssystemen für den Feldbereich und an aus Netzsicht einheitlichen Gerätefunktionalitäten mangelt.

In diesem Beitrag werden anhand von Beispielen zur Übertragung von qualitätsrelevanten Daten die Anforderungen an Kommunikationssysteme im Feldbereich ermittelt und an vorhandenen Lösungen gespiegelt. Dabei sollen Vor- und Nachteile von offenen Kommunikationssystemen erläutert, sowie die Grenzen solcher Systeme aufgezeigt werden.

Abstract:

Networks as a Basis for Production-Integrated Quality Management

Networks providing data communication between sources and destinations at each of the logical information levels of a company and between these different levels are invariably a central element in computer integrated manufacturing.

While internationally standardized open communication systems are already available for the planning and design sectors, there are still difficulties in linking the field level with its sensors, actuators and transducers into the information flow of integrated production systems, owing to the lack of internationally standardized communication systems for the field sector and of harmonized functions on individual devices suiting them for network communication.

The paper uses examples of quality-relevant data transmission to determine communication systems requirements for the field sector and compare them with existing solutions. The advantages and disadvantages of open communications systems are discussed and their limitations indicated.

1. Einleitung

Denkt man im Sinne einer flexiblen Produktion den CIM-Gedanken konsequent zu Ende, so sind sämtliche Automatisierungseinrichtungen eines Fertigungsprozesses mit in den integrierten Datenfluß einzubeziehen.

Eines der tragenden Elemente einer solchen rechnerdurchdrungenen Fertigung sind zweifellos Netze, mit denen der Datenverbund zwischen Quellen und Senken auf jeder der logischen Informationsebenen eines Unternehmens sowie ebenenübergreifend hard- und softwaremäßig verwirklicht werden kann (Bild 1).

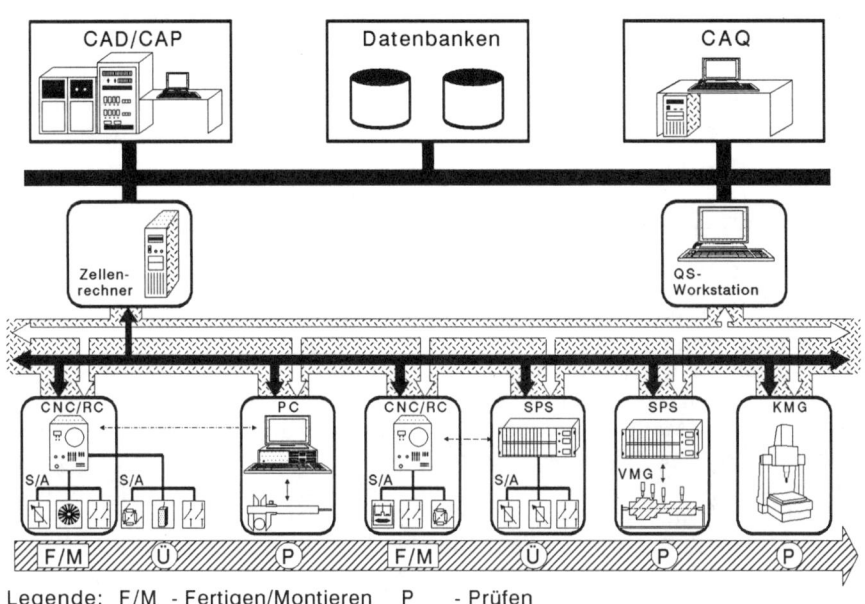

Legende: F/M - Fertigen/Montieren   P - Prüfen
© WZL 1990   Ü - Überwachen   S/A - Sensor/Aktor

Bild 1: Kommunikationsbedarf in einer automatisierten Fertigung

In Top-Down-Prozeduren unter steuerungstechnischen Gesichtspunkten wurde zunächst die Kopplung zwischen planenden und konstruierenden sowie ausführenden Bereichen realisiert (PPS/CAD/CAM-Kopplung) /1/. Die hierbei einzusetzenden Netzinstallationen, die vorzugsweise im Bereich der Rechner-Rechner-Kopplung anzusiedeln sind, erreichen zwangsläufig nicht die unteren Bereiche der Datenquellen und Senken, wie sie z.B. in Form mannigfaltiger Sensoren und Aktoren bzw. allgemein von Meß- und Prüfsystemen im Bereich des in der Feldebene angesiedelten Qualitätsdatenmanagements anzutreffen sind. Die Einbindung aber gerade dieser für die rechnerunterstützte Qualitätssicherung essentiellen Komponenten gewinnt zunehmend an Bedeutung, da immer mehr Wert auf Informationen über die die Prozeß-

und Produktqualität kennzeichnenden Daten gelegt werden muß.

Die wesentlichen Quellen dieser Qualitätsdaten sind die Geräte der Fertigungsmeßtechnik, d.h. Sensoren und Sensorsysteme im prozeßnahen Umfeld sowie die am Fertigungsprozeß selbst beteiligten Steuerungskomponenten. Die Informationen aus der Ebene der Meßmittel und der Sensorik werden in übergeordneten Automatisierungsebenen benötigt und dort entweder direkt zur Maschinenregelung (Zellenbereich) oder langfristig zur Dokumentation von Prüfdaten und Rückkopplungen von Prüfbefunden in die planenden Bereiche genutzt.

Um hier von den derzeit weitverbreiteten herstellerspezifischen Einzellösungen weg zu kommen und eine wirtschaftliche Integration der Feldebene in den unternehmensweiten Informationsfluß zu gewährleisten, sind auch in diesem Bereich international standardisierte, offene Kommunikationssysteme notwendig.

2. Kommunikationslösungen für die Fertigungsautomatisierung

2.1 Stand der Technik

Im Bereich der Fertigungstechnik wurde Anfang der 80er Jahre mit den Bemühungen um eine einheitliche Datenkommunikation begonnen. Heute sind in den oberen Hierarchieebenen einer industriellen Kommunikation die Standardisierungsbemühungen schon recht weit fortgeschritten und bereits Produkte am Markt verfügbar, die eine offene d.h. herstellerneutrale Kommunikation ermöglichen (Beispiele: MAP, TOP) /2/. In den unteren Hierarchieebenen, zur Vernetzung von Sensoren, Aktoren, Reglern und Steuerungen untereinander, scheidet der Einsatz von MAP-Produkten einerseits aus Kostengründen und andererseits wegen andersartiger Anforderungsprofile an Netze im Feldbereich, die sich nach den Anwendungen und den zum Einsatz kommenden Geräteklassen richten, aus.

Die Vernetzung auf der Feldebene ist derzeit gekennzeichnet durch eine heterogene Welt von herstellerspezifischen Bussystemen, die untereinander nicht kompatibel sind (Bild 2).

Während auf der Planungs-, Betriebs- und Bereichsebene wenige Großrechner für die rechenintensive, aber zeitunkritische Bearbeitung umfangreicher Datenmengen eingesetzt werden, befinden sich im Feldbereich eine Vielzahl unterschiedlicher, dedizierter Automatisierungsgeräte für die schnelle Bearbeitung und Verdichtung kleiner Informationsmengen.

Folglich muß auf den oberen Ebenen der Automation ein Kommunikationssystem zum Einsatz kommen, welches betriebsübergreifend die Übertragung großer Dateien, Datenbankzugriffe und Terminalemulationen für interaktive Arbeiten ermöglicht /3/.

Für die unteren Ebenen (Fertigungsbereich) wird allerdings ein Kommunikationssystem benötigt, welches in der Lage ist, auf Prozeßebene Funktionen wie

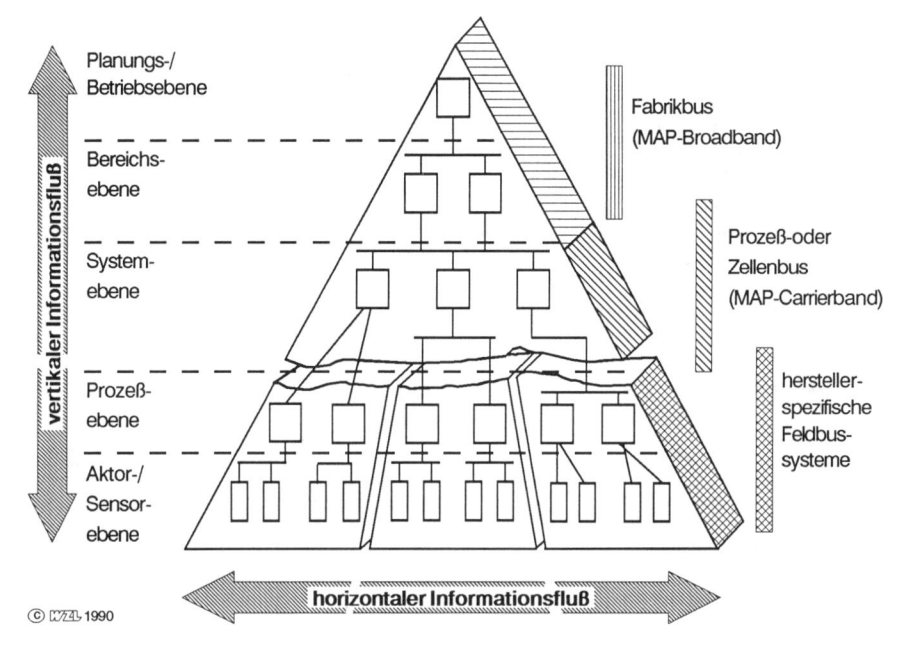

Bild 2: CIM - Pyramide (derzeitige Situation)

den Transfer von Programmen und Stelldaten, den Austausch qualifizierter Informationen und die Fähigkeit zum Erteilen von Ausführungsanweisungen zur Verfügung zu stellen.

Der sich nach unten anschließende Feldbereich zeichnet sich insbesondere durch schnelle, sich periodisch wiederholende Abfolgen von kurzen Nachrichten aus **(Bild 3)**. Die zu vernetzenden Endgeräte, wie Sensoren und Aktoren, erlauben zudem nur eine sehr kostengünstige Kommunikationsanschaltung.

Da aber die Feldebene sowohl für den steuerungsorientierten Top-down Informationsfluß als insbesondere auch im Hinblick auf die das Fertigungs- und Qualitätsgeschehen rückmeldenden Daten der Meßtechnik und Qualitätsprüfung nicht losgelöst von den oberen Hierarchieebenen der Informations-Pyramide gesehen werden kann, sind Maßnahmen und daraus abgeleitete Entwicklungen von Standards zur offenen Kommunikation auch im Feldbereich dringend erforderlich. Wesentliche Voraussetzung zur Realisierung solcher offenen Systeme ist die Einigung auf die der offenen Kommunikation zugrunde liegenden Protokolle und die Bereitstellung von Testmitteln zur Überprüfung der Konformität und Interoperabilität von Kommunikationskomponenten verschiedener Hersteller.

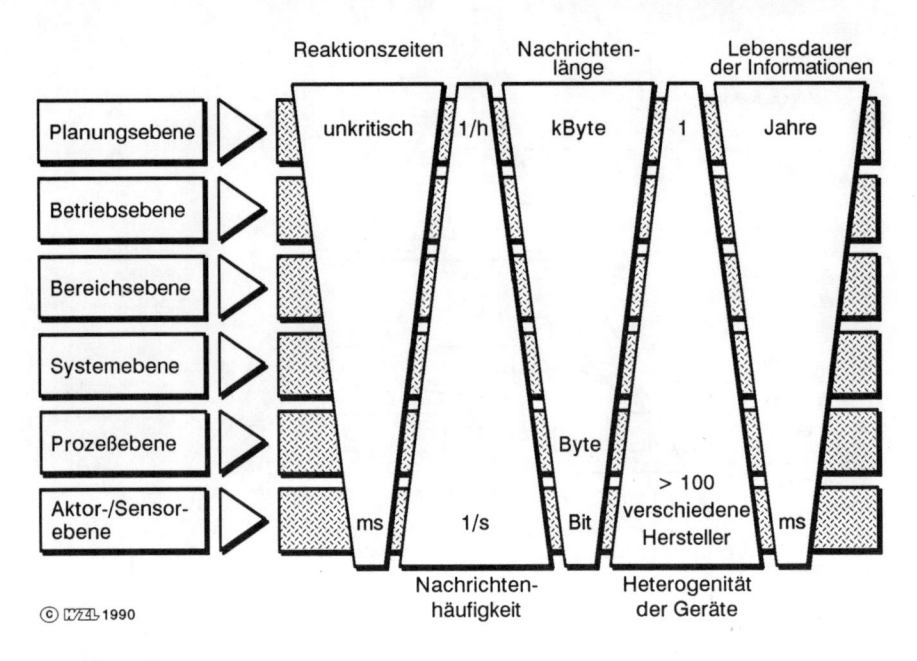

Bild 3: Anforderungen an Kommunikationssysteme in den verschiedenen Hierarchieebenen

2.2 Kommunikation im Feldbereich am Beispiel der Qualitätsdatenerfassung

Die Probleme und Erfordernisse, denen bei der Integration der Qualitätssicherung in die Fertigung, vor allem aus Sicht der Datenkommunikation zu begegnen ist, werden im folgenden anhand von drei Beispielen realisierter Systeme diskutiert. Vorgestellt werden in exemplarischer Form prozeßnahe und bereichsübergreifende Integrationsmaßnahmen, die mit herstellerspezifischen Kommunikationssystemen gelöst wurden.

Betrachtet werden dabei drei verschiedene Anwendungsfälle, die sich über Regelkreise verschiedener Reichweite erstrecken **(Bild 4)**.

Die Kommunikation erfolgt feldintern innerhalb der Sensor-/Aktorebene und Prozeßebene bzw. feldintern und bereichsübergreifend über verschiedene Ebenen einer rechnerintegrierten Qualitätsdatenerfassung.

Vor allem soll aufgezeigt werden, daß gerade im Bereich der Qualitätsdatenerfassung sowohl ein horizontaler Informationsfluß zwischen den Geräten einer Ebene als auch ein ebenenübergreifender Informationsfluß über mehrere Ebenen hinweg mit unterschiedlichen Anforderungen bewältigt werden muß.

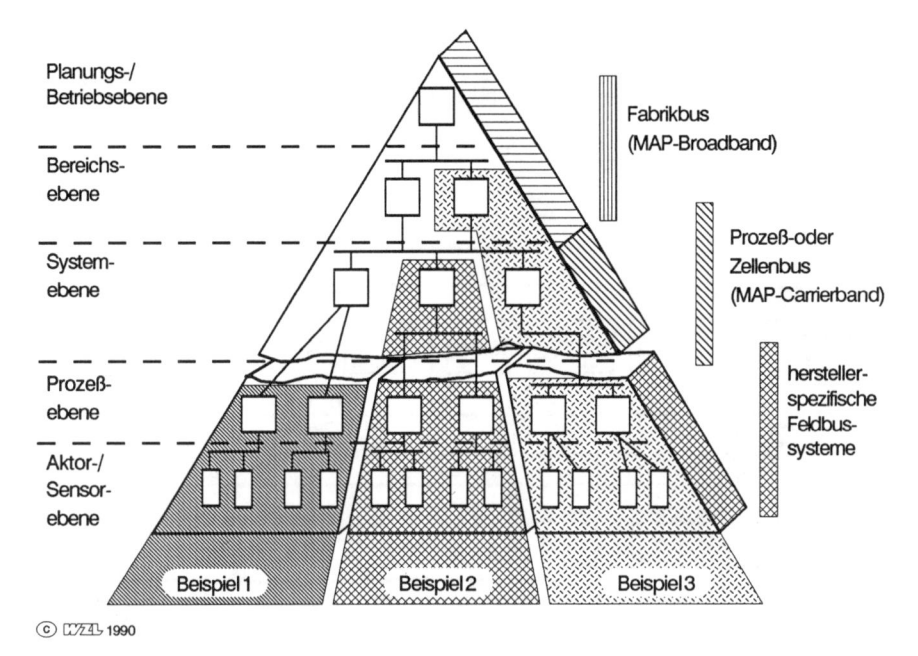

Bild 4: Beispiele realisierter Kommunikationskonzepte

2.2.1 Feldinterne Kommunikation

Am Beispiel einer vollautomatisierten, fertigungsnahen Meßeinrichtung zur Prüfung geometrischer Merkmale an rotationssymmetrischen Werkstücken, die am WZL in Form einer Bitbus-Anwendung realisiert wurde, wird hier eine Lösung der Kommunikation für die Anwendung im sogenannten **kleinen Regelkreis** gezeigt.

Die Prüfstation, schematisch im oberen Teil von **Bild 5** dargestellt, verfügt zur Erfassung der Geometriemerkmale einer Welle über drei Freiheitsgrade. Für das Verfahren entlang der translatorischen und rotatorischen Bewegungsachsen sind drei unabhängige Motoren installiert.

Die Kommunikationsteilnehmer in dieser Anordnung sind:

* ein Master-Rechner (PC-AT), in den der Algorithmus für die Motorregelung implementiert wurde,

* drei Aktormodule für die Antriebsmotoren der Kreuztisch- und Drehtischachsen und

* drei Sensormodule für die Drehgeber der jeweiligen Motoren.

Mit dieser Anordnung ist ein typischer Regelkreis realisiert, in dem ein Echtzeitprozeß zwischen Sensor-, Aktor- und Prozeßebene stattfindet.

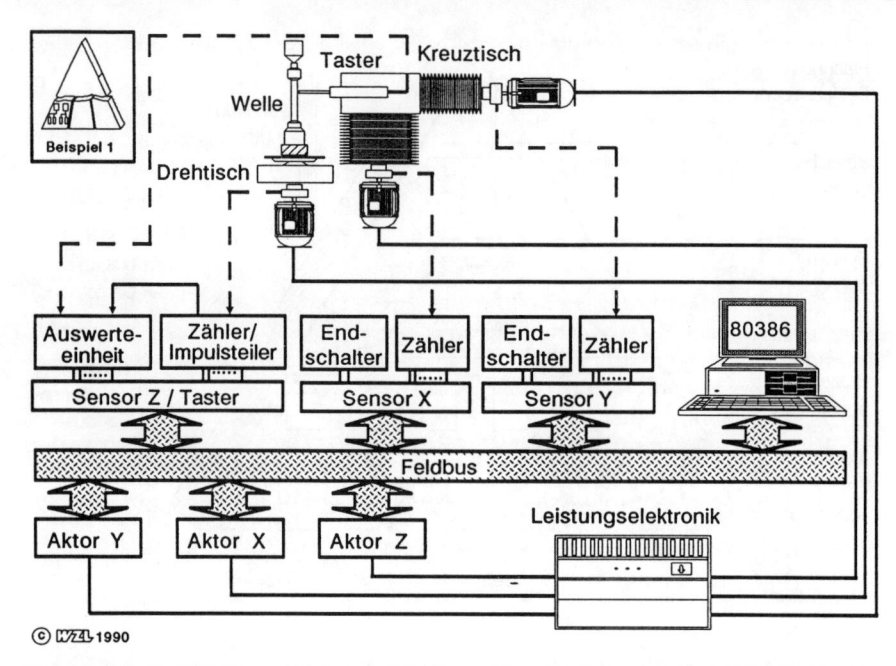

Bild 5: Digitalisierung analoger Schnittstellen im Lageregelkreis einer 2D-Geometrieprüfstation

Die Steuerung der Prüfstation wird vom Master-Rechner übernommen, an den alle Sensoren und Aktoren über das serielle Bussystem (Bitbus) angeschlossen sind. Die Aktormodule haben die Aufgabe, einen vom Master berechneten Stellwert an die Leistungselektronik der Antriebsmotoren zu übergeben. Die Sensoren liefern daraufhin einen (Positions-) Istwert zur Regelung an die Masterstation zurück.

Da der Einsatz der Prüfstation im Fertigungstakt erfolgen soll, darf eine maximale Meßzeit von 10 s pro Meßstelle nicht überschritten werden. Bei einer durchschnittlichen Telegrammlänge von 8 Byte und dem Austausch von 12 Telegrammen pro Meßzyklus erhält man somit ein Bruttodatenaufkommen von etwa 50 KBaud.

Der Betrieb der Prüfstation zeigt, daß das hier eingesetzte Feldbussystem auf Basis des Bitbusses die Aufgabe als Sensor-/Aktor-Schnittstelle bewältigen kann. Das serielle Kommunikationssystem weist eine Echtzeitfähigkeit und eine Störsicherheit auf, mit der es für den Einsatz in der Fertigungsumgebung geeignet ist. Obwohl das Kommunikationsprotokoll schon eine relativ breite Implementierungsbasis gefunden hat, mußte für diese Anwendung ein erheblicher Anpassungsaufwand bezüglich Hard- und Software der Sensor-/Aktormodule erbracht werden.

Es ist insgesamt eine prototypische Instrumentierung entstanden, deren technischer Übertragbarkeit aufgrund fehlender Standard-Module enge Grenzen gesetzt sind.

2.2.2 Feldinterne und bereichsübergreifende Kommunikation über mehrere Ebenen einer rechnerintegrierten Qualitätsdatenerfassung

Mit der fertigungsintegrierten Qualitätssicherung ist eine Entwicklung weg von der reinen Fertigungssteuerung hin zur qualitätsgeregelten Produktion eingeleitet worden. Die Informationen für die Qualitätssicherung liegen dabei überwiegend im Rückführungszweig von Regelkreisen mit unterschiedlichen zeitlichen, räumlichen und organisatorischen Spannweiten. In Ergänzung des bereits behandelten "kleinen" Regelkreises wird hier anhand zweier Beispiele die Rückführung der Qualitätsinformationen bis in höhere Bereiche der rechnerintegrierten Fertigung beschrieben ("großer" Regelkreis).

Die Qualitätsinformationen beziehen sich sowohl auf den Qualitätsstand des Produktes als auch auf die Qualitätsfähigkeit des Prozesses und dienen mittelfristig zur Ermittlung optimaler Prüfvorgaben (z.B. Reduktion des Stichprobenumfangs bei sicher eingehaltenen Toleranzen) und langfristig zur Ermittlung neuer Konstruktions- bzw. Fertigungsvorgaben (z.B. geänderte Maschinen-Werkstück-Werkzeug-Zuordnung).

Vor allem die Massenherstellung ist im Gegensatz zur Einzelteilfertigung auf einen automatisierten Produktionsprozeß angewiesen und erfordert eine leistungsfähige Kommunikationsinfrastruktur, nicht zuletzt für den Transport von Qualitätsdaten.

Am Beispiel der vollautomatischen Montage von Kontaktelementen für verschiedene Befehlsgeräte soll dies verdeutlicht werden (Bild 6).

Die Eingangshalbzeuge kommen aus unterschiedlichen Produktionseinheiten (Spritzgießerei, Galvanik, Stanzerei, etc.). Die eigentliche Montage der Kontaktelemente erfolgt in einer vollautomatischen Montagelinie mit taktzeitentkoppelten Montagestationen für die unterschiedlichen Arbeitsvorgänge. Eine Funktionsprüfung während oder zwischen den verschiedenen Arbeitsgängen mit extrem kurzen Zeittakten ist unmöglich. Um aber einerseits eine gleichbleibende Qualität der hier zu montierenden Halbzeuge sowie des Montagevorganges selbst und andererseits die hohen Qualitätsanforderungen, die an das Endprodukt gestellt werden, einhalten zu können, ist eine 100%ige Qualitätsprüfung in Form einer Endprüfung erforderlich.

Die so gewonnenen Prüfdaten werden benutzt, um Schlechtteile direkt auszusortieren und um zusätzlich mittels statistischer Auswertemethoden Qualitätsdaten zu generieren, die in einem "großen" Regelkreis in die vorgelagerten Produktionseinheiten zurückgeführt werden, um so eine eng tolerierte Herstellung der zu montierenden Halbzeuge sicherzustellen und die Zahl der auszusondernden Schlechtteile auf ein Minimum zu reduzieren.

Neben den direkten Beziehungen zu den Vorgängen in der Montagelinie selbst ergeben sich also durch die statistischen Auswertungen mittelbare Einflüsse auf die Produktionsstätten der Halbzeuge. Die Bewertung der Statistikdaten erfolgt hierbei in Verbindung mit den chargenabhängigen Stichproben für die verschiedenen Halbzeuge durch eine zentrale Qualitätsdatenverarbeitung. Dadurch werden u.a. Rückschlüsse auf den Zustand verschiedener Werkzeuge (Spritzgießformen, Stanzwerkzeuge) in der Teilevorfertigung möglich. Qualitätswirksame Veränderungen können somit frühzeitig erkannt und beseitigt werden.

Die Aufgaben der Kommunikation in diesem qualitätsgeführten Produktionsprozeß sind hier mit leistungsfähigen herstellerspezifischen Systemen gelöst.

Da sich die Kommunikationspartner in diesem Prozeß aus Sensoren und Aktoren der Prüfautomaten, speicherprogrammierbaren Steuerungen für die Materialflußlogistik und Rechnern für die statistische Auswertung der Prüfergebnisse zusammensetzen, muß das Kommunikationssystem sowohl über Feldbuseigenschaften als auch über Fähigkeiten zur Rechner- und Steuerungskommunikation verfügen.

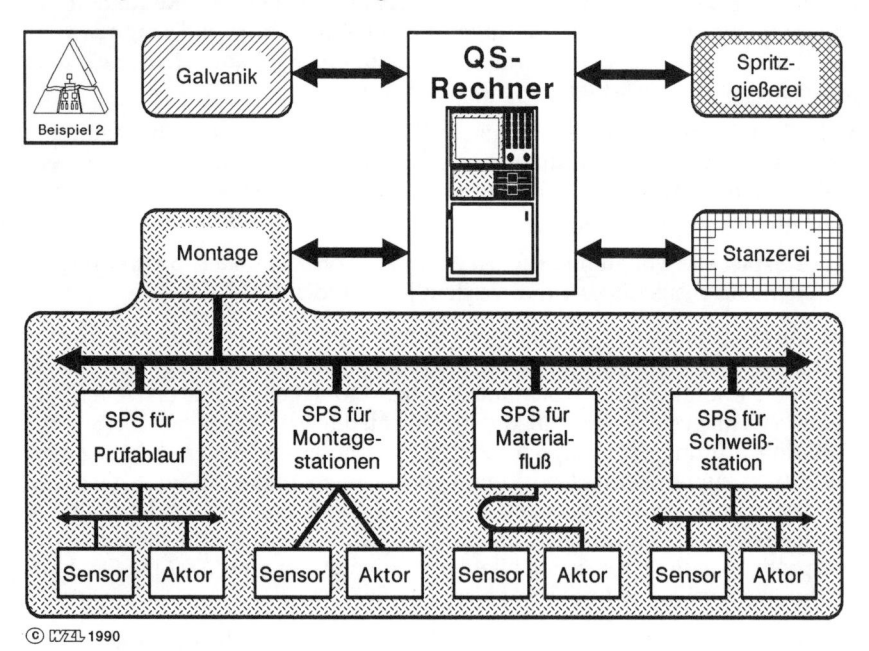

Bild 6: Kommunikationsbeziehungen in einem qualitätsgeführten Produktionsprozeß (nach: Klöckner-Moeller)

Zeitkritische Binärinformationen zwischen Materialflußsteuerung und Prüfablaufsteuerung sind ebenso zu beherrschen wie die Meßwerte des Kraftsensors oder der Leitwert der Widerstandsmessung. Aber auch gepackte Datensätze von statistischen Auswertungen über verschiedene Zeiträume, stückzahlabhängige Verläufe der Kraft-, Weg- und Widerstandstoleranzen, Angaben über Gut- und Schlechtteile sind der zentralen Qualitätsdatenverarbeitung zuzuführen. Diese wiederum erhält vergleichbare Informationen von der Halbzeugproduktion (Spritzgießerei, Stanzerei, Galvanik). So liegen z.B. ebenfalls Ergebnisse über die chargenabhängigen Gewichtskontrollen von Kontaktelemente-Gehäuseschalen aus der Spritzgießerei im zentralen QS-Rechner vor.

Der hier aufgezeigte Kommunikationsbedarf wird durch eine Vielzahl verschiedener herstellerspezifischer Übertragungstechniken mit unterschiedlichen Protokollen, teilweise sogar über Punkt zu Punkt Verbindungen, abgewickelt. Obwohl diese Technik zufriedenstellende Ergebnisse liefert, sind die Nachteile doch offensichtlich. Die verschiedenen Hersteller von Steuerungsprogrammen, Statistiksoftware und Meßsystemen müssen mühsame und kostenintensive Absprachen vornehmen. Die Darstellung der zu übertragenden Daten, die Datentypen, sind oft nicht einheitlich und müssen konvertiert werden.

Protokolle und Kommunikationsprozeduren sind ebenfalls unterschiedlich und müssen bei jeder Neu- oder Nachentwicklung modifiziert werden. Die Schwierigkeiten vergrößern sich um ein Vielfaches, wenn neue Produkte, z.B. für die Meßtechnik, in die bestehende Linie eingebaut werden sollen oder ein älteres System zu ersetzen ist. Gerade in diesen Fällen ergeben sich häufig zeit- und kostenintensive Schnittstellenprobleme.

Als weiteres Beispiel zur Realisierung des ebenenübergreifenden Qualitätsdatenflusses in einem Fertigungsbetrieb soll die Rechnervernetzung bei einem Hersteller für Kugellager dienen /4, 5/.

Die Vielzahl der in der Fertigung anfallenden Prüfergebnisse wird hier rechnerunterstützt erfaßt. Dies betrifft Daten

* von Maschinenfähigkeitsuntersuchungen und fertigungsbegleitenden Audit-Prüfungen, die mit mobilen Meßplätzen erfaßt werden,

* von SPC- und 100%-Prüfungen, die mit speziellen Meßcomputern erfaßt werden und

* von internen Beanstandungen und der Ausschuß- und Nacharbeitsdaten von fertigungsbegleitenden Audit-Prüfungen mit den dazugehörigen Fehler- und Prüfkosten, die in der zentralen EDV erfaßt werden.

Diese Aufzählung macht deutlich, daß Qualitätsdaten an sehr verschiedenen Orten mit unterschiedlichen Systemen erfaßt und somit besondere Anforderungen an das "elektronische" Sammeln, Verdichten und Verteilen der Daten gestellt werden (Bild 7).

Die Struktur der Vernetzung ist gekennzeichnet durch eine Rechnerhierarchie und zwei unterschiedliche lokale Netze. Auf unterster Ebene werden die Qualitätsdaten erfaßt, um die Maschine, an die der Meßcomputer angeschlossen ist, über die statistisch aufbereiteten Meßergebnisse unmittelbar

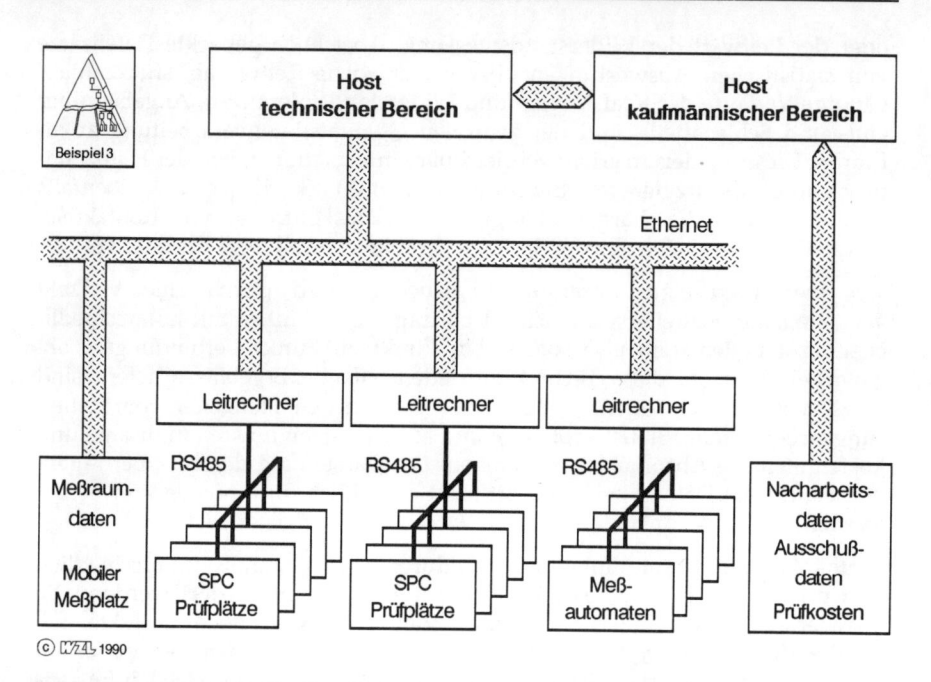

Bild 7: Netzkonzept für Qualitätsdaten (nach: FAG Kugelfischer)

zu regeln (**kleiner Regelkreis**).

Die mittlere Ebene bilden mehrere Leitrechner pro Fertigungsstelle. Hier werden die Daten der angeschlossenen SPC-Meßcomputer verdichtet und einmal pro Tag an die zentrale EDV (Host) gesendet. Außerdem erhalten die Leitrechner ständig aktuelle und konzentrierte Informationen über den Qualitätsstand in einer Fertigungsstelle (**mittlerer Regelkreis**) und verwalten und warten die Stammdatensätze für die angeschlossenen Meßcomputer.

Übergreifende Qualitätsdatenauswertungen werden zur Qualitätsplanung und zur übergeordneten Qualitätslenkung (**großer Regelkreis**) aus den verdichteten Qualitätsdaten der zentralen EDV (Host) gewonnen und dort archiviert.

Wegen der unterschiedlichen Anforderungen an den Datenaustausch zwischen den dargestellten Rechnern wurden zwei lokale Netze installiert.

Die Verbindung der unteren mit der mittleren Ebene erfolgt über ein RS485 Netz mit PDV-Bus Protokoll /6, 7/ und erfüllt die folgenden Forderungen:

* häufige Übertragung kleiner Datenmengen unter Echtzeitbedingungen,
* hohe Datensicherheit bei elektromagnetisch verseuchter Umgebung,
* selbstständiger Aufbau des Netzes nach dem Einschalten des Leitrechners bzw. der Meßcomputer,

* kostengünstige Interfaces zum Anschließen der Meßcomputer.

Die Verbindung der mittleren mit der oberen Ebene (Leitrechner-Host-Verbindung) wurde über ein vorhandenes Ethernet (Decnet) realisiert. Dieses Netz erfüllt die Anforderungen einer zeitunkritischen Rechner-Rechner-Kommunikation und ist somit geeignet, am Ende jeder Schicht die vom Leitrechner vorverdichteten Daten an den Host zu übertragen.

Die Lösung, vor allem im unteren Bereich, stellt trotz Nutzung eines genormten Übertragungssystems nur eine herstellerspezifische Lösung dar. Es werden zwar alle Anforderungen bezüglich der Kommunikation zufriedenstellend gelöst, dennoch kann der Anwender hier nur auf eine begrenzte Anzahl von Herstellerfirmen dieser Meßcomputer zurückgreifen, die dieses Protokoll unterstützen.

2.3 Anforderungen an eine offene Kommunikation im Feldbereich

Aus den vorangegangenen Beispielen wird ersichtlich, daß die Anforderungen an die Systemkomponente Kommunikation für die verschiedenen Bereiche der Prozeß- bzw. Feldebene sehr unterschiedlich sind und bisher ausschließlich mit herstellerspezifischen Systemen mit zugeschnittenen Protokollen gelöst werden konnten. Anwender und Hersteller solcher Systeme standen dann häufig vor dem zeit- und kostenintensiven Problem, daß für die Anwendungsfälle zugeschnittene Anpassungen erstellt oder notwendige Kommunikationsfunktionen selbst realisiert werden mußten.

Diese mangelnde Integrationsfähigkeit von Einzellösungen in einen unternehmensweiten Informationsverbund führte zu der bereits erwähnten Entwicklung von offenen, national oder international genormten Kommunikationsprotokollen.

Als wesentliche Vorteile bieten offene gegenüber herstellerspezifischen Kommunikationssystemen (Bild 8)

* eine erhöhte und einheitliche Funktionalität durch Bereitstellung einer einheitlichen, definierten Anwenderschnittstelle. Daraus resultiert eine einfache Handhabbarkeit von Kommunikationsdiensten, eine Übertragbarkeit und die damit verbundenen geringeren Softwarekosten für die Entwicklung von Anwenderprogrammen,

* eine einfache Erweiterbarkeit existierender Anlagen und Austauschbarkeit von Automatisierungsgeräten und damit eine größere Flexibilität bei der Auswahl von Geräten verschiedener Hersteller, durch physikalische und logische Kompatibilität,

* die Möglichkeit der ebenenübergreifenden Kommunikation über einfache Gateways durch Verwendung von MMS kompatiblen Protokollen /8, 9, 10/,

* eine Übertragbarkeit von existierenden Lösungen auf neue Anlagen und

damit verbunden niedrigere Projektierungs-, Planungs- und Inbetriebnahmekosten.

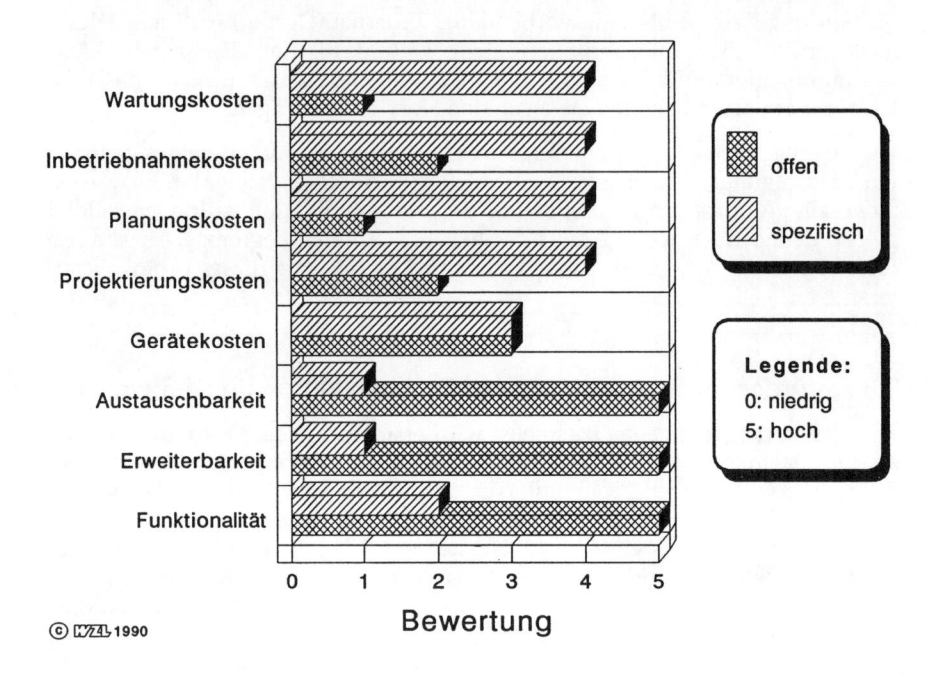

Bild 8: Qualitative Merkmalsbewertung offene / herstellerspezifische Kommunikation

Die genannten Vorteile berücksichtigend haben die Entwicklungsarbeiten in den oberen Bereichen der unternehmensinternen und unternehmensübergreifenden Kommunikation zu den existierenden Standards MAP und TOP /10/ geführt.

In den unteren Ebenen, der Sensor-, Aktor- und Prozeßebene, ist dagegen nach wie vor ein Defizit bezüglich standardisierter Schnittstellen und Busse zu verzeichnen. Gerade aber in diesem Bereich ist in der Zukunft mit einer zunehmenden Zahl kleiner, intelligenter und kostengünstiger Automatisierungsgeräte (speicherprogrammierbare Steuerungen, Sensor-/Aktorsysteme, Meßgeräte, Regler, etc.) von den verschiedensten Herstellern zu rechnen, die mit in den ebenenübergreifenden Informationsverbund integriert werden müssen.

Hieraus resultiert für die Übertragung von Informationen im Feldbereich ein akuter Bedarf nach einem standardisierten Feldbussystem, das die unteren Ebenen für eine offene Kommunikation erschließt.

3. Offene Kommunikationssysteme für den Feldbereich

Ein offenes, standardisiertes Kommunikationssystem für den Feldbereich, das alle Anforderungen bezüglich der Übertragungsleistung, der Funktionalität und der Durchgängigkeit erfüllt, läßt sich nur durch intensive Zusammenarbeit mehrerer Hersteller und durch eine breite Anwenderakzeptanz erreichen.

Während sich die Entwicklungen in den USA hauptsächlich auf eine offene Kommunikation für die oberen Bereiche einer Unternehmenshierarchie konzentrierten, wurden im europäischen Bereich erste Projekte gestartet, die unteren Ebenen (Sensor-/Aktorebene, Prozeßebene, Systemebene) mit in den offenen Kommunikationsverbund aufzunehmen. Dabei wurden wesentliche Voraussetzungen geschaffen und Vorarbeiten geleistet, ein offenes Feldbussystem zu spezifizieren, zu erproben und der Normung zuzuführen. Als Ergebnis dieser Arbeiten liegen derzeit zwei unterschiedliche nationale Normvorschläge vor:

* **FIP** (Factory Instrumentation Protocol, französischer Normvorschlag)
* **PROFIBUS** (PROcess FIeld BUS, deutscher Normvorschlag)

Beide Konzepte, die in den nachfolgenden Kapiteln näher betrachtet werden sollen, erfüllen dabei die grundsätzlichen Anforderungen an Feldbussysteme, weisen jedoch im Bezug auf Durchgängigkeit zu MAP und Funktionalität wesentliche Unterschiede auf.

3.1 FIP (Factory Instrumentation Protocol)

FIP ist ein von französischen Firmen erarbeitetes Feldbuskonzept, das als Normvorschlag in die französische Normung /11/ eingebracht wurde. Basierend auf dem ISO-OSI Referenzmodell /12/ sollen die wesentlichen Merkmale von FIP kurz genannt werden.

Auf Schicht 1 (Physical Layer) bietet FIP folgende Möglichkeiten der Vernetzung von Sensoren und Aktoren mit überlagerten Steuerungskomponenten:

* maximale Leitungslänge: 1000 m
* maximale Anzahl der Stationen: 40
* Übertragungsgeschwindigkeit: 1 Mbit/s
* Medium: 2-Draht-Leitung oder Lichtwellenleiter (LWL)

Die Datenübertragung (Schicht 2, Data Link Layer) ist dabei in erster Linie auf zyklische, deterministische Dienste ausgelegt. Dabei werden überwiegend verbindungslose Datagrammdienste verwendet, d.h. daß der Empfänger dem Sender den Erhalt einer Nachricht nicht quittiert (unquittierte Übertragung, meist über Broadcast). Der Buszugriff wird durch einen zentralen Busarbitrator (Masterstation), der aus Sicherheitsgründen redundant ausgeführt ist, gesteuert. Dies stellt somit ein reines Master-Slave-System dar. Die Anwendungsschicht (Schicht 7, Application Layer) wurde ursprünglich losgelöst von dem internationalen Standard MMS entwickelt und stellt eine reine FIP-Syntax dar, die in bezug auf Durchgängigkeit zur MAP-Welt nur mit einigem Aufwand über ein Gateway gelöst werden kann (Bild 9).

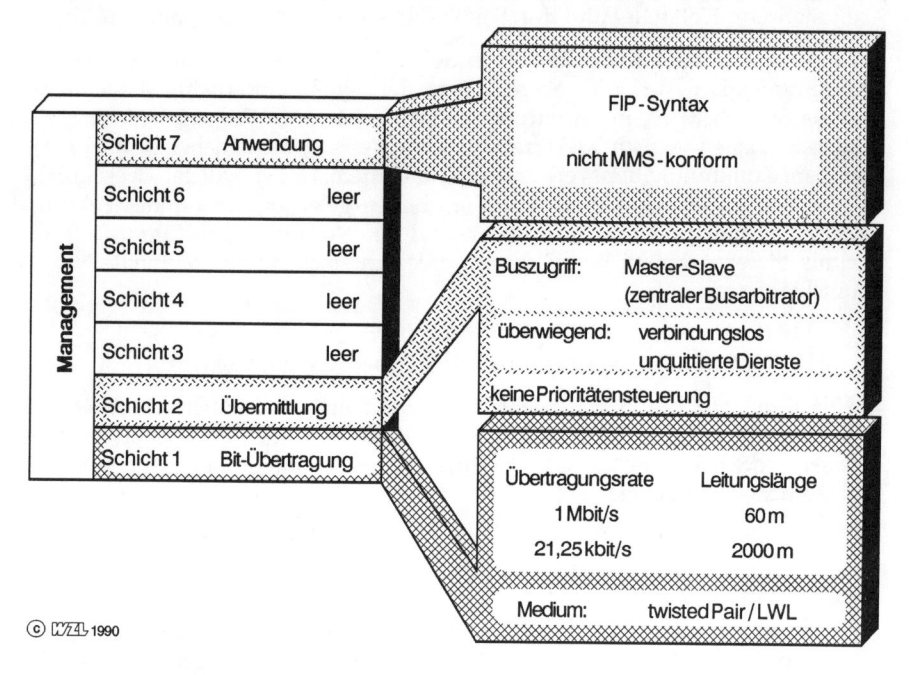

Bild 9: FIP im ISO-OSI Referenzmodell

Dagegen stellt das FIP-Konzept, ausschließlich angewandt im Feldbereich für die Verbindung einfacher Geräte (Sensoren, Aktoren) mit einer überlagerten Steuerungskomponente eine durchaus zufriedenstellende Lösung dar. Im Hinblick auf einen internationalen Feldbusstandard muß jedoch den Forderungen nach

*   einem hybriden Buszugriffsverfahren, das sowohl Master-Slave- als auch Multi-Master-Verfahren zuläßt,
*   azyklischen und quittierten Diensten auf Schicht 2 und
*   Durchgängigkeit auf Anwenderebene, d.h. MMS-kompatible Kommunikationsdienste auf Schicht 7 Rechnung getragen werden.

3.2 PROFIBUS (PROcess FIeld BUS)

Der PROFIBUS ist ein von deutschen Firmen und Hochschulinstituten erarbeitetes Feldbuskonzept, das bereits als nationale Vornorm DIN V 19245 Teil 1 und Teil 2 (zur Zeit in Arbeit) vorliegt.

Der PROFIBUS ist ein offener Feldbus und trägt den besonderen Anforderungen von Feldgeräten, wie Sensoren, Aktoren und speicherprogrammierbaren Steuerungen Rechnung /13, 14, 15/. Er basiert ebenfalls auf dem ISO-OSI Referenzmodell und stellt einen Kompromiß zwischen den Forderungen nach geringen Reaktionszeiten, effizientem Zeitverhalten sowie geringen Anschaltungskosten einerseits, und dem Wunsch nach leistungsstarken Kommunikationsfunktionen andererseits dar.

Auf der physikalischen Schicht (Schicht 1) definiert der Profibus eine Übertragung nach EIA/RS-485 /16/. Über eine geschirmte, verdrillte Leitung (twisted pair) können bei Übertragungsraten von 9,6 Kbit/s bis 500 Kbit/s Entfernungen von 1200 m bzw. 200 m überbrückt werden. Dabei sind maximal 32 aktive Teilnehmer (Masterstationen) an einem Bussegment erlaubt. Zur Erhöhung der maximalen Entfernung auf bis zu 4800 m und/oder der Teilnehmerzahl auf 122 Stationen ist optional die Verwendung von Repeatern (bidirektionale Leitungsverstärker) möglich.

Auf der Datenübertragungsschicht (Schicht 2) sieht der PROFIBUS ein hybrides Buszugriffsverfahren bestehend aus Token-Passing zwischen den

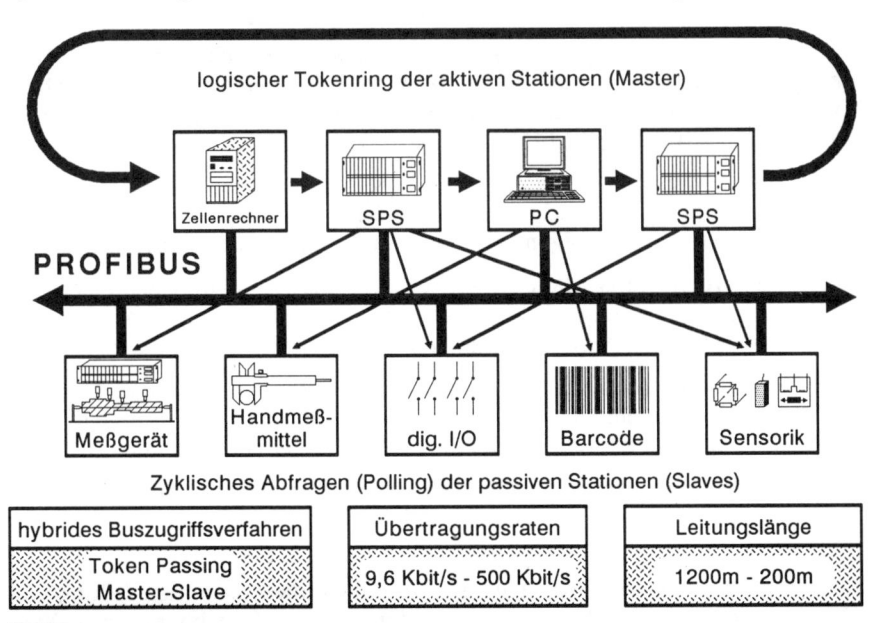

Bild 10: PROFIBUS Merkmale Schicht 1/2

aktiven Teilnehmern (Mastern) und einem unterlagerten Master-Slave Verfahren zwischen den aktiven und passiven Teilnehmern vor (Bild 10).

Durch das Token-Verfahren wird eine garantierte Zuteilung der Buszugriffsberechtigung an alle aktiven Stationen erreicht. Der Token, ein besonderes Leitungstelegramm zur Übergabe der Sendeberechtigung von einem Master an seinen Nachfolger, wird hierbei in einer festgelegten Zeit in einem logischen Ring (logischer Token Ring) an alle am Bus befindlichen Master übergeben. Dies garantiert eine genau bestimmbare Antwortzeit innerhalb einer realen Anlage. Neben der Steuerung des Buszugriffs bietet der PROFIBUS Datenübertragungsdienste für den azyklischen und zyklischen Send- und Request Betrieb.

Um eine effiziente Implementierung auch für kleine Geräte zu gewährleisten, bleiben die Schichten 3 bis 6 des ISO-OSI Referenzmodells beim PROFIBUS ebenso wie im FIP-Konzept leer.

Die Anwendungsebene (Schicht 7) bildet die Schnittstelle zum Anwender und stellt für die Kommunikation Dienste mit festgelegter Funktionalität zur Verfügung.

Die Festschreibung der Anwendungsschicht des PROFIBUS durch die sogenannte Fieldbus Message Specification (FMS) berücksichtigt die Forderungen nach weitestgehender Durchgängigkeit zu MAP/MMS auf der einen Seite, und den Wunsch nach einer einfachen, feldbusgerechten Anwendungsschicht auf der anderen Seite /17/.

Die für den PROFIBUS spezifizierten FMS-Dienste bilden ein Subset von MMS, das für die Anforderungen (z. B. Echtzeit) im Feldbereich angepaßt ist. Diese für den Anwender wichtigen FMS-Dienste lassen sich in folgende funktionelle Gruppen klassifizieren (Bild 11) /18/.

Das **Context Management** erlaubt den Verbindungsaufbau, -abbau und den Verbindungsabbruch zwischen zwei Kommunikationspartnern, sowie die Abweisung eines unzulässigen Dienstes vom Kommunikationspartner.

Das **Objektverzeichnis Management** erlaubt das Lesen und Schreiben des Objektverzeichnisses eines Feldgerätes. Dadurch können zum Beispiel über den Bus neue Objekte beim Kommunikationspartner definiert werden.

Das **VFD-Management** (VFD = Virtual Field Device) stellt mit seinen Diensten Informationen über das Gerät zur Verfügung. Dadurch können Geräte im Feld identifiziert und der aktuelle Geräte-/Prozeßstatus gelesen werden.

Mit dem **Variable Access** werden dem Anwender Dienste zum Lesen und Schreiben der im Objektverzeichnis definierten Variablen eines Feldgerätes angeboten.

Das **Program Invocation Management** ermöglicht die Zusammenstellung von Programmen und die Steuerung des Programmablaufs beim Kommunikationspartner.

Das **Event Management** bietet Dienste zur anwendergesteuerten Alarmbe-

Context Management	Domain Management
Verbindungsaufbau, -abbau, -abbruch	Laden logisch zusammenhängen- der Speicherbereiche (Domains)
Initiate Abort Reject	Initiate-Download/Upload-Sequence Download/Upload-Segment Terminate-Download/Upload-Sequence Request-Domain-Download/Upload

Program Invocation
Zusammenstellung von Domains zu Programmen und Ablaufsteuerung
Create-Program-Invocation Delete-Program-Invocation Start Stop Resume Reset

Event Management
Alarmbehandlung
Alter-Event-Condition-Monitoring Event-Notification Acknowledge-Event-Notification

Objektverzeichnis Management
Lesen und Schreiben des Objektverzeichnisses
Get-OV Initiate-Put-OV Put-OV Terminate-Put-OV

VFD Support
Geräteinformationen
Status Unsolicited-Status Identify

Variable Access
Lesen und Schreiben von Variablen eines Feldgerätes
Read/Write Phys-Read/Phys-Write Information-Report Define-Variable-List Delete-Variable-List

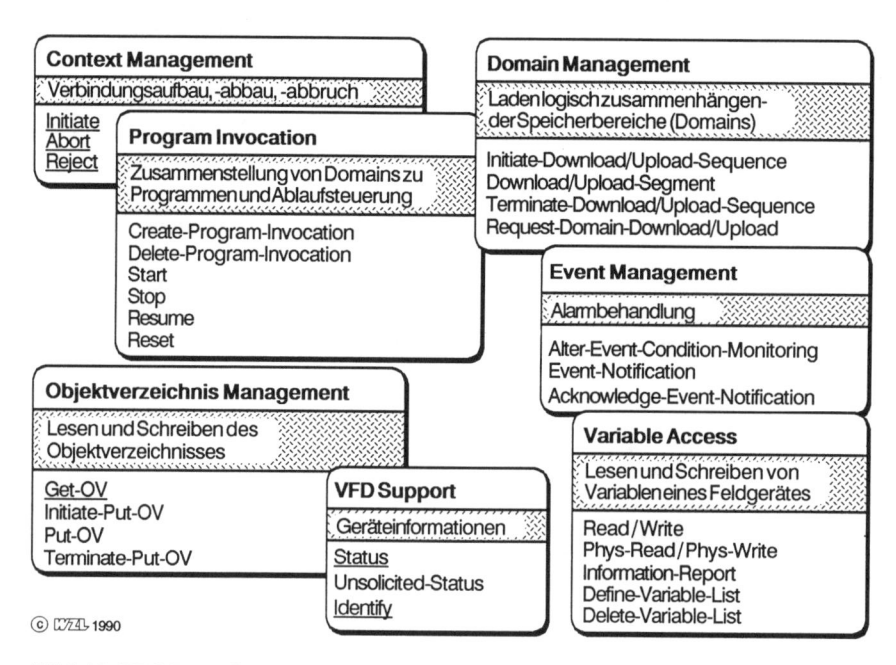

© IWZL 1990

Bild 11: PROFIBUS-FMS-Dienste

handlung.

Das **Domain Management** erlaubt das Laden von logisch zusammenhängenden Speicherbereichen (Domains), wie z.B. Programme und Parameterlisten für eine speicherprogrammierbare Steuerung.

Mit diesen Festlegungen für den PROFIBUS wurden die wesentlichen Anforderungen an ein offenes Kommunikationssystem im Feldbereich berücksichtigt. Anschlußmöglichkeiten bietet der PROFIBUS sowohl für Feldgeräte der untersten Ebenen, wie z.B. Sensoren, Aktoren und Meßgeräte als auch für überlagerte Steuerungskomponenten, wie speicherprogrammierbare Steuerungen und Personal Computer.

Die Herstellerunabhängigkeit und damit Offenheit des PROFIBUS ergibt sich aus der standardisierten Schnittstelle zum Bus und zum Feldgerät. Der Anwender hat somit zum erstenmal die Möglichkeit Feldgeräte verschiedener Hersteller ohne zeit- und kostenintensive Schnittstellenanpassungen an einem Kommunikationssystem betreiben zu können /19, 20/.

Der Forderung nach Durchgängigkeit zu überlagerten Kommunikationssystemen (MAP-Netze) kann durch die Verwendung der MMS-kompatiblen Anwenderdienste über ein einfaches Gateway Rechnung getragen werden. Ein Gateway stellt eine Verbindung zwischen zwei Netzwerken auf Ebene der Anwendungsschicht (Schicht 7) her und hat daher die Aufgabe, die Dienste einer Netzwerkseite in die der anderen Netzwerkseite zu überführen und eine konsistente Darstellung aller Objekte und Zustandsmaschinen der Anwendungsebene sicherzustellen.

Die Überlappung der Einsatzbereiche von MAP und PROFIBUS auf System- und Prozeßebene führt dazu, daß mehr als nur eine Schnittstelle zwischen diesen Bussystemen möglich ist. Im Hierarchiemodell der Fertigung kann das Gateway somit auf drei grundsätzliche Varianten zurückgeführt werden /3/.

Bei der ersten Variante ist eine abgeschlossene Zelle oder Linie vollständig mit dem PROFIBUS ausgerüstet. Der Zellenrechner kommuniziert dabei über das Gateway mit dem übergeordneten Leitrechner auf Bereichsebene. Der Informationsaustausch umfaßt typischerweise Auftrags- und Typdaten, sowie Statusabfragen über den Zustand der Gesamtlinie (Bild 12).

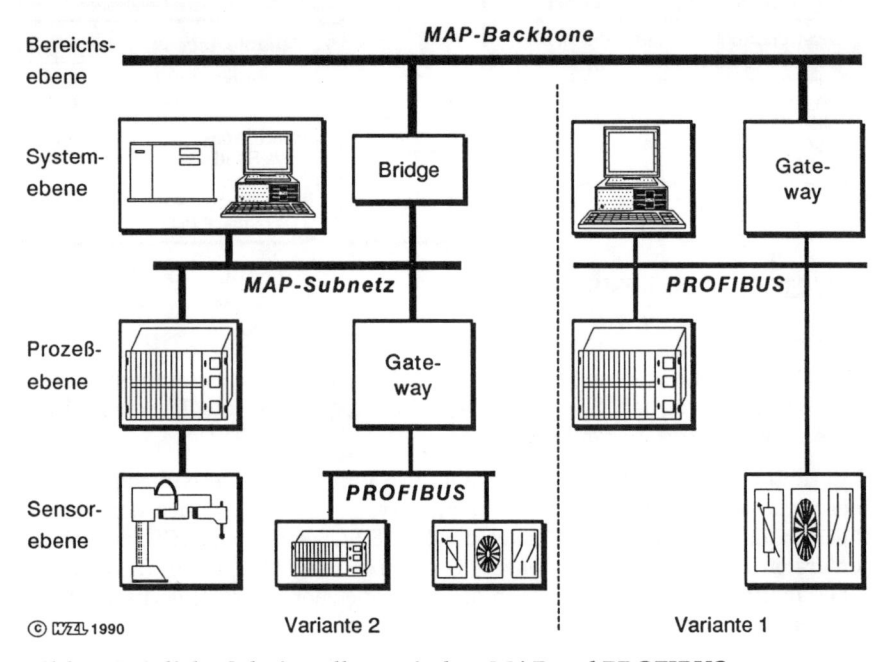

Bild 12: Mögliche Schnittstellen zwischen MAP und PROFIBUS

Bei der zweiten Variante besteht das PROFIBUS-Netzwerk aus einem Subnetz innerhalb einer mit MAP ausgerüsteten Zelle. Hier müssen neben einfachen Auftrags- und Typdaten Start- und Stopbefehle an die Subzelle übertragen werden. Die aus diesen Operationen resultierenden Informationen, wie Betriebsmitteldaten und Alarme, werden an den übergeordneten Zellenrechner zurückgesendet (Bild 12).

Bei der dritten Variante ist eine Zelle gemischt mit MAP und PROFIBUS ausgerüstet. Der Zellenrechner, der als Teilnehmer an dem MAP-Segment zu allen Automatisierungsendgeräten Kommunikationsverbindungen unterhält, greift durch das Gateway auf die Teilnehmer des PROFIBUS-Teilnetzes zu.

Mit diesen Möglichkeiten wird ein durchgängiger Kommunikationsverbund von der Sensor- bis zur Unternehmensleitebene absehbar.

Eine erste exemplarische Anwendung der herstellerübergreifenden offenen Kommunikation wurde von verschiedenen an der Entwicklung des PROFIBUS beteiligten Firmen und Instituten realisiert (Bild 13). In einem simulierten Fertigungsprozeß mit Lager-, Transport-, Bearbeitungs-, Prüf-, Montage- und BDE-Funktionen wird der PROFIBUS als Kommunikationssystem zwischen speicherprogrammierbaren Steuerungen, Personal Computern und I/O-Multiplexern von verschiedenen Herstellern eingesetzt. Dabei dient der PROFIBUS nicht nur zur Steuerungs- und Überwachungskommunikation, sondern zusätzlich auch zur Simulation des gesamten Materialflusses.

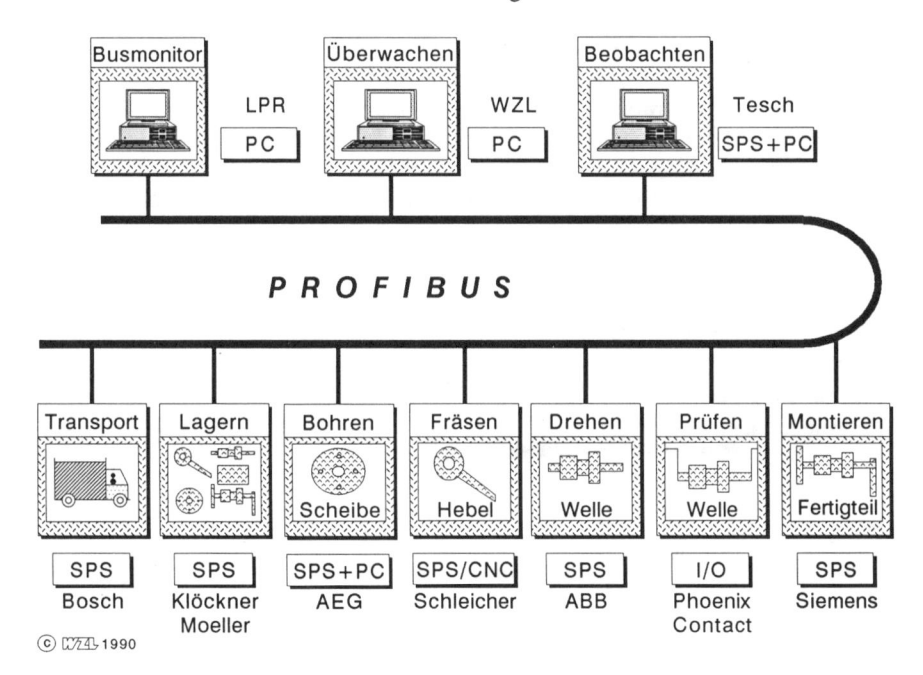

Bild 13: Realisierte PROFIBUS-Multi-Vendor-Anlage

3.3 Anwender- und herstellerunterstützende Maßnahmen

Um einen breiten Einsatz des PROFIBUS und damit eine stärkere Position bei der internationalen Standardisierung zu erreichen, werden im Rahmen der Arbeiten am PROFIBUS eine Reihe von hersteller- und anwenderunterstützenden Maßnahmen sowie Test- und Projektierungshilfsmittel angeboten. Um diese Maßnahmen zu koordinieren und weitere Entwicklungsarbeiten am PROFIBUS zu initiieren, wurde eine PROFIBUS Nutzerorganisation gegründet, die allen Herstellern und Anwendern zur Mit- und Zusammenarbeit offensteht. Als unterstützende Maßnahmen sind vor allem die Entwicklung von Testwerkzeugen und die Verfügbarkeit von einheitlichen Projektierungs- und Wartungshilfsmitteln für PROFIBUS-Komponenten zu nennen.

Die Erfahrungen mit dem Einsatz von MAP-Produkten in Multi-Vendor-Anlagen (Anlagen mit Automatisierungsgeräten von verschiedenen Herstellern) haben gezeigt, daß die Implementierungen offener Kommunikationssysteme notwendigerweise einer Unterstützung durch **Konformitäts-Test** bedürfen. Noch ausschlaggebender für die Anwender wird jedoch die Verfügbarkeit und der Zugriff auf **Interoperabilitäts-Tests** sein /21, 22/.

Ziel von Konformitäts-Tests ist es, die Übereinstimmung einer Protokoll-Implementierung mit den entsprechenden OSI-Protokoll-Standards sicherzustellen. Ziel des Interoperabilitäts-Tests ist es, das Zusammenwirken mehrerer bereits auf Konformität getesteter Implementierungen von verschiedenen Herstellern in realen oder experimentellen Anlagen zu erproben. Diese angestrebte Interoperabilität von PROFIBUS-Geräten macht es notwendig, eine eindeutige Festlegung von Optionen innerhalb der Norm zu treffen und in sogenannten Profilen festzuschreiben **(Bild 14)**. So müssen zum Beispiel in einem **Kommunikationsprofil** die Übertragungsgeschwindigkeit auf dem Kabelmedium (Schicht 1) festgelegt, die Art der Kommunikationsbeziehungen und der Umfang der Kommunikationsdienste (Schicht 7) vereinbart werden.

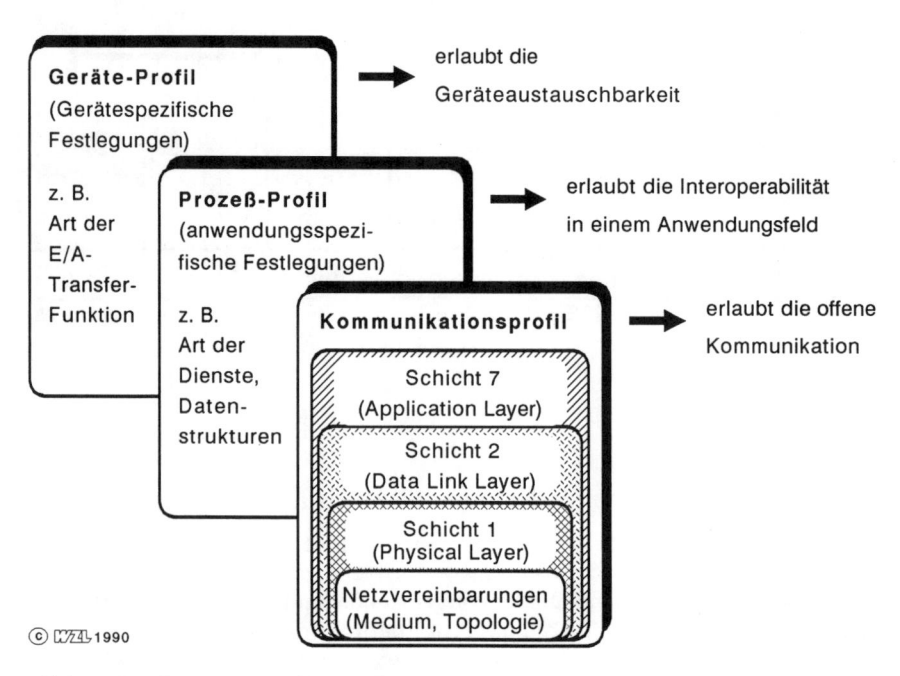

Bild 14: Strukturierung der Profile

Weitere Festlegungen werden in **Prozeß-** und **Geräte-Profilen** getroffen. Diese beinhalten u. a. definierte Datenstrukturen, Art der Dienste für bestimmte Anwendungen oder bestimmte Dienstabläufe für spezielle Aufgaben und Art der E/A-Funktionen und sollen in Zukunft die Austauschbarkeit von Geräten verschiedener Hersteller erleichtern.

Die Erstellung und Standardisierung solcher Profile, besonders aus Sicht verschiedener Anwendungsbereiche, ist eine wichtige Aufgabe der nächsten Jahre, der sich die Anwender nicht verschließen sollten.

Die Kombination der genannten beiden Testleistungen und die Festlegung von Profilen kann letztendlich die Funktionsfähigkeit in einer heterogenen Geräte- und Herstellerumgebung garantieren.

Zur weiteren Unterstützung der Anwender werden zur Inbetriebnahme und zum Betreiben eines offenen PROFIBUS-Kommunikationssystems Standardwerkzeuge auf PC-Basis angeboten.

Um das Kommunikationssystem in der Inbetriebnahmephase zu projektieren und alle erforderlichen Parameter netzweit zu konfigurieren, wird ein **Projektierungswerkzeug** notwendig. Dieses Gerät gibt dem Anwender die Möglichkeit, ohne detaillierte Kenntnisse der Spezifikation den Bus zu parametrieren und diese Parameter über Netzmanagement-Dienste in die jeweiligen Stationen am Bus zu laden. Ein solches Hilfsmittel gewährleistet, daß netzweit die gleichen Parameter eingestellt sind und eine Kommunikation überhaupt möglich ist.

Ein zusätzlicher **Busmonitor** auf PC-Basis ermöglicht sowohl während der Inbetriebnahme als auch in der Betriebsphase eine Analyse des Busverkehrs. Entwickler haben dadurch die Möglichkeit, genaue Fehleranalysen durchzuführen. Anwender können durch entsprechende Statistikfunktionen eine Auslastung ihres System errechnen und durch geeignete Maßnahmen eventuelle Optimierungen vornehmen.

Mit dem PROFIBUS wurde insgesamt zum erstenmal ein Medium bereitgestellt, das einen Zugriff auf Sensordaten zuläßt und Durchgängigkeit zu überlagerten standardisierten Kommunikationssystemen aufweist.

Eine Vielzahl von bekannten herstellerspezifischen Bussystemen, die auf einem ähnlichen physikalischen Übertragungsprotokoll wie das PROFIBUS-Konzept beruhen, könnten durch geringe Änderungen in der Hardware an den PROFIBUS angepaßt werden. Dabei kann durch eine entsprechende Klasseneinteilung in den Profilen für bestimmte Geräte erreicht werden, daß kleinere Geräte (Sensoren, Aktoren) nicht mit überflüssigem Protokollaufwand belastet werden.

4. Zusammenfassung und Ausblick

Für den Bereich der Fertigungsautomatisierung ist ein Bedarf an Feldbus- und Zubringerbussystemen zur Vernetzung einfacher und einfachster Komponenten zu verzeichnen. Für diese Anwendungsklasse sind auf nationaler Ebene einige Kandidatensysteme mit zum Teil vielversprechenden Leistungsdaten verfügbar oder spezifiziert worden. Damit sind die Basisschritte in Richtung offener Kommunikation im Feldbereich getan.

Wichtigstes Ziel ist es nun, einen internationalen Standard auf der Feldebene zu schaffen, um sowohl Herstellern als auch Anwendern sichere Investitionen in eine zukunftsweisende Kommunikationstechnik zu ermöglichen.

Die Aktivitäten (national und international) zur Spezifikation und zur Normung einer solchen Schnittstelle sind daher weit gestreut. Neben den beiden nationalen Normvorschlägen FIP und PROFIBUS werden eine Reihe von herstellerspezifischen Kommunikationssystemen diskutiert. Zusätzliche Arbeiten in Richtung offener Kommunikation im Feldbereich werden in verschiedenen europäischen Projekten, meist mit der Zielsetzung, Pilotinstallationen zu realisieren, um damit die Normung zu beeinflussen, durchgeführt.

Das für die internationale Feldbusnormung derzeit wichtigste Gremium ist die ISA SP50 **(Bild 15)**. Dort stehen zur Zeit im wesentlichen die zwei Vorschläge PROFIBUS und FIP im Hinblick auf ihre Eignung für eine US-Vornorm zur

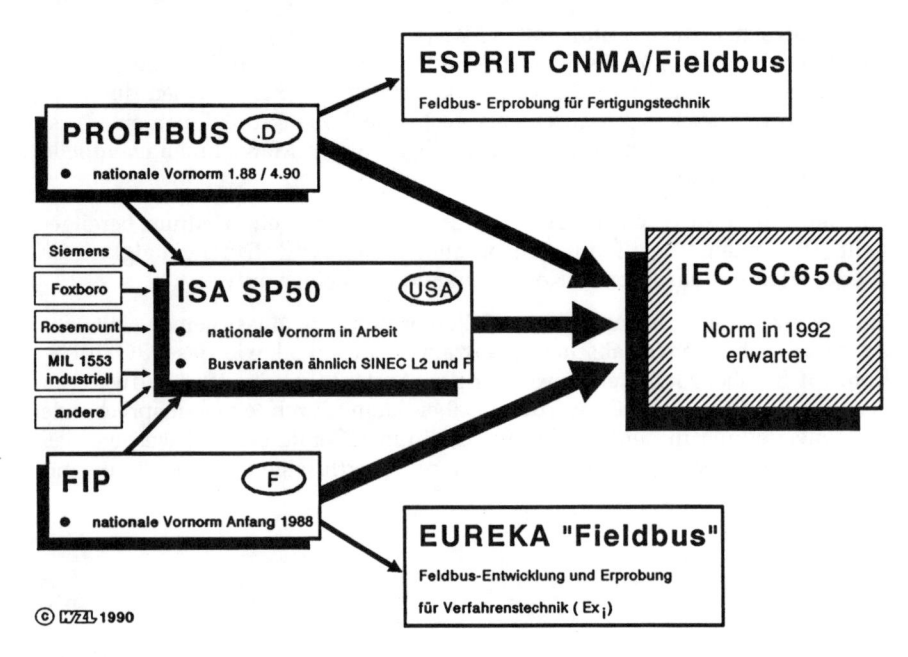

Bild 15: Aktivitäten zur internationalen Feldbusnormung (nach: Siemens)

Diskussion. Es wird daran gearbeitet, die Vorzüge der eingebrachten Vorschläge zu kombinieren, mit dem Ziel, daraus eine US-Vornorm abzuleiten. Der Übergang zur internationalen Norm wird frühestens in 1992 erwartet. Das dafür zuständige Gremium ist die IEC SC65C. Es wird jedoch erwartet, daß der Übergang von der in ISA SP50 erarbeiteten US-Vornorm zur internationalen Norm nur einen formalen Schritt darstellt.

Aus deutscher Sicht wäre dabei eine weitestgehende Deckungsgleichheit zum PROFIBUS, insbesondere für die Anwendungsebene (Schicht 7), wünschenswert.

Mit der Schaffung eines international gültigen Standards auch für die Kommunikation in der Feldebene ist dann erstmals ein durchgängiger, offener Kommunikationsverbund von der Unternehmensleitebene bis zur Sensor-/Aktorebene mit einer nahezu einheitlichen Schnittstelle zu den Anwendungsprozessen verfügbar, mit dem Qualitätsdaten ohne aufwendige Schnittstellenanpassungen in allen Hierarchieebenen einer Produktionsanlage bereitgestellt werden können.

Schrifttum

1. Heiler, K.-U.: Realisierung von Qualitätsregelkreisen durch Einsatz von Datennetzen, Dissertation WZL 1989

2. Komischke, M., Pfeifer, T.: Feldbus zur Vernetzung einfacher Automatisierungskomponenten, etz Bd. 108 (1987) Heft 15

3. Miller, N.: Untersuchung und Nachweis der Durchgängigkeit von Kommunikationssystemen für den fertigungsnahen Bereich, Dissertation WZL 1989

4. Steinbach, W.: Qualitätsdatenfluß im Fertigungsbetrieb, QZ Qualität und Zuverlässigkeit 6/89 S. 111 - 116

5. Sicherung der Qualität, FAG WL 52107 DA /92,5/7/89

6. DIN 19241: Bitserielles Prozeßbus-Schnittstellensystem, Beuth-Verlag Berlin 1985, 1986, 1987
   Teil 1: Serielle Digitale Schnittstelle (SDS)
   Teil 2: Protokollelemente und Nachrichtenstruktur
   Teil 3: Buszuteilung und Nachrichtenaustausch

7. Maetke, H., Rühle, W.: Meßdatengestützte statistische Prozeßregelung im Rechnerverbund, Technisches Messen tm 56 (1989) 9 S. 332-336

8. ISO DIS 9506/1: Manufacturing Message Specification - Service Definition

9. ISO DIS 9506/2: Manufacturing Message Specification - Protocol Definition

10. Manufacturing Automation Protocol - Version 3.0, MAP/TOP Users Group 1. August 1988

11. N.N.: FIP - Service Specification of the Application Layer. Translation of the French Draft Standard Proposal C 46-602 published by Union Technique de l'Electricite (UTE), June 10, 1988

12. DIN ISO 7498: "Open System Interconnection" - Referenzmodell für offene Kommunikationssysteme

13. Deutsches Institut für Normung: DIN V 19245 Teil 1 PROFIBUS, Januar 1988 Übertragungstechnik, Buszugriffs- und Übertragungsprotokoll, Dienstschnittstelle zur Anwendungsschicht, Management, Beuth Verlag GmbH, Berlin

14. Göddertz, J.: PROFIBUS-Protokolle, Offene Kommunikation im Feldbereich mit PROFIBUS, VDI Berichte 728 S.47 - 69

15. Göddertz, J.: PROFIBUS - Kommunikationsmedium der mittleren und unteren Feldgeräteebene, etz Bd 109 (1988) Heft 7/8

16. EIA/RS-485: Standard for electrical Characteristics of Generators and Receivers for use in balanced digital Multipoint Systems (Referenz: ISO DP8482)

17. PROFIBUS Arbeitspapier Ebene 7
    * Lower Layer Interface, V 2.0 14. Juni 89
    * Services, V 2.0, 15. März 89
    * Syntaxbeschreibung und Codierung , V 2.0 15. März 89

18. Katz, M., Biwer, G., Bender, K.: Die PROFIBUS-Anwendungsschicht - Ein neuer Weg zur offenen Kommunikation im Feldbereich, atp 12/89

19. N. N.: Offene Kommunikation im Feldbereich mit PROFIBUS, VDI Berichte 728, VDI Verlag

20. Pfeifer, T., Heiler, K.-U.: Ziele und Anwendungen von Feldbussystemen; Automatisierungstechnische Praxis (atp) 29 (1987) 12, S. 549-557

21. Pfeifer, T., Stölben, P.: PROFIBUS - Anwendungen in der Fertigungstechnik. Vortragsmanuskript VDI Berichte 728 "Offene Kommunikation im Feldbereich mit PROFIBUS" (1989)

22. Stölben, P.: Testsysteme für offene Kommunikation. Vortragsmanuskript VDI-Seminar Kommunikationssysteme für den Prozeß- und Feldbereich (7./8.12.89)

Mitglieder der Arbeitsgruppe für den Vortrag 4.2

Dr. rer. nat. G. Ammon, Robert Bosch GmbH
Dipl.-Ing. R. Freudenberg, WZL RWTH Aachen
Dipl.-Ing. J. Göddertz, Klöckner-Moeller GmbH
Dipl.-Ing. K.-U. Heiler, WZL RWTH Aachen
Dipl.-Ing, E. Hofmann, Siemens AG, Karlsruhe
Dr.-Ing. A. Kunsmann, Robert Bosch GmbH, Stuttgart
Prof. Dr.-Ing. Dr. h.c. T. Pfeifer, WZL RWTH Aachen
Dr.-Ing. W. Rühle, Pepperl & Fuchs GmbH & Co KG
Ing.-grad. M. Schultze-Drescher, AEG Aktiengesellschaft
Dr.-Ing. R. Sommer, Siemens AG
Dipl.-Ing. M. Stemmer, WZL RWTH Aachen
Dipl.-Ing. P. Stölben, WZL RWTH Aachen

4.3. Optoelektronische Meßverfahren zur fertigungsintegrierten Qualitätssicherung

Gliederung:

1. Qualitätssicherung im Fertigungsprozeß
1.1. Qualitätselement Meßtechnik
1.2. Die Rolle der optoelektronischen Meßtechnik
2. Optoelektronische Meßverfahren
2.1. Entwicklung optoelektronischer Meßverfahren
2.2. Mehrdimensionale optoelektronische Meßverfahren auf Triangulationsbasis
2.3. Optoelektronische Geschwindigkeitsmessung
3. Optoelektronische Meßautomaten zur produktorientierten Qualitätsprüfung
3.1. Komponenten eines optoelektronischen Meßautomaten
3.2. Prüfung von Ventilgehäusen
3.3. Formprüfung im Karosserierohbau
4. Neu- und Weiterentwicklungen
4.1. Entwicklungstendenzen optoelektronischer Sensoren
4.2. Optoelektronische Meßverfahren zur prozeßorientierten Qualitätsprüfung
4.3. Flexible optoelektronische Meßautomaten
5. Zusammenfassung und Ausblick

Kurzfassung:

Optoelektronische Meßverfahren zur fertigungsintegrierten Qualitätssicherung

Die wachsenden Anforderungen an die Produktqualität bis hin zur Forderung nach einer Null-Fehler-Produktion verlangen nach neuen Verfahren der Fertigungsmeßtechnik für die fertigungsintegrierte Qualitätsprüfung, die die präventive Qualitätssicherung ergänzen. Obwohl die optoelektronischen Meßverfahren durch ihre hohe Geschwindigkeit und Flexibilität hier besonders geeignet sind, werden sie bisher nur zögernd eingesetzt. Die Ursache ist vor allem in einem Mangel an Erfahrung mit den neuen Meßmethoden zu sehen. Nach einer kurzen Übersicht über die pinzipiell zur Verfügung stehenden Verfahren werden daher anhand von Praxisbeispielen die Vorteile und Randbedingungen sowie im Detail auch die Schwierigkeiten beim Einsatz optoelektronischer Sensoren und Meßverfahren beschrieben. Im zweiten Teil werden Tendenzen der zukünftigen Sensorentwicklung sowie Verfahren zur Prozeßprüfung und optoelektronischen Verschleißüberwachung vorgestellt. Die zukünftigen Möglichkeiten durch die Integration flexibler optoelektronischer Meßautomaten in die Fertigung werden abschließend behandelt.

Abstract:

Optoelectronic Measuring Methods for on-line Quality Assurance

The growing demand for a high-level product quality and the demand for a zero defects production requires new measuring methods for on-line quality inspection, which supplement the preventive quality management. Although optoelectronic measuring techniques with their high speed and flexibility are particularly useful in this case, they are employed yet slowly. The reason is, above all, a lack of experience with the new measuring methods. Hence, after a short review over the available techniques in principle, the advantages and conditions of the employment of optoelectronic sensors and measuring techniques are described as well as, in detail, the disadvantages. The second part introduces tendencies of future sensor development as well as techniques for process testing and optoelectronic wear surveillance. Future possibilities through integration of flexible optoelectronic measuring machines into the manufacturing process are presented finally.

1. Qualitätssicherung im Fertigungsprozeß

1.1. Qualitätselement Meßtechnik

Qualität ist die Sicherstellung der Erfüllung von Kundenanforderungen. Das gilt sowohl in der Zulieferindustrie wie auch bei der Produktion für den Endverbraucher. Eine gleichbleibend hohe Qualität zu fertigen und diese nachzuweisen, ist eine der wichtigsten Aufgaben der Produktionstechnik, die im Wettbewerb neben den Faktoren Preis und Liefertermin immer weiter an Bedeutung gewinnt /1/. Ursache ist nicht nur das gestiegene Qualitätsbewußtsein der Verbraucher, sondern auch die praktische Notwendigkeit, alle Zulieferteile für die automatisierte Fertigung und Montage in absolut fehlerfreiem Zustand bereitzustellen. Wenn in den automatisierten, verketteten Fertigungslinien von heute ein fehlerhaftes Einzelteil zum Stillstand der gesamten Anlage führt, wachsen die Fehlerfolgekosten in Größenordnungen, die in keinem Verhältnis zum Wert des Einzelteils mehr stehen. Entsprechend groß ist - nicht zuletzt seit der Einführung der verschuldensunabhängigen Produkthaftung - das Interesse an Werkzeugen und Strategien, die das Ziel verfolgen, einer Null-Fehler-Produktion näher zu kommen /2/. Im Vordergrund der Diskussion standen und stehen vor allem Verfahren der präventiven Qualitätssicherung, die zum Beispiel mit Methoden der Versuchsplanung oder der FMEA mögliche Fehlerquellen schon im Rahmen der Planung und Produktionsvorbereitung aufdecken. Der Erfolg dieser Methoden scheint zumindest langfristig die Existenzberechtigung der traditionellen Qualitätsprüfung und der zugehörigen Meßverfahren in Frage zu stellen. Wo Fehler erfolgreich verhütet werden, ist eine Messung mit dem Ziel der Fehlerentdeckung überflüssig geworden.

Doch diese Argumentation läßt eine Reihe wichtiger Aspekte der Qualitätsprüfung außer Acht. Zum einen ist es erst mit den Mitteln der Qualitätsprüfung möglich, Null-Fehler-Programme konsequent durchzuführen und ihren Erfolg nachzuweisen. Überall dort, wo die qualitative Beherrschung eines Prozesses objektiviert werden soll, wird die Nachfrage nach einer Meß- und Prüftechnik laut, deren Aussagesicherheit heutzutage im ppm-Bereich oder noch darunter liegen muß. Qualitätsaussagen bei einer Fehlerhäufigkeit unter 1 zu 1 Million sind jedoch mit den Mitteln der traditionellen Qualitätsprüfung nicht mehr machbar. Sie erfordern umfassende Stichproben oder eine 100%-Prüfung mit Hilfe schneller, automatisierter Meßverfahren.

Zum zweiten sind selbst in stabilen, beherrschten Prozessen zufällige Fehler aufgrund unkontrollierbarer Umgebungseinflüsse nicht auszuschließen. Das gilt umso mehr für Prozesse, die durch immer engere Toleranzgrenzen und kürzere Taktzeiten bereits die Grenze des technisch Machbaren erreicht haben. Neben der Einführung völlig neuer Technologien, sind solche "kritischen" Prozesse nur durch angepaßte Prüf- und Regelstrategien zu beherrschen /3/. Dabei kommt der Qualitätsprüfung einerseits die Aufgabe zu, eine Weiterverarbeitung fehlerhafter Einzelteile durch Aussortieren zu verhindern.

Andererseits - und das ist der wesentlich wichtigere Aspekt - stellt sie Daten über das Produkt und die an der Produktentstehung beteiligten Prozesse zur Verfügung, die für eine präventive, also fehlervermeidende Qualitätssicherung, beziehungsweise Qualitätslenkung, unbedingte Voraussetzung sind.

Dieser letztgenannte Aspekt der Qualitätsprüfung erfordert die Integration der Meßtechnik in den Fertigungsablauf. Es gilt, störende Einflüsse sowohl im Prozeß, als auch anhand von Abweichungen am Fertigungsprodukt, so früh wie möglich zu erfassen und die daraus ableitbaren Korrekturgrößen unmittelbar rückzuführen. Schnelle, an die Aufgabenstellung angepaßte Meßverfahren werden damit zu einem der wichtigsten qualitätsbestimmenden Elemente.

Schließlich stellt die Qualitätsprüfung eine in ihrer Breite noch lange nicht ausgenutzte Datenquelle für die Prozeßplanung und Fehleranalyse dar /4,5/. Durch eine kontinuierliche Prozeß- und Produktprüfung wird die Historie der Fehlerentstehung, Fehlerbeseitigung und Fehlerausprägung dokumentiert. Eine Weiterleitung der Prüfdaten durch genormte Bussysteme, ihre Speicherung in Datenbanken und die Aufbereitung in einer für alle Unternehmensbereiche verfügbaren Form, ermöglicht es, umfassende Informationen für die präventive Qualitätssicherung bereitzustellen.

Innerhalb der integrierten Qualitätssicherung wird die Qualitätspüfung also auch in Zukunft eine tragende Rolle spielen. Neben den traditionellen Aufgaben der Fehlererkennung, die durch die fortschreitende Entwicklung der präventiven, fehlerverhütenden Verfahren zunehmend in den Hintergrund rücken, bildet sie die Grundlage für Regelkreismodelle zur umfassenden Lenkung der Fertigungsqualität. Die Effizienz dieser Regelkreise wird jedoch in entscheidendem Maße von der Leistungsfähigkeit der zukünftigen Meßverfahren in der Prozeß- und Produktprüfung abhängen.

1.2. Die Rolle der optoelektronischen Meßtechnik

In geschlossenen Qualitätsregelkreisen stehen Fertigungsqualität und Meßtechnik in engem Zusammenhang. Wird auf der einen Seite Qualität durch den Einsatz hochsensibler Meßverfahren erst möglich, so wachsen andererseits mit jeder Qualitätsverbesserung wiederum die Anforderungen an die Fertigungsmeßtechnik. Auch die Meßtechnik hat mittlerweile in vielen Fällen die Grenze des technisch Machbaren erreicht. Die Forderungen, die sich aus der gewandelten Aufgabenstellung der Qualitätsprüfung an sie ergeben, sind in **Bild 1** am Beispiel der Fertigung einer Welle schematisch dargestellt. Sie sind für die Aufgabenstellungen der Prozeß- und Produktprüfung durchaus unterschiedlich.

Im Vordergrund der Anforderungen steht im Falle der Produktprüfung die hohe Geschwindigkeit und Flexibilität. Weil in automatisierten und verketteten Fertigungslinien eine Unterbrechung des Produktionstaktes zu Prüfzwecken nicht hingenommen werden kann, wird die Zeit für die Meßdatenerfassung durch den Taktzyklus der Fertigung bestimmt. Eine fertigungsintegrierte

100%-Qualitätsprüfung darf die Dauer eines Fertigungstaktes nicht übersteigen. Zur Lösung dieses Problems wird seit einiger Zeit der Einsatz berührungsloser Sensoren vorgeschlagen, die in Verbindung mit Automaten integriert in den Fertigungsablauf eine Prüfung jedes Einzelteils vornehmen /6/. Diese Kombination bietet neben der hohen Geschwindigkeit und der Flexibilität den Vorteil, daß alle Messungen rückwirkungsfrei, also ohne die Gefahr einer Veränderung oder gar Beschädigung des Meßobjektes, ausgeführt werden können.

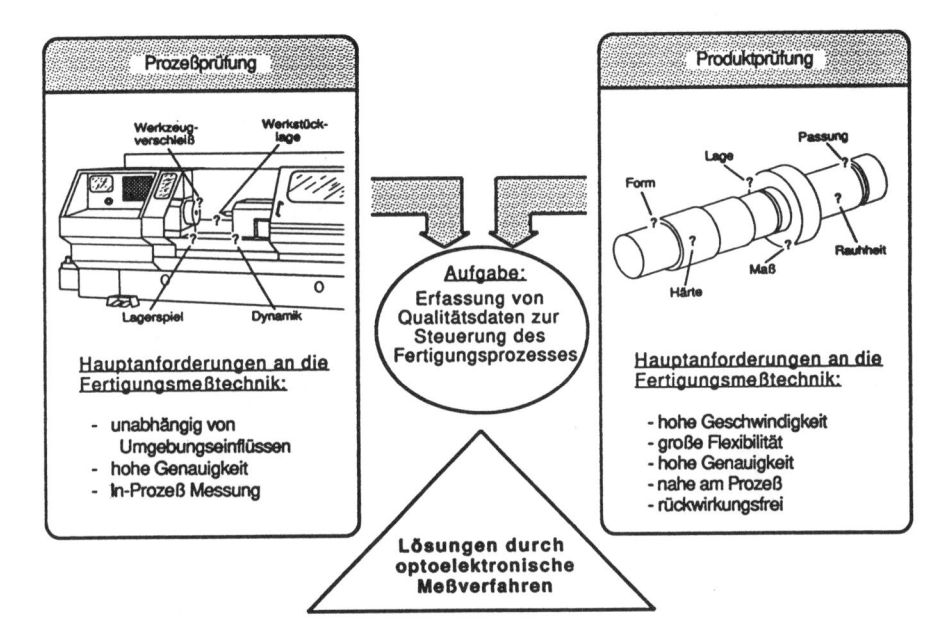

Bild 1: Qualitätssicherung im Fertigungsprozeß

Seit Untersuchungen gezeigt haben, daß etwa 60% aller Prüfaufgaben durch Sichtprüfungen abgedeckt werden, hat vor allem die berührungslose optoelektronische Meßtechnik große Hoffnungen auf eine Lösung der Probleme geweckt. Doch obwohl mittlerweile eine Vielzahl optoelektronischer Sensoren entwickelt und im Labor getestet wurden /7,8/, werden diese Sensoren bisher nur in geringem Umfang eingesetzt. Der Grund dafür liegt einerseits im Fehlen von Informationen über ihre Möglichkeiten und Vorteile, mehr jedoch in den Schwierigkeiten, die durch mangelnde Erfahrung bei der Anwendung der neuen Meßverfahren entstehen. Um mit optoelektronischen Sensoren genau und unabhängig von Umgebungseinflüssen messen zu können, müssen verschiedene Voraussetzungen erfüllt sein, die vielfach nur unzureichend bekannt sind.

Da diese Voraussetzungen sich teilweise erheblich von denen konventioneller Prüfmethoden unterscheiden, ermöglichen berührungslose optoelektronische Sensoren andererseits häufig die Lösung von Meßproblemen, die mit den herkömmlichen Methoden nicht lösbar sind. Das gilt vor allem für den Bereich der prozeßorientierten Qualitätsprüfung, wo durch berührungslose Meßverfahren zum Beispiel an hochwarmen Stahlkörpern im Walz- und Schmiedebereich, trotz Schmutz, Erschütterungen und Hitze, Produktionsparameter erfaßt werden können, aus denen sich Korrekturgrößen ergeben /10/.

Generell gilt jedoch, daß sowohl Anbieter als auch Anwender zunächst Praxiserfahrungen sammeln müssen, bevor die Leistungsfähigkeit optoelektronischer Sensoren für die fertigungsintegrierte Qualitätsprüfung voll ausgeschöpft wird. Die daraus erwachsenden zusätzlichen Kosten bei der Planung und Realisierung von Fertigungsanlagen lassen viele potentielle Anwender vor dem Einsatz der neuen Verfahren zurückschrecken, verhindern aber andererseits, daß Erfahrungen überhaupt gesammelt werden können. Ziel der folgenden Darstellung ist es daher, aufbauend auf einer kurzen Übersicht über die wichtigsten optoelektronischen Meßverfahren anhand von Praxisbeispielen Informationen bereitzustellen, die zeigen, unter welchen Voraussetzungen diese eingesetzt werden können, welche Vorteile sie bieten, aber auch was sich im Detail für Schwierigkeiten bei ihrem Einsatz ergeben. Im zweiten Teil werden die aus der praktischen Erfahrung resultierenden Weiter- und Neuentwicklungen optoelektronischer Meßverfahren vorgestellt und neue Möglichkeiten für ihre Einbindung in den Fertigungsablauf gezeigt.

2. Optoelektronische Meßverfahren

2.1. Entwicklung optoelektronischer Meßverfahren

Die bekanntesten optoelektronischen Sensoren, schaltende Lichtschranken und Reflextaster, haben ihre Leistungsfähigkeit im Fertigungsbetrieb seit langem unter Beweis gestellt. Sie sind schnell, robust und preiswert und werden zum Beispiel für Aufgaben der Lageerkennung, Steuerung und Zählung eingesetzt. Ihre Weiterentwicklung führte zu messenden Geräten komplexeren Aufbaus, die je nach Anwendung einen höheren Aufwand bei der Meßdatenauswertung erfordern. **Bild 2** zeigt eine Übersicht über die Entwicklung der wesentlichen optoelektronischer Meßverfahren zur Erfassung geometrischer Größen. Dabei sind nur solche Verfahren einbezogen worden, die berührungslos und ohne Manipulation des Meßobjektes arbeiten. Durch die rasante Entwicklung auf dem Gebiet der Halbleiterlaser, der Fertigung spezieller Optiken und einer Verbesserung der elektronischen Signalverarbeitungs- und Filterverfahren stehen mittlerweile robuste, miniaturisierte Geräte für industrielle Anwendungen im Bereich der Qualitätsprüfung zur Verfügung /9/.

Je mehr Dimensionen durch einen optoelektronischen Sensor erfaßt werden, desto komplexer ist sowohl sein innerer Aufbau, als auch der rechentechnische

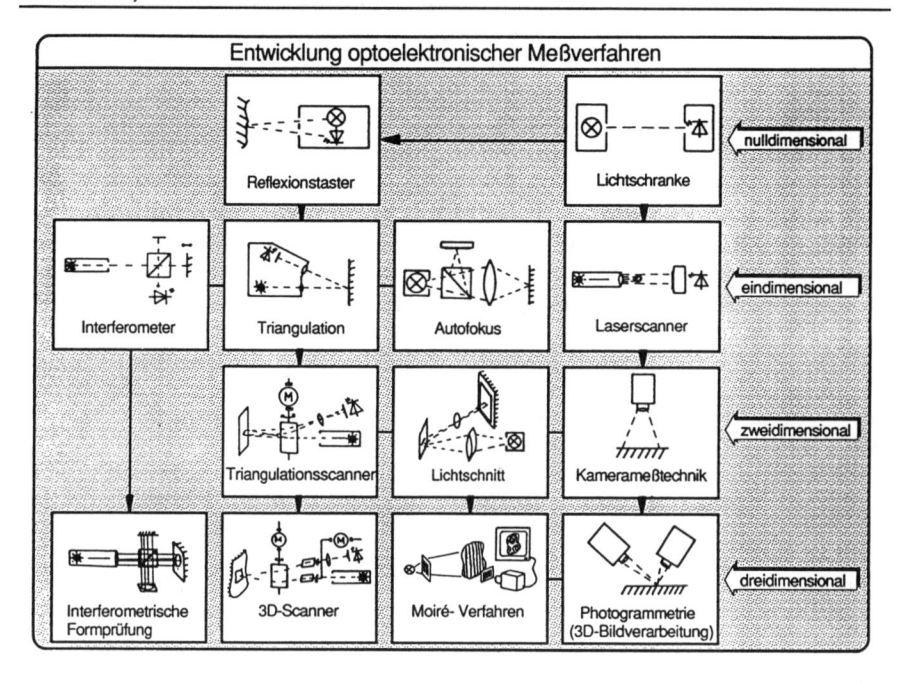

Bild 2: Optoelektronische Meßverfahren

Aufwand bei der Auswertung der Meßdaten. Mit steigender Komplexität erhöht sich daher der Systempreis häufig überproportional und die Zahl der realisierten Industrieanwendungen nimmt stark ab. Während eindimensionale Sensoren wie Triangulations-, Autofokussensoren oder Interferometer, für die Abstands- und Längenmeßtechnik vielfältige Anwendungen finden, sind die dreidimensionalen optischen Sensorsysteme nur in Pilotprojekten und in Spezialfällen im Einsatz, oder sie befinden sich, wie die 3D-Bildverarbeitung noch im Versuchsstadium. Andererseits ergeben sich gerade durch den Einsatz mehrdimensionaler Sensoren häufig erhebliche Vorteile in Hinblick auf Meßgeschwindigkeit und Flexibilität, die gegen den höheren Einzelpreis abzuwägen sind. Das gilt vor allem für zweidimensionale Meßverfahren, mit denen eine Reihe von praktischen Erfahrungen vorliegen. So ermöglicht zum Beispiel die zweidimensionale optoelektronische Konturerfassung eine schnelle und hochgenaue Geometrieprüfung und kann die bisher üblichen Verfahren der Lehrenprüfung in vielen Fällen ersetzen.

2.2. Mehrdimensionale optoelektronische Meßverfahren auf Triangulationsbasis

Aus der Fülle der im letzten Abschnitt dargestellten optoelektronischen Meßverfahren dasjenige auszuwählen, das optimal an die Problemstellung angepaßt ist, stellt für den Anwender eine nicht zu unterschätzende Schwierigkeit dar. Neben Sensoren für spezielle Aufgabenstellungen, wie den Laserscannern für die Wellenmessung oder der interferometrischen Formprüfung für den Sub-Mikrometer Bereich, haben sich für eine große Zahl von Standardmeßaufgaben mittlerweile einige Meßverfahren als besonders geeignet herauskristallisiert. Ein Prinzip, das sich bei vielen eindimensionalen Sensoren für die Abstands- und Längenmessung, aber auch bei den zwei- und dreidimensionalen Kontursensoren wiederfinden läßt, ist das Triangulationsprinzip, das daher kurz erläutert werden soll. **Bild 3** zeigt ein typisches Ausführungsbeispiel eines laseroptischen Abstandssensors auf Triangulationsbasis.

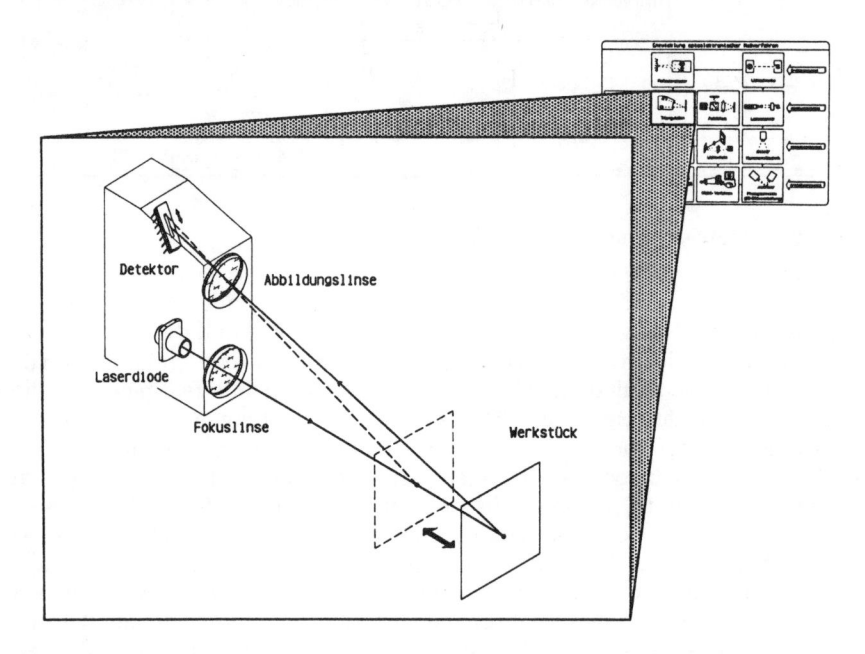

Bild 3: Funktionsprinzip eines optoelektronischen Abstandssensors

Der Strahl einer Laserdiode wird durch eine Linse auf das Werkstück fokussiert, wo er einen hellen Lichtfleck erzeugt. Betrachtet man diesen Fleck unter einem festen Winkel mit einem Lagedetektor oder einer Kamera, so verschiebt sich sein Abbildungsort im Bild, wenn sich das Werkstück relativ zum Sensor bewegt. Durch Messung dieser Verschiebung kann der Abstand des Werkstücks bestimmt, oder bei einer Bewegung senkrecht zum beleuchtenden Laserstrahl die Oberflächenkontur erfaßt werden. Die nach diesem Verfahren arbeitenden Triangulationssensoren werden inzwischen in vielen Fällen zur berührungslosen Messung, zum Beispiel von Schichtdicken, zur Durchmesserprüfung, aber auch für Formprüfaufgaben eingesetzt /10/.

Erweitert man das eindimensionale Triangulationsmeßverfahren um zwei-Schwenkspiegel zur Strahlablenkung, so kann eine Linie auf dem Werkstück abgetastet werden (Bild 4). Ein Meßrechner verknüpft die Drehwinkelwerte der Schwenkspiegel so mit den Abstandsmeßwerten, daß auf einer Linie von z.B. 70 mm Länge bis zu 2048 Konturpunkte innerhalb von wenigen Sekunden erfaßt werden können. Durch Regressionsgeradenberechnungen für festgelegte Meßbereiche lassen sich Nut- und Bohrungstiefen ermitteln oder Kurvenlinien prüfen /11/. Gegenüber herkömmlichen Verfahren mit Lehren und Meßschiebern ergibt sich hier der Vorteil, daß durch die Mittelung über eine Vielzahl von Meßpunkten die Meßunsicherheit reduziert wird. Das Gleiche gilt für Sensoren, die nach de Lichtschnittverfahren arbeiten. Bei diesem Verfahren wird der Laserstrahl optisch zu einer Linie aufgeweitet und das Bild dieser Linie mit einer Flächenkamera ausgewertet.

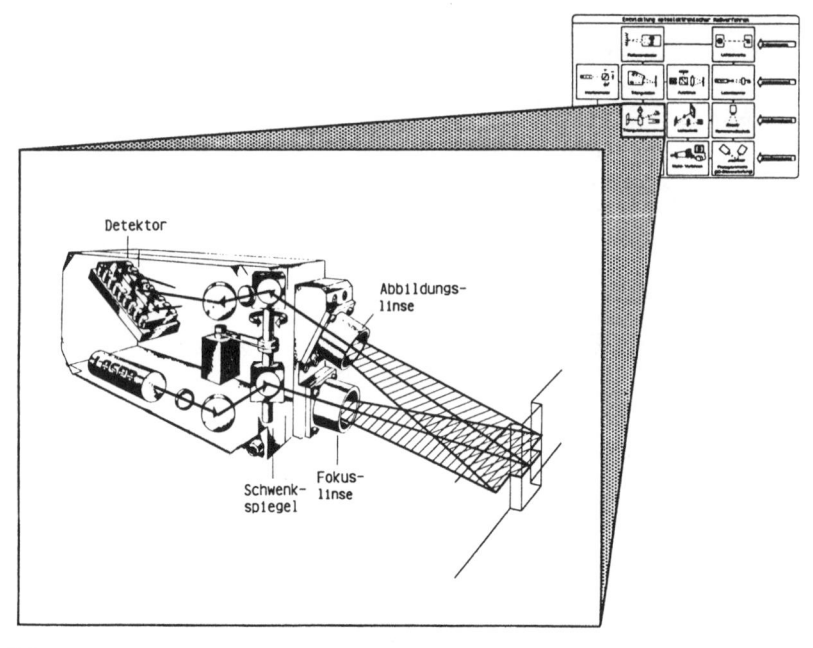

Bild 4: Konturensensor mit mechanischer Erweiterung (nach Blum)

Ein dreidimensionales Meßsystem durch Integration einer zweiten Schwenkspiegelachse ist bisher nur als Prototyp realisiert worden /12/. Dagegen befinden sich Systeme, die die dritte Dimension durch eine Kombination aus Lichtschnittverfahren und Kamerameßtechnik erfassen, bereits im Einsatz. Für großräumige Einzelpunktantastungen stehen seit längerer Zeit Theodolitmeßsysteme mit Laserlichtquellen zur Verfügung, die ebenfalls nach dem Triangulationsprinzip arbeiten, jedoch wesentlich langsamer sind.

Durch die Verknüpfung optischer und mechanischer Komponenten entstehen aus dem einfachen Grundprinzip der Triangulation vielseitig einsetzbare Sensoren für die Abstands-, Längen- und Konturmessung, auf die sich beinahe 80% der industriellen Meßaufgaben zurückführen lassen /13/. Da sich die Erfahrungen aus dem Einsatz ein- und zweidimensionaler Sensoren uneingeschränkt auch auf die dreidimensionalen Sensoren übertragen lassen, stellt das Triangulationsverfahren derzeit eines der am weitesten ausgereiften optoelektronischen Meßverfahren dar.

2.3. Optoelektronische Geschwindigkeitsmessung

Auch wenn optoelektronische Verfahren auf den ersten Blick für Aufgaben der Längen- und Konturmessung prädestiniert scheinen, kommen laseroptische Sensoren auch bei der Prüfung anderer wichtiger Fertigungsparameter zum Einsatz. Ein Beispiel dafür sind laseroptische Geschwindigkeitssensoren, die durch Dopplerverschiebung der Lichtwellenlänge entstehende Interferenzerscheinungen bei der Beleuchtung eines bewegten Objektes auswerten.

In **Bild 5** ist die Anwendung dieser Sensoren zur Prüfung eines Biegeprozesses in der Fertigung von geschweißten Rohren skizziert. Da die Differenzgeschwindigkeit zwischen einlaufendem Material und dem fertigen Ausgangsprodukt exakt eingehalten werden muß, wurde sie bisher aus der Rotation der Transportrollen abgeleitet und indirekt kontrolliert. Durch den Einsatz der be-

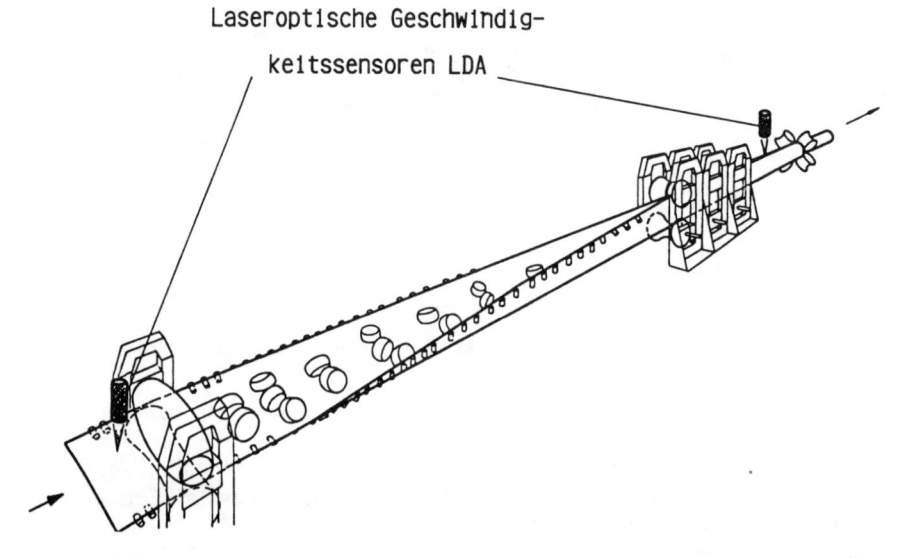

Bild 5: Optoelektronische Geschwindigkeitsmessung (nach Polytec)

rührungslosen Sensoren vor und hinter der Biegestelle kann die Geschwindigkeit nun unmittelbar und schlupffrei am Werkstück gemessen werden. Die optoelektronische Meßtechnik bietet ein optimal an die Aufgabenstellung angepaßtes Verfahren, das die Genauigkeit gegenüber der bisherigen Meßmethode wesentlich erhöht.

3. Optoelektronische Meßverfahren zur Produktprüfung

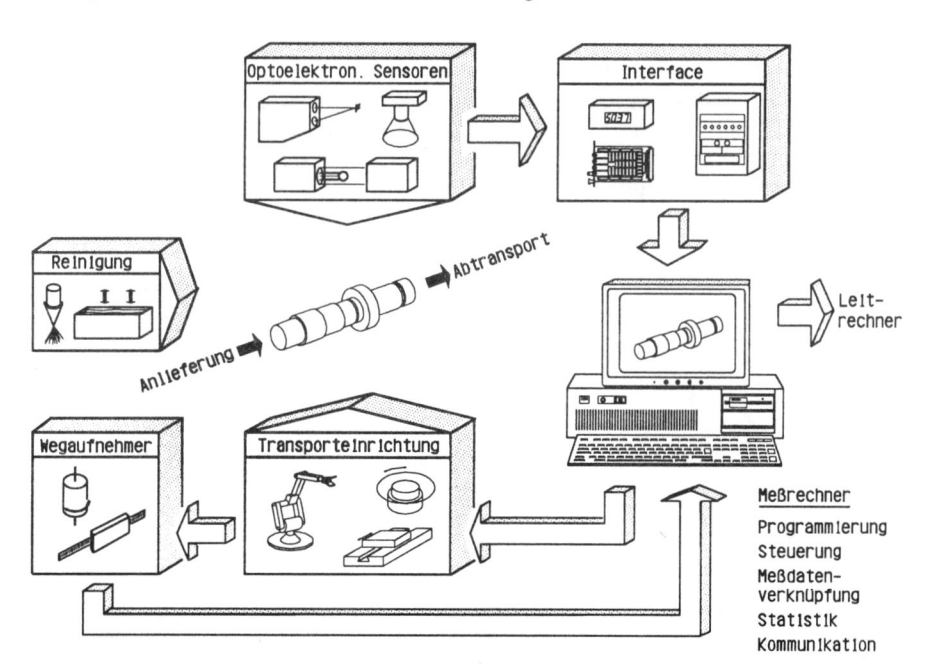

3.1. Komponenten eines optoelektronischen Meßautomaten

Durch die Entwicklung optoelektronischer Meßverfahren stehen inzwischen ausgereifte und anpassungsfähige Sensoren zur Verfügung. Für die fertigungsintegrierte Qualitätsprüfung ist eine optimale Nutzung dieser optoelektronischen Sensoren insbesondere durch ihre Verbindung mit einer automatisierten Prüfteilanbietung sowie einer leistungsfähigen Datenverarbeitung möglich. Auf diese Weise entstehen optoelektronische Meßautomaten, die eine Produktprüfung innerhalb eines Fertigungstaktes zulassen. Die Konzeption solcher Meßautomaten erfordert allerdings nicht nur die Auswahl eines geeigneten optoelektronischen Sensors, sondern darüber hinaus die Berücksichtigung aller am Meßvorgang beteiligten Komponenten in ihrer Wirkung auf die Funktion des Gesamtsystems /6/. In **Bild 6** sind symbolisch die wichtigsten Komponenten und ihr Zusammenwirken dargestellt.

Bild 6: Komponenten eines optoelektronischen Meßautomaten

Schnittstelle im Materialfluß zwischen Fertigungs- und Meßsystem ist die Transporteinrichtung, die für Anlieferung und Abtransport des zu prüfenden Werkstücks und seine Positionierung im Meßbereich sorgt. Ihre Geschwindigkeit bestimmt die des Gesamtsystems wesentlich mit. Wegaufnehmer erfassen den jeweiligen Ort des Werkstücks und sorgen für den synchronen Ablauf von Positionierung und Meßvorgang. Auf diese Weise kann beispielsweise eine berührungslose Messung in der Bewegung durchgeführt und der Meßvorgang beschleunigt werden.

Die zentrale informationstechnische Komponente des Automaten bildet der Meßrechner. Um ihn von der zeitaufwendigen Meßdatenvorverarbeitung zu entlasten, sind die optoelektronischen Sensoren häufig über "intelligente" Interfaces mit ihm verbunden, die in ihrem elektronischen Aufbau speziell an die Meßaufgabe angepaßt sind und den Datenfluß auf wesentliche Informationen reduzieren. Neben der Verknüpfung der Meßdaten, sowie der Steuerung und Auswertung des Meßablaufs einerseits, übernimmt der Meßrechner andererseits Funktionen der statistischen Datenverarbeitung und der Kommunikation mit übergeordneten Leitsystemen und stellt damit gleichzeitig die datentechnische Schnittstelle des Meßautomaten dar.

Vor allem in der unmittelbaren Prozeßnähe muß der optoelektronischen Prüfung vielfach eine Reinigung des Meßobjektes vorangehen. Die zugehörigen Einrichtungen dienen der Meßdatenerfassung zwar nicht direkt, stellen aber durch die Verringerung der störenden Einflüsse von Schmutz- und Ölrückständen eine wesentliche funktionale Ergänzung des Systems dar.

Leistungsfähige Meßautomaten entstehen nicht durch optoelektronische Sensoren allein, sondern nur im Zusammenwirken aller Einzelkomponenten. Erst die sorgfältige Abstimmung von Optik, Mechanik, Elektronik und Datenverarbeitung ermöglicht es, den Einfluß von Fehlerquellen innerhalb des Systems zu reduzieren und Nachteile einzelner Elemente im Verbund auszugleichen. Das folgende Praxisbeispiel veranschaulicht diesen Zusammenhang.

3.2. Prüfung von Ventilgehäusen

Die Dichtigkeit von Hochdruckventilen hängt wesentlich von der Tiefe der im Ventilgehäuse vorgesehenen Senkungen für die Dichtringe ab. Diese ist in der Regel nur sehr eng toleriert und muß im Beispielfall bisher am Ende des Fertigungsprozesses manuell kontrolliert werden. Eine automatisierte Prüfung mit taktilen Sensoren im direkten Anschluß an den Fräsvorgang scheitert daran, daß kleine Schmutzpartikel, Grate und Späne häufig zu Fehlmessungen führen und die eingesetzten Sensoren innerhalb kurzer Zeit verschlissen sind.

Der Einsatz eines laseroptischen Triangulationsscanners gemäß Bild 4 ermöglicht es, berührungslos Abstandsmeßwerte entlang einer Linie auf der Gehäuseoberfläche und in den Senkungen aufzunehmen **(Bild 7)**. Ein speziell an die Aufgabenstellung angepaßter Auswerterechner verbindet die Meßwerte durch

Regressionsgeraden, so daß der Einfluß von Schmutzpartikeln und Graten wesentlich reduziert wird. Probleme, die Ölrückstände und Späne von Zeit zu Zeit verurachen könnten, werden durch eine Säuberung des Gehäuses mit Hilfe von Druckluft vor der Messung weitgehend eliminiert.

Der Transport des Prüfteils erfolgt über ein Förderband bis zu einem hydraulischen Schieber, der die jeweilige Meßposition vorgibt. Ist diese Position erreicht, so startet die Hydrauliksteuerung den Meßvorgang, dessen Ergebnisse durch den Auswerterechner verarbeitet und mit den Solldaten verglichen werden. Obwohl die Positionierung des Prüfteils relativ ungenau ist, ermöglicht der große Meßbereich des optoelektronischen Sensors eine eindeutige Tiefenbestimmung. Nach Abschluß der Prüfung aller vier Senkungen besteht die einzige Rückmeldung an die hydraulische Steuerung aus der Information, ob das Gehäuse in Ordnung ("i.O.") oder nicht in Ordnung ("n.i.O.") ist, womit es entweder zur Weiterbearbeitung freigegeben, oder für die Nachbearbeitung aussortiert wird.

Durch die Integration des Prüfvorgangs in den Fertigungsablauf entfällt die nachträgliche manuelle Prüfung fast vollständig. Nur bei wenigen Teilen ist aufgrund von Schmutzrückständen keine optische Messung möglich. Da die Prüfung im Produktionstakt erfolgt, stehen im Anschluß an den Fräsvorgang bereits die Daten zur Verfügung, die zur Einstellung, zum Beispiel nach einem Werkzeugwechsel, benötigt werden. Alle Meßdaten werden aufgezeichnet und können für Zwecke der statistischen Prozeßregelung ausgewertet werden.

Das hier entstandene System zur fertigungsintegrierten Qualitätsprüfung zeigt

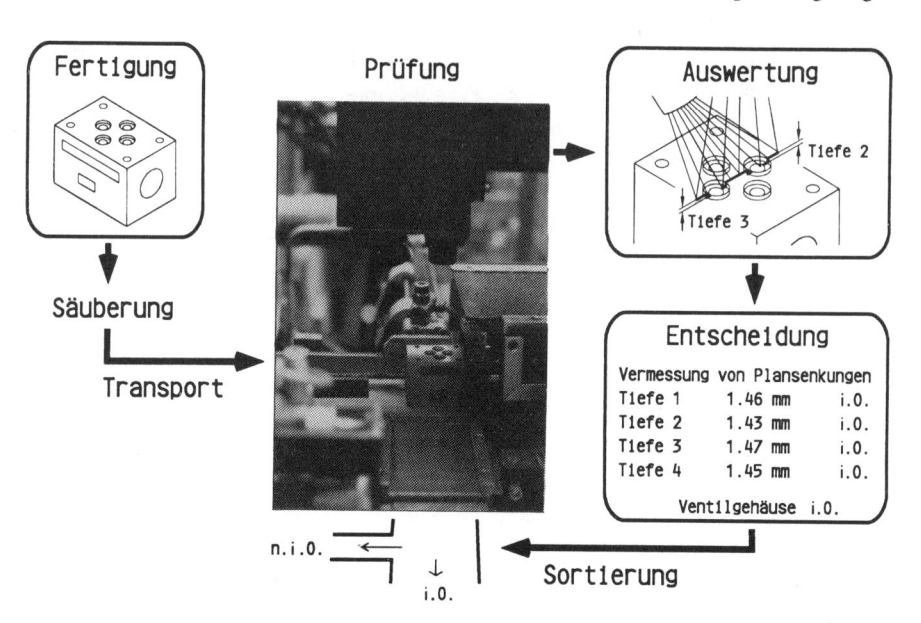

Bild 7: Prüfung von Ventilgehäusen

eindrucksvoll die Leistungsfähigkeit eines optoelektronischen Meßautomaten, bei dem Transport, Sensorik und Datenverarbeitung eine funktionale Einheit bilden, deren Elemente sich gegenseitig ergänzen. Um solche Systeme zu entwickeln, in Betrieb zu nehmen und zu warten, sind nicht nur Spezialisten für Optoelektronik, Konstruktionstechnik, Elektronik und Datenverarbeitung notwendig, sondern vor allem Fachleute, die im Rahmen eines Gesamtkonzepts das Zusammenwirken der einzelnen Komponenten sorgfältig aufeinander abstimmen können.

3.3. Formprüfung im Karosserie-Rohbau

Entwicklung und Einsatz optoelektronischer Meßsysteme werden derzeit noch in vielen Fällen durch die fehlende Erfahrung bei der Anwendung der neuen Meßverfahren erschwert. Das trifft in fast gleichem Maße auf Anbieter wie Anwender zu, weil sich, wie das vorhergehende Beispiel zeigt, Schwierigkeiten häufig erst im Verlauf der Installation ergeben. Umfassende Voruntersuchungen sind daher in vielen Fällen angebracht.

Wie durch solche Untersuchungen die Erfahrungen und Kenntnisse gewonnen werden können, die für den Einsatz optoelektronischer Meßautomaten in der Serienprüfung nötig sind, zeigt ein Beispiel aus der Automobilindustrie. Eine dort durchgeführte Studie beschreibt die Randbedingungen, unter denen eine automatisierte 100%-Prüfung der Form von Autokarosserien mit Lichtschnittsensoren möglich ist. Die Ergebnisse liefern die Voraussetzungen für eine erfolgreiche Installation und lassen sich auf viele andere optoelektronische Meßverfahren übertragen **(Bild 8)**.

Erheblichen Einfluß auf die Meßgenauigkeit der eingesetzten Lichtschnittsensoren hat der Neigungswinkels lackierter oder metallisch glänzender Bleche. Die Helligkeit der durch den Laser aufprojizierten Linie reicht nur in einem relativ schmalen Winkelbereich für eine genaue Konturerfassung aus. Andererseits führen Reflexionen an den Blechen teilweise zu erheblichen Fehlern, so daß auch diese bei der Anbringung der Sensoren ausgeschlossen werden müssen. Weitere Fehler dieses, wie auch vieler anderer optoelektronischer Meßverfahren, resultieren aus Unterschieden in Farbe und Oberflächenbeschaffenheit des Meßobjektes. Vor allem bei dunklen oder geschliffenen Partien steigt die Meßunsicherheit an. Darüber hinaus muß der Einfluß des Umgebungslichts berücksichtigt werden, das sich je nach Beleuchtungsart störend auf die Sensoren auswirken kann.

Neben den Bedingungen für den Einsatz optoelektronischer Meßverfahren spielen Verfahren zur Kalibrierung des Gesamtsystems häufig ebenfalls eine wichtige Rolle in Hinblick auf die Meßgenauigkeit. Bei der Karosserieprüfung beispielsweise kann die Kalibrierung mit einer mechanisch geprüften Musterkarosse erfolgen, auf die alle Formfehler bezogen werden. Eindeutigere Ergebnisse liefert jedoch eine absolute Kalibrierung, die mittlerweile durch Theodo-

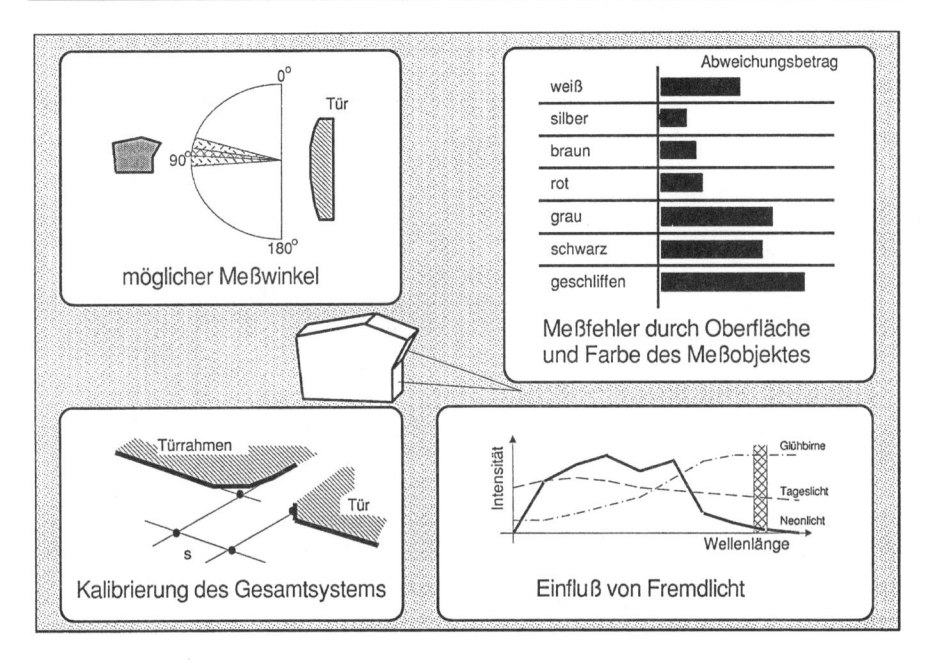

Bild 8: Randbedingungen für den Einsatz eines Konturmeßverfahrens

liten möglich ist.

Durch die Kenntnis der skizzierten Probleme vereinfacht sich nach dem Abschluß der Untersuchungen die Integration des Meßautomaten in die Serienfertigung (Bild 9). Die Kontur der vom Transportsystem angelieferten Karosserie wird an jedem erforderlichen Meßpunkt durch einen Lichtschnittsensor erfaßt, der so angebracht ist, das Meßfehler möglichst vermieden werden. Ein Meßrechner wertet die Daten aller Sensoren innerhalb von 10 Sekunden aus und vergleicht sie mit den Sollwerten. Die Ergebnisse werden für jeden Punkt getrennt aufgezeichnet und können statistisch ausgewertet werden. In Bild 9 ist die Fehlerverteilung für ein Testmodell in der Prototypphase dargestellt. Neben der Prüfung jeder Einzelkarosserie auf die Einhaltung der Toleranzgrenzen sind aus dem Balkendiagramm Mittelwert und Streubreite zu entnehmen, aus denen sich unter Umständen notwendige Korrektureingriffe in den Fertigungsprozeß ableiten lassen.

Dieses und das vorhergehende Beispiel machen die Vorteile deutlich, die bereits heute durch den Einsatz optoelektronischer Sensoren insbesondere aufgrund der hohen Meßraten erzielt werden können. Optoelektronische Meßtechniken ermöglichen flexible Systeme zur 100%-Produktprüfung im Fertigungstakt, die die Basis für Regelkreise zur fertigungsintegrierten Qualitätssicherung bilden. Voraussetzung für die erfolgreiche Installation solcher Systeme ist derzeit noch eine genaue Kenntnis der die Messung beeinflussenden Randbedingungen. Wo diese Kenntnisse fehlen, sind Voruntersuchungen zu

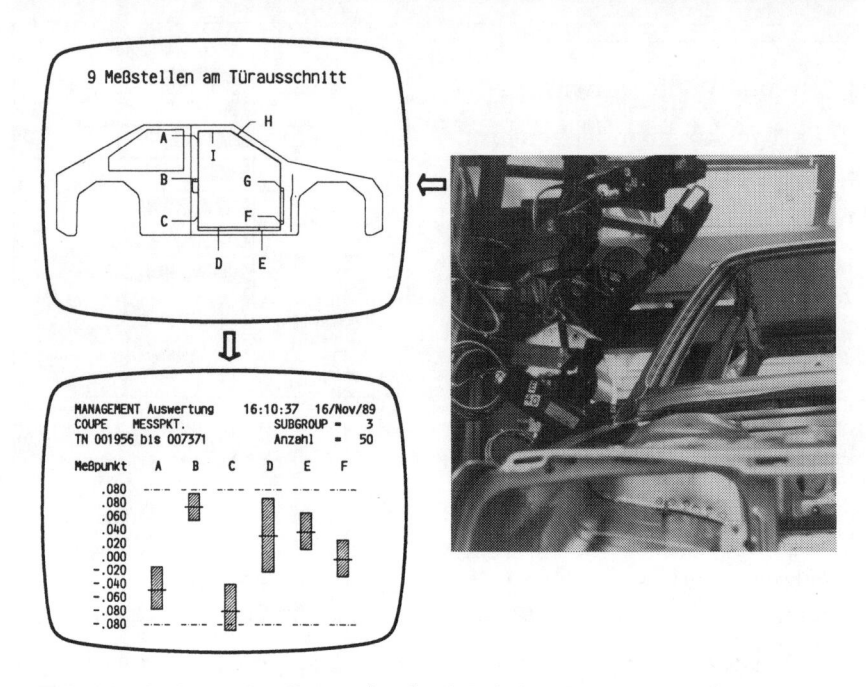

Bild 9: Optische Vielstellenmeßtechnik bei der Karosserieprüfung

Meßunsicherheit und Fehlerquellen notwendig, die den Aufwand des Anwenders erhöhen. Das gilt vor allem für Entwicklung, Inbetriebnahme und Wartung komplexer optoelektronischer Meßautomaten.

Der Mangel an Erfahrung und geeigneten Fachleuten verzögert vielfach die Einführung leistungsfähiger Verfahren zur Sicherung der Fertigungsqualität. Andererseits geht die Ausbildung von Experten auf der Anwenderseite mit einer schrittweisen Verbesserung der Systeme einher, die die Anbieter zur Verfügung stellen. Auch wenn mit den bisherigen Geräten in vielen Fällen bereits gute Ergebnisse erzielt werden, ist das Entwicklungs- und Anwendungspotential der optoelektronischen Meßtechnik bei weitem noch nicht ausgeschöpft.

4. Neu- und Weiterentwicklungen

4.1. Entwicklungstendenzen optoelektronischer Sensoren

Die Sensorik als Basis optoelektronischer Meßautomaten bestimmt durch ihre Vorteile und Schwachstellen im wesentlichen die Leistungsfähigkeit dieser Meßsysteme insgesamt. Ihre Weiterentwicklung entscheidet über zukünftigen Nutzen und neue Anwendungsmöglichkeiten. Aspekte dieser Weiterentwicklung sind, wie die folgenden Beispiele demonstrieren, neben dreidimensionalen Sensoren und Verfahren, die der Fertigungsmeßtechnik bisher unzugängliche Anwendungsbereiche erschließen, vor allem die Verringerung von Störeinflüssen auf die Verfahren selbst, aber auch Meßdatenvorverarbeitung und Datenübertragung.

Anregungen zur Verbesserung optoelektronischer Meßverfahren ergeben sich häufig dadurch, daß durch den Einsatz in der industriellen Praxis Schwachstellen deutlich werden. Ein Beispiel ist das bereits eingeführte Triangulationsverfahren, das, wie der vorige Abschnitt zeigt, vielfältige Anwendungen gefunden hat.

Untersuchungen an metallischen Prüfkörpern, wie die in Abschnitt 3.3. beschriebene, machen die Abhängigkeit der Meßunsicherheit dieses Verfahrens von Farbe und Reflexion der betrachteten Oberflächen deutlich. Diese wird bei eindimensionalen Sensoren mittlerweile durch eine elektronische Regelung

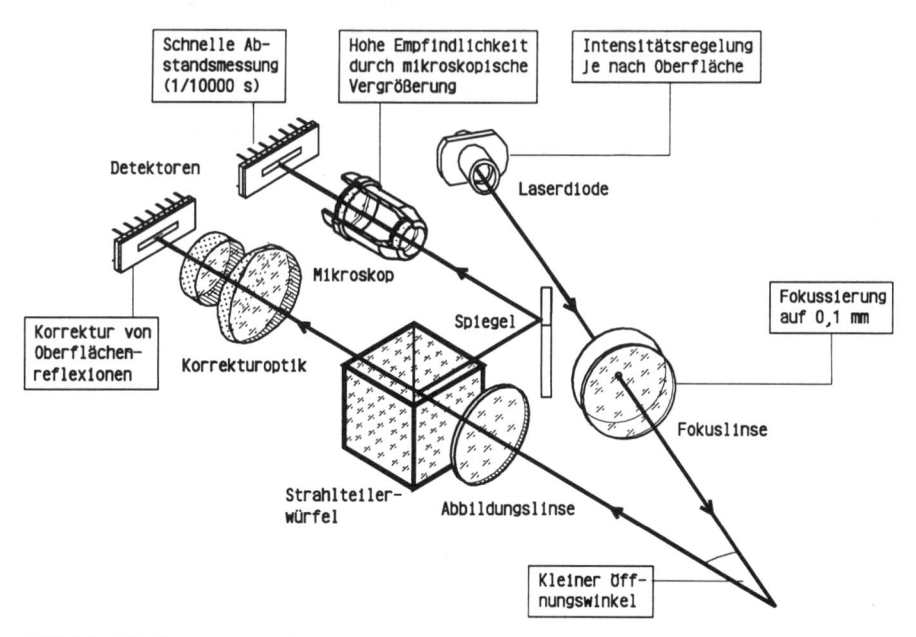

Bild 10: Verbesserung der Sensorik am Beispiel der Triangulation

der Strahlintensität einer Laserdiode wesentlich reduziert. Bei einem neuentwickelten Triangulationssensor konnten weitere Verbesserungen im Bereich der Strahlfokussierung und des Öffnungswinkels erreicht werden (**Bild 10**), so daß die Genauigkeit zum Beispiel bei Konturmessungen in engen Bohrungen und Nuten erhöht wird. Durch eine zweistufige Abbildungsoptik mit mikroskopischer Vergrößerung ist eine Abstandsauflösung von weniger als einem Mikrometer mit einer Abtastrate von 10000 Messungen pro Sekunde möglich /13/.

Eines der größten Probleme hochgenauer optoelektronischer Meßverfahren ist nach wie vor der Einfluß der Oberflächenstruktur des Meßobjektes auf das Ergebnis. Deshalb wird bei diesem Sensor durch eine spezielle Optik das Reflexionsverhalten der zu messenden Oberfläche erfaßt und zur Korrektur von Fehlern herangezogen. Damit bietet er die Möglichkeit, die Kontur stark geneigter, metallisch spiegelnder Oberflächen ebenso genau zu erfassen, wie die mattschwarzer Körper. Obwohl sich die Komplexität des Sensors erhöht, läßt sich so das Anwendungsspektrum des Triangulationsverfahrens erheblich erweitern und zum Beispiel auf die dreidimensionale Erfassung räumlich gekrümmter Werkstückgeometrien ausdehnen.

Neben Detailverbesserungen bewährter Basisverfahren werden durch die erweiterten Anforderungen der Qualitätsprüfung auch neue Meßverfahren initiiert, die die Vorteile der Optoelektronik bei der Messung schwer zugänglicher Konturen nutzen. Ein Beispiel aus diesem Bereich stellt die Prüfung von Innengewinden in Hinblick auf ihre Merkmale Steigung, Kern- und Spitzendurchmesser und das Erkennen von Gewindeausbrüchen dar. Durch ein neues Meßverfahren, das das Funktionsprinzip der Reflexionstaster mit modernen faseroptischen Komponenten zur Lichtleitung verbindet, ist die Prüfung selbst kleiner Gewinde schnell und fehlerlos möglich /14/.

In **Bild 11** ist das Meßprinzip dieses Sensorsystems dargestellt. Die mittlere Faser eines Bündels beleuchtet einen kleinen Fleck der Gewindekontur. Das von dort rückgestreute Licht wird durch die übrigen Fasern auf einen Photodetektor geleitet, dessen Ausgangssignal im Meßbereich linear vom Abstand zwischen Faserbündel und Gewindekontur abhängt. Um auch kleinere Ausbrüche erfassen zu können, wird die Gewindekontur von mehreren Faserbündeln abgetastet, deren Signale mit einem in den Sensor integrierten Mikrocontroller digitalisiert und weiterverarbeitet werden.

Verknüpft man einen oder mehrere dieser Sensoren mit einem hochgenauen Positioniersystem, so entsteht ein optoelektronischer Meßautomat zur Gewindeprüfung. Die Steuerung der Komponenten und die Übernahme der Ergebnisse in einen Meßrechner erfolgt über einen Sensorbus, der aufgrund der digitalen Datenübertragung eine hohe Störsicherheit bietet. Durch die Verlagerung eines Teils der Meßdatenverarbeitung in den integrierten Mikroprozessor ist der Meßrechner von den Aufgaben der Kennlinienkorrektur und der Fehlerkompensation entlastet.

Am Beispiel des Innengewindesensors werden exemplarisch Tendenzen der zukünftigen Sensorentwicklung deutlich. Durch die Integration mikroelektro-

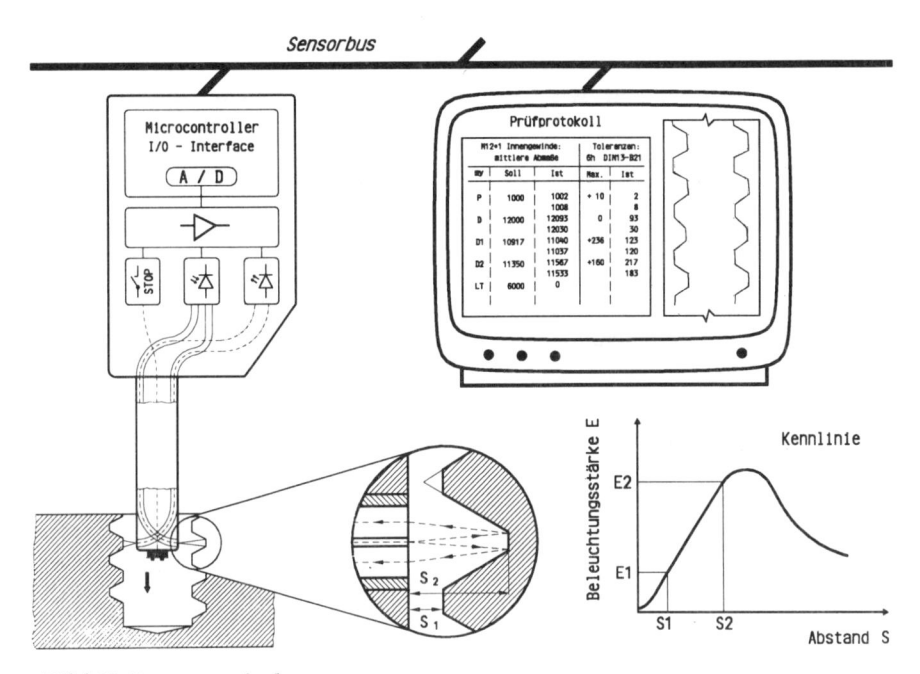

Bild 11: Innengewindesensor

nischer Komponenten ist es möglich, mehrere Sensoren über ein einziges digitales Bussystem mit dem Meßrechner und den übrigen Komponenten eines Meßautomaten zu verbinden. Im Bereich der Optoelektronik läßt die Kombination neuester Technologien wie der Glasfaser- und Lasertechnik mit Mikrorechnern eine weitere Miniaturisierung und die Entwicklung robuster Sensoren erwarten, die Fehlerquellen, wie beispielsweise störende Reflexionseinflüsse, selbständig erfassen und korrigieren. "Intelligente" Sensoren vereinfachen durch eine Datenvorverarbeitung und die Reduktion der Meßdaten auf wesentliche Informationen den Aufbau multisensorieller Meßsysteme. Damit eröffnen sich neue Anwendungsgebiete optoelektronischer Meßverfahren sowohl in der produkt- als auch in der prozeßorientierten Qualitätsprüfung.

4.2. Optoelektronische Meßverfahren zur prozeßorientierten Qualitätsprüfung

Vor allem die prozeßorientierte Qualitätsprüfung muß in Zukunft das Ziel weiterer Verbesserungen der Sensorik und der Entwicklung neuer optoelektronischer Meßverfahren sein. Diese ermöglichen zwar, wie das Beispiel der optoelektronischen Geschwindigkeitsmessung zeigt, bereits heute in einigen Fällen die Erfassung wichtiger Prozeßparameter. In der Regel werden derzeit jedoch nur einfache Sensoren, wie zum Beispiel Lichtschranken, zur Identifikation und Lageerkennung eingesetzt, weil genaue Messungen mit optoelektronischen Verfahren unter Prozeßbedingungen durch den Einfluß von Schmutz, Spänen und Öldunst erschwert werden.

Eine Ausnahme bilden Fertigungstechniken im Bereich der Präzisionsbearbeitung, wo eine saubere Umgebung die wichtigste Qualitätsvoraussetzung auch für den Einsatz optischer Sensoren ist. Zur Sicherung der Fertigungsgenauigkeit im Sub-Mikrometerbereich, die inzwischen nicht nur bei optischen Komponenten, sondern auch für einige Dicht- und Kontaktflächen, Prägewerkzeuge oder Materialbeschichtungen gefordert wird, werden optoelektronische Meßverfahren in der Reinraumumgebung eingesetzt **(Bild 12)**.

Die Bearbeitung ebener, sphärischer und asphärischer Oberflächen erfolgt mit Fräsmaschinen, die Diamanten als Bearbeitungswerkzeuge einsetzen. Dabei sind für die Positionierung des Werkstücks relativ zum Bearbeitungsdiamanten Systeme erforderlich, mit denen eine Lageeinstellung auf 0,1 Mikrometer genau vorgenommen werden kann. Voraussetzung einer hochgenauen Positionierung ist jedoch zunächst die Messung von Lage und Kontur der zu bearbeitenden Oberfläche. Zu diesem Zweck wird das Werkstück auf 10 µm genau vorpositioniert und dann unter einer Sensorzeile mit wenigstens zwei optoelektronischen Abstandssensoren hindurchbewegt. Die Sensoren, die nach

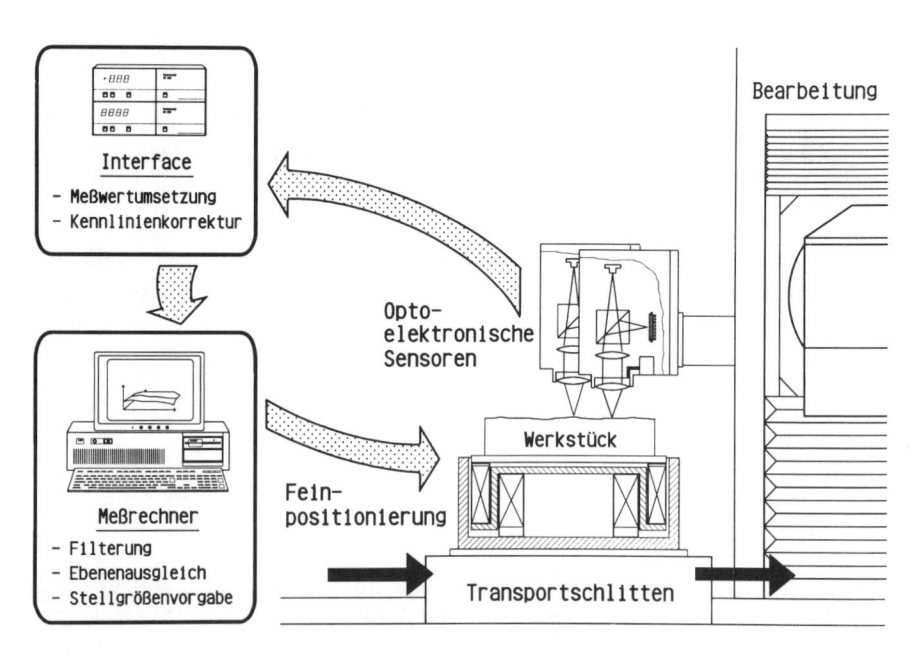

Bild 12: Maschinennahe Prozeßführung

dem Autofokus-Prinzip arbeiten /15/ und einen Bereich von 30 µm auf 30 nm genau auflösen, tasten die Werkstückoberfläche Punkt für Punkt ab. Aus den Meßergebnissen werden die Stellgrößen für eine Nivellierung mit der erforderlichen Genauigkeit ermittelt.

Die zeitaufwendige und häufig ungenaue manuelle Ausrichtung des Werkstücks entfällt, weil das optoelektronische Meßverfahren eine weitgehend Automatisierung des hochsensiblen Prozesses ermöglicht und so zur Sicherung derFertigungsqualität beiträgt. Wird nach der Bearbeitung die Oberflächenform durch ein in die Maschine integriertes Flächeninterferometer geprüft und die Ist-Position der bearbeiteten Werkstückoberfläche bestimmt, so kann auch der Einfluß von Temperaturschwankungen auf die Fertigungsgenauigkeit reduziert werden. Damit ist zukünftig ein Einsatz auch außerhalb von stabil klimatisierten Räumen denkbar. Hier zeigen sich weiterführende Ansätze, wie optoelektronische Meßverfahren zu einer Prozeßoptimierung beitragen können und damit eine gesicherte automatisierte Fertigung mit höchster Präzision und Qualität ermöglichen.

Um diese Qualität auch über einen längeren Zeitraum aufrechtzuerhalten, ist neben der Prüfung einzelner Prozeßparameter jedoch eine kontinuierliche Überwachung des Maschinenzustands und der Güte der Bearbeitungswerkzeuge erforderlich. Zwar läßt eine Produktprüfung indirekt Rückschlüsse auf den Zustand der Fertigungseinrichtung zu, doch die Aussagen, die beispielsweise aus Form-, Lage- oder Maßabweichungen abgeleitet werden können, sind vielfach mehrdeutig und ungenau. Vor allem der Werkzeugverschleiß, der bis zum Werkzeugbruch am Produkt nur schwer nachzuweisen ist, stellt in diesem Zusammenhang ein bisher weitgehend ungelöstes Problem der automatisierten Fertigung dar. Die Nachfrage nach Systemen zur Verschleißüberwachung ist entsprechend hoch. Hier bietet ein optoelektronisches System neue Ansatzpunkte, das zur Verschleißüberwachung an Bohrern entwickelt wurde, und durch eine direkte Prozeßprüfung genaue Aussagen über den Abnutzungsgrad zuläßt **(Bild 13)**.

Bei diesem Verfahren wird die Verschleißmarkenbreite eines Bohrers, die mit der Schnittzeit zunimmt, als Kenngröße für die Entscheidung über den weiteren Einsatz herangezogen. Die Messung findet im Werkzeugmagazin der Fertigungszelle statt, in das die Bohrer nach jedem Einsatz eingewechselt werden. Dort steht genügend Zeit für eine Säuberung des Bohrers durch Druckluft und die anschließende Untersuchung der Bohrerspitze mit Hilfe einer Kamera zur Verfügung.

Nach der Fokussierung der Kamera sind die Verschleißmarken im Bild deutlich zu erkennen. Ihre Kanten werden mit einem Bildverarbeitungssystem hervorgehoben und durch Geraden approximiert /16/, deren Abstand am Ende der Schneide gemessen und ausgewertet wird. Überschreitet das Abstandsmaß einen bestimmten Wert, so wird das Werkzeug als bruchgefährdet gesperrt und kann ausgewechselt werden.

Mit diesem Verfahren besteht erstmals die Möglichkeit einer objektiven, bear-

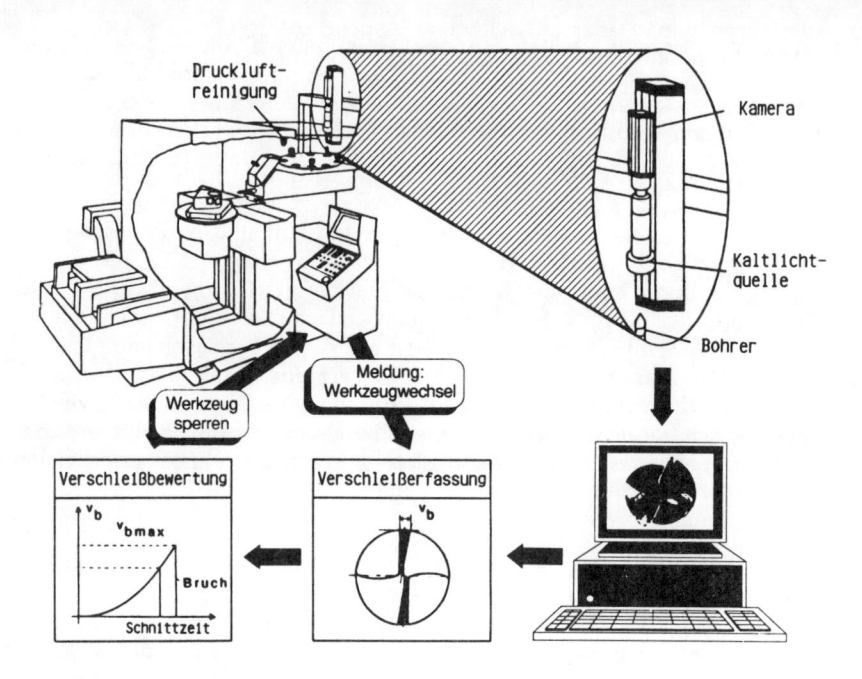

Bild 13: Werkzeugverschleißüberwachung

beitungsunabhängigen Qualifizierung des Werkzeugs im Fertigungsprozeß. Durch die Kenntnis des Werkzeugzustands kann seine Nutzungsdauer wesentlich verlängert werden. Wichtiger ist jedoch, daß auf diese Weise Bearbeitungsfehler nicht erst nach dem Bruch am Produkt nachgewiesen, sondern bereits im Rahmen der Produktion vermieden werden können. Optoelektronische Meßverfahren für die prozeßorientierte Qualitätsprüfung tragen so zur Entwicklung von Systemen für die präventive Qualitätssicherung im Bereich der Fertigungsanlagen bis hin zu selbstüberwachenden Maschinen bei.

4.3. Flexible optoelektronische Meßautomaten

Im Bereich der Produktprüfung sind die sich erweiternden und ständig erhöhenden Anforderungen nur durch den Einsatz leistungsfähiger Meßautomaten zu erfüllen, die optimal in den Fertigungsablauf integriert sind. Die hohen Investitionskosten dieser komplexen optoelektronischen Systeme erfordern einerseits eine langfristige Nutzung. Andererseits wird die schnelle Entwicklung neuer Fertigungsverfahren den Nutzen von Meßsystemen, die ausschließlich an bestimmte Aufgabenstellungen angepaßt sind, bald wieder reduzieren. Die Steigerung der Flexibilität optoelektronischer Meßautomaten, sowohl in Bezug auf das Werkstückhandling, als auch in Hinblick auf Steuer- und Programmierverfahren wird daher ein wichtiger Aspekt zukünftiger Entwicklungen sein. Zwei Beispiele demonstrieren Ansatzpunkte für die Lösung der Probleme.

Eine sehr flexible Lösung für die Transport- bzw. Handlingfunktion eines Meßautomaten stellen freiprogrammierbare Handhabungssysteme dar, die heute für ein breites Spektrum von Aufgabenstellungen in Fertigung und Montage eingesetzt werden. Durch solche Systeme kann ein Prüfvorgang im Zusammenhang mit Transport-, Sortierungs- oder Montageaufgaben ausgeführt und dadurch optimal in den Prozeßablauf integriert werden **(Bild 14)**. Exemplarisch soll nachfolgend die integrierte Paarungsauswahl für die automatisierte Wellenmontage beschrieben werden.

Durch den Einsatz eines Industrieroboters in Verbindung mit einem Meßgerät zur optoelektronischen Durchmesserbestimmung ist eine vollständige Automatisierung des Sortiervorgangs möglich. Die gerätetypische Positionierunsicherheit des 6-Achsen-Roboters, wird durch ein neu entwickeltes externes Regelungsverfahren kompensiert, bei dem sich Meßgerät und Handhabungssystem funktional ergänzen /17/. Durch eine vom Roboter ausgeführte Schwenkbewegung wird der kleinste Wellendurchmesser und damit die Lage der Symmetrieachse bestimmt. Ausgehend von dieser Position werden anschließend in einer Drehbewegung Meßwerte am Umfang aufgenommen, aus denen der Meßrechner die Eliptizität und den mittleren Durchmesser des

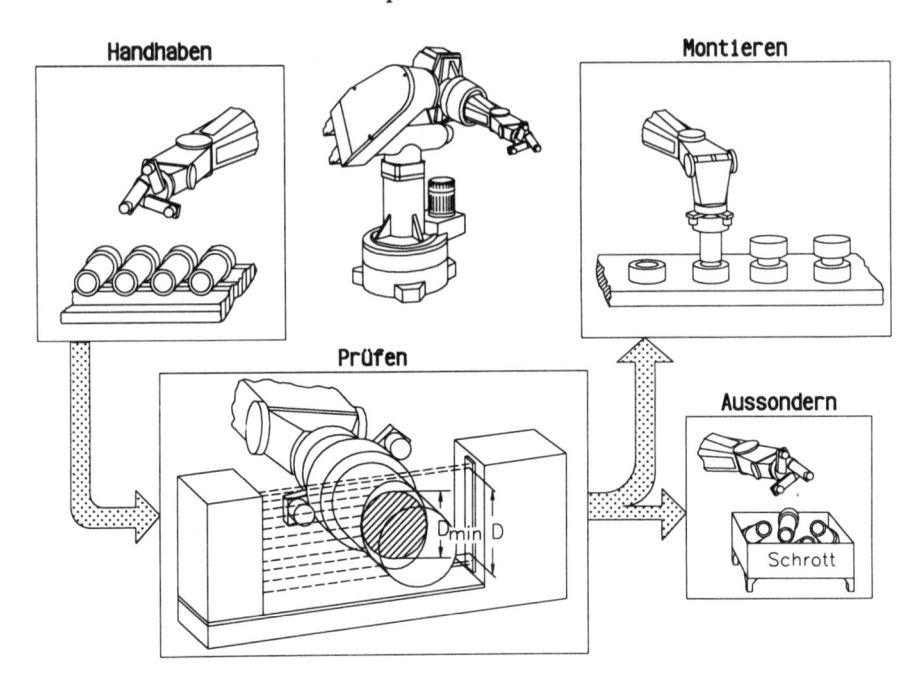

Bild 14: Integration von Handhabungs- und Meßfunktionen im Fertigungsablauf

Werkstücks ermittelt. Schließlich führt der Roboter die Montage mit dem passenden Gegenstück durch. Der Robotereinsatz ergänzt in sinnvoller Weise den großen und in der Regel umrüstfreien Meßbereich optoelektronischer Systeme. Dadurch entstehen Meßautomaten, die trotz ihres hohen Anpassungsgrades flexibel für wechselnde Aufgabenstellungen eingesetzt werden können.

Optimale Voraussetzungen für flexible, anpassungsfähige Sensoren bieten Kameras. Prüfungen mit Kamerasystemen können während des Werkstücktransports zwischen zwei Bearbeitungsstationen erfolgen und führen zu keinerlei Unterbrechung im Fertigungstakt. Die Entwicklung von hochauflösenden CCD-Kameras mit bis zu einer Million Bildpunkten ermöglicht es inzwischen, nicht nur Prüfmerkmale zu erkennen, sondern die Geometrie selbstkomplizierter Werkstücke durch die Abbildung auf den Kamerachip zu messen. Mit Zeilenkameras können über 6000 Einzelpunkte einer Konturlinie aufgelöst und die Position von Kanten durch Interpolationsverfahren auf weniger als ein Zehntausendstel des Meßbereiches bestimmt werden.

Die Genauigkeit von Kamerameßsystemen wird allerdings von vielen Randbedingungen mitbeeinflußt. Unbedingte Voraussetzung einer Kanteninterpolation mit Subpixelgenauigkeit ist eine homogene Bildausleuchtung und die Korrektur sensorbedingter Meßfehler. Die hohe Zahl der innerhalb kurzer Zeit anfallenden Meßdaten erfordert speziell konfigurierte Rechnersysteme, die die Datenflut auf die benötigte Information reduzieren. Das wird am Beispiel eines

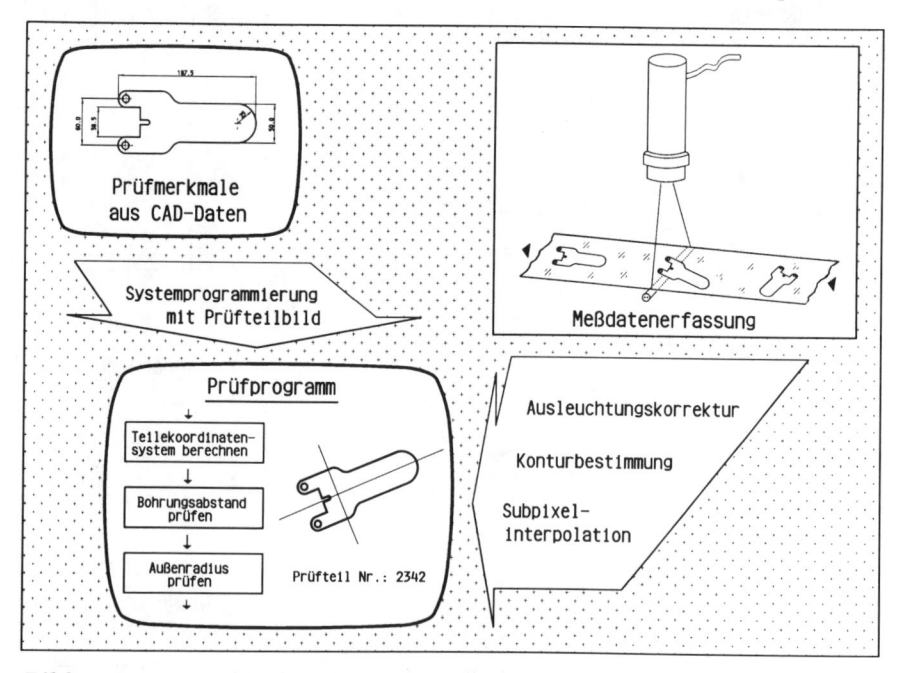

Bild 15: Programmierung eines Kamerameßautomaten

neu entwickelten Systems zur zweidimensionalen Geometriemessung bei Stanzteilen deutlich, bei dem die Bildinformation bereits während der Aufnahme auf die Position der Objektkanten reduziert wird **(Bild 15)**. Die Auswertung der Meßdaten erfolgt unabhängig von der Ausrichtung des Stanzteils unter der Kamera. Damit entfällt der Aufwand für eine mechanische Positionierung, die in vielen Fällen Voraussetzung einer schnellen Objektprüfung ist. Ein Meßrechner ermittelt für jedes Prüfteil die Lage des Hauptachsensystems in dem dann Geometrieabmessungen von Kreiselementen, Bohrungsabstände und Winkel errechnet und mit den Solldaten verglichen werden /18/.

Darüber hinaus bieten Systeme, die CCD-Kameras als Sensoren einsetzen, ideale Voraussetzungen für eine Flexibilisierung der Steuer- und Programmierverfahren. Angaben aus technischen Zeichnungen beispielsweise lassen sich in den Kamerabildern leicht wiederfinden und mit einem Zeigegerät markieren. Aus diesen Angaben erstellt der Meßrechner ein Prüfprogramm, das in der Serienprüfung später für jedes Prüfteil abgearbeitet wird. Die bildorientierte Programmierung enthebt den Bediener der umständlichen Aufgabe, Prüfprogramme oder Programmteile selbst zusammenzustellen. Werden Kamerameßsysteme im Rahmen zukünftiger CIM-Realisierungen in den Informationsfluß eingebunden, so läßt sich der Programmieraufwand durch die Übermittlung der CAD-Daten eines Prüfteils weiter reduzieren. Die Konfiguration des Meßautomaten kann durch entsprechende Programme direkt aus den Konstruktionsdaten abgeleitet werden.

Aufgrund ihrer Integrationsfähigkeit und ihrer hohen Flexibilität wird die Kamerameßtechnik in Zukunft in Verbindung mit speziellen Beleuchtungs- und Auswerteverfahren eine wesentliche Rolle in der produktorientierten Qualitätsprüfung spielen. Dabei wird die Zahl der Systeme zur Lage- und Anwesenheitserkennung deutlich zugunsten von Geräten abnehmen, die eine Messung dreidimensionaler Geometrieelemente ermöglichen. Verfahren und Geräte zur schnellen und vollständigen Erfassung dreidimensionaler Konturen befinden sich zur Zeit in der Entwicklung.

5. Zusammenfassung und Ausblick

Die dargestellten Beispiele aus Industrie und Entwicklung machen deutlich, daß die mittlerweile zur Verfügung stehenden Sensoren und optoelektronischen Meßverfahren bereits erheblich dazu beitragen können, die Probleme einer gewandelten Aufgabenstellung in der Qualitätsprüfung zu lösen. In Verbindung mit automatisierten Transportsystemen und Datenverarbeitungsanlagen bilden sie leistungsfähige Meßautomaten, mit denen eine 100%-Produktprüfung im Fertigungstakt möglich ist. Voraussetzung erfolgreicher Anwendungen ist jedoch eine sorgfältige Auswahl und Abstimmung der einzelnen Komponenten eines solchen Meßautomaten im Rahmen eines einheitlichen Systemkonzeptes. Hier mangelt es häufig noch an Erfahrung und Fachleuten, was die Randbedingungen angeht, unter denen optoelektronische Meßverfahren eingesetzt werden können. Wo genaue Kenntnisse fehlen, müssen vor dem Einsatz Untersuchungen durchgeführt werden, die mögliche Fehlerquellen aufdecken und Know-How für zukünftige Anwendungen sichern. Auch wenn sich bereits jetzt die Vorteile optoelektronischer Meßeinrichtungen für die Sicherung und Dokumentation der Fertigungsqualität abzeichnen, hält der hohe Aufwand für die Planung und Realisierung jedoch viele potentielle Anwender noch von ihrem Einsatz ab.

Dabei sind die Möglichkeiten der optoelektronischen Meßtechnik bei weitem noch nicht ausgeschöpft. Die Weiterentwicklung der Lasertechnik und vor allem die Integration mikroelektronischer Komponenten wird in Zukunft zu robusten, miniaturisierten Sensoren führen, die selbständig Fehlerkorrekturen und eine Meßdatenvorverarbeitung durchführen. Mit solchen Sensoren wird in zunehmender Zahl eine direkte Prüfung von qualitätsrelevanten Prozeßparametern, wie zum Beispiel dem Werkzeugverschleiß möglich sein. Daneben stehen innerhalb eines Zeittaktes die Ergebnisse einer fertigungsintegrierten 100%-Prüfung des Produkts zum Beispiel durch hochauflösende Kamerameßsysteme zur dreidimensionalen Geometrieerfassung zur Verfügung.

Eines der wichtigsten Ziele wird auch in Zukunft die Rückführung der Prüfdaten zur Lenkung der Fertigungsqualität sein. Es gilt, die Prozeß- und Produktdaten geeignet zu verknüpfen, um daraus den Zustand der Fertigungseinrichtung zu erkennen und gegebenenfalls Korrekturmaßnahmen einzuleiten **(Bild 16)**. Um die Meßdaten umzusetzen, Trends zu erkennen und schließlich regelnd in den Prozß einzugreifen, ist ein System erforderlich, daß auf der Basis umfangreicher Informationen über den Fertigungsprozeß aufbaut. Optoelek-

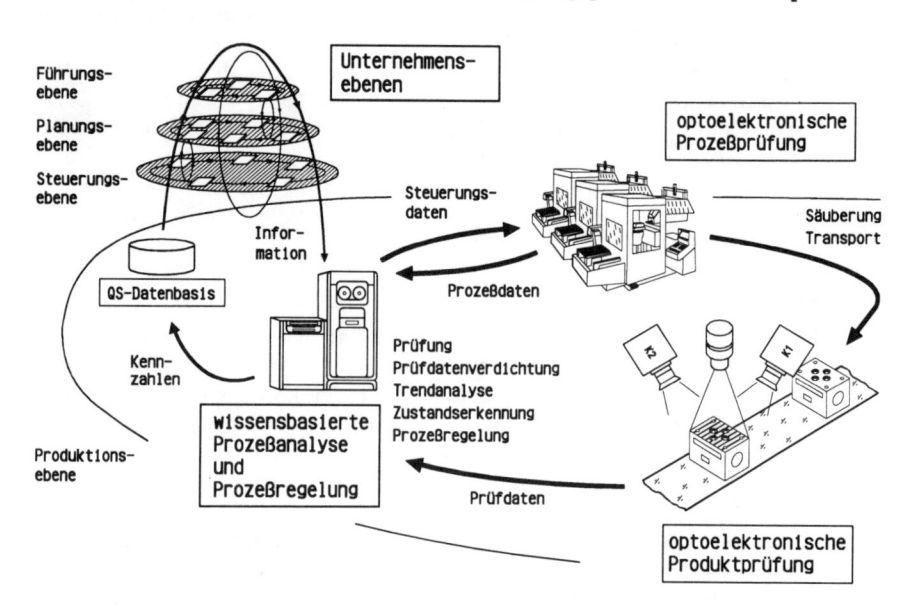

Bild 16: Ebenenübergreifende Qualitätssicherung

tronische Meßverfahren tragen in zweierlei Hinsicht zur Funktion eines solchen System bei: Zum einen ermitteln sie durch eine schnelle prozeß- und produktorientierte Prüfung die Meßdaten, die für eine unmittelbare Lenkung der Fertigungsqualität erforderlich sind. Zum anderen dienen sie der Akquisition von Wissen über den Prozeß durch eine produktbezogene Fehlererkennung und die Dokumentation der zugehörigen Prozeßparameter. Werden Entwicklung, Auswirkung und Beseitigung von Fehlern kontinuierlich innerhalb einer Datenbasis dokumentiert, so können daraus mit Methoden der Fehleranalyse Kenntnisse über den Prozeßablauf und die Fehlerursachen gewonnen werden.

Kenntnisse und Fachwissen in übergeordneten Unternehmensbereichen müssen wiederum objektiviert und als Wissensbasis für die Prozeßregelung bereitgestellt werden. Voraussetzung ist die unternehmensweite Verknüpfung aller Ebenen durch Netzwerke zur Übertragung von Meßdaten und Informationen. Das entstehende Expertensystem zur wissensbasierten Prozeßanalyse und Prozeßregelung schließt einerseits den Qualitätsregelkreis auf der Produktionsebene. Zum anderen reduziert es die Meßdaten der Prozeß- und Produktprüfung auf die Kennzahlen, die für eine ebenenübergreifende Qualitätssicherung im Bereich der Planung und des Managements benötigt werden.

Schrifttum

1. Geiger, W.: Qualitätssicherungssysteme und Qualitätssicherungselemente, Das QS-Modell '87, VDI-Z. 131 (1989) Nr. 11, S.26-35

2. Marburger, P.: Statistische Qualitätssicherung und Produkthaftung aus der Sicht eines Juristen, QZ 31 (1986) Nr.9, S.379-383

3. Brüninghaus, G.: Kontinuierliche Prozeßüberwachung bei einem Zulieferanten, VDI-Fachtagung Qualitätssicherung, Böblingen 1988

4. Pfeifer, T.: Qualitätsprüfung im Wandel, Technisches Messen tm 75 (1990) Nr. 2, S.47-48

5. Pfeifer, T.; Gimpel B.: Rechnergestützte Qualitätsprüfung als Basis für die gezielte Prozeßoptimierung, Technisches Messen tm 75 (1990) Nr. 2, S. 60-64

6. Molitor, M.: Berührungslose optoelektronische Meßautomaten für die Geometrieerfassung an Werkstücken, Fortschritt-Berichte VDI Reihe 8 Nr.173, VDI-Verlag, Düsseldorf 1988

7. Pfeifer, T.; Steger, H.-W.: Berührungsloses Messen in der Fertigungstechnik,VDI-Z. 128 (1986) Nr.17, S.629-634

8. Pfeifer, T.; Tutsch, R: Eindimensionale optische Abstandsmeßverfahren, Schweizer Ingenieur und Architekt Verlags-AG der akad. techn. Vereine, Nr. 37 (1989) S. 971-978

9. Feutlinske, K.; Gast, Th.: Berührungslose optoelektronische Prüfung von Lagen und Dimensionen, QZ 30 (1985) 7, S. 204-214

10. Klysch, E.: In der Produktionslinie messen, Industrie-Anzeiger 111 (1989) 57/58, S. 32-33

11. Blum, G. : Laser Abtastsonde zum Abstandsmessen, Werkstatt und Betrieb 122 (1989 2, S. 151-153

12. Tiziani, H. J.: Automatisierung der optischen Qualitätsprüfung, Technisches Messen tm 55 (1988) 12, S. 481-491

13. Pfeifer, T; Möhrke, G.: Hochauflösendes Triangulationsmeßgerät, Industrieanzeiger 111 (1989) 57/58, S. 24-25

14. Molitor, M.: Faseroptischer Sensor zur berührungslosen Innengewindemessung, Feingerätetechnik 1 (1989), S. 5-7

15. Brodmann, R.; Smilga, W.: Evaluation of a Commercial Microtopography Sensor, 4th Int. Symposium on Optical and Optoelectronic Applied Science and Engineering, Den Haag, 1987

16. Pfeifer, T.: Elzer, J.: Measuring Drill Wear with Digital Image Processing, IMEKO-Symposium "Dimensional Metrology in Production and Quality Control", VDI-Bericht Nr. 761, S. 199-204

17. Kimmelmann, W.: Robotergestützte Meß- und Prüftechnik in der Fertigung, VDI-Seminar "Qualitätssicherung und Meßtechnik in der integrierten Produktion", VDI-Bildungswerk Seminar Nr. BW 36-42-01

18. Pfeifer, T.; Czuka, F.-J.: Meßsystem zur 100%-Kontrolle von Stanzteilen im Produktionstakt, Technisches Messen tm 75 (1990) 2, S. 60-64

Mitglieder der Autorengruppe für den Vortrag 4.3

Dipl.-Ing. G. Blum, Günther Blum GmbH, Fertigungsmeßtechnik
Dr. H. J. Daams, Spindler & Hoyer, GmbH & Co.
Dr. H. Flegel, Mercedes Benz AG
Dipl.-Ing. H. Kirstein, Volkswagen AG
Dipl.-Ing. L. Kugler, Kugler GmbH, Feinmechanik und Optik
Dr. W. Miller, Dr. Johannes Heidenhain GmbH
Dipl.-Ing. G. Möhrke, Fraunhofer-Institut für Produktionstechnologie
Prof. Dr.-Ing. Dr. h.c. T. Pfeifer, WZL, RWTH Aachen
Dr. H. Selbach, Polytec GmbH
H. Spies, Dr. J. Heidenhain
Dr.-Ing. E. Trapet, Physikalisch-Technische Bundesanstalt
Dipl.-Ing. R. Tutsch, Fraunhofer-Institut für Produktionstechnologie

5. Auswirkungen des freien europäischen Binnenmarktes auf die Entwicklung der Maschinenbauindustrie

5. Auswirkung des europäischen Binnenmarktes auf die Entwicklung der Maschinenbauindustrie

Der europäische Binnenmarkt war im vergangenen Jahr - zumindest bis zum 9. November - das dominierende Thema in der bundesdeutschen Tagungslandschaft. Die Revolution in der DDR und die daraus entstandenen Fragen der deutschen Wirtschafts- und Währungsunion haben die Aspekte der europäischen seither in den Hintergrund gedrängt. Auf der Tagesordnung bleibt der europäische Einigungsprozeß dennoch - muß es bleiben, weil es ohne den europäischen vielleicht auch keinen deutschen geben kann.

Mit einem Marktvolumen von etwa 360 Mrd. DM wird der EG-Binnenmarkt für den Maschinen- und Anlagenbau weltweit der zweitgrößte Markt sein - etwa 50 Prozent größer als der japanische Markt (Bild 1). Für den europäischen Maschinenbau bietet der eigene Markt - allein von seiner Größe her betrachtet - ein beachtliches Absatz- und Wachstumspotential. Insbesondere für die bundesdeutschen Maschinenbauer, mit 41 Prozent in der europäischen Gemeinschaft dominierend (Bild 2), sind die Märkte innerhalb der EG schon heute zum "home-market", zum Binnenmarkt geworden. Die Robustheit der deutschen Konjunktur und der Optimismus, mit dem wir das Jahr 1990 begonnen haben, liegen nicht zuletzt darin begründet, daß überall in Europa die Vorbereitungen auf den EG-Binnenmarkt in vollem Gange sind.

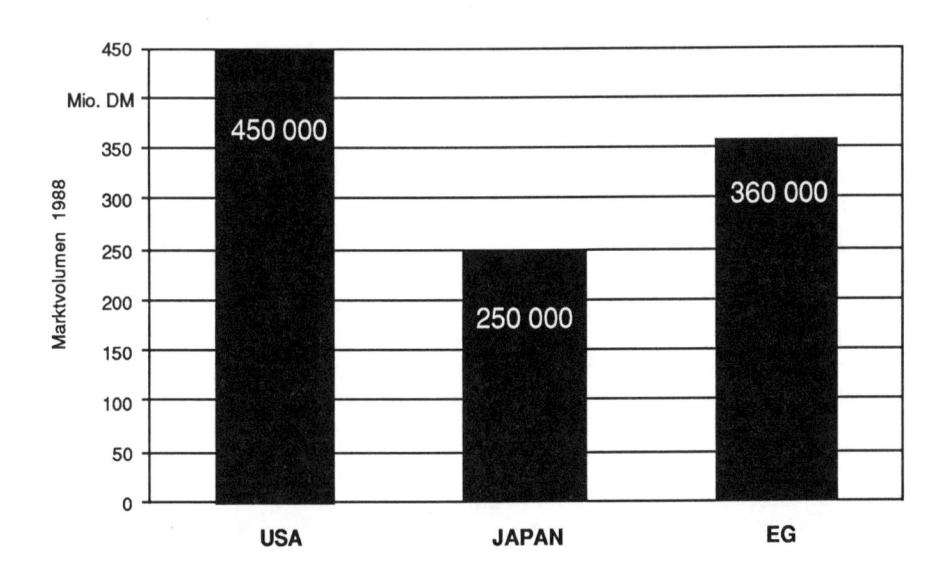

Bild 1: Marktvolumen Maschinenbau 1988

Produktion
in EG - Ländern
1988

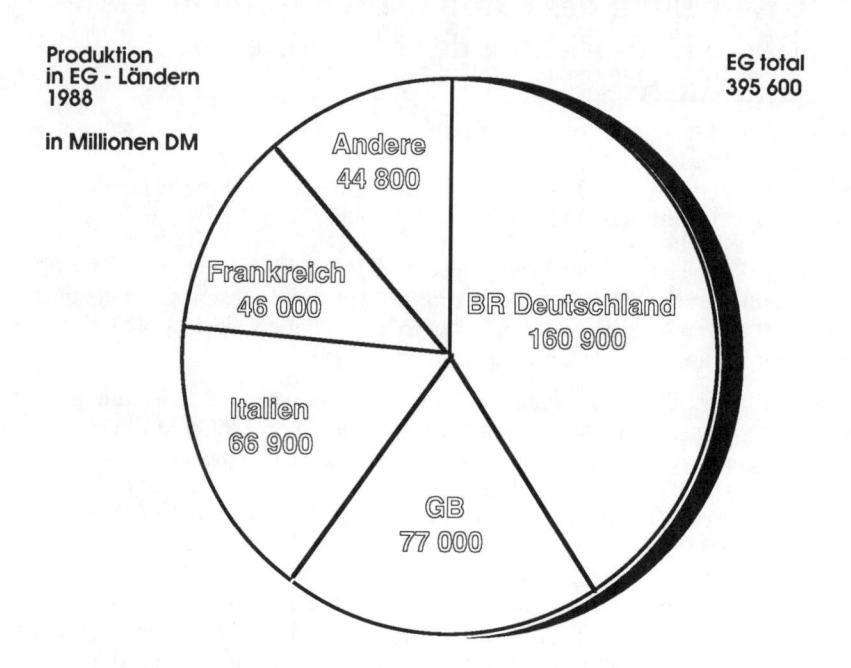

in Millionen DM

Andere
44 800

Frankreich
46 000

Italien
66 900

GB
77 000

BR Deutschland
160 900

EG total
395 600

Bild 2: Umsatz Maschinenbau ohne Büro- Und Datentechnik in den EG-Ländern 1988 (Quelle: VDMA)

Die wichtigsten Schritte auf dem Weg zum Binnenmarkt

Die wichtigsten Schritte auf dem Weg zum Binnenmarkt basieren auf dem Weißbuch der EG-Kommission. Ziel dieses Programms ist die schrittweise Schaffung eines integrierten, zusammenhängenden Rahmens der Gemeinschaft.

Einen Schwerpunkt bilden die Erleichterungen im Warenverkehr. Die Kontrollen des physischen Flusses der Güter über die Grenzen hinweg stellen derzeit noch eines der größten Hindernisse des Handels innerhalb der Gemeinschaft dar. Zwar hat die EG viele Maßnahmen durchgeführt, um den grenzüberschreitenden Warenaustausch zu erleichtern - wichtigster Schritt war dabei die vollständige Beseitigung der Zollschranken im Jahr 1967 -, aber immer noch unterscheidet sich die Abwicklung des Warenverkehrs innerhalb der Gemeinschaft nicht nennenswert vom Handel mit Drittländern.

Hier soll die Vollendung des Binnenmarktes wesentliche Erleichterung bringen. So wird für den Versand von Gemeinschaftswaren nach dem Abbau aller Grenzkontrollen die Rechnung das einzige Handelspapier sein. Gleichzeitig entfallen die Erstellung der Versand-/Ausfuhrerklärung und die Ausfuhr-/Kontrollmeldung. Umgekehrt kann bei der Einfuhr von Gemeinschaftswaren mit der Aufhebung der Bestellungspflicht und Beschaumöglichkeiten durch den Zoll und der Einfuhrerklärung bzw. Zollanmeldung gerechnet werden.

Allerdings wird auch nach Realisierung des EG-Binnenmarktes eine EG-Intrahandelsstatistik dafür sorgen, daß der bürokratische Aufwand nicht zu gering wird. Auf Grundlage der bisher geführten Diskussion innerhalb der Brüsseler Behörden zeichnet sich für die Erfassung der grenzüberschreitenden Warenströme ein Verfahren der Direktanmeldung durch die Unternehmen unter Nutzung von Informationen aus der Mehrwertsteuerverwaltung ab.

Die Errichtung des Binnenmarktes wird also zunächst nur geringe Auswirkungen auf das Arbeitsvolumen der betrieblichen Zollabteilungen haben. Eine wesentliche Konsequenz für die betriebliche Zollabwicklung dürfte darin bestehen, daß die steuerliche Entlastung bei Lieferung in den EG-Raum nicht mehr unter Mitwirkung des Zolls, sondern der Finanzämter erfolgt. Gleichzeitig eröffnet sich die Möglichkeit, über den Einsatz von EDV-Anlagen den Austausch von Zolldaten wesentlich zu vereinfachen. All dies macht auf jeden Fall organisatorische Umstellungen in den Zollabteilungen der Betriebe erforderlich.

Einen zweiten Schwerpunkt bildet der Abbau der technischen Handelshemmnisse und der Aufbau einer europäischen Normung. Theoretisch galt für den Maschinenbau schon immer der Artikel 30 des EWG-Vertrages. Der Europäische Gerichtshof interpretiert diesen Artikel so, daß ein Produkt, das in einem Mitgliedsstaat nach dessen Vorschriften und Gesetzen hergestellt worden ist, in einem anderen Mitgliedsstaat nicht zurückgewiesen werden darf. Trotzdem bestehen für Maschinenhersteller heute noch vielfach Behinderungen der Exporte in andere EG-Länder. Der Abbau dieser nichttarifären Handelshemmnisse ist eine Aufgabe, die für die Verwirklichung des europäischen Binnenmarktes eine außerordentliche Bedeutung besitzt.

Mit einer Reihe von Richtlinien, die den Maschinenbausektor unmittelbar betreffen, versucht die Kommission zu bewirken, daß technische Handelshemmnisse schon im Entstehen verhindert werden, daß in der gegenseitigen Anerkennung von Prüflabors, Prüfzeichen und Zertifizierungsstellen ein wichtiger Schritt zur Verwirklichung des Binnenmarktes getan wird.

Die für den Maschinenbau wichtigste Richtlinie ist zweifelsohne die EG-Richtlinie Maschinen. Mit ihr versucht die Kommission jene Handelshemmnisse im Warenverkehr, die nicht auf abweichendem technischen Sicherheitsniveau begründet sind, sondern in unterschiedlichen Rechtsnormen und adminsitrativen Vorschriften liegen, zu beseitigen. Die Bemühungen der EG-Kommission reichen dabei schon in die Anfänge der 70er Jahre zurück. Allerdings waren die bis 1985 beschrittenen Wege völlig ungeeignet, technisch und wirtschaftlich vernünftige Lösungen zu erarbeiten. Die Kommission versuchte nämlich für ganz spezielle Maschinenarten, bei denen sie Handelshemmnisse vermutete, jedes technische Detail in Richtlinien zu regeln. Es wundert nicht, daß die Regierungsdelegation vielfach überfordert waren, technische Einzelheiten auf politischer Ebene qualifiziert zu diskutieren.

Die deutsche Industrie und der deutsche Maschinenbau haben es daher begrüßt, als 1985 in einer Ratsentschließung ein neues Konzept zur Erarbeitung von Richtlinien verabschiedet wurde. Der Rat beschloß damals, nur noch Richtlinien mit großem Geltungsbereich zu formulieren und das technische Detail der europäischen Normung zu überlassen. Die ersten Beispiele für das neue Konzept sind die Richtlinien über Maschinenbauprodukte sowie Spielzeuge.

Der europäischen Normung kommt somit eine bedeutende Rolle zu. Das europäische Komitee für Normung (CEN) hat ein Programmkomitee gegründet, das die Prioritäten formuliert. Der VDMA vertritt hier mit Nachdruck die Interessen des deutschen Maschinenbaus. Offen ist an sich die Frage, was in der Übergangszeit geschieht, die die Richtlinie in Kraft ist und noch nicht genügend europäische Normen zur Verfügung stehen. Dazu wird eine Reihe von Lösungsmöglichkeiten diskutiert, wie die Beispielsweise der Anerkennung von nationalen Normen und Regelwerk. Die Antwort des Maschinenbaus auf die Frage nach der Übergangszeit lautet: Bis 1993 werden auf den wichtigsten Gebieten europäische Normen oder zumindest Entwürfe zur Verfügung stehen, wenn dieser Weg auch von der Politik wirklich gewollt wird.

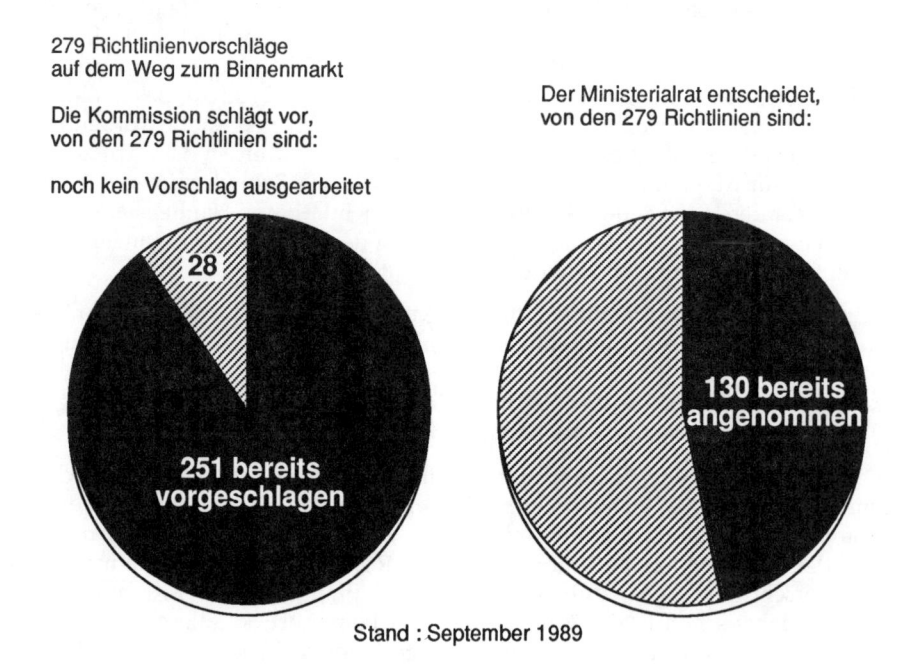

279 Richtlinienvorschläge
auf dem Weg zum Binnenmarkt

Die Kommission schlägt vor,
von den 279 Richtlinien sind:

noch kein Vorschlag ausgearbeitet

28

251 bereits
vorgeschlagen

Der Ministerialrat entscheidet,
von den 279 Richtlinien sind:

130 bereits
angenommen

Stand : September 1989

Bild 3: EG 1992: Integrationsprozeß(Quelle: EG-Kommission)

Ein weitere Schwerpunkt, bei dem weniger anlaß zum Optimismus besteht, ist die Abschaffung der innergemeinschaftlichen Steuergrenze. Nach den Vorstellungen der EG-Kommission müssen bis zum Jahr 1992 die Umsatzsteuer und die Verbraussteuer, die zu Grenzformalitäten Anlaß geben, angeglichen sein. Warenlieferungen zwischen zwei EG-Mitgliedsstaaten sollen genauso behandelt werden wie Warenlieferungen innerhalb eines Mitgliedsstaates. Bei der schon weitgehend vereinheitlichten Umsatzsteuer (die Mehrwertsteuer) würde im innergemeinschaftlichen Handel das derzeitige System der Umsatzsteuerbefreiung bei der Ausfuhr und bei der Besteuerung mit Umsatzsteuer bei der Einfuhr beseitigt. Die Verbrauchssteuern, die heute wegen unterschiedlicher Steuergegenstände und Steuersätze einen Ausgleich an der Binnengrenze erfordern, müßten ebenfalls harmonisiert werden. So sind zwar die meisten Richtlinien in Bearbeitung oder bereits verabschiedet **(Bild 3)**; einige ganz wesentliche Fragen wie die noch einheitlichen Steuersätze sind noch unbeantwortet.

Erweiterte Marktchancen

Andere Maßnahmen zur Schaffung des Binnenmarktes berühren den Maschinenbau nicht so unmittelbar. Die Liberalisierung des öffentlichen Auftragswesens, die Marktöffnung im Telekommunikations-Sektor, die Befreiung des grenzüberschreitenden Kapitalverkehrs, eine Liberalisierung des Banken- und Versicherungswesens sowie die konsequente Anwendung des Niederlassungsrechtes erleichtern aber das Wirtschaften innerhalb Westeuropas und setzen in dem Maße, in dem sie dem Wettbewerb Fesseln nehmen, Wachstumskräfte frei **(Bild 4)**.

Wachstumskomponenten	in Mrd. DM	BIP (Brutto - Inlandsprodukt)
Wachstum durch Beseitigung von Handelsbarrieren	135 - 166	2,2 - 2,7
Größenvorteile (Economies of Sale)	126	2,1
Wachstum durch mehr Wettbewerb	95	1,6
Gesamt gesehen : Integration bringt Wachstum	360 - 534	4,3 - 6,4

<u>Bild 4:</u> EG 1992: Gewinn durch Integration (Quelle: EG-Kommission)

Das EG-Binnenmarkt-Programm zielt in erster Linie auf die in nahezu allen EG-Mitgliedsländern stark regulierten Dienstleistungssektoren. Vom Binnenmarkt-Programm wird aber gerade der Maschinenbau innerhalb der EG profitieren. Denn die Deregulierung im Dienstleistungssektor und die Erleichterung des Warenverkehrs werden zu einer Verbilligung von Vorleistungen führen. So verringert zum Beispiel die Beseitigung der Grenzkontrollen und Grenzformalitäten die Beförderungszeiten für Waren entscheidend und senkt - wenn die EG-Behörden nicht andere bürokratischen Hürden aufbauen - die Verwaltungskosten in unseren Betrieben. Gemeinschaftsweit entstehen den Unternehmen bisher allein durch Grenzformalitäten und Wartezeiten an den Grenzen Ausgaben von rund 8 Mrd. ECU.

Insgesamt führt der Binnenmarkt zu einem spürbaren Wachstumsschub in Europa. Dieser Wachstumsschub findet bereits heute statt: Unser robustes Wachstum, das wir zur Zeit erleben, ist nicht zuletzt Folge der konzentrierten Vorbereitungen auf den Binnenmarkt.

Vorbereitung auf den Binnenmarkt

Wie bereiten sich die deutschen Maschinenbauer auf die EG nach 1992 vor?

* 50 Prozent forcieren Produktinnovationen,

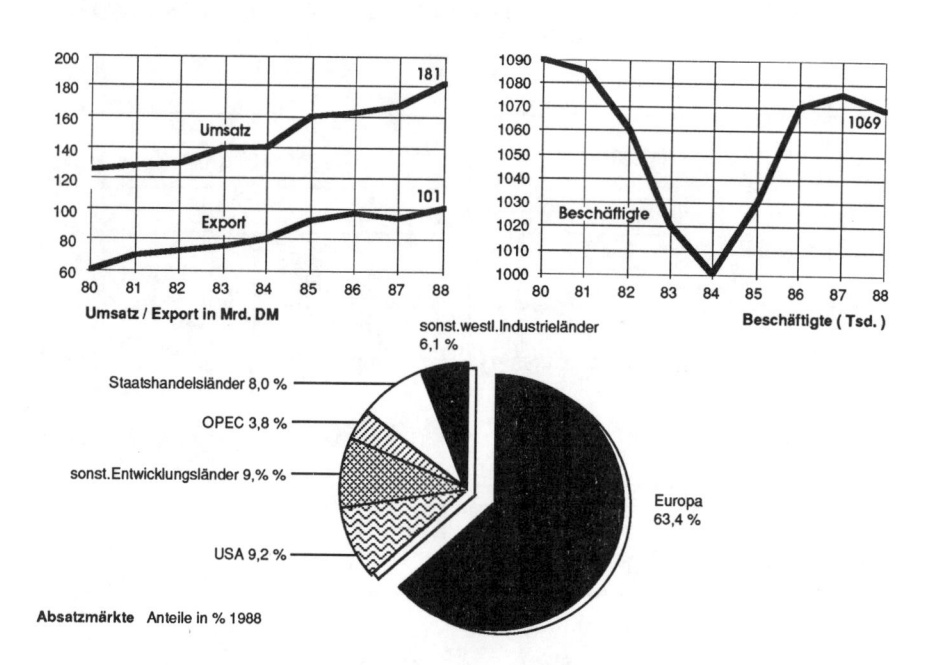

<u>Bild 5:</u> Kerndaten des Maschinenbaus der BR Deutschland (Quelle: VDMA, 1989)

* 30 Prozent machen "business as usual",
* 28 Prozent verstärken ihre Investitionen im Inland,
* 22 Prozent suchen vermehrt Kooperationen in anderen EG-Ländern,
* 5 Prozent vergrößern sich durch Zukäufe.

Die vielfach behauptete Kostendegression durch höhere Losgrößen scheint beim deutschen Maschinenbau keine Rolle zu spielen. Effekte aus vereinheitlichten Produktanforderungen sind gering, weil im Maschinenbau Einzel- und Kleinserienfertigung dominieren.

Exportquoten deutscher Maschinenbau - Branchen 1987

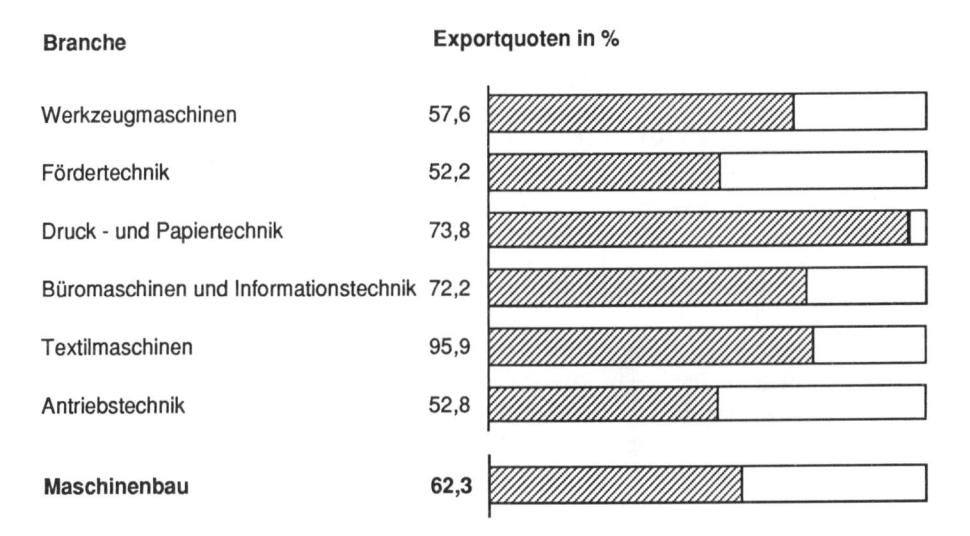

Branche	Exportquoten in %
Werkzeugmaschinen	57,6
Fördertechnik	52,2
Druck - und Papiertechnik	73,8
Büromaschinen und Informationstechnik	72,2
Textilmaschinen	95,9
Antriebstechnik	52,8
Maschinenbau	62,3

Bild 6: Kerndaten des Maschinenbaus der BR Deutschland (Quelle: VDMA, 1989)

Der Maschinenbau setzt damit weiter auf jede Strategie, die ihn in den achtziger Jahren zum Exportweltmeister und zur Zukunftsbranche machte (**Bild 5** und **Bild 6**): Innovation in zweifacher Hinsicht:

1. Der Maschinenbau hat sich konsequent der Mikroelektronik zugewandt. Wie groß die Rationalisierungspotentiale in der Vergangenheit waren, zeigt sich beim Vergleich einer Fertigung, wie sie vor 60 Jahren aussah und den vernetzten Fertigungsabläufen in einer modernen Fabrik. Aber auch die Produkte selbst haben sich entscheidend verändert. Wo früher mehrere Bearbeitungsgänge auf verschiedenen Maschinen durchgeführt werden mußten, wo lange und häufige Rüstzeiten die Regel waren, benutzen wir heute flexible Fertigungssysteme, die eine effiziente und von

Rüst- und Werkzeugwechselzeiten nahzu ununterbrochene Maschinennutzung erlauben.

2. Der Maschinenbau hat sich darüber hinaus neuen Werkzeugen zugewandt. Beispielsweise gewinnt der Maschinennutzer mit dem Einsatz des Lasers ein Instrument, das in seiner Vielseitigkeit und Flexibilität alle bisher genutzten Werkzeuge in den Schatten stellt.

Für die Zukunft des Maschinenbaus zeichnen sich zwei Trends ab: Zum einen die noch intensivere Nutzung der Mikroelektronik. Dies aber nicht mit dem Ziel, noch kompliziertere und in sich verschlungenere Fertigungsabläufe zu beherrschen, sondern um den Anwender der Maschine eine benutzerfreundliche, denkbar einfache Handhabung zu ermöglichen. Die zweite Entwicklungslinie ist die zunehmende Hinwendung des Maschineherstellers zur Kundenberatung mit dem Ziel, diesen nicht nur Maschinen zu verkaufen, sondern Problemlösungen anzubieten.

Dem Maschinenbau in seiner heutigen Form als moderne, schlagkräftige Branche gehört daher die Zukunft, unter der Voraussetzung, daß er weiterhin auf neue entwicklungen reagiert und neue Entwicklungen selbst hervorruft - kurzum: innovativ bleibt.

Eine wachsende Konzentration ist bei dieser Vorbereitung auf den europäischen Binnenmarkt nicht zu registrieren. Die Anzahl der deutschen Maschinenbauunternehmen ist nicht rückläufig, Aufkäufe spielen keine nennenswerte Rolle, wenngleich vor allem Hersteller aus Drittländern durch Firmenübernahmen versuchen, ihre Präsenz in der EG zu stärken. Diese Präsenz haben wir zu akzeptieren, auch wenn sie im Einzelfall schmerzhaft den Wettbewerb erhöht. Der Binnenmarkt muß ein freier Markt sein. Protektionismus und Handelsbarrieren gegenüber Drittländern dürfen wir nicht zulassen. Die liegt durchaus auch im Interesse des deutschen Maschinenbaus. Kaum eine andere Branche exportiert mehr aus dem EG-Raum hinaus. Kaum eine andere Branche ist so sehr auf dem Weltmarkt, nicht nur in Europa, zuhause. Der Maschinenbau kann es sich nicht leisten, durch eine protektionistische EG-Politik, durch ein "Fortress Europe", seine Absatzchancen in der Welt zu gefährden. Was allerdings zu vermeiden ist: Eine Subventionierung japanischer Wettbewerber, die sich durch regionale Förderungsprogramme zur Industrieansiedlung in der EG niederlassen, muß auf alle Fälle vermieden werden.

Insgesamt wird der Binnenmarkt zu einem spürbaren Wachstumsschub in Europa führen. Nicht nur EG-Mitglieder, auch die Maschinenbauer aus den Nicht-EG-Ländern werden an diesem Wachstumsschub teilhaben und von ihm profitieren; schließlich führt er zu einer Vergrößerung des Weltmarktes. Wir deutschen sollten allerdings die Gunst der Stunde doppelt nutzen: In einem von Wachstum und robuster Konjunktur getragenem Umfeld wird es uns leichter fallen, die riesigen Aufgaben in Sachsen, Thüringen und Mecklenburg zu lösen. Nur in einem sich integrierenden Europa hat das wieder zusammenwachsende Deutschland eine Zukunft.

Grundlagen...

Manfred Weck
**Werkzeugmaschinen
4 Bde.
Bd. 1** Maschinenarten, Bauformen und Anwendungsbereiche.
3. Aufl. 1988. XIV, 543 S., 520 Abb.
DIN A 5. Stud. u. Praxis. Gb.
DM 58,00/52,20*
(3-18-400818-5)
Maschinen für das Urformen; Maschinen für das Umformen; Fügemaschinen; Zerteilende Maschinen; Anlagen und Einrichtungen für die abtragende Bearbeitung; Spanende Maschinen mit geometrisch bestimmter Schneidenform; Maschinen für Werkzeuge mit geometrisch unbestimmter Schneidenform; Verzahnmaschinen.

Bd. 2 Konstruktion und Berechnung.
4. Aufl. 1990. Ca. 400 S., 300 Abb., 10 Tab. DIN A 5.
Stud. u. Praxis. Br.
Ca. DM 48,00
(3-18-400978-5)
Gestelle und Gestellbauteile; Fundamentierung von Werkzeugmaschinen; Führungen und Lagerungen; Hauptantriebe.

*Preis für VDI-Mitglieder, auch im Buchhandel

Bd. 3 Automatisierung und Steuerungstechnik.
3., neubearb. u. erw. Aufl. 1989.
XVII, 587 S., 504 Abb., 8 Tab.
DIN A 5. Stud. u. Praxis. Gb.
DM 58,00/52,20*
(3-18-400842-8)

Automatisierte Funktionen der Fertigung und ihre Realisierung; Mechanische Steuerung; Nachformsysteme; Informationsverarbeitung; Prozeßsteuerungen; Numerische Steuerungen; Verarbeitung geometrischer Daten; Vorschubantriebe; Positionsmeßsysteme für NC-Maschinen; Adaptive Control-Systeme (AC); DNC-Systeme; Flexible Fertigungssysteme; Betriebsdatenerfassung; Maschinendiagnose in der automatisierten Fertigung.

Bd. 4 Meßtechnische Untersuchungen und Beurteilungen.
2. Aufl. 1985. XII, 246 S., 224 Abb.
DIN A 5. Stud. u. Praxis. Br.
DM 37,80/34,02*
(3-18-400485-6)
Ziele und Methoden zur Erfassung der Maschinenkenngrößen; direkte Messung und Beurteilung der Maschineneigenschaften; Geometrisches und kinematisches Verhalten von Werkzeugmaschinen; Statisches Verhalten; Thermisches Verhalten; Dynamisches Verhalten; Kinematisches und dynamisches Verhalten der Vorschubantriebe; Geräuschverhalten von Werkzeugmaschinen; indirekte Messung der Beurteilungsmerkmale durch Bearbeitungstests.

Walter Eversheim
**Organisation in der Produktionstechnik — 4 Bde.
Bd. 1** Grundlagen.
2. Aufl. in Vorbereitung.
Ca. 250 S., 150 Abb. DIN A 5.
Stud. u. Praxis. Br.
Ca. DM 42,00
(3-18-400934-3)
Ausführliche Darstellung der bereichsübergreifenden Planungsfunktionen im Unternehmen sowie die Auftragsabwicklung, Organisations- und Führungsstrukturen von Produktionsbetrieben.

Bd. 2 Konstruktion.
1982. X, 222 S., 178 Abb. DIN A 5.
Stud. u. Praxis. Br.
DM 39,80/35,82*
(3-18-400452-X)
Kennzeichnung des Konstruktionsbereichs; Angebotsbearbeitung; Entwicklungs- und Auftragskonstruktion; Ermittlung unternehmensspezifischer Rationalisierungskonzepte.

Bd. 3 Arbeitsvorbereitung.
2., neubearb. Aufl. 1989,
IX, 203 S., 148 Abb.
DIN A 5. Stud. u. Praxis. Gb.
DM 42,00/37,80*
(3-18-400840-1)
Dieser Band enthält eine umfassende Darstellung der Aufgaben sowie der anzuwendenden Methoden und Hilfsmittel im Bereich der Arbeitsvorbereitung. Er richtet sich an Studenten des Maschinenbaus und an Praktiker aus dem Bereich der Arbeitsvorbereitung.

Bd. 4 Fertigung und Montage.
2., neubearb. Aufl. 1989.
VIII, 335 S., 239 Abb.
DIN A 5, Stud. u. Praxis. Gb.
DM 58,00/52,20*
(3-18-400841-X)
Dieser Band vermittelt die grundlegenden Kenntnisse über den Aufbau und die Organisation der Produktionsbereiche Fertigung und Montage sowie die dort auszuführenden Aufgaben.
Die Schwerpunkte liegen in der Darstellung moderner Produktionskonzepte und der daraus ableitbaren Fertigungs- und Montagestrukturen.

...für den Maschinenbau-Ingenieur

Wilfried König
**Fertigungsverfahren
5 Bde.
Bd. 1** Drehen, Fräsen, Bohren.
3., neubearb. Aufl. 1990.
XXII, 409 S., 313 Abb., 39 Tab.
DIN A 5. Stud. u. Praxis. Gb.
DM 58,00/52,20*
(3-18-400843-6)
Werkstückgenauigkeit und Werkstückmeßtechnik; Grundlagen der Zerspanung mit geometrisch bestimmter Schneide; Werkzeuge; Kühlschmierstoffe; Zerspanbarkeit; Bestimmung wirtschaftlicher Schnittbedingungen; Verfahren mit rotatorischer Hauptbewegung; Verfahren mit translatorischer Hauptbewegung.

Bd 2. Schleifen, Honen, Läppen.
2., neubearb. Aufl. 1989.
XX, 316 S., 232 Abb., 11 Tab.
DIN A 5. Stud. u. Praxis. Gb.
DM 58,00/52,20*
(3-18-400810-X)

Feinbearbeitungsverfahrens; Schleifen mit Schleifscheiben; Schleifen mit Schleifbändern; Strahlspanen.

Bd. 3 Abtragen.
1979. XI, 155 S., 108 Abb., DIN A 5.
Stud. u. Praxis. Br.
DM 34,80/31,32*
(3-18-400426-0)
Thermisches Abtragen; Chemisches Abtragen; Elektrochemisches Abtragen; Hochdruck-Wasserstrahlbearbeitung.

Bd. 4 Massivumformen.
1983. XI, 182 S., 164 Abb. DIN A 5.
Stud. u. Praxis. Br.
DM 42,00/37,80*
(3-18-400427-9)
Die Urformverfahren Gießen und Sintern; Massivumformverfahren Schmieden, Fließpressen und Walzen.

Bd. 5 Blechumformung.
1986. XII, 214 S., 177 Abb. DIN A 5.
Stud. u. Praxis. Br.
DM 48,00/43,20*
(3-18-400428-7)
Ein anwendungsorientierter Überblick über die Technologie der wesentlichen Blechumformverfahren und der Schneidverfahren. Von den Eigenschaften der Blechwerkstoffe ausgehend werden die einzelnen Verfahrensgrundlagen erläutert sowie Verfahrensvarianten und Fertigungsbeispiele ausführlich beschrieben.

VDI VERLAG

Postfach 82 28
4000 Düsseldorf 1

------ **COUPON** ------

Bitte einsenden an: VDI-Verlag, Vertriebsleitung Bücher, Postfach 82 28, 4000 Düsseldorf 1, Tel.: 02 11/61 88-0, Telefax: 02 11/61 88-133, oder an Ihre Buchhandlung

P

Bestellung:

____ Expl. _____ ISBN _____

____ Expl. _____ ISBN _____

☐ Gesamtverzeichnis 1990   ☐ Prospekt Technik und Kultur

Name/Vorname _____

Straße/Nr. _____

PLZ/Ort _____

Datum/Unterschrift _____

VDI-Mitglieds-Nr. _____

Grundlagen der Zerspanung mit geometrisch unbestimmten Schneiden; Werkzeuge; Kühlschmierstoff; Gesichtspunkte bei der Wahl eines